Sociologie générale

Pierre Bourdieu

Sociologie générale
volume 1

Cours au Collège de France (1981-1983)

Édition établie par Patrick Champagne, Julien Duval, Franck Poupeau et Marie-Christine Rivière

Raisons d'agir/Seuil

Les éditeurs remercient Bruno Auerbach, Donald Broady, Christophe Charle, Johan Heilbron, Thibaut Izard et Remi Lenoir pour leurs contributions à l'édition de cet ouvrage.

ISBN 978-2-02-127978-8

NOTE DES ÉDITEURS

Ce livre poursuit la publication des enseignements de Pierre Bourdieu au Collège de France. Quelques mois après son ultime leçon dans cette institution en mars 2001, Bourdieu avait publié, sous le titre *Science de la science et réflexivité*[1], une version resserrée de sa dernière année d'enseignement (2000-2001). Après sa disparition, deux livres ont été publiés, *Sur l'État* en 2012 et *Manet. Une révolution symbolique* en 2013, qui correspondaient aux enseignements qu'il avait donnés, respectivement, dans les périodes 1989-1992 et 1998-2000[2]. Le présent volume entame la publication du « cours de sociologie générale », selon l'intitulé que Bourdieu avait retenu pour ses cinq premières d'années d'enseignement au Collège de France. Il regroupe les leçons des deux premières années, soit huit leçons d'une durée d'environ une heure qui ont été données entre avril et juin 1982 et treize leçons d'environ deux heures qui ont été dispensées entre octobre 1982 et janvier 1983. Un second volume, qui paraîtra ultérieurement, regroupera les trois années suivantes.

L'édition de ce « cours de sociologie générale » se conforme aux choix éditoriaux qui ont été définis lors de la publication du cours sur l'État et qui visent à concilier fidélité et lisibilité[3]. Le texte publié correspond à la retranscription des leçons telles qu'elles ont été données. Le passage de l'oral à l'écrit s'est cependant accompagné d'une réécriture légère qui s'est attachée à respecter

1. Paris, Raisons d'agir, 2001.

2. *Sur l'État. Cours au Collège de France 1989-1992*, Paris, Seuil/Raisons d'agir, 2012 ; *Manet. Une révolution symbolique. Cours au Collège de France 1998-2000, suivis d'un manuscrit inachevé de Pierre et Marie-Claire Bourdieu*, Seuil/Raisons d'agir, 2013.

3. Voir la note des éditeurs dans *Sur l'État, op. cit.*, p. 7-9.

les dispositions que Bourdieu appliquait lorsqu'il révisait lui-même ses conférences et séminaires : corrections stylistiques, lissage des scories du discours oral (répétitions, tics de langage, etc.). On a procédé de façon exceptionnelle à la suppression de certains développements, quelquefois parce qu'ils étaient trop improvisés, le plus souvent parce que l'état des enregistrements ne permettait pas de les reconstituer de manière satisfaisante. De façon générale, les mots ou passages qui étaient inaudibles ou qui correspondaient à une interruption momentanée des enregistrements sont signalés par [...] lorsqu'ils s'avéraient impossibles à restituer avec certitude. Le découpage en sections et en paragraphes, les intertitres, la ponctuation sont des éditeurs. Les « parenthèses » par lesquelles Bourdieu s'écarte de son propos principal sont traitées de façons différentes selon leur longueur et le rapport qu'elles entretiennent avec ce qui les entoure. Les plus courtes sont placées entre tirets. Quand ces développements acquièrent une certaine autonomie et impliquent une rupture dans le fil du raisonnement, ils sont notés entre parenthèses et, lorsqu'ils sont trop longs, ils peuvent devenir l'objet d'une section à part entière. Les notes de bas de page sont, pour la plupart, de trois principaux types. Les unes indiquent, quand il a été possible de les identifier, les textes auxquels Bourdieu fait explicitement (ou parfois implicitement) référence ; quand cela a paru utile, de courtes citations de ces textes ont été ajoutées. D'autres visent à indiquer au lecteur les textes de Bourdieu qui, antérieurs ou ultérieurs aux cours, contiennent des développements sur les points abordés. Un dernier type de notes fournit des éléments de contextualisation, par exemple au sujet d'allusions qui pourraient être obscures à des lecteurs contemporains ou peu au fait du contexte français.

En annexe ont été reproduits les résumés des cours, tels que publiés dans *L'Annuaire du Collège de France – cours et travaux*.

Année 1981-1982

COURS DU 28 AVRIL 1982

Enseigner la recherche. – Logique de la recherche et logique de l'exposition. – Qu'est-ce que classer ? – Classer des sujets classants. – Divisions construites et divisions réelles. – L'insulte.

J'ai intitulé l'enseignement que je vais donner cette année et les années suivantes « Cours de sociologie générale ». C'est un titre extrêmement présomptueux si l'on retient « sociologie générale » et extrêmement modeste si l'on met l'accent sur « cours ». La notion même de cours telle qu'elle me paraît se définir sociologiquement, implique nécessairement un coefficient de modestie. Ce que je vais essayer de faire pourrait être entendu comme un cours sur mes propres travaux. Évidemment, je ne suis pas le mieux placé pour faire un cours sur ce que je fais, parce qu'il y a, il me semble, une sorte d'antinomie entre l'enseignement et la recherche, entre la complexité au moins subjective de la recherche et la simplification imposée par le genre même des cours. Ce que je présenterai ne sera donc pas un cours à proprement parler, mais sera pourtant un cours au sens le plus modeste du terme : si je voulais donner sa définition pleine au titre que j'ai proposé, je devrais présenter une sorte d'axiomatisation de mon propre travail, montrer l'articulation entre les concepts fondamentaux et la structure des relations qui unissent les concepts. Au fond, j'ai voulu m'autoriser de l'alibi du cours dans sa définition sociale pour essayer de faire quelque chose que je n'oserais pas faire autrement, c'est-à-dire essayer de présenter les linéaments fondamentaux de ce que j'essaie de faire.

J'aborderai successivement, au cours des années qui viennent, un certain nombre de notions clés, à la fois dans leur fonctionnement conceptuel et dans leur fonction technique dans la recherche : la notion de champ, d'une part en situant cette notion par référence à la notion de champ physique et d'autre part en interrogeant les rapports entre le champ physique et le champ défini comme champ de luttes. Ensuite, j'examinerai les rapports entre la notion de champ et la notion d'habitus, ce qui me conduira à examiner la question de la motivation ou de la détermination des pratiques ; plus précisément, j'essaierai de dire ce qui me paraît être la logique de l'action telle qu'elle se dégage de l'articulation de la notion de champ et de la notion d'habitus. Enfin, j'essaierai de montrer les relations entre les différentes espèces de champ et les différentes espèces de capital. Ce ne sont là simplement que des têtes de chapitre. Mais je voulais les évoquer pour resituer ce que je vais faire dans les leçons de cette année : réfléchir sur ce qui me paraît être un préalable à toute tentative de théorisation en sciences sociales, à savoir la relation entre le sujet scientifique et son objet, et plus précisément la relation entre le sujet scientifique comme sujet connaissant et son objet comme ensemble de sujets agissants.

Pour poser ces questions d'une façon non excessivement théorique, je voudrais revenir sur une opération fondamentale de toute science sociale, l'opération de classification. Toute science sociale, pour les besoins de l'analyse statistique et de la comparaison des analyses statistiques entre classes construites, est obligée de découper ses populations, ses objets en classes, et je voudrais interroger cette opération en la comparant à ce qu'elle est dans les sciences de la nature par exemple, comme la biologie, la zoologie ou la botanique, et en essayant de déterminer plus précisément le rapport entre la classification que produit le savant, les conditions dans lesquelles il produit cette classification, et les classifications que les agents sociaux mettent en œuvre dans leur pratique.

Enseigner la recherche

Je voudrais m'autoriser du fait que je fais une première leçon pour essayer – à titre de *captatio benevolentiae*, comme disaient les orateurs classiques – de justifier par anticipation ma manière de faire. Je ne sais pas si la manière dont je vais essayer de fonctionner est ordinaire ou extraordinaire, mais elle est la seule possible pour moi. Tout en disant qu'un cours n'est jamais qu'un cours, mais en faisant en sorte que ce cours soit aussi peu que possible un cours, je voudrais neutraliser l'effet de neutralisation qu'exerce presque inévitablement l'enseignement qui, même lorsqu'on l'appelle « enseignement de recherche », a quelque chose d'un peu fictif : on travaille à blanc, on présente les résultats d'une recherche plutôt qu'on ne communique des manières de chercher. Je n'échapperai pas à la règle, ne serait-ce qu'en raison de la structure de l'espace dans lequel je parle, de la différenciation de l'audience, etc. Mais je voudrais essayer, autant que possible, dans les limites laissées à la liberté des agents sociaux, de neutraliser ces effets en les anticipant de deux façons : d'une part, en essayant de partir des choses elles-mêmes, c'est-à-dire de mon expérience de chercheur et des travaux que je suis en train de faire, ou d'expériences sociales directement accessibles à la plupart des participants ; et, d'autre part, en comptant sur la collaboration des auditeurs : je serai inévitablement condamné au monologue – c'est la logique même de cette situation – mais je souhaiterais qu'une forme de dialogue puisse s'instaurer, sous la forme par exemple de questions qui pourraient m'être posées par oral à la fin du cours ou par écrit au début du cours suivant, de manière à ce que je puisse éventuellement corriger des impressions, répondre à des objections ou à des questions – ou dire que je ne sais pas répondre à des questions, ce qui arrivera sans doute très souvent. Ce n'est pas du tout une exhortation rhétorique ; je souhaite beaucoup recevoir, sous forme de petits papiers pour les plus timides, sous forme de conversations en fin de séance pour les autres, des interpellations, comme on dit.

Ce souci d'échapper autant que possible à la logique du cours entraînera donc un certain nombre de conséquences en ce qui concerne la rhétorique de mon discours. Le paradigme de la leçon, c'est la leçon d'agrégation, dont j'ai fait l'analyse sociologique[1] et

1. Voir la leçon inaugurale de Pierre Bourdieu au Collège de France intitulée *Leçon sur la leçon*, Paris, Minuit, 1982. Dès 1967, il évoquait les « exercices d'agrégation »,

contre lequel je voudrais me défendre. C'est un exercice qui est fait pour être totalement imparable ; celui qui le prononce est à l'abri de tous les coups. Faire de la recherche, c'est tout à fait le contraire, ce n'est pas se parer (à tous les sens du terme), c'est s'exposer avec ses points faibles, ses faiblesses, une définition du progrès scientifique étant précisément qu'on baisse la garde, qu'on peut recevoir des coups. Rompre avec la leçon à la française implique un certain mode d'expression parfois hésitant, piétinant, que, dans la rhétorique française, on dit « lourd », « long », « pesant ». Je n'hésiterai pas si besoin est – je ne le ferai pas exprès – à être piétinant. L'enseignement à la française, à force d'encourager à l'alacrité, à l'élégance, à la distinction, à la légèreté, habitue les gens à se contenter de ces discours qui effleurent les vérités, en particulier les vérités sociales, et qui donnent à très bon compte le sentiment d'intelligence dans tous les sens du terme : celui qui les produit et celui qui les reçoit ont le sentiment d'être intelligents, et tous les deux ont le sentiment d'une grande intelligence, d'une grande intercompréhension.

Dans le travail de recherche tel que je le conçois, il faut souvent se sentir bête, incapable, incompétent, idiot (je reviendrai sur ce mot d'idiot qui est d'une grande importance sociale). La philosophie, la meilleure, enseigne à se mettre en état de disponibilité totale, en état d'ignorance. Cela se raconte et fait très bien dans les dissertations (« je sais que je ne sais pas »), mais se pratique peu. En sociologie, cette vertu d'ignorance, de « docte ignorance » comme disait Nicolas de Cues[1], est spécialement importante pour arriver à interroger les choses les plus banales, comme je le ferai aujourd'hui, par exemple, pour la notion de droit (qu'est-ce que

---

notamment dans « Systèmes d'enseignement et systèmes de pensée », *Revue internationale de sciences sociales*, vol. 19, n° 1, 1967, p. 367-388. Sur la place de l'agrégation dans le système scolaire français, voir *La Reproduction*, Paris, Minuit, 1970, notamment p. 181-184. Il développera par la suite son analyse de l'enseignement « à la française », tel qu'on peut le saisir dans les classes préparatoires aux grandes écoles, dans *La Noblesse d'État*, Paris, Minuit, 1989, notamment p. 7-181.

1. Nicolas de Cues, *De la docte ignorance*, Paris, Flammarion, « Garnier Flammarion », 2013 [1440].

le droit ? que veut dire « qui de droit » ?) et la notion de nommer (que veut dire la « nomination » dans des phrases que nous lisons chaque jour et qui devraient nous arrêter, comme « le président de la République a nommé un de ses amis à la Banque de France » ?). Cette pesanteur, si antithétique, selon l'opposition classique et scolaire, à la grâce (telle que l'école la définit), sera parfois subie et presque toujours délibérée, voulue et, puisque j'ai autorité pour cela, elle devra être acceptée par mes auditeurs.

Dans ce que je vais dire, les résultats – qui, je le dis sincèrement, sont, à des degrés différents, provisoires – m'apparaissent moins importants qu'une certaine manière de penser. Je vais invoquer l'exemple du livre de Benveniste, *Le Vocabulaire des institutions indo-européennes*[1], qui résulte d'un cours de plusieurs années au Collège de France et qui est, pour moi, une illustration de ce qui se fait de mieux dans cette maison. Ce livre me paraît bien sûr admirable par les résultats qu'il produit, mais aussi par le mode de pensée qu'il met en œuvre. On peut le lire dans le désordre ou en commençant par la fin, l'ordre de l'ouvrage n'étant d'ailleurs pas du tout l'ordre des cours ; l'ordre importe peu mais, dans chacun de ces fragments, on découvre la mise en œuvre du même *modus operandi* qui, lorsqu'il est acquis, devient la propriété du lecteur qui peut l'appliquer à des objets que Benveniste n'a – malheureusement – pas abordés et continuer lui-même le livre.

C'est, à mon avis, le rôle d'un cours idéal que de pouvoir transmettre ce qu'on appelle bêtement une méthode (mais c'est un mot tellement usé qu'on n'entend plus ce qu'il veut dire : ce n'est pas un dogme, ni des thèses – il y a eu une époque où les philosophes apportaient des thèses... ce n'est pas mon style). Mon but est d'apporter des modes ou des manières de pensée qui peuvent s'acquérir sans même qu'on s'en rende compte, par le fait de les voir fonctionner avec leurs ratés. Vous voyez ce que

1. P. Bourdieu a publié ce livre dans sa collection « Le sens commun » : Émile Benveniste, *Le Vocabulaire des institutions indo-européennes*, t. I : *Économie, parenté, société* ; t. II : *Pouvoir, droit, religion*, sommaires, tableau et index établis par Jean Lallot, Paris, Minuit, 1969.

mon discours a de stratégique : je vous demande d'accepter à l'avance les ratés du discours et peut-être même de croire qu'ils sont voulus, ce qui ne sera sûrement pas vrai dans tous les cas. Si j'avais voulu faire un discours à la mode – parce que tout peut être dit sur un mode déréalisant (j'allais dire parisien) –, j'aurais fait un topo sur la notion de brouillon. Je vous aurais dit : « Je ferai des brouillons, je serai brouillon, etc. » Mais je ne ferai pas ce topo parce qu'il déréaliserait quelque chose qui est tout à fait vrai.

Je voudrais terminer ce préambule par une dernière remarque. Je vais aborder cette opération fondamentale de la recherche qu'est la nomination, le classement, et je vais m'en servir pour attaquer par le flanc un problème fondamental en sociologie, celui des classes sociales. Il y a là une contradiction pédagogique, mais pour que ce que je veux faire fonctionne complètement, il faudrait à la fois que vous ignoriez complètement ce que j'ai derrière la tête (et qui est d'essayer de résoudre avec vous, devant vous, le problème des classes sociales) et que vous connaissiez en même temps mon arrière-pensée, que vous sachiez ce que je cherche. Je voudrais donc à la fois faire oublier et faire savoir.

Il y a des tas de cours sur les classes sociales et, si certains parmi vous sont déçus par mon enseignement, je leur donnerai des bibliographies tout à fait remarquables sur le problème. Ce qui nous manque, me semble-t-il, c'est un travail visant, sinon à résoudre le problème, comme on le dit de façon un peu arrogante, du moins à le reposer de telle manière qu'on ne sache plus du tout ce qu'on savait au départ. Si je pouvais invoquer une autre grande ombre, ce serait celle de Wittgenstein : nous avons besoin de ce type de penseurs qui nous désapprennent tout ce que nous savons ou que nous croyons savoir et qui nous font sentir, sur un problème comme celui des classes, que nous ne savons rien, ou très peu de choses, bien que tout sociologue digne de ce nom soit capable de faire un magnifique cours sur les classes sociales[1].

Ici, il faudrait faire une sociologie de ce que signifie, dans l'ini-

1. Voir par exemple le cours de Georges Gurvitch, *Études sur les classes sociales*, Paris, Gonthier, 1966 ; Raymond Aron, *La Lutte des classes*, Paris, Gallimard, « Idées », 1964.

tiation intellectuelle de tous les intellectuels, le passage obligé, plus ou moins long, plus ou moins profond, plus ou moins sérieux, plus ou moins dramatique, par le marxisme. Il y aurait à faire un travail de sociologie de la connaissance sur ce sentiment que l'on a pu avoir, à vingt ans, de savoir ce qu'il fallait penser sur les classes sociales : cette expérience collective qui est partagée par quasiment tout le monde et qui a la valeur d'une institution rend formidablement difficile ce travail qui devrait être banal pour reprendre, d'une certaine façon à zéro, le problème des classes et se demander qu'est-ce que classer. Quel rapport y a-t-il entre une classe sociale et une classe zoologique, botanique, etc. ?

Logique de la recherche et logique de l'exposition

Ce sont ces questions, plus ou moins triviales, que je vais poser dans ce premier cours, en allant, ne serait-ce que pour les besoins de la persuasion et de la conviction, des plus évidentes aux plus surprenantes. J'essaierai aujourd'hui de poser des questions, étant entendu évidemment que cette problématique est un peu truquée dans la mesure où je n'ai pu poser une part de ces questions qu'*ex post*, c'est-à-dire après avoir réfléchi, travaillé, etc. Un des malheurs de la communication scientifique, en effet, vient de ce qu'on est souvent obligé, pour les besoins de la communication, de raconter des choses dans un ordre qui n'est pas l'ordre génétique. Tous les épistémologues ont dit que la logique de la recherche et la logique de l'exposition du discours sur la recherche sont totalement différentes, mais les nécessités de la logique de l'exposition s'imposent si fortement à eux qu'ils se constituent une sorte de discours sur la recherche sans commune mesure avec ce qui se fait réellement dans la recherche. Moi-même, dans des travaux de ce type (*Le Métier de sociologue*[1]), j'ai pu distinguer, pour les besoins de la communication, des phases (par exemple : « il faut

1. Pierre Bourdieu, Jean-Claude Chamboredon et Jean-Claude Passeron, *Le Métier de sociologue*, Paris, Mouton-Bordas, 1968.

conquérir l'objet puis le construire ») qui n'existent jamais sous cette forme dans la pratique. De même, bien souvent, on ne peut formuler clairement les problèmes auxquels on a répondu qu'après avoir trouvé la réponse : la réponse aide à reformuler la question de façon plus puissante et à relancer du coup la discussion. Cette problématique est l'illustration parfaite de ce que je disais tout à l'heure : mon cours sera une sorte de compromis entre la réalité de la recherche (il peut m'arriver de me dire : « Mais, au fond, qu'est-ce que nommer, qu'est-ce qu'une nomination ? ») et les nécessités de l'exposition qui me conduiront à dérouler comme une série de problèmes quelque chose qui n'est pas apparu du tout sous cette forme.

Qu'est-ce que classer ?

Pour donner, sous forme simple, la thématique de l'interrogation d'aujourd'hui, les questions auxquelles je vais essayer de répondre sont à peu près les suivantes : « Qu'est-ce que classer ? Qu'est-ce que classer s'agissant du monde social ? » Le logicien peut répondre à la question du classement en général et la systématique biologique y répond très bien, s'agissant de la zoologie ou de la botanique, ce qui peut d'ailleurs être très utile à nous, sociologues, en nous faisant voir qu'en sciences sociales ce n'est pas si simple[1]. S'agissant du monde social, en effet, classer, c'est classer des sujets qui, eux-mêmes, classent[2] ; c'est classer des « choses » qui ont pour propriété d'être sujets de classement. Il faut donc interroger les classements dont les sujets sociaux sont sujets. S'agit-il de classements bota-

1. Sur la question du classement, voir P. Bourdieu, *La Distinction. Critique sociale du jugement*, Paris, Minuit, notamment p. 543-564. La comparaison entre biologie ou zoologie et sciences sociales n'est pas soulevée dans *La Distinction* mais dans « Espace social et genèse des classes », *Actes de la recherche en sciences sociales*, n° 52-53, 1984, p. 4-5. La question « Qu'est-ce que classer ? » est également l'objet du numéro 50 (novembre 1983) d'*Actes de la recherche en sciences sociales*.
2. On reconnaît ici un des axes de travail de Pierre Bourdieu dans *La Distinction* lorsqu'il affirme que « le goût classe et classe celui qui classe ».

niques ou zoologiques, ou de classements d'un autre ordre ? Tous les classements ont-ils le même poids ? (Vous allez voir tout de suite comment une problématique construite *ex post* est fictive parce qu'elle enferme nécessairement la réponse. Il est très difficile de poser une question sans en donner la réponse, ce qui prouve que la question n'a pas été construite de cette manière, sinon, par définition, il n'y aurait pas de recherche, ou ce serait trop beau.)

La question du classement, telle qu'elle se pose en sociologie, oblige à se demander qui classe dans le monde social. Est-ce que tout le monde classe ? Est-ce que nous classons à tout instant ? Comment classons-nous ? Est-ce que nous classons de la même façon que le logicien lorsqu'il classe, à partir de définitions, de concepts, etc. ? Ensuite, si tout le monde classe, tous les classements, et donc tous les classificateurs, ont-ils le même poids social ? Pour prendre des exemples dans des contextes très différents, l'administrateur de l'Insee qui classe selon une taxinomie savante ou semi-savante a-t-il le même poids que l'inspecteur des Impôts qui classe quand il dit : « Au-delà de telle tranche de revenus, vous paierez tant » ? Les classements du sociologue qui construit la catégorie des agents ayant telle et telle propriétés sont-ils sur le même plan que les classements du prédicateur qui distingue les hérétiques et les croyants ?

Se demander si tous les classements ont la même force sociale conduit à une question très difficile : tous les classements ont-ils la même capacité de s'auto-vérifier ? Les hommes politiques, par exemple, ont le pouvoir d'énoncer sur le monde social des propositions dotées de fortes prétentions à exister, investies d'une sorte de force auto-validante. Les classements sociaux peuvent se distribuer depuis le classement tout à fait gratuit (je vais y revenir avec l'exemple de l'insulte), jusqu'à des classifications qui, comme on dit, ont force de loi.

Maintenant, qu'y a-t-il de commun entre le classement du sociologue ou de l'historien (cela s'applique, il me semble à toutes les sciences sociales) et les classifications du botaniste, par exemple ? Je vais dire des choses triviales sur les classifications botaniques, d'abord parce que ce n'est pas mon métier, ensuite parce que ce n'est pas l'objet propre de ma recherche. Je m'en sers uniquement, comme je l'ai dit tout à l'heure, pour faire apparaître ce qu'il y a de spécifique dans la classification sociologique. Les botanistes établissent des classes sur la base de critères qui peuvent être, selon leur propre vocabulaire, plus ou moins naturels ou artificiels. La botanique et la zoologie distinguent deux grandes espèces de classements, et c'est une distinction utile pour les sociologues : les classements artificiels qu'ils appellent des systèmes, et les classements naturels qu'ils appellent des méthodes.

Les classements qu'ils appellent *artificiels* prennent pour critère un trait choisi plus ou moins arbitrairement ou selon une finalité établie par décision, le principe du choix étant la facilité et la rapidité dans la détermination des espèces. Comme l'idéal est de classer très vite, ils prennent un trait visible, des propriétés apparentes, comme la couleur de l'œil… S'ils prennent un critère profond comme le taux d'urée dans le sang, la classification est beaucoup moins commode.

Les classements *naturels* s'appuient, non plus sur un critère plus ou moins arbitraire mais commode, mais sur un ensemble de critères. Ils prennent pour critères tous les organes considérés dans leur ordre d'importance réelle pour l'organisme. Les classifications naturelles prennent en compte plusieurs caractères élémentaires : par exemple, la forme, la morphologie, la structure, l'anatomie, le fonctionnement, la physiologie, l'éthologie. Et les classements les plus naturels sont ceux qui arrivent à prendre en compte les corrélations entre les différents critères considérés.

Ainsi, sur la base de cet ensemble de critères fortement corrélés entre eux, on établit des classes qu'on appellera « naturelles » (le mot « naturel » est dangereux et, en sociologie, il posera des problèmes) ; elles sont fondées dans la nature des choses ou, comme on disait au Moyen Âge, *cum fondamento in re* (« avec un fondement dans les choses mêmes »). Tous les éléments d'une classe ainsi établie auront entre eux plus de ressemblance qu'avec les éléments de n'importe quelle autre classe et une classification naturelle sera une recherche des ensembles de caractères responsables de la plus grande fraction possible de la variation observée. Un des problèmes des classificateurs est alors de trouver ce qu'ils appellent les « caractères essentiels », c'est-à-dire les traits distinctifs les plus puissants, tels que les propriétés importantes soient en quelque sorte toutes déductibles de ce groupe de critères liés entre eux. Un certain type de systématique utilise les méthodes de l'analyse factorielle et de l'analyse des correspondances pour essayer de produire des classifications, en tenant ensemble l'univers des critères que l'on dirait pertinents et leurs relations entre eux. Ce rappel paraîtra tout à fait sommaire à ceux qui connaissent, mais il me paraît suffisant pour les besoins de la comparaison avec les sciences sociales.

Classer des sujets classants

D'une certaine façon, on pourrait reprendre tout ce qui a été dit et le mettre au compte de la sociologie. Le sociologue, comme le botaniste, est à la recherche de critères corrélés entre eux, tels que, à partir d'un nombre de critères suffisants, il cherche à s'approprier tous les critères, de façon à reproduire l'univers des différences constatées. C'est par exemple ce que j'essaie de faire dans *La Distinction* avec la notion de classe construite[1] qui englobe un système de critères : les caractéristiques économiques, sociales, culturelles, le sexe ; à partir d'un système fini de critères liés entre eux que j'ai essayé de définir de la façon la plus économique possible (tout critère n'apportant pas d'information supplémentaire par rapport au système des critères retenus était écarté), on doit pouvoir rendre raison de façon complète et économique de la totalité des différences pertinentes dont il s'agit de rendre compte. Jusque-là, il n'y a pas de différence.

La vraie différence me semble résider en ce que, parmi les critères qu'il peut employer pour élaborer son système de critères et sa taxinomie, sa division en classes, le sociologue rencontre deux catégories de critères. Pour l'illustrer : je travaille sur les

1. Voir P. Bourdieu, *La Distinction*, *op. cit.*, en particulier p. 117-121 pour la notion de classe construite.

professeurs de l'Université de Paris, je retiens des critères tels que l'âge, le sexe, l'établissement dans lequel ils enseignent, le fait d'avoir ou non l'agrégation, l'appartenance à tel ou tel syndicat, le fait d'écrire des « Que sais-je ? », le fait de publier chez Klincksieck ou aux Belles Lettres, etc.[1]. Dès que je prends ces critères comme objets, et non plus comme instruments de découpage de la réalité, je découvre une grande différence parmi ces instruments avec lesquels je découpe : par exemple, « agrégés »/« non agrégés » correspond à des groupes. Certains critères sont constitués dans la réalité (le mot « constituer » est important, il y a « constitution » dedans), ils sont constitutifs de la réalité, ils la découpent, et il y a des gens qui ont partie liée avec l'existence de ce découpage : il y a un président de la Société des agrégés qui est un plénipotentiaire et qui pourra parler pour l'ensemble des agrégés.

À l'opposé, avant le mouvement féministe, le découpage masculin/féminin était celui qui posait le moins de problème aux statisticiens bien que, si on y réfléchit, on voit qu'il y a un continuum et que la différence entre les sexes est arbitrairement découpée par la société ; pour épouser dans le détail les structures réelles, il faudrait des distinctions beaucoup plus subtiles. Autre exemple, les tranches d'âge, pour lesquelles, en général, les statisticiens ne se fatiguent pas. (Un point intéressant à étudier est la corrélation entre les positions sociales des classificateurs et les caractéristiques sociales de leur classification. Les classifications bureaucratiques, comme celles qu'emploie l'Insee, posent très peu de problèmes à ceux qui les produisent, mais elles en posent beaucoup dès qu'on y réfléchit. Alphonse Allais s'amusait de ce que, pour un enfant au-dessous de trois ans, vous avez une réduction pour voyager en train, au-dessus vous ne l'avez plus et il demandait ce qu'il se passe si un père de famille voyage le jour de l'anniversaire de son enfant : le père de famille doit-il tirer la sonnette d'alarme pour déclarer que son fils a passé trois ans et demander à payer un

1. L'enquête à laquelle P. Bourdieu fait ici référence sera publiée dans *Homo academicus*, Paris, Minuit, 1984 (voir en particulier, sur les points abordés ici, p. 17-33).

supplément[1] ? Les humoristes sont les alliés des sociologues parce qu'ils posent des questions que la routine ordinaire porte à oublier.) Dans tous ces cas où il y a un continuum, les taxinomies et les classifications juridiques tranchent : au-dessous/au-dessus, masculin/féminin. Le droit découpe, tranche à l'intérieur des continuums.

Divisions construites et divisions réelles

Quand le sociologue ne se pose pas la question du statut de réalité des classifications qu'il emploie, du statut juridique des critères qu'il emploie, il mêle constamment deux types de classes. La plupart des « typologies » en sociologie sont le résultat d'un mélange, à mon avis épistémologiquement monstrueux. Je me rappelle par exemple un travail sur les universitaires qui mêlait des oppositions formelles du genre « cosmopolite/local » et des oppositions fondées dans la réalité et liées à des divisions réelles (comme « *jet sociologist* », à l'origine d'une opposition entre « professeur itinérant » et « professeur qui ne bouge pas »)[2]. Autrement dit, les typologies mélangent souvent des divisions construites et des divisions empruntées à la réalité. Je me rappelle que, du temps des premières imitations américaines de l'anthropologie structurale, Lévi-Strauss avait commenté l'article d'un ethnologue qui mettait sur le même plan les oppositions empruntées à la réalité de la mythologie ou des rituels (« sec/humide », etc.) et des oppositions très complexes (que j'aurais du mal à réinventer… du genre « pur/impur », par exemple) d'un tout autre niveau de construction, d'élaboration. En sociologie, ne pas poser le problème du statut « ontologique » des classifications que nous employons, conduit à mettre dans le même sac des principes de division qui n'ont pas du tout le même statut de réalité.

1. Voir Alphonse Allais, « Un honnête homme dans toute la force du mot », in *Deux et deux font cinq*, Paris, Paul Ollendorf, 1895, p. 69-72.
2. Voir Alvin W. Gouldner, « Cosmopolitan and locals : Toward an analysis of latent social rules », *Administrative Science Quaterly*, n° 2, décembre 1957, p. 281-307 ; voir aussi *Homo academicus*, *op. cit.*, p. 23-24.

Pour revenir à la comparaison avec la classification biologique, je dirais que la sociologie rencontre des « choses », qui peuvent être des individus ou des institutions, qui sont déjà classées. Par exemple, pour classer les professeurs de l'enseignement supérieur par institution, vous allez trouver la catégorie des universités et celle des grands établissements. En général, l'un des instruments pour s'approprier ces classements consiste à en faire l'histoire : quand sont-ils apparus, ou quand ont-ils été inventés ? Est-ce une invention bureaucratique ou technologique récente ? Est-ce qu'ils correspondent à des histoires différentes ? Qu'il s'agisse de personnes ou d'institutions, les objets des sociologues se présentent donc comme déjà classés. Ils sont porteurs de noms, de titres qui sont autant d'indicateurs d'appartenance à des classes et qui nous donnent une indication sur ce que c'est que classer dans l'existence ordinaire. Si ce que le sociologue rencontre se présente comme déjà classé, c'est qu'il a affaire à des sujets classants.

Dans la vie ordinaire, une institution (ou un individu) ne se présente jamais comme une chose – elle ne se présente jamais en elle-même et pour elle-même – mais toujours dotée de qualités, elle est déjà qualifiée. Par exemple, une personne qui agit, comme on dit, « ès qualités » (je reviendrai sur cette expression qui me semble contenir une philosophie sociale tout à fait profonde), un professeur en chaire, un prêtre, un fonctionnaire, se présente dotée de propriétés sociales et de qualités sociales qui peuvent être rappelées par toutes sortes de signes, signes dont l'agent social considéré est porteur, tels que le costume, les insignes, les décorations, les galons, etc. Ces signes ou ces insignes peuvent aussi être incorporés, donc quasi invisibles, telles la distinction, l'éloquence, l'élégance verbale, la prononciation légitime… C'est extrêmement important : les propriétés incorporées sont quasi invisibles, quasi naturelles (et c'est là que nous retrouverions la classification naturelle). Elles fonctionnent comme base de la prévision sociale. J'anticipe un peu sur les réponses, alors que je ne veux que poser des questions, mais il est évident que la vie sociale n'est possible que parce que nous ne cessons pas de classer, c'est-à-dire de faire des hypothèses concernant la classe (pas seulement au sens social), dans laquelle nous avons classé la personne à qui nous avons affaire. Comme on dit, « il faut savoir à qui nous avons affaire ». Ces propriétés peuvent être encore plus invisibles et [se situer] en dehors du porteur : elles peuvent être dans la situation ou dans la relation entre les deux personnes en présence, comme les signes de respect. Dans le mot « respect », il y a perception, et les propriétés qui servent de base à la classification sont des propriétés qui s'imposent au regard, et qui imposent un certain regard et, du même coup, le comportement adéquat.

Dans l'existence ordinaire, les agents classent. Il faut classer pour vivre et, pour parodier la phrase de Bergson selon laquelle « c'est l'herbe en général qui attire l'herbivore[1] », on peut dire que c'est l'autre en général que fréquente le sujet social. Autrement dit, nous avons affaire à des personnes sociales, c'est-à-dire à des personnes nommées (il faudrait prendre le mot « nommer » au sens fort, au sens de « le président de la République a nommé... »), désignées par un nom, constituées par un nom qui, non seulement les désigne, mais les fait être ce qu'elles sont. Je reviendrai sur ce point.

Pour faire comprendre, j'emploierai l'analogie très révélatrice de l'attribution. Dans l'expression « jugement d'attribution », le mot « attribution » a un sens très précis dans la tradition de l'histoire de l'art : c'est le fait de donner un nom à un tableau, à un auteur. Chacun sait que, selon l'auteur qu'on assigne à une œuvre, la perception de l'œuvre change, mais aussi son appréciation, non seulement subjective mais aussi objective et objectivement quantifiable par le prix du marché. Les amateurs ou les professionnels, à qui appartient le pouvoir de changer l'attribution d'une peinture hollandaise de troisième ordre, ont un pouvoir de classification éminent qui a des effets sociaux très importants. Certains classements à l'œuvre dans le monde social sont de même type. Par exemple, les nominations de fonctionnaires opérées par le Conseil des ministres sont des actes exécutoires qui ont force de loi et entraînent toutes sortes de conséquences palpables : des

1. Henri Bergson, *Matière et mémoire*, Paris, Alcan, 1903, p. 173. Sur cette formule, voir aussi Claude Lévi-Strauss, *La Pensée sauvage*, Paris, Plon, 1962, p. 180.

marques de respect, des salaires, des retraites, des retenues, des traitements, etc., toutes sortes de traitements sociaux au sens très large du terme. Les classements auxquels nous avons affaire dans le monde social, les qualités que le sociologue rencontre à l'état de biens constitués, sont donc des dénominations qui produisent, d'une certaine façon, les propriétés de la chose nommée et lui confèrent son statut.

L'insulte

Je voudrais, pour illustrer plus complètement ce premier thème, évoquer rapidement un article qui vient d'être republié dans un livre de Nicolas Ruwet : *Grammaire des insultes et autres études*[1]. Je vais, au fond, reposer les mêmes questions à partir d'un terrain différent (avec l'intention marginale de montrer à quel point les frontières entre les disciplines sont souvent fictives ; ce que je vais dire illustrera la vacuité de certaines divisions pour lesquelles les gens sont prêts à mourir, entre la sociologie, la pragmatique, la sociologie de la langue, la linguistique...).

Dans cet article, Nicolas Ruwet répond à un texte de Milner consacré aux insultes[2] et à ce qu'il appelle les « noms de qualité ». Ces noms de qualité sont typiquement ce que la logique aristotélicienne aurait appelé des *catégorèmes*. Catégorème vient de *katégoreisthai*, ce qui, au sens étymologique, veut dire « accuser publiquement »[3] : on est donc tout à fait dans l'insulte. Une catégorie, un catégorème, est

1. Voir Nicolas Ruwet, « Grammaire des insultes », *Grammaire des insultes et autres études*, Paris, Seuil, 1982, p. 239-314 (première publication : « Les noms de qualité en français. Pour une analyse interprétative », in C. Rohrer [dir.], *Actes du Colloque franco-allemand de linguistique théorique*, Tübingen, Niemeyer, 1977, p. 1-65).

2. Jean-Claude Milner, « Quelques opérations de détermination en français. Syntaxe et interprétation », thèse de doctorat d'État, Université de Paris VII, 1975. P. Bourdieu reprend, sous une forme resserrée, l'analyse de l'insulte dans *Ce que parler veut dire. L'économie des échanges linguistiques*, Paris, Fayard, 1982, notamment p. 71-72, 100 ; rééd. in *Langage et pouvoir symbolique*, Paris, Seuil, « Points Essais », 2001, p. 107, 111, 128, 156, 180, 307, 312.

3. Pour des précisions sur ce point, voir le cours suivant, p. 35-36.

une accusation publique. Le mot « public » est capital : il veut dire « non honteux », « qui ose se nommer » par opposition aux dénonciations honteuses qui n'osent pas se proclamer. Le catégorème est une accusation publique qui prend donc le risque d'être reconnue ou rejetée. Au passage, Ruwet remarque que quand je dis à quelqu'un « idiot », je n'engage que moi alors que quand je dis à quelqu'un « professeur », je ne prends pas de grands risques (il est vrai que si un intellectuel de gauche dit : « Tu n'es qu'un professeur », cela peut redevenir une injure !). Par conséquent, les « noms de qualité » se distinguent sémantiquement des noms ordinaires comme « gendarmes » ou « professeurs » par le fait qu'ils sont non classifiants. Ruwet écrit un peu plus loin que « professeurs » et « gendarmes » ont une « "référence virtuelle" propre », ils renvoient à « une classe "dont les membres sont reconnaissables à des caractères objectifs communs" »[1].

Pour aller vite : il y a un consensus sur le *census* [la catégorie de recensement] ; tout le monde sera d'accord pour penser un gendarme comme gendarme, alors que tout le monde ne sera pas d'accord pour penser comme idiot celui dont je dirai qu'il est un idiot, sauf – c'est ce que le linguiste oublie – si j'ai autorité pour dire que les autres sont idiots, si je suis professeur par exemple [*rires*], auquel cas ça a des conséquences sociales évidentes. (J'ai dit le professeur pour être méchant mais on pourrait dire le psychiatre… et c'est bien pire…). Ruwet refuse la distinction de Milner entre les « noms de qualité » et, disons, les noms de profession. Il dit que ce n'est pas une différence lexicale et que l'on pourrait, au niveau sémantique, faire l'économie des analyses de Milner. Je laisse le débat linguistique, mais je retiens le problème posé, qui est, à mon avis, capital. Le texte célèbre d'Austin sur les performatifs a eu pour moi une très grande importance[2]. Il m'a réveillé

1. La citation exacte (donnée par N. Ruwet, « Grammaire des insultes », *loc. cit.*, p. 244) est : « Les premiers auraient une "référence virtuelle" propre, dont les seconds seraient dépourvus. La référence virtuelle propre de *professeur, gendarme*, etc., définit une classe "dont les membres [sont] reconnaissables à des caractères objectifs communs" (Milner, 1975, p. 368). »
2. John L. Austin, *Quand dire, c'est faire*, trad. Gilles Lane, Seuil, 1970 [1962] ; rééd. « Points Essais », 1991. P. Bourdieu discute des thèses d'Austin dans *Ce que parler veut dire, op. cit.* ; rééd. in *Langage et pouvoir symbolique, op. cit.*, p. 108-110 et 161-169.

un petit peu du sommeil [dogmatique] dans lequel nous vivons en tant que sociologues parce que nous sommes, comme tous les objets sociaux, accoutumés aux mots. Nous ne nous étonnons plus de ce que la routine de l'usage ordinaire des mots nous impose.

De même qu'Austin a restitué dans toute sa force l'interrogation sur le discours qui prétend à agir (dont l'insulte est un cas particulier), de même le débat entre Milner et Ruwet a le mérite de réveiller le sociologue qui pourrait oublier que, finalement, les classes auxquelles il a affaire sont des catégorèmes parmi lesquels il y a l'insulte. C'est un problème fréquent de l'analyse sociologique. Par exemple, quand il est obligé d'employer certains des catégorèmes insultants de l'existence quotidienne, le sociologue utilise des guillemets (comme le fait *Le Monde* quand il rapporte des propos susceptibles d'être perçus comme injurieux). Quand le sociologue rencontre l'insulte comme catégorème n'engageant que son auteur, un catégorème sans autorité, non autorisé, il prend ses distances en mettant des guillemets ; mais, à « professeur », il n'en mettra pas parce qu'il sait qu'il a l'ordre social avec lui.

Je cite Milner : « Il n'existe pas de classe : "idiot", "salaud", etc., dont les membres sont reconnaissables à des caractères objectifs communs ; la seule propriété commune qu'on puisse leur attribuer, c'est qu'on profère, à leur égard, dans une énonciation singulière, l'insulte considérée[1]. » Ce sont des performatifs, des performatifs de l'insulte. Ce qui est très intéressant, c'est que le mot « idiot » est lui-même dans la logique dont il est question : « idiot » vient de *idios* (ἴδιος) qui veut dire « singulier ». L'idiot, c'est celui qui profère une insulte contre n'importe qui, contre n'importe quoi, sans autorité pour le faire. C'est celui qui s'expose à être enfermé dans l'idiosyncrasie, dans la solitude absolue de celui qui n'a personne pour le soutenir. C'est l'inverse d'un énoncé performatif réussi qui est, lui, prononcé dans des conditions telles que celui qui l'énonce est mandaté pour le prononcer et a, du même coup, toutes les chances de voir son énoncé passer à l'acte. Autrement

1. J.-C. Milner, « Quelques opérations de détermination en français. Syntaxe et interprétation », *op. cit.*, p. 368 ; cité in N. Ruwet, « Grammaire des insultes », *loc. cit.*, p. 244.

dit, les classifications que profère l'insulteur sont susceptibles d'être retournées. C'est la riposte ordinaire à l'insulte : « Vous en êtes un autre. » Elle se retourne contre l'idiot : « C'est celui qui le dit qui l'est », comme disent les enfants. Autrement dit, il y a des classifications qui n'engagent que leur auteur, qui sont en quelque sorte à compte d'auteur. Si cet auteur est un auteur prophétique qui a une *auctoritas*, qui est l'auteur de son autorité, sa classification pourra s'imposer mais, en dehors de ce type de cas, un acte d'imposition de sens, s'il n'est autorisé que par le sujet singulier qui le profère, est voué à apparaître comme idiot.

J'essaierai la prochaine fois de montrer comment la logique de l'insulte et la logique de la classification scientifique représentent les deux pôles extrêmes de ce que peut être un classement dans l'univers social.

COURS DU 5 MAI 1982

L'acte d'institution. – L'insulte, une conduite magique. – Le codage des individus. – Découper la réalité. – L'exemple des catégories socio-professionnelles.

Dans son argumentation, Nicolas Ruwet indiquait que l'acceptation de la distinction proposée par Milner entre les noms de qualité et les noms ordinaires reviendrait à ignorer au fond ce que la sémantique pourrait apporter au problème. Et il indique, contre Milner, que la distinction entre les classifiants comme « professeur » ou « gendarme » et les non-classifiants repose sur des exemples extrêmes. Ruwet reproche donc à Milner de se donner des pôles extrêmes d'un continuum dans lequel il y aurait, à un bout, « professeur » et « gendarme », c'est-à-dire les noms de métier, et, à l'autre bout, les injures caractérisées comme « idiot » ou « salaud ». Milner insiste donc sur le fait qu'« idiot » ou « salaud » ne renvoient pas à des classes clairement définies sur lesquelles un ensemble aléatoire de locuteurs pourrait se mettre d'accord ; du même coup, l'utilisateur d'une insulte se trouve en quelque sorte exposé et se porte seul garant de sa classification. Autrement dit, l'insulteur est un classificateur qui prend des risques extrêmes.

Je ne traiterai pas à fond, si tant est que j'en sois capable, le problème de l'insulte. Ce qui m'intéresse dans cet exemple, c'est qu'il rappelle une chose que les sociologues et d'autres oublient souvent, à savoir que les problèmes de classification ne sont pas nécessairement et exclusivement des problèmes de connaissance. L'insulte est typiquement une de ces classifications pratiques dans lesquelles le classificateur engage tout ce qu'il est, tout ce qu'il sait de lui-même ; il prend des risques sans avoir le sentiment d'accomplir un acte de connaissance. Ce type d'observation *in vitro* est important parce qu'il est à l'opposé des observations que produisent souvent les sociologues, lorsque par exemple ils demandent à leurs enquêtés de se faire classificateurs. J'aurais voulu pouvoir vous apporter des questionnaires produits par des sociologues patentés, homologués, qui demandent à leur objet, c'est-à-dire aux enquêtés, de se classer (c'est malheureux, on jette parfois au panier des choses mauvaises alors qu'elles sont extrêmement utiles comme documents). Le sociologue applique en quelque sorte son statut de professeur du monde social pour demander [...] à l'objet de l'analyse scientifique de se classer lui-même : « À quelle classe pensez-vous appartenir ? », « Combien existe-t-il de classes selon vous... ? », « Si on divise la société en cinq classes, où vous situeriez-vous ? », « Pensez-vous que vous appartenez aux classes moyennes ? ». Dans ce cas-là, ce que les gens répondent ne révèle pas grand-chose : pour se débarrasser d'une question idiote, on fait une réponse où on minimise justement une chance d'être idiot – car une information importante pour ceux qui, ici, sont sociologues, c'est que les enquêtés ont mille façons de dire au sociologue qu'il est idiot, en général très poliment et de façon très euphémisée.

Le problème de l'insulte fait sentir que l'opération de classification, dans la vie de tous les jours, est une opération pratique, c'est-à-dire engageant des fins, engageant celui qui engage les fins. C'est une opération risquée dans laquelle celui qui porte son jugement s'expose à être lui-même jugé ; comme je l'ai évoqué la dernière fois, la riposte que font les enfants – « Tu en es un autre ! » – montre qu'il y a toute une rhétorique de l'insulte. Cette sorte de lutte symbolique, dont l'insulte est un moment, rappelle – et je pense qu'il ne faudra pas l'oublier – que les problèmes de classement ne sont pas seulement ce qu'en font les savants, les chercheurs, pour qui les problèmes de classement sont des problèmes intellectuels, des problèmes de jugement.

L'acte d'institution

Je prolonge un tout petit peu, en me servant d'ailleurs d'une note de Ruwet : « "*Tu es un imbécile*, dit Milner, n'est pas, malgré l'apparence, parallèle à *Tu es un professeur* [...]. Cette première phrase, à la différence de la seconde, a, par son énonciation même, des effets pragmatiques nécessaires : c'est une insulte." D'où le rapprochement avec les performatifs [que fait Milner]. Mais notons, si on pense aux situations (plutôt exceptionnelles) dans lesquelles une phrase comme *Tu es un professeur* serait naturelle, que cette phrase aurait aussi une portée "performative" (quoique pas nécessairement insultante) – par exemple, elle pourrait vouloir dire quelque chose comme *Je te nomme professeur*[1]. » Cette note est le centre de ce que je dirais si j'avais à faire une théorie de l'insulte (c'est intéressant, me semble-t-il, que le linguiste envoie dans une note, en passant, ce qui me paraît central : cela décrit assez bien les rapports entre disciplines voisines, les rapports entre points de vue qui s'ignorent presque complètement).

Cette remarque me semble importante parce que la phrase « Tu es un salaud » peut avoir un statut équivalent à « Tu es un professeur », mais à condition que « Tu es un professeur » soit employée dans un cas bien particulier. En fait, on ne le tutoierait pas. Pour nommer quelqu'un professeur, on dirait : « Vous êtes nommé professeur », en lui tendant un parchemin, comme dans certaines universités américaines où, dans un rite codifié, on remet à l'impétrant un titre donnant droit à exercer la fonction de professeur. Si on dit : « Tu es un professeur » dans un acte de nomination, on accomplit un acte d'institution. La remarque de Ruwet, si on la prend à la lettre, indique que l'insulte (« Tu n'es qu'un idiot ») et la nomination (« Tu es un professeur ») sont deux éléments de la même classe. C'est la classe des actes de nomination que j'appellerai la « classe des actes d'institution », c'est-à-dire des actes par lesquels on signifie quelque chose à quelqu'un, étant

1. N. Ruwet, « Grammaire des insultes », *loc. cit.*, p. 302, note 14.

entendu que le mot « signifier » s'entend à la fois au sens de la théorie linguistique, comme synonyme d'acte de communication (« je signifie ceci ou cela » par le fait de faire des gestes), et au sens où « je vous signifie quelque chose » veut dire « je vous somme », « je vous enjoins », « je vous ordonne » d'être ce que je vous dis que vous êtes. Je pense que c'est une définition correcte du performatif. (Je ne vais pas me perdre en distinguos subtils sur les différents sens du mot performatif, je m'en tiens pour le moment au sens originel qu'Austin donnait à ce mot, aussi longtemps qu'il en a gardé le contrôle et que ce mot n'a pas été approprié par le pinaillage des linguistes. Je précise cela pour ceux qui trouveraient mes propositions provisoires trop simples.) Donc l'injure et la nomination appartiendraient à la même classe des actes qu'on peut appeler d'« institution », positifs ou négatifs. L'acte d'institution positif consiste, par exemple, à désigner quelqu'un comme digne d'occuper une position. Les actes d'institution négatifs (il vaudrait mieux dire de destitution, ou de dégradation) consistent à enlever à quelqu'un la dignité qui lui avait été accordée. L'injure ou l'insulte pourraient donc être une sous-classe de cette classe des actes de destitution, elle-même sous-classe des actes d'institution positifs ou négatifs au sens très large.

Un des problèmes que je veux poser, à travers ces exemples, c'est la question de savoir ce que sont ces actes par lesquels un individu ou un groupe ou, plus souvent, un individu mandaté par un groupe institue un autre individu ou une chose comme consacrée, comme nommée. Cette question très générale est importante, vous le verrez, pour le problème du classement, parce que le sociologue rencontrera constamment dans son objet des individus institués, classés. La difficulté de la sociologie, je l'ai dit l'autre jour, tient au fait que les agents sociaux auxquels le sociologue a affaire sont d'avance classés, et le sociologue doit savoir qu'il a affaire à des gens classés. Vous verrez que cela aura des conséquences importantes.

Si l'insulte appartient à la classe des performatifs entendus comme un rite d'institution – avec le premier Austin, je le répète –, l'injure occupe, à l'intérieur de cette classe des rites d'institution, une position particulière. Une remarque de Ruwet montre qu'il l'a bien senti, bien qu'il ne fasse pas de la sociologie (je pense qu'il fait toujours de la sociologie sans le savoir, comme quoi il vaut mieux le savoir quand on fait de l'analyse linguistique et surtout de la pragmatique) : il a remarqué que l'insulte avait la particularité d'exposer celui qui [la profère]. Celui qui [la profère] prend un risque. L'insulte a donc une particularité à l'intérieur de la classe des rites de dégradation, qui ont été décrits par un ethno-méthodologue américain, Garfinkel, dans un article où il analyse le rite par lequel on enlève les épaulettes à un officier[1]. Le rite de dégradation officiel ne peut être accompli que par un personnage officiel. On peut dire que, pour dégrader, il faut être général, il faut être gradé, alors que pour insulter un automobiliste dans la rue, on peut être un simple *idios* (ἴδιος), un simple particulier. En disant : « Tu es idiot », je dis que je suis un particulier, je m'expose. Donc l'injure ou l'insulte [renvoient à] un rite privé, *idios* (ἴδιος), un rite singulier, un rite qui n'engage que son auteur – l'ethnologie connaît très bien ce genre de rites : ce sont, par exemple, les rites de magie amoureuse qui sont clandestins, cachés, accomplis la nuit, le plus souvent par des femmes dans des sociétés où la division du travail entre les sexes donne le mauvais rôle aux femmes, comme c'est souvent le cas. Et ces rites privés s'opposent aux rites publics, officiels, accomplis par tout le groupe, en tout cas en présence de tout le groupe et par un individu mandaté par le groupe, c'est-à-dire quelqu'un qui est autorisé à parler pour le groupe, qui a autorité pour faire, au nom du groupe, un acte de dégradation.

J'avais invoqué l'autre jour l'étymologie du mot « catégorie » que rappelle Heidegger : catégorie vient de *katégoreisthai* qui veut dire « accuser publiquement », et on pense à notre accusateur public[2].

1. Harold Garfinkel, « Conditions of successful degradations ceremonies », *American Journal of Sociology*, n° 61, 1956, p. 420-424.
2. Heidegger souligne que *katègoria* vient de *kata-agoreuein* qui signifie « accuser publiquement » (ou, encore plus précisément, « accuser sur l'agora »). Voir « Ce qu'est et comment se détermine la *Physis* » (1958), trad. François Fédier, *Questions II*, Paris, Gallimard, 1968, p. 199-200.

L'accusateur public est quelqu'un qui classe et qui dit : « Vous êtes condamné à tant d'années », « Vous êtes relégué », etc., et son classement a force de loi. Celui qui est classé par un accusateur public, mandataire de tout le groupe et qui prononce son verdict face à tout le groupe, au nom du groupe, n'a pas à discuter. Il est stigmatisé objectivement, alors que celui qui est classé par un simple particulier qui passe sa mauvaise humeur peut riposter.

On voit que, derrière le problème du classement, il y a le problème tout à fait fondamental de l'autorité engagée par celui qui classe dans le classement. L'analyse de l'insulte permet de soulever un certain nombre de questions : les classements peuvent être des classements pratiques ; on peut faire des actes de classification dans la pratique la plus infime, la plus quotidienne, la plus banale. Il faut s'interroger sur la relation qu'ils entretiennent avec les actes de classification que fait le savant ; ces actes de classification posent la question de l'autorité dont ils s'autorisent, et, du même coup, amènent à poser au sociologue la question de l'autorité dont s'autorisent ces classifications. Autrement dit, quand on pose la question du classement, on doit savoir qu'une question d'autorité est en jeu. Voilà ce que rappelle l'exemple de l'injure.

On peut pousser un peu plus l'analyse de l'injure ou de l'insulte (ce n'est pas mon objet, mais ce serait intéressant de voir si les deux mots sont parfaitement synonymes...). L'injure, dans cette logique, apparaît comme une tentative ou une prétention – Ducrot, à propos du performatif, parle de prétention à exercer une autorité[1]. Le mot « prétention » est intéressant car il a des connotations psychologiques. L'injure apparaît donc comme une tentative ou une prétention pour destituer – ce qui est l'inverse d'instituer –, pour disqualifier, pour discréditer (un mot important dans lequel il y a « croyance » : discréditer, c'est ôter à quelqu'un ce que la croyance commune lui accorde), par un acte magique (*magique*,

1. Se référant notamment à l'exemple de la « réplique d'une mère à son fils qui a "déshonoré" une jeune fille, et qui doit "réparer" : "Tu dois épouser cette fille" », Oswald Ducrot, parle d'une « prétention affichée à posséder tel ou tel pouvoir » (Oswald Ducrot, « Illocutoire et performatif », *Linguistique et sémiologie. Travaux du Centre de recherches linguistiques et sémiologiques de Lyon*, n° 4, 1977, p. 36).

j'y reviendrai) de nomination qui n'engage que son auteur, mais qui l'engage complètement, au point qu'il peut risquer, comme on dit, de se faire casser la figure. On peut risquer sa vie en se faisant insulter pour une insulte : dans une société d'honneur, une insulte contre la mère de la personne insultée, par exemple, peut exposer la vie de son auteur – ce sont donc des choses tout à fait sérieuses. Et si, en partant de l'insulte, on voulait poser le problème des rapports entre le savant et la politique (souvent posé en termes plutôt rhétoriques et rituels), je pense qu'on verrait mieux qu'au fond une classification savante engage beaucoup son auteur en tant que sujet scientifique et ne l'engage guère en tant que sujet politique.

L'insulte, une conduite magique

L'insulte peut donc être décrite – et ce sont des propriétés sur lesquelles je reviendrai – comme une conduite magique. Ce que je dis là de l'insulte, si l'on admet que c'est un performatif, pourrait valoir aussi de l'ensemble des performatifs : c'est une conduite magique visant à agir sans agir, à agir sans acte, à agir de façon symbolique, à la façon de la malédiction ou de la bénédiction. Ensuite, c'est une conduite magique qui est exercée à titre personnel. Par opposition au rite de dégradation, elle est sans garantie institutionnelle, sans autorisation ni autorité, comme le jugement de goût qui est une autre forme de classement, le jugement de goût est souvent un jugement de dégoût. Très souvent, quand je dis « dégoût », je dis en fait que je n'aime pas le goût des autres. Vous pourrez le vérifier dans vos hebdomadaires ou vos quotidiens à la rubrique mode ou dans toute autre rubrique où le jugement de goût est engagé. Le jugement de goût est presque toujours un jugement de dégoût indirect. Comme l'insulte, il engage l'interlocuteur, il compromet l'insulteur qui se classe en classant. De même, l'insulte engage l'insulteur qui s'expose en agressant. Cet acte magique est donc un acte de magie privée qui s'opposerait au rite officiel de destitution, d'accusation légitime, tel que celui [qu'accomplit] par exemple l'accusateur public.

Troisième caractéristique, cette conduite magique exercée à titre personnel sans garantie institutionnelle détient une force (il faudra revenir sur ce problème qu'Austin et, après lui, les linguistes appellent la force illocutionnaire, la force inscrite dans le discours). Cet acte symbolique détient une force qui dépend pour une part (je dis bien pour une part, une toute petite part) de la forme. Bizarrement, quand ils parlent du performatif, les linguistes que j'ai lus (et j'en ai lu pas mal) oublient que la force sociale, le degré auquel l'insulte fait mouche comme on dit, où elle touche la cible, dépend de sa forme. J'emprunte un exemple au livre de Jacques Cellard, *Ça ne mange pas de pain*, qui rassemble toute une série d'expressions populaires avec leur origine historique[1]. Cellard rapporte une injure rituelle que vous connaissez sûrement tous : « Arrête ton char, Ben Hur ! » Il montre que cette insulte, dans laquelle « char » est compris c-h-a-r, est le produit d'une évolution de « Arrête ton charre ! », de « charrier » : cesse de faire le malin, cesse d'en rajouter. C'est là une évolution tout à fait classique dans l'expression populaire que tous les ethnologues ont constatée : les locutions se perpétuent à travers les siècles, subissent une transformation permanente qui est la condition même de leur conservation. On ne comprend plus « charre » mais « char ». L'évolution est normale, mais l'insulteur veut mettre les rieurs de son côté, c'est-à-dire donner de la force à son insulte et, comme cette force ne peut venir que du groupe des spectateurs, il faut faire un travail sur la *forme* de l'insulte : en ajoutant « Arrête ton char, Ben Hur ! », on crée une espèce de référence faussement noble, un peu ridicule, déplacée en milieu populaire, une espèce de barbarisme à l'envers, de barbarisme chic. On crée une complicité qui est au principe d'une force.

Ce que je dis de l'insulte ou de l'injure, c'est exactement ce que disent les spécialistes du rôle du poète dans les sociétés

1. Jacques Cellard, *Ça ne mange pas de pain. 400 expressions familières ou voyoutes de France et du Québec*, Paris, Hachette, 1982.

archaïques. C'est bizarre de le dire à propos de l'insulte, mais je pense, sans faire du populisme, qu'il y a une création populaire qui a le même principe que la création poétique et qui consiste à faire une variante personnelle, mais évidemment conforme aux normes du groupe, sur un thème impersonnel, commun, connu de tous. Dans les sociétés dites archaïques, le poète est celui qui sait s'approprier une formule connue de tous (ce peut être, chez les Grecs, un vers de Simonide [de Céos] qui a traversé les siècles et qu'on retravaille à chaque fois en faisant un petit déplacement[1]) ; le poète est celui qui, au moment opportun, peut se réapproprier une formule connue de tous en lui faisant subir une modification qu'il adapte au présent et qui lui attire l'approbation des spectateurs, donc qui rend les spectateurs heureux.

C'est typiquement la définition d'une conduite charismatique – c'est un mot qui vient de Weber pour ceux qui ne le savent pas (*charisma* : la grâce, le don pour dire les choses simplement). L'autorité charismatique s'oppose à l'autorité de type bureaucratique[2]. Le général qui dégrade est un mandataire délégué par le groupe et il peut n'avoir aucun charisme : il peut être bossu, tordu, boiteux, et néanmoins [accomplir] un acte de dégradation puisque ce n'est pas [en son nom qu'il l'accomplit] ; c'est à travers lui le groupe mandataire qui [réalise] cet acte magique. Dans le cas de l'*idios logos*, de l'idiot singulier qui n'a que ses forces propres, il n'y a pas d'autre issue, pour avoir un peu de force illocutionnaire, que le charisme, c'est-à-dire, là, une sorte de virtuosité (Weber parle de « virtuosité religieuse[3] ») qui consiste à faire subir, dans le cas particulier, au lieu commun, au *topos*, une modification qui en fait quelque chose de singulier et, en même temps, de commun évidemment, parce que si personne ne comprenait le jeu de mots, si on ne savait pas qui est Ben Hur, ça ne marcherait pas. Il faut donc que ce soit à la fois singulier et commun, et c'est par là

1. Voir Pierre Bourdieu, « Lecture, lecteurs, lettrés et littérature », in *Choses dites*, Paris, Minuit, 1987, notamment p. 134.
2. Voir Max Weber, *Économie et société*, t. I, trad. sous la direction de Jacque Chavy et Éric de Dampierre, Paris, Plon, 1971 [1921] ; rééd. en 2 vol., Pocket, « Agora », 1995.
3. *Ibid.*, chap. « Voies de salut et modes de vie ».

que l'idiot, le singulier, l'auteur de l'injure réussie qui fait rire toute une tablée de bistrot, met les rieurs de son côté et acquiert une autorité qui est nécessairement collective, qui est celle d'un groupe. Je ne prolonge pas, mais je pense que cette analyse conduit à des thèmes importants. Dans le cas de l'insulte, le classificateur affirme une prétention à l'autorité symbolique et il l'affirme à son compte propre, par un travail sur la langue à travers lequel il se fait connaître et reconnaître comme maître du langage. C'est une chose importante pour une histoire sociale de l'insulte et évidemment pour le problème que je veux poser.

Je ne prolonge pas l'analyse de l'insulte que je n'ai pas faite, je dis bien, pour elle-même. Je vous rappelle ce que j'avais fait la dernière fois : j'avais essayé de situer le problème de la classification tel qu'il se pose au sociologue, par rapport au problème de la classification tel qu'il se pose aux zoologistes ou aux botanistes, en prenant l'exemple de l'insulte pour faire surgir une difficulté particulière ou, plus exactement, pour faire apparaître de façon plus concrète, moins scolaire disons, tout le thème que j'avais avancé, à savoir que, dans le cas du sociologue, l'acte de classification était une sorte d'intervention dans un jeu social consistant, pour une part, dans un jeu de classement réciproque ; et, pour faire sentir ce que pourrait être ce jeu du classement réciproque, du classement à l'infini dans lequel chacun est à la fois classeur et classé, classé par ses propres classements, j'avais pris l'exemple de l'insulte. L'exemple de l'insulte a pour fonction de faire voir que l'acte scientifique de classement, tel que l'opère le sociologue, doit compter avec des actes de classement qui préexistent et qui ne sont pas nécessairement inspirés par un souci de connaissance, à la différence de ceux du sociologue, actes de classement qui peuvent être inspirés par un souci d'action, ou d'influence, d'imposition, d'abolition du pouvoir.

Autre question : quel est le statut du classement qu'opère le sociologue par rapport à celui du botaniste, d'une part, et par rapport à celui de l'insulteur, d'autre part ? Le sociologue est-il du côté de l'insulteur ou du botaniste ? Une difficulté de la production du discours sociologique tient au fait que les discours sociologiques sont très souvent lus avec les dispositions dans lesquelles on lit dans les sens ordinaires des discours classificatoires, de sorte que, très souvent, ils sont lus comme des insultes. Il faudrait prendre des exemples très précis, mais chacun de vous peut en trouver.

L'analyse de l'insulte pose donc à mes yeux la question du statut social du discours scientifique sur le monde social, c'est-à-dire de la science qui prétend au discours neutre, universel, au discours qu'Austin aurait appelé constatif et qui prétend, non pas transformer le monde, mais énoncer l'« état de chose », comme disent les philosophes du langage. Ordinairement, le monde social ordinaire est le lieu du performatif. Je le dis de façon peut-être un peu hâtive, mais je serais prêt à soutenir la thèse que les propos de l'existence ordinaire ne sont pratiquement jamais constatifs. Il y a, dans les énoncés les plus anodins, des effets d'imposition, des effets d'intimidation, de bluff symbolique ; autrement dit, des rapports de force symboliques se masquent (dans un adjectif, dans un silence, sous une moue) sous les dehors du discours apparemment le plus rigoureusement constatif. S'il en est ainsi, on peut dire que le discours scientifique sera un discours d'ambition constative sur du performatif, et, dans un univers voué aux performatifs – je redis dans un autre langage ce que j'ai dit tout à l'heure –, il sera exposé à re-fonctionner comme performatif.

Je prends un exemple. Analysant l'expression « la séance est ouverte », les linguistes montrent que cette expression peut être entendue de deux façons. Premièrement, de façon constative – je suis quelqu'un dans la salle et je dis : « Vous savez, la séance est ouverte » ; j'énonce un fait. Ou bien, deuxièmement, je peux être le président de séance et dire : « La séance est ouverte. » J'ai changé de ton, mais je pourrais le dire exactement sur le même ton. [En disant] « la séance est ouverte » sur le mode performatif, [en énonçant] ce passé composé sur le mode performatif, c'est-à-dire avec autorité, étant mandaté pour le faire, ayant autorité pour le faire et étant autorisé à le faire, je ne me contente pas de constater que la séance a été ouverte, je fais l'ouverture de la séance. Et, tout d'un coup, cette phrase est un rite d'ouverture, un rite inaugural, sans lequel la séance n'existerait pas en tant qu'ouverte, donc n'existerait pas.

Tout mon cours de cette année pourrait se résumer ainsi : « Il y a deux classes sociales » pourrait s'entendre exactement comme « La séance est ouverte », de deux façons : ou bien on peut dire « il y a deux classes sociales, c'est un fait, on n'y peut rien », on constate juste qu'il y a deux classes sociales ; ou bien je peux dire « il y a deux classes sociales » si j'ai autorité pour le faire et si le fait de le dire peut contribuer à les faire exister. Lorsque, par exemple, au nom du marxisme, certains se sentent autorisés à dire « il y a deux classes sociales », ils sont dans la logique du performatif, et le problème de la vérité de cette proposition est beaucoup plus un problème de vérification que de validation. Autrement dit, fonctionnant comme performatif, la phrase « il y a deux classes sociales » prétend à s'auto-vérifier et, si elle est prononcée par qui de droit, c'est-à-dire par la personne qui a la possibilité, par exemple, de déclencher une lutte classe contre classe, elle sera vérifiée. La question est alors : le pouvoir performatif de la vérifier, de faire en sorte qu'elle devienne vraie, par le fait de dire, est-il indépendant de la fonction constative ? Suffit-il, dans le cas des classes sociales, que j'aie autorité pour [les faire advenir en affirmant leur réalité ou faut-il] que, dans la réalité, il y ait un commencement de vérité ? J'énonce tout de suite ce problème tout à fait central, sous une forme peut-être un peu elliptique et prophétique, mais je voudrais que vous le gardiez à l'esprit pendant tout le temps de mon discours, parce que je vais m'en éloigner alors que je l'aurai sans cesse en tête : que veut dire l'expression « il y a deux classes sociales » ?

Le codage des individus

Je suis toujours dans les préambules de mon analyse. Ayant analysé les rapports entre la classification sociologique et la classification zoologique, ayant examiné le problème de l'injure, je voudrais poser un dernier problème et aborder un troisième et dernier cas qui fera surgir un autre ensemble de problèmes qui me paraissent engagés lorsqu'on parle de classes – de classes sociales, de classes sexuelles ou de classes d'âge. Le problème que je vais poser est extrêmement simple. Il se pose à tous les sociologues qui font des opérations de codage. Coder est typiquement une opération de classement puisqu'il s'agit de distribuer des individus en classes, de leur attribuer des propriétés ; on a un individu qui est une réalité composite (n'importe lequel d'entre vous est un individu qui a un nom, un titre, des qualités, comme on dit en justice), et coder un individu, c'est en quelque sorte l'atomiser, le décomposer, l'analyser en une série de propriétés autonomes, indépendantes, et susceptibles d'être traduites dans une catégorie simple. L'opération de codage, sur une enquête tout à fait ordinaire, comme l'enquête sur les professeurs sur laquelle je suis en train de travailler en ce moment, repose sur le fait que ce sont des individus qui ont été interrogés et qui ont produit un certain nombre de propriétés ; ils ont dit leur âge, leur sexe, leur profession, la profession de leurs parents, leurs diplômes, le lieu de leurs études, éventuellement leur opinion politique. Quels critères classificatoires suis-je en droit de retenir ? Quels critères classificatoires ai-je intérêt à retenir pour diviser cette population selon ses articulations internes ? C'est le problème que se pose un codeur : il ne faut pas plaquer des divisions formelles et diviser des choses qui ne doivent pas l'être, mais diviser des classes qui le sont réellement dans la réalité. On ne peut coder une réalité que si on la connaît déjà, ce qui pose le problème du cercle herméneutique, un problème vieux comme les sciences humaines, mais que, à chaque génération, l'ignorance des débutants fait redécouvrir comme un grand mystère et une grande objection au progrès des sciences sociales. Je dis que, vraiment, c'est un problème tout à fait facile à résoudre – ce qui ne veut pas dire que ce ne soit pas un très grave problème –, à condition de le poser comme je vais le poser.

Quels sont alors les critères classificatoires à retenir ? L'âge, le sexe, etc. ? Tout bon chercheur qui a dépouillé plusieurs enquêtes a des archives de codes et a la tentation de coder une fois pour toutes l'âge, le sexe, etc. Il y a un côté répétitif dans la recherche qui fait qu'on ne se pose pas toutes les questions qu'on devrait se poser. [...] Je l'ai déjà dit la dernière fois, et je le répète pour la deuxième fois en sachant que ça va être affreux pour ceux qui l'entendront [à nouveau], mais j'en ai conscience et je crois que j'ai une certaine justification à me répéter. Je pense que, contrairement à ce qu'on croit d'ordinaire, ce retour réflexif sur la pratique scientifique n'est ni un point d'honneur spiritualiste du scientifique qui fait de l'épistémologie le soir, en fin de carrière, pour se donner un supplément d'âme, ni un gaspillage de temps, d'intérêts et d'intelligence, au moins dans les sciences sociales (je ne sais pas ailleurs mais, dans les sciences sociales, ça me paraît tout à fait fondamental). En tout cas, c'est mon expérience : tous les progrès techniques importants naissent de réflexions apparemment tout à fait étrangères à ce qui est imposé par l'urgence du moment, c'est-à-dire comment coder de la manière la plus économique ? Est-ce qu'il faut coder moins de 15 000, 15 000 à 70 000, 15 000 à 30 000, 30 000 à 40 000 ? Est-ce que c'est bien distribué dans la population, est-ce que, dans ma courbe, etc. ?

Découper la réalité

Des réflexions comme celles que je vais faire me semblent d'une fécondité scientifique indiscutable, en tout cas dans mon expérience. Ce n'est donc pas de la philosophie au sens péjoratif du terme. Le problème est de découvrir les critères pertinents (je reviendrai sur ce mot), les critères qui vont découper la réalité en fonction de divisions préexistantes, qui sont en quelque sorte en pointillés dans la réalité. Il faut trouver les critères qui, dans la réalité, divisent réellement les groupes plutôt que des critères formels construits pour les besoins de la cause. Mais tous les critères disponibles ont-ils le même statut de réalité sociale, fonctionnent-ils avec la même force ? Dans ma recherche des critères, est-ce que je vais mettre sur le même plan, par exemple, « agrégé de l'université » et « fils unique » ? Ces critères vont-ils avoir la même force sociale, la même force prédictive ? L'un des grands problèmes du sociologue est de maximiser le rendement de son questionnaire. Tout faiseur de questionnaires – pour ceux qui ne le savent pas je leur signale que c'est important – sait que la principale règle, lorsque l'on fait un questionnaire, est d'obtenir le maximum d'informations pertinentes du point de vue que je viens de dire avec le minimum de questions : on ne peut pas gaspiller des questions, il faut une stratégie ; et si on n'a pas, d'une part, le principe explicite selon lequel il faut maximiser le rendement des questions et, [d'autre part], des principes stratégiques explicites pour savoir dans quel sens orienter l'interrogation pour obtenir le maximum d'informations avec le moins de questions possibles, on risque de faire des questionnaires catastrophiques qui ne sont même pas utilisables pour les autres. Maximiser le profit de l'interrogation suppose donc aussi de s'interroger sur la puissance des indicateurs utilisés.

Que signifie la « puissance des indicateurs » ? Si vous repensez à ce que j'ai dit tout à l'heure à propos de l'insulte et de la dégradation officielle, cela pourrait avoir quelque chose à voir avec la puissance sociale des indicateurs. Je prends un exemple : entre le nombre d'années d'études et le titre scolaire, il y a une différence. Je comprends que vous ne la voyiez pas tout de suite puisque c'est seulement en faisant la réflexion que je viens de vous dire qu'elle m'est apparue, alors que j'ai utilisé ces deux indicateurs pendant des années sans me poser de questions. Le nombre d'années d'études est un très bon indicateur, s'agissant de mesurer un certain type de choses tel que le degré d'exposition (au sens où l'on parle d'une plaque sensible exposée) à l'enseignement. Le diplôme est quelque chose de tout à fait différent ; il mesure une sanction sociale. Supposez deux personnes également cultivées, l'une qui est entièrement autodidacte sans aucune sanction scolaire, sans aucun certificat, sans aucun titre scolaire, et l'autre qui a la même quantité de savoir acquis mais qui est mesurable par des thèses, des titres scolaires. Du point de vue des usages sociaux de cette culture équivalente, il y aura des différences énormes : dans un cas, sur simple présentation du titre, on obtiendra des postes, des privilèges, des passe-droits, des avantages, des salaires, etc., même dans l'hypothèse où la culture a dépéri – ce qui arrive ;

dans l'autre cas, on sera obligé de faire la preuve de sa culture, d'exhiber sa culture. Comme dans l'insulte, on sera réduit à soi-même, on sera *idios*. Est-ce que, quand je choisis mes critères, je ne suis pas condamné à m'appuyer sur les classifications sociales préexistantes, et sur les plus puissantes ? Ce que pendant longtemps j'appelais un « bon questionnaire », c'est-à-dire un questionnaire qui ramasse le maximum d'informations pertinentes avec le moins de questions possibles, avec le moins d'équivoques et de déperdition possible, ne sera-t-il pas un questionnaire qui va ramasser des informations conservant l'effet de toutes ces classifications fortes, de toutes les classifications sociales, parmi lesquelles la classification scolaire, évidemment dans une société comme la nôtre, a une place tout à fait à part ? Il n'y a pas de mal à ça, mais je pense qu'il vaut mieux le savoir. Je prolonge l'exemple du corps des professeurs : je vais prendre parmi les indicateurs un titre tel que celui d'agrégé par exemple. Je l'avais évoqué la dernière fois : on a là une propriété socialement constituée et, pour l'agrégé, c'est une propriété juridiquement garantie par un travail de certification. Le monde social est tout entier derrière ce titre qui donne une garantie (je reviendrai sur ce point). En outre, l'ensemble des individus ainsi marqués, ainsi constitués comme agrégés, c'est-à-dire séparés du troupeau (l'opération de classement s'énonce dans le mot même), sacrés (j'y reviendrai aussi) par un acte de magie sociale qu'implique tout acte de division, se sentiront liés à tous les individus de la même classe. Il existe une Société des agrégés, c'est-à-dire un groupe qui a un porte-parole qui peut parler au nom du groupe, telle que les membres du groupe ainsi constitués peuvent estimer avoir un profit à être dans le groupe. Voilà pour un critère.

Autre exemple : le sexe comme indicateur presque automatique. Est-ce que le statut de cet indicateur est le même depuis qu'il existe un mouvement féministe ? Je vous laisse réfléchir. Est-ce que l'existence d'un mouvement féministe n'a pas rapproché l'indicateur masculin/féminin de l'indicateur agrégé ? Autre exemple : la classe d'âge. Là, les classificateurs professionnels sont heureux parce que apparemment ça ne pose pas de problème, mais c'est en général l'arbitraire pur du classificateur car il s'agit d'un critère typiquement formel ; il n'existe pas en tout cas derrière ce critère de groupes du type « agrégés » ou « normaliens ». Il existe seulement dans les discours une opposition jeune/vieux qui peut être constituée à certaines époques, en général par les adultes à des fins de manipulation (comme les groupements de jeunesse dans l'ère pré-hitlérienne par exemple), mais on voit bien que le statut prédictif, constitutif de ce critère n'est pas le même que pour les autres.

Je pourrais continuer avec la religion, un critère sur lequel je pourrais parler vraiment deux heures[1], mais j'ai peur de vous ennuyer et de redire des choses déjà indiquées précédemment. Un critère comme la religion est très difficile à manipuler parce qu'il peut fonctionner comme emblème ou comme stigmate. La logique du stigmate et la logique de l'injure (« Tu n'es qu'un... ») sont évidemment très proches et les groupes stigmatisés sont très souvent utilisés comme porteurs d'injures. Autre exemple : l'origine géographique[2]. Comme le sexe, il y a quelques années, les mouvements régionalistes n'étaient pas compris de telle façon que, s'agissant d'une région comme le sud de la Loire, vous auriez pensé « Occitanie ». On pourrait continuer...

Cet exemple est un peu lourd et pesant, mais je pense à ceux d'entre vous qui sont des professionnels de la pratique sociologique et qui savent ce que je dis, mais peut-être l'oublient. En tout cas, je me suis autorisé du fait que moi j'ai souvent oublié ce que je viens de dire pour me sentir en droit de le dire.

L'exemple des catégories socioprofessionnelles

Je prends un dernier exemple parmi ces problèmes de classification : celui de la catégorie socioprofessionnelle. Un débat rituel

1. Bourdieu était sur le point de publier, avec Monique de Saint Martin, « La sainte famille. L'épiscopat français dans le champ du pouvoir », *Actes de la recherche en sciences sociales*, n° 44-45, novembre 1982, p. 2-53.
2. Sur ce point voir « L'identité et la représentation », in *Langage et pouvoir symbolique*, *op. cit.*, p. 281-292.

divise le monde des sociologues ou, plus exactement, ceux qui sont assez professionnels pour se poser des problèmes de classification (malheureusement, ce n'est pas la totalité de la classe…) : les uns se disent partisans de la classe sociale au sens marxiste, les autres de la CSP (catégorie socioprofessionnelle), c'est-à-dire de cette taxinomie complexe, froide et bureaucratique que pratique l'Insee (« cadre moyen », « employé de bureau », « employé de service », « employé de commerce », etc.). C'est un débat scolaire et je serais prêt à parier que 50 % de l'énergie pédagogique dépensée en France à enseigner la sociologie sont consacrés à cette distinction – vous m'accorderez bien cinq minutes sur ce sujet [*rires dans la salle*]. Là encore, il y a des bibliographies entières sur ce débat CSP/classes sociales qui est important. Tout ce que je vais dire tout au long de ce cours sera une tentative pour faire voler en éclats cette opposition et pour l'interroger comme je viens [d'interroger les] autres critères (l'âge, le sexe, « agrégé », etc.). Il faut d'abord se demander ce que sont les groupes produits par les deux classifications. Est-ce qu'elles correspondent à des groupes réels, à quelque chose comme la Société des agrégés, par exemple ? Ensuite, est-ce qu'à ces classes produites par ces deux principes de classification (« classe » et « CSP ») correspondent des « réalités » du type de groupes présentant les signes auxquels on reconnaît un groupe tels que l'existence d'organisations, permanentes ou durables, de mandataire durable pouvant parler au nom du groupe, de plénipotentiaire, de porte-parole, etc. ?

Deuxièmement, où se produisent ces classifications ? Qui les produit ? Quelle est la place dans l'espace des classificateurs, des producteurs de ces classifications ? Parle-t-on plutôt sociologiquement (les enquêtes sur les « classes sociales » seraient plutôt du côté de l'université) ou parle-t-on de catégories socioprofessionnelles (ce sera plutôt du côté de l'Insee, du côté de l'administration) ? Ces deux principes de classification sont reliés à des fonctions sociales et des usages sociaux différents. Les CSP sont fabriquées pour les besoins de l'administration économique, c'est-à-dire pour assurer une prévisibilité maximum s'agissant des conduites de consommation, etc. Les classes sociales ont une genèse sociale et des fonctions sociales différentes ; elles se situent dans un espace différent, rapportent des profits sur un terrain différent, le terrain de la discussion marxologique. En prenant ce troisième cas, celui du codage, je voulais dire que, comme je l'avais déjà montré à propos de l'insulte, il y a des différences considérables selon les catégorèmes que je prends quand je catégorise, quand je classe, quand je fais un codage ordinaire d'enquête ordinaire. Les catégorèmes sont des pouvoirs, des *credentials* comme disent les Anglo-Saxons. Ce sont des titres de crédit (un diplôme, c'est un titre de crédit), des créances, des traites sur la société ; avoir un titre scolaire veut dire, dans une foule de circonstances – à définir d'ailleurs – officielles et garanties par l'État, être en mesure de revendiquer légitimement les avantages associés à ces titres (le titre scolaire, de noblesse, de propriété). Parmi les propriétés que je vais retenir pour caractériser les individus, certaines sont des pouvoirs (d'ailleurs le mot *knowledge* peut se traduire par « pouvoir » au sens de « donner le pouvoir », d'un « fondé de pouvoir »). Je pense que, pour une sociologie du pouvoir, le mot « pouvoir » en ce sens est important – ce sont des pouvoirs qui sont garantis par qui ? La question est importante. On retrouve le problème que j'ai posé à propos de l'injure, où l'insulteur est garanti par lui-même et celui qui dégrade est garanti par tout l'ordre social. Le détenteur d'un titre scolaire universellement garanti est garanti par tout l'ordre social. Le détenteur d'un diplôme maison, l'ingénieur maison a un titre de circulation [de portée] seulement locale. L'autodidacte qui a suivi les cours par correspondance de l'École universelle n'est garanti par personne.

Il y a donc un continuum parmi les propriétés socialement garanties, depuis celles qui sont garanties de manière universelle jusqu'à celles qui sont très peu garanties, qui valent dans un petit groupe restreint, qui permettent seulement d'épater la famille. C'est une première chose. Ensuite, à côté de ces critères socialement garantis qui sont, du point de vue du sociologue, les plus puissants pour comprendre, pour classer réellement, conformément aux articulations, il y en a d'autres que le chercheur produit parce que sa connaissance du réel les lui fait introduire à partir de l'idée que, bien qu'ils ne soient pas certifiés et officiels, ils sont efficients.

COURS DU 12 MAI 1982

Classement objectif et objectivité. – Indicateurs objectifs et stratégies de représentation de soi. – Parenthèse sur l'histoire monumentale. – Les ruses de la raison sociologique. – Une définition objective des indicateurs objectifs ? – Le moment objectiviste. – Le géométral de toutes les perspectives. – Le problème de l'échantillonnage.

Mon préambule un petit peu long a peut-être laissé dans votre esprit plus de questions que de réponses. Mais, au risque de le prolonger un peu, je voudrais me justifier, parce que je pense qu'on n'en a pas fini avec les questions, étant donné ce que je crois être la difficulté objective des questions que j'ai essayé de soulever. Je reviendrai encore plusieurs fois sur ces questions, et je rappelle que, comme je l'ai dit la première fois, mon souhait n'est pas réellement de transmettre des savoirs achevés et finis mais plutôt une manière de penser, une manière de poser des questions. Ce qui fait la difficulté de ce que je vais dire aujourd'hui, c'est que la plupart des questions que l'on peut appeler méthodologiques ou épistémologiques telles que je vais les poser sont en même temps des questions politiques. J'essaierai de vous montrer que des problèmes tout à fait formels et abstraits (par exemple, comment tirer un échantillon ? Faut-il inclure telle et telle population dans l'échantillon, etc. ?) ont leur équivalent sur le terrain politique et c'est, me semble-t-il, l'une des difficultés spécifiques de la sociologie. Même quand on ne le sait pas, on fait toujours de la politique quand on fait de la sociologie. Il est important de le savoir pour éviter de faire de la politique au mauvais sens du terme et, vous le verrez souvent à ma façon de raconter ce que je raconte, il est très difficile de faire de la sociologie et d'avoir une bonne conscience positiviste. Un sociologue ne peut pas vivre sa pratique de façon heureuse et triomphante. J'universalise peut-être une propriété singulière, mais je tenais à le dire explicitement parce que vous l'auriez senti inévitablement, et je crois qu'il est important que vous sachiez que je le sais.

Classement objectif et objectivité

Ce que je voudrais aborder aujourd'hui, c'est le premier moment de mon analyse du classement : qu'est-ce qu'un classement objectif ? Pour indiquer rapidement la démarche que je vais suivre, je vais essayer de répondre à cette question d'un point de vue qu'on pourrait dire objectiviste ou, dans la logique d'une physique sociale, [en considérant que] les problèmes de classification se poseraient au sociologue dans les termes mêmes où ils se posent à un physicien, en tout cas à toute personne qui traite des choses susceptibles d'être traitées comme des réalités physiques. Ensuite, j'essaierai de montrer comment cette perspective objectiviste conduit à des dangers si l'on oublie que, dans la pratique, les objets classés sont aussi classants. Je ferai donc une sorte de critique de la posture objectiviste de manière à introduire à une description de la logique pratique du classement. Puis j'essaierai de montrer comment on peut faire une théorie du classement qui intègre à la fois la perspective objectiviste et la perspective pratique. Voilà en gros la démarche.

Qu'est-ce donc qu'un classement objectif ? En sociologie, nous employons le mot « objectif », au sens français, dans des circonstances très différentes. Nous dirons par exemple que « le diplôme est un indicateur objectif de la position dans la distribution du capital culturel », que « la prononciation est un indicateur objectif de l'appartenance de classe », etc., nous parlons de « sens objectif » d'une pratique, de « vérité objective » d'une pratique. J'ai par exemple l'intention de vous lire tout à l'heure un texte où je me suis aperçu, à mon étonnement, que j'ai employé le mot « objectif » trois fois. Ce mot trivial qui passe complètement inaperçu, charrie toute une philosophie sociale, une philosophie politique, et il serait très important de faire une sorte d'histoire de ses usages sociaux. En général, dans les usages politiques, c'est un mot très marqué. C'est un catégorème, au sens fort, c'est une accusation ; quand on dit à quelqu'un qu'il est « objectivement » quelque chose, ce n'est pas bon pour lui. Il est très important de le savoir parce qu'il y a là l'une des séductions de la position du sociologue, mais aussi l'une des raisons objectives pour lesquelles le sociologue fait horreur à beaucoup de gens, à juste titre.

Le mot « objectif » fonctionnerait comme je viens de le dire par ses connotations politico-terroristes, policières si on n'a pas à l'esprit ces connotations sociales qui sont très importantes. On pourrait bâtir un faux discours sociologique qui en aurait toutes les apparences et qui serait fait d'usages sauvages du mot « objectif ». Ayant énoncé les usages des mots « objectif », « objectivisme », « sens objectif », « culpabilité objective » ou « erreur objective », etc., je voudrais indiquer en quoi [ils me paraissent] légitimes dans la pratique scientifique ordinaire. Par exemple, la notion d'« indicateurs objectifs » désigne en gros des traits, des indices, des signes [...], des symboles, toutes sortes de choses qui révèlent quelque chose que celui qui les [manifeste] ignore. Il s'agit donc de mettre l'accent sur ce qu'une conduite trahit plutôt que sur ce qu'elle proclame. C'est le droit que se donnent toutes les sciences sociales et qui apparente leur phase objectiviste à la logique du procès. Il faut avoir à l'esprit que la science sociale ressemble par beaucoup de côtés à un procès. Lorsque j'enseignais la sociologie, j'ai souvent commenté un texte tout à fait intéressant où Claude Bernard parle des rapports entre le biologiste et la nature et dit : « Il faut souvent prêcher le faux pour savoir le vrai[1]. » Un bon sociologue, à mes

1. La citation complète est la suivante : « L'expérimentateur qui se trouve en face de phénomènes naturels ressemble à un spectateur qui observe des scènes muettes. Il est en quelque sorte le juge d'instruction de la nature. [...] Ces phénomènes naturels sont des personnages dont il ne connaît ni le langage ni les mœurs [...] et dont il veut cependant savoir les intentions [...]. Il emploie tous les artifices imaginables et, comme on le dit vulgairement, il plaide souvent le faux pour savoir le vrai. » Claude

yeux, dans une certaine phase de son travail, doit évidemment cacher ce qu'il cherche pour avoir quelque chance de le trouver. Il doit obtenir de son enquêté des choses que son enquêté ignore pratiquement.

L'indicateur objectif est donc un indice qui révèle quelque chose que les gens ne savent pas et par lequel ils se dévoilent. Je pense, par exemple, à la formule de Panofsky à propos de l'arc-boutant qui, jusqu'à la phase accomplie du gothique, était caché sous les toits : « Il vient un moment où on finit par voir ce que l'arc-boutant trahit et donc ce qu'il proclame[1]. » Le rôle de toute science est d'essayer d'aller au-delà de ce que la chose en question livre d'elle-même : cela vaut pour l'arc-boutant, pour un manuscrit, pour une interview, pour une conduite, pour un lexique, etc. Ceci est d'autant plus important que la chose en question résiste : quand c'est l'Église, ou l'épiscopat, ou un secrétaire général de l'épiscopat, c'est-à-dire des personnes qui [occupent des positions] fortes [au sein] de telles institutions, et qui ont des stratégies incorporées qui font ces institutions, il est évident que le rapport d'enquête est un rapport de force symbolique dans lequel le sociologue, pour avoir le vrai, doit cacher ce qu'il cherche. Il y a mille façons de venir à la sociologie mais on y vient souvent avec une sorte de naïveté humaniste et on croit que, en s'adressant les yeux dans les yeux à son enquêté, on peut savoir la vérité. Je crois qu'il faut renoncer à cette vision satisfaisante pour l'éthique mais scientifiquement stérile. Il s'agit d'une certaine façon d'être ou trompé ou trompeur. Quand on interroge un patron sur le patronat ou un évêque sur l'épiscopat, on a toutes les chances d'être manipulé symboliquement[2]. Critère objectif veut dire : il

---

Bernard, *Introduction à l'étude de la médecine expérimentale*, Paris, Garnier-Flammarion, 1966 [1865], p. 64.

1. Erwin Panofsky, *Architecture gothique et pensée scolastique*, Paris, Minuit, 1967 [1951], p. 111. La citation exacte est : « Les arcs-boutants de Caen et de Durham encore dissimulés sous le toit des collatéraux ont commencé à faire quelque chose avant d'être autorisés à le dire. Finalement, les arcs-boutants ont appris à parler. »

2. Pour des précisions sur le rapport d'enquête dans le cas des recherches sur le patronat et l'épiscopat, voir Pierre Bourdieu et Monique de Saint Martin, « Le patronat »,

me raconte tout ce qu'il me raconte mais je regarde ses souliers ou je regarde autre chose que ce qu'il me livre.

Indicateurs objectifs et stratégies de représentation de soi

Ceci étant posé, on peut aller très vite. Un indicateur objectif représente au fond ce qui permet de contourner les stratégies de présentation de soi au sens de Goffman[1]. Ces stratégies valent pour les sujets individuels – je pense à un texte de Balzac à propos d'un de ses héros qui, chaque fois qu'il va rencontrer quelqu'un, prend la pose. Il y a dans la vie des situations dans lesquelles on se campe en pied pour un portrait. Il y a aussi une sociologie des stratégies de présentation de soi qui sont des stratégies collectives. Chacun de nous se fabrique des stratégies individuelles à partir d'un arsenal de stratégies collectives qui sont acquises on ne sait trop comment.

Mais il y a aussi des stratégies de présentation de soi beaucoup plus redoutables pour le sociologue, et qui sont le fait des groupes. Elles font partie du problème. Je vais vous donner une illustration de ce qu'est un indicateur objectif à partir de la présentation de soi par laquelle tout groupe essaie d'imposer sa propre définition objective. J'ai dit quelque part que le dominant est celui qui est capable d'imposer sa propre perception de lui-même[2]. C'est le rôle du portrait, du buste, de la statue équestre : le dominant est

---

Actes de la recherche en sciences sociales, n° 20, 1978 (en particulier p. 78), et « La sainte famille », art. cité (notamment la note 51, p. 34).

1. Erving Goffman, *La Mise en scène de la vie quotidienne*, t. I : *La présentation de soi*, trad. Alain Accardo, Paris, Minuit, 1973 [1959].

2. On trouvera des exemples dans *La Distinction*, *op. cit.*, p. 169, 225, 236. Pour une présentation claire du problème à partir du cas « inverse », voir « Une classe objet », in *Le Bal des célibataires*, Paris, Seuil, « Points Essais », 2002, p. 249-259. Voir aussi la présentation de soi devant l'objectif d'un appareil photographique dans *Un art moyen. Essai sur les usages sociaux de la photographie*, Paris, Minuit, 1965, p. 32-106, et, avec Marie-Claire Bourdieu, « Le paysan et la photographie », *Revue française de sociologie*, t. VI, n° 2, 1965, p. 164-174.

celui qui, comme les mosaïques byzantines, est capable de vous obliger à le regarder de loin, de front, de face, avec respect, à distance, etc. Il a la maîtrise de la relation subjective que les autres peuvent entretenir avec lui. C'est au fond la définition même de la violence symbolique. Ceci est vrai pour les individus comme *a fortiori* pour les institutions qui, en se présentant, présentent les normes de leur propre perception, et disent : « Je demande à être regardé avec respect, c'est-à-dire à distance, d'ici ou de là, comme ci ou comme ça, plutôt de profil que de face… » Dès qu'on sait que c'est par les stratégies de présentation de soi que les individus ou les institutions échappent à l'objectivation, les stratégies d'imposition de l'image de soi deviennent des indicateurs. On peut apprendre beaucoup sur un individu ou sur l'institution à travers l'analyse des stratégies qu'ils emploient pour qu'on n'apprenne pas sur eux ce qu'ils ne veulent pas dire. L'histoire comparée des stratégies de représentation de soi, par exemple dans le portrait, dans la lettre officielle ou dans le *Who's Who*, où l'on demande à des « personnalités » de se présenter, serait un très bel objet d'étude. Une personnalité, c'est quelqu'un qui doit se présenter d'une certaine façon, qui doit dire sur elle-même certaines choses et pas d'autres.

Faire voir ce que j'appelle des indicateurs objectifs ne va pas du tout de soi. Si on prend un groupe comme les évêques, par exemple, sur lesquels je travaille en ce moment, ou les professeurs de l'enseignement supérieur[1], on rencontre immédiatement des images qui peuvent être légitimement perçues par le sociologue comme des stratégies avec lesquelles il doit compter et qui sont destinées à préempter en quelque sorte [sa] vision […]. Par exemple, les évêques s'avancent masqués derrière l'image de leur unité. Commentant une enquête sociologique dans les *Informations catholiques internationales*, un chanoine dit que les évêques sont tous pareils, qu'il y a juste de petites différences mais que, finalement, elles ne sont pas si graves que ça. Des sociologues reprenant les *Informations catholiques internationales*, les mêmes chiffres, vont redire

1. Voir *Homo academicus*, *op. cit.*

que « c'est une population très homogène[1] », en retraduisant cela en langage savant, en parlant de « mode », de « médiane », plutôt que simplement de « moyenne ». Voilà ce à quoi le sociologue a affaire. Cette stratégie de manipulation de l'image de soi peut être très sophistiquée quand elle est opérée par une institution consciente d'elle-même et consciente du fait que son pouvoir est à base symbolique. Une institution dont la maîtrise du monde social dépend du pouvoir symbolique aura un intérêt extrême à maîtriser son image de soi, c'est-à-dire les bases du pouvoir symbolique. Du même coup, dans le cas de l'Église, on aura affaire à des stratégies à deux degrés : il y aura les stratégies de présentation (les conférences de presse, etc., dans lesquelles on ne mettra pas n'importe qui), mais il pourra aussi y avoir les stratégies de manipulation du groupe lui-même. C'est-à-dire qu'on pourra mettre un archevêque de Paris qui a un accent du terroir, s'il est bon que l'archevêque de Paris, en tant que porte-parole, ait l'air de sortir du peuple. Face à cela, le sociologue doit se donner les moyens de crever cet écran d'idées reçues – c'est son métier, il ne doit pas être naïf –, ce qui ne veut pas dire qu'il est nécessairement réducteur, méchant ou soupçonneux.

J'ai parlé de la manipulation consciente et explicite du discours sur l'institution, de la manipulation de l'institution elle-même, qui est réalisée par le choix des agents qui sont mis en avant et en arrière. Je vous renvoie à l'article de Sylvain Maresca dans *Actes de la recherche en sciences sociales* sur les différentes manières de se vêtir qu'adopte le représentant du syndicat des paysans[2] : il change d'habit selon qu'il voit plutôt un paysan ou plutôt un négociateur. La manipulation ne porte donc pas simplement sur de l'idéologie, c'est-à-dire sur des « idées », du « discours », du « verbe », elle s'inscrit dans la chose même qui se présente préparée pour la perception.

1. P. Bourdieu pense sans doute à un article d'Émile Poulat, « Le catholicisme français et son personnel dirigeant », *Archives de sociologie des religions*, n° 19, 1965, p. 117-124 (voir « La sainte famille », art. cité, p. 4).
2. Sylvain Maresca, « La représentation de la paysannerie. Remarques ethnographiques sur le travail de représentation des dirigeants agricoles », *Actes de la recherche en sciences sociales*, n° 38, 1981, p. 3-18.

Parenthèse sur l'histoire monumentale

Un degré de plus : s'il y a des historiens parmi vous, je m'adresse tout spécialement à eux. Les historiens trouvent des documents qui sont des monuments – je vous renvoie au texte de Nietzsche sur l'histoire monumentale[1]. Les monuments sont des choses qu'on laisse pour rappeler à la mémoire, à la postérité, comme on était bien, comme on était beau, comme on était juste. [...] Ce qui reste est l'objet d'un traitement conscient et/ou inconscient dont on peut supposer que le principe est la production d'une image légitime de soi. Dans le livre de [inaudible[2]] sur la civilisation romaine, il y a une description du travail d'Auguste, [qui montre] comment un pouvoir manipule à l'avance sa propre perception anthume et posthume. Auguste est un exemple très intéressant parce qu'il a travaillé en quelque sorte pour la postérité. Il y a des gens qui sont en mesure de produire une image éternelle en vue de s'assurer une forme d'éternité sociale qui est l'éternité du document ou du monument.

Les institutions passent leur temps à [travailler pour leur postérité], et le sociologue se heurte sans arrêt à deux pièges inverses : soit une institution vous offre des documents et vous dit : « Regardez ça, c'est intéressant pour vous, regardez », soit elle vous refuse des documents en vous disant que « ça, c'est secret », « c'est pas assez bien », « vous repasserez », etc. Ou, pire encore, elle n'a pas de documents à vous offrir, et si vous ne posez pas certaines questions, il y a toute une partie de la réalité qui n'est pas constituée. Je dis cela très vite mais c'est tout à fait capital, en tout cas pour moi dans mon expérience de chercheur. Je pense, par exemple, que toute la sociologie de l'Église (les propositions qui commencent par

1. Friedrich Nietzsche, « De l'utilité et de l'inconvénient des études historiques pour la vie », *Seconde considération inactuelle*, Paris, Robert Laffont, « Bouquins », 1993 [1874], p. 226.
2. Ce nom n'a pas pu être identifié, mais il pourrait s'agir de l'analyse des *Res gestae Divi Augusti* par Paul Veyne dans *Le Pain et le Cirque. Sociologie historique d'un pluralisme politique*, Paris, Seuil, 1974.

« toute », il faut faire attention…) est en grande partie commandée par ces deux types de manipulations que l'« Église » (mot à mettre entre guillemets pour rappeler qu'il s'agit de désigner un ensemble complexe) fait subir aux données disponibles sur elle-même, sur les laïcs, sur les clercs, sur les pratiquants et sur les non-pratiquants.

Pour préciser un peu, je dirai simplement qu'un des problèmes centraux de l'Église, qui a été la première institution à se doter d'un appareil de sociologues-maison (l'Université n'en a toujours pas), était de connaître les comportements des laïcs[1] : pourquoi viennent-ils de moins en moins à la messe ? Pourquoi certains continuent-ils de venir ? Ayant ce genre de problèmes, l'Église a mesuré, avec l'aide de laïcs ou par ses propres forces, les caractéristiques des pratiquants ; elle a fait du marketing en matière de service religieux. Du même coup, elle attire très fortement l'attention des sociologues par le simple fait qu'elle leur donne des chiffres tout fournis, ce qu'aiment les sociologues parce que c'est beaucoup plus agréable que de les fabriquer soi-même. Mais en fournissant des documents ou des choses, elle occulte toutes les questions qu'elle ne pose pas. Par exemple, il n'y a pas du tout d'enquête sur l'évolution par sexe, par âge, du nombre des religieux ou des clercs. Il y a donc toute une foule de demandes d'informations qui sont écrasées par le fait que l'institution s'avance, porteuse d'informations sur elle-même qu'elle vous offre. C'est pour cela qu'il est capital de dire qu'il faut construire l'objet. Ce n'est pas un précepte méthodologique en l'air. (Le drame est que la plupart des bons travaux historiques sont – les Anglais ont un mot[2] – « tombés du ciel » : on « tombe sur » les archives d'un grand éditeur genevois du XVIIIe siècle qui vendait l'*Encyclopédie*. Et Darnton en fait toute une analyse, qui est très bien d'ailleurs[3]. Mais comme cela tombe tout fait, on ne

1. P. Bourdieu pense sans doute à des travaux comme ceux du chanoine Fernand Boulard (1898-1977), auteur notamment d'une *Carte religieuse de la France rurale* (1947).

2. P. Bourdieu pense peut-être à la notion de *serendipity*.

3. Robert Darnton, *L'Aventure de l'Encyclopédie, 1775-1800. Un best-seller au siècle des Lumières*, trad. Marie-Alyx Revellat, Paris, Perrin, 1979. P. Bourdieu reviendra sur cet exemple *infra*, dans le cours du 11 janvier 1983, p. 597.

se demande pas : « Mais qu'est-ce que j'aurais voulu si j'avais dû construire ? », « Qu'est-ce qu'il aurait fallu que j'aie pour que ce soit intéressant ? », etc. Je pense que c'est le piège fondamental pour le sociologue et, *a fortiori*, pour l'historien qui n'a pas le choix. Je ferme cette parenthèse qui va encore me retarder dans mon programme, mais elle peut, je pense, être utile pour la pratique.)

Les ruses de la raison sociologique

Je reviens aux indicateurs qu'on appelle « objectifs », dans le jargon légitime des groupes de recherche. Ces indicateurs livrent sur les individus, les institutions, les groupes, etc., des informations qu'ils ne voudraient pas donner ou qu'ils ignorent ; la chose la plus importante étant que la plupart des informations qui intéressent le sociologue ne sont même pas secrètes, elles sont à l'état implicite, à l'état pratique, et personne ne les détient. C'est dans l'interaction entre quelqu'un qui les donne sans savoir qu'il les donne et quelqu'un qui les prend [...] que peut se produire la vérité scientifique. Ces informations, les gens les livrent à leur insu, et parfois malgré eux. Par exemple, dans les dialogues avec les membres de l'Église, l'une des ruses objectives de la raison sociologique consiste dans le fait que les enquêtés cachent des choses qu'on ne leur demande pas et ne cachent pas des choses qu'on cherche : ils se trompent sur ce qu'il faut cacher. Cela suppose d'avoir une vraie problématique et pose aussi le problème – j'y reviendrai – du mythe de l'interview non directive du sociologue, « plaque sensible » qui écoute et enregistre. Si ce que j'ai dit est vrai, vous voyez tout de suite que ce mythe du non-directif est en fait la légitimation de tous les effets d'imposition de l'objet sur le sujet dit scientifique.

Les indicateurs objectifs sont donc des choses que les gens livrent sans le savoir. Les sociolinguistes qui vont bien au-delà des sociologues les plus sophistiqués arrivent ainsi à saisir des choses absolument incontrôlables : le nombre ou la nature des liaisons, le fait d'employer ou non un génitif, de dire « vous » ou « tu », etc.[1]. Les sociolinguistes se situent donc d'emblée à un niveau où tout contrôle est impossible. Comme tout comportement social est nécessairement « multicodique » (c'est un mot barbare que j'emprunte aux linguistes et qui signifie qu'il est impossible pour un locuteur de contrôler tous les niveaux du code : si vous contrôlez la syntaxe, vous perdez le vocabulaire ; si vous contrôlez le vocabulaire, vous perdez la prononciation, et puis la gesticulation peut être en contradiction avec la prononciation ou avec la syntaxe ou avec la sémantique), le sociologue a toujours, quoique vous fassiez, du pain sur la planche, *a fortiori* s'il vous fait parler sur des choses comme vos goûts, par exemple : si vous contrôlez vos goûts en musique, vous lâcherez vos goûts en peinture et, lorsque vous parlerez de cuisine, vous trahirez la vérité en musique. Voilà en gros pourquoi la sociologie est possible et comment ça se passe.

Je continue sur la manière de se déclarer. Les pratiques de représentation de soi n'étant pas neutres, elles restent encore une information ; même le refus de répondre est très intéressant. [...] À partir du moment où vous êtes sommé par une interrogation scientifique – et c'est d'ailleurs vrai de façon générale –, dès que quelqu'un vous pose une question, vous êtes fichu, même si vous dites non. Vous êtes pris dans la dialectique de l'honneur[2] : dès le moment où vous êtes défié, quoique vous fassiez, vous passez à la casserole. De même, le sociologue engage un processus qui est un coup de force violent – j'y reviendrai –, et dont on ne peut pas sortir autrement qu'en lâchant de l'information objective.

J'aurais dû passer plus vite sur ce thème, assez facile au fond, mais je vais un tout petit peu plus loin. Je prends pour objet ce que c'est que d'interroger des gens sur ce qu'ils sont, ce que c'est que d'essayer de savoir, à propos des gens, une vérité qu'ils ignorent ou qu'ils cachent. Si le problème est celui de la classification que

1. Voir par exemple William Labov, *Sociolinguistique*, trad. Alain Kihm, Paris, Minuit, 1976 [1973].
2. Voir Pierre Bourdieu, « Le sens de l'honneur » (1960), in *Esquisse d'une théorie de la pratique*, Paris, Seuil, « Points Essais », 2000 [1972], p. 15-60.

j'ai posé en commençant, je peux m'adresser à des individus, à des institutions, à des porte-parole d'institutions ou à des groupes ; je peux faire des entretiens avec des individus ou avec des collectifs. Parmi les choses que les sociologues oublient souvent d'interroger, il y a la modalité et la forme de leur interrogation. S'agissant par exemple d'obtenir une information sur des groupes, qu'est-ce que c'est que d'interroger des individus composant ces groupes, appartenant à ces groupes ? Je vais illustrer tout de suite ce que j'ai dit en commençant : la plupart des questions épistémologiques sont en même temps des questions politiques. Il y a par exemple fréquemment, en situation de grève, un débat sur la représentativité des représentants syndicaux de la classe ouvrière ou de tel ou tel groupe […] : les pouvoirs conservateurs opposent aux délégués syndicaux le recours à une consultation de type électorale, c'est-à-dire singulière, un par un dans l'isoloir, dans l'isolement. Ils aimeraient opposer la vérité qui se dégagerait de la sommation des volontés individuelles, des choix individuels, à la vérité du groupe ou sur le groupe ou pour le groupe qui ressort du discours des porte-parole du groupe qui se sont mandatés pour parler pour le groupe. C'est le fameux débat des rapports entre les appareils politiques et leur base : est-ce que ce que dit Georges Marchais[1] coïncide avec ce que l'on obtiendrait si l'on faisait un sondage représentatif sur tous les membres du Parti communiste ? Cette question typiquement politique est au cœur du problème que je veux poser dans cette série de leçons.

Le sociologue qui veut étudier les « classes sociales », les « classes d'âge » ou les « générations », et qui prend pour objet de son expérimentation un échantillon d'individus tirés au hasard, prend parti méthodologiquement, mais aussi politiquement et sociologiquement, sur la réalité qu'il interroge ; il s'expose à être objectivement porteur d'une théorie implicite du groupe, ce qui est ennuyeux s'il s'agit d'étudier ce qu'est un groupe. Voilà ce que je voulais dire : s'agissant de s'interroger sur ce que c'est qu'un groupe comme l'Église, je dois me demander s'il est bon d'aller

1. Secrétaire général du Parti communiste français de 1972 à 1994.

interroger l'ensemble des laïcs ou l'ensemble des clercs ? Il y a déjà un problème de définition. Dans l'histoire de la sociologie de la religion, certains disent que « l'Église, c'est l'ensemble des clercs » et d'autres que « l'Eglise, c'est l'ensemble des clercs et des laïcs ». C'est un enjeu politique dans les luttes internes de l'Église, et c'est un enjeu scientifique. Choisir d'interroger ou des individus ou des porte-parole est un enjeu scientifique. Dans le droit canon au Moyen Âge, il est dit que l'Église, ce sont les évêques ; aujourd'hui, on ne dirait plus tout à fait ça. Est-ce que je dois interroger les évêques, l'ensemble des clercs ou l'ensemble des fidèles ? Beaucoup de gens, je pense, diraient : « Mais c'est enfantin, j'espère pour Bourdieu qu'il n'ignore pas qu'il y a des théories de l'échantillonnage. » Mais ce n'est pas du tout une question d'échantillon. En fait, ces théories de l'échantillonnage représentatif vont donner une représentativité statistique, mais la représentativité statistique n'est-elle pas précisément ce que les institutions dignes de ce nom peuvent transgresser en ayant des représentants qui peuvent être représentatifs non statistiquement, [autrement dit] même s'ils ne sont pas représentatifs statistiquement ? L'histoire est pleine de paroles qui ne résisteraient pas au sondage le plus élémentaire.

Interroger les gens un par un est donc une opération importante pour saisir *une* vérité objective, par exemple, des institutions dites représentatives. Mais ce serait une erreur considérable de croire que cette vérité objective de l'institution représentative est la réalité complète de l'institution dans la mesure où, précisément, la vérité complète de l'institution est que les représentants peuvent ne pas être représentatifs. Il peut donc être important, dans une enquête digne de ce nom, de cumuler une enquête auprès des individus pris un par un avec une enquête auprès des porte-parole qui sont aussi, sous une autre forme, autrement, l'institution.

J'ai pris cet exemple à dessein parce que je voulais vous montrer que, dans la démarche même, dans le choix d'interroger ceci ou cela, le problème que je veux poser tout au long de ces leçons se trouve pratiquement posé : qu'est-ce qu'un groupe ? Quand un groupe commence-t-il à exister ? Ne commence-t-il pas à exister quand quelqu'un peut dire qu'il est ce groupe et qu'il peut parler pour ce groupe ? Ce problème-là se pose dans la manière même d'aborder l'objet et on peut avoir résolu le problème catastrophiquement, c'est-à-dire par défaut, avant même d'avoir commencé à le poser. Il y a donc aussi une vérité objective de la pratique du sociologue. Et, comme je le dis toujours, une des chances d'échapper à l'erreur scientifique, c'est d'être sans cesse attentif à cette vérité objective que le sociologue peut livrer dans sa pratique, dans ses produits, dans ses conclusions, malgré lui.

Pour récapituler ce premier point, je dirais que, pour essayer d'échapper aux impositions qu'opère consciemment ou inconsciemment son objet, le sociologue peut soit se tourner vers des enquêtes de type statistique où les individus sont saisis un par un et interrogés de manière à livrer des vérités qu'ils ignorent, soit procéder de manière qu'on peut dire ethnographique ou ethnologique et analyser toutes sortes de choses : des discours que l'institution produit, des systèmes juridiques (comme le droit canon), des corpus de rituels (les consécrations des évêques). On oppose très souvent ces deux approches qui sont rarement le fait de la même personne pour des raisons stupides : en raison des traditions historiques de l'enseignement français, il y a des ethnologues d'un côté et des sociologues de l'autre, et les uns et les autres, soit pour masquer leurs limites, soit pour transformer leurs limites en point d'honneur méthodologique, sont fiers de ne pas faire ce que les autres font. Ces deux démarches qui me paraissent complémentaires sont inspirées par le souci de saisir une vérité objective. Plus exactement, je pense que c'est dans la confrontation de ces deux vérités objectives qui se livrent à travers les deux démarches que peut sortir la vérité de ce que c'est qu'un groupe, c'est-à-dire une espèce de relation complexe entre ce qui se livre et ce qui se passe au niveau de l'individu, et ce qui se passe au niveau des corps constitués et au niveau de l'État, de l'Église, de la bureaucratie, etc.

Une définition objective des indicateurs objectifs ?

Mes interrogations sur les indicateurs objectifs renferment implicitement une série de questions que, j'espère, vous vous êtes posées : est-ce qu'il y a une définition objective des indicateurs objectifs ? De quel droit suis-je fondé, quand j'introduis dans mon questionnaire « a écrit des "Que sais-je ?" », à faire cet acte de constitution (le mot « constitution » pouvant être pris au sens de la tradition philosophique ou au sens de la tradition du droit constitutionnel), à constituer cette chose comme digne d'être relevée, repérée, enregistrée et comme pertinente s'agissant de comprendre ce qui se passe dans l'institution universitaire ?

Quand je dis « objectif », avant même d'y avoir réfléchi, j'ai à l'esprit quelque chose sur quoi s'accorderaient l'ensemble des sociologues dignes de ce nom (je précise « dignes de ce nom »). L'objectivité se définit par le fait, comme disaient les Grecs, de *homologein* (ὁμολόγειν), « dire la même chose ». « *Homologein* », est un mot important dans la mesure où une forme d'homologation sociale est en concurrence avec l'homologation scientifique ; et l'un des grands problèmes des sciences sociales, c'est le rapport de force entre l'accord des savants et l'accord social sur les critères pertinents, c'est-à-dire spécialement importants. Si j'admets que l'accord des savants dignes de ce nom définit les critères objectifs, je postule qu'il y a, en quelque sorte, un juge à juger les critères ; je suis donc ou bien dans une logique circulaire – ce qui peut être gênant –, ou bien dans une logique qu'il faut admettre comme pyramidale, avec, quelque part, une sorte de juge suprême, une instance à juger les jugements concernant la légitimité des critères.

J'ai commencé par une formulation abstraite, je vais essayer d'être plus concret. De fait, je pense que cet « *homologein* », ce « dire la même chose », n'existe pas. Un *trend report* sur les classes sociales – il en existe beaucoup dans les bibliothèques – montrerait que toutes les positions possibles sur le problème des classes sociales existent : il y a ceux pour qui elles n'existent pas, ceux pour qui elles existent beaucoup, ceux qui disent qu'il n'en existe qu'une seule, etc. Toutes les positions étant possibles, le sociologue ne peut pas invoquer le *consensus omnium*, le consensus des savants, l'homologation sociale de l'« objectif » (entre guillemets) par le consensus de la communauté scientifique. C'est un long débat que je soulève par honnêteté parce qu'il est important de ne pas masquer l'état du débat à l'intérieur des sciences sociales et qu'il est capital, par rapport au statut particulier de la science sociale, de savoir que ce consensus minimal sur une chose aussi fondamentale n'existe pas. Pour dire les choses comme je les pense, le fait que quelqu'un puisse dire encore qu'il n'existe pas de classe sociale sans être disqualifié comme sociologue me paraît révélateur de ce qu'il en est de l'autonomie relative de l'univers scientifique, s'agissant des sciences sociales, par rapport à l'univers cognitif. Mais je ne veux pas m'embarquer sur ce débat qui n'existe que trop ; c'est un peu le débat sur les classes sociales tel qu'on le pratique dans les séminaires du lundi matin un petit peu… fatigués.

Comment le problème de l'homologation sociale du jugement objectif sur les critères objectifs se pose-t-il concrètement ? Un critère pourrait être dit objectif si tous les savants consultés étaient contraints de le considérer comme inévitable, pertinent, indispensable. Sont-ils contraints par la force intrinsèque d'une idée vraie ? Ou par la bienséance sociale qui régit l'univers des savants (si ce que je pense est considéré comme ridicule par le groupe, je me déconsidère à ses yeux) ? Une fausse science peut tenir entièrement là-dessus. Pour aller aux deux extrêmes, est-ce une contrainte purement sociale ou une contrainte de type purement scientifique ?

Pour échapper à cet état du débat sur les classes sociales à l'intérieur de l'univers scientifique, on peut dire qu'« un critère est objectif quand il est non subjectif, c'est-à-dire neutre, quand je n'engage pas de valeurs dans mon jugement » : c'est le thème wébérien de la neutralité éthique. Cette thèse que je décris de façon un peu ridicule et caricaturale peut évidemment avoir une fonction sociale, être une arme politique à un certain moment, dans la mesure où l'univers de la sociologie doit sans cesse conquérir son autonomie face à des pressions externes. Weber, dans ce texte de circonstance [...][1], voulait affirmer qu'il y avait une neutralité éthique, un rôle du savant. Mais ça n'a pas plus de valeur que ça. C'est une très belle stratégie politique, qui a beaucoup de noblesse et est éthiquement tout à fait respectable, mais je crois qu'on ne peut pas bâtir une science sur quelque chose d'aussi pauvre et décevant que la neutralité éthique.

Le moment objectiviste

Que fait alors le chercheur ? Il fait de la zoologie. Il ne peut pas se contenter de dire : « Les critères sont objectifs parce qu'ils sont neutres. » Quand je dis que je classe les professeurs de lettres classiques selon qu'ils publient chez Klincksieck ou aux Belles Lettres, je n'ai aucun intérêt dans l'affaire, je ne suis pas lié à l'un ou l'autre éditeur, je ne suis pas moi-même professeur de lettres classiques, je n'ai pas d'amis dans l'un ou l'autre camp ; d'ailleurs, je ne sais pas bien ce que veut dire ce critère, mais il me paraît pertinent parce qu'il me paraît opposer des gens. Là, j'en viens à ce que c'est qu'une signification que je crois objective : c'est un critère qui me paraît opposer des gens opposés, par ailleurs, par un ensemble de critères liés entre eux de façon pertinente, significative, tels que, en quelque sorte, ça m'échappe, ce n'est plus moi qui classe, je me mets dans un engrenage de critères qui s'appellent entre eux, qui sont liés par des corrélations que je peux mesurer. Je peux faire une métrique, distribuer des gens, des individus ou même des institutions, parce qu'il peut s'agir aussi bien du Collège

1. Référence à la conférence faite par Max Weber en novembre 1917, « Wissenschaft als Beruf » (« Le métier et la vocation de savant »), traduite en français en regard d'une autre conférence de Weber donnée en 1919, « Politik als Beruf » (« Le métier et la vocation d'homme politique ») : *Le Savant et le Politique*, trad. Julien Freund, Paris, UGE, « 10/18 », 1963 [1959]. Une nouvelle traduction de ce texte a depuis paru sous le titre *La Science, profession et vocation* (Marseille, Agone, 2005) ; on trouvera dans le long essai qu'Isabelle Kalinowski a adjoint à sa traduction, « Leçons wébériennes sur la science et la propagande » (p. 65-274), des informations sur les circonstances dans lesquelles cette conférence a été prononcée et sur les formes de prophétisme professoral auxquelles Max Weber réagissait en posant l'exigence de neutralité.

de France, de l'École des hautes études [en sciences sociales], de l'École des chartes, de Polytechnique, de ministères, etc. Je peux donc distribuer des choses sociales dans un espace objectif tel que les relations qui s'instaurent entre les choses ainsi constituées puissent être dites objectives parce qu'elles sont à la fois nécessaires et indépendantes (indépendantes évidemment du point de vue de l'observateur). Si je construis, par exemple, l'espace des professeurs de l'enseignement supérieur, on pourrait être tout à fait convaincu que le fait que je sois dans cet espace n'a rien de gênant, n'intervient en rien sur ma perception sinon que cela m'a aidé à déceler des indices cachés que, innocent et extérieur, je n'aurais pas eu l'idée de mobiliser[1]. Je peux donc construire un espace dans lequel je suis tout à fait présent et, en même temps, duquel je suis totalement absent en tant qu'intervenant, etc. ; et cet espace objectif est tel que n'importe qui à ma place, c'est-à-dire avec des données et mon ordinateur, trouvera ce que je trouve. Voilà ce que serait l'affirmation objectiviste, scientiste, le moment triomphant, divin de la démarche scientifique. J'y reviendrai mais j'ai été très long. Je vais quand même avancer un peu plus et je reviendrai en arrière la prochaine fois.

Ce moment objectiviste, scientiste revient à constituer un espace doté d'une objectivité qui est quasiment celle des choses et dans lequel les individus se trouvent distribués selon des lois qui leur échappent et que le chercheur fait apparaître, par sa recherche, aux yeux des gens qui en sont l'objet eux-mêmes. Il peut opérer à l'intérieur de cet espace des coupures de façon mécanique (comme le font certaines méthodes d'analyse classificatoire), le programme, l'algorithme étant établi. La classification peut se faire indépendamment de tout sujet et, par conséquent, ces classements ont la dureté, l'opacité des choses ; ce sont au fond des lois, des règles, des constantes, des relations tout à fait analogues à celles qu'établit le physicien. Nous sommes donc dans l'univers de la

1. P. Bourdieu appartient à la population qu'il prend pour objet dans *Homo academicus*, *op. cit.* (le graphique sur l'espace des facultés de lettres et des sciences humaines p. 290 comprend ainsi un point à son nom).

physique et nous avons des ensembles de critères liés entre eux par des relations mesurables dotées d'un poids – là, je pense à la [critique qu'Antoine-Laurent de Jussieu adressait à la classification] de Linné : « *non numerenda, sed ponderanda* » (« il ne suffit pas de compter, il faut pondérer »)[1]. On peut, pour chacun de ces critères, donner son poids et dire pour quelle part il contribue à produire la classe et les relations qui définissent cette classe. Dans ce type de classification objective, les agents sociaux sont situés et l'on a affaire à des classes sociales objectives. Les classes sociales construites telles qu'elles sont présentées dans *La Distinction*[2] sont ainsi des classes objectives, c'est-à-dire des unités qu'on obtient en appliquant un ensemble de critères liés entre eux et, du même coup, c'est l'ensemble des classes que l'on obtient en appliquant à la population considérée l'ensemble des critères, l'ensemble des principes de distribution ou de hiérarchisation pertinents pour structurer, dans la réalité, cette population.

Le géométral de toutes les perspectives

Cette phase hyper objectiviste qui est un peu effrayante est évidemment celle du sociologue censeur (celui qui compte), du sociologue en position de survol. Ma description du sociologue est typiquement celle que faisait Hegel quand il décrivait le savoir absolu, disant à peu près que chaque sujet social a sur le monde une perspective, et que l'idéologie est précisément le fait que chaque savoir social est perspective. Et la science, le savoir philosophique ou scientifique, serait alors, comme aurait dit Leibniz, le fait d'être capable de se placer au point géométral de toutes les perspectives[3], c'est-à-dire au lieu géométrique de

1. Dans son *Genera Plantarum*, Paris, 1789. (La phrase est notamment citée par Edmond Goblot dans son *Traité de logique*, Paris, Armand Colin, 1918, p. 147.)

2. *La Distinction, op. cit.*, notamment p. 112-113 et 128.

3. P. Bourdieu fait souvent référence (voir, par exemple, *Science de la science et réflexivité*, Paris, Raisons d'agir, 2001, p. 186 et 222) à ce « géométral » (ou « lieu géométrique »), qui correspondait pour Leibniz au point de vue de Dieu, en s'appuyant sur la lecture

toutes ces perspectives, au point de vue divin où il n'y a plus de point de vue. Je peux prendre l'exemple de ce que j'appelle le champ intellectuel, cet espace à l'intérieur duquel se jouent ce qu'on appelle des enjeux intellectuels (des publications, des célébrités, etc.). Je peux, comme cela a été presque toujours fait dans le passé, écrire *L'Opium des intellectuels*[1], c'est-à-dire donner un certain point de vue sur les intellectuels de gauche. Je peux aussi, comme le faisait un grand article de Simone de Beauvoir paru à peu près à la même époque et intitulé « La pensée de droite, aujourd'hui[2] », ne parler que des intellectuels de l'autre bord. Autrement dit, il est possible de prendre, sur le champ intellectuel, un point de vue à partir d'une opposition dans le champ intellectuel.

Ou bien je peux construire le champ intellectuel comme un espace de concurrences dans lequel est en jeu l'idée même de l'intellectuel – un des enjeux dans le champ intellectuel consistant à dire : « Celui-ci est un intellectuel, mais un intellectuel de droite n'est pas un intellectuel. » Dès le moment où j'ai construit la notion de champ, je peux prendre un point de vue sur ces points de vue et construire jusqu'à l'idée même de lutte pour construire le champ intellectuel. Je me mets donc en position quasi divine, ce

---

qu'en donne Maurice Merleau-Ponty : « Notre perception aboutit à des objets, et l'objet, une fois constitué, apparaît comme la raison de toutes les expériences que nous en avons eues ou que nous pourrions en avoir. Par exemple, je vois la maison voisine sous un certain angle, on la verrait autrement de la rive droite de la Seine, autrement de l'intérieur, autrement encore d'un avion ; la maison elle-même n'est aucune de ces apparitions, elle est, comme disait Leibniz, le géométral de ces perspectives et de toutes les perspectives possibles, c'est-à-dire le terme sans perspective d'où l'on peut les dériver toutes, elle est la maison vue de nulle part. » (*Phénoménologie de la perception* [1945], Paris, Gallimard, « Tel », 1974, p. 81.)

1. Essai de Raymond Aron, publié en 1955 chez Calmann-Lévy, qui est une critique très polémique des intellectuels de gauche en général et de Sartre en particulier. Pour des commentaires de P. Bourdieu sur ce livre, voir notamment *Les Règles de l'art. Genèse et structure du champ littéraire*, Paris, Seuil, 1992, notamment p. 271 et 309-310 ; rééd. « Points Essais », p. 317 et 365.

2. Paru en deux parties dans *Les Temps modernes* en 1955 (n° 112-113, p. 1539-1575 et n° 114-115, p. 2219-2261), cet article (repris dans *Privilèges*, Paris, Gallimard, 1955 ; rééd. sous le titre *Faut-il brûler Sade ?*, Paris, Gallimard, « Idées », 1972) répondait au livre de Raymond Aron.

qui n'exclut pas – je le répète toujours – que je sois pris dans le jeu, et que ce que je dirai de ce jeu sera aussitôt récupéré dans le jeu en fonction de la position occupée dans le jeu et même mieux compris par ceux qui sont en position de dominés dans le champ intellectuel et qui ont, en général, plus intérêt à entendre la vérité scientifique.

(C'est un problème très intéressant et très important : je pense qu'il y a une affinité, qui avait été affirmée de façon théologique par Marx, entre la position de dominé et la position scientifique. Je pense que ça peut se fonder scientifiquement, ce qui ne veut pas dire qu'il suffit d'être dominé pour voir la vérité scientifique. Mais une fois que la vérité scientifique est produite, les dominés dans un espace l'entendent mieux et s'en servent aussitôt en la déformant, en la trafiquant pour qu'elle les exprime plus complètement. C'est une parenthèse mais elle est relativement importante, je pourrais y revenir.)

Je suis en position divine, j'ai le point de vue de tous les points de vue, je constitue chacun des points de vue comme tel, c'est-à-dire comme une vision partielle, unilatérale, qui doit l'essentiel de sa structure à la position, dans l'espace que j'ai construit. Autrement dit, je construis, du même coup, la prise de position et la position à partir de laquelle cette position est prise en restituant le point de vue. Pour construire le point de vue comme point de vue, il faut évidemment construire l'espace. Le propre d'un point de vue, c'est de s'ignorer comme point de vue, c'est de se croire absolu. Le sociologue voit des vues – je l'ai dit à propos du champ intellectuel, mais ce serait exactement le même problème à propos des classes sociales – et aura une vue de la lutte pour voir le monde social et une vue du point de vue à partir duquel on voit le monde social. Je construirai l'univers des points de vue, dans sa structure, ses limites et je dirai : « À partir de ce point de vue du monde social, je comprends qu'on ne puisse voir que ça, et je comprends qu'on ne puisse voir l'autre point de vue que, par exemple, comme ça : "Tous des salauds", etc. »

Ceci dit, est-ce l'alpha et l'oméga de la science ? Est-ce qu'on s'arrête là ? Ce point de vue objectif que j'ai essayé de décrire est-il un point de vue absolu ? Le sociologue n'est-il pas finalement devant ce spectacle comme devant une photographie ? S'il voit ce qui se passe, s'il est plus fort, plus moderne, si ses statistiques sont mieux maîtrisées, il peut voir ce que les gens font, ou anticiper ce qu'ils vont faire et voir que les gens qui, aujourd'hui, sont ici, dans cinq ans seront là, etc. C'est une des grandes tentations du sociologue ; si on a envie d'être sociologue, c'est pour avoir cette vision, pour se sentir un peu Dieu (tout le monde ne le cherche pas, mais chacun le trouve où il peut...).

Je voudrais simplement indiquer où ça coince et ce sera mon point de départ la prochaine fois. J'ai demandé tout à l'heure : « Est-ce qu'il y a un juge pour juger les critères ? », et je voudrais lire, avant de finir, un texte de Wittgenstein tout à fait magnifique où il parle du mètre-étalon de Paris et demande : « Qu'est-ce qui mesure le mètre-étalon[1] ? » C'est une bonne métaphore de la philosophie analytique. C'est une manière de penser très peu répandue sous nos cieux... C'est le même problème que lorsque l'on se demande s'il y a un juge à juger les juges[2], un principe de légitimation des principes de légitimité, ou un critère à discerner les critères.

Cette vision peut paraître absurde et théorique, mais elle se pose tout à fait concrètement dans la pratique scientifique, à travers des problèmes de découpage d'objets. Par exemple, et j'ai déjà donné des éléments de réponse tout à l'heure à propos du champ intellectuel, un des enjeux de la lutte à l'intérieur du champ intellectuel, c'est précisément de savoir ce que c'est qu'un intellectuel. Quand quelqu'un commence un article par « J'appellerai intellectuel ceci », c'est foutu, ce n'est pas la peine d'aller plus loin, on sait qu'il ne trouvera rien d'autre que ce qu'il a mis dans son article, c'est-à-dire pas grand-chose... En fait, le propre

1. La citation est finalement donnée au début du cours suivant, p. 78.
2. « Qui sera juge de la légitimité des juges ? » est le sous-titre que P. Bourdieu donne à un article sur l'emprise croissante que le champ journalistique exerce sur le champ intellectuel paru en 1984 : « Le hit-parade des intellectuels français, ou qui sera juge de la légitimité des juges ? », *Actes de la recherche en sciences sociales*, n° 52, 1984, p. 95-100 (repris dans *Homo academicus*, *op. cit.*, p. 275-286).

d'un champ intellectuel, c'est précisément – il suffit d'avoir vu une fois un intellectuel pour le savoir – de lutter pour savoir ce qu'est un intellectuel, c'est-à-dire pour imposer la définition légitime d'un intellectuel pour laquelle il n'y a qu'un représentant légitime : celui qui formule la définition. Et c'est normal. Je dis cela avec un petit sourire parce que c'est drôle, mais c'est tout à fait normal, c'est la loi du genre. Mais la loi du genre, c'est aussi qu'il faut la cacher.

Le problème de l'échantillonnage

Je prends un exemple simple pour finir. Ayant travaillé sur le patronat, j'avais pris une population de deux cents patrons des plus grandes entreprises et, dans ma définition, j'avais inclus les patrons de l'industrie et les banquiers. Un de mes collègues historiens (ce n'est pas par hasard : ça ne serait jamais venu d'un sociologue parce que la sociologie n'est pas à ce degré de recherche de l'*homologein*) avait pris la précaution, avant de venir à une discussion avec moi sur le patronat, de refaire mon analyse statistique ; et il s'était avoué d'accord, bien malgré lui, avec moi à une exception près qu'il ne comprenait pas, c'est qu'il y avait un décalage dans les populations. Cela m'est apparu très intéressant, car j'avais inclus dans mon espace, par décision, les banquiers alors que lui-même les avait exclus[1]. Ce qui prouve qu'avec la définition scientiste que j'ai donnée tout à l'heure il est possible d'*homologein*, de coder les mêmes critères, pour, au terme de l'analyse, trouver la même

1. L'historien est Maurice Lévy-Leboyer (1920-2014) et le débat auquel P. Bourdieu fait allusion est probablement celui qui a eu lieu dans le cadre d'une émission des « Lundis de l'histoire » diffusée sur France culture le 15 décembre 1980 et consacrée au « patronat de la seconde industrialisation » (cette émission s'appuyait notamment sur un numéro des « Cahiers du Mouvement social » qui avait publié en 1979 plusieurs contributions d'une table ronde organisée à la Maison des sciences de l'homme les 22 et 23 avril 1977 par Maurice Lévy-Leboyer et Patrick Fridenson). P. Bourdieu évoque aussi cette discussion dans un entretien avec Roger Chartier en 1988 (voir *Le Sociologue et l'Historien*, Paris/Marseille, Raisons d'agir/Agone, 2010, p. 26-27), ainsi que dans *Sur la télévision* (Paris, Raisons d'agir, 1996, p. 71-72).

chose, cet *homologein* laissant subsister une sorte de désaccord foncier, à savoir le parti initial d'étudier telle ou telle chose, en l'occurrence le parti d'inclure ou non le capital financier. Il y a un débat autour de la domination du capital financier et, derrière un simple choix d'échantillonnage, il y avait un parti scientifique. Mais on peut alors dire que ce débat peut être encore tranché scientifiquement, qu'on peut encore *homologein* et demander : « Est-ce qu'il avait raison ou est-ce que vous aviez raison, s'agissant de comprendre ce qui se passe dans l'espace que vous avez construit l'un et l'autre ? »

Je peux prendre très vite, parce que c'est le même, l'exemple encore plus net des professeurs. Dans les indicateurs utilisés pour les professeurs de l'enseignement supérieur, je peux introduire l'appartenance à un comité de rédaction de revues dites littéraires. Mais, aux yeux d'un certain nombre de professeurs, un professeur qui est à la *Nrf* n'est plus un professeur, un professeur qui écrit dans *Critique*, *a fortiori* dans *Libération*, n'est plus digne de porter le titre de professeur. L'acte de nomination et de constitution qu'opère le sociologue : « J'appelle professeur quelqu'un dont le concept englobe le fait qu'il peut participer à un comité de rédaction », cet acte de nomination est donc un coup de force considérable, c'est une prise de partie dans des luttes pour savoir où, précisément, est cette limite. C'est un cas limite, comme avec le capital financier mais, à l'intérieur même des limites, le fait de prendre en compte des critères qui, par exemple, feront apparaître l'opposition entre enseignement et recherche, la construction d'objet opérera, par soi, une rupture critique avec, non seulement les représentations d'une partie de la population en elle-même, mais avec la réalité, parce que dans la réalité même, un des enjeux de la lutte est de savoir qui fait de la recherche. Si tout le monde fait plus ou moins de la recherche, comment coder sans prendre parti ?

Il vient un moment où vous aurez le choix de vous résoudre à ce que tout soit pareil (vous ne pourrez donc plus rien classer) ou, précisément, de prendre parti et de dire : « J'appellerai "vraie recherche" la recherche traduite en cinq langues, par exemple » (et vous transgresserez alors toutes les normes de la neutralité éthique, etc.). C'est sur ce point que je voudrais revenir la prochaine fois : on ne peut pas construire un espace social, avec ses divisions, etc., en oubliant que ces catégories objectives sont en jeu dans l'objectivité même de la chose et qu'elles peuvent, constamment, être renversées.

COURS DU 19 MAI 1982

La définition légitime du principe de définition. – Les opérations de recherche comme actes de constitution. – Les classements comme enjeux de luttes. – L'objectivisme et son objectivisation. – Le bon classement et le biais scolastique. – Classement théorique et classement pratique.

Je voudrais aujourd'hui tirer un premier bilan des cours précédents. J'ai essayé de montrer que l'on pouvait appeler « classement objectif » un classement obtenu à partir d'un ensemble de critères liés entre eux à des degrés divers, qui peuvent se mesurer statistiquement et qui déterminent du même coup des classes que l'on peut appeler objectives, c'est-à-dire existant dans la réalité même des choses, à l'état latent. Ces classes que l'on pourrait appeler, en empruntant l'expression de Lazarsfeld, « classes latentes[1] », sont des classes construites qui n'existent pas nécessairement dans la conscience des sujets agissants, qui peuvent même être refusées ou refoulées par eux et qui sont souvent construites contre leurs intentions ou leurs prétentions. Ces classes objectives, ou latentes, peuvent être produites selon des procédures tout à fait rigoureuses ; les méthodes de l'analyse hiérarchique[2], par exemple, permettent d'automatiser,

1. Voir Paul F. Lazarsfeld, « A conceptual introduction to latent structure analysis », in *Mathematical Thinking in the Social Science*, New York, The Free Press, 1954.
2. Aujourd'hui un peu tombée en désuétude, l'« analyse hiérarchique » (*scale analysis*, dans la littérature anglophone) désignait un type d'analyses statistiques qui s'était développé en psychologie sociale et en sociologie dans les années 1950 et 1960. Elle consistait, par exemple, à étudier les réponses fournies par un ensemble de personnes à une série de questions d'opinion en déterminant un petit nombre de « patrons » idéaux-typiques ordonnés le long d'une échelle (voir, par exemple, Benjamin Matalon, *L'Analyse hiérarchique*, Paris, Éditions Mouton et Gauthier-Villars, 1965). L'analyse hiérarchique,

de mécaniser les classifications et de donner une solution technique au problème des liaisons entre les critères considérés et entre les classes. J'avais opposé cette classification objective aux classifications pratiques que les sujets sociaux mettent en œuvre, concrètement, dans leur expérience. En passant, j'avais indiqué, au sujet du passage de la classification objective à la classification pratique, un certain nombre de questions qui se posent à tout classificateur même si, bien souvent, il les ignore ou ne veut pas les entendre.

La définition légitime du principe de définition

L'une des objections souvent faite à la sociologie, surtout à la sociologie orientée par des intentions théoriques relativement conscientes, est qu'elle trouve dans la réalité ce qu'elle y a mis : les constructions du sociologue (par exemple, les analyses des correspondances ou les analyses de consommation selon les classes) seraient le produit d'une sorte de cercle vicieux. L'idée qui est avancée de façon plus ou moins explicite dans les discussions scientifiques est que si le sociologue n'avait pas cherché ce qu'il a trouvé, il ne l'aurait pas trouvé. C'est une discussion importante s'agissant des limites de toute classification objective : il y a une discussion entre les classificateurs sur le principe légitime de classement et j'avais évoqué ici le paradoxe du mètre-étalon de Wittgenstein : « Il y a une chose dont on ne peut dire ni qu'elle mesure un mètre ni qu'elle ne mesure pas un mètre, et c'est le mètre-étalon de Paris. Il ne s'agit pas, bien entendu, de lui attribuer une propriété extraordinaire mais seulement de signaler son rôle particulier dans le jeu de langage consistant à mesurer au moyen d'un mètre[1]. »

---

qui pouvait apparaître comme « une sorte d'analyse factorielle appropriée aux variables qualitatives », est de fait, sous certains rapports, une forme d'ancêtre des techniques d'analyse de données (analyse des correspondances, méthodes de classification, etc.) qui ont été développées dans les années 1960 et 1970 par Jean-Paul Benzécri et ses collaborateurs et dont Bourdieu ne fut pas le moindre utilisateur en sciences sociales.

1. Ludwig Wittgenstein, *Tractatus logico-philosophicus*, suivi de *Investigations philosophiques*, trad. Pierre Klossowski, Paris, Gallimard, 1961 [1953], p. 140, § 50.

Comme je l'indiquais la dernière fois, le problème du critère à juger du bon critère se rencontre au niveau même des rapports entre chercheurs, alors que le problème de la légitimité en général veut qu'il n'y ait pas de juge pour juger de la légitimité. Ce cercle herméneutique, qui est en même temps un cercle de légitimité, se rencontre constamment (j'avais analysé deux ou trois exemples dans le dernier cours) aussi bien au niveau de la construction de la population – c'était l'exemple de l'inclusion ou non des banquiers dans l'analyse du patronat – qu'au niveau de la construction des critères. Un exemple m'avait beaucoup frappé et est à l'origine de mon travail de sociologie dans les années 1962-1963 : des étudiants de l'Unef (syndicat étudiant classé à gauche) avaient organisé eux-mêmes des enquêtes sur le milieu étudiant et avaient passé complètement sous silence le critère de l'origine sociale. C'est un bon exemple d'imposition par le groupe de sa propre définition, la simple omission d'un critère pouvant introduire des divisions refusées par ce groupe. Les étudiants à l'époque, ou du moins certains de leurs porte-parole, voulaient s'affirmer comme une classe, en tout cas comme un « groupe en mouvement », etc., et le simple fait de supprimer l'origine sociale dans les questionnaires et *a fortiori* dans le traitement statistique des résultats produisait un effet idéologique très important[1]. D'autres exemples analogues, comme celui des évêques que j'avais évoqué, feraient voir l'intervention objectiviste du chercheur qui peut exercer son action objectivante par le simple fait d'introduire un critère refusé par les agents indigènes et, du même coup, faire apparaître des divisions niées, ignorées ou refoulées.

Ce problème de la définition légitime du principe de définition se rencontre à chaque moment dans les enquêtes les plus banales. Je prends un exemple tout à fait naïf et ordinaire, mais réel. Lors d'une discussion avec des statisticiens de l'Insee à propos de la construction de la codification en matière de consommation, je faisais remarquer que, en construisant une classe « fruits » où se trouvaient côte à côte des bananes, des oranges, des mandarines,

1. Voir, sur ce point, Pierre Bourdieu et Jean-Claude Passeron, *Les Héritiers*, Paris, Minuit, 1964.

des citrons, des pommes, etc., ou une classe « haricots » regroupant aussi bien les haricots verts que les haricots blancs, ils s'interdisaient de trouver la moindre corrélation avec la classe sociale, ou avec le revenu, dans la mesure où la banane est l'anti-pomme et où ce qui porte à consommer beaucoup de bananes porte à consommer peu de pommes et inversement, et de même pour les haricots verts et les haricots blancs[1]. Cet exemple qui paraît tout à fait trivial est absolument central : si vous n'avez pas l'hypothèse qu'il existe une hétérogénéité pertinente dans la classe « fruits » ou dans la classe « haricots », et que cette hétérogénéité pertinente est liée à la classe sociale, vous ne pourrez pas constater cette hétérogénéité. Mais, si vous la constatez, vous serez toujours soupçonné par ceux qui ne l'auraient pas constatée de l'avoir introduite *a priori*, par un biais, et d'avoir en quelque sorte sollicité la réalité.

Il y a dans le monde social des foules de faits que l'on ne peut voir que si on les sollicite ; sinon la sociologie serait à la portée du premier venu. Durkheim dénonçait déjà l'illusion de la transparence qui est l'obstacle principal à la connaissance sociale[2]. Il y a des foules de choses dans le monde social qui ne se révèlent que lorsqu'elles sont découvertes. Et le travail du sociologue consiste, comme celui que s'attribuait le philosophe dans certaines des définitions de la philosophie, à mettre au jour, à dé-couvrir, à faire un travail de découverte qui n'est possible, d'une certaine façon, que si on sait déjà un peu.

Les opérations de recherche comme actes de constitution

Évidemment, cette sorte d'imposition de classification peut toujours être dénoncée comme préjugé, même si elle est validée par les faits.

1. Voir P. Bourdieu, *La Distinction*, *op. cit.*, p. 20.
2. Sur l'illusion de la transparence, voir P. Bourdieu, J.-C. Chamboredon et J.-C. Passeron, *Le Métier de sociologue*, *op. cit.*, p. 37-41, et le texte d'illustration d'Émile Durkheim, extrait de *Éducation et sociologie* (Paris, Alcan, 1922), p. 159-160.

Il y a là un problème que j'aborderai dans la deuxième partie de cet enseignement, dans les leçons suivantes : il existe une relation entre le rapport au monde social investi dans une recherche et la position occupée dans le monde social. J'ai évoqué rapidement ce problème l'autre jour en soulevant la question de savoir s'il y a un lien entre la vision du monde qu'ont les dominés et la vision scientifique, et [la question] de la nature de ce lien. De façon plus générale, on peut se demander si la position dans l'espace social prédispose à voir ou à ne pas voir le voilé du monde social. Les classifications du type « les fruits » ou « les haricots », dans lesquelles on investit des automatismes de pensée et très peu de réflexion, sont particulièrement fréquentes chez les gens occupant des positions bureaucratiques dans l'espace social et sont de celles que le sociologue doit combattre constamment. Il y a une affinité entre les bureaucraties de la recherche et les classements formels, « neutres » et apparemment indiscutables.

Ce que je veux rappeler, c'est que cette apparence de coup de force qu'implique toute construction taxinomique adéquate est justifiée épistémologiquement. Toute la tradition épistémologique (Bachelard, etc.) l'établit. Dans le cas particulier de la sociologie, toute construction adéquate du monde social doit se conquérir par une rupture avec les pré-constructions, c'est-à-dire les préalables classificatoires fabriqués par les usages sociaux ordinaires. Autrement dit, le laisser-faire épistémologique, qui est souvent le fait des bureaucraties de la recherche ou du positivisme hyper empiriste, est presque toujours, scientifiquement, infécond et, politiquement, complice de l'ordre établi (le mot « complice » étant employé au sens le plus neutre du monde). Il n'y a pas d'autre issue, pour faire de la science sociale, que ces coups de force épistémologiques qui consistent à imposer des choix construits dès l'origine. On ne peut trouver certaines relations que si on a construit la réalité de manière à les trouver.

Mais il ne suffit pas en sciences sociales de justifier la légitimité de l'*a priori* théorique, parce que la classification est un enjeu de discussion et de dispute. Ce que je voudrais dire aujourd'hui, c'est qu'une théorie vraiment objective de la classification doit intégrer dans la théorie du classement le fait que le classement objectif est un enjeu de discussion. Autrement dit, qu'il y a une lutte des classements dans laquelle le classement objectif est lui-même pris, même si on peut y trouver le fondement des positions dans les luttes sur le classement objectif.

Les opérations qui consistent à dichotomiser, à séparer des choses confondues par le sens commun ou par le sens commun savant (les haricots verts et les haricots blancs, les non-réponses par omission et les non-réponses par refus de répondre, etc.) restent un acte de constitution. (J'emploie le mot « constitution » à dessein au double sens de la tradition philosophique – constituer quelque chose en tant que tel, c'est le faire passer du non-thétique, de l'implicite, au stade thétique – et de la science politique – quand elle parle de la Constitution de la République française.) L'acte scientifique de classement est un acte de constitution au double sens : qu'on le veuille ou non (je le disais l'autre jour en indiquant qu'il faut savoir que, s'agissant du monde social, les opérations scientifiques sont toujours politiques), les opérations les plus anodines de codage engagent, impliquent dans leur réception sociale une tentative pour imposer une classification du monde social et, du même coup, un mode de perception légitime, ou une vision autorisée, du monde social.

Du même coup, dire que les opérations élémentaires de la recherche sont des actes de constitution, c'est expliquer que des intérêts sociaux inconscients peuvent s'investir très souvent dans les actes les plus élémentaires de la recherche. C'est l'une des erreurs de la critique politique du travail scientifique dit positiviste : très souvent, comme ils n'ont jamais enquêté, les gens qui se croient très contestataires du travail scientifique des chercheurs en sciences humaines – c'est souvent le cas des philosophes qui ignorent complètement la cuisine de la recherche (*cf.* le livre de Goldmann[1]) – ignorent tout ce qui peut être fait par omission ou par inconscience dans les opérations élémentaires de la recherche, et

1. P. Bourdieu songe sans doute ici à *Sciences humaines et philosophie,* suivi de *Structuralisme génétique et création littéraire*, Paris, Gonthier, 1978 [1966].

portent leur critique sur des terrains où finalement le mal est fait, à un niveau de la recherche où l'essentiel est fait. Par exemple, une critique systématique des productions de l'Insee devrait regarder du côté des codages beaucoup plus que du côté des commentaires, du côté des programmes d'analyse mathématiques plutôt que du côté des justifications, souvent produites par surcroît.

Si l'on insiste sur le fait que les opérations élémentaires de la recherche sont des actes de constitution – c'est-à-dire qu'elles visent objectivement, même si celui qui les opère l'ignore, à imposer une vision du monde, ce qui est un acte politique –, on est en droit de soupçonner celui qui les accomplit d'être conduit par des intérêts cachés, par un inconscient social. C'est de ce côté, par exemple, qu'il faut rechercher le principe de la relation entre la manière de faire la science et la position dans l'espace social. Celui qui met des bananes et des pommes de terre dans le même sac, s'interdisant du même coup de trouver une corrélation significative entre ces consommations et la classe sociale, est peut-être guidé par un inconscient social, plus intelligent, plus puissant que lui. Ce faisant, il liquide la pensée en termes de classes beaucoup plus puissamment, et de manière bien plus efficace, que par des grandes discussions théoriques, puisque [la classification de] ces produits a l'air parfaitement scientifique, n'ayant fait intervenir à aucun moment une conscience critique.

Si la science sociale telle que je la conçois, c'est-à-dire rigoureuse selon les normes que j'ai indiquées, a tant de difficultés à s'imposer, c'est en grande partie parce qu'elle est en position de faiblesse. Elle fait ce qui devrait aller de soi s'agissant d'une science, mais elle se trouve par une sorte d'inversion suspecte de préjugé, d'*a priori*. Inversement, l'inconscience, l'irréflexion, l'automatisme (dont la limite serait des classifications parfaitement automatiques où un inconscient social de chercheur conforme épouse les automatismes d'une machine classificatoire) peuvent avoir pour soi toutes les apparences : les apparences sont toujours pour l'apparence. Je ne poursuis pas l'analyse par crainte de vous paraître insistant. Mais elle est capitale pour comprendre les rapports entre une science rigoureuse et une science socialement rigoureuse ; contre celle-ci, la science rigoureuse telle que je la conçois n'a pratiquement aucune chance de succès social. C'est très pessimiste, mais je le pense profondément pour les raisons, inextricablement sociologiques et épistémologiques, que j'ai dites.

Les classements comme enjeux de luttes

J'ai donc dit la dernière fois que cette classification objective pouvait être à la fois enjeu et instrument de luttes entre les chercheurs ; mais elle est aussi instrument et objet de luttes entre les agents sociaux pris dans leur ensemble, et il n'est pas de classement social qui ne soit en fait un instrument et un enjeu de luttes. Le problème de la pertinence du classement qui se pose dans le champ scientifique se pose donc aussi dans la réalité qu'étudie le champ scientifique, ce qui ne veut pas dire que les luttes à l'intérieur du champ scientifique sachent prendre en compte consciemment l'existence de luttes dans le champ scientifique lui-même. Il faut le savoir : le classement est un enjeu de luttes dans la science et il est un enjeu de luttes dans la société pour faire entrer dans la science le fait que tout classement est enjeu de luttes, et dans la science, et dans la société. Une science complète des classements doit inclure cette lutte à propos des classements.

Un exemple peut-être emprunté au domaine, neutre en apparence, des nomenclatures techniques. Il s'agit de la discussion à laquelle a donné lieu à l'Insee un article de Guibert, Laganier et Volle sur les nomenclatures industrielles[1]. Les auteurs de ce texte paru dans *Économie et statistiques* en février 1971 essaient de discuter des taxinomies en vigueur pour les entreprises (comment classer les entreprises ?) ; ils remarquent que certaines classes d'entreprises peuvent rester en vigueur pour les agents sociaux qui en font partie sans que cela corresponde à des connexions économiques réelles : « Celles-ci [les branches industrielles] ont subi de telles transforma-

1. Bernard Guibert, Jean Laganier et Michel Volle, « Essai sur les nomenclatures industrielles », *Économie et statistique*, n° 20, 1971, p. 23-36.

tions techniques qu'en fait, du point de vue de l'économie pure, il conviendrait de dissocier l'agrégat, de ventiler la plupart des activités sous d'autres rubriques, et de ne conserver sous la dénomination initiale que le noyau restreint » (p. 34). En adoptant un point de vue économique, on ne trouve donc pas de connexions réelles entre ces grosses branches (textile, horlogerie) : « L'économiste, armé en l'occurrence de critères d'association, est prêt à trancher superbement : les responsables risquent de s'y opposer » (p. 34). Il s'agit d'un économiste d'État, inséré dans une institution d'État, dont les découpages ont une certaine valeur juridique à définir – c'est important pour comprendre un des problèmes que je vais poser par la suite. Les économistes voudraient bien trancher au nom de l'économie pure, au nom de connexions réelles, mais les responsables qui ont le pouvoir dans la branche risquent de s'y opposer. « En effet, la branche d'activité qui n'existe plus au plan économique, existe toujours en tant qu'institution. Les industriels, liés entre eux par une sorte d'esprit de famille, continuent à se rassembler au sein d'une organisation professionnelle, qui est à la fois leur club et leur représentant vis-à-vis de l'État, des syndicats ouvriers, des autres associations affiliées au CNPF [Conseil national du patronat français], des collègues et concurrents étrangers ; cette organisation dispose d'un journal professionnel qui est lu, d'une influence sur la profession, etc. [...] l'institution elle-même tolérerait fort mal de disparaître en tant qu'agrégat économique, et elle sait bien faire entendre sa voix pour s'y opposer » (p. 34-35).

C'est un texte magnifique. Ses auteurs sont des savants conscients mais pas complètement. Il est intéressant de noter qu'ils emploient pour décrire le groupe réel qui ne veut pas mourir des mots qui ont des connotations péjoratives : un « club », une « sorte d'esprit de famille », etc. Le scientifique qui fait ses découpages les affirme donc plus réels, plus fondés dans la chose même, et les gens disent dans la réalité : « Pas d'accord, nous existons en tant que groupe parce que nous avons des porte-parole qui vont parler en notre nom, devant l'État, les syndicats ouvriers, les autres associations. En plus, nous avons entre nous des connexions plus fortes que les connexions économiques. » On voit sur cet exemple que le classement objectif et objectiviste, qui apparemment n'a pas autant d'enjeux que le classement en classes sociales, est en fait un enjeu de luttes et qu'il tranche avec les apparences de la neutralité scientifique pure, un problème conflictuel où il y a des enjeux d'identité, d'intérêts, de personnalités. Quelle est la nature de ces intérêts à appartenir à un groupe ? Quelle est la nature de l'intérêt qui vous lie à un groupe comme une branche professionnelle ?

Autre exemple, la classification des biens en trois catégories : biens intermédiaires, biens de consommation, biens d'équipement. Il y a eu toutes sortes de débats pour savoir si tel bien est un bien intermédiaire, alors que c'est en fait une catégorie fourre-tout dans laquelle on met tout ce qui embarrasse. Il y aurait sur ce point une réflexion à mener. Laurent Thévenot, dans un article d'*Actes de la recherche [en sciences sociales]* sur ce thème du flou dans les classifications, essaie de réfléchir sur ces choses inclassables que les statisticiens mettent dans « autres », ces choses qui n'ont pas de nom dans la langue classificatoire et qui, du même coup, sont abandonnées hors univers[1]. Les biens intermédiaires sont dans cette catégorie. Pourtant, il y a lutte entre les classificateurs mais, dès qu'ils y réfléchissent réellement – comme Bony et Eymard-Duvernay dans un travail sur la branche de l'horlogerie[2] –, ils découvrent que les découpages les plus techniques fondés sur des calculs de chi2[3] et sur les mesures les plus neutres peuvent engager des choix parce que les problèmes des frontières des groupes sont conflictuels.

Le classement objectif ou objectiviste tel que je l'ai décrit tout à l'heure, qui met en relation un inconscient de statisticien avec un ordinateur bien programmé, est vécu comme naturel. J'y reviendrai, mais l'un des enjeux de la lutte idéologique à propos du monde social consiste à imposer une vision du monde légitime, et il n'y a pas de vision du monde plus légitime que la vision naturelle. Si je

1. Laurent Thévenot, « Une jeunesse difficile. Les fonctions sociales du flou et de la rigueur dans les classements », *Actes de la recherche en sciences sociales*, n° 26-27, 1979, p. 3-18.

2. Daniel Bony et François Eymard-Duvernay, « Cohérence de la branche et diversité des entreprises : étude d'un cas », *Économie et statistique*, n° 144, 1982, p. 13-23.

3. Test statistique permettant d'inférer une relation de dépendance entre deux variables.

parviens à naturaliser ma vision du monde, j'ai gagné. Il n'y a plus de culture – la culture est synonyme d'arbitraire, de violence, elle suggère que d'autres manières de faire sont possibles. Si je parviens à imposer ma classification de biens d'équipement, des sexes, etc. comme naturelle, il n'y a plus de discussion. La technicisation souvent associée à l'objectivisme est de ce fait un enjeu politique très important et, si je voulais mener une réflexion sur la technocratie, je partirai de ce pouvoir de certains classificateurs et donc d'une réflexion empirique sur le statut de l'Insee. Les statisticiens objectivistes chercheront à produire des divisions en branches aussi pures que possible, c'est-à-dire, dans ce jargon, fabriquant des produits aussi proches les uns des autres que possible, tels que l'association entre ces produits ou entre les gens qui fabriquent ces produits, qui les vendent, qui les font circuler, etc., soit en quelque sorte mécanique et que le fonctionnement du monde puisse être décrit comme une sorte d'immense mécanisme d'où tout point de vue humain aurait disparu. Autrement dit – c'est la question que j'ai mal posée tout à l'heure en commençant : n'y a-t-il pas un lien entre le point de vue de l'économie pure et le point de vue institutionnel du technocrate qui est en survol sur le monde social, qui a une science transcendante aux intérêts particuliers et qui n'est pas sans rappeler cette espèce de point de vue que se donnait Durkheim, lui qui parlait du sociologue exactement dans les termes où Spinoza parlait de la « connaissance du troisième genre[1] » ?

L'objectivisme et son objectivisation

J'appellerai objectivisme la prétention – qui, dans certaines conjonctures historiques, peut avoir de fortes chances de succès – de donner

1. Spinoza opposait à la perception sensible et aux convictions acquises par « ouï-dire » (premier genre), ainsi qu'au savoir objectif issu de l'usage de la raison (deuxième genre), une « connaissance de troisième genre », intuitive et accessible au seul philosophe, procédant « de l'idée adéquate de certains attributs de Dieu vers la connaissance adéquate de l'essence des choses » (*Éthique*, trad. Bernard Pautrat, Seuil, « Points Essais », 2010 [1677], proposition XXV, p. 537).

une classification moins arbitraire que les autres, dans la mesure où elle repose sur une connaissance des relations immanentes à la réalité et où elle se présente comme classification naturelle telle qu'il n'y a plus à en discuter, qu'elle cesse d'être un enjeu de luttes.

En réintroduisant la discussion inhérente au champ scientifique et du même coup au champ social à propos du classement, je réintroduisais, par les exemples cités, le problème du rapport entre le classement dit objectif ou objectiviste et le classement pratique que les sujets sociaux emploient dans l'existence ordinaire. Pour ceux qui connaissent mes analyses, je renvoie à la première partie du *Sens pratique*, où j'essayais de montrer les étapes par lesquelles passe toute démarche scientifique, le moment de l'objectivisme, le moment du subjectivisme et le moment que je considère comme vraiment scientifique où on peut intégrer dans une science complète à la fois les acquis de la connaissance objectiviste et les réalités contre lesquelles elle s'est construite[1]. Je suis obligé d'évoquer ces analyses parce que ce que je vais faire ici en est une implication.

L'objectivisme, c'est-à-dire la classification à prétention objective, est un moment inévitable de la démarche scientifique. On ne peut pas connaître un univers social sans se donner les moyens d'une connaissance du type de celles que j'ai décrites : des indicateurs objectifs, des critères objectifs, des relations objectives entre ces critères objectifs, etc. Il reste que cette vérité objective est construite contre les vérités pratiques mises en œuvre par les agents engagés dans la réalité et que, pour des raisons sociologiques élémentaires (division du travail, etc.), la connaissance objective que produit le savant est inaccessible aux sujets sociaux. La connaissance multicritères de l'espace des professeurs de l'enseignement supérieur est ainsi une connaissance inaccessible aux agents les plus à l'aise dans cet univers : quand je dis « à l'aise dans cet univers », je suppose qu'ils ont une autre forme de connaissance de cet univers, ils ont une connaissance pratique, ils maîtrisent à l'état pratique ce que la connaissance objective porte à l'état explicite, objectivé, produit sous forme de schémas, de

1. Pierre Bourdieu, *Le Sens pratique*, Paris, Minuit, 1980, p. 43-50.

diagrammes, de discours, de commentaires, etc. Cela dit, il y a une différence de nature entre la connaissance pratique qui nous permet de nous débrouiller admirablement, de faire une carrière dans l'université, et la connaissance savante de cet univers. Je ne fais ici qu'évoquer ce qui pourrait être un très long débat. La vérité objective produite par les classifications objectives, à partir d'indications objectives, s'oppose aux classements pratiques : elle est systématique, multiple, etc., par opposition à la vérité pratique qui, comme je l'ai dit en invoquant Hegel, est essentiellement perspective ; c'est un point de vue qui s'ignore comme point de vue et, de ce fait, s'absolutise et se donne pour universel.

Ceci étant dit, le fait de rappeler que les classifications sont des enjeux de luttes permet de retourner sur le classificateur le regard de la pratique : de même que la vision objectiviste permet d'apercevoir les luttes pratiques comme monocritères, unilatérales, etc., la réflexion sur l'existence des luttes pratiques à propos des classements permet de découvrir une vérité objective de l'objectivisme, et de poser, du même coup, la question des conditions sociales de possibilité de cette vision objective. Dire que les classements sont des enjeux de luttes conduit à objectiver le travail d'objectivation. On part de cette découverte simple : les gens luttent sans cesse avec des injures, avec des classements – inutile de multiplier les exemples –, et les luttes quotidiennes de classement sont des luttes sur le critère dominant. Par exemple, les luttes à l'intérieur de la classe dominante qui sont souvent confondues avec les luttes des classes, sont des luttes sur le principe de classification dominant à l'intérieur de la classe dominante : est-ce l'argent, ou l'intelligence ou le capital culturel qui mérite de dominer dans la classe dominante[1] ? Le fait de savoir que le monde social est un lieu de luttes de classement permet d'interroger le travail du classificateur qui risque d'oublier, comme le montre l'exemple du classificateur de l'Insee que j'évoquais tout à l'heure, qu'il tranche, dans l'illusion de la neutralité, dans des luttes dramatiques où les critères ne sont plus des critères, mais des injures, mais des pouvoirs. Ainsi, si je code dans une enquête

1. Sur ces points, voir P. Bourdieu, *La Noblesse d'État*, *op. cit.*, p. 375-385.

« n° 328 agrégé », « n° 329 capésien[1] », « n° 330 ancien élève de l'ENS [École normale supérieure] », etc., j'ai affaire à des critères (le mot « critère » vient de *crisis* : on est dans le domaine du jugement), j'ai des problèmes de connaissance, je veux savoir qui va avec qui, je veux avoir une classification telle que je puisse savoir, à partir de quatre critères, tout le reste : une bonne classification me permet par exemple, avec l'origine sociale, le fait d'être normalien, le fait d'être agrégé et la discipline d'appartenance, de prévoir, s'agissant des professeurs, leur attitude en Mai 68, leurs opinions politiques, leurs opinions sur le tiers-monde, etc.

Le bon classement et le biais scolastique

Un bon classement permet d'engendrer, de construire la matrice générative à partir de laquelle on peut prédire les comportements et les prises de position. J'ai donc un problème de connaissance qui est de maximiser ma maîtrise théorique du monde social : comment me donner l'instrument le plus puissant et en même temps le plus économique pour connaître le monde social ? C'est un problème purement théorique, mais, dans la réalité, les gens qui se posent des questions du même type ne se les posent jamais comme des questions de pure connaissance : c'est une énorme différence, et les interrogations classificatoires ont toujours des *fonctions*. C'est pourquoi j'ai commencé longuement par l'exemple de l'insulte, un cas extrême où je classe avec violence et où je cherche à faire le plus de mal possible en classant aussi mal que possible et en livrant mon principe de classement. Dans l'existence quotidienne, les classements ont des fonctions sociales et, du même coup, les critères de classement ne sont plus des critères critiques, des instruments de *crisis*, de *diacrisis*, de division, de séparation, mais sont des pouvoirs – au sens où l'on dit que quelqu'un est un fondé de pouvoir.

1. Titulaire du Capes (Certification d'aptitude au professorat de l'enseignement du second degré).

Le propre de l'erreur intellectualiste est que le classement théorique s'ignore comme tel. Je vous renvoie au *Sens pratique* où je développe cela à propos de l'ethnologie[1] ; ce que je dis ici à propos du classement peut s'appliquer à la généalogie, la classification en famille, etc. Le propre de l'erreur intellectualiste consiste à prêter aux agents la conscience et la connaissance qu'on a de leur pratique, à mettre un entendement savant dans la tête pratique des agents, ce qui est l'illusion savante par excellence. La sociologie de la connaissance, dont Marx est l'inventeur, rapporte traditionnellement les prises de position des agents à leur position dans l'espace social, mais ce que j'essaie de dire aujourd'hui, c'est qu'il y a quelque chose de plus fondamental : avant même de biaiser son matériel en classant tel ou tel en tant que patron, ou encore, s'agissant d'intellectuels, en tant que dominants ou dominés, le savant, qu'il travaille à l'Insee ou au CNRS, en sociologie ou en économie, etc., introduit un biais plus important en tant qu'il s'ignore comme savant, qui ignore ce que c'est d'être savant, c'est-à-dire d'avoir des intérêts théoriques. Cette ignorance conduit à des erreurs pratiques, dans la construction du questionnaire, dans l'analyse des résultats, etc.

La critique de l'illusion objectiviste peut donc se faire à deux niveaux. Premièrement, il y a tout ce qu'implique le fait que le savant s'ignore comme savant. Étant hors du jeu, n'ayant pas d'enjeu dans le jeu, il n'a rien à faire de ce qui existe sinon des usages cognitifs. Par exemple, le fait qu'il étudie les rapports de parenté, non pas pour mieux marier sa fille, mais pour comprendre de quel type de mariage [il s'agit] induit un effet de distorsion essentiel dans le rapport entre enquêteur et enquêté : les gens ne se posent pas le problème de la parenté ainsi ; ils ne se le posent de cette façon qu'en présence du savant. Deuxièmement, un enquêté grand-bourgeois devant un enquêteur petit-bourgeois produit forcément un effet d'imposition. Il s'agit de quelque chose de relativement visible, que tout le monde a vu mais qui n'est jamais pris en compte dans les manuels de méthodologie.

1. Voir P. Bourdieu, *Le Sens pratique*, *op. cit.*, en particulier le chapitre 1 (« Objectiver l'objectivation »), p. 51-70.

La chose dont je parle est plus grave, parce qu'elle passe complètement inaperçue, et pour cause : c'est l'identité même du savant en tant que savant qui est en jeu, et quand le savant demande à un enquêté : « Combien y a-t-il de classes ? », ou : « Y a-t-il des classes selon vous ? » (j'ai fait le test, j'ai moi-même passé un questionnaire à des camarades d'enfance qui étaient dans une relation qui n'était pas celle qui se serait instaurée ordinairement entre un sociologue et un « objet » ; ils m'ont dit : « Mais c'est ton boulot ! »), le sociologue s'anéantit en tant que sociologue, sans le savoir parce que s'il se connaissait comme ayant des intérêts théoriques, il ne pourrait pas refiler inconsciemment ses intérêts théoriques à son objet et demander à son objet de faire lui-même sa propre sociologie. Je vous renvoie à une enquête que vous pourriez faire sur des questionnaires : combien y a-t-il de questions dans lesquelles ce qui est demandé à l'enquêté [ne vise pas le recueil d']informations permettant de faire sa sociologie mais [le simple enregistrement de la] sociologie [qu'il se forge] de lui-même ? Il faudrait développer plus longuement, mais ce que je veux dire, c'est que la situation d'enquête en tant que situation expérimentale est génératrice d'artefacts.

L'illusion positiviste qui consiste à croire que ce qui a été enregistré est la réalité à analyser – j'ai posé une question, il y avait un magnétophone, ça a été enregistré –, et qui est la même que celle de tout à l'heure au sujet des bananes et des pommes, est particulièrement visible dans le cas des enquêtes sur les classes où il est demandé à l'enquêté de se situer, de dire combien il y a de classes et à quelle classe il appartient. La situation d'enquête en tant que situation artificielle où un des interlocuteurs, par sa fonction sociale, par son milieu social, se trouve en position théorique et somme l'autre – que l'autre le sache ou non – de devenir le théoricien de sa propre pratique engendre des artefacts. Que se passe-t-il alors en pareil cas ?

D'abord, cet effet d'imposition théorique s'exerce très différentiellement suivant la classe sociale de l'enquêté. Plus les enquêtés sont d'origine sociale élevée, plus ils sont passés par le système scolaire et ont l'habitude de répondre à des questions qu'on ne s'est pas posées, plus ils répondent apparemment quelque chose[1] ; l'effet d'artefact est donc plus masqué, et en même temps moins grand puisque les gens qui sont passés par le système scolaire n'ont rien à répondre que des choses scolaires. Mais, dans d'autres cas, les enquêtés peuvent répondre par des savoirs, des topos sur Marx, s'ils ont entendu parler de Marx, ou, s'ils ont des taxinomies de l'Insee en tête, ils diront « classes moyennes », « classes supérieures », etc. Ils se raccrochent à des savoirs et, du même coup, ils cachent deux choses. D'abord, ce qu'ils disent est un *flatus vocis* sans grand intérêt qui mesure uniquement leur connaissance des taxinomies en vigueur et en circulation. C'est un test de connaissance comme un autre, alors que vous pensez qu'ils vous répondent. Ensuite, ils cachent une chose importante : ils vous disent quelque chose de très important sur les classes sociales par leur façon de répondre à la question, par leur intimidation, leur honte. Leur sens du classement, leur *sense of one's place*[2], le sens de la place dans l'espace social fait que, par votre façon de parler, de poser des questions et de pareilles questions, ils savent tout de suite que vous n'êtes pas des leurs, par exemple. Du même coup, vous vous privez d'une chose importante, qui est de mesurer le « sens de classe », ou le sens du classement, tout ce qui fait que l'on se comporte comme il faut, sans même calculer, dans un espace social, à partir d'indices qui ne sont même pas thématisés et sont complètement inconscients [...].

Classement théorique et classement pratique

Cette discussion apparemment abstraite débouche sur des problèmes fondamentaux du point de vue de la pratique scientifique elle-même et du point de vue des effets politiques du discours

1. Voir Pierre Bourdieu, « L'opinion publique n'existe pas », in *Questions de sociologie*, Paris, Minuit, 1980, p. 222-235 ; *La Distinction*, *op. cit.*, p. 463-541.
2. Cette notion est empruntée à Erving Goffman (voir notamment « Symbols of class status », *The British Journal of Sociology*, vol. 2, n° 4 1951, p. 297 ; *La Mise en scène de la vie quotidienne*, t. I, *op. cit.*, p. 161).

en matière de classe. Une réflexion sur le caractère artificiel et générateur d'artefacts de la situation d'enquête révélerait des choses importantes sur ce que sont le classement pratique et le classement théorique. Pour savoir ce qu'est le classement théorique, il faut savoir ce qu'est le classement pratique et inversement.

Le classement pratique, qu'on pratique dans un train, pour se repérer, savoir si l'on peut parler, si l'on peut parler politique, etc., fonctionne au niveau infra-conscient, souvent au niveau infra-verbal, sinon on n'aurait pas besoin des sociologues qui, en tant que classificateurs professionnels, sont capables d'expliciter des principes de classement implicites. Toute une tradition de l'ethnométhodologie américaine – qui s'est prolongée dans différents sens – se donne pour objet d'étudier les principes de classification inconscients que les agents emploient pour classer des plantes, des maladies, des animaux, etc.[1] ; le travail du sociologue dans le monde social consiste à objectiver, c'est-à-dire à faire passer un système de classement de l'état pratique, incorporé – le classement faisant corps avec celui qui le manipule –, à l'état objectivé sous forme de petits schémas sur le papier, de diagrammes, de formules, etc. Et ça, c'est un travail de professionnel. Si le professionnel s'ignore en tant que professionnel, il demande au non-professionnel de faire un travail de professionnel, moyennant quoi, ni l'un ni l'autre ne font rien.

En second lieu, le classement pratique met en œuvre des schèmes pratiques (haut/bas, distingué/vulgaire, intelligent/futile, etc.), des oppositions simples qui peuvent ne pas accéder au niveau verbal – bien que souvent elles s'expriment sous forme de couples d'adjectifs – mais qui fonctionnent néanmoins à l'état pratique. Il se subordonne toujours à des fonctions pratiques : on ne classe jamais pour le plaisir de classer, mais pour se débrouiller dans le monde.

Du côté du classement théorique, le théoricien a le loisir de

1. Voir notamment le recueil édité par Stephen A. Tyler (dir.), *Cognitive Anthropology*, New York, Holt, Rinehart & Winston, 1969, et Marcel Fournier, « Réflexions théoriques et méthodologiques à propos de l'ethnoscience », *Revue française de sociologie*, vol. 12, n° 4, 1971, p. 459-482.

prendre le problème du classement comme objet. Dans un premier temps, il se donne pour objet de classer, de trouver le meilleur classement : il a le temps, il peut multiplier les critères et prendre plusieurs points de vue. L'une des stratégies dans l'existence ordinaire consiste à manipuler les classements ; dans les situations où il faut atténuer les conflits au maximum, on cherchera dans l'univers des propriétés de l'alter ego à qui on a affaire, la propriété la plus proche : on manipule les classifications et on peut constituer la même personne comme celle avec qui on a fait le service militaire, ou bien celle avec qui on a dansé au bal, etc. Le chercheur, lui, ne fait pas du tout ça : il prend l'ensemble des critères, examine leurs relations, leurs poids objectifs, etc.

Le fait que les classements pratiques soient orientés vers des fonctions pratiques explique, d'une part, qu'ils fonctionnent par schèmes pratiques et, d'autre part, qu'ils ne sont pas très cohérents. Ils sont, comme on dit, *pratiques* ; et pour être pratiques, comme on le dit à propos d'un vêtement, il faut qu'ils soient cohérents à 10 %. S'ils sont trop cohérents, on ne peut plus les manipuler. Les schèmes qu'on emploie sont partiellement identiques à la logique mythique – je vous renvoie aux analyses que j'ai faites en Kabylie[1].

Pour vous montrer comment fonctionne ce système, j'aurais voulu prendre l'exemple de la politique et du questionnaire que nous avons fait passer sur ce terrain, qui est intéressant parce que situé à mi-chemin entre les classifications pratiques et théoriques : ce sont les plus savantes, les plus verbalisées des classifications d'usage pratique. L'exemple des manières de réagir devant un problème de classification politique est très intéressant parce qu'on voit, dans cette situation d'enquête qui est artificielle mais que l'on peut faire bouger, la stratégie des agents sociaux qui consiste à multiplier les niveaux de manipulation du classement. Ils peuvent aller d'un niveau de manipulation sur le mode du savoir (en

1. Voir P. Bourdieu, *Le Sens pratique*, *op. cit.*, notamment le chapitre 3 (« Le démon de l'analogie »), p. 333-440.

classant les partis politiques sur l'axe gauche/droite, par exemple) à un niveau tout à fait profond[1].

Comme je n'aurai pas le temps de finir, je vais vous laisser réfléchir sur l'exemple d'une micro-situation expérimentale que nous avions mise au point en nous inspirant justement des techniques de l'analyse componentielle employée par les ethnologues pour essayer de dégager les principes de classification mis en œuvre implicitement par les indigènes de telle société pour classer les plantes, les animaux, etc.[2]. Nous avions un paquet de trente-six étiquettes comportant des noms de professions que nous demandions aux gens de classer. Un homme d'une soixantaine d'années, ouvrier du bâtiment, non syndiqué, fait cinq paquets. L'enquêteur, qui était dans un rapport de familiarité avec lui, bavarde, change la situation (parmi les variations expérimentales qu'on peut opérer dans une enquête, il y a celle qui consiste à faire varier l'effet d'enquête qui est une des variables les plus inconnues de toute enquête). Sur le pas de la porte, semblant finir, il lui demande : « Est-ce qu'il y a un métier que tu n'aurais pas voulu faire ? – Oui, mineur… et puis voyageur de commerce ou présentateur de télé. – Pourquoi ? – Parce que je n'ai pas assez de bagout et c'est des métiers où ils ont des mœurs spéciales, il y en a beaucoup de pédés. » Il reprend ses tas : « Les pédés, c'est-à-dire à partir de secrétaires, employés de bureau, fonctionnaires, etc. [*rires*]. Du côté des ouvriers, agriculteurs, etc., ça peut arriver, mais beaucoup moins. Ça peut être accidentel, mais de ce côté-là, non. » L'enquêté prend l'étiquette « voyageur de commerce », il la fait passer dans un autre tas et il dit : « Ça commence vers le milieu, tu prends le milieu et, à partir de là, c'est tous des pédés. »

On voit comment peut jouer un critère complètement implicite,

1. Voir « Un jeu de société », in *La Distinction*, *op. cit.*, p. 625-640.
2. Théorisée par le linguiste danois Louis Hjelmslev, l'analyse componentielle, ou sémique, repose sur la décomposition structurale des mots en unités lexicales de signification, les sèmes. Sur son usage en ethnobotanique, en ethnozoologie ou plus généralement dans les ethnosciences, voir *supra*, p. 94, note 1. L'enquête à laquelle P. Bourdieu fait référence a été menée par Yvette Delsaut à Denain, à côté de Valenciennes, en 1978.

le critère sexuel. Parmi ceux qui s'interrogent sur la conscience politique, combien auraient pensé à ce critère pour classer les classes sociales – dominant voulant dire efféminé ? L'enquêté avait donc ce critère en tête qu'il n'utilisait que de manière pratique. Grâce à une manipulation habile de la situation d'enquête, on a pu détruire suffisamment son caractère artificiel pour qu'un critère profond, latent, pratique puisse surgir. Et ce critère, qui était implicite et qui fonctionnait dans l'injure, ayant été formulé, objectivé presque par accident, devient une règle : on peut classer et, par exemple, déplacer le voyageur de commerce. Ainsi, alors qu'une classification savante est une classification qui est critique, qui a plusieurs critères, qui organise toute la population en fonction de critères cohérents, qui évite les chevauchements, une classification pratique fonctionne au coup par coup, peut introduire des contradictions. Par exemple, dans la classification politique, c'est une expérience que vous avez tous faite, on peut être successivement à sa propre droite et à sa propre gauche selon qu'on discute avec un homme plus à sa droite ou plus à sa gauche.

La prochaine fois, je finirai le premier point de mon analyse. Ayant montré ce qu'est un classement subjectif, un classement objectif, un classement pratique, je vais montrer comment une classification vraiment scientifique doit faire entrer dans la connaissance savante la connaissance du fait que la connaissance savante n'est pas le sens pratique et réciproquement, et qu'il y a une lutte à propos du classement. Cela entraîne des conséquences au point de vue méthodologique et théorique : la réintroduction de la lutte des classements dans la théorie même de la construction des classements a des conséquences très importantes.

COURS DU 26 MAI 1982

Dépasser les alternatives. – Réalité et représentations de la réalité. – L'autonomie du social et le problème de la prise de conscience. – Le droit, cas particulier d'effet de théorie. – Les mots comme sens commun.

J'ai suggéré qu'une science complètement rigoureuse des classements sociaux devait s'efforcer d'intégrer une théorie rigoureuse du classement objectif et une théorie du classement pratique que les agents sociaux engagent dans leurs actes quotidiens. Elle doit dépasser un certain nombre d'alternatives toujours renaissantes dans la pensée sociale : les alternatives du physicalisme et du sémiologisme, de l'objectivisme et du subjectivisme, du réalisme et du nominalisme[1]. Il serait facile par exemple de montrer que les grandes théories des classes sociales se distribuent selon ces alternatives, les uns prétendant trouver les classes dans la réalité même des choses, les autres les réduisant à des constructions subjectives, en tout cas nominales, produites par le chercheur.

Dépasser les alternatives

Dépasser concrètement ces alternatives suppose d'intégrer, au lieu de simplement les juxtaposer, l'existence d'un classement objectif et d'une lutte de classements. Dans le cas des classes sociales, on ne peut pas ne pas rencontrer Marx et on ne peut pas ne pas

1. Pour plus de développements sur ce point, voir « Le pouvoir symbolique », in *Langage et pouvoir symbolique*, *op. cit.*, Sur l'ensemble de cette leçon, voir aussi « Espace social et genèse des classes », art. cité.

penser qu'il a lui-même réalisé cette intégration, puisqu'on lui doit à la fois une pensée objectiviste des classes sociales et une théorie de la lutte des classes. Or il me semble que cette intégration est apparente et que, si on peut parler ainsi, la faiblesse de la pensée de Marx réside dans le fait qu'il n'a pas intégré une théorie scientiste des classes sociales visant à décrire les classes sociales dans leurs propriétés objectives et une théorie de la lutte des classements comme capable de transformer ou de modifier cette structure objective[1]. Il me semble qu'il n'a pas réalisé cette intégration et qu'il a laissé la théorie marxiste osciller de façon successive ou simultanée entre, d'une part, une théorie de type physicaliste, mécaniste, déterministe, avec, par exemple, la théorie de la catastrophe finale qui se discutait beaucoup dans l'entre-deux-guerres, et, d'autre part, une théorie de la révolution comme processus mécanique dans lequel l'explosion suit la compression. La théorie de la prise de conscience ou la conscience de classe entendent articuler, mais mal à mes yeux, ce physicalisme et ce volontarisme spontanéiste.

N'ayant pas clairement posé le problème de l'intégration [des deux versants de l'alternative], ni cherché de solution, la position marxiste a été, me semble-t-il, conduite à une sorte de dualisme interne qui se retrouve aussi bien au niveau de la théorie que de la pratique. J'essaierai de montrer le principe de cette non-intégration. On a ainsi une sorte de physique sociale qui décrit les rapports sociaux et les classes sociales comme des rapports de force quasi mécaniques, objectifs, indépendants des volontés et des consciences individuelles comme dit Marx, qui peuvent être mesurés à des critères analogues à ceux qu'emploient la physique et plus généralement les sciences naturelles ; les classes sociales deviennent des regroupements sociaux fondés sur la position, quasi mécaniquement définie, dans les rapports de production, lesquels sont une sorte de réalité résistante et rebelle que personne ne peut modifier et qu'il appartient à la science rigoureuse d'étudier, de porter au jour. Et c'est à partir de la science rigoureuse de ces

1. Voir la conclusion de *La Distinction*, *op. cit.*

rapports de force objectifs que peut s'élaborer une théorie, une connaissance des groupes objectivement fondés, connaissance qui est à la fois théorique et pratique, au sens où elle peut être le guide d'une action politique.

À cette tendance plutôt physicaliste, objectiviste et réaliste (on pourrait associer des noms propres à chaque tendance) s'oppose une tendance que l'on pourrait dire *grosso modo* spontanéiste, qui définirait plutôt la classe comme volonté. Je pense par exemple à l'historien marxiste (au sens très large) Thompson[1], qui décrit la classe comme un événement, un happening, un surgissement, ou, évidemment, à la lecture sartrienne de Marx[2]. Selon cette tendance spontanéiste, la classe n'est plus cette sorte de réalité inscrite dans la structure même du monde social, mais une sorte de volonté plus ou moins produite par l'agrégation des volontés individuelles. Les théories, ici, étant souvent quasi mythologiques, j'ai du mal à les reproduire. Il faudrait reprendre les justifications données de la classe en fusion, de la classe inspirée (il y a une sorte de marxisme bergsonien). Comme je ne les aime pas beaucoup, j'ai du mal à en parler objectivement. Mais je pense que la tradition marxiste est vouée à l'oscillation entre ces deux pôles (cette oscillation existe à l'intérieur de la conscience de gens qui se pensent marxistes), et l'on pourrait faire une histoire sociale de la pensée marxiste, qui découvrirait des mouvements pendulaires de l'un à l'autre de ces deux pôles. Ce que je dis là est très sommaire et très caricatural, mais mon objectif n'est pas tant de décrire ces deux manières de penser le monde social que d'essayer de découvrir pourquoi Marx a été porté à cette sorte de dédoublement auquel, me semble-t-il, il avait cru trouver moyen d'échapper. Sur ce terrain comme sur beaucoup d'autres, Marx a rompu avec la représentation commune du monde, mais n'a pas pu – peut-être parce que le même homme ne pouvait pas

1. Edward Palmer Thompson, *The Making of the English Working Class*, Londres, Vintage, 1963 – trad. fr. postérieure au cours : *La Formation de la classe ouvrière anglaise*, trad. Gilles Dauvé *et al.*, Paris, Seuil, « Points Essais », 2012 [1988].
2. Voir Jean-Paul Sartre, *Critique de la raison dialectique*, t. I, *Théorie des ensembles pratiques*, Paris, Gallimard, 1960.

faire les deux choses – intégrer dans sa théorie du monde social ce contre quoi il avait dû conquérir cette théorie.

Ceci pourrait se montrer dans le cas de la théorie marxiste du travail[1]. L'effort scientifique consiste à rompre avec le donné tel qu'il se donne, avec les apparences phénoménales, avec par exemple le travail comme vocation – thème qui revient très souvent chez Marx. Il consiste à détruire et à déconstruire les représentations communes pour construire une vérité objective contre ces représentations communes, pour construire le travail comme production de plus-value (ou pour construire les classements objectifs comme polycritères et non comme monocritères, comme ce que j'ai fait dans l'économie du goût[2]). Mais on comprend que celui qui opère cette rupture avec les apparences premières ait peine à réintroduire dans sa construction ce contre quoi il a construit. Ayant rompu avec la réalité vécue idéologique (ici, dans le cas particulier, la théorie spontanée du classement), celui qui opère la rupture oublie d'intégrer dans le modèle ce contre quoi il a rompu et dont la force sociale se manifeste dans la difficulté même de la rupture. Si la rupture objectiviste est toujours à recommencer, c'est que précisément elle a contre elle toute l'expérience sociale ordinaire.

Mon travail, au fond, a consisté à plusieurs reprises à essayer d'opérer la rupture et à dépasser ensuite cette rupture en intégrant l'expérience vécue ou pratique contre laquelle la rupture avait été effectuée. Dans le cas du travail, réduire la vérité complète, c'est-à-dire à la fois objective et subjective, du travail à sa vérité objective dans la tradition marxiste, c'est-à-dire à la production de plus-value, c'est oublier que la méconnaissance de la vérité objective du travail comme production de plus-value fait partie de la vérité objective du travail. Si la vérité complète du travail était ce qu'en dit Marx, tout le monde serait marxiste et il n'y aurait pas de travail politique à faire. C'est pourquoi, très souvent, l'opposition que j'ai décrite en commençant entre l'objectivisme et

1. P. Bourdieu reviendra sur ce point notamment dans ses *Méditations pascaliennes*, Paris, Seuil, 1997 ; rééd. « Points Essais », 2003, p. 291-296.

2. Voir *La Distinction*, *op. cit.*, notamment p. 255 *sq.*

le spontanéisme est souvent une opposition savant/militant. Car il y a aussi une division du travail dans la tradition du mouvement ouvrier : les théoriciens et les militants sont souvent d'extraction sociale et de formation intellectuelle différentes, et il est fréquent que les théoriciens soient du côté scientiste, objectiviste, déterministe, mécaniste, etc., alors que les praticiens, les militants sont plutôt du côté spontanéiste, volontariste, activiste, donc du côté de la classe que l'on peut faire par opposition à la classe que l'on découvre toute faite dans la réalité. Je pense que cette alternative funeste à tout point de vue repose sur une erreur logique. On peut comprendre pourquoi celui qui a le plus fait pour détruire la vision enchantée du travail ou du monde social a été particulièrement exposé à cette erreur, puisque l'effort de rupture n'incline pas à comprendre et à récupérer ce qu'il a fallu détruire.

Réalité et représentations de la réalité

L'idée simple que j'ai à l'esprit, c'est que la représentation que les sujets sociaux se font du monde social fait partie de la vérité objective du monde social. Le monde social n'est pas simplement cette réalité objective que le savant construit par son travail statistique, par la multiplication des critères, etc. La non-possession de cette vérité objective qui est le lot des agents engagés dans l'objectivité de l'action pratique, cette sorte de cécité, ces vues partielles auxquelles sont condamnés les agents singuliers, tout cela fait partie de la vérité objective du monde social. Le savant commet une erreur d'ethnocentrisme quand il oublie que, précisément, tous les sujets sociaux ne vivent pas le monde social comme lui-même le décrit en tant que chercheur ; et c'est un des aspects les plus difficiles du travail scientifique que de parvenir à intégrer dans le compte rendu scientifique l'expérience première que le travail scientifique fait oublier. Par exemple, il faudrait avoir le courage – c'est tellement pénible et difficile que l'on ne veut pas ajouter ce surcroît de travail – de noter à chaque moment la représentation que l'on a de l'objet étudié. Il y a en effet une sorte de modalisation permanente de la représentation de l'objet qui fait que le chercheur lui-même a beaucoup de mal à retrouver l'expérience première qu'il avait de son objet ; et lorsqu'il donne ses conclusions et ses représentations finales, il est porté à commettre cette erreur de perspective. Ainsi, à partir du moment où un chercheur s'est approprié la pensée en termes de champ et pense à décrire le champ intellectuel ou le champ universitaire comme un espace dans lequel les agents sont engagés avec des enjeux et des intérêts spécifiques, des stratégies, il n'y a plus aucun texte – qu'il s'agisse d'une biographie de Monet, d'une interview de Sartre, d'une polémique entre Brunschvicg et Nizan, etc. – qui ne laisse pas transparaître des stratégies objectives : tous ces documents, les choix de telle manière d'écrire chez l'un et chez l'autre, la moindre lettre, se mettent à parler dans la logique de la stratégie. Il y a même parfois une manière de lire un document qui l'objective : exemple typique, je peux vous lire à haute voix le fameux texte que Sartre a écrit à la mort de Merleau-Ponty[1] et, par de simples effets d'accent, de coupure, etc., vous faire sentir tout ce que la célébration respectueuse et dévouée peut cacher de stratégies de récupération. Dès que vous avez accédé à cette vision objective, vous avez de la peine à refaire la lecture naïve.

Par chance, certains textes philosophiques sont restés dans mon esprit en l'état où ils étaient lorsque je les lisais pour la première fois autour de vingt ans. Je peux retrouver l'expérience naïve que j'avais quand je lisais « das Man » de Heidegger[2], et arriver à vivre la superposition des deux expériences, naïve et disons désenchantée. Mais dès le moment où vous avez vu dans « das Man » l'opposition entre la foule et l'individu distingué, le texte est comme dans les

1. Il s'agit de l'article de Jean-Paul Sartre, « Merleau-Ponty vivant », paru dans le numéro double des *Temps modernes*, n° 184-185, 1961, p. 304-376, repris dans *Situations IV*, Paris, Gallimard, 1964, p. 189-291, en hommage au philosophe, mort le 3 mai 1961.
2. Allusion à un passage abondamment commenté (sur le « on ») de *Être et temps* (trad. Rudolf Boehm et Alphonse De Waelhens, Paris, Gallimard, 1964 [1927], p. 159-160), analysé par P. Bourdieu comme une transfiguration du discours ordinaire en hauteur philosophique : « L'ontologie politique de Martin Heidegger », *Actes de la recherche en sciences sociales*, n° 5-6, 1975, p. 109-156 (cet article sera développé dans un ouvrage publié sous le même titre aux Éditions de Minuit en 1988).

expériences de la *Gestalt*[1] : une fois que vous avez vu la structure, vous ne pouvez plus que la voir et *a fortiori* vous avez toutes les peines du monde à la communiquer. II m'arrive souvent de rêver d'un langage d'exposition qui, comme un langage musical, livrerait à la fois l'expérience naïve (ce que les croyants lisent dans un texte de Heidegger), et ce que l'on peut lire entre les lignes. Il faudrait arriver à donner les deux à la fois, la difficulté tenant aussi au fait que, comme le coût de découverte de ce qu'il faut lire entre les lignes et le profit de désenchantement un peu agressif et ironique sont considérables, le chercheur n'a guère envie de se priver de ce profit ; il est beaucoup plus agréable de donner un discours un peu ricanant, tournant l'objet en dérision. Mais cela conduit à des fautes de perspective considérables, ne serait-ce que parce le monde social ne marcherait pas s'il était tel que le chercheur objectiviste le décrit. Même si les exemples sont réducteurs, on peut prendre celui de Sartre : si Sartre avait été vraiment cynique et calculateur dans son éloge de Merleau-Ponty, l'éloge n'aurait pas fonctionné comme éloge, ni à ses propres yeux ni aux yeux de ses lecteurs. Il fallait qu'il y ait une part d'innocence, de naïveté, jusque dans les stratégies de récupération, de règlement de compte posthume, etc. Ceci est vrai toutes les fois que le monde marche à la croyance (ce qui est très souvent, et même presque toujours, le cas) : l'objectivation, par le simple fait de mettre sous les yeux un ensemble de choses qui ne sont pas connues toutes ensemble, fait ressortir tout un aspect caché des choses, mais détruit quelque chose qui est constitutif de l'objectivité, à savoir que cela ne se passe pas comme ça et que si ça se passait comme ça, cela ne marcherait pas.

Pour en revenir au problème que j'élucide, qui est un cas particulier de ce problème très général du rapport objectiviste à l'objet et de l'expérience ordinaire du monde social, il me semble que

1. P. Bourdieu fait ici allusion aux expériences menées par les théoriciens de la *Gestaltpsychologie* (« psychologie de la forme ») sur les processus de perception et de représentation mentale, dont un exemple phare est le « vase de Rubin » : une même image tendant à faire apparaître tantôt deux visages noirs de profil sur un fond blanc, tantôt un vase blanc sur un fond noir.

la théorie objectiviste des classements ou la vision objectiviste du monde social tel qu'il est laisse échapper le fait qu'elle n'est pas complètement objective. Si, par exemple, je construis un espace des professeurs de l'enseignement supérieur français, que je pourrais dessiner au tableau sous forme de diagramme avec des distances mesurables, il est certain que le travail de production qui consiste à porter au jour cette réalité est un véritable changement de nature – je pense même que, pour survivre et surtout pour réussir dans cet espace, il faut une maîtrise pratique de cette structure que je peux dessiner au tableau, bien que cette structure dessinée au tableau n'existe, à coup sûr, dans aucune des consciences ; *a fortiori* elle n'est maîtrisée à l'état explicite par aucun des agents. La différence entre la croyance et le cynisme est un fait social très important, et elle réside précisément dans le fait que l'on ne sait pas ce que l'on fait et que l'on peut croire qu'on fait autre chose que ce qu'on fait.

Si les agents sociaux étaient constamment confrontés à la maîtrise pratique, à supposer qu'ils ne soient pas paralysés par l'excès d'informations et désespérés par le sentiment de fatalité que cela leur inspirerait, ils auraient une expérience du monde social tout à fait contradictoire avec ce que le monde social, en particulier les univers culturels, demande, à savoir de la croyance, de l'innocence, de la naïveté, etc. Si les artistes avaient conscience de ce que c'est que de faire ce qu'ils font, ils ne pourraient plus du tout le faire. Ce sont des choses que les gens qui, comme les intellectuels et les artistes, font profession d'unicité, de singularité et de distinction opposent très souvent à la sociologie. Pendant des années, j'y voyais un discours idéologique, une sorte de défense de la personne, un point d'honneur spiritualiste. Mais le fait qu[e ce discours] soit idéologique et défensif, qu'il soit lié à ce que Marx appelle le « point d'honneur spiritualiste[1] » des intellectuels et des artistes, ne

1. Allusion au passage de Marx dans sa *Critique de la philosophie du droit de Hegel*, dans lequel il définit la religion comme « opium du peuple » : « La religion est la théorie générale de ce monde, son compendium encyclopédique, sa logique sous une forme populaire, son *point d'honneur* spiritualiste, son enthousiasme, sa sanction morale, son complément cérémoniel, son universel motif de consolation et de justification. » (Karl

veut pas dire qu'il n'enferme pas une part de vérité, et je pense qu'il a, comme toute idéologie qui fonctionne, un fondement dans la réalité, et que l'approche objectiviste mutile réellement la réalité ; l'expérience ordinaire n'enferme pas la connaissance complète d'elle-même et de l'espace dans lequel elle fonctionne. Pour résumer tout ceci d'une phrase, je dirais que la représentation partielle, fictive, mythifiée que les agents se font du monde social fait partie de la vérité objective du monde social. Du même coup, les « théories » – je reviendrai sur ce mot – qui fournissent des représentations du monde social, qu'il s'agisse des théories religieuses, scientifiques ou politiques, font elles-mêmes partie du monde social. Le paradoxe est que la théorie du monde social qui, entre toutes, a exercé l'effet de théorie le plus puissant, la théorie marxiste, n'enfermait pas la théorie de cet effet : s'il y a une théorie qui est devenue réelle, qui a fait voir et fait croire que le monde était comme elle disait qu'il était, c'est bien la théorie marxiste ; or cette théorie, surtout dans son pôle scientiste et mécaniste, ne fait pas de place à ce fait que la représentation constitue la réalité. C'est cela que je voudrais réintroduire dans une analyse complète.

L'autonomie du social et le problème de la prise de conscience

Le détour que je viens de faire est un peu embarrassé. Ce n'est pas du tout que je sois embarrassé de ne pas être d'accord avec Marx, mais je suis embarrassé d'être en désaccord avec Marx devant des gens qui peuvent se demander ce que veut dire ce désaccord. On est tellement dans l'ordre du religieux que je n'ai pas envie d'être sacrilège. [...] Ce que je dis est sérieux et est tout à fait lié au problème que je pose. La science véritable des classements me semble

---

Marx, *Pour une critique de la philosophie du droit de Hegel* [1843], in *Œuvres*, t. III, *Philosophie*, trad. Maximilien Rubel, Paris, Gallimard, « Bibliothèque de la Pléiade », 1982, p. 382-383.)

devoir intégrer et se définir comme une science de la relation entre le classement objectif que construit le savant par la multiplication des critères et le classement pratique. Le classement objectif qui permet de placer dans un espace à trois ou quatre dimensions, par exemple, [les agents sociaux] et leurs propriétés est plus réel (au sens de plus prédictif de la réalité) que le classement pratique ; en ce sens, c'est une classification plus naturelle, comme disaient les zoologistes [...]. C'est ce que l'on dit souvent quand on attribue à un penseur la capacité de faire voir des différences qu'on ne voyait pas, qu'on pressentait mais qu'on ne savait pas exprimer. Livrant des structures, des relations qui vont au-delà des apparences et des perceptions partielles, le classement savant est plus réel mais, en même temps, il est tout à fait irréel en ce sens qu'il n'est pas socialement praticable : il n'est pas pratique, pas vivable, on ne peut pas s'en servir pour agir parce qu'il est trop complexe. Il n'a pas de fonction, on n'a rien à en faire, il est né d'un rapport « désintéressé » au monde social...

Le travail d'intégration des deux aspects conduit du même coup à rappeler, contre le subjectivisme, que le classement objectif, celui que le savant construit en multipliant les critères, est le fondement des classifications pratiques : les agents auront les classifications pratiques de leur position objective dans les classements. Le classement objectif est fondateur des classements pratiques : il définit les limites incorporées sous forme de dispositions permanentes et de schèmes classificatoires ; il définit les limites objectivées, c'est-à-dire les conditions matérielles d'existence à l'intérieur desquelles vont fonctionner les stratégies de classement. Le classement objectif, le classement latent, détermine donc la forme que va prendre la lutte des classements. Je pourrais prendre l'exemple du régionalisme, pour lequel les prises de position classificatoires dépendent de la position dans les classements à travers les dispositions à classer d'un type particulier et à travers le classement incorporé ou le classement objectivé[1]. Les formes et les usages des classements

1. Voir Pierre Bourdieu, « L'identité et la représentation. Éléments pour une réflexion critique sur l'idée de région », *Actes de la recherche en sciences sociales*, n° 35, 1980, p. 63-72 ; repris in *Langage et pouvoir symbolique*, *op. cit.*, p. 281-292.

dépendent du classement. L'exemple par excellence est le goût, ce système de classement incorporé qui sert à classer mais qui classe celui qui classe.

Il faut donc opposer au subjectivisme la subordination des classements pratiques par rapport au classement objectif et à l'objectivisme – c'est un peu ce que je disais à propos de Marx, que j'avais réduit à son aspect objectiviste –, l'autonomie relative des prises de position par rapport à la position : la relation qui va des prises de position aux positions n'est pas mécanique. À une position dans l'espace social objectif ne correspond pas mécaniquement une prise de position politique, religieuse, esthétique, etc. Il y a une autonomie de l'espace social que l'on pourrait qualifier de politique par rapport à des classements objectifs.

Cette autonomie est-elle l'autonomie de la prise de conscience ? C'est, je pense, le point-clé, même si je ne vais pas y insister aujourd'hui : la prise de conscience est une des manières de prendre de la distance par rapport à la position, mais je pense qu'elle a reçu dans la tradition marxiste une place tout à fait disproportionnée. Dans l'expérience ordinaire, le rapport entre les positions objectives et les prises de position me semble s'effectuer par l'intermédiaire, non pas d'actes de conscience, mais de ce que j'appelle un habitus, c'est-à-dire des dispositions inconscientes qui sont le produit de l'incorporation des structures et des propriétés de position et qui conduisent à des pratiques ré-exprimant la position dans leur logique sans qu'il y ait passage explicite par la conscience. On pourrait dire, et c'est ce qui m'est souvent reproché, que si la seule relation entre les positions et les prises de position s'établit par l'intermédiaire des habitus qui sont eux-mêmes pour une grande part le produit des positions, il n'y a plus d'autonomie possible. Or, ce que je voudrais montrer, c'est qu'il y a une autonomie possible qui n'est pas du côté de la conscience : les classifications objectives définissent les limites dans lesquelles les classes nominales, les classes représentées, les classes-volonté peuvent fonctionner et ont des chances de se réaliser ; mais il n'en reste pas moins qu'un certain type de travail – que l'on peut appeler le travail théorique au sens très large (je vais y revenir) –, doté de sa logique propre, produit des représentations autonomes par rapport aux positions. En quoi consiste cette autonomie du symbolique ? Où réside le principe de ce décalage entre ce que les gens sont socialement et leurs représentations du monde social ?

Les positions objectives définissent les limites dans lesquelles peuvent varier les représentations mais, à l'intérieur de ces limites, il y a place pour des manipulations qui – c'est sur ce point que je voudrais insister – sont précisément le propre du pouvoir symbolique. Au fond, le pouvoir symbolique est le pouvoir de jouer de ce jeu entre les positions et les dispositions, en particulier du fait que les mêmes dispositions peuvent se reconnaître dans des prises de position différentes. Je voudrais prendre un exemple concret très simple : à une position dans les rapports de production (pour reprendre le langage objectiviste pur et dur), telle que celle qui définit le prolétaire en toute rigueur théorique, correspondent selon moi, non pas l'alternative de l'inconscience et de la prise de conscience comme révélation fulgurante de la vérité objective de la condition, mais des dispositions qui sont le produit incorporé d'une certaine expérience du monde social définie précisément par le fait d'occuper une certaine position dans les rapports de production et qui, à tort ou à raison – qui en jugera ?, je vous en laisse juges –, peuvent se reconnaître dans des représentations explicites du monde social très différentes.

Autrement dit, les dispositions ont une forme d'incertitude à l'égard du discours et le passage d'une disposition pratique à un discours censé l'exprimer est une sorte de saut qualitatif, [de discontinuité] tellement radicale que, finalement, plusieurs discours d'explicitation peuvent être compatibles avec les mêmes dispositions, ou que, inversement, plusieurs dispositions peuvent se reconnaître en toute bonne foi dans des discours d'explicitation différents bien qu'ils se donnent tous pour la vérité de cette pratique. J'ai souvent décrit ces phénomènes d'*allodoxia*[1], et je pense

1. P. Bourdieu utilise le terme d'*allodoxia* – employé dans un dialogue de Platon (*Théétète*, 189c) pour désigner un jugement faux, une méprise – lorsque les agents sociaux ont d'un objet une perception décalée par rapport à ce qu'il est objectivement.

que le passage politique est le moment où l'on passe de la *doxa*, c'est-à-dire de cette sorte d'expérience du monde social purement dispositionnelle, pré-explicite, pré-thétique, infra-consciente, infra-verbale, qui guide la plupart des actions ordinaires, à une expérience orthodoxe ou hétérodoxe – l'expérience orthodoxe est la croyance de droit, la croyance droite, la croyance dominante. C'est dans le passage de la *doxa* à une orthodoxie ou à une hétérodoxie que se situe la possibilité d'une manipulation. Si finalement toute disposition impliquait la disposition à produire sa propre explicitation légitime, il n'y aurait pas de place pour la politique, c'est-à-dire pour les manipulateurs de ce hiatus que sont non seulement les politiciens mais tous les professionnels du discours. Les professionnels du discours vivent de ce décalage et ils vivent de la possibilité de l'*allodoxia* ou du fait que les gens peuvent penser différentes choses.

Je vais essayer de préciser. S'il est vrai que la science découvre qu'il y a à la fois des classements objectifs fondés et des actions classificatoires qui, tout en étant très étroitement liées aux positions objectives dans les classements, ont une autonomie relative par rapport à ces positions, le sociologue se trouve devant une alternative : il peut se donner pour objectif soit d'opposer son classement objectif aux différents classements en concurrence pour la représentation légitime du monde social (c'est la tentation de l'objectivisme qui prétend toujours opposer un bon classement à des classements concurrents), soit de décrire comme constitutifs de la réalité les plus puissants des classements en concurrence, pour dire finalement que l'idéologie dominante constitue la réalité. La représentation dominante du monde social fait partie de la réalité et, d'une certaine façon, le droit deviendrait la science sociale par excellence.

(Je l'ai dit un jour rapidement : dès l'origine de la sociologie, cette science a eu à s'affirmer et à se constituer contre le droit.

La notion est par exemple employée au sujet d'autodidactes prenant l'opérette pour de la « grande musique » ou d'étudiants de première génération attendant de titres scolaires un rendement qu'ils n'ont plus (voir *La Distinction*, *op. cit.*, p. 174 et 370).

Si, aussi bien chez Marx que chez Durkheim et chez Weber, la confrontation avec le droit est capitale, c'est que le discours juridique sur le monde social a une forme de validité. D'une certaine façon, la sociologie conservatrice, celle qui, croyant dire le monde tel qu'il est, ou tel que la représentation dominante dit qu'il est – c'est presque du droit –, a une forme de fondement ; c'est pour cela qu'elle est si difficile à combattre, elle a en quelque sorte toute la réalité sociale pour elle. Très souvent, les gens qui se contentent de dire ce que les dominants disent du réel ont l'ordre social pour eux et ont, de cette façon, de fortes chances d'être confirmés dans leur représentation.)

La sociologie pourrait donc avoir pour rôle – c'est une définition possible – d'enregistrer les classements les plus puissants, c'est-à-dire les plus prédictifs, et d'une certaine façon de faire des nomenclatures – le mot « nomenclature » est un mot important dans certaines sociétés – qui sont la réalité, qui font la réalité. On pourrait ainsi concevoir une théorie scientifico-juridique, suffisamment fondée scientifiquement pour être grossièrement validée et en même temps fondée juridiquement, c'est-à-dire capable de s'auto-vérifier puisqu'elle ferait être ce qu'elle dit ; ce serait d'une certaine façon l'obstacle par excellence pour les sciences sociales. D'ailleurs, des sociétés connaissant cette situation n'ont guère de sciences sociales. Parce que je pense que la science sociale est un défi absolu, c'est ou l'ordre social ou la science sociale.

Le thème que j'aborde ici est spécialement difficile, je suis aux limites de ce que je peux penser. Il met spécialement en question le sens profond de ce qu'est la pensée scientifique. Il me semble que le premier acquis des réflexions que j'ai menées jusqu'à présent se résumerait ainsi : la lutte des classements fait partie de la vérité objective des classements, bien qu'elle ait une autonomie relative par rapport aux classements. La deuxième partie de mon travail, que j'entame maintenant, revient à essayer de déterminer en quoi consiste la logique spécifique de la lutte des classements, à dire où résident les fondements de son autonomie et, donc, le principe du pouvoir symbolique comme pouvoir relativement autonome par rapport aux autres formes de pouvoir, comme le pouvoir économique ou le pouvoir de la violence purement physique. L'enjeu de la lutte des classements est la production et l'imposition du mode de représentation légitime du monde social, du mode de représentation du monde social capable de faire autorité et du même coup de devenir auto-vérifié. Comme je le disais tout à l'heure à propos du droit, un discours juridique, qui est à la limite d'un discours performatif, peut être faux du point de vue de la science mais il peut avoir néanmoins les moyens de se vérifier. Si j'ai suffisamment de pouvoir et si je dis : « Demain toute la classe ouvrière française se mobilisera pour demander les 35 heures », je peux rendre cette proposition vérifiée même si, du point de vue d'une science rigoureuse prenant en compte les rapports de force, les structures, etc., cette phrase peut apparaître comme une imposture.

Est-ce à dire que ce pouvoir de mobilisation n'a aucune limite ? En fait, la limite dans laquelle il s'exerce au-delà des limites objectives est définie par la réalité objective. Pour que cela marche, il faut malgré tout qu'il y ait un fondement objectif, ce qui ne veut pas dire que tout est donné dans les conditions objectives. L'enjeu de la lutte des classements, c'est ce que j'appelle le pouvoir de constitution comme pouvoir essentiellement politique de faire exister ce qui est dit. C'est une lutte pour l'imposition d'un classement homologué et universellement reconnu. La réussite de ce classement reconnu ne tiendra pas simplement au fait que, par exemple, les hommes politiques seront d'accord pour le reconnaître, ou les savants pour dire qu'il est reconnu, mais aussi à ce qu'il deviendra constitutif de la réalité ; il aura force de loi, c'est-à-dire que les gens seront réellement classés selon ce classement avec toutes les conséquences afférentes : ils auront des papiers ou n'en auront pas, ils seront bien ou mal vus, bien ou mal payés, etc. La lutte pour le classement homologué n'est donc pas simplement une lutte idéologique, au sens où on l'entend ordinairement d'une lutte qui n'aurait d'effets que sur le terrain des idées ou des représentations. La lutte pour l'imposition de la représentation dominante est inséparablement la lutte pour que la représentation dominante devienne réelle, agissante dans la réalité et constitutive de la réalité. Pour cela, il faut qu'elle soit vraisemblable, compatible avec la réalité, ce qui ne veut pas dire qu'elle soit déjà inscrite dans la réalité.

Le droit, cas particulier d'effet de théorie

Je vais essayer de dire en quoi consiste cette lutte, avec un exemple simple concernant le problème du droit. On vit le droit sans y penser ; le pouvoir de dire le droit (c'est-à-dire le droit par opposition au gauche, par opposition au tordu, le masculin par rapport au féminin, le dominant par rapport au dominé, le légitime par rapport à l'illégitime, le religieux par rapport au magique, l'officiel par rapport à l'officieux et au caché, etc.) consiste précisément dans le pouvoir symbolique, dans le pouvoir d'imposer un ensemble commun de points de vue. C'est le pouvoir d'imposer un consensus concernant le point de vue sur le sens du monde, d'imposer universellement des principes qui orientent la vision, et du même coup les actions et les représentations. Finalement, ce pouvoir est ce que j'appellerai au sens très large le pouvoir d'exercer un « effet de théorie », le mot « théorie » devant être pris au sens étymologique[1] : la théorie, c'est une banalité de la tradition épistémologique, c'est ce qui fait voir des choses qu'on n'aurait pas vues autrement. La tradition épistémologique a souvent multiplié les exemples d'effets de théorie : lorsque la théorie est constituée, des phénomènes qui étaient restés inaperçus, des réalités qui étaient confondues, se distinguent ; autrement dit, on ne voit que ce pour quoi on a la théorie. Le droit est un cas particulier de l'effet de théorie de même que l'action politique est un cas particulier de l'effet de théorie, dans la mesure où, par l'exercice de la nomination légitime, le détenteur d'une autorité symbolique peut arracher les sujets sociaux à l'indétermination concernant le sens du monde.

1. Le mot « théorie » vient du grec θεωρεῖν, *theôrein* (« observer », « contempler »), θεωρία, *theôria* (« contemplation », « vue d'un spectacle, vue intellectuelle »).

Pour comprendre le pouvoir de l'effet de théorie, il faut comprendre que la vision claire du monde, et en particulier du monde social, ne va pas de soi. Ce qu'on a très souvent dit du monde naturel, à savoir qu'il est ambigu, indéterminé, etc., et que c'est en y appliquant les structures structurantes que les sujets sociaux découvrent un ordre, est presque vrai *a fortiori* pour le monde social. Max Weber parlait tout le temps de *Vielseitigkeit*, c'est-à-dire de pluralité d'aspects du monde social, les réalités sociales se donnant toujours par profils, par morceaux[1]. On ne les saisit jamais tout entières d'un coup, et, du même coup, les sujets sociaux sont en quelque sorte désemparés devant le présent et *a fortiori* devant l'avenir du monde social. Ce n'est pas par hasard si la pré-vision ou la pré-diction sont un des problèmes centraux dans la vie politique, car l'un des facteurs de l'indétermination du sens du présent est précisément l'avenir dont il est gros. On ne sait pas ce qui fait qu'il est indéterminé. C'est un topo classique de la philosophie de l'histoire. Le pouvoir de prédiction de ceux qui ont une théorie, c'est-à-dire un instrument pour voir les relations, peut s'exercer dans la mesure où le sens du monde social est ouvert, n'est pas fini, est en suspens. La théorie wébérienne du prophétisme ne dit pas autre chose[2] : l'effet prophétique, qui est une des formes par excellence de l'effet de théorie, consiste à donner aux agents sociaux qui en ont le plus grand besoin une réponse systématique aux questions les plus diverses, depuis les questions de vie ou de mort auxquelles toutes les prophéties ont à répondre jusqu'aux questions les plus banales de la vie quotidienne : faut-il mettre un chapeau ou ne pas en mettre ? Faut-il saluer en mettant la main sur le cœur ?, etc. Le propre du discours prophétique est d'arracher complètement les croyants à toute inquiétude concernant le sens du monde.

1. Sur cette notion de *Vielseitigkeit* et sa relation avec la théorie des champs, voir aussi Pierre Bourdieu, « Fieldwork in philosophy », in *Choses dites*, *op. cit.*, p. 32.
2. Voir notamment « Le prophète », in *Économie et société*, *op. cit.*, « Pocket », vol. 2, p. 190-203. « La révélation prophétique signifie toujours [...], pour le prophète lui-même et pour ses acolytes, une vue unitaire de la vie découlant d'une prise de position consciemment *significative* et *unitaire* envers celle-ci. Pour le prophète, la vie et le monde ont un "sens" unitaire systématique déterminé. » (p. 202-203).

Les mots comme sens commun

Ce que je voudrais montrer, c'est que le langage le plus ordinaire avec lequel nous parlons le monde fonctionne de cette façon. Le mot ou le proverbe est une prophétie en petit. Un philosophe américain, Kenneth Burke, a fait une analyse des proverbes et des mots d'argot, en montrant qu'il ne s'agit pas du tout de désignations neutres mais de sortes de programmes d'action qui désignent la personne nommée en indiquant du même coup ce qu'il y a à en faire ou ce qu'il y a à lui faire, comment la traiter, etc[1]. Ce ne sont pas du tout des descriptions constatives, ce sont des provocations à agir dans une certaine direction. Les mots les plus ordinaires définissent l'attitude à la fois autorisée et approuvée par tout un groupe. Les mots, c'est le sens commun, et avoir le sens commun avec soi est une force parce que tous les mots sont éthiquement qualifiés. Il est très rassurant, quand on est un agent ordinaire engagé dans le monde social, d'avoir le sens commun avec soi. Il suffit de penser aux mots d'ordre sur lesquels je reviendrai. Les mots sont toujours des mots d'ordre. Le plaisir et la gratification que l'on retire – là il faudrait prendre de nombreux exemples – à répéter des mots qui ont été dits cent fois dans des circonstances socialement constituées comme appelant ces mots tient au fait qu'on se vit comme ayant avec soi tout l'ordre social, comme étant dans le vent, dans le bien, dans l'orthodoxie. L'opposition entre la pensée droite, la pensée de droit et la pensée gauche, de gauche, honteuse, clandestine, officieuse qui ne peut pas s'avouer, se déclarer, retrouve tout entière l'opposition, analysée par la tradition sociologique, entre religion et magie. On peut mettre du côté de la magie toutes les choses qui ne peuvent pas se dire de tout temps. Un des effets les plus puissants qu'exerce le monde social, l'effet d'officialisation,

1. Kenneth Burke, « Literature as equipment for living » (1938), in *The Philosophy of Literary Form : Studies in Symbolic Action*, Los Angeles, University of California Press, 1973 [1941].

consiste en cela, purement et simplement. Il n'ajoute rien. Des gens qui vivent ensemble depuis vingt ans vont chez le maire et ils reviennent mariés. On se contente souvent de dire que c'est un fait social, mais ce sont des choses auxquelles on ne réfléchit pas concrètement : le fait de devenir mariés à la face de tous, de passer de l'officieux, du clandestin, du honteux, de ce qui ne peut pas se dire, de ce qui se cache, à l'officiel, constitue un changement radical, et je pense qu'un des effets politiques les plus puissants consiste dans l'effet de publication, *Öffentlichkeit*, qui est le fait de rendre ouvert, rendre patent, rendre public, publier, étaler[1]. Les gens qui sont dans l'ordre, de droit, de droite, etc., sont ceux qui peuvent s'étaler, étaler ce qu'ils sont de façon non honteuse ; ils ont tout l'ordre social avec eux.

Je pense que cette logique de la publication est un cas particulier d'un effet de théorie : lorsqu'une théorie devient orthodoxe et dominante, elle devient une vision collective du monde et cette vision collective du monde devient le monde lui-même – c'est uniquement par un artifice que la tradition matérialiste nous a habitués à distinguer entre le monde social et la vision du monde social. La vision du monde social, lorsqu'elle est consensuelle, est le monde social, elle fait le monde social. Et il n'y a plus de décalage entre ce que je pense, avec tout le monde social pour me soutenir, et ce qui est. Cette sorte d'immersion dans l'orthodoxie est l'objectif de toute la lutte pour la domination symbolique. D'une certaine façon, l'enjeu de toutes les luttes entre intellectuels, entre clercs et, plus généralement, entre détenteurs du pouvoir de nommer avec une certaine autorité le monde social, est d'imposer cette vision consensuelle du monde qui, non seulement dirait le monde, mais encore le ferait. Benveniste remarque dans *Le Vocabulaire des institutions indo-européennes* que tous les mots qui disent le droit dans le langage indo-européen ont quelque chose à voir avec la racine « dire »[2] ; comme si dire, c'était toujours dire le droit, dire ce qui est. Dès le moment où vous êtes autorisé à dire publiquement,

1. P. Bourdieu revient sur cette notion dans le cours du 9 juin 1982, p. 156.
2. É. Benveniste, *Le Vocabulaire des institutions indo-européennes*, t. II, *op. cit.*, p. 133 *sq.*

sans vous cacher, vous avez avec vous tout un groupe qui vous délègue le pouvoir de dire, pour lui et avec lui, ce qui est, et, ayant avec vous tout un groupe, vous avez sa force qui est capable de s'imposer comme constituante de la réalité. On est là tout à fait dans la logique du performatif. Il va de soi que l'enjeu de la lutte pour le pouvoir symbolique est l'enjeu pour l'autorité qui permet d'avoir des énoncés performatifs positivement sanctionnés.

Je reviens pour finir sur les conditions qui rendent possible cet effet de performativité. Il y a évidemment – ce que j'aborderai par la suite – les conditions qui doivent être remplies par un agent pour pouvoir parler au nom d'un groupe, c'est-à-dire les conditions de l'accumulation de l'autorité. Mais il y a, du côté de l'objet, à savoir le monde social, des propriétés qui font que l'exercice de l'effet de théorie est possible. J'ai indiqué tout à l'heure l'ambiguïté du monde social ; je pense que, contrairement à la théorie réaliste qui est souvent acceptée consciemment ou inconsciemment par les sociologues, la représentation du monde social n'a rien d'un reflet. Ce n'est ni une donnée immédiate ni un reflet mécanique, mais une construction presque toujours collective qui s'appuie en particulier sur le langage, et je pense que si on peut se servir, comme le fait Benveniste, d'une analyse purement linguistique pour dégager une théorie du monde social, c'est que le langage est un instrument de construction du monde social. S'il y a un terrain où l'hypothèse de Sapir-Whorf (hypothèse selon laquelle le langage est constitutif de la réalité) et la tradition Humboldt-Cassirer, qui est indépendante de la précédente mais est également néokantienne (le langage est constructeur de la réalité, il fournit des structures structurantes du monde social), sont vraies, c'est le terrain du monde social. S'agissant du monde social, l'indétermination objective rend possible l'application au monde de cet instrument élémentaire de pensée que sont les mots, les mots communs. Par exemple, je pense que l'un des objets les plus intéressants pour étudier les morales de classe pourrait être l'usage des interjections, des exclamations : toute une philosophie sociale et une représentation du monde se trouvent enfermées dans une manière [...] de s'exclamer qui est une façon à la fois corporelle et verbale de réagir au monde et qui s'acquiert de manière complètement inconsciente par l'imitation et la fréquentation des mêmes gens devant les mêmes situations. C'est à travers l'outil du langage ordinaire, des proverbes, des locutions toutes faites, etc., que [s'apprend la morale d'un groupe].

Certes, les conditions sociales de production et de fonctionnement des différents proverbes, des différents mots d'ordre politiques sont extrêmement différentes : dans un cas, il s'agit d'un sens commun, unanime, comme la langue ; dans l'autre cas, il s'agit d'agents singuliers qu'on peut assigner à une position dans l'espace social. Mais, du point de vue de l'effet exercé sur la perception du monde social, la logique est exactement la même. Par exemple, là où le monde social est le lieu de continuité, le pouvoir symbolique des classificateurs consiste à introduire du discontinu (il y a une droite et une gauche, un masculin et un féminin, etc.). Je pense par exemple au travail d'un statisticien qui a essayé de montrer comment les statisticiens dans nos sociétés opèrent constamment des coupures à l'intérieur de continuums, ou bien classent des choses inclassables ou échappant à toute classification[1]. Lorsque les gens de l'Insee classent comme « étudiant » un étudiant qui gagne sa vie comme serveur de restaurant, ils opèrent une coupure arbitraire dans une réalité double, multiple. Ils introduisent du discontinu dans le continu, comme le font les classifications primitives, telles que les décrit Lévi-Strauss, lorsqu'elles disent : il y a le chaud, le froid, le sec, l'humide, le soleil, la lune, etc. Ce discontinu s'impose immédiatement lorsqu'il a l'ordre social avec lui parce qu'il peut se publier, s'afficher, se déclarer, se manifester et, du même coup, les prévisions orientées par ce classement sont confirmées au moins par les autres membres du groupe. Une vision du monde est un système de schèmes de prévision qui, étant partagés par tous, deviennent vrais, validés. Le système de prévision en fonction duquel vous agissez peut paraître fou du point de vue d'un autre système de prévision, mais vous êtes dans

1. P. Bourdieu se réfère ici sans doute à nouveau à L. Thévenot, « Une jeunesse difficile. Les fonctions sociales du flou et de la rigueur dans les classements », *op. cit.*

le vrai dans un univers où tous les autres le partagent. Ainsi, dans une société où le principe classificatoire dominant était la religion, des conduites qui nous paraissent incohérentes se vivent comme cohérentes et sont continuellement renforcées comme telles du fait qu'elles trouvent dans des conduites orchestrées conformément aux mêmes structures la confirmation de leur propre validité.

COURS DU 2 JUIN 1982

L'acte de consécration. – La lutte symbolique sur le classement. – Le capital symbolique. – La manipulation des frontières entre les groupes. – Défendre son capital.

Je voudrais montrer aujourd'hui en quoi consiste la spécificité de la lutte symbolique. J'ai décrit, la dernière fois, ce que j'ai appelé l'effet de théorie, effet de nomination par lequel l'énonciation d'une conclusion concernant le monde social contribue à imposer une représentation de ce monde. J'aurais pu appeler cet effet de théorie, indifféremment, « effet de nomination », « effet d'institution », « effet de constitution », « effet de consécration » ou encore « effet de légitimation ». C'est par volonté de méthode que je donne une série de noms partiellement interchangeables. Il m'est en effet souvent apparu, au cours de mon travail, que le simple fait de mettre un mot pour un autre faisait faire d'immenses progrès à la recherche. Par exemple, la dernière fois, l'effet de théorie que j'avais analysé s'apparentait à une sous-classe de l'effet d'institution que j'avais analysé par ailleurs, et le simple fait de rapprocher deux analyses [menées] selon leur logique propre dans des espaces théoriques différents, à des moments différents, produisait pour moi un effet considérable d'éclaircissement et d'approfondissement. En donnant des noms différents à une opération ou une institution identique, on peut donc faire disparaître un certain nombre d'obstacles à la pensée systématique qui tiennent au fait que les champs sémantiques dans lesquels fonctionne chacun des mots utilisés restent séparés ; mettre un mot pour un autre est une technique de recherche importante qui, bien souvent, fait faire un progrès. Parler d'« effet de théorie », c'est insister sur le fait que la désignation, la nomination donne, comme on dit, de nouveaux yeux.

L'acte de consécration

Ce que l'on dit de la science, vaut aussi, je pense, du discours politique, lequel fait apercevoir des choses qui passaient inaperçues, qui allaient de soi. Par exemple, toute la théorie des formalistes russes concernant la poésie insiste sur le fait que le propre du discours poétique consiste à produire un effet d'« étrangement » qui fait apercevoir les choses que la routine fait tomber dans le cela-va-de-soi[1]. Ce n'est pas par hasard s'il y a un lien entre la poésie et les problèmes que je pose et si un des cas privilégiés de discours d'institution ou d'imposition ou d'effet théorique est le discours poétique tel qu'il est attesté dans les sociétés archaïques[2]. Dans les sociétés dites archaïques, ce rôle de nomination et de constitution du monde social par la nomination incombe au poète qui ne produit pas, comme dans les sociétés où existe un champ de production intellectuelle relativement autonome, pour lui-même ou pour les autres producteurs, mais qui est investi d'un mandat social et de la mission de nommer le monde dans les moments où il devient innommable, c'est-à-dire dans les moments tragiques, difficiles où l'homme ordinaire est à court de mots.

C'est aussi le rôle du prophète et je rappelais la dernière fois la définition que Max Weber donne de la prophétie, discours qui, précisément, surgit en temps de crise : lorsqu'il n'y a plus rien à dire devant le monde qui est si énigmatique que personne ne peut plus rien dire, le prophète prend la parole et dit : « Voilà ce qu'il faut voir. » Cet effet de théorie ou de constitution (le mot « constitution » étant pris aux deux sens, le sens philosophique et

1. P. Bourdieu discutera cette théorie *infra*, dans les cours des 7 décembre 1982 et 11 janvier 1983, p. 495 et 589 *sq.*, ainsi que dans *Les Règles de l'art*, *op. cit.*, « Points Essais », p. 331 *sq.*, et dans *Manet. Une révolution symbolique*, *op. cit.*, p. 370-373

2. Sur ce point, voir Pierre Bourdieu et Mouloud Mammeri, « Dialogue sur la poésie orale en Kabylie », *Actes de la recherche en sciences sociales*, 1986, n° 23, p. 51-66.

celui de la science politique) est aussi un effet de légitimation et de consécration. Le mot « consécration » est important, je crois, pour voir un autre aspect de l'effet que je veux décrire. Extrêmement riche et puissant sociologiquement, ce mot désigne un acte très bizarre, puisque consacrer quelque chose, c'est redoubler par le dire quelque chose qui existe déjà. Il y a, d'une certaine façon, dans l'acte de consécration, une sorte de redondance par rapport au réel ; on pourrait citer Mallarmé : « Le monde a lieu, on n'y ajoutera pas[1]. » La consécration est un acte facile à tourner en dérision puisque, par exemple, on ne peut consacrer qu'une différence qui existe, mais pourquoi la consacrer si elle existe déjà ? D'une certaine façon on pourrait nier l'action symbolique de consécration en disant qu'elle est purement symbolique (au sens où on dit : « Il a fait un don purement symbolique », c'est-à-dire rien). C'est en fait le paradoxe du symbolique qui se rappelle dans le mot « consécration » – et je pense que ça valait la peine de passer par ce mot : la consécration redouble par le dire quelque chose qui existait déjà. Mais, d'une certaine façon, ce redoublement change tout : ce qui n'était qu'une différence devient une distinction, quelque chose de légitime et de sacré, une frontière sacrée.

En fait, s'agissant du problème de l'existence du groupe, de la distinction sociale, des structures sociales, des divisions sociales, l'acte de consécration est un acte fondamental puisqu'il est typiquement une de ces interventions symboliques qui ne sont rien, ou en tout cas ne seraient pas grand-chose si elles ne s'appuyaient pas sur des différences qui existent déjà, et qui en même temps sont tout parce qu'elles transforment des différences de fait en différences signifiantes et en différences de droit. Les différentes différences (entre les sexes, les âges, les régions, les classes, etc.) que j'avais à l'esprit tout au long de ces analyses doivent préexister pour pouvoir être constituées symboliquement, mais elles sont profondément transformées par leur nomination, par leur institution, et le mot

1. La citation exacte est : « La Nature a lieu, on n'y ajoutera pas. » (Stéphane Mallarmé, « La musique et les lettres » (1894), in *Œuvres complètes*, éd. Henri Mondor et Jean Aubry, Paris, Gallimard, « Bibliothèque de la Pléiade », 1945, p. 647.)

« institution » que j'ai aussi utilisé doit être pris au sens fort du terme. Dans la tradition juridique, le mot « institution » avait un sens actif : on parlait de l'institution de l'héritier, c'est-à-dire de l'acte par lequel un père de famille, en droit, instituait tel ou tel de ses fils héritier – c'est-à-dire le désignait par un acte symbolique comme fondé à hériter, ce à quoi il était désigné, comme on dit, par les propriétés socialement constituées (il était l'aîné, le plus fort, le plus beau ou le plus courageux, etc.).

L'acte d'institution ou de constitution est un de ces actes apparemment inutiles, insignifiants et pourtant chargés d'une efficacité symbolique spécifique et fondamentale qui consiste à transformer du fait en droit – de l'absurde, du *datum brutum*, du « c'est ainsi », du « c'est comme ça » en « cela doit être ainsi ». Cette opération de constitution, d'institution, de consécration, de nomination ou de pouvoir de légitimation est à la fois possible, bien sûr, parce qu'il existe des différences, mais aussi parce que ces différences ne sont jamais complètement constituées, jamais complètement indiscutables. La dernière fois, j'avais insisté sur les fondements objectifs de l'action symbolique d'institution ou de constitution, à savoir la polysémie objective du monde social, son indétermination relative qui tient, d'une part, à la pluralité d'aspects, comme disait Max Weber, et, d'autre part, au fait que l'avenir du monde est toujours ouvert et que, du même coup, il y a toujours une incertitude sur ce qui va advenir. D'où le fait que l'acte de constitution prend presque toujours la forme d'une prévision même s'il se donne comme un constat – « La rentrée scolaire est bonne » veut dire : « Il faut faire en sorte qu'elle soit bonne. » Le langage politique est plein de ces propositions apparemment constatives, mais en fait performatives. L'acte de constitution suppose donc l'existence de différences qui ne sont pas absolument indiscutables, sur lesquelles on peut prendre des partis différents et c'est dans cette relation entre le pouvoir symbolique de constitution, d'institution, etc. et l'ambiguïté du monde que s'instaure ce que je voulais décrire, à savoir la lutte pour le monopole du pouvoir symbolique, c'est-à-dire la lutte pour le pouvoir d'énoncer légitimement la vérité du monde[1]. Cette lutte pour la vérité, pour le pouvoir de dire ce qui est, pour le pouvoir d'énoncer l'être – énoncer l'être étant toujours une manière de dire ce qui doit être –, cette lutte pour le monopole de la performativité est la lutte politique proprement dite (ou la lutte religieuse qui est un des sous-cas de la lutte politique). C'est une lutte pour la reconnaissance, c'est-à-dire pour l'imposition d'une forme de connaissance du monde social qui soit reconnue. La lutte pour le pouvoir symbolique est donc une lutte pour l'imposition d'un principe de perception du monde, d'un principe de classement, de division, de diacritique, de critique, de jugement qui soit reconnu comme légitime, fondé sur le *consensus omnium*, et qui du même coup reçoit de ce consensus une forme d'objectivité.

On rencontre alors un problème tout à fait central et qui me paraît au cœur de toute réflexion sur le statut de la science sociale et la particularité du discours scientifique en science sociale. Je ne le développerai pas aujourd'hui, mais je veux simplement l'évoquer : le discours sur le monde social peut se fonder, comme tout discours à prétention scientifique, par sa validation dans les choses et il peut se prétendre fondé dans les choses mêmes, mais il peut aussi se prétendre fondé dans le consensus d'un groupe. Il y a donc deux façons de justifier un discours sur le monde social. On peut dire qu'il est vrai parce que les lois qu'il établit permettent de faire des prévisions vérifiées dans le monde ; mais on peut [également] dire qu'il est vrai parce que tout un groupe ou tous ceux qui dominent un groupe disent qu'il est vrai et que, étant en mesure [d'établir] la vérité pour ce groupe, ils ont un pouvoir de vérification. Je reviendrai sur ce point central[2] parce que, faute de distinguer ces deux principes de validation du discours sur le monde social, on s'enferme dans une discussion interminable concernant le statut scientifique de la science sociale.

1. Sur l'État comme instance revendiquant avec succès le monopole de la violence symbolique légitime et comme « banque de capital symbolique », voir les cours du Collège de France des années 1989 à 1992 publiés sous le titre *Sur l'État, op. cit.*
2. Voir en particulier la fin du cours du 16 juin 1982, p. 186 *sq.*

La lutte symbolique sur le classement

Mais je réserve ce problème pour la fin parce que je crois qu'il est le plus difficile. Aujourd'hui, je voudrais définir la logique de cette lutte symbolique sur le classement, dans ses enjeux et dans sa logique. Cette lutte a pour enjeu l'existence de groupes et, du même coup, d'identités sociales, dans la mesure où l'identité assignée à tel ou tel individu dépend du groupe auquel il est assigné et de l'identité assignée à ce groupe. Poser le problème du classement, c'est donc poser inséparablement le problème de la nature des groupes : qu'est-ce qu'un groupe ? Qu'est-ce qui fait un groupe ? Qui a pouvoir de dire : « Ceci est un groupe » ? Quels sont les groupes qui ont pouvoir de dire : « Ceci est un groupe » ? À qui les groupes délèguent-ils le pouvoir de dire : « Ceci est un groupe » ?

Pour donner matière concrète à réfléchir et ne pas rester dans des topos qui peuvent vous paraître abstraits, je donnerai un exemple précis, celui de la lutte à propos de la nation ou de la région. Les luttes nationalistes ou régionalistes, les luttes féministes ou les luttes de classes ont pour enjeu l'existence ou la non-existence de groupes, les limites de ces groupes et, du même coup, l'identité des populations définies par ces limites. Dans un texte que je ne vais pas exposer ici, j'analysais ce qui est en jeu dans les luttes régionalistes et ce que signifie la lutte pour imposer l'existence d'une région[1], et je faisais remarquer – dans ce cas, l'étymologie est très éclairante – que le mot « région », *regio*, vient, comme le note Benveniste dans *Le Vocabulaire des institutions indo-européennes*[2] (je le cite chaque fois, ce qui devrait vous inciter à le lire de toute urgence), de l'expression *regere*, avec deux expressions clés : *regere fines*, qui signifie « ériger les frontières » ; et *regere sacra*, qui signifie « instituer », « constituer des choses sacrées ». C'est en fait deux fois la même chose dans la mesure où, selon la définition

1. P. Bourdieu, « L'identité et la représentation », art. cité.
2. É. Benveniste, *Le Vocabulaire des institutions indo-européennes*, t. II, *op. cit.*, p. 9-15.

durkheimienne, *sacer* ou *sacra* est ce qui est constitué par une division, ce qu'engendre la limite. Dès que vous tracez une ligne, il y a un bon et un mauvais côté de la ligne, et c'est cela le sacré. C'est à peu près ce que dit Durkheim[1]. Instituer une limite, c'est donc se mettre en position de *regere*, ce qui est un statut de *rex*, de roi (le mot *rex* est de la famille de *regere*). Le traceur de limites s'institue dans le rôle du *rex* archaïque qui prenait une charrue, traçait la limite autour d'une cité et, du même coup, constituait l'espace sacré de la cité. Le *rex* institue un groupe. Il s'arroge, il usurpe – usurpation légitime ou illégitime, toute la question est là – le droit de découper le monde social, de tracer des frontières dans un monde social qui, comme je l'ai dit tout à l'heure, [laisse toujours apparaître] des lignes confuses, embrouillées, en pointillés. Son rôle est d'instituer des divisions là où il y avait du continuum.

On peut ainsi transposer à l'espace social ce que j'avais dit la dernière fois de la lutte symbolique (je disais qu'il y un a effet de théorie qui est possible parce qu'il y a ambiguïté) : le monde social, dès qu'on l'analyse statistiquement, par exemple, apparaît bien comme une sorte d'entrelacs, d'écheveau, de frontières en pointillés plus ou moins épaisses, qui sont partiellement superposables et hétérogènes. La division en castes se différencie ainsi de la division en classes, par l'introduction, dans les espaces à chevauchements où il y a des zones de flou, de coupures tranchées telles que tout le monde sache bien de quel côté de la ligne il se trouve. Je vais prendre la métaphore, souvent utilisée par les statisticiens, du nuage ou de la forêt : dans un nuage, il y a une zone de flou où on passe insensiblement de l'endroit où c'est encore du nuage à l'endroit où ce n'est plus du nuage ; de même, à la lisière de la forêt, la densité des arbres décroît et il est très difficile de dire réellement où finit la forêt et où commence la prairie. On pourrait avoir à l'esprit ce problème quand on pense à ce que c'est qu'une frontière. Quiconque a passé la frontière de la France à la Suisse a pu avoir conscience qu'une frontière est quelque chose

1. Voir Émile Durkheim, *Les Formes élémentaires de la vie religieuse*, Paris, PUF, 1968 [1912], livre III, chap. 5, § 4, p. 584-592.

de très arbitraire, l'espace ne change pas géographiquement. Les géographes et les politiciens cherchent évidemment toujours à faire coïncider les frontières sociales, c'est-à-dire arbitraires, avec une frontière naturelle, et ils sont très contents quand la vérité coïncide avec une frontière naturelle (« Vérité en deçà des Pyrénées[1]... ») parce qu'on peut alors naturaliser la frontière. Mais il y a des frontières artificielles qui se rappellent comme telles. Dans ce cas, l'acte juridique de délimitation se livre dans son arbitraire et apparaît dans sa vérité de coupure discontinue dans un tissu continu. La logique du concours montre que mon analyse n'a rien de formel et d'abstrait et une partie des réflexions que je vous livre sont nées du fait de prendre au sérieux ces choses dont tout le monde a l'expérience : pourquoi le 29e est-il polytechnicien alors que le 30e ne l'est pas ? On sait très bien que c'est à un demi-point près et que les hasards de la statistique ne peuvent pas garantir la validité de cette différence. On a là le type même d'action régalienne, de coupure opérée par un *rex* social, avec le système scolaire comme mandataire d'on ne sait quoi (la question du mandataire est très intéressante). Un acte social, un décret va opérer une division discrète dans un tissu continu. D'un côté, il y aura les gens consacrés qui, toute leur vie, seront consacrés comme tels, quoi qu'ils deviennent ; même s'ils ont une lésion au cerveau, ils continueront à être attestés dans leurs capacités, leurs compétences – par-delà tous les accidents et les aléas naturels, ils sont donc socialement constitués pour l'éternité comme mandatés pour être intelligents, professeurs, etc. De l'autre côté de la ligne, à un demi-point près, les gens seront rejetés dans les ténèbres extérieures selon des coupures qui ressemblent – on emploie souvent cette métaphore – au jugement dernier, avec une sorte de violence du découpage entre les élus et les exclus. Cette opération de discernement, de *diacrisis*, de coupure, de définition, de limitation est d'une certaine façon l'opération sociale par excellence qui doit pour fonctionner socialement se faire oublier comme arbitraire.

1. Allusion au fameux aphorisme de Pascal, « Vérité en deçà des Pyrénées, erreur au-delà » (*Pensées*, éd. Lafuma, 60).

Ce que j'ai dit à propos des frontières naturelles pourrait être dit à propos de toutes les espèces de frontières sociales : ce sont des divisions qui, pour fonctionner socialement, doivent se faire méconnaître comme divisions arbitraires et se faire reconnaître comme naturelles ; et pour atteindre cet objectif – et c'est toute la difficulté de l'analyse sociologique qui voudrait distinguer par exemple les effets techniques et les effets sociaux du système scolaire –, ces divisions par consécration, au sens où je l'ai dit en commençant, doivent se superposer tant bien que mal, jusqu'à un certain point, autant que possible, à des divisions préexistantes ou, en tout cas, se doter d'une efficace sociale telle que *ex post*, s'il n'y a pas de différence *ex ante*, elles produisent les différences qu'elles sont censées sanctionner, ce qui est l'effet de consécration, l'effet « noblesse oblige » que j'ai décrit[1] et que je ne veux pas rappeler ici.

Pour réfléchir à la logique de la frontière, je vais revenir rapidement à la lutte régionale. Pour que la Corse puisse être l'enjeu et l'instrument d'une lutte régionaliste, il faut qu'il y ait des bases objectives : il vaut mieux que ce soit une île, qu'il y ait une autre langue, etc. ; mais, même si un groupe régional a tous les indices auxquels on reconnaît une région, il peut ne pas y avoir de mouvement autonomiste et, inversement, un groupe qui n'a aucun des indices (langue, frontière naturelle, production propre, etc.) auxquels on reconnaît une région peut avoir un mouvement régionaliste très puissant, ce qui donne une idée de l'autonomie du symbolique. Ceci dit – et c'est là tout le problème de l'articulation de la lutte quant aux représentations des chances objectives de lutte fournies par la connaissance de la vérité objective –, il me semble que la lutte dans les représentations, la lutte des classements, a d'autant plus de chances de réussir qu'elle est plus fondée dans les classements objectifs. Je pense qu'on peut dire cela sans s'aventurer. Ceci dit, il y a une autonomie relative de la lutte, d'autant plus que la lutte peut employer des armes symbo-

1. Voir Pierre Bourdieu, « Les rites d'institution », *Actes de la recherche en sciences sociales*, n° 43, 1982, p. 58-63 ; repris in *Langage et pouvoir symbolique*, *op. cit.*, p. 175-186.

liques. Le terrorisme en est une qui agit autant par son efficacité symbolique que par son efficacité technique. Il y a toutes sortes de techniques, comme la manifestation (je reviendrai sur le mot « manifestation »), qui permettent de constituer et d'instituer une différence qui préexistait, mais sur un autre mode, sur le mode du « c'est ainsi ».

Les Occitans ont ainsi vécu jusqu'au XXe siècle sans savoir qu'ils étaient occitans et ils en rient encore quand on le leur dit – ils n'ont pas encore tout à fait conscience d'être occitans. Celui qui commence à dire aux Occitans – parce qu'il y a intérêt, parce qu'il a un intérêt plus particulier à être occitan, etc. : « Vous êtes des Occitans, vous devez le savoir », s'appuie sur des bases objectives, mais qui ne sont pas en général celles qu'il croit. C'était le sens de mon article[1] : je pense qu'il n'y a pas tellement de bases objectives dans le mouvement occitan, sinon que les Occitans sont stigmatisés. [...] Dans l'histoire, beaucoup de groupes se sont constitués sans autre base finalement que les effets stigmatisants d'une lutte symbolique antérieure.

Le capital symbolique

Ayant posé cet ensemble d'exemples – je crois que le cas du féminisme serait encore plus net, mais du même coup peut-être trop facile et superficiel –, quelle va être la logique de la lutte proprement symbolique ? L'enjeu de cette lutte va être l'acquisition d'un capital d'une espèce spécifique que j'appelle un capital symbolique, c'est-à-dire, pour aller vite (je m'en expliquerai par la suite) un capital de reconnaissance. En deux mots, il était implicite dans tout ce que j'ai dit jusqu'à présent qu'exister socialement, c'est d'abord exister sur le mode du « c'est ainsi » : il y a une région occitane qui s'ignore comme telle, une Occitanie en soi, une classe ouvrière en soi, etc. Quand un chercheur applique des

1. Sur l'exemple de l'Occitanie, voir P. Bourdieu, « L'identité et la représentation », art. cité, p. 285-286.

critères objectifs, il découvre, par son travail de théoricien, que des groupes existent sur le papier, mais en même temps ils existent sur le papier parce qu'ils existent dans la réalité, sans nécessairement exister symboliquement, objectivement pour la conscience des agents dans les représentations. L'existence sociale est donc un *esse*, être, mais aussi un *percipi* (j'emploie du latin parce que ça raccroche à des traditions, ça va vite, c'est mieux pour ceux qui savent et pour ceux qui ne savent pas, ça ne change rien [*rires de la salle*]... Non, c'est important parce que, si je me prive de ces instruments de pensée, il y a des tas de choses que je ne peux plus penser). Il y a donc un mode d'existence des choses sociales qui est un *percipi*, un être perçu, et le capital symbolique est une forme d'être perçu qui implique de la part de ceux qui perçoivent une reconnaissance de celui qui est perçu. On peut dire que l'un des enjeux de la lutte symbolique est de changer l'être en changeant l'être perçu, dans la mesure où l'être perçu fait partie de la vérité complète de l'être quand il s'agit du monde social. C'étaient les propositions que j'avais acquises dans les leçons précédentes : on ne peut pas comprendre complètement la réalité sociale si on n'y englobe pas le fait qu'elle n'est pas simplement ce qu'elle est, qu'elle fait aussi entrer pour une part la représentation que les agents sociaux se font de cette réalité.

L'exemple du régionalisme illustre parfaitement qu'on peut changer l'être en changeant l'être perçu. L'être des Occitans n'est plus le même dès lors qu'existe une question occitane, que les gens commencent à écrire « OCC [pour Occitanie] » sur les poteaux indicateurs. C'est tout à fait important, comme on le voit bien dans les situations de décolonisation : dès le moment où – je crois que cet exemple est très typique – un ministre algérien de l'Algérie indépendante parle à la radio, on dit : « Comme il parle bien le français ! », alors que, tant que c'était un Algérien colonisé, on disait : « Quel accent dégueulasse il a ! » C'est un changement social tout à fait important et je pense que ce pourrait être pareil pour l'Occitanie : en arrivant à Aix-sur-l'Adour, on trouverait que ces gens parlent le français avec un accent magnifique. C'est un détail, mais il peut changer beaucoup de choses dans la perception que les gens ont d'eux-mêmes et dans la perception que l'on a d'eux. Ces exemples sont un peu dérisoires, mais je crois que si on développait complètement, on arriverait à des choses tout à fait [importantes].

La lutte symbolique a donc pour enjeu de changer les groupes, les rapports entre les groupes, la division en groupes, la hiérarchie des groupes, en changeant la vision des groupes, c'est-à-dire la vision que les groupes ont des groupes, la vision que les gens faisant partie des groupes ont des groupes dont ils font partie et aussi la vision des autres groupes. L'enjeu est de changer le principe de vision ou de di-vision, et il n'y a pas de vision qui ne soit division : dès que je pose une classe, je pose une classe complémentaire ; si je pose une forme, je pose un fond. C'est une des raisons pour lesquelles les représentations sont presque naturellement dualistes : la logique du symbolique est presque automatiquement dualiste. C'est d'ailleurs là une des tares de la pensée, surtout sur le monde social et les sociologies sont saturées de typologies dualistes. Si vous entendez ce que je vous dis, vous vous méfierez à l'avenir : il est normal que le discours sur le monde social soit spontanément dualiste puisque c'est la logique de la connaissance spontanée du social, mais cela ne veut pas dire qu'une science sociale doive sublimer cette connaissance dans un discours d'apparence savante, comme le fait souvent la sociologie ; elle peut aussi la prendre pour objet. Cette lutte symbolique est une lutte pour l'imposition de la vision légitime des divisions, du bon point de vue sur le monde social, de la bonne perspective sur le monde social. La relation entre cette lutte et ce que j'appelle « pouvoir symbolique » ou « capital symbolique » est très simple.

On peut l'énoncer en une formule que je commenterai après. L'autorité ou le pouvoir symbolique, ou ce que suppose l'énoncé d'un performatif impliquant ses conditions d'accomplissement, est un *percipi* qui permet d'imposer un *percipere* : c'est un être perçu qui donne autorité pour imposer un percevoir. Autrement dit, le capital symbolique est un statut social, une manière d'être social, d'être dans le monde social, d'être pour les autres ; c'est un être social qui est [...] reconnu comme fondé à dire : « Vous voyez, il y a deux classes. » On est donc dans la logique pure du percevoir-être perçu. Tout le monde peut dire n'importe quoi, c'est même le propre du langage que de tout dire, mais pour pouvoir dire, avec des chances de succès, « il y a deux classes » (ou bien : « Voyez, pour vous c'est pareil, mais il y a une petite bourgeoisie nouvelle et une petite bourgeoisie ancienne », ou bien : « Là, il y a des petits-bourgeois en ascension, des petits-bourgeois en déclin, et [ce statut] va commander la lecture de leurs journaux »), il faut certaines conditions, et une des conditions précisément est que celui qui performe, celui qui dit et prédit soit perçu comme fondé à prédire. On est évidemment dans un cercle.

Ce capital symbolique, comment s'acquiert-il ? Je n'emploie pas le mot de « capital symbolique » pour me distinguer, mais parce que je pense qu'il y a des profits scientifiques à le faire plutôt que de parler de « prestige », de « réputation » ou d'« honneur ». Il faudrait analyser les différences entre ces mots très importants. Le mot « honneur » désigne le capital de certaines sociétés sans capital économique ; c'est le pouvoir que l'on a lorsque l'on est reconnu comme digne d'avoir du pouvoir. Il y a une phrase de Hobbes qui dit à peu près : « Être réputé comme ayant du pouvoir, c'est déjà avoir du pouvoir[1]. » Les stratégies de bluff sont des stratégies sociales par lesquelles des agents sociaux ou des groupes peuvent avoir une certaine liberté par rapport aux conditions objectives ; en faisant croire que l'on a du pouvoir, et en se le faisant croire, on se donne de l'autonomie par rapport à sa position objective, ce qui est typiquement la définition de la petite bourgeoisie qui tire de sa prétention à avoir plus qu'elle n'a une espèce de surplus par rapport à sa définition stricte en termes objectifs[2] ; cette prétention peut être rabattue, mais ce surplus de représentation donne une autonomie par rapport à la position stricte définie en termes strictement économiques.

1. Cette phrase, à laquelle P. Bourdieu fait plusieurs fois référence, est probablement : « La réputation de puissance est une puissance, parce qu'elle vous attache ceux qui ont besoin de protection. » (Thomas, Hobbes, *Léviathan*, trad. Françoise Tricaud et Martine Pécharman, Paris, Dalloz et Vrin, 2004 [1651], chap. 10, p. 78.)

2. Voir, sur ce point, P. Bourdieu, *La Distinction*, *op. cit.*, en particulier le chapitre « La bonne volonté culturelle », p. 365-421.

Le capital symbolique, dans beaucoup de sociétés, consiste essentiellement en un nom de famille et ce n'est pas par hasard si encore maintenant, dans notre société, les noms de famille, et en particulier les noms nobles, sont une forme de capital symbolique, un capital de reconnaissance qui a sa logique propre d'accumulation, de conservation, de transmission et aussi de conversion en d'autres espèces de capital. On peut analyser les mariages qui se pratiquaient au XIXe siècle entre les membres de l'aristocratie déclinante et les riches Américains ou Américaines comme une forme d'échange d'une espèce de capital en une autre. Dans l'univers littéraire, on peut échanger du capital symbolique contre de la notoriété littéraire, ce capital symbolique consistant en un nom, un nom propre, un nom de famille, et il y a des univers dans lesquels l'accumulation consiste à se faire un nom, c'est-à-dire à se constituer une image distinctive.

Ce que je dis là peut être le point de départ d'une foule d'analyses que vous pouvez approfondir et que vous pouvez trouver suffisantes ou insuffisantes ; je [décline] simplement quelques thèmes rapidement pour aller vite à l'essentiel. Le nom propre dans les sociétés régies par la logique de l'honneur est donc le capital principal : il peut y avoir des luttes pour l'héritage du nom. Dans les sociétés où il y a le nom de famille et le prénom (« Untel fils d'Untel »), il y a une lutte pour l'héritage du prénom. Dans une lignée, par exemple, où un ancêtre prestigieux a un prénom prestigieux, il va y avoir une lutte entre trois frères qui ont chacun un fils aîné pour savoir lequel des petits-fils va hériter le prénom du grand-père et, du même coup, d'une forme de capital au nom d'une sorte d'identification magique qui fonctionne dans tous les groupes. Quand on dit : « Cet homme est fils de polytechnicien », on est dans la même logique de la participation lévy-bruhlienne[1]

1. Allusion à la notion de « participation mystique » par laquelle Lucien Lévy-Bruhl tentait de comprendre les liens d'identité, relevant selon lui d'une « mentalité primitive » ou « prélogique », établis dans certaines sociétés entre les peuples ou les individus et, par exemple, leurs doubles ou leurs ascendants dans l'ordre animal. Voir Lucien Lévy-Bruhl, *Les Fonctions mentales dans les sociétés inférieures*, Paris, Alcan, 1910, et *La Mentalité primitive*, Paris, Alcan, 1922. Voir également *infra* le cours du 5 octobre 1982, p. 219.

que lorsqu'en donnant au petit-fils le nom du grand-père on lui transmet quelque chose. Ce n'est pas plus magique dans un cas que dans l'autre, mais j'y reviendrai.

Le nom est donc une de ces propriétés importantes autour desquelles se constitue le capital symbolique, parce que toutes les représentations s'y s'accrochent ; ce n'est pas le nom en lui-même qui est en jeu, mais le nom en tant qu'il est le support de toute une série historique de représentations. Untel est fils d'Untel, qui est fils d'Untel, qui est fils d'Untel qui a été le premier à faire cela, qui a été un marabout important ou dont le nom est dans le *Who's Who* : les titres qui donnent un nom et qui contribuent à faire une marque prestigieuse sont très variables selon les sociétés, mais la logique est la même. Cette représentation s'accumule insensiblement, c'est un crédit, un capital de crédit (dans « crédit », il y a « croyance ») qui s'accumule très lentement, qui est collectif, dont tous les membres participent et qui peut être perdu par un seul. D'où la solidarité parfois pathétique des sociétés d'honneur : l'erreur d'un seul peut détruire le capital de tous. C'est la même chose pour le *numerus clausus* dans nos grandes écoles, par exemple : s'il y a une défense tout à fait inconsciente et non calculée du niveau, comme disent les détenteurs de titres, c'est qu'ils savent très bien que, par la faute d'un seul, c'est la lignée tout entière qui perd son patrimoine. Dans les sociétés archaïques, c'est par la femme qu'arrivait le malheur ; dans nos sociétés, c'est par le raté, le fils de polytechnicien qui ruine le capital symbolique de toute la lignée. Il y aurait là toute une analyse à faire des stratégies transhistoriques par lesquelles les groupes essaient de contrôler leur capital de réputation, de l'augmenter, par exemple par une gestion rationnelle de la cooptation : quand la cooptation est bonne, le capital symbolique ou le crédit s'accroît ; quand elle est mauvaise, il diminue, etc. Toutes sortes de mécanismes vécus comme psychologiques sont en fait de la gestion rationnelle du capital symbolique. Je ne développe pas davantage.

La manipulation des frontières entre les groupes

Cette lutte pour le capital symbolique tourne toujours autour des phénomènes de nomination et si le nom propre ou le nom commun de groupes, de clans, de tribus est le porte-manteau auquel s'accrochent les propriétés de réputation, de représentation, c'est qu'à l'origine de toute accumulation de capital symbolique il y a un fait arbitraire de nomination par lequel le groupe se constitue. Je voudrais maintenant essayer de préciser les stratégies que la lutte symbolique va essayer d'employer. Une stratégie est la manipulation des frontières entre les groupes. J'ai déjà indiqué la logique universelle du *numerus clausus* qui éclate dans les situations de concurrence violente où ce qui s'opère en termes d'exclusion douce doit être opéré en termes juridiques. Victor Karady a par exemple montré que les lois racistes instaurées dans l'entre-deux-guerres dans beaucoup de pays d'Europe centrale interviennent à des moments où des mécanismes sociaux d'élimination en douceur ne suffisent plus[1]. Aussi longtemps qu'on a les frontières en nuages, c'est parfait : il y a juste assez de parvenus pour qu'on puisse dire que tout le monde peut parvenir, il n'y en a pas trop pour que les arrivés ne soient pas concurrencés par les prétendants. En gros, ça marche comme ça pour un système scolaire dans la phase expansionniste : il y a assez d'enfants provenant des classes dominées pour qu'on puisse dire que tout le monde a ses chances, il n'y en a pas trop pour que les chances de reproduction soient menacées. Mais quand les lois statistiques d'élimination ne marchent plus, il faut faire intervenir le droit. Le *numerus clausus* apparaît comme mesure expresse en situation de défaite ; le *numerus clausus* est une conséquence d'un raté des mécanismes qui sont d'autant plus efficaces qu'ils sont plus inconscients ; les meilleures frontières sont celles qui n'ont pas à s'affirmer. Une des manières de lutter symboliquement consiste à manipuler la vision des divisions,

1. Victor Karady et Istvan Kemeny, « Antisémitisme universitaire et concurrence de classe : la loi du *numerus clausus* en Hongrie entre les deux guerres », *Actes de la recherche en sciences sociales*, n° 34, 1980, p. 67-97.

à manipuler la définition des groupes, à manipuler la frontière des groupes, à dire par exemple : « Est-ce que Untel est vraiment un X [polytechnicien], fils de X ? Est-ce un polytechnicien conforme ? En a-t-il vraiment toutes les propriétés ? » Autrement dit, est-ce que tous les membres de la classe sont bien conformes à la définition légitime de la classe ? Évidemment, ces discussions sont d'autant plus difficiles que les classes les plus raffinées sont celles qui n'ont pas de définition, qui sont indéfinissables.

Comme c'est un point sur lequel je ne reviendrai pas, autant le dire tout de suite : les groupes les plus élevés et les plus rares sont ceux qui se définissent comme indéfinissables. C'est une position imprenable puisqu'il n'y a pas de règle pour y accéder ; il faut être dedans pour dire ce qu'il faut être pour y être. C'est une loi simple de toutes les aristocraties que de ne jamais dire ce qu'est une aristocratie. Et le propre des classes ascendantes est d'exiger la définition de l'indéfinissable ; c'est pourquoi – Max Weber le dit très bien – elles ont partie liée avec le droit et une forme de rationalisme[1] : « On voudrait savoir ce que c'est qu'un bon élève, ce que c'est que le brillant. » Mais si on commence à demander de pareilles choses, c'est que ça ne marche pas de soi-même. Un exemple que je prends toujours est le dialogue de Platon qu'on ne lit pas toujours comme ça, parce qu'on traduit *arétè* (ἀρετή) par « vertu », alors qu'il traite de l'excellence (ἀριστεύω : « être le premier, le meilleur », de *aristos* [ἄριστος], « celui qui surpasse tous les autres ») : est-ce que l'excellence peut se définir ? Comment peut-on définir l'excellence ? Les vieux, les traditionalistes disent que ça ne se définit pas, que c'est indéfinissable, que ça ne se transmet pas, que Thémistocle montait à cheval, qu'il était très, très fort alors que son fils est nul. Et les sophistes, c'est-à-dire les profs, disent que ça peut s'enseigner et que, par conséquent, ça se définit[2].

1. Voir Max Weber, *L'Éthique protestante et l'Esprit du capitalisme*, trad. Jacques Chavy, Paris, Plon, 1964 [1904-1905].

2. Il s'agit du *Ménon*, dont le point de départ est la question suivante (dans la traduction de Victor Cousin – qui traduit ἀρετή par « vertu ») : « Me dirais-tu bien, Socrate, si la vertu peut s'enseigner, ou si elle ne le peut pas et ne s'acquiert que par la pratique ;

Il y a donc une lutte qui est idéal-typique du conflit entre une classe ascendante qui veut savoir vers quoi elle monte pour pouvoir y monter et une classe de nantis qui, inconsciemment mais au nom d'une stratégie tout à fait rationnelle, refuse de définir le principe propre de sa nomination parce que, dans sa définition, elle en donne la clé, ainsi qu'une norme par rapport à laquelle on peut mesurer qu'elle n'est pas conforme à l'idée qu'elle donne d'elle-même. Ce que je viens de décrire est un exemple parfait de la lutte des classements, de lutte sur la vision des divisions et sur le principe au nom duquel on hiérarchise les groupes. Élever le droit d'entrée, faire en sorte que le coût d'accès devienne plus difficile, est une stratégie classique de tous les groupes dominants, en économie et dans tous les champs sociaux. Si la forme brutale est le *numerus clausus*, l'une des formes beaucoup plus douces consiste à créer une forme de rareté spécifique.

L'autre stratégie peut consister à discréditer, disqualifier. Le schème fondamental de la lutte symbolique dans tous les champs (religieux, intellectuel, littéraire, etc.) où l'enjeu est symbolique est une lutte entre les détenteurs du capital symbolique consacrés et les prétendants. La stratégie la plus classique des prétendants est le retour aux sources. C'est la stratégie de la Réforme dans le champ religieux. Elle consiste à dire aux dominants qu'ils ne sont pas conformes aux valeurs au nom desquelles ils dominent et qu'il faut revenir aux sources, à la lettre de l'Évangile, à la ligne pure, à la ligne cathare, etc. On retourne donc contre eux le principe de leur domination pour les discréditer, leur enlever les fondements de leur capital. De même, dans le champ intellectuel, les luttes opposent classiquement les vieux et les jeunes, les nouveaux venus reprochant aux anciens de s'embourgeoiser, de vieillir, de s'académiser, de se routiniser, de devenir pompeux, importants, solennels, etc., et ils leur font le coup sur la base duquel leurs prédécesseurs ont constitué leur propre capital, c'est-à-dire le coup du pur et dur : « Nous repartons les mains vides dans la tradition d'origine, etc. »

---

ou enfin si elle ne dépend ni de la pratique ni de l'enseignement, et si elle se trouve dans les hommes naturellement, ou de quelque autre manière ? » (*Ménon*, 70a).

Il en va ainsi à l'intérieur de champs de manipulation symbolique spécifique (champ religieux, intellectuel, littéraire, artistique, etc.), mais, plus largement, dans le champ social dans son ensemble, [on trouve un équivalent de cette stratégie dans] la lutte pour accréditer, discréditer : c'est le ragot, la calomnie, toutes les formes d'action symbolique capables de détruire la réputation, l'image. Par exemple, quand j'ai travaillé sur l'honneur, les Kabyles ne tarissaient pas – c'est un sujet inépuisable – de mise en garde, concernant le soupçon, [à l'égard de] celui qui est soupçonné[1]. Le thème de la femme de César, etc., c'est tout à fait ça, le simple fait d'être sujet au soupçon[2]... Tout le théâtre du Siècle d'or espagnol porte finalement sur ce thème. Une nouvelle de Cervantès, *Le Curieux impertinent*, illustre très bien le fait qu'il suffit que quelqu'un pense de moi quelque chose de défavorable pour que ma représentation, c'est-à-dire la représentation que j'ai de moi-même mais aussi celle que les autres ont de moi, soit menacée. Du même coup, l'homme d'honneur est une espèce de combattant permanent de la lutte symbolique. Les vieux Kabyles disent que l'homme d'honneur est toujours sur ses gardes : il regarde à droite, à gauche, en face, sur les côtés ; il est toujours aux aguets pour tuer dans l'œuf toute tentative pour le discréditer. Et, par toutes les tentatives qu'il étouffe dans l'œuf, il accumule du capital. Je pense à cette phrase : « La famille réputée, c'est celle dont les femmes peuvent traverser la place publique avec une couronne d'or sur la tête sans qu'on fasse la moindre réflexion[3]. » Autrement dit, ce sont des gens tellement pourvus en capital symbolique qu'ils écrasent dans l'œuf l'intention même de les discréditer, de les déconsidérer, de défaire leur réputation.

1. Voir P. Bourdieu, « Le sens de l'honneur », *loc. cit.*
2. Allusion à l'expression « La femme de César ne doit pas être soupçonnée » (qu'aurait utilisée Jules César pour se justifier d'avoir répudié sa femme Pompéia qui était soupçonnée d'infidélité sur la base d'un indice ténu).
3. Dans « Le sens de l'honneur » (*loc. cit.*, p. 43), P. Bourdieu donne une version différente, sans doute plus proche de ses sources, de cette expression kabyle : « Ses femmes peuvent se promener seules, une couronne d'or sur la tête sans que personne songe à les attaquer. »

Défendre son capital

La logique profonde de ces luttes, que j'ai décrites au niveau phénoménal, repose sur une loi simple : chacun des combattants cherche à imposer le principe de division, de perception le plus conforme à ses propriétés, celui qui donnera le meilleur rendement à ses propriétés. Ce principe est au fondement de toutes les définitions proposées de l'idéologie (les définitions sont souvent un peu scolaires, il y en a beaucoup qui ont circulé dans les années récentes). L'idéologie s'engendre dans cette espèce de stratégie fondamentale par laquelle chaque sujet social s'efforce non seulement de donner une bonne image de lui-même, mais d'imposer comme universel le principe de classement suivant lequel il est le mieux classé. Dans l'espace universitaire, que j'ai évoqué plusieurs fois, il y a l'opposition scientifiques/littéraires, et une part des luttes a pour enjeu l'imposition du principe dominant de définition de l'intelligence, de la culture, etc., chacun ayant inconsciemment pour principe l'universalisation de ses intérêts. J'en vois des effets d'une naïveté criante tous les jours, c'est même étonnant. Quand on voit les débats intellectuels, on est frappé du degré auquel les intellectuels sont inconscients du degré auquel ils sont manipulés par ce principe : une part énorme de ce que les gens disent en littérature, en art, en philosophie a pour principe l'intérêt à être littéraire, artiste ou philosophe quand on est professeur de littérature, d'art ou de philosophie. Autrement dit, beaucoup de discours justificatifs n'ont pas d'autre principe que l'universalisation, non seulement d'une manière d'être, mais du principe à partir duquel cette manière d'être est la manière excellente d'être.

De même, le débat entre les grandes institutions universitaires (l'École des hautes études [en sciences sociales], la Sorbonne, le Collège de France, etc.) ne peut se comprendre que dans cette logique : c'est l'opposition recherche/enseignement, primat de l'enseignement/enseignement de recherche, recherche pour l'enseignement, etc. Une part considérable des discours dans le *Bulletin des études grecques*[1] a ainsi pour principe générateur cette espèce d'intention d'imposer un principe diacritique particulièrement favorable à celui qui cherche à l'imposer. Du même coup, ces luttes vont avoir pour enjeu une stratégie de renversement de la table des valeurs et on va aller de révolution symbolique en révolution symbolique, les dominés dans un espace symbolique ayant pour intérêt, et donc pour stratégie inconsciente, de révolutionner la hiérarchie des critères, donc la hiérarchie de pouvoir. J'ai beaucoup insisté en commençant sur le fait que les critères que la science objectiviste prend comme critères de jugement sont des pouvoirs, c'est-à-dire des instruments de domination : lorsque, en tant que chercheur, je code « a fait des études de latin » – pur critère qui me permet de distinguer les latinistes des non-latinistes –, je dois savoir que, dans la pratique, ce n'est plus un critère, c'est un pouvoir, et que les gens, par exemple en 1968, seront assassinés dans leur pratique par Boris Vian[2], et auront donc le souci de défendre, à travers ce critère, leur valeur, le marché qui est la garantie de la reproduction de leur valeur. Quand les luttes académiques, avec ce qu'elles ont de pathétique (on a vu des exemples assez tragiques en 1968) prennent une tournure dramatique, elles ressemblent beaucoup à des contacts de civilisations : on plaint beaucoup les gens – ça fait partie des stéréotypes larmoyants de notre société – qui, au fond de l'Amazonie, vont perdre leur culture, mais il y a des gens en Europe qui sont prêts à mourir pour le latin et le grec ; ils sont plus pénibles parce qu'on les a sous les yeux et qu'ils sont encore dominants, mais la logique est exactement la même – il faut savoir aussi universaliser dans l'autre sens. Ce sont des gens qui, pour défendre leur valeur, c'est-à-dire leur être, sans même

1. Allusion à la *Revue des études grecques*, fondée en 1888, symbole du classicisme savant, avec laquelle P. Bourdieu mêle ici l'intitulé de son volet bibliographique, le *Bulletin épigraphique*, par lequel on la désigne souvent.

2. Il s'agit probablement ici d'une allusion à la « redécouverte » de l'écrivain (mort en 1959), dont l'œuvre, republiée à partir du milieu des années 1960, connaît un immense succès posthume auprès de la jeunesse contestataire autour de Mai 68 et est érigée en emblème de la subversion du canon littéraire (*Le Magazine littéraire* lui consacre par exemple un numéro en avril 1968).

avoir conscience d'opérer une stratégie, sont obligés de défendre tout l'univers dont leur être dépend pour sa reproduction. Je prends un exemple simple : si, du jour au lendemain, le latin et le grec cessaient d'être enseignés dans les lycées, tous les gens qui ont comme capital la connaissance du latin et du grec, qui y ont investi en termes de temps, donc d'argent, seraient comme des détenteurs d'emprunts russes. Du même coup, on comprend très bien qu'ils défendent le marché. Vous voyez que ces analyses qui ont l'air abstraites ou ludiques sont tout à fait sérieuses.

Autre exemple qui ressortit à cette logique : les luttes linguistiques. Quand on veut rendre sérieuses les luttes linguistiques au Canada, en Belgique, en Irlande, puisqu'elles sont soupçonnées de ne pas être de « vraies luttes », on trouve des enjeux économiques. Mais défendre sa langue est un enjeu économique de premier ordre. Une langue, c'est la possibilité de carrières, de statuts, donc de revenus, de chances de profit. Du jour où le Québec libre devient un peu plus libre, des tas de gens qui étaient dominés occupent les postes à la radio, à la télévision, etc. ; ce sont donc des enjeux tout à fait sérieux. Révolutionner la structure des critères, la hiérarchie des critères, c'est révolutionner la hiérarchie des pouvoirs. [...]

Dans *Le Vocabulaire des institutions indo-européennes*, Benveniste dit que tous les mots qui veulent dire « dire » ont un rapport avec le droit[1]. Tous les mots, dans mon interprétation, qui ont un rapport avec le dire sont performatifs ; [ils participent d'une] lutte pour le pouvoir symbolique, c'est-à-dire pour dire ce qui est et pour faire être du même coup ce qui est. Dire avec autorité : « L'Occitanie existe », c'est contribuer à la lutte occitane, alors que si j'use de mon autorité spécifique de sociologue doublé de militant pour dire : « L'Occitanie n'existe pas », je peux porter un coup terrible à la lutte occitane. Je le dis en plaisantant, mais c'est sérieux. Dire avec autorité que cela est, c'est contribuer à faire être. J'ai dit : « C'est être reconnu comme ayant autorité », ce qui est une tautologie. Mais qui est autorisé à parler avec autorité ? Et comment peut-on déterminer qui a autorité pour parler avec autorité ? Ce

1. É. Benveniste, *Le Vocabulaire des institutions indo-européennes*, t. II, *op. cit.*, p. 133 *sq.*

n'est pas par hasard si on retrouve les cercles wittgensteiniens que j'ai évoqués plusieurs fois. On ne peut en sortir que par la métaphysique et, en tant que sociologue, je vous dis d'avance que je ne pense pas pouvoir en sortir. Ce qu'on peut faire de mieux, c'est dire qu'il y a ce cercle, ce qui représente, je pense, un progrès considérable, parce que les sociologues tournent dans ce cercle depuis des générations : ça donne des débats idéalisme/réalisme, etc., et à chaque tour on recommence.

Qui a autorité pour parler avec autorité ? Dans beaucoup de situations, l'univers social désigne celui qui a autorité pour parler avec autorité. Ici [au Collège de France], c'est le micro, une table, etc. Chez les Grecs, Benveniste signale qu'on donnait à l'orateur un *skeptron*[1], un bâton qui est devenu notre sceptre, et aussi longtemps qu'il tenait ce bâton, il était le locuteur légitime, il était fondé à parler. Qui est légitimé à tenir ce discours particulier qu'est le discours sur le monde social – qui est une sous-classe du discours symbolique, mais qui est quand même l'essentiel des luttes symboliques – et quels sont les fondements socialement reconnus comme possibles de l'autorité en matière de classement du monde social ? *Grosso modo*, il y a deux grandes classes de fondements à classer.

Première catégorie : les classements qui n'engagent que leur auteur. L'injure ou l'insulte, dont j'avais parlé au commencement, est typiquement un classement *idios*, c'est-à-dire particulier. L'opposition entre l'*idios logos*, le discours singulier, et le *koïnon kaï theïon* (Κοινόν και θεῖον), ce qui est commun et divin, est tout à fait centrale du point de vue de ce que j'ai à dire : celui qui se met en état de classer sans être classé comme capable de classer, comme fondé à classer, s'expose toujours à être mal classé, à être rejeté comme idiot ou comme fou. J'y reviendrai. La folie socialement attestée consiste à s'arroger un classement démesuré par rapport à celui qu'on peut s'arroger avec des chances de succès, sans être démenti. Je pense qu'il y aurait toute une psychologie sociale à faire sur la crise de la cinquantaine. Peut-être que vous ne voyez

1. *Ibid.*, p. 31-32.

pas le rapport, mais la crise de la cinquantaine renvoie au problème du décalage entre le classement *idios* (ἴδιος) et le classement *koïnos* (κοινός) : il y a des moments où « ça ne passe plus » – vous voyez qu'on peut tout sociologiser… Il y a des classements qui n'engagent que leur auteur, mais qui sont tout de même autorisés. Si vous vous rappelez, « autorité » vient de *auctor*, et *auctor*, c'est le lien entre la légitimité et la bénédiction magique : Benveniste, que je cite là encore, rapporte le mot *auctor* à la racine *anacréo* qui veut dire « faire croître », « faire pousser », etc.[1], ce qui est une propriété du charisme selon Weber. Le chef charismatique selon Weber apporte en effet la prospérité à son peuple, essentiellement par la guerre, par l'exploit, mais aussi la prospérité dans les récoltes, les travaux quotidiens[2] ; le charisme, c'est cette capacité d'*auctor* qui est son propre garant. L'*auctor* n'a aucun autre garant que lui-même ; il a son don, sa personne. C'est le guérisseur par opposition au médecin. Il y a une autre catégorie parmi les gens qui n'engagent qu'eux-mêmes, c'est l'idiot. Il n'engage que lui-même et il échoue. C'est le sorcier qui échoue, l'insulteur insulté.

Deuxième catégorie, ceux qui engagent un groupe, c'est-à-dire les classificateurs ou les classeurs autorisés par un groupe pour classer. Ils reçoivent d'un groupe une force formatrice de groupe, un pouvoir de dire ce que sont les bonnes divisions entre les groupes, cette espèce de pouvoir démiurgique de faire les groupes. Nous retrouvons ici ce que j'appelle l'effet de théorie qui consiste à faire voir et faire croire, à dire : « Voyez, là, il y a un petit bourgeois ; là, il y a un bourgeois. » Cet effet de théorie devient ce que j'appelle un effet d'institution lorsque celui qui l'exerce est autorisé par un groupe, a autorité pour le faire, a pouvoir de valider son jugement, a une esquisse au moins de pouvoir normatif, juridique.

On pourrait faire un tableau à double entrée : vous dessinez deux axes – l'un pour le degré d'institutionnalisation, l'autre pour le degré de positivité.

1. *Ibid.*, p. 148-151.
2. Voir M. Weber, *Économie et société*, *op. cit.*

		Institutionnalisation –	Institutionnalisation +
Positivité	–	Injure (3)	Condamnation à perpétuité (2)
	+	Flatterie (4)	Nomination officielle (1)

La nomination officielle (1) – quelqu'un qui est nommé par le président de la République ou par le président du Conseil – est un acte à la fois positif (on nomme quelqu'un dans une position noble) et hautement institutionnalisé. La condamnation à perpétuité (2), à mort, est un jugement négatif proféré par le groupe et fortement institutionnalisé. L'injure (3) est un jugement faiblement institutionnalisé et négatif ; la flatterie (4), un jugement positif et faiblement institutionnalisé (ça se dit de personne à personne : on n'aime pas trop qu'il y ait des témoins). Je fais intervenir le cercle de la légitimité : une autorité sera d'autant plus puissante que le groupe qui autorise sera plus puissant, aura plus d'autorité lui-même et sera plus nombreux. La nomination publique officielle, par le pouvoir, par le président de la République – c'est tout le problème de l'État[1] –, s'oppose ainsi à la nomination privée, celle du père qui décide que son fils est l'héritier en transgressant le Code civil par exemple – ce qui se fait encore dans les campagnes.

La légitimation va dépendre de l'étendue du groupe mobilisé par l'acte de classification opéré. Un acte de classification qui est régalien a force de loi et devient réel. Les trois ordres, tels que les décrit Duby[2], deviennent ainsi la réalité royale du monde social en France. Le livre de Duby peut absolument entrer dans l'analyse : l'enjeu de la lutte entre les chevaliers (*bellatores*) et les évêques (*oratores*) – les *laboratores* ne sont pas dans le coup, ils sont dans la lutte comme enjeu de la lutte – est de savoir le principe de domination dominant et, selon la loi que j'ai indiquée tout

1. P. Bourdieu développera ce problème ultérieurement dans ses cours au Collège de France de 1989 à 1992, publiés sous le titre *Sur l'État*, *op. cit.*
2. Georges Duby, *Les Trois Ordres, ou l'Imaginaire du féodalisme*, Paris, Gallimard, 1978.

à l'heure, chacun donne comme principe de domination devant dominer le principe de domination dans lequel il domine. C'est simple pour comprendre les luttes intérieures de la bourgeoisie (artistes/bourgeois), ça explique beaucoup. *Grosso modo* – je schématise et ne voudrais pas que Duby soit là... vous relirez son livre –, le pouvoir régalien institue cette lutte et dit que trois ordres coexistent : *bellatores*, *oratores*, *laboratores*. Il se met lui-même en surplomb, au-dessus de ces trois ordres, à la verticale dans un plan orthogonal de ces trois ordres, et il règne sur la base de ces trois ordres constitués comme d'un point de vue divin, point de vue que le sociologue objectiviste adopte : le sociologue objectiviste se met à la place du roi.

Problème : comment, dans les luttes, accumuler le plus possible de pouvoir symbolique ? Il faut être le roi. Dans les situations de concurrence parfaite, ce sera l'insulte : je dis que tu es idiot, tu en dis autant de moi ; c'est un performatif avorté, un performatif sans base. À l'autre bout, il y a le monopole absolu du roi qui dit : « Tu es un chevalier, tu viendras à la cour dans l'ordre, tu prendras ton rang, tu auras droit au petit ou au grand lever selon ta place », etc. Ces situations, de monopole absolu ou de concurrence parfaite, sont en fait très rares ; c'est pour cela que j'avais mis en place tout de suite dans l'analyse les cas extraordinairement intéressants de l'insulte et du roi – le plus souvent les situations sont entre les deux. Il y a des situations dans lesquelles des groupes relativement constitués avec des bases sociales plus ou moins grandes luttent pour étendre leurs bases ; chacun aurait envie de se mettre en position de roi afin de pouvoir dire : « Je suis légitime puisque je le dis. » C'est le sacre de Napoléon, l'erreur de Napoléon qui prend la couronne des mains du pape et qui se couronne.

Un des principes de la légitimation, c'est qu'il vaut mieux être deux personnes pour se consacrer. Quand on lit *Le Nouvel Observateur*, on est frappé de voir à quel point les circuits de consécration sont courts ; ils sont tellement courts que souvent ça se voit et, du coup, ça ne marche pas. Pour que la consécration marche, il faut qu'elle soit reconnue, donc méconnue, que les circuits soient longs[1]. Napoléon est un circuit très court : il se couronne lui-même. C'est comme celui qui se dit « le plus grand écrivain vivant », ce qui est fréquent dans les cercles littéraires.

Les situations sociologiquement intéressantes (que j'essaierai de décrire la prochaine fois) sont celles où on est en face de processus qui sont entre le monopole et la concurrence parfaite, avec des commencements de concentration (les écoles, par exemple, dans le champ intellectuel) non complètement réussie. Il y a du même coup une sorte d'incertitude sur le véritable *ranking*. Cette atmosphère apparaît par exemple très bien dans ce que dit Proust sur les salons [dans *À la recherche du temps perdu*] : pour les gens qui sont tout à fait dans l'univers aristocratique, la hiérarchie des salons ne fait aucun doute, mais, dès qu'on est un peu en dehors, on peut confondre les salons de la duchesse de Guermantes et de madame Verdurin. L'un des problèmes de l'institutionnalisation est la création de hiérarchies dans un univers où tout flotte.

Le champ intellectuel est très intéressant à cet égard, parce qu'il ressemble beaucoup à ces univers précapitalistes où chacun lutte pour son honneur, tout à fait seul, triste, isolé, avec le regard de côté, etc. De tels univers donnent la forme pure du processus. Il y a donc un classement officieux (des grandes familles, des grands intellectuels, etc.) dont la représentation dépend à chaque fois de la position du classeur dans les classements : il faut être d'autant plus haut dans ce classement que personne ne connaît pour savoir le véritable classement. C'est très désolant pour les gens qui sont très haut, car dès qu'ils sortent de l'univers des quelques-uns qui connaissent les vrais classements, ils sont exposés à être confondus avec le premier venu. Le passage de Francis Ponge à la télévision était à cet égard un document sociologique remarquable[2] : pour

1. Voir P. Bourdieu, « L'allongement des circuits de légitimation », in *La Noblesse d'État*, *op. cit.*, p. 548-556.

2. Pierre Bourdieu doit penser au passage de Francis Ponge dans l'émission littéraire « Apostrophes » diffusée le 8 avril 1977. Le présentateur avait introduit son invité ainsi : « Il s'appelle Francis Ponge, il vient d'avoir soixante-dix-huit ans, il écrit et il publie depuis plus de cinquante ans et pourtant vous ne l'avez quasiment jamais vu à la télévision, vous n'avez jamais vu son nom dans une liste de *best-sellers*. »

les élus il n'y a pas de doute que Francis Ponge est un très grand poète, mais comment le dire à tout le monde ? Alors des tas de gens disaient dans l'émission de télévision : « C'est un très grand poète. » Le classement universel, institutionnel est transcendant à tous les groupes, il est reconnu de tout le monde. C'est un classement, on peut dire, de vulgarisation, fondé sur le *consensus omnium* et pas seulement sur le consensus des meilleurs, *primus inter pares* ; c'est un classement transcendant au groupe. Comment s'opère alors ce classement, comment se constitue ce capital d'autorité qui autorise à dire avec autorité comment il faut voir le monde social ?

COURS DU 9 JUIN 1982

L'accumulation du capital symbolique. – Les noms et les titres comme formes d'objectivation. – L'officialisation. – L'institutionnalisation du capital symbolique. – Les deux corps. – Des imaginaires homologués.

Je veux traiter aujourd'hui de la logique de l'accumulation du capital symbolique. J'ai essayé de montrer la dernière fois comment les actions symboliques, c'est-à-dire celles qui peuvent être assimilées à des actions magiques et qui consistent à agir sur le social par des mots, supposent la possession de ce que j'appelle un capital symbolique, c'est-à-dire d'une autorité reconnue par tous ou par l'ensemble d'un groupe. Je voudrais rendre compte de cette sorte de magie sociale qui est désignée par la notion de performatif, et qui consiste en ce que, par des mots, des ordres ou des mots d'ordre, certains agents sociaux peuvent changer réellement le monde social. Je renvoie ici à l'analyse célèbre d'Auguste Comte opposant le bourgeois au prolétaire comme celui qui agit à distance sur le monde par une action quasi magique, c'est-à-dire par les mots, et celui qui agit [directement] sur le monde et qui, du même coup, est prédisposé à avoir l'« esprit positif[1] ». Je pense que cette analyse, si on la dépouille de ses connotations un peu métaphysiques, peut se rattacher aux analyses que j'ai faites jusqu'à présent. Pour rendre compte de cette action d'allure magique, il faut, me semble-t-il, analyser les conditions dans lesquelles se constitue cette autorité, ce charisme, ce pouvoir symbolique. Autrement dit, il faut décrire au moins sommairement la logique

1. Auguste Comte, *Discours sur l'esprit positif*, Paris, Vrin, « Bibliothèque des textes philosophiques », 1995 [1844], p. 199-224.

de l'accumulation du capital symbolique. C'est ce que je vais essayer de faire aujourd'hui.

L'accumulation du capital symbolique

Pour dire les choses de façon simple et frappante, comment passe-t-on du fou qui se prend pour Napoléon à Napoléon ? Le sujet singulier prétend agir sur le monde par l'insulte, par la malédiction, par l'ordre inconsidéré. Je pense à un exemple donné par Benveniste : si je déclare la mobilisation générale, je passerai pour fou[1]. C'est un performatif qui s'emballe, qui, n'ayant pas en lui-même ses conditions de félicité, est malheureux. Comment peut-on donner des ordres avec bonheur ? Il faut réfléchir à l'expression « avec bonheur » qui peut être prise dans son sens objectif et [dans son sens] subjectif ; je pense que le bonheur subjectif suppose un bonheur objectif, c'est-à-dire une adéquation entre les conditions de félicité objectives et les actions qui supposent toujours un peu ces conditions de félicité. Le performatif napoléonien ou le performatif d'ordre, celui du juge qui ouvre la séance, celui du chef de l'État qui déclare la mobilisation générale, celui du gendarme qui dit : « Je vous arrête », fonctionne sous certaines conditions, dans la mesure où celui qui accomplit ces énoncés, ces « actes de langage[2] », est mandaté pour le faire. Au fond, je voudrais réfléchir sur la notion de mandat, de délégation qui, bizarrement, n'a pratiquement jamais été réfléchie depuis Rousseau[3] (l'histoire de la philosophie reste une discipline extrêmement importante dans la mesure où elle peut faire ressurgir un capital de réflexions, des notions qui ont émergé à une certaine époque puis qui ont été oubliées). Cette notion qui a été réfléchie par Rousseau et laissée depuis complètement à l'abandon doit, me semble-t-il, être reprise.

1. Émile Benveniste, *Problèmes de linguistique générale*, t. I, Paris, Gallimard, 1966, p. 273.
2. La notion d'« actes de langage » (*speech acts*) est empruntée à J. L. Austin, *Quand dire, c'est faire, op. cit.*
3. Jean-Jacques Rousseau, *Du contrat social*, 1762.

C'est ce que je voudrais faire en m'aidant de travaux d'historiens qui, depuis Kantorowicz, Post[1], etc., ont essayé de montrer ce qu'était l'action d'institution ou les actes d'institution.

Si le problème ne s'est pas posé, au moins au sujet de la question de l'existence des classes que j'ai posée en commençant, c'est, me semble-t-il, parce qu'il y a eu, comme c'est souvent le cas, des problématiques-écrans, en l'occurrence la problématique de la prise de conscience. J'ai fait plusieurs fois allusion à cette question et les indications que j'ai données à plusieurs reprises me semblent suffisantes pour que je ne développe pas longuement ce point. On a, au fond, posé le problème du pouvoir symbolique ou de l'effet de théorie comme cas particulier du pouvoir symbolique, sous la forme de la question de la prise de conscience : un discours théorique adéquat, fondé dans la réalité, peut-il donner au groupe accès à sa propre vérité et, du même coup, lui permettre de se constituer en tant que groupe, le groupe cible de cette théorie étant évidemment le prolétariat ? Je voudrais montrer que cette problématique est une interrogation de type intellectualiste qui est de ce fait marquée par l'illusion classique [propre aux] intellectuels, à savoir par cet ethnocentrisme qui porte à poser les problèmes de société de la manière dont ils se posent pour les intellectuels. Je voudrais montrer comment cette problématique peut être écartée au profit de celle que je propose et qui consiste à se demander comment on passe du groupe sériel, des ensembles additifs dans lesquels les individus sont juxtaposés *partes extra partes*, comme des choses, à des groupes constitués pouvant agir comme un seul homme. Au lieu de faire de la prise de conscience la condition de la constitution du groupe mobilisé, je voudrais donc essayer de montrer comment les mécanismes de délégation sont la condition de ces phénomènes d'action collective ou en tout cas capable d'apparaître comme collective.

1. Ernst Hartwig Kantorowicz, *The King's Two Bodies. A Study in Mediaeval Political Theology*, Princeton, Princeton University Press, 1957 – trad. fr. postérieure au cours : *Les Deux Corps du roi*, trad. Jean-Philippe et Nicole Genet, Paris, Gallimard, 1989 ; rééd. in *Œuvres*, Gallimard, « Quarto », 2000 ; et Gaines Post, *Studies in Medieval Legal Thought, Public Law and the State, 1100-1322*, Princeton, Princeton University Press, 1964.

On pourrait décrire une série d'étapes, depuis la lutte de tous contre tous, cette lutte symbolique que j'avais évoquée la dernière fois à propos des luttes d'honneur, jusqu'à l'action exercée par un personnage explicitement mandaté pour agir au nom d'un groupe, c'est-à-dire un personnage mandaté par l'État ou en tout cas un agent de l'État. On a, à un extrême, l'action complètement singulière de celui qui défend son honneur, son prestige ou sa valeur symbolique, par exemple dans le champ intellectuel, qui est en quelque sorte livré à ses seules forces et qui ne peut invoquer d'autre autorité que celle qu'il porte en lui, c'est-à-dire une autorité de type charismatique, singulière, et, à l'autre extrême, le mandataire, que Max Weber a très bien décrit (depuis Rousseau, il y a bien entendu Max Weber, qui n'est pas peu de chose, et ce que je vais dire va prolonger ce que dit Weber). Le mandataire par excellence, tel que le décrit Weber, c'est le fonctionnaire qui agit en tant qu'il a une fonction ; dans l'opposition entre le prêtre et le prophète que j'évoquais la dernière fois, il y a évidemment la référence à la notion de fonction et de fonctionnaire, la fonction étant précisément un de ces mandats que le groupe confère à un individu et qui permet à un individu d'agir au nom du groupe, qui permet à l'individu doté d'un nom commun, d'un nom de fonction, d'agir comme s'il était le groupe au nom duquel il fonctionne.

La genèse que je vais évoquer est évidemment une genèse théorique – les choses ne se passent pas comme cela en réalité –, et je montrerai ensuite qu'il ne faut surtout pas voir ce processus d'objectivation comme une sorte d'évolutionnisme dans lequel on commencerait par du capital symbolique incorporé dans un seul individu pour finir avec du capital symbolique institué dans un État. Il y a, dans les sociétés à État, des secteurs qui ne sont jamais complètement institutionnalisés et, dans les sociétés sans État, des commencements d'institutionnalisation. Ce n'est donc pas un processus linéaire ni une espèce de développement organique. Ce que je vais décrire comme une évolution est en réalité un processus qui naît dans la lutte et qui est toujours en jeu dans la lutte même.

Les noms et les titres comme formes d'objectivation

J'avais évoqué la dernière fois une forme élémentaire d'objectivation, l'objectivation dans le nom propre, dans le nom de famille. J'ai retrouvé un texte de Montesquieu qui décrit bien ce que j'ai dit la dernière fois : « Les noms, qui donnent aux hommes l'idée d'une chose qui semble ne devoir pas périr, sont très propres à inspirer à chaque famille le désir d'étendre sa durée[1]. » Montesquieu indique par là que le nom en tant que transcendant aux individus, à la fois dans l'instant et surtout dans la durée, est propre à inciter les porteurs de ce nom à se dépasser pour perpétuer le nom. De fait, on dit couramment pour justifier les stratégies de fécondité qu'il s'agit de perpétuer le nom, ou encore de le défendre. Il y a une sorte de réalité sociale du nominal – c'est l'idée centrale de ce que j'ai raconté : le nominal est aussi réel que le réel ; les mots, s'agissant de choses sociales, sont des choses, les mots sont des choses et font des choses. Les noms comme le nom propre sont un commencement d'institutionnalisation, d'objectivation, c'est-à-dire quelque chose qui est transcendant aux actions individuelles, aux individus qui portent le nom. Il dépasse les individus et les porte à se dépasser : c'est bien connu, le « noblesse oblige » que j'ai évoqué[2] est inspiré par la nécessité de conserver le capital inscrit dans un nom. On pourrait invoquer toute la tradition de la comédie du Siècle d'or ou de la lutte pour la gloire dans la tragédie cornélienne ; on pourrait décrire cette logique comme inspirée par une sorte de souci de défendre quelque chose de très réel, la valeur nominale d'un groupe, dans la mesure où c'est le nom de groupe qui fait le groupe et où, bien sûr, le nom vaut ce que vaut le groupe : c'est une relation dialectique à double sens.

Autre exemple d'objectivation élémentaire : le sigle. Un groupe commence à exister quand il a un sigle. Ce n'est pas par hasard

1. Montesquieu, *De l'esprit des lois* (1758), Livre XXIII, chap. 4, in *Œuvres complètes*, Paris, Gallimard, « Bibliothèque de la Pléiade », 1951, p. 684.
2. Voir *supra*, p. 129, note 1.

s'il y a des luttes de propriété pour les titres, pour les mots. Les noms sont des enjeux de luttes d'appropriation et, par exemple, dans les luttes d'héritage intellectuel, la lutte pour hériter du nom est extrêmement importante. S'approprier le titre d'une revue, ou l'héritage des durkheimiens, est un enjeu très important parce que les pères fondateurs sont à nos sociétés dans le champ intellectuel ce que les ancêtres sont aux sociétés précapitalistes, et si la *Revue française de sociologie* consacre 60 % de sa surface à parler des durkheimiens, c'est bien sûr parce que c'est intéressant d'en traiter, mais aussi et surtout parce que c'est un héritage important et que celui qui s'approprie cet héritage s'approprie, par exemple, la définition sociale de la manière légitime de faire de la sociologie. Les noms, les sigles – je reviendrai sur les sigles – sont très importants dans la mesure où le détenteur du nom et du monopole du sigle est détenteur d'un droit très important sur le groupe. C'est comme le droit à la signature sur lequel je reviendrai.

Un autre exemple qui a une importance capitale est le titre : titre de noblesse, titre scolaire, titre de propriété. Le titre est au fond le performatif par excellence, c'est une manière de dire du porteur de ce titre qu'il est quelque chose, c'est-à-dire qu'il *doit* être quelque chose. Les titres parlent toujours à l'indicatif, mais sur le mode où on dit : « Cet homme est un homme », c'est-à-dire un vrai homme. Le langage du titre est toujours performatif et une sociologue portugaise me disait qu'en portugais, pour dire par exemple qu'untel est nommé bachelier, on dit qu'il est « créé bachelier » ; on est dans le langage de la création : ce sont des perceptions du monde social qui font la chose nommée ; elles ne se contentent pas de décrire une réalité préexistante, elles la produisent. Les titres scolaires, comme les titres de noblesse, disent à celui qui les porte : « Tu dois être à la hauteur du titre que tu portes » ; ils [fonctionnent ainsi] aux yeux des autres et le somment [d'agir] conformément à ce qu'ils disent qu'il est aux yeux des autres. On pourrait prolonger. Ces titres sont évidemment des objectivations. Ils existent sous forme de papiers, on peut les accrocher au mur, ils sont donc visibles. Ils sont officiels et ils ont une valeur juridique, c'est-à-dire qu'ils impliquent des garanties, ils donnent droit à des postes, des avantages, des privilèges, etc. Ils sont parfois transmissibles sous certaines conditions (ce serait là une analyse comparée des propriétés des différents types de titres), ils sont sujets à des dévaluations, en cas d'inflation par exemple, en fonction de la croyance dans leur valeur. La forme élémentaire de l'objectivation, c'est la constitution sous forme de classes nommées, mais la forme ultime de l'objectivation, c'est l'existence d'une garantie institutionnelle et, en fait, c'est d'une certaine façon avec l'État qu'apparaît une forme parfaitement garantie d'institutionnalisation.

Il faudrait dans cette logique (je ne vais pas le faire aujourd'hui parce que je n'ai plus assez de temps) invoquer ce que j'ai appelé les « rites d'institution ». Je vous renvoie au dernier numéro d'*Actes de la recherche [en sciences sociales]* où j'ai essayé de développer cette notion[1]. Je vous en donne simplement le schéma : tout se passe comme si cette institution que nous appelons l'« État », sans savoir ce que c'est (j'hésite toujours sur ce mot et je dis partout qu'il ne faut jamais faire de phrases commençant par « l'État fait quelque chose », mais on est bien obligé pour parler de faire de telles phrases[2]), disait d'une personne, dans des circonstances bien déterminées que j'appelle « rites d'institution », qu'elle est ceci ou cela. Ce sont les actes de nomination, au sens cette fois-ci juridique, banal, par lesquels la personne nommée devient à la fois mandatée pour faire quelque chose, légitimée à faire quelque chose, c'est-à-dire à la fois autorisée et sommée. C'est là que les nominations, qui supposent une institution garante, délégante, traitent les individus comme des porteurs d'une fonction qui leur est transcendante, qui les précède et leur survivra ; c'est la phrase du droit canonique sur laquelle je vais revenir tout à l'heure, *dignitas non moritur* (« la fonction est éternelle ») et le propre du social dans les structures des sociétés étatiques est précisément d'être capable de faire ce miracle qui consiste à produire des fonctions, des positions, des rôles sociaux éternels, tels que celui qui va les occuper va participer à un moment de cette éternité ; j'y reviendrai avec le fameux thème des deux corps du roi de Kantorowicz.

1. P. Bourdieu, « Les rites d'institution », art. cité.
2. P. Bourdieu reviendra sur cette difficulté dans *Sur l'État*, *op. cit.*, p. 19.

L'officialisation

En quoi consiste ce processus d'objectivation dont j'ai indiqué les deux pôles extrêmes – à un bout, la lutte de tous contre tous, la lutte symbolique dans laquelle chacun cherche à maximiser son profit symbolique en se créditant et en discréditant les autres et, à l'autre bout, le pouvoir de type étatique ? En quoi consiste ce processus d'objectivation ? Comment produit-il ses effets ? Je pense que tous ces actes, qu'ils consistent à mettre des galons sur le bras de quelqu'un ou à les lui enlever, mettent en jeu une des propriétés fondamentales du social : la connaissance commune. Ce n'est pas par hasard si les rites d'institution sont toujours des rites qu'on appelle officiels ou publics ; une des actions les plus importantes que peut opérer un groupe sur lui-même est de publier, de rendre public, officiel, d'étaler, de rendre ostentatoire, de rendre manifeste le passage.

L'opposition entre l'officiel et l'officieux a été très peu réfléchie. Tout le monde sait ce qu'est une éminence grise mais personne ne réfléchit, ou très peu, sur cette notion de publication, sur ce que veut dire par exemple le fait de publier les bans de mariage. Ce sont des choses très intéressantes que tout le monde connaît mais sur lesquelles personne ne réfléchit. Un mot très important qui a été analysé par Heidegger (il a toujours touché les mots importants) est la notion d'*Öffentlichkeit*[1], l'état d'être ouvert, d'être patent ; le social officiel, c'est ce qui met les choses à l'état d'être ouvert, à l'état d'être visible de tous, par opposition aux choses qui sont à l'état caché, clos, replié sur soi, dans de petits groupes, clandestin. On retrouve alors l'opposition que faisaient les durkheimiens entre la religion et la magie[2] : la magie, c'est le clandestin, la forêt, la nuit, le féminin, la main gauche, etc ; l'officiel, c'est le public, ce

1. Voir M. Heidegger, *Être et temps*, *op. cit.*, p. 159-160, et P. Bourdieu « L'ontologie politique de Martin Heidegger », art. cité., p. 113.
2. À la suite d'Émile Durkheim dans *Les Formes élémentaires de la vie religieuse*, *op. cit.*, livre premier, chap. 1.

qui se donne à voir à la face de tous, à la vue de tous, c'est le masculin, c'est ce qui peut se déclarer publiquement, sans honte. L'une des opérations magiques que réalise la société, par lesquelles les groupes se manipulent eux-mêmes, se structurent eux-mêmes, se constituent eux-mêmes, se préparent comme déjà classés pour le sociologue qui vient pour les classer, consiste précisément à faire passer à l'état patent des choses qui étaient cachées ou, au contraire, à censurer (le mot « censure » devrait encore une fois être analysé), à refouler, à renvoyer au clandestin, au caché les choses qui auraient envie de se manifester. Cette dialectique de la publication et de la censure est une des actions les plus puissantes que les groupes font sur eux-mêmes, et c'est par cette action que les groupes font du symbolique. Dans l'opposition que j'avais évoquée la dernière fois entre la hiérarchie officieuse (comme la hiérarchie des salons telle que l'a décrite Proust et qui n'est connue que des initiés, de ceux qui sont *in*, dedans) et la hiérarchie publique (qui est affichée dans les gazettes, dans les journaux, etc.), la publication a un effet déterminant dans la mesure où la hiérarchie cesse d'être connue des seuls initiés et où elle devient connue de tous, y compris des profanes.

La vulgarisation est tout à fait dans la logique de ce que je viens d'énoncer et, si on subsume le mot « vulgarisation » sous l'analyse que je viens de faire de la publication, on voit que la vulgarisation est un enjeu capital pour une communauté scientifique. Si les chercheurs ont des rapports très ambivalents, très contradictoires à la vulgarisation – je renvoie aux travaux de Luc Boltanski et Pascale Maldidier qui présentaient les résultats d'une enquête auprès de scientifiques sur le problème de la vulgarisation[1] –, c'est que précisément elle représente le passage de la hiérarchie interne pour initiés, donc toujours contestable même si elle est en fait incontestée, à une hiérarchie

1. Luc Boltanski et Pascale Maldidier, « Carrière scientifique, morale scientifique et vulgarisation », *Informations sur les sciences sociales*, 9 (3), 1970, et *La Vulgarisation scientifique et son public*, Paris, CSE, 1977 ; Pascale Maldidier, « Les revues de vulgarisation : contribution à une sociologie des cultures moyennes », CSE, Paris, 1973.

publique commune fondée sur le *consensus omnium*. Je citerai simplement pour faire sentir l'enjeu une remarque de Schopenhauer qui disait – je ne sais pas où, c'est un souvenir de jeunesse – que l'une des stratégies les plus malhonnêtes pour un spécialiste débattant avec un autre spécialiste en présence d'un tiers ignorant consiste à soulever un argument si difficile que son interlocuteur ne peut y répondre sans devenir inintelligible pour le tiers ignorant[1]. C'est important pour comprendre les débats dans les sciences sociales et le rôle joué par exemple par les journalistes arbitrant des discussions entre spécialistes, ce qui, malheureusement, décrit l'état des rapports sociaux dans le champ intellectuel.

Ce paradigme de Schopenhauer est très important pour comprendre l'enjeu que représente le passage à une hiérarchie qui doit être incontestée pour pouvoir être dite devant tous et qui, étant dite devant tous, est incontestée. Il y a des coups de force de la publication, comme par exemple quand on publie dans un journal une hiérarchie des intellectuels français[2] – on est tout à fait dans le concret (je dis ça parce que j'espère que vous avez compris qu'en sociologie plus on est abstrait, plus on est concret ; il n'y a rien de pire que le demi-concret ou le demi-abstrait qui [n'apportent] rien de réel ni rien de théorique). Quand on publie une hiérarchie des intellectuels français, par un coup de force, quoi qu'on fasse, on a constitué quelque chose de très important, et celui qui veut contester cette hiérarchie devient justiciable de la contestation par cette hiérarchie (on dira que c'est parce qu'il est mal placé qu'il la conteste), donc on n'en sort plus. Je ne vais pas m'étendre sur ce sujet-là, mais je pense qu'il a toujours hanté la communauté savante, comme une obsession. Il y a par exemple dans *Le Conflit des facultés* de Kant des réflexions permanentes sur ce problème, sur le rapport entre la science pure et les sciences

1. Il s'agit peut-être du stratagème 28 de *L'Art d'avoir toujours raison/Dialectique éristique* (1864) : « Ridiculiser l'autorité en tablant sur la naïveté de l'auditoire. »
2. Allusion au palmarès que le magazine *Lire* avait publié en avril 1981. P. Bourdieu développera cette analyse dans « Le hit-parade des intellectuels français, ou Qui sera juge de la légitimité des juges ? », art. cité.

appliquées[1]. Si la communauté savante a toujours réfléchi, de façon honteuse d'ailleurs, sur ce problème, c'est parce que ce qui est en jeu dans la publication, c'est l'autonomie du champ scientifique.

Le passage de l'officieux à l'officiel est une opération qui n'a l'air de rien, mais qui est la manipulation sociale par excellence. C'est le mariage par opposition à la liaison, ou encore ce qui est susceptible d'être dit devant tous, donc connu et reconnu de tous, par opposition au honteux et au clandestin. Si la publication a un effet social très important, c'est donc que la publication en tant que telle a un effet de licitation : si ça peut être dit publiquement, c'est que c'est bien. (Je dis cela de façon brutale et sommaire, mais c'est pour pouvoir nuancer ensuite.) Quand on dit péjorativement de gens qui accomplissent une action non légitime qu'« ils s'affichent », on veut dire qu'ils transgressent cette loi non écrite, qui est une des lois sociales fondamentales selon laquelle – Weber le dit – les gens qui transgressent la légitimité doivent se cacher pour le faire : le témoignage, l'attestation la plus manifeste de la reconnaissance de la légitimité, c'est le fait que le voleur se cache pour voler[2] ; là où une définition naïve de la légitimité verrait dans le voleur une exception à la légitimité, c'est en fait la preuve suprême de la légitimité. De même, la honte culturelle est la reconnaissance majeure de la légitimité culturelle.

On voit comment la publication est licitation, qui peut être un effet de bluff. Une des stratégies des couches montantes consiste souvent à faire sauter les censures qui n'existaient que pour autant qu'elles étaient reconnues comme telles. Le fait de proférer des mots – il suffit de penser au langage de la sexualité qui est tout à fait typique – qui étaient tabous constitue par soi une transgression autolégitimante. Évidemment, le rapport de force symbolique est chaque fois en jeu, le transgresseur de la censure peut être condamné comme barbare, auteur de barbarie pour le discréditer,

1. Emmanuel Kant, *Le Conflit des facultés* (1798), in *Œuvres philosophiques*, t. III, *Les derniers écrits*, trad. Alain Renaut, Paris, Gallimard, « Bibliothèque de la Pléiade », 1985, p. 803-930.
2. M. Weber, *Économie et société*, *op. cit.*, p. 31.

mais il peut aussi avoir raison s'il parvient à faire reconnaître sa transgression comme légitime puisqu'elle existe et s'il parvient à se faire reconnaître par un groupe ; se faire reconnaître par un groupe, c'est simplement se faire entendre, se faire écouter. Évidemment s'il trouve des gens qui se mettent à parler comme lui, il a gagné, mais le simple fait de trouver une audience ou, comme on dit, une oreille complice est déjà une victoire puisqu'il y a reconnaissance d'un groupe ; le charisme prophétique qui est subversif s'affirme précisément dans le fait de faire entendre des choses jusque-là non dites à un groupe qui n'attendait que ça pour les penser et qui, en accordant sa reconnaissance, fait advenir à l'être une nouvelle manière de penser le monde. La licitation, l'objectivation, la verbalisation, l'explicitation (dans des signes, dans des gestes, dans des actes, etc.), implique par soi une validation ; elle enferme l'affirmation du droit de se montrer, de s'afficher. Il faudrait ajouter dans cette logique le rôle des rituels, en particulier des rites de passage.

L'institutionnalisation du capital symbolique

Troisième mécanisme : l'objectivation dans des institutions, des titres, des sigles conduit à la mise en place d'une sorte de mécanisme par lequel le capital symbolique accumulé va devenir autoreproductif. Ce n'est pas comme dans les luttes d'honneur où le capital symbolique est en jeu à chaque fois. Les Kabyles disent que « l'honneur, c'est comme une graine de navet » : c'est rond, ça roule et on ne peut pas l'attraper[1] ; autrement dit, c'est extrêmement labile, on peut le perdre pour un oui ou pour un non, être déshonoré sans savoir pourquoi. C'est très fragile, comme la notoriété intellectuelle dont le crédit et le discrédit sont très fragiles. Avec l'institutionnalisation, le nom et le titre, c'est plus rare. On l'a vu avec ce que disait Montesquieu. On peut perdre l'esprit et rester professeur : l'institutionnalisation donne des garanties

1. Voir P. Bourdieu, « Le sens de l'honneur », *loc. cit.*

temporaires, des garanties de durée et elle crée des mécanismes objectifs capables d'assurer leur propre reproduction.

C'est encore une analyse que je ne pourrai pas développer, mais prenons l'exemple du champ intellectuel : aussi longtemps que la lutte est à l'état anarchique, c'est une espèce de lutte de tous contre tous, la concentration du capital symbolique est extrêmement difficile. On peut dire que l'on a des états du champ intellectuel où la lutte de tous contre tous ressemble à la société aristocratique sous Henri IV telle que l'a décrite Elias dans *La Société de cour*, c'est-à-dire qu'à chaque moment le grand doit défendre lui-même son honneur, prendre son épée, se battre en duel[1], etc. Quand le capital commence à se concentrer, dès le moment où il y a des institutions, des académies, des écoles qui reproduisent les académies, dès le moment où il y a des clubs, dès le moment où il y a des institutions dans le champ politique, c'est-à-dire les partis, des appareils, des secrétariats généraux, des secrétariats centraux, des cellules, dès le moment où il y a de l'institution, des mots et du droit pour dire comment ça fonctionne, des règles de conduite et des techniques de sociabilité, des tas de choses qu'on peut manipuler, à ce moment-là, la reproduction du capital symbolique peut être assurée par le simple contrôle des institutions – il ne s'agit plus de sortir l'épée. Et de même que Louis XIV n'a plus besoin de se battre en duel sans arrêt, mais peut se contenter de régler les cérémonies du petit lever et du grand lever, de même celui qui est au comité central peut se contenter d'assurer la reproduction du comité central, ce qui n'est pas simple, mais c'est quand même autre chose que d'assurer la reproduction de son prestige en passant à la télé, en écrivant des choses remarquables, en disant à chaque moment ce qu'il faut penser sur le monde social, en ne se trompant jamais, en apportant le bonheur au peuple, etc. Dès le moment où il y a objectivation, concentration, accumulation dans des mécanismes, dans des institutions tendant à la reproduc-

1. Norbert Elias, *La Société de cour*, trad. Pierre Kamnitzer et Jeanne Etoré, Paris, Calmann-Lévy, 1974 [1969], en particulier le chapitre « L'étiquette et la logique du prestige » ; rééd. Flammarion, « Champs », 1985, p. 63-114.

tion, etc., dès le moment où le capital symbolique est concentré, la gestion de ce capital prend une tout autre forme.

Maintenant, ayant décrit *grosso modo* ceci, j'indique très rapidement les conditions dans lesquelles s'opère l'accumulation. Comme je vous l'ai dit tout à l'heure, il ne faut pas voir là un processus linéaire. Ce schème de l'évolution linéaire, de la lutte de tous contre tous jusqu'au monopole étatique avec délégation est l'un de ces schèmes reçus que nous avons tous en tête et qu'une psychanalyse de l'esprit scientifique doit détruire. Il y a évidemment une lutte à tout instant, avec des reculs, des retours en arrière, des nouveaux départs ; la concentration n'est jamais complètement achevée, il y a toujours des secteurs non contrôlés [à partir desquels on peut] bouleverser le centre, etc.

Ceci pour rappeler ce que je disais précédemment : il y a une lutte pour l'institutionnalisation, pour l'objectivation et pour le monopole du capital déjà objectivé et la lutte pour le capital symbolique dans un état avancé de l'objectivation est une lutte pour le contrôle de l'accès aux instruments de production et de reproduction du capital symbolique objectivé. Je renvoie à la description, que je propose dans la première partie du *Sens pratique*, de l'opposition entre les sociétés dans lesquelles le pouvoir repose sur le capital personnel des individus et les sociétés dans lesquelles le pouvoir repose sur le contrôle des mécanismes objectifs[1]. Donc pas de modèle linéaire, mais au contraire une logique de la lutte pour la conservation et l'accroissement du capital objectivé à travers le contrôle des institutions dans lesquelles il est déjà incarné. Il y a une sorte de magie sociale par laquelle les groupes se produisent et produisent leur propre représentation. (Le mot « représentation », je le dis une fois pour toutes, doit être pris à tous les sens du terme : au sens de représentation mentale, de représentation théâtrale et au sens de délégation quand on parle de représentants du peuple.) Ce travail, en quoi consiste-t-il et comment se produit-il ? La question à laquelle je veux répondre est : comment les groupes se produisent-ils ? Je ne veux pas dire par là que les groupes soient

1. Voir P. Bourdieu, *Le Sens pratique*, *op. cit.*, p. 209-232.

maîtres et possesseurs de leur propre identité, qu'ils puissent par pur décret se faire exister comme ils le veulent. J'ai assez dit dans les leçons précédentes que ces stratégies magiques ne réussissaient que dans certaines limites. Cela dit, dans ces limites, les groupes exercent sur eux-mêmes et du même coup sur les autres groupes une sorte d'action magique.

Les deux corps

Pour décrire la logique de cette magie, je me réfère à deux auteurs importants, Kantorowicz et Post. Ces deux historiens ont en commun de prendre pour objet une réflexion qui s'est développée depuis le Moyen Âge. Le sous-titre du livre de Gaines Post est *Public Law and the State, 1100-1322*[1]. Post réfléchit essentiellement sur le droit canon et sur la réflexion des canonistes autour du droit et Kantorowicz réfléchit plutôt sur les travaux des juristes anglais [à une époque plus tardive]. Ils ont en commun de prendre pour objet de réflexion sociologique, plus exactement de porter au statut de discours sociologique sur le monde social ce qui a été lu longtemps comme une simple réflexion théologique et ceci n'est pas par hasard. Par exemple, Kantorowicz dit que, dans cette littérature des juristes anglais, il y a une sorte d'équation qui revient tout le temps, une sorte d'équivalence entre *mysterium* et *ministerium*, à tel point que c'est presque comme une coquille[2]. C'est très intéressant à plusieurs titres. Si on lit un traité de droit canon de façon innocente, on a l'impression, sans spécialement avoir de préjugés anticléricaux, d'avoir affaire à de la théologie,

1. G. Post, *Studies in Medieval Legal Thought*, *op. cit.*
2. E. H. Kantorowicz, *The King's Two Bodies*, *op. cit.*, p. 101, et « Mysteries of State : An absolutist concept and its late mediaeval origins », *Harvard Theological Review*, vol. 48, n° 1, 1955, p. 65-91 – trad. fr. postérieure au cours in *Mourir pour la patrie et autres textes*, trad. Laurent Mayali et Anton Schütz, Paris, PUF, 1984, p. 75-103. P. Bourdieu développera notamment cette analyse dans « Le mystère du ministère. Des volontés particulières à la "volonté générale" », *Actes de la recherche en sciences sociales*, n° 140, 2001, p. 7-11.

à un langage tout à fait irréel et irréaliste, à un discours qui parle de l'au-delà et qui n'a rien à voir avec les choses de ce monde. En réalité, une fois surmontée cette apparence, on découvre par exemple que lorsque les canonistes disent que « l'Église, c'est le corps du Christ », « les évêques sont l'Église », « l'Église, c'est les évêques », etc., ils ne posent pas des équations théologiques, mais des équations sociologiques, dans la mesure où la sociologie est de la théologie et où le monde social est pour une part de la magie.

J'ai été injuste tout à l'heure en disant que la notion de délégation n'avait pas été réfléchie depuis Rousseau : Max Weber est celui qui a le plus réfléchi sur ce mystère de l'incarnation de l'État dans une personne, puisque le fonctionnaire est quelqu'un qui incarne en tant que corps biologique une personne morale transcendante. Mais si Max Weber a réfléchi sur ce mystère de l'incarnation des entités collectives, il est resté prisonnier de l'illusion rationaliste puisqu'il a décrit ce processus comme un processus de rationalisation. Dans les analyses classiques de la sociologie du droit de Max Weber, de la sociologie du pouvoir, etc., on passe toujours par trois stades : un stade traditionnel, routinier, un stade charismatique et ensuite le stade rationnel ou bureaucratique, et tout se passe comme si la magie, présente au stade charismatique par exemple, disparaissait au stade bureaucratique[1]. Or, si vous m'avez entendu jusqu'à présent, ce que j'ai voulu dire d'un bout à l'autre, c'est qu'il y a de la magie au cœur même de l'État rationnel. La collation de grades dans l'université, par exemple, est un acte magique exactement au même titre que les actions que décrit Lévi-Strauss dans « Le sorcier et sa magie[2] ». C'est le schéma évolutionniste que j'ai révoqué plusieurs fois depuis tout à l'heure. La division en disciplines entre l'ethnologie et la sociologie ont contribué à empêcher de voir que c'est la même chose.

Kantorowicz cite une phrase de Francis Bacon qui résume toute la tradition des juristes de la loi anglaise sous la reine Eli-

1. Voir M. Weber, *Économie et société*, *op. cit.*

2. Voir Claude Lévi-Strauss, « Le sorcier et sa magie » (1949), in *Anthropologie structurale*, Paris, Plon, 1958, p. 183-203.

zabeth : « *Corpus corporatum in corpora naturali, et corpus natural in corpore corporato* » – « Un corps *corpore* dans un corps naturel et un corps naturel dans un corps corporé »[1]. Il y a une autre phrase en anglais, presque intraduisible : « *The king as King was "incorporated with his subjects, and they with him"*[2]. » Les mots intéressants sont évidemment les mots « corps ». Les sociologues qui travaillent sur les grands corps de l'État, l'accès aux grands corps, n'ont jamais fait le rapport entre les corps de l'État et le corps. Le mérite de cette phrase est de dire : le corps *corpore*, c'est le corps constitué. [...] C'est la définition du roi, mais cela peut aussi désigner le président de la République, le professeur, le prêtre, etc. En gros, c'est le fonctionnaire au sens le plus général du terme : c'est celui qui est mandaté pour accomplir une fonction *ex officio* et non pas *motu proprio*, à son compte propre. S'agissant de la deuxième citation (« le roi dans son corps politique est incorporé avec ses sujets et ses sujets avec lui »), il y a une phrase analogue d'un saint du Moyen Âge qui disait : « L'Église, c'est les évêques ; les évêques, c'est l'Église[3]. » Cela revient à poser une équation simple : le corps constitué, le *collegium* par exemple, c'est la même chose que le corps biologique dont on a dit qu'il était mandaté dans un rite d'institution pour représenter le corps constitué : « Vous êtes mandaté officiellement pour être dorénavant le *collegium*, la *communitas*, etc. »

Les rites d'institution (les passations de thèses de doctorat, par exemple) produisent cette sorte de transsubstantiation de façon tout à fait analogue à ce qui se passe avec l'Eucharistie : ceci est mon corps, ceci est mon sang ; ceci a l'air d'être du pain et du vin, ça a l'air d'être un homme quelconque, [mais] en réalité c'est le groupe, et le *king* n'est plus un corps mortel. Il y a une phrase

1. E. H. Kantorowicz, *The King's Two Bodies*, *op. cit.*, p. 438 ; la traduction française donne : « Un corps corporatif dans un corps naturel et un corps naturel dans un corps corporatif » (E. H. Kantorowicz, *Les Deux Corps du roi*, in *Œuvres*, *op. cit.*, p. 953).
2. *Ibid.*, p. 438. La phrase est ainsi traduite dans l'édition française : « Le roi en tant que roi "formait un seul corps avec ses sujets et eux avec lui" » (p. 952).
3. Il s'agit en fait d'une phrase attribuée au Père de l'Église Cyprien de Carthage (v. 200-v. 258), devenu au Moyen Âge le saint patron de la ville de Toulon : « L'Église est dans l'évêque et l'évêque dans l'Église. » (Cité par E. H. Kantorowicz, *The King's Two Bodies*, *op. cit.*, p. 505 – trad. fr. p. 953.)

magnifique qui dit que le corps est toujours susceptible d'être frappé d'*imbecilitas* (il est faible, il est mortel) mais qu'il est porteur d'un autre corps[1]. Le titre du livre de Kantorowicz est *Les Deux Corps du roi* et le problème métaphysique que se posent ces théologiens est de savoir comment ces deux corps peuvent s'accorder. Ils disent bien évidemment que le corps juridique, c'est le corps supérieur, c'est le corps constitué comme devoir-être, c'est le roi coextensif à ses sujets, c'est de Gaulle disant « Je suis la France ». J'avais commencé en posant la question de la différence entre le fou qui se prend pour Napoléon et Napoléon ; si quelqu'un dit dans la rue : « Je décrète la mobilisation générale, je suis la France », on se demandera s'il va bien, mais si le chef de l'État dit : « La France, par ma bouche… », ça marche, sous certaines conditions, et c'est une réalisation particulièrement réussie du *corpus corporatum*. Au fond, la question qui se pose dans toute société est celle-là : comment faire pour que des réalités transcendantes, des choses qu'on ne peut pas nommer, ou plutôt qui ne sont qu'un mot, existent de façon permanente, durable. Je pense que Durkheim avait senti ce problème et vous reconnaissez ce thème de la transcendance des groupes par rapport aux individus. Mais je pense qu'il avait à la fois nommé et évacué ce problème à travers toutes les théories de la conscience collective[2]. Il apportait des solutions métaphysiques et la difficulté de la science sociale est de parler scientifiquement de choses qui sont métaphysiques et non pas métaphysiquement de choses qu'on croit réelles. La métaphysique est dans le monde social, ce n'est pas le sociologue qui l'invente. Je pense que le sociologue a affaire à des réalités métaphysiques, c'est-à-dire magiques. La société fait de la magie sans arrêt, et la grosse difficulté est que le sociologue en tant que savant a, pour penser cette chose magique, une science qui détruit la magie, qui est antagoniste de la magie. C'est pour cela que le danger, dans ce genre de problème, est de croire trop vite qu'on a compris.

1. *Ibid.*, p. 8-9.
2. Sur la notion de « conscience collective », voir É. Durkheim, *Les Formes élémentaires de la vie religieuse*, *op. cit.*

Je reviens à *mysterium, ministerium*. Le mot « ministère » est un mot étonnant qui désigne précisément la délégation. Le ministre est un vicaire d'on ne sait pas quoi. De même que le prêtre est un vicaire du Christ, le ministre est un agent, dira-t-on, de l'État, c'est-à-dire de l'ensemble des citoyens. J'essaie maintenant de résumer les analyses de Post[1]. Il essaie de décrire la théorie par laquelle les canonistes prétendent rendre compte de cette espèce de ministère qu'est le corps constitué. Le corps constitué auquel ils pensent, c'est l'Église : qu'est-ce que c'est que l'Église ? Qui a le droit de parler au nom de l'Église, d'exercer les actes performatifs, de dire « l'Église est défavorable à la contraception » ? Selon les théories indigènes des canonistes rapportées par Post, l'existence des corps constitués est liée au droit de représentation, le mot « représentation » étant pris aux trois sens : c'est le droit de parler et d'agir au nom du groupe, d'être en représentation devant le groupe et devant les autres groupes avec la prétention d'incarner le groupe, de faire que tout ce que je dis soit comme si c'était dit par et pour le groupe. Le porte-parole n'est même pas celui qui parle pour le groupe : il est le groupe. Je pense qu'on est au cœur du fétichisme. Le porte-parole, surtout dans les usages « démocratiques » de cette logique de la délégation, s'efforce d'indiquer ou de laisser entendre qu'il n'oublie pas qu'il n'est pas le groupe, mais la logique du fétichisme social est telle que le groupe est porté à « oublier » la délégation qui fait que le porte-parole a barre sur lui. Et le propre du fétichisme social qui est inscrit dans la logique de la délégation consiste en ce que le déléguant s'oublie comme déléguant et, du même coup, oublie qu'il est le fondateur du pouvoir qu'il subit.

Comment le représentant se déclare-t-il, comment se fait-il reconnaître comme représentant légitime ? « Le représentant, je cite, qu'il s'agisse du roi ou de l'évêque, personnifie le groupe en tant que *procurator*[2] », c'est-à-dire celui qui a procuration, qui

1. G. Post, *Studies in Medieval Legal Thought, Public Law and the State, 1100-1322*, *op. cit.*
2. Il ne semble pas s'agir à proprement parler d'une citation, mais d'une synthèse du premier chapitre (« Parisians masters as corporation ») de la première partie (« Corporate community, representation and consent ») de l'ouvrage, *ibid.*, p. 27-60.

est chargé. On retrouve là un thème heideggérien. Si Heidegger s'en prenait à la sécurité sociale où il voyait le type de délégation par laquelle les masses étaient dépossédées de façon aliénée, abêtie, de la responsabilité de leur propre destin, etc.[1], il reste qu'il réfléchissait en même temps à une chose extrêmement importante : la délégation par laquelle les groupes abdiquent au profit d'un État leur propre liberté. Le représentant personnifie le groupe en tant que *procurator* autorisé à monopoliser l'expression et l'action collectives ; ce monopole est symbolisé par le monopole du *sigillum authenticum* ; le *sigillum*, c'est le sceau (d'où notre mot « sigle »), et le *sigillum authenticum*, c'est ce qui permet le sceau officiel, par exemple sur lequel sont gravés les symboles, l'effigie, les armes ou la devise d'un souverain, d'un évêque ou d'une communauté. Les deux communautés à propos desquelles les juristes ont beaucoup réfléchi sont, d'une part, la communauté universitaire, *universitas*, *collegium*, et d'autre part la communauté ecclésiastique. À quel moment un groupe a-t-il le droit d'exister en tant que groupe ? Il a le droit d'exister quand on lui a accordé le *sigillum*, c'est-à-dire cette sorte de technique sociale très mystérieuse qui permet au détenteur du sceau d'authentifier tous ses actes et toutes ses paroles comme étant des actes collectifs et qui, du même coup, fait exister le groupe comme un seul homme, ce qui est extrêmement important.

J'ai dit tout à l'heure que j'avais écarté le problème de la prise de conscience. Mais si vous repensez à la *Critique de la raison dialectique* de Sartre, vous verrez que le problème que je suis en train de traiter est, me semble-t-il, celui que Sartre a voulu traiter lorsqu'il a écrit une espèce de genèse transcendantale du groupe[2] : on part de l'individu – comment sortir de l'individualité ? –, [puis on aborde] le serment, le groupe en fusion, etc. Malheureusement, dans la logique de Sartre, on ne trouve jamais le groupe. Pourquoi ? Parce qu'il y a un saut, mortel peut-être, qui est le

1. Voir P. Bourdieu, « L'ontologie politique de Martin Heidegger », art. cité, p. 115, à propos de M. Heidegger, *Être et temps*, *op. cit.*, p. 160.
2. J.-P. Sartre, *Critique de la raison dialectique*, *op. cit.*

passage du groupe existant *partes extra partes* au groupe qui, par la logique du *sigillum authenticum*, a délégué à une personne ou à un ensemble de personnes le pouvoir plénipotentiaire d'agir, de penser, de parler à sa place. Dès ce moment-là, le représentant devient le substitut réel, une sorte d'universel concret, le substitut de l'universel, et s'il est le substitut de l'universel, c'est-à-dire de l'État, du *consensus omnium*, il est l'universel réalisé et sa parole a force de loi. Sa parole est donc immédiatement auto-vérifiante. S'il dit : « Je te nomme professeur », tu deviens professeur. J'aurais pu citer encore un autre auteur, Schramm, qui, tout à fait dans la logique de Kantorowicz, a réfléchi sur les symboles de la royauté et la notion de couronne (aux deux sens du mot : la couronne comme objet et au sens des « lois de la Couronne » et de la coutume successorale)[1]. Il montre – c'est un bel exemple – que, finalement, la couronne c'est l'objectivation : dès le moment où il y a une couronne objectivée, on peut faire un coup d'État en s'appropriant la couronne, alors que tant qu'il n'y a pas d'objectivation, le coup d'État est impossible. Chez les Kabyles, on ne peut pas faire de coup d'État ; dans le champ intellectuel non plus. Pour qu'il y ait coup d'État, il faut qu'il y ait État, c'est-à-dire que le pouvoir symbolique soit concentré dans des institutions qu'un seul homme peut s'approprier et au nom desquelles il peut gouverner comme un seul homme.

Des imaginaires homologués

Jusque-là, cela paraît relativement simple, mais en quoi consiste cette sorte de transsubstantiation, ce passage d'un simple *corpus naturale*, d'un simple corps biologique à un corps social ? C'est, disent les canonistes, une fiction juridique – *fictio juris*. Il faut prendre le mot *fictio* au sens fort de *fingere*, « imagination ». Là encore, je n'ai pas le temps de le développer, mais je pense que

1. Percy Ernst Schramm, *A History of the English Coronation*, trad. Leopold G. Wickham Legg, Oxford, Clarendon Press, 1937.

la meilleure analyse de cette production imaginaire du groupe par lui-même se trouverait encore chez Pascal, avec la notion d'imagination, le pouvoir de l'imagination, le rôle de toute la symbolique du pouvoir comme réalisant le pouvoir[1]. Les théories naïves de l'idéologie pensent toujours qu'il suffirait d'enlever au juge l'hermine et la toge. En fait, l'hermine et la toge sont le pouvoir réalisé, de même que la langue juridique. L'obscurité du discours juridique, c'est la langue juridique réalisée ; le langage d'importance du philosophe, c'est la philosophie réalisée[2]. Si on enlevait ces attributs et, du même coup, les conditions qui font qu'ils se reproduisent, même quand ils sont enlevés, il n'y aurait plus de magie sociale possible.

Les fonctions sociales sont des fictions[3], mais pas du tout au sens où elles auraient une simple réalité imaginaire susceptible d'être détruite par la simple déclaration de réalité, comme l'imagination est dissipée par la perception ; ce sont des productions de l'imaginaire collectif qui, à ce titre, ont une vérité tout à fait objective, ce sont des imaginaires homologués, des imaginations collectivement homologuées et constamment auto-vérifiées dans la mesure où elles sont capables d'imposer leur propre vérification et de montrer qu'elles sont d'une certaine façon plus vraies que la vérité. Rappelez-vous Pascal et la « raison des effets[4] », Pascal disant : d'accord, c'est imaginaire, mais, en même temps c'est tout à fait réel, et si vous transgressez, vous aurez des coups de bâton. Autrement dit, il faudrait faire l'analyse en détail – j'en donne le schème et vous pourrez la faire vous-mêmes.

Il faudrait, par le biais de la notion d'imaginaire, de fiction, montrer comment le groupe, en manipulant sa propre image, manipule

1. Pascal, *Pensées*, éd. Lafuma, 44 (82). Voir P. Bourdieu, *Méditations pascaliennes*, *op. cit.*, « Points Essais », p. 247.
2. Sur le « discours d'importance », voir Pierre Bourdieu, « La lecture de Marx ou quelques remarques critiques à propos de "Quelques remarques critiques à propos de *Lire le Capital*" », *Actes de la recherche en sciences sociales*, n° 5-6, 1975, p. 65-79 ; repris sous le titre « Le discours d'importance », in *Langage et pouvoir symbolique*, *op. cit.*, p. 379-396.
3. Conclusion de la *Leçon sur la leçon*, *op. cit.* : « Les fonctions sociales sont des fictions sociales. »
4. Pascal, *Pensées*, éd. Lafuma, 80-104.

les structures fondamentales de l'imaginaire. J'ose à peine le dire en public (il y a des réflexions qui sont peut-être vraies mais qui sont presque privées et parfois j'ai peine à les dire), mais je pense qu'une des propriétés de cette logique fétichiste, l'une de ses forces, c'est qu'elle agit sur le corps biologique et qu'en incarnant le corps social transcendant, juridique, dans un corps biologique, elle produit des effets biologiques. Tout se passe comme si le monde social manipulait les structures profondes de l'imaginaire et, par exemple, quand on dit « l'État », [cela renvoie à] l'image du père. Si le monde social fait un si grand usage de la magie pour fonder les structures en apparence les plus rationnelles, c'est parce qu'il ne peut obtenir des corps qu'ils se transcendent pour devenir des corps mystiques, c'est-à-dire des corps sociaux, qu'en jouant sur les ressorts les plus profonds du corps, sur les représentations les plus profondes de l'imaginaire. Là, je pense que la sociologie et la psychanalyse se rejoindraient complètement, d'une façon, je crois, non fictive.

Pour dire très vite les conséquences pratiques de cette logique : s'il est vrai que les groupes n'existent d'une certaine façon en tant que groupes constitués, en tant que corps constitués, que par l'alchimie de la transsubstantiation, toute constitution d'un groupe en tant que groupe enferme la menace ou la possibilité, ou même la probabilité, de l'usurpation. Si ce que j'ai dit est vrai, les groupes se trouvent placés, et d'autant plus qu'ils sont plus dominés, devant l'alternative suivante : ou bien ne pas exister en tant que groupe, être relégués à l'état atomisé, de séries existant *partes extra partes* dans la concurrence anomique, ou bien exister comme un seul homme à travers la délégation, et être alors exposés au détournement inhérent à la délégation. Je reviendrai la prochaine fois sur cette analyse. Mon espoir était d'arriver à un point où j'aurais pu dire dans un bel effet : maintenant, j'en ai assez dit, appliquez tout cela vous-mêmes aux classes sociales. Je ne pourrai pas le faire parce que je ne suis pas assez sûr d'arriver tout à fait jusqu'au bout ; je pense malgré tout que j'en ai assez dit pour que vous puissiez faire l'exercice. La semaine prochaine, j'essaierai de conclure rapidement sur ce problème du mystère et du ministère.

COURS DU 16 JUIN 1982

Agir « au nom de… » – Sur la délégation. – L'État et le perspectivisme. – Le problème de la vérité sur le monde social. – Validation par le consensus ou par les preuves objectives.

Qu'est-ce qu'un groupe ou, ce qui revient au même, quels sont les créateurs de groupe ? La réponse est que les groupes se créent en créant des créateurs de groupe. […] Je pense qu'il serait vain d'essayer de sortir de ce cercle par une sorte de fausse genèse, bien que les besoins de l'explicitation conduisent à adopter un langage linéaire susceptible de donner les apparences d'une structure explicative. Les groupes se créent donc en créant les créateurs de groupe, c'est-à-dire en attirant une concentration de capital symbolique. La logique de cette accumulation réside dans le mystère du ministère selon l'équation tout à fait déterministe *ministerium* = *mysterium*. Le groupe se crée donc par le mystère du ministère, c'est-à-dire par le mystère de la procuration.

Agir « au nom de… »

Le mot « procuration » mériterait une analyse étymologique. Le procurateur est celui qui agit à la place ou au nom d'un groupe – l'expression « au nom de… » étant le plus important – et il fait du même coup exister le groupe par le fait d'agir ou de parler en son nom. On pourrait ici reprendre, mais dans une logique différente, les analyses célèbres de Heidegger sur le souci (*Fürsorge*) et la procuration. Toute une tradition de la pensée de droite conservatrice a mis l'accent sur ce phénomène de la procuration, de la délégation, en lui imputant cette sorte d'abandon manifesté par les phénomènes de sécurité sociale – le mot *Fürsorge* voulant dire « sécurité sociale ». Je renvoie ceux que cela intéresserait à l'article que j'ai écrit il y a quelques années dans lequel j'ai essayé de montrer le rôle central de ces notions dans la construction de l'ontologie heideggérienne[1].

Cette procuration, dont il s'agit ici de décrire la logique, consiste essentiellement en deux choses. Elle consiste à réaliser le groupe dans des corps et dans des choses : qu'il s'agisse d'un syndicat, d'un parti, d'un État, d'une famille, le groupe existe lorsqu'il est objectivé dans des choses ou des quasi-choses comme les noms, les sigles, les sceaux, les signatures, le droit bien sûr, ou dans des corps – le corps du porte-parole, incarnation du groupe, celui qui peut dire qu'il est le groupe et qui donne en quelque sorte un corps au groupe en même temps qu'il donne son corps au groupe. Il y aurait là toute une analyse à faire sur les rites d'institution, rites par lesquels un groupe institue un individu comme son mandataire, comme membre attitré. Ces rites ont une fonction éminente, qui est de recevoir en quelque sorte le corps du mandataire désigné, et ce n'est pas par hasard si les rites que l'on appelle de passage et que j'ai rebaptisés – non pour faire original mais parce que je crois que c'est mieux ainsi – « rites d'institution[2] » instituent une personne comme détentrice d'une autorité sociale quelconque. Qu'il s'agisse de l'héritier dans une famille noble, du professeur nommé, du président de la République élu, etc., les rites qui instituent un personnage dans un rôle social travaillent en quelque sorte très profondément le corps du mandataire. Il est, par exemple, impossible qu'un rite d'institution soit accompli par un procurateur ; il est inconcevable de se faire représenter dans le rite par lequel on va être institué et ce n'est pas par hasard : il faut que

1. P. Bourdieu, « L'ontologie politique de Martin Heidegger », art. cité (sur le mot *Fürsorge*, que Bourdieu traduit dans cet article par « assistance sociale », voir notamment p. 111-115).
2. P. Bourdieu, « Les rites d'institution », art. cité.

la personne paie de sa personne, qu'elle soit là en personne avec son corps – comme disait l'autre : « J'ai donné mon corps à la France. » Celui qui est désigné et reconnu par un groupe est pris en quelque sorte dans son corps, et les mutilations, les épreuves physiques que la plupart des sociétés font subir aux initiés dans les rites de passage prennent complètement leur sens dans la logique que je décris.

Les rites d'institution sont donc les rites par lesquels les groupes se constituent en institutions. « L'institution », ce mot qui est aussi vieux que la sociologie et que les durkheimiens ont beaucoup utilisé[1], m'a paru mériter une nouvelle réflexion. Cette notion s'est peu à peu amollie dans les usages sociaux et un des objets de la réflexion de cette année consistait précisément à essayer de ranimer cette notion un peu morte (en sciences sociales, on peut chercher à créer de nouveaux mots ou, c'est une autre stratégie de recherche, ranimer des mots anciens, avec le danger qu'ils retombent dans l'usage qu'on en fait soi-même ou dans l'état sommeillant où ils étaient avant qu'on essaie de les réactiver). On pourrait dire qu'une institution existe sous une double forme, sous la forme d'acquis dans des corps socialisés – ce que j'appelle des habitus –, et dans des choses qui peuvent être des objets matériels. L'Église, par exemple, existe dans les églises au sens d'objets visibles et dans tout ce qui sert l'appareil (au sens pascalien) de la religion : des surplis, des chasubles, des ciboires, des missels, des catéchismes, etc., toutes sortes d'objets dans lesquels s'objective toute une histoire ; et elle existe aussi dans les corps de tous les clercs qui sont socialisés et pour qui ces objets ont valeur d'objets d'Église : il est évident qu'un ciboire, du jour où il n'y a plus de chrétiens pour s'en servir chrétiennement, devient un objet décoratif ; les musées sont ainsi remplis d'objets religieux qui, ne

1. Durkheim a pu définir la sociologie comme « science des institutions » : « On peut en effet, sans dénaturer le sens de cette expression, appeler *institution,* toutes les croyances et tous les modes de conduite institués par la collectivité ; la sociologie peut alors être définie : la science des institutions, de leur genèse et de leur fonctionnement. » (Émile Durkheim, *Les Règles de la méthode sociologique* [1895], préface de la deuxième édition (1901), Paris, PUF, « Quadrige », 1981, p. XXII.)

fonctionnant plus comme objets religieux, peuvent devenir objets d'un nouveau culte, un culte esthétique[1]. Une institution comme une Église – la même chose vaudrait pour l'État, la justice, etc. –, suppose donc à la fois des choses qui sont une forme d'incarnation de l'institution et des corps socialisés pour reconnaître ces choses comme des choses d'Église, de justice, etc. Ce qui fait la vie, le changement, l'existence d'institutions, c'est la rencontre entre ces deux états de l'histoire, l'état incorporé et l'état objectivé. Ce qui fait qu'une messe peut être dite, c'est-à-dire qu'un acte qu'on appellera catholique peut exister, c'est la rencontre entre un habitus clérical dressé à utiliser des objets d'institution conformément à des règles qui font l'institution. On peut dire la même chose pour un cours magistral ou pour tout fait social : il faut une rencontre entre des choses et des habitus.

Cette analyse permet-elle de faire disparaître le cercle dont je parlais en commençant ? Une difficulté du phénomène de l'institution, qui est peut être le point au-delà duquel on ne peut pas régresser dans une analyse du monde social, est que le mystère de l'institution tient au fait que le groupe qui s'institue fonde l'institution qui fait le groupe. Autrement dit, le groupe ne se connaît et ne se reconnaît en tant que groupe et n'existe en quelque sorte pour lui-même et pour les autres groupes que lorsqu'il s'incarne sous ces deux formes : il faut qu'il prenne corps et se réifie dans une personne, dans un porte-parole, dans un sigle (la CGT, monsieur X ou Y, etc.), mais en même temps cette incarnation ne doit son autorité, son existence en tant qu'institution autorisée qu'au groupe qui est, si on peut dire, derrière. Il y a du même coup, si l'on veut, une sorte de relation de causalité circulaire, ou un cercle vicieux, entre le procurateur, le procureur, le délégué, le mandataire et l'État, l'Église, le groupe, le collège qui s'exprime en lui. C'est donc la même *fictio juris*, la même magie sociale – je

1. P. Bourdieu développera cette réflexion sur la croyance religieuse ou artistique dont des œuvres peuvent faire l'objet à des époques différentes ou, à un moment donné, par des publics différents, dans « Piété religieuse et dévotion artistique. Fidèles et amateurs d'art à Santa Maria Novella », *Actes de la recherche en sciences sociales*, n° 105, 1994, p. 71-74.

le dis depuis le début de cet enseignement : nous sommes sans cesse dans la logique de la magie –, la même fiction sociale qui fait le groupe et qui fait le procurateur qui fait le groupe. C'est ce que disait la formule initiale : les groupes se créent en créant les créateurs de groupe.

Si j'insiste un peu lourdement sur ce cercle, c'est qu'il me paraît capital pour comprendre les rapports fétichistes que les groupes entretiennent avec leur propre réalisation dans des choses ou dans des hommes. Il est certain que le représentant, le porte-parole, le mandataire est le substitut d'un groupe qui existe par cette représentation ou, mieux, qui n'existe que par cette représentation. Il y a dans l'article de Post dont je vous ai donné la référence la dernière fois une citation encore empruntée aux canonistes : « *Quod faciunt magistratus videtur ipsa universitas facere*[1] » – « Ce que font les magistrats, c'est l'université [*universita*, c'est le groupe] qui semble le faire ». C'est l'équation que posait un autre canoniste, *status est magistratus*[2] : le statut, la position sociale, c'est l'occupant de cette position ; le poste, c'est la fonction qui est opérationnelle, agissante. C'est ce que vous répond le gendarme quand vous essayez de le toucher en lui disant : « J'ai trois enfants, etc. » ; il vous dit : « Le règlement c'est le règlement », c'est-à-dire : « Ne cherchez pas à toucher en moi une personne, je suis ma fonction. » Le fonctionnaire est victime de la fonction. Cette équation qui est tout à fait centrale, entre la fonction et la personne, rappelle que le groupe s'apprend lui-même comme groupe dans la représentation que lui donnent ses représentants. Il se reconnaît en tant que groupe dans ses représentants (il faut prendre le mot « se reconnaître » au sens fort) et il peut éprouver cette expérience sous la forme de l'euphorie : « Il m'exprime bien. » On peut par exemple analyser dans cette logique le rapport que les téléspectateurs peuvent entretenir avec leur porte-parole dans un face à face.

Ce rapport de délégation circulaire enferme le principe d'un

1. Jean de Salisbury, *Le Policraticus* (v. 1159), cité par G. Post, *Studies in Medieval Legal Thought*, *op. cit.*, p. 356.
2. « *Status, id est, magistratus* » (*ibid.*, p. 353).

fétichisme. Comme je l'ai dit l'autre jour, les fonctions sociales (les postes, les professions, les statuts sociaux) sont des fictions sociales, ce sont des produits de la croyance collective qui engendre la pompe même, l'appareil même dont elle subit les effets. C'est la logique même du fétichisme. Le *magistratus* peut se prendre pour un *status*. Si le président de la République peut se prendre pour le président de la République, c'est qu'on le prend pour le président de la République et même pour la République, et il est donc, non pas seulement autorisé à cette sorte de folie mégalomane, mais sommé de se prendre pour l'État et d'accomplir cette sorte d'outrepassement de ses limites corporelles d'individu singulier, pour être, comme on dit, à la hauteur de sa charge. Il est de plus en plus courant que les présidents de la République disent : « L'État a décidé », « La France a décidé ». La formule me paraît dangereuse d'un point de vue strictement normatif, mais j'essaie ici d'en analyser la logique. Si les magistrats peuvent se prendre pour la magistrature, et si cette usurpation légitime – Austin parlait, à propos du performatif, d'usurpation légitime[1] –, c'est-à-dire méconnue comme usurpation et reconnue comme légitime, est possible et a des effets sociaux, des effets magiques sur les gens qui la rendent possible, c'est-à-dire sur les sujets, c'est que la relation de délégation est occultée par l'effet de cercle : les sujets sociaux finissant par révérer, adorer ou respecter le produit de leur propre révérence. Autrement dit, le groupe oubliant la logique de la délégation s'adore lui-même dans sa propre personnification. D'une certaine façon, la logique de l'acclamation, dont j'indiquerai tout à l'heure le sens, est une sorte de culte par lequel le groupe s'adore lui-même *in effigie*, dans une réalisation imaginaire de lui-même, dans sa propre personnification.

1. P. Bourdieu fait peut-être allusion à la place qu'Austin réserve, dans son analyse des énoncés performatifs, aux cas où le locuteur n'a pas l'intention de tenir parole (ainsi, le « bookmaker marron » qui parie ou celui qui fait une fausse promesse) ou ne détient pas l'autorité requise (évoquant le cas du quidam qui, sans l'« ombre d'un droit au pouvoir », baptise un bateau le *Joseph-Staline* ; il souligne que « la procédure, pour une part consiste à se faire désigner ». (J. L. Austin, *Quand dire, c'est faire*, *op. cit.*, notamment p. 56.)

Sur la délégation

Je pense que le mouvement même par lequel le groupe existe en tant que groupe enferme le danger pour le groupe d'être dépossédé de lui-même. C'est peut-être l'idée centrale que je voudrais communiquer : les groupes n'existent en tant que tels que par la logique du délégué, de l'objectivation de l'incorporation, etc., et cette logique enferme dès l'origine le danger du détournement de la délégation[1]. La logique de l'acclamation par laquelle le groupe réuni acclame les paroles de son porte-parole est une des fictions sociales par lesquelles les groupes se dissimulent la fiction sociale et ses conséquences. Lorsque le groupe réuni applaudit les phrases de ses porte-parole, il se masque en réalité le fait de la délégation et il se fait croire et il fait croire que c'est le groupe qui est l'auteur de la parole.

J'ai développé – mais je ne vais pas pousser cette analyse trop loin ici – la forme que prend cette logique de la délégation dans le cas des classes dominées. Comme c'est une longue analyse, elle risque de paraître un peu inquiétante si je la donne dans sa forme simplifiée, mais je crois qu'elle est importante et, comme je l'avais à l'esprit tout au long de ce propos, je serais malhonnête si je ne la livrais pas. J'ai analysé dans un texte qui s'appelle « Questions de politique[2] » le rapport que les moins cultivés entretiennent avec les questions de politique. À partir d'une analyse des non-réponses aux questions posées par les instituts de sondage, j'ai essayé de montrer que plus on descend dans la hiérarchie sociale et dans la hiérarchie des niveaux d'instruction, pour employer le langage le plus simple, plus il apparaît que les individus interrogés, en

1. P. Bourdieu développera la question de la délégation en politique dans « La délégation et le fétichisme politique », *Actes de la recherche en sciences sociales*, n° 52-53, 1984, p. 49-55 ; repris dans *Langage et pouvoir symbolique*, *op. cit.* p. 259-280.

2. Pierre Bourdieu, « Questions de politique », *Actes de la recherche en sciences sociales*, n° 16, 1977, p. 55-89 (il s'agit d'une première version du chapitre « Culture et politique » de *La Distinction*, *op. cit.*, p. 463-541) ; voir aussi « Les doxosophes », *Minuit*, n° 1, 1972, p. 26-45.

particulier sur des questions politiques, sont démunis et se réfugient dans la non-réponse, dans l'abstention en quelque sorte ou dans la délégation. Ils s'en remettent en quelque sorte à des porte-parole.

C'est ce que les théologiens du Moyen Âge appelaient la *fides implicita* (ils disaient aussi la « foi du charbonnier ») : ils disaient que les croyants qui n'étaient pas capables d'arriver à la *fides explicita* (c'est-à-dire à la foi capable de s'énoncer, de donner ses propres raisons d'être, de se fonder elle-même en raison et en discours) étaient voués à une « foi implicite ». Les théologiens ne méprisaient pas cette foi à qui on peut faire confiance, qui, bien qu'elle ignore ses propres raisons, n'en est pas moins une foi éminente : je disais quelque part un peu méchamment que les clercs ont toujours adoré la foi implicite parce qu'elle leur laisse la parole, c'est-à-dire le monopole de la parole. Lorsqu'on est sur des phénomènes de structure tels que celui que je décris, les rapprochements ne sont pas du tout des analogies superficielles, mais des homologies structurales entre des situations différentes : entre les discours des théologiens parlant de la foi du charbonnier et les discours des hommes politiques parlant des masses populaires, il y a une analogie évidente qui correspond à des homologies de structure et donc d'intérêts. Si on rapproche de la *fides implicita*, c'est-à-dire de la délégation aveugle, la logique de la délégation en vertu de laquelle les groupes, et surtout les groupes dominés, n'existent que par l'intermédiaire du processus que j'ai décrit et qui enferme toujours le danger de détournement, on voit les conséquences importantes pour comprendre les rapports entre le parti et les masses qui ont été souvent décrits dans une logique idéaliste, ou plutôt intellectualiste, à travers la théorie de la prise de conscience. Au fond, un des résultats des analyses que j'ai faites jusqu'à aujourd'hui a été d'apporter un autre modèle des relations entre les mandataires et les mandants dans les mouvements que l'on peut appeler populaires.

Parmi les effets de la procuration, j'ai indiqué tout à l'heure le phénomène de la concentration : là où le groupe est constitué, comme disaient les canonistes, à l'état de collection de *personnarum plurium*, à l'état de collection de personnes plurielles, à l'état de série comme aurait dit Sartre, là où donc le groupe existait *partes extra partes*, dans la logique de la récurrence, la délégation, l'institution d'un délégué, d'un mandataire, ou d'un groupe de mandataires provoque une concentration. Il permet une représentation et une représentation de l'unité : les représentants, les mandataires peuvent représenter le groupe, et représenter, au sens théâtral du terme, l'unité du groupe.

Enfin, dans la mesure où les institutions se réalisent dans des corps et surtout peut-être dans des choses, et dans des mécanismes capables de reproduire le fonctionnement et des corps et des choses, elles assurent au groupe une permanence qu'il n'a pas par lui-même. C'est le problème que se posait Sartre dans la *Critique de la raison dialectique* : Sartre ne pouvait imaginer d'autre existence du groupe que l'existence du groupe mobilisé, c'est-à-dire la manifestation, le groupe qui se mobilise pour prendre la Bastille, pour reprendre l'exemple qu'il prend tout le temps[1]. Si le groupe n'existe en tant que groupe que dans ce genre de circonstances, il risque de n'exister qu'à peu près tous les cent ans. Or le problème des groupes, c'est d'exister tous les jours, pour pouvoir répondre à des interviews, à des attaques, etc., que la classe ouvrière soit mobilisée ou démobilisée, qu'il y ait une baisse longue du cours de l'or ou une hausse du prix du pain. C'est l'institutionnalisation sous la forme que j'ai analysée qui permet au groupe d'exister de façon permanente, sous la forme de permanents assurant une permanence dans des locaux, avec un appareil permanent, etc.

J'aurais dû mentionner la permanence, cette propriété inhérente au phénomène de la délégation, avant d'énoncer les dangers de détournement : la concentration, le pouvoir d'agir comme un seul homme à la place du groupe offre évidemment des facilités du point de vue du détournement, mais si on ajoute la propriété de la permanence par opposition à la dispersion et à la discontinuité des groupes représentés, on voit que ce danger est inhérent à la

1. J.-P. Sartre, *Critique de la raison dialectique*, *op. cit.* Sur l'exemple de la prise de la Bastille comme « regroupement neuf dissolvant une sérialité coutumière dans l'homogénéité d'une ville en fusion », voir p. 386-394.

logique même des choses. Du même coup, le paradoxe de la délégation fait que le groupe qui s'arrache au sériel, à la récurrence par la délégation, par l'institutionnalisation, se retrouve devant ses délégués à l'état de sériel et de récurrent. Cela se voit de façon évidente lorsque les membres d'un groupe font des pétitions – la pétition étant le type même de la logique sérielle – contre leurs propres délégués. La pétition, c'est 1 + 1 + 1, etc., on essaie de faire nombre, pour essayer de reprendre un tout petit peu des pouvoirs que l'on a délégués à son délégué. Cette logique de la solitude sérielle devant la force du corps des mandataires permanents me semble donc inscrite dans une réflexion sur ce que c'est que la notion d'institution. Il va de soi que ce genre de réflexion n'est pas sans rapport avec la conjoncture historique[1] ; il ne faut jamais cacher ce que des analyses qui ont l'air tout à fait essentielles peuvent devoir à des situations dans lesquelles le problème se pose de façon particulièrement vive, selon la logique de la chouette de Minerve que tout le monde connaît[2].

L'État et le perspectivisme

Autre conclusion que je voulais apporter : cette logique de la délégation prend une forme tout à fait spéciale dans le cas de la délégation à l'État parce que, à tort ou à raison, le représentant de l'État apparaît comme un représentant universel. Son autorité ou la vérité de ses actions est fondée dans le *consensus omnium* : il est en quelque sorte le dépositaire du sens commun. Par exemple, dans le cas de la nomination (je l'ai souvent repris de façon un peu obsessionnelle et répétitive, mais je crois que c'est important pour faire le lien entre les différentes analyses que j'avais proposées), il donne sur la personne nommée une perspective qui n'est pas un

1. Pour le contexte historique dans lequel s'inscrivent les enquêtes de Bourdieu, on pourra se reporter à Pierre Bourdieu, *Interventions 1961-2001*, textes choisis et présentés par Franck Poupeau et Thierry Discepolo, Marseille, Agone, 2002.
2. Allusion à la phrase de Hegel dans la préface aux *Principes de la philosophie du droit* (1821) : « La chouette de Minerve ne prend son envol qu'au crépuscule. »

point de vue particulier contestable à partir d'un autre point de vue, mais qui est un point de vue qui se prétend universel. Quand [le représentant de l'État] dit : « Tu es professeur », à la différence de celui qui dit : « Tu n'es qu'un prof », il décerne un titre qui a valeur sur tous les marchés, et le propre de la nomination universelle dans nos sociétés est, je crois, le titre scolaire. C'est une sorte de monnaie qui a valeur sur tous les marchés sociaux (avec des cours variables : il a son cours maximum sur le marché strictement scolaire, mais évidemment un cours beaucoup plus faible sur le marché mondain, quoique l'écart soit plus ou moins grand selon les époques et selon les sociétés) ; *grosso modo*, le titre scolaire est une de ces nominations qui peut prétendre avec des chances raisonnables de succès, comme dit Weber[1], obtenir une valeur sur tous les marchés et les sous-marchés qu'on peut trouver dans un espace social déterminé. C'est donc une désignation pour tous, omnibus, à l'opposé des désignations singulières, telles que l'injure. Autrement dit, l'État pourrait être défini d'une certaine façon, en reprenant le mot de Leibniz, comme le géométral reconnu de toutes les perspectives, c'est-à-dire comme le lieu géométrique[2]. Et l'État, en tant que géométral reconnu de toutes les perspectives, détient en quelque sorte le monopole du point de vue légitime sur les sujets sociaux.

(Je ne reviens pas sur le mot « légitime », qui peut faire malentendu dans certains esprits, mais qui, dans le langage technique de la sociologie, signifie : « qui est reconnu comme légitime », « qui, par le simple fait d'être méconnu dans son arbitraire est reconnu comme digne d'exister comme il existe ». Ce n'est pas du tout un jugement de valeur ; il s'agit de dire que les gens reconnaissent la légitimité sans même avoir à se faire à eux-mêmes une déclaration d'allégeance ou de reconnaissance, il suffit d'accepter les nominations, d'appeler « Monsieur le professeur »

1. Allusion à la définition que donne Max Weber de l'État contemporain comme « communauté humaine qui, dans les limites d'un territoire déterminé [...], revendique avec succès pour son propre compte le monopole de la violence physique légitime ». (M. Weber, *Le Savant et le Politique*, *op. cit.*, « 10/18 », p. 29.)

2. Voir *supra*, p. 69-70, note 3.

les gens qui sont nommés professeurs, de respecter les gens respectables.)

Ce que l'État dit des sujets sociaux, par l'intermédiaire de ses mandants ou des institutions qui l'incarnent, c'est sa prétention à la reconnaissance universelle. Et, de même que Max Weber disait que l'État se définit par le « monopole de la violence légitime »[1], je dirais que l'État se définit par le monopole de la violence *symbolique* légitime, c'est-à-dire que ces actes de violence symbolique – dont l'injure est une forme – par lesquels nous cherchons à chaque instant à imposer un point de vue sur les autres, et du même coup une vision du monde, tendent, lorsqu'ils sont le fait de l'État, à être universellement reconnus, et on peut voir la réussite de cette prétention au monopole dans la lutte même que certains agents sociaux doivent opposer à ce monopole[2]. Je pense qu'il faudrait analyser dans cette logique le rapport que les intellectuels entretiennent avec certaines formes de consécration où, comme dans le cas de la Légion d'honneur, l'arbitraire de la violence symbolique légitime se dévoile particulièrement : le rapport des intellectuels à la consécration dans ce qu'elle a d'ostentatoire, donc de dérisoire, peut se comprendre comme une lutte contre le monopole de la violence légitime. En refusant des consécrations externes de ce type, au nom de l'idée qu'ils sont seuls capables de se consacrer – ce qui est leur intérêt stratégique (si c'était toujours comme ça, ils seraient beaucoup mieux défendus) –, les intellectuels affirment qu'ils ont le monopole de la consécration des choses intellectuelles. Mais le fait qu'ils aient à le faire, à refuser avec éclat des titres et des honneurs temporels, prouve qu'il y a parmi les intellectuels des gens qui acceptent de se reconnaître dans ces signes de reconnaissance. Je ne pousse pas l'analyse parce que cela deviendrait douloureux pour tout le monde.

1. Voir *supra*, p. 183, note 1, ainsi que M. Weber, *Économie et société*, *op. cit.*, « Pocket », p. 96-100.

2. P. Bourdieu reviendra très longuement sur ce point dans ses cours de 1989-1992 publiés sous le titre *Sur l'État*, *op. cit.*, notamment p. 314-317.

L'État peut prétendre au monopole de la violence symbolique légitime, mais, évidemment, ce monopole n'est jamais complètement réalisé. Il faut faire attention, dans le discours, à ces glissements, à ces passages à la limite qui changent tout. L'État est lui-même contesté dans son monopole qui est lui-même un enjeu de luttes pour les gens qui prétendent s'emparer du pouvoir d'État, mais aussi à l'intérieur de la société dans son ensemble. Ceci dit, sur le terrain culturel, par exemple, je pense que le monopole de la violence légitime de l'État n'est guère contesté. C'est par le système scolaire que le monopole de la violence légitime de l'État s'exerce, et même s'il y a une vague contestation du titre scolaire, il est certain que, dans la pratique ordinaire, le titre scolaire reçoit un respect démesuré et que la contestation du monopole de la violence symbolique est tout à fait dérisoire.

En quelque sorte, l'État arrache donc les sujets sociaux au perspectivisme (ici, par perspectivisme, j'évoque la théorie que développait Nietzsche dans *Le Gai Savoir* : dans cette sorte de lutte de tous contre tous pour la connaissance, chaque individu tend à imposer la perspective la plus favorable à ses intérêts[1], et au fond un aspect de ce que j'ai développé ici pourrait être mis sous le chapeau de Nietzsche : l'injure suppose une philosophie perspectiviste, c'est-à-dire que chacun essaie d'imposer sa propre perspective sur le monde social). L'État d'une certaine façon est donc une sorte de lieu neutre qui donne la perspective autorisée sur tous les agents sociaux, la perspective socialement reconnue. Je ne développe pas ce thème parce que je l'ai beaucoup fait précédemment. Je préfère évoquer une analyse de Spitzer dans ses essais de sociologie, d'histoire littéraire sur le *Don Quichotte* qui est tout à fait dans la logique de ce que j'ai développé toute

1. Friedrich Nietzsche, *Le Gai Savoir* (1882), trad. Henri Albert révisée par Jean Lacoste, in *Œuvres*, t. II, Paris, Robert Laffont, « Bouquins », 1993, notamment les paragraphes 333, p. 193-194 (« pour qu'une connaissance soit possible, il a fallu d'abord que chacune de ces tendances apportât son avis partial sur l'événement ou la chose à connaître »), et 355, p. 220-221 (« le perspectivisme tel que moi je l'entends »). Le perspectivisme ne signifie pas « à chacun sa vérité » mais que le pluralisme des perspectives est une condition de la manifestation de la vérité.

l'année[1]. Spitzer remarque que, dans le *Don Quichotte*, Cervantès passe son temps à changer le nom des personnages. À propos de Don Quichotte lui-même, il utilise des noms différents, comme s'il laissait au lecteur le soin de choisir. Spitzer remarque que c'est un procédé très général qui tend à créer un univers social dans lequel personne n'a le dernier mot sur les autres. Ce n'est pas par hasard si cette espèce d'indétermination des désignations se retrouve dans un roman dont le héros est un *idios*, c'est-à-dire quelqu'un qui prétend avoir raison contre le monde social, qui est donc dans la logique de l'injure solitaire, qui prend le risque de défier en quelque sorte le sens commun (j'ajoute un mot : l'État, c'est le sens commun). On pourrait repenser aussi à *L'Idiot* de Dostoïevski dans la même logique. Mais je ne donne ces références littéraires que pour la vertu pédagogique de ce que j'essaie de communiquer et qui n'est peut-être pas aussi facile que cela en a l'air. En donnant plusieurs systèmes de référence, je pense que chacun peut ensuite faire travailler la machine à son propre compte.

Le problème de la vérité sur le monde social

Ces réflexions sur la logique de l'institution, de la délégation, le détournement qui s'y trouve enfermé conduisent au problème de la vérité s'agissant du monde social. J'hésite à l'aborder en vingt minutes, mais je veux en dire malgré tout quelques mots. Derrière ce que j'ai dit tout au long de ces leçons il y avait cette question : qu'est-ce que dire le vrai sur le monde social ? Qui dit le vrai sur le monde social ? J'ai invoqué plusieurs fois Wittgenstein à propos de ce cercle : qui mesurera l'étalon de Paris, qui dira la longueur de l'étalon de Paris, qui dira quel sociologue a raison à propos des classes sociales, du capital ou de la lutte des classes ? La communauté scientifique, par une sorte d'hygiène salutaire, esquive cette question, parce qu'elle est très difficile à vivre, me

1. Leo Spitzer, *Linguistic Perspectivism in the « Don Quijote ». Linguistics and Literary History : Essays in Linguistics*, Princeton, Princeton University Press, 1948, p. 41-85.

semble-t-il. Les sociologues, les historiens et les ethnologues ont une sorte de positivisme provisoire et font comme s'ils avaient la réponse à la question de la vérité sur la vérité, à la question de la vérité des propositions sur le monde social. Si ce que j'ai essayé de montrer a une valeur de vérité, il me semble que cela implique un certain nombre de conséquences concernant les critères de vérité en matière de science sociale.

D'une certaine façon, s'agissant du monde social, le perspectivisme tel que le définissait Nietzsche est indépassable : chacun a sa vérité, chacun a la vérité de ses intérêts. Nous ne sommes pas habitués à penser ainsi, cette sorte de relativisme étant discréditée par toute une tradition qui appelle « erreur » l'expression rationalisée des intérêts des autres. En fait, je dirais que la prise de conscience, s'il en existe une définition rigoureuse, est ce qui conduit à l'expression de l'intérêt bien compris : du point de vue des dominés, on peut dire que l'intérêt bien compris est de prendre conscience de la domination, de la dénoncer, de la renverser ; du point de vue des dominants, il consiste à prendre conscience de la domination, à en découvrir les fondements pour la conserver. On pourrait alors renvoyer dos à dos Marx et Pareto qu'on s'amuse constamment à opposer quand on dit par exemple que Pareto a mis Marx sur la tête. Ils sont au moins d'accord, me semble-t-il, pour accepter implicitement cette théorie perspectiviste de la vérité. Pareto, par exemple, lorsqu'il décrit ce qu'il appelle le « dépérissement des élites », invoque précisément le fait que les élites, c'est-à-dire les dominants, sont conduits au déclin par une sorte de conscience malheureuse de leur propre domination qui leur interdit de s'assumer comme dominants et les conduit à accepter sur eux-mêmes le point de vue des dominés[1]. Par conséquent, si le monde social est le terrain de l'affrontement de groupes sociaux qui se connaissent en se constituant en tant que groupes et en constituant explicitement ce qui les constitue comme groupes, c'est-à-dire un ensemble d'intérêts communs, un capital à défendre ou un non-capital à promouvoir, il s'ensuit

1. Vilfredo Pareto, *Traité de sociologie générale*, t. II, Paris, Payot, 1917, chap. 11 à 13.

d'une certaine façon qu'à un premier niveau le perspectivisme radical est un moment inévitable de la lutte sociale. La vérité sur le monde social est nécessairement l'enjeu de luttes entre groupes sociaux antagonistes.

Je reprends cette formule que je répète un peu obsessionnellement, mais elle est commode et elle peut frapper : s'il y a une vérité, c'est que la vérité est un enjeu de luttes. Cela découle de cette proposition selon laquelle chaque groupe a intérêt à sa propre vérité et qu'un groupe qui prend à son compte la vérité du groupe antagoniste se suicide en quelque sorte en tant que groupe. Autrement dit, la vérité n'est pas une, elle est multiple et il n'y a guère de proposition universelle sur le monde social. Je vous renvoie à ce propos à un certain nombre d'analyses que j'ai proposées dans *La Distinction*, en particulier en ce qui concerne le problème du style de vie – c'est un seul exemple, on pourrait en prendre mille : là où les classes dominées voient un laisser-aller bon enfant, à la bonne franquette, les classes dominantes voient un laisser-aller coupable, un manque de tenue. C'est pourquoi l'écriture de la sociologie est extrêmement difficile, parce que les mots sont constamment clivés – et je vous renvoie à une très belle analyse de Bakhtine qui est un des grands linguistes postérieurs à la Révolution russe, qui disait que, dans les périodes révolutionnaires, il n'y a guère de mots qui ne se dédoublent, qui puissent être prononcés avec le même sens par deux personnages situés dans les deux camps[1] ; autrement dit, le consensus sur la langue qui est lié à l'État, à l'ordre du discours d'État, omnibus, le consensus sur la langue se [révèle] comme fictif dès le moment où la vérité des rapports sociaux se déclare, comme c'est le cas dans les périodes révolutionnaires. D'une certaine façon, la vérité étant un enjeu de luttes, il appartient à la science sociale, non pas de décider où est la vérité, mais de savoir que s'affrontent deux vérités qui ne sont pas pour elles-mêmes relativisables, « vérité » étant pris, je le répète, dans le sens nietzschéen de perspective fondée dans des intérêts vitaux.

1. Mikhaïl Bakhtine, *Le Marxisme et la Philosophie du langage*, trad. Marina Yaguello, Paris, Minuit, 1977, notamment p. 142 *sq*.

Cela dit, la science sociale peut-elle et doit-elle se contenter de ce constat de l'indécidable, des vérités indépassables en même temps qu'antagonistes ? En fait, elle peut établir les chances sociales des différentes vérités, dans la mesure où la force sociale d'une vérité sociale dépend des rapports de force matériels et symboliques entre ceux qui se reconnaissent dans ces vérités et ceux qui les contestent. Une vérité sociale dotée d'une grande force sociale est capable de s'imposer universellement, d'obtenir le *consensus omnium* ; c'est une définition commode de ce qu'on appelle l'idéologie dominante. Une vérité partielle et partiale qui parvient à se faire reconnaître comme universelle, ne serait-ce qu'à travers la méconnaissance de la particularité de ses fondements, devient une vérité dominante, c'est-à-dire une vérité fondée sur ce que la logique reconnaît comme un critère de vérité, à savoir la validation consensuelle. On pourrait reprendre sur ce point l'analyse de la langue : la genèse de la langue française comme institution est parallèle à la genèse de l'État[1], la langue se faisant oublier en tant que vérité partielle, dès le moment où elle s'impose comme la seule langue légitime à ceux-là mêmes qui perdent la parole faute de pouvoir la parler. Il y a des silences qui sont des reconnaissances absolues de la légitimité : de même, dans les lieux où il s'agit de prendre la parole, le silence qui n'est pas du tout réparti au hasard, mais varie de façon tout à fait prédictible selon le niveau d'instruction, le sexe, l'âge, etc., est une forme de reconnaissance passive, et souvent inconsciente d'elle-même, de la légitimité.

Je passe à travers une série de définitions de la vérité dont je pense qu'elles ne sont pas contradictoires. Cette vérité sociale fondée sur le consensus est la vérité associée à la perspective légitime, c'est-à-dire la perspective dominante, méconnue comme telle, donc reconnue comme universelle. Je pourrais revenir ici au problème des classements sociaux que j'avais évoqué en commençant ; un des enjeux de la lutte symbolique sur le monde

1. Voir Pierre Bourdieu, « La production et la reproduction de la langue légitime », in *Ce que parler veut dire*, *op. cit.*, p. 23-58, en particulier p. 25-34 ; rééd. in *Langage et pouvoir symbolique*, *op. cit.*, p. 67-98.

social est la position du classement légitime, et, par exemple, on pourrait dire des classifications de l'Insee qu'elles sont au problème des classements ce que la langue est au problème du langage, c'est-à-dire que c'est un classement d'État en quelque sorte qui parvient à se faire reconnaître comme légitime. Il est à la base des conventions collectives, les syndicats en discutent, le négocient – on vient de négocier une nouvelle classification de l'Insee avec l'accord des syndicats[1], etc. – et l'on arrive ainsi à une sorte de classification reconnue de tous, omnibus, fondée sur une sorte de négociation collective : la représentation-perspective cesse d'être perçue comme perspective dans la mesure où elle reçoit une validation conceptuelle. Cette vérité dominante, fondée sur la validation conceptuelle, va-t-elle avoir force de loi et fonctionner de façon performative ? Est-ce que cette sorte de raison d'État va commander les pratiques ? Je pense en fait que oui, et dans une mesure beaucoup plus grande qu'on ne veut le croire. J'ai pris tout à l'heure l'exemple de l'imposition, à travers les titres scolaires, d'une hiérarchie de l'excellence humaine qui est reconnue bien au-delà du système scolaire et qui fait du titre scolaire la mesure de l'humanité dans beaucoup d'univers : la perspective légitime, c'est-à-dire dominante et méconnue comme telle, c'est-à-dire tacitement reconnue, s'impose bien au-delà de ce que l'on croit quand on pense au droit (lorsqu'on pense au légal strict, on voit plus facilement les liens avec les intérêts d'une classe, d'une catégorie au pouvoir). La vérité légitime à base consensuelle fonctionne avec une force qui est précisément celle du performatif.

Je voudrais ici indiquer rapidement une analyse qui fera peut-être mieux comprendre ce que j'ai dit tout au long de ces cours à propos du performatif. Il s'agit de la distinction que fait Kant à propos de l'entendement divin – je crois que le rapprochement est fondé. Il distingue deux types d'intuitions que l'on peut prêter

1. La nomenclature des catégories socioprofessionnelles de l'Insee dont la première version avait été élaborée pour le recensement de 1954 a fait l'objet d'une révision entrée en vigueur en 1982.

à Dieu : un *intuitus originarius* et un *intuitus derivatus*[1]. L'*intuitus originarius*, c'est une perception, une intuition qui crée, qui fait surgir – *origo* – la chose qu'elle voit : Dieu crée ce qu'il voit, il voit ce qu'il crée, et on pourrait dire, dans la même logique, qu'il y a des mots performatifs, des mots qui font exister ce qu'ils disent, des mots qui font surgir à l'existence, des mots qui font des groupes (ce sont les mots d'ordre) ou des mots qui font des choses par procuration (ce sont les ordres), ce sont des mots qui sont créateurs, qui ont une efficace réelle. L'*intuitus originarius* est le monopole de Dieu chez Kant, tandis que l'homme est voué à l'*intuitus derivatus*, c'est-à-dire une intuition qui ne peut pas se donner l'objet, qui ne peut pas le faire exister, le produire, le faire sortir, le porter au jour, qui ne peut qu'enregistrer une réalité qui préexiste.

Cette distinction me semble correspondre très exactement à la distinction d'Austin entre performatif et constatif[2]. La science sociale est constative, elle s'efforce de dire ce qui est, mais elle est constative d'actions parmi lesquelles beaucoup sont performatives. Le sociologue est un classificateur, il doit dire comment les gens sont réellement classés, pour comprendre comment ils agissent et se distribuent, pour prévoir ce que seront leurs attitudes à l'égard de la distribution présente et leur action sur l'avenir de la distribution. Mais en même temps le sociologue est celui qui regarde des gens qui passent leur temps à agir symboliquement sur la distribution, à dire : « Ce n'est pas bon ainsi », « Il faut que ça change », « Il y en a qui ont trop ici, d'autres qui n'en ont pas assez », « Il faut faire payer les riches, il faut faire payer les pauvres », « Il faut donner aux pauvres et faire payer les riches », etc.

1. Emmanuel Kant, *Critique de la raison pure*, trad. Jules Barni, Paris, Librairie Joseph Gibert, 1948, « Esthétique transcendantale », § 8, IV p. 89.
2. Voir J. L. Austin, *Quand dire, c'est faire*, *op. cit.*

Validation par le consensus ou par les preuves objectives

Le sociologue peut résoudre cette difficulté, comme je l'indiquais en commençant, en faisant comme si le problème de la vérité ne se posait pas. Il peut proposer sa classification, qu'il construit à partir d'un faisceau de critères comme étant la bonne, et l'opposer aux classifications indigènes plutôt monocritères, et dire : « Il y a une classification et une seule, c'est celle que je donne. J'ai un point de vue résolument constatif, je dis ce qui est, je n'entre pas dans cette lutte pour dire ce qui est. » Je pense que dire cela est une mystification pour deux raisons. Premièrement, le jeu auquel jouent ces gens qui s'efforcent de classer implique un travail permanent des classés pour changer le classement, entre autres choses par des actions performatives visant à imposer le bon classement, le bon point de vue, la bonne perspective ou la perspective légitime. Deuxièmement, le sociologue manque à la vérité scientifique en omettant de prendre en compte dans son constat le constat de la lutte performative pour changer le constat. Il omet [d'inclure] dans son modèle prétendant à la vérité le fait que la vérité est un enjeu de luttes dans la vérité même dont il prétend donner la vérité. Et il omet – chose capitale – que, d'une certaine façon, il y a nécessairement deux vérités qui, dans certains cas, peuvent faire semblant de coïncider et qui correspondent à deux définitions antagonistes de la vérité. Il y a la vérité qu'il prétend avancer en se fondant sur la chose même : il la produit et il prétend en trouver la vérification dans la confrontation avec le réel. Il proposera, par exemple, un découpage dont il s'efforcera de montrer qu'il rend réellement compte de toutes les différences, de toutes les distributions, y compris de celles qu'il n'a pas prises en compte dans le système directement considéré. Par exemple, il dira que son classement est vrai parce qu'il est fondé dans la réalité.

Mais il pourra cependant se voir opposer, à cette vérité, une autre définition de la vérité, la vérité fondée sur le *consensus omnium*, qui est une définition possible de l'objectivité et au nom de laquelle on pourra lui dire : « Il y a une vérité en quelque sorte d'État, et l'État est une institution qui, par définition, a les moyens de rendre vraie sa vérité » – l'État tel que je l'ai défini pouvant obtenir un consensus sur sa représentation officielle du monde social. Un exemple très simple peut illustrer ce que je dis : imaginez qu'en tant que sociologue je veuille faire plébisciter la vérité de ce que j'ai pu établir sur le système scolaire, à savoir par exemple l'existence d'une relation statistique très forte entre l'origine sociale et la réussite scolaire. Je serais battu d'avance parce que je connais les résultats d'une enquête qui demanderait aux gens s'ils pensent que la réussite scolaire dépend de l'origine sociale.

Il y a donc deux formes de validation d'une vérité sociale : la validation par le consensus et la validation par les preuves objectives. Et lorsque la vérification consensuelle sert de support à une instance qui, comme l'État, a le pouvoir performatif, non seulement de dire la vérité, mais de la faire être en la disant, la vérité scientifique est très désarmée, très démunie. Il y a donc, pour dire les choses tout à fait simplement, un antagonisme fondamental entre la science et l'État et cet antagonisme est d'autant plus indépassable, quasiment tragique, que cette vérité consensuelle trouve très aisément les moyens de se faire consacrer par une apparence de science.

Sur le problème des classifications sociales, par exemple, que fait la science ? (Je n'ai pas le temps de développer ce point comme je l'aurais voulu.) La science, dans cette lutte pour la vérité, dit qu'il y a une lutte pour la vérité, elle décrit les camps qui s'affrontent (τάγμα, *tagma* ; τάγματα, *tagmata*) à propos de la *taxis* (τάξις)[1], qui luttent pour savoir comment on classe. Elle décrit les positions des différents camps et la logique de cette lutte, mais, quoi qu'elle fasse, elle sera prise, à travers ses produits, dans cette lutte. Du même coup, elle ne peut pas donner, comme le fait le positivisme, un état de la lutte comme l'alpha et l'oméga de la

1. Le mot τάξις signifie mise en ordre ou arrangement et, en matière militaire, la disposition des troupes, la place réservée à chacun (tandis que τάγμα désigne ce qui est mis en ordre et, en particulier, les corps de troupes).

lutte. Le positivisme, c'est la philosophie de tous les savants qui ne veulent pas d'ennuis avec la science, qui veulent la paix. Tous les chercheurs sont positivistes à certains moments (c'est tellement fatigant...). Ils disent : « Je décris les choses comme elles sont, je prends des critères et, aujourd'hui, les classes sociales, c'est comme ça, voilà comment est la distribution à un temps *t* et, si vous me croyez, vous pourrez prévoir à partir de la distribution que je vous donne que les gens qui sont à tel point dans l'espace auront des chances plus grandes de lire tel journal plutôt que tel autre, d'être croyant ou non croyant, de voter plutôt à gauche ou plutôt à droite, etc. » Voilà ce que fait le sociologue quand il reste au niveau positiviste et quand il veut croire que sa vérité sur le monde social est l'alpha et l'oméga. Mais s'il se pense comme pris, quoi qu'il fasse, dans la lutte pour la vérité et en présence d'un objet qui lutte pour la vérité et pour falsifier ce que dit le sociologue, entre autres choses – il y a des gens qui ont intérêt à falsifier ce que dit le sociologue –, il ne peut pas ne pas ajouter à son modèle du classement prétendant à la vérité un méta-modèle de la lutte pour la vérité qui implique la falsification possible de sa propre vérité, qui implique que sa vérité sera vraisemblable ; je pense que cela peut s'établir sociologiquement et que les propositions scientifiquement les plus vraies sont socialement les plus faibles. Je pourrais développer cette proposition longuement ; je pense que j'en ai dit à la fois trop et pas assez, mais il est trop tard pour amender ou corriger.

Ce que je voudrais vous dire en finissant, c'est une phrase de Bachelard que j'ai trouvée tout à fait par hasard : « Tout ce qui est facile à enseigner est inexact[1]. » Alors étant donné la difficulté subjective et, je pense, objective de mon enseignement, j'espère avoir un peu d'exactitude.

1. Gaston Bachelard, *La Philosophie du non*, Paris, PUF, 1940, p. 25.

Année 1982-1983

COURS DU 5 OCTOBRE 1982

L'illusion rétrospective dans la recherche et l'irréalité théorique. – Un travail d'axiomatisation. – Les concepts scientifiques. – Les questions fondamentales. – Définition réaliste et définition interactionniste. – Des exigences métaphysiques pour la sociologie. – La limaille.

Je vais vous demander de m'autoriser un bref préambule sur les intentions de ce cours. Pour justifier ce préalable, j'invoquerai d'abord le fait que l'un des avantages du discours oral par rapport à l'écrit est de permettre un métadiscours sur les intentions du discours afin d'essayer de corriger les effets de malentendu liés à toute communication. Ici, le métadiscours que je vais tenir ne sera pas celui qui accompagne souvent les discours dits « théoriques », c'est-à-dire ce que j'appelle un métadiscours d'importance destiné à dire l'importance du discours tenu et de celui qui le tient[1]. Ce sera plutôt une sorte de métadiscours critique. En effet, quand on se trouve affronté à la tâche de présenter la sociologie à des auditeurs très divers et très inégalement informés au sujet de cette science, on éprouve un sentiment de responsabilité un peu écrasant. Je voudrais donc essayer de dire à l'avance ce qui fera l'insuffisance de mon discours et qui tient au fait que le cours et le discours ne sont pas faits pour transmettre certaines choses, en particulier des pratiques de recherche, mais aussi à des insuffisances personnelles et aux limites de mes propres capacités. Ma fonction enferme en effet des contraintes contradictoires qui tiennent à la variété ou la diversité du public.

1. Voir P. Bourdieu, « La lecture de Marx ou quelques remarques critiques à propos de "Quelques remarques critiques à propos de *Lire le Capital*" », art. cité.

Tout d'abord, je voudrais [exposer] un ensemble de propositions logiquement liées et qui s'étendront sur un temps assez long car j'ai pensé mon enseignement comme une série de leçons liées par une logique ; la logique de ces leçons aura pour cadre l'ampleur d'une année, et peut-être de plusieurs. Ceci enferme des difficultés parce que la division en cours risque de faire disparaître la logique de l'ensemble. En même temps, en m'imposant de donner une logique d'ensemble à mon discours, je me prive de la liberté que je m'accorderais en prenant pour unité chaque séance et en profitant de l'occasion pour intervenir directement sur tel ou tel problème immédiat, comme j'en avais par exemple envie ce matin : comme la plupart d'entre vous sans doute, j'ai entendu présenter les résultats d'un sondage sur les écrivains français et je pensais que j'aurais pu être utile à beaucoup des présents en leur montrant les mécanismes logiques ou la sophistique qui s'exercent dans la production de ces sondages et dans l'utilisation qu'en font les journalistes. Cela dit, je pense que je serai souvent obligé de me priver de ce genre d'interventions (qui aurait sans doute une utilité et une fonction) pour maintenir la logique d'ensemble de mon discours. Je me résoudrai vraisemblablement à un compromis entre un discours suivi, une logique extratemporelle en quelque sorte, et des incursions ou des excursions déterminées par les réflexions du moment ou les événements du temps.

La deuxième difficulté, plus décisive à mes yeux, est qu'un enseignement, de quelque niveau qu'il soit – et celui-ci est censé être de tous les niveaux, ce qui est par définition une mission impossible –, doit satisfaire à deux types d'exigences contradictoires. D'une part, il doit [...] doit pouvoir satisfaire à la fois les gens qui veulent des « clartés de tout », comme on disait au Grand Siècle ; [d'autre part,] il doit aussi satisfaire ceux qui veulent avoir des informations fondamentales sur un sujet déterminé et aiment à repartir avec un carnet de notes bien rempli. Ces deux fonctions ne sont pas automatiquement compatibles. On dit souvent que les cours les plus élémentaires ne peuvent être faits que par les chercheurs les plus éminents. J'en suis bien convaincu, mais je pense que les cours les plus élémentaires sont souvent les plus difficiles, en grande partie en vertu même de leur apparente facilité. Il s'agira d'une autre de mes difficultés. Je ne ferai donc ni un chapitre d'encyclopédie sur la sociologie ni vraiment un enseignement de la recherche. Je ne réussirai pas davantage à communiquer l'expérience de la pratique de la recherche en train de se faire dans ce qu'elle a de plus avancé.

L'illusion rétrospective dans la recherche et l'irréalité théorique

Je pense qu'une des difficultés d'un enseignement visant à transmettre les résultats d'une recherche en train de se faire réside dans le fait qu'on ne peut que très difficilement restituer ce qui fait l'expérience même de la recherche, à savoir le fait qu'aussi longtemps qu'on n'a pas trouvé, on n'a pas trouvé. Inversement, dès qu'on a trouvé, il est très difficile d'oublier qu'on a trouvé, l'ordre d'exposition de l'état d'une recherche étant fondamentalement modifié par le fait même qu'on est arrivé au résultat. Tous ceux qui écrivent des travaux scientifiques rencontrent ce problème et savent très bien que, selon les moments où ils publient, ils écrivent très différemment des choses très différentes, même si, du point de vue du contenu de vérité, les choses ne sont pas changées. On a beau s'efforcer de vouloir reconstituer, par exemple, l'état du problème au moment où on a commencé à travailler sur un sujet, ou tenter de restituer les démarches de la recherche pour montrer comment on a procédé, ces itinéraires, tous les travaux d'épistémologie le montrent, sont marqués par les effets de l'illusion rétrospective ; ce sont, en général, des artefacts produits par reconstruction par quelqu'un qui, sachant la fin, au double sens du terme, altère tout le récit de manière à l'orchestrer en vue de cette fin. Qu'il s'agisse de recherche conceptuelle ou empirique, un enseignement de recherche est incapable de communiquer les hésitations, les ruptures, les vacillations qui définissent le progrès même de la recherche, et qui disparaissent presque par définition des exposés finis, écrits et aussi des exposés oraux dès qu'ils sont soumis aux contraintes de solennité, de rigueur ou présentés dans une situation d'importance.

Je pense donc, et c'est ce que je déplore le plus, que, du fait de l'illusion rétrospective finaliste, et sauf à procéder à une sorte de dramatisation futile de la présentation des résultats de recherche, je ne parviendrai que très imparfaitement à communiquer cette expérience. En ce sens, mon enseignement sera nécessairement, à mes yeux, un échec. J'insiste sur ce point parce que c'est une des façons de démentir ce pronostic que de l'énoncer. (En sociologie, le fait même d'énoncer une proposition qui peut paraître pessimiste contribue à rendre possible son démenti, ce en quoi elle est optimiste ; il est donc inutile de se demander si un sociologue est optimiste ou pessimiste, il est toujours les deux à la fois.) Mon enseignement a implicitement une fonction prophylactique. J'espère que vous saurez entendre dans mon discours, même fini – il arrive qu'il le soit –, ce qu'il peut avoir d'indéterminé, d'imprécis, de vague, etc., qui est souvent une vertu du discours scientifique.

Autre difficulté, autre contradiction : je pourrais donner, et même vivre, ce que je vais présenter comme un discours très général et très universel sur la sociologie. En fait, il est évident que ce que je vais proposer, c'est ma vision de la sociologie, vision que je vis comme universelle, puisque scientifique et soumise à la discussion. Je serai d'autant plus assuré dans mon expérience d'universalité que j'aurai dit qu'il est important de savoir que cette universalité n'est pas universellement reconnue. Je proposerai une théorie générale du monde social, si l'on entend le mot « théorie » en son sens étymologique, comme un mode de pensée, un système de schèmes de perception du monde social rigoureusement contrôlés. Je vais donc exposer une méthode de pensée qui est évidemment le produit d'une recherche, qui est enracinée dans une recherche, mais qui, par le fait d'être exposée hors de la recherche et hors des situations de recherche, prendra inévitablement une allure théoréticiste. Le fait de parler de sociologie dans des situations académiques, c'est-à-dire hors des conditions de la pratique de la recherche, donne au propos lui-même une allure qui, à mes yeux, entraîne une déformation. Ce qu'on appelle traditionnellement le théoréticisme, c'est-à-dire le fait de traiter les instruments théoriques en eux-mêmes et pour eux-mêmes, indépendamment de leurs conditions de production et d'utilisation, est inscrit dans le fait de parler des théories *in abstracto*, en dehors de leur fonctionnement réel.

J'essaierai évidemment, tout au long de cet enseignement, de surmonter ces contradictions et ces difficultés que j'ai explicitées pour moi, et maintenant pour vous. Par exemple, je chercherai un antidote à l'effet d'irréalité théorique que je viens de formuler dans le choix d'exemples tirés de mes propres recherches ou de recherches empruntées à d'autres sociologues ; les exemples seront donc un moyen de montrer comment les analyses proposées fonctionnent dans la réalité. Cela dit, dans beaucoup de cas, ils ne produiront complètement cet effet qu'à la condition que ceux d'entre vous qui veulent vraiment savoir aient le courage d'aller voir telle recherche citée et éventuellement de la reproduire. Il ne faudrait pas la lire, comme les gens le font couramment, en sautant la démarche empirique pour aller directement aux conclusions, ce qui fait subir aux travaux des chercheurs une transformation absolument radicale, des hypothèses validées devenant des « thèses » auxquelles il suffit d'opposer d'autres « thèses ». Je pense que si la sociologie est une science, ou en tout cas s'efforce de l'être, elle mérite qu'on lui oppose des démarches de validation ou d'invalidation. On ne peut pas répondre à un sociologue comme à un essayiste, par une thèse opposée. Le sociologue qui se prive de ces opérations de validation abdique en quelque sorte ce qui fait la spécificité de sa démarche. C'est donc là une autre difficulté et, très souvent, pour les raisons que j'ai dites, je serai amené, en vertu de la situation, à faire abstraction des détails des démarches, ce qui me fait d'autant plus souffrir que, comme je l'ai souvent dit, il y a plus de profits théoriques et scientifiques à faire travailler les concepts qu'à travailler sur les concepts, et surtout sur les concepts qui n'ont pas d'emploi dans une recherche scientifique. Je serai donc souvent amené à tomber dans ce que je dénonce et dans ce contre quoi je mets en garde.

Je n'ai pas dit tout cela pour enlever aux autres l'occasion de me le dire ; au contraire, je pense que ce serait très important. On écoute habituellement ces préambules en se disant que c'est un mauvais moment à passer et qu'ils font partie du rituel inaugural, mais ce que j'ai dit là n'est pas un préambule poli ou rituel. Pour moi, c'est vraiment important. Si je me permets de le prolonger, c'est qu'il fait partie de ce que j'ai à dire. Et, si je pouvais, je recommencerais à chaque fois.

Un travail d'axiomatisation

Cela dit, il y a tout de même des vertus à faire ce que je vais tenter, c'est-à-dire une sorte de travail d'axiomatisation, pour employer un grand mot (mais vous verrez que les réalités sont beaucoup plus modestes). Je vais partir de recherches antérieures qui ont produit des résultats et des propositions scientifiques plus ou moins validées, mais aussi des instruments de production de ces résultats, et je vais travailler moins sur des résultats que sur les instruments de production de ces résultats pour les contrôler, les tester, etc. Un appareil théorique, un corpus théorique se constitue par dépôts successifs, retouches et adjonctions successives qui transforment la totalité du système. Les choses se constituent peu à peu comme on bâtit une maison, par retouches. On ne met pas tout en l'air de fond en comble à chaque fois, sauf précisément dans les descriptions rétrospectives où l'on dit que l'on a fait « table rase », que l'on a tout remis en question, que l'on est reparti de zéro, etc. Dans la pratique, aucun chercheur n'a jamais fait comme ça, sauf peut-être dans les rares cas de révolutions scientifiques que j'aurai peut-être à aborder (les chercheurs n'ont eu à procéder à de telles remises en question radicales que peut-être deux ou trois fois dans l'histoire des sciences)[1]. Dans la pratique ordinaire, ils vivent en quelque sorte avec leur système conceptuel et procèdent à des retouches incessantes qui concernent

1. Bourdieu développe ce point dans son dernier cours au Collège de France qui a été publié sous le titre *Science de la science et réflexivité*, Paris, Raisons d'agir, 2001.

à la fois le détail et le tout. On ne peut pas – c'est une banalité mais elle est importante – travailler sur tel ou tel concept sans faire bouger le tout. En prenant pour objet cette réflexion sur les relations entre l'ensemble des concepts, on risque de produire un effet utile, non pas seulement pédagogiquement (cela me désolerait), mais aussi scientifiquement. Je pense, par exemple, être amené à porter au jour des relations cachées. Ainsi (j'anticipe sur ce que je vais dire), en travaillant à préparer cet enseignement, il m'est apparu une relation que j'avais soupçonnée, dans l'arrière-boutique de mes pensées, entre les espèces de capital et la notion d'autonomie relative, et quand des notions qui peuvent fonctionner à l'état séparé se mettent à communiquer entre elles, chacune d'entre elles, si je puis dire, y gagne.

Autre vertu de l'axiomatisation reconnue par tous les théoriciens et historiens des sciences : en mettant en avant des relations entre des concepts, elle expose les concepts, au double sens du mot « exposer » : elle les rend visibles et, du même coup, elle leur fait prendre le maximum de risques, ce qui, du point de vue scientifique, est la vertu principale. Ce serait là l'une des différences entre la science et l'essayisme : alors que l'essayisme s'expose, le savant expose ses concepts, prend des risques, et il est d'autant plus scientifique que ses concepts sont plus exposés, donc exposés à la critique et susceptibles d'être transformés ou modifiés par la critique collective.

Mais en quoi consiste ce travail d'exposition d'une méthode de pensée ? Je vais être amené à reprendre un certain nombre de concepts fondamentaux que j'ai élaborés, comme les concepts d'habitus, de champ, de capital, etc., afin de montrer comment ils fonctionnent pour comprendre et construire la réalité sociale. Pour exposer ces concepts, on peut adopter une posture que j'appellerais généalogique ou historique. C'est une technique usuelle dans l'enseignement : quand on veut exposer une pensée, on lui cherche des ancêtres et on montre comment elle s'est constituée. Je pourrais m'en expliquer, mais je dirai simplement ici que ces généalogies sont très souvent fictives ; ce sont des reconstructions *ex post*, même lorsque leur auteur est l'auteur des concepts qui sont l'objet des généalogies. En tant que sociologue, j'adopterai une position de défiance systématique devant toute généalogie philosophique qu'un penseur peut proposer de sa propre pensée dans la mesure où, très souvent, comme dans la vie sociale, ces généalogies n'ont de fonction que de constitution de capital symbolique : on se fabrique des ancêtres. Ce n'est pas par hasard si on parle de *founding fathers* (« pères fondateurs ») pour les sociologues. Se choisir des pères fondateurs ou des ancêtres, donc des ancêtres éponymes, des noms de tribus – marxiste, durkheimien, wébérien, etc. –, c'est une façon d'affirmer son capital symbolique, de s'assurer le capital de tous ces ancêtres prestigieux, de s'affirmer héritier et, du même coup, de s'approprier l'héritage. Évidemment, celui qui se dit héritier s'expose en même temps aux attaques de tous ceux qui visent l'héritage ou qui visent à détruire l'héritage – en général, ce rapport à l'héritage s'exprime dans des expressions comme, par exemple : « Tu n'es qu'un wébérien », ou bien : « Le durkheimien, c'est moi. »

Ces stratégies-là hantent presque toujours les généalogies, qu'il s'agisse de faire sa propre généalogie ou la généalogie des autres. La généalogie de la pensée des concurrents peut se faire dans l'intention d'en faire disparaître l'originalité – au sens de la théorie de l'information[1]. Si vous parvenez à montrer que le concept employé par Untel l'a déjà été antérieurement par tel autre, vous faites disparaître son capital. Toutes ces choses sont souvent en jeu à l'état inconscient dans les pratiques d'exposition d'une pensée. Sachant tout cela, vous imaginez bien que je ne vais pas aller dans cette direction et que je ne vais pas m'amuser à exposer des sources. Bien sûr, s'agissant de la notion d'habitus, je l'ai employée parce que j'en avais besoin, sans évidemment me référer, ni consciemment ni inconsciemment, à toute la tradition des utilisations antérieures. Il peut être utile cependant de rappeler, en quelques mots, quelques utilisations antérieures (par

1. Dans la théorie de l'information, l'« originalité », par opposition à la « redondance », est l'un des paramètres de la valeur d'une information (voir Abraham Moles, *Théorie de l'information et perception esthétique*, Paris, Denoël, 1972 [1958], p. 93).

Aristote, saint Thomas, Weber, Durkheim, Husserl, etc.) pour ceux qui voudraient s'y référer, ne serait-ce que pour ne pas les confondre. Je pense néanmoins que ce genre de mise en relation généalogique n'éclaire guère et ne peut avoir de vertu que de mise en garde dans l'utilisation. Quand on parle d'« habitus », il est utile de savoir que le concept a été employé par Untel ou Untel, pour ne pas tomber dans des utilisations imprudentes, mais il est plus important de savoir qu'un concept prend un sens dans la cohérence d'un système.

Les concepts scientifiques

Ce n'est pas par rapport à des ancêtres plus ou moins mythiques que je voudrais essayer de situer mes utilisations des concepts d'habitus et de champ – peut-être aussi du concept de capital bien que ce soit infiniment plus difficile –, mais par rapport à un espace de positions intellectuelles dans lequel le concept se situe. En effet, la fonction véritable d'un concept scientifique (là encore, je dis des choses tout à fait communes dans la tradition épistémologique anglo-saxonne ; dans la tradition épistémologique française, c'est une autre histoire) n'est pas du tout ce qu'on en dit dans les cours de logique à la française, c'est beaucoup plus une sorte de matérialisation d'une « ligne théorique » – je dis « ligne théorique » au sens où l'on parle de « ligne politique ». Au fond, si je voulais donner une définition commode correspondant à mon expérience de l'utilisation des concepts – le concept d'habitus ou celui de champ –, un concept est l'objectivation ou la matérialisation, dans un mot, d'un habitus théorique ou, plus exactement, d'un sens théorique, d'une posture théorique. Il matérialise une série de distinctions par rapport à un espace de positions contemporaines, concurrentes, et manifeste donc une série de distinctions ou une série de refus. Par exemple, j'essaierai de montrer que le concept d'habitus se définit contre une philosophie de la conscience, contre une philosophie qu'on pourrait appeler « individualisme libéral ». Elle matérialise une série d'oppositions et se situe du même coup par rapport à un champ de positions manipulées consciemment ou inconsciemment par l'auteur ou l'utilisateur de ces notions et par les récepteurs de son discours. Le décalage entre le champ de références coexistant de l'émetteur et le champ de références coexistant du récepteur étant l'une des causes de malentendus principales dans la communication d'un discours à prétention scientifique, je m'efforcerai de rendre explicite l'espace des positions par rapport auquel il m'est apparu important de dire « habitus » plutôt que « sujet » ou « conscience ».

Un concept est donc une position dans un espace. C'est aussi une sorte de sténographie d'une série d'opérations pratiques. Là, je peux rappeler une fois encore la différence entre un discours scientifique et un discours d'essayiste. L'usage essayiste des concepts – même sans recherche intentionnelle – joue de leur polysémie. Hier encore, par exemple, on me demandait mon avis sur le consumérisme. J'ai évidemment refusé de répondre parce que, en pareil cas, tout ce que peut faire un chercheur est détruire la question. Or, parmi les concepts que produisent les gens qui sont patentés pour parler sur le monde social et qu'on appelle « sociologues » – et il faut toujours mettre des guillemets –, ceux qui ont le plus grand succès social sont précisément ceux qui, comme le concept de « consumérisme », ne résisteraient pas au type de discours que je vais essayer de faire subir aux concepts que je propose. Ces concepts sont faits pour transcender en apparence toutes les oppositions pertinentes d'un espace théorique bien construit, pour passer les frontières entre des oppositions qui sont des oppositions réelles. Du même coup, ils doivent leur succès à cette espèce d'allure bigarrée, comme disait Socrate à propos des concepts des sophistes[1] – et les mauvais sociologues me font beaucoup penser

1. P. Bourdieu a peut-être en tête une citation particulière, ou il pense de façon générale à la critique des sophistes que Socrate instruit dans nombre de dialogues de Platon. Dans *Phèdre*, par exemple, il s'en prend longuement à un discours du sophiste Lysias où « toutes les idées sont jetées pêle-mêle », lui reprochant de considérer que « le vraisemblable vaut mieux que le vrai », et de savoir, « par la puissance de la parole, faire paraître grandes les petites choses, et petites les grandes, donner à l'ancien un air nouveau et au nouveau un air ancien » (267b).

aux sophistes. Ce sont des concepts à toutes fins qui ne sont même pas falsifiables comme disait Popper[1], même pas faux.

Les concepts à prétention scientifique, eux, ne sont pas simplement cette sorte de matérialisation d'un flair théorique, ils sont aussi l'expression mnémotechnique d'une série d'opérations scientifiques. Je prends un exemple qui va me conduire à anticiper sur ce que je dirai, mais c'est pour faire comprendre ce que je veux dire : on peut dire qu'on a compris l'essentiel de la notion de champ (que j'aurai à expliquer longuement – la moitié ou les trois quarts de mon cours de cette année seront consacrés à cette notion) lorsqu'on a compris les opérations qu'elle commande, et on n'a pas besoin de savoir tout ce que je vais dire sur le concept de champ pour agir conformément à ce qu'il exige dans une situation scientifique déterminée. Ainsi, penser en termes de champs quand on étudie, par exemple, les grandes écoles, veut dire que, par une sorte de réflexe professionnel, on sait que la vérité de chaque école est, non pas dans chaque école singulière, mais dans sa relation avec toutes les autres et que, par conséquent, il vaut mieux étudier superficiellement l'ensemble des grandes écoles qu'étudier de façon très approfondie une seule grande école[2]. C'est en ce sens que j'ai dit tout à l'heure que j'entendais le mot « théorie » beaucoup plus au sens de méthode de pensée ou même de méthode de perception qu'au sens que l'on donne au mot « théorie », malheureusement, dans le discours français, où « théorique » s'oppose à « empirique » et désigne tout ce qui n'est pas empirique, tout ce qui n'a rien à voir avec rien. Le mot « théorie », s'il désigne bien, comme je le dis, un système de schèmes de construction de la réalité (ou une construction scientifique de la réalité), est une sorte de mot d'ordre scientifique. Je pense donc qu'on peut agir conformément à la théorie du champ sans employer le mot « champ » et je vous donnerai ainsi des exemples de travaux empiriques empruntés à

1. Karl Popper, *La Logique de la découverte scientifique*, trad. Nicole Thyssen-Rutten et Philippe Devaux, Paris, Payot, 1973 [1933].
2. P. Bourdieu développera cette analyse dans *La Noblesse d'État*, *op. cit.*, notamment p. 185-187.

la revue *Actes de la recherche en sciences sociales* qui fonctionnent conformément à ce qui est impliqué dans les mots « habitus » ou « champ » sans qu'ils soient prononcés.

Pourtant, il est utile d'expliciter ce que signifie penser en termes de champ ou penser en termes d'habitus, parce que cela permet de faire mieux que sur la seule base d'une sorte d'instinct théorique. Il y a des vertus scientifiques à l'explicitation : s'il est vrai qu'un habitus scientifique peut permettre des pratiques scientifiques très rigoureuses, il vaut mieux expliciter les pratiques de l'habitus de façon à transformer l'habitus en méthode. C'est le sens de ce que je voulais dire.

Cette fois-ci, le préambule est fini, je vais en venir à l'objet mais je pense que j'étais déjà dedans.

Les questions fondamentales

L'objet de l'enseignement que je vais proposer est tout à fait banal. C'est celui de tout cours de sociologie générale possible qui porterait sur la question de savoir si la sociologie a un objet propre et lequel. Lorsqu'on formule les choses ainsi, on voit tout de suite défiler une série d'ouvrages qui ont pour titre *La Sociologie*…, et c'est décourageant. Parmi ces livres, il s'en trouve d'excellents, faits par les grands maîtres, les grands fondateurs de la sociologie, et des déplorables, faits par des vulgarisateurs. Si le cours permet au moins de faire ce travail d'énonciation des fondements, il me semble que ce n'est pas seulement pour des raisons de divulgation, mais aussi parce que ces mises au point fondamentales obligent à reposer des questions qu'une science demi-avancée, comme la sociologie, fait souvent semblant d'avoir résolues alors qu'elle ne les a jamais complètement posées. En fait, si je peux faire cet enseignement sans éprouver un sentiment de dégoût devant la répétition, c'est que j'ai profondément la conviction que poser la question de l'objet propre de la sociologie n'est pas seulement une manière académique et scolaire de répondre. Je pense que la sociologie, comme toute science, se définit par des lois de construction spécifiques de son objet qui la distinguent des autres sciences et qui distinguent son objet de celui des sciences voisines, et qu'elle se caractérise par une certaine manière de construire son objet. Répondre à la question « Qu'est-ce que la sociologie ? », c'est donc répondre à la question « Quel est son objet ? » et « Que fait-elle à la réalité sociale pour en faire un objet scientifique ? ». La réponse ordinaire à la question « Qu'est-ce que la sociologie ? » consiste à dire que « la sociologie, c'est l'étude de la société ». Si vous prenez les encyclopédies ou des livres grand public, vous trouverez des variantes de cette réponse. Si on ne se contente pas de cette question, on demande un peu plus : pour quelle société ? Où est cette société ? Comment existe-t-elle ? Existe-t-elle dans des choses ? dans des personnes ? dans des collectivités ? Est-ce une somme d'individus ?

Ainsi posées, ces questions peuvent paraître scolaires ou métaphysiques, mais il suffit de revenir aux fondements de la linguistique pour voir que Saussure a posé dans ces mêmes termes la question de la langue, faisant surgir du même coup tout un ensemble de questions : la langue (qu'il a constituée par un acte de construction contre la parole, je n'en referai pas la démonstration)[1] existe-t-elle dans les cerveaux des locuteurs, dans le cerveau de chaque locuteur, dans l'ensemble des cerveaux des locuteurs ? Ou existe-t-elle dans la société comme ensemble ? Existe-t-elle dans les dictionnaires, dans les corpus, auxquels cas elle est transcendante aux cerveaux individuels, et même à la totalité des cerveaux ? Si vous reprenez le *Cours de linguistique générale*, et les notes pour le cours qui ont été recueillies depuis[2], vous verrez que ces problèmes, d'allure méta-

1. Sur ce point, voir P. Bourdieu, *Esquisse d'une théorie de la pratique*, *op. cit.*, notamment p. 242-246.
2. Le *Cours de linguistique générale* de Ferdinand de Saussure (1857-1913) a été publié en 1916 par deux de ses élèves, Charles Bally et Albert Sechehaye, sur la base de notes. L'édition du cours a varié par la suite à mesure que de nouvelles sources étaient mobilisées, notamment à partir des années 1950 et 1960 (Robert Godel en particulier publie en 1957 *Les Sources manuscrites du cours de linguistique générale*, Genève, Droz). Sur la comparaison Saussure/Durkheim, voir Witold Doroszewski, « Quelques remarques sur les rapports de la sociologie et de la linguistique : É. Durkheim et F. de Saussure » (1932), in Jean-Claude Pariente (dir.), *Essais sur le langage*, Paris, Minuit, 1969, p. 97-109.

physique ou scolaire, sont obsessionnellement repris par Saussure – la langue comme trésor, trésor collectif, trésor individuel, etc. Il me semble que si Saussure a remué ce problème en tous sens, c'est parce qu'il y a une vraie question. Je viens de procéder à la hussarde, de façon très rapide, mais je pourrais multiplier pendant des heures des citations toutes prêtes du *Cours de linguistique générale*. Ceux qui en ont envie peuvent se reporter à ses textes. Ce que je veux simplement faire voir, c'est que ces questions ont été posées de façon quasi obsessionnelle par les spécialistes de la linguistique, comme par les spécialistes de la culture et les fondateurs de l'ethnologie : où existe la culture, cette culture que les ethnologues ont conçue pour rendre compte de la réalité sociale, cette culture que l'on oppose au comportement comme code permettant d'associer le même sens au même comportement et le même comportement aux mêmes intentions signifiantes ? Y a-t-il un *locus*, un lieu de la culture ? Il y a un débat célèbre, reproduit par une sorte de dialogue platonicien (imaginaire) entre Kluckhohn et Sapir sur le statut de la culture[1], et on retrouverait toutes les positions traditionnelles de la philosophie à propos du statut des idées, des concepts : y a-t-il une réalité de l'intelligible ? La culture existe plus que ce dans quoi elle s'incarne, etc. Ces problèmes ont été posés de façon obsessionnelle aussi bien en linguistique que dans le domaine de l'ethnologie.

En sociologie, on fait semblant de se considérer comme débarrassés de ces problèmes, par exemple en associant implicitement le statut de la sociologie à l'étude des collectifs. Si l'on faisait, comme on l'a fait pour la psychanalyse, une étude des usages et des représentations sociales de la sociologie auprès d'un public cultivé et au-delà, la définition la plus répandue serait ce qu'on entend constamment : le sociologue est celui qui travaille sur les grands nombres, sur les masses, sur les collectifs. D'où, par exemple,

1. Clyde Kluckhohn et William H. Kelly, « The concept of culture », in Ralph Linton (dir.), *The Science of Man in the World Crisis*, New York, Columbia University Press, 1945, p. 78-105. (L'article expose différentes positions sur la culture, dont celle d'Edward Sapir.)

l'étonnement lorsqu'un sociologue fait une monographie, comme le travail de Boltanski sur le journal d'Amiel[1] qui, à mes yeux, est typiquement sociologique mais qui n'entre pas dans la définition ordinaire de la sociologie. Cette définition spontanée que la plupart des gens ont à l'esprit rend souvent difficile, par exemple, le dialogue des sociologues avec les historiens, les historiens de la littérature, les historiens de l'art, etc. Beaucoup de sociologues l'ont eux-mêmes dans la tête et ils ne savent pas trop quoi faire quand ils ont, d'une part, des matériaux statistiques sur les grands nombres et, d'autre part, des données associées aux individus.

Cette définition repose sur une représentation tout à fait réaliste de l'objet social et, pour en donner une illustration, je vais citer une définition célèbre de Linton dans *De l'homme* qui me paraît l'expression la plus banale, la plus triviale mais en même temps la plus commune de cette représentation commune de la société et de la sociologie : « On appelle *société* tout groupe d'individus qui ont vécu et travaillé ensemble pendant assez longtemps pour s'être organisés et pour se percevoir comme une unité sociale aux limites bien définies[2]. » Autrement dit, on dit qu'il y a société à trois ou quatre conditions. Premièrement, il faut qu'il y ait pluralité, agrégat ou somme d'individus. Deuxièmement, il faut une persistance dans le temps, la persistance dans le temps étant la condition de la mise en place de forces d'intégration – dont on ne sait pas trop comment elles fonctionnent… – des individus « qui ont vécu et travaillé ensemble pendant assez longtemps pour s'être organisés ». En disant « forces d'intégration », je prête une intention. Ce serait la différence qu'on fait couramment entre un groupe véritable et un public comme juxtaposition temporaire et sans lendemain d'individus. Il faut, troisième propriété (qui découle de cette proposition), l'adaptation réciproque du comportement des individus. On suppose que les individus se modifient mutuellement, instantanément, comme des billes qui s'entrechoquent se

1. Luc Boltanski, « Pouvoir et impuissance. Projet intellectuel et sexualité dans le *Journal* d'Amiel », *Actes de la recherche en sciences sociales*, n° 5-6, 1975, p. 80-108.
2. Ralph Linton, *De l'homme*, trad. Yvette Delsaut, Paris, Minuit, 1968 [1936], p. 113.

modifient dans l'instant, mais on ne se pose pas du tout la question des modifications durables. Quatrièmement, éventuellement, on postulera l'existence d'une conscience de groupe, d'un sentiment d'unité, ce qu'on appelle souvent l'« esprit de corps ».

Je ne vais pas discuter longuement cette définition d'une société comme ensemble d'individus doté de ces propriétés. Je voulais simplement, pour ne pas plonger immédiatement dans ce qu'est ma représentation de l'objet propre de la sociologie, évoquer la représentation ordinaire de l'objet de la sociologie, avec l'idée que cette représentation ordinaire hante, à l'état inconscient, l'esprit de la plupart des sociologues qui, considérant cette question comme résolue, se contentent finalement de la représentation du sens commun. Je reprendrais un thème tout à fait banal de Bachelard : aussi longtemps que ses idées fondamentales ne sont pas mises en question, une science peut vivre avec, à son fondement, des idées du sens commun, et il faut des crises scientifiques graves pour que ces présupposés implicites, par lesquels le savant participe des représentations communes, soient mis en question[1].

Définition réaliste et définition interactionniste

Finalement, cette définition du sens commun, qui fait du sociologue le spécialiste des collectifs, des groupes, de leurs relations, de leurs interactions, etc., est complètement prisonnière de deux évidences. Il y a, d'une part, l'évidence de l'individu biologique : au fond, ce qu'on voit du social, ce sont des individus, et ce qu'on voit encore plus facilement du social ce sont des masses (au sens où je viens de l'employer, de grands nombres – le mot « masse » est un mot extrêmement dangereux[2]), des grands nombres d'individus plus ou moins juxtaposés dans l'espace. D'autre part, ce qu'on voit

1. Gaston Bachelard, *La Formation de l'esprit scientifique*, Paris, Vrin, 1938, chap. 1.
2. Pour la critique de la notion de masse, voir Pierre Bourdieu et Jean-Claude Passeron, « Sociologues des mythologies et mythologies de sociologues », *Les Temps modernes*, n° 211, 1963, p. 998-1021.

de la société, secondairement du social, ce sont des interactions entre des individus, des individus réagissant les uns sur les autres. Ce que je propose est en rupture avec ces deux définitions qui ont leur statut dans la science sociale : l'une consiste à traiter les groupes comme des agrégats d'individus justiciables d'une analyse strictement statistique et l'autre, qui a un nom d'école en sociologie, l'interactionnisme, réduit les phénomènes sociologiques, les relations sociales à l'interaction visible, immédiatement observable entre des individus, entre les agents sociaux.

Je prolonge un tout petit peu car j'en ai peut-être trop peu dit sur ce dernier point, l'interaction. L'école qu'on appelle interactionniste a une vertu éminente et a contribué au progrès de la science sociale dans la période récente. Elle s'est développée surtout aux États-Unis à partir de Chicago et s'est efforcée de décrire les rapports sociaux comme rapports d'interaction. Par exemple, Goffman, le nom le plus connu de cette école, décrit les rapports entre inconnus qui se rencontrent dans la rue : ils ne savent rien les uns sur les autres, mais vont obéir à des règles plus ou moins ritualisées. Ils vont, par exemple, éviter les sujets brûlants qui peuvent diviser ou déclencher des conflits, ne sachant pas, comme on dit, à qui ils ont affaire. Ils ne parleront ni de religion, ni de politique, mais de la pluie et du beau temps qui est un sujet de conversation fréquent parce qu'il est un des seuls terrains omnibus, sur lesquels tous les groupes sociaux peuvent se mettre en accord – sauf, et c'est un cas intéressant, les conversations entre vacanciers et paysans qui peuvent avoir des intérêts antagonistes sous ce rapport-là [*rires*]. Le travail de Goffman consiste à décrire deux individus pris à l'état isolé dans leurs interactions et à analyser les stratégies par lesquelles ils évitent le conflit, ils cherchent le consensus. Il analyse par exemple ce qu'il appelle le « travail de consensus », c'est-à-dire les efforts parfois désespérés que les gens font pour se trouver quelque chose à dire, pour se trouver quelque chose en commun[1]. Il s'agit là d'une sorte de

1. Le « *working consensus* » est, pour Goffman, un accord, un « *modus vivendi* » que les participants à une interaction entreprennent de réaliser ; il « n'implique pas tant que

phénoménologie objective des interactions entre agents singuliers. Cette analyse semble très proche de la définition que je donnerai de la sociologie puisqu'elle prend pour objet, non pas des individus – c'est un progrès par rapport à la définition la plus simple qui étudie des individus ou des masses d'individus agrégés selon des classes aussi homogènes que possible –, mais des relations. Ceci dit, ces relations sont des interactions, des relations visibles que tout le monde voit, qu'on peut filmer. Vous n'aurez aucune peine à illustrer la notion d'interaction goffmanienne, ou à mettre une photo sur la couverture d'un livre de Goffman : vous allez dans la rue photographier deux ménagères revenant du marché dont l'une a posé son cabas, vous photographiez l'interaction[1].

À mon sens, ce que la sociologie a pour objet de décrire, ce sont des choses tout à fait invisibles, des relations qui ne se laissent pas photographier. Pour employer une analogie qui est simple, la sociologie interactionniste est dans une logique analogue à celle de la physique cartésienne qui décrit des contacts entre les corps et ne connaît, comme moyen pour un corps d'agir sur un autre, que le choc. Ce que je proposerai, avec la notion de champ, c'est quelque chose qui serait à penser par analogie avec une physique de type newtonien ou einsteinien qui analyse des espaces qui ne sont pas visibles, qu'il faut construire pour rendre compte des pratiques et à l'intérieur desquels s'exercent des forces qu'on ne saisit que par les modifications qu'elles font subir aux individus, à leur conduite, etc. Jusqu'à présent, à mon avis, la sociologie n'a pas complètement accompli une rupture essentielle, bien qu'en un sens elle s'y soit toujours efforcée (Durkheim a fait des efforts en ce sens, même si c'était dans une logique différente) : elle ne peut, selon moi, avoir un objet [vraiment scientifique] qu'à

l'on s'accorde sur le réel que sur la question de savoir qui est en droit de parler sur quoi » (E. Goffman, *La Mise en scène de la vie quotidienne*, t. I, *op. cit.*, p. 18).

1. De fait, des photos de ce type figurent en couverture des livres d'Erving Goffman publiés par P. Bourdieu aux Éditions de Minuit dans la collection « Le sens commun » sur *Les Relations en public* (*La Mise en scène de la vie quotidienne*, t. II, 1973), les *Façons de parler* (1981) ou *Les Rites d'interaction* (1974) : des hommes à la terrasse d'un café, une photo tirée d'un film où un croupier fait signe à des joueurs dans un casino.

condition d'écarter ces objets apparents que sont les individus, les groupes d'individus, les relations visibles entre les individus. Les relations de communication, les interactions, les échanges, les coopérations, etc., sont aussi un objet de sociologie, mais leur principe n'est pas dans ce qu'il en est donné à voir. Il faut donc dépasser cet aspect visible du monde social pour aller vers un ensemble de choses tout à fait inaperçues, des relations qui existent indépendamment ou en dehors de toute réalisation spatiale. Pour employer une image simple, les deux interlocuteurs qui gesticulent et que je peux filmer et analyser peuvent obéir dans leurs interactions à des mécanismes tout à fait transcendants à ce qui se passe dans l'interaction. S'il s'agit, par exemple, de deux Français, l'un d'origine française et l'autre d'origine portugaise, le principe de l'interaction pourra tenir aux rapports objectifs (de domination, de colonisation, etc.) entre les deux langues ou les deux pays. Et les interactions que je vois, que je mesure et que j'observe peuvent n'être que la manifestation de structures cachées qui ne sont pas présentes, sauf dans leurs effets, au niveau de l'interaction. C'est un premier point purement négatif.

Pour sortir, ce qui est spécialement difficile, de cette représentation réaliste de l'objet social, dans laquelle la science sociale ne cesse pas de retomber, il faut, me semble-t-il, importer sur le terrain de la science un mode d'interrogation qui a cours d'ordinaire sur le terrain de la philosophie. Je me fais l'avocat de ce mode de pensée – je me fais très souvent l'objection que c'est peut-être une déformation liée à une formation – au nom de la conviction que cela produit des effets scientifiques tout à fait réels. Une des techniques que peut apprendre un jeune sociologue pour produire des effets scientifiques dans son travail pourrait être celle qui consiste à parvenir à s'interroger sur des choses qui vont de soi. Comme je le montrerai dans la suite de mes analyses, un des effets de la socialisation, ou de l'accord entre ce que j'appelle les habitus – j'anticipe pour ceux qui comprennent ce terme que les autres comprendront plus tard – et les champs, est de produire une sorte d'orchestration entre l'habitus et le champ : celui qui a l'habitus du champ est, dans ce champ, comme un poisson dans l'eau ou comme l'homme dans l'atmosphère, ce qui fait qu'il n'a aucune conscience de la pesanteur de l'air, et si ces régularités, ces règles, ces pesanteurs, ces lois, ces relations objectives sont si difficiles à analyser, c'est précisément parce qu'elles sont incorporées, étant à la fois dans l'objectivité et dans la subjectivité, et n'étant donc pas ressenties comme telles. Le travail d'objectivation qui consiste en quelque sorte à les expulser pour les voir, les constituer, les décrire, les analyser, etc., est difficile parce qu'elles sont cachées par leur efficacité même, les structures les plus fondamentales du monde social étant à la fois dans mon cerveau et dans la réalité objective, ce qui a des effets sur mon expérience du social : le monde social va de soi, se donne comme allant de soi. Il s'ensuit que la science sociale est spécialement difficile.

Durkheim, que j'invoque très souvent, disait que *la* difficulté spéciale de la sociologie tient au fait que, précisément, nous croyons connaître le monde social parce que nous y sommes comme des poissons dans l'eau, nous savons y vivre. Cette illusion de la transparence et de la maîtrise immédiate du monde social est, selon Durkheim, l'obstacle fondamental à la connaissance scientifique du monde social[1]. Ce que je dis sera mieux établi quand j'aurai analysé plus complètement ce qu'est un habitus, ce qu'est un champ, mais cette sorte d'accord, d'orchestration objective sans chef d'orchestre entre un habitus et un champ qui fait que certaines personnes sont comme des poissons dans l'eau dans leur univers est le principal obstacle à la double objectivation que doit faire la science : l'objectivation des structures objectives – relations objectives irréductibles à leurs manifestations, aux interactions – et l'objectivation des structures incorporées – structures mentales produites par le social à travers lesquelles nous pensons le social. J'anticipe beaucoup sur ce que je dirai par la suite. Nous pensons le monde social avec des schèmes de pensée qui sont, pour une grande part, le produit du monde social. C'est donc le monde social qui nous impose les lunettes à travers lesquelles nous le voyons.

1. Voir É. Durkheim, *Les Règles de la méthode sociologique*, *op. cit.*, et, sur l'illusion de la transparence, voir *supra*, p. 80, note 2.

Et du même coup nous ne le voyons pas, nous voyons tout sauf les lunettes qui sont à la fois dans notre cerveau et dans la réalité[1].

Des exigences métaphysiques pour la sociologie

Je reviens à cette sorte d'exhortation à une interrogation d'ordinaire réservée à la métaphysique. Parce que le monde social est un objet indigne du point de vue des hiérarchies sociales des objets de pensée (je reviendrai souvent sur ce thème important qui est de savoir faire une socioanalyse de sa propre pensée), il est très rare que des gens aient appliqué au monde social des techniques de pensée qu'ils auraient appliquées à Dieu ou à l'Être, ou à la différence entre l'Être et le Temps. Or je crois que pour penser adéquatement le monde social, il faut lui appliquer ces modes de pensée que l'on réserve aux plus hauts objets de pensée, ceux de la métaphysique. Pour arriver à penser cette chose extrêmement obscure, nous [manquons] de techniques de pensée. En termes simples, il faudrait – mais, pour ceux qui connaissent la sociologie du champ intellectuel, c'est vraiment impossible, c'est l'eau et le feu... – penser le monde social avec Heidegger, poser à propos du monde social des questions du type : qu'est-ce que penser[2] ? Qu'est-ce qu'exister pour une chose

1. P. Bourdieu utilise souvent (notamment dans « Éléments d'une théorie sociologique de la perception artistique », *Revue internationale des sciences sociales*, t. XX, n° 4, 1968, p. 642, ou *L'Amour de l'art*, Paris, Minuit, 1969, p. 160) cette image des lunettes partiellement empruntée à une citation d'*Être et temps* de Martin Heidegger : « Pour celui qui porte des lunettes, objet qui, pourtant selon la distance, lui est proche au point de lui "tomber sur le nez", cet outil est, au sein du monde ambiant, plus éloigné de lui que le tableau accroché au mur opposé. La proximité de cet outil est si grande qu'à l'ordinaire il passe inaperçu. » (*Être et temps*, *op. cit.*, § 23.)
2. Voir Martin Heidegger, *Qu'appelle-t-on penser ?*, trad. Aloys Becker et Gérard Granel, Paris, PUF, 1959 [1951]. P. Bourdieu mettra constamment en pratique ce type d'interrogation : par exemple « Qu'est-ce que faire parler un auteur ? À propos de Michel Foucault », *Société et représentation*, n° 3, 1996, p. 13-18 ; « Le mystère du ministère. Des volontés particulières à la "volonté générale" », art. cité, p. 7 (où il propose explicitement de transposer la question de Heidegger, « qu'est-ce que penser ? » au vote : « que signifie voter ? ») ; ou encore « Quelques questions sur la question gay et lesbienne » in *La Domination masculine*, Paris, Seuil, 1998, p. 129-134 ; rééd. « Points Essais », 2002, p. 161-168, etc.

sociale ? Qu'est-ce qu'exister pour une institution ? Qu'est-ce que l'institué et qui institue l'institué ? Comment s'institue, dans les choses, l'institué ? Comment s'institue, dans les cerveaux, l'institué ? Qu'est-ce qu'un acte d'institution ? Le mot « institution » est un mot absolument capital, mais il a été bloqué une fois pour toutes par les usages durkheimiens[1]. Pourtant, c'est la vertu des durkheimiens d'avoir mis le doigt sur ce mot absolument central – s'il fallait un mot pour désigner le social, [j'emploierais celui d']institution –, mais si nous faisions un sondage rapide parmi nous dans lequel on demanderait : « Que mettez-vous sous le mot d'institution ? », les réponses identifieraient le mot à une espèce de vieux durkheimisme, de philosophie académique. On ne pense pas du tout, par exemple, à l'acte d'institution, ou à la phrase : « J'institue mon fils héritier » que l'on écrit dans les contrats ou dans les testaments. On ne pense pas du tout à ce sens que Merleau-Ponty avait réveillé dans un de ses cours, quand il disait que les sociétés archaïques instituent leurs morts, au sens de : « Ils les font exister malgré tout par un acte social, collectif plus fort que la mort, plus fort que le vrai, que le faux, que la réalité, etc.[2] » Autre acte d'institution formidable : « Le roi est mort, vive le roi ! » dans le livre de Kantorowicz, *Les Deux Corps du roi*[3]. Si on reprend le mot « institution » au sens fort, on se rend compte que c'est quelque chose de formidablement mystérieux et d'aussi compliqué que la question de l'Être. Mais on a l'habitude d'appliquer au social le même régime de pensée (comme l'on parle du régime d'un moteur) que l'on applique pour la lecture du *Figaro*, du *Matin*[4] ou de *Libération*.

Il faudrait poser à propos du monde social des questions utiles, notamment pour faire éclater un certain nombre de mots-écrans

1. Voir *supra*, p. 175, note 1.
2. Il s'agit sans doute du cours principal que Maurice Merleau-Ponty donnait dans le cadre de son enseignement au Collège de France l'année 1954-1955 sous le titre « L'"institution" dans l'histoire personnelle et publique » (transcription in Maurice Merleau-Ponty, *L'Institution, la passivité. Notes de cours au Collège de France [1954-1955]*, Paris, Belin, 2003, p. 31-154).
3. Voir *supra*, le cours du 9 juin 1982, p. 163.
4. *Le Matin de Paris* était un journal quotidien lié au *Nouvel Observateur* et au Parti socialiste alors au pouvoir. Créé en 1977, il cesse de paraître en 1988.

tenant lieu de fondement(s). Actuellement, au fondement de ce que les sociologues ont dans la tête quand ils produisent de la sociologie, il y a un certain nombre de mots cristallisés, un immense impensé spécialement dangereux, et, comme l'impensé est enfermé dans des mots, ils ont l'air d'être du pensé, et du même coup ils arrêtent la pensée sans rien produire. L'interrogation ultime aurait pour objet de détruire ces mots étranges qui empêchent de voir le monde social et, surtout, de lui poser un certain nombre de questions.

Cette sorte de préambule abstrait étant fait, je vais prendre un exemple, conformément au précepte que j'avais annoncé tout à l'heure. Si je devais, encore une fois, demander à tous les présents, à tous les sociologues vivants de me dire ce qu'est l'Église – je pourrais faire la même chose avec l'État –, je pense que je pourrais vérifier empiriquement que tout ce que j'ai dit n'était pas rhétorique. Nous pensons savoir ce qu'est l'Église et faisons tous les jours des phrases du type : « L'Église a dit... » Récemment, alors qu'il y avait eu une déclaration d'évêques concernant un problème social, vous avez entendu dix fois dans la journée sans vous étonner : « L'Église, l'épiscopat a pris position. » Or, c'est une question fondamentale que de savoir si l'Église, cette réalité dont je ne sais pas encore ce qu'elle est, peut être identifiée à l'épiscopat. Que veut dire cette identification ? Est-ce une identification au sens de : « Les Bororo sont des araras », selon la phrase célèbre[1]. Est-ce que l'Église, ce sont les évêques comme

1. Cette formule, qui a occasionné de nombreux débats entre les anthropologues, est tirée de la lecture de l'ethnographe Karl von den Steinen (1855-1929), qui, dans *Unter den Naturvölkern Zentralbräsiliens* (Berlin, Reiner, 1894, p. 305-306), rapportait que la tribu amazonnienne des Bororo s'identifiait à son totem, le perroquet Arara. Lucien Lévy-Bruhl écrit : « "Les Bororó [...] se vantent d'être des araras (perroquets) rouges." Cela ne signifie pas seulement qu'après leur mort ils deviennent des araras, ni non plus que les araras sont des Bororó métamorphosés, et doivent être traités comme tels. Il s'agit de bien autre chose. "Les Bororó, dit M. von den Steinen, qui ne voulait pas le croire, mais qui a dû se rendre à leurs affirmations formelles, les Bororó donnent froidement à entendre qu'ils *sont actuellement* des araras, exactement comme si une chenille disait qu'elle est un papillon." Ce n'est pas un nom qu'ils se donnent, ce n'est pas une parenté qu'ils proclament. Ce qu'ils veulent faire entendre, c'est une identité essentielle. Qu'ils soient tout à la fois les êtres humains qu'ils sont, et des oiseaux au

les Bororo sont des araras (les araras sont des perroquets) ? Peut-on conclure que l'Église est toutes les choses qui peuvent être désignées par le mot « Église » ? Ou qu'elle est tous les gens qui peuvent parler avec autorité au nom de l'Église, ce qui est une définition théologique ? On trouvera des textes [affirmant que] « l'Église, ce sont les évêques » ou [que] « l'Église, c'est le pape », ce qui posera le problème de l'infaillibilité pontificale. Si une personne est mandatée pour parler au nom de l'Église, elle est donc l'Église. Mais cette chose au nom de laquelle parle le pape existe aussi, or ce n'est pas dans la définition : pour que le pape parle au nom d'une chose, il faut que cette chose existe. Y a-t-il une définition à la fois pour cette chose au nom de laquelle le pape parle et pour le pape lui-même ? Comment une chose peut-elle englober à la fois le signifiant et le signifié ?

J'hésite à poursuivre parce qu'on n'attend pas ça d'un cours de sociologie, et vous pouvez avoir l'impression d'être tombés dans la salle d'à côté [*rires*] ! Il faudrait pourtant continuer l'exercice et je voudrais être socialement autorisé à le continuer très longuement. Je continue un peu. Chez les sociologues, il y a tout un débat pour savoir si l'Église c'est l'ensemble des clercs et des laïcs (les durkheimiens sont plutôt de ce côté[1]) ou si c'est seulement les clercs (les wébériens seraient plutôt de ce côté ; quand Weber dit que l'Église est l'ensemble des détenteurs du « monopole de manipulation des biens de salut[2] », il désigne manifestement les clercs,

---

plumage rouge, M. von den Steinen le juge inconcevable. Mais, pour une mentalité régie par la loi de participation, il n'y a point là de difficulté. Toutes les sociétés de forme totémique comportent des représentations collectives du même genre, impliquant une semblable identité entre les individus d'un groupe totémique et leur totem. » (*Les Fonctions mentales dans les sociétés inférieures*, *op. cit.*, p. 77-78.)

1. François Simiand, par exemple, écrit : « Le Clergé représente un organe d'un corps qui serait l'Église, il subit lui-même l'action de ce corps, beaucoup plus qu'il n'agit sur lui. Enfin un corps d'Église, une religion, peut exister sans cet organe, sans un clergé. C'est donc se fermer l'intelligence de toute une part, peut-être de la plus grosse part des phénomènes sociaux religieux que de réduire *arbitrairement* et *a priori* Église à Clergé. » (« Méthode historique et sciences sociales » [1903], *Annales ESC*, vol. 15, n° 1, 1960, p. 91.)

2. M. Weber, « Les types de communalisation religieuse (sociologie de la religion) », in *Économie et société*, *op. cit.*, p. 429-632. Sur ce point (et plus généralement sur la

et eux seulement, c'est-à-dire ceux qui sont détenteurs statutaires du droit d'accès aux biens sacrés). On peut poser la question : est-ce que c'est l'un ou l'autre, est-ce que c'est l'un et l'autre ? Les textes du droit canon montrent qu'il y a toute une histoire du débat à propos de cette définition.

Cette discussion peut vous paraître oiseuse ou théologique mais, sur le terrain de l'art, le problème est exactement le même : on peut se demander ce qu'est l'art, un artiste, une institution artistique, pourquoi il y a de l'art plutôt que rien, etc. La question est du même ordre : l'art, est-ce simplement l'ensemble des clercs, c'est-à-dire l'ensemble des producteurs professionnels d'objets dits artistiques ? Il y a ainsi un très bel article, un des meilleurs articles que je connaisse de sociologie de l'art, d'un sociologue américain, Howard Becker. Voulant décrire l'institution artistique, Becker dit qu'il y a des « *art worlds* » et que, dans ces mondes artistiques, il y a des cénacles, des artistes, des salons, des galeries, des lieux d'exposition, des musées, des lieux de consécration, etc., mais jamais de public[1]. D'où une question tout à fait simple : pourrait-il y avoir de l'art s'il n'y avait pas de consommateur d'art ? Autrement dit, peut-on faire une sociologie de ces choses que sont l'art ou l'Église sans fidèles, sans laïcs ? On peut imaginer une Église sans fidèles, mais je pense qu'on ne peut l'imaginer que parce qu'il y a eu une Église avec des fidèles. On va vers une Église sans fidèles [*rires*], mais il faut historiquement qu'il y ait eu une Église avec des fidèles. Ce serait une longue discussion. C'est une question d'une importance réelle d'un point de vue pratique et en même temps quasi métaphysique.

---

lecture que P. Bourdieu fait de la sociologie de la religion de Max Weber), voir Pierre Bourdieu, « Genèse et structure du champ religieux », *Revue française de sociologie*, vol. 12, n° 3, 1971, p. 295-334 ; « Une interprétation de la théorie de la religion selon Max Weber », *Archives européennes de sociologie*, vol. 12, n° 1, 1971, p. 3-21.

1. Voir Howard Becker, *Les Mondes de l'art*, trad. Jeanne Bouniort, Paris, Flammarion, 1988 [1984]. Le livre n'avait pas paru au moment du cours et P. Bourdieu fait référence à l'un des articles qui en avait précédé la publication, probablement « Art worlds and social types », *American Behavioral Scientist*, vol. 19, n° 6, 1976, p. 703-718 (trad. fr. : « Mondes de l'art et types sociaux », trad. Nicole Dumont et Dominique Pasquier, *Sociologie du travail*, n° 4, 1983, p. 404-417).

L'Église, est-ce que ce sont les clercs ou les laïcs, ou est-ce que ce sont les clercs et les laïcs ? On peut faire une concession pour une définition syncrétique, parce que quand on commence à poser de telles questions, la tentation est de finir par une définition – Gurvitch faisait ainsi des cours extraordinaires qui finissaient par des définitions de deux pages qui englobaient tout[1]. Évidemment, je pense que ce n'est pas dans cette direction qu'il faut aller ; je ferme tout de suite une issue possible pour rendre les choses plus difficiles. Il y a les clercs, les laïcs, mais aussi des églises, au sens matériel du terme : l'Église, ce sont des bâtiments, des lieux de culte, des bâtiments consacrés qu'il faut décrire. Pour que ces bâtiments soient consacrés, il faut des gens pour les consacrer. L'Église peut-elle marcher sans évêques pour les consacrer ? Il ne peut y avoir de laïcs chrétiens sans des gens pour les consacrer, pour les baptiser. En posant ces questions, on voit déjà se tisser des relations : peut-être que tout cela n'existe que dans des relations. Si on continue, il y a aussi – ce n'est pas un très bon mot – toute une « technologie sociale ». On dira d'un journal qu'il est « chrétien » ou d'un intellectuel qu'« il a un style typiquement chrétien » : on reconnaît ce que j'appellerais des « habitus chrétiens », des styles chrétiens, des philosophes chrétiens (on dira : « Saint-Exupéry aurait pu être chrétien » et on croit d'ailleurs souvent qu'il l'est [*rires de la salle*]). Tout cela fait aussi partie de l'Église : sans Église, ces effets marqués sous forme de phrases, de manières d'être, etc., n'existent pas. L'Église, c'est évidemment des instruments matériels (des soutanes, des crucifix, etc.), mais aussi des instruments intellectuels, des modes de pensée : le droit canon, un style (par exemple, le style jésuite en termes d'architecture ou en termes de rhétorique). Il y aussi bien évidemment (je l'ai dit en commençant tout à l'heure dans l'ordre de la découverte, je pense que ça ne serait pas venu tout de suite – voilà un exemple de

1. Georges Gurvitch était, avec Raymond Aron, l'un des deux professeurs de sociologie à la Sorbonne au moment de la création de la licence de sociologie en 1958. Ses cours ont été suivis par la plupart des sociologues formés à Paris à la fin des années 1950 et au début des années 1960.

cas où le fait de savoir l'histoire brouille le récit) des porte-parole légitimes qui peuvent parler au nom de l'Église. Ces gens-là sont plus l'Église que d'autres puisque, quand ils parlent, c'est l'Église qui parle et ils peuvent même parler contre l'avis des fidèles. Il arrive constamment que des laïcs disent : « Je ne me sens pas exprimé par l'Église, je vais écouter la messe à l'église de Saint-Nicolas-du-Chardonnet[1]. » Il peut y avoir des laïcs qui, tout en étant de l'Église, ne se sentent pas dans l'Église. Si le sociologue a une définition réaliste de l'Église, il dira que « puisque les laïcs ne sont pas de l'Église, ils ne sont pas de l'Église », mais s'il a une définition relationnelle – j'anticipe encore sur ce que je vais dire –, le fait qu'ils se plaignent de ne pas être de l'Église l'incitera à les mettre dans la définition de l'Église. On peut continuer. Les porte-parole, les représentants officiels qui prétendent être l'Église avec des chances de succès, sans être démentis – personne ne vient dire au pape : « Vous n'avez pas le droit de parler au nom de l'Église », ce qui ne serait pas vrai du porte-parole d'un groupe comme le PSU[2] –, informent sur le groupe et sur le rapport entre ces porte-parole et la vérité de ce que c'est que le monde social qui se trouve exprimé par ces porte-parole. Comment faire entrer tout ça ? Je vais faire là une sorte d'anticipation. J'ai essayé, par cet exemple, de répondre tant bien que mal à toutes les objections que je me suis faites dans mon préambule : j'essaie de soulever un problème concret, de le rendre aussi réel que possible pour vous. Bien sûr, c'est un problème avec lequel j'ai complètement vécu pendant deux ou trois ans, en travaillant, en lisant le droit canon, en faisant des statistiques, en observant des évêques alors que pour vous c'est un problème que je viens d'évoquer, par quelques phrases, en essayant même, par des plaisanteries, de le rendre réel. Parce que quand on rit, c'est que ça bouge, que l'on a touché à du sacré.

1. Cette église située dans le Ve arrondissement à Paris fait beaucoup parler d'elle à partir de 1977 ; elle est occupée par des catholiques traditionalistes proches, pour certains, de l'extrême droite.
2. Situé à la gauche du Parti socialiste et réputé proche des milieux intellectuels, le PSU (Parti socialiste unifié) s'est auto-dissous en 1989.

La limaille

Je voudrais maintenant essayer de dire très vite, par anticipation, tout l'enseignement de l'année sur le mode – pour employer une métaphore religieuse – de la parabole. Je vais donner, à propos de cet exemple, les schèmes que j'applique au monde social, avec tout ce que cela a de risqué. Évidemment, je n'entreprendrai pas de donner une définition de l'Église, de l'État ou de l'institution artistique. (Au passage j'en profite pour dire qu'il faut toujours se méfier des définitions, parce qu'elles font croire que le problème est résolu.) Ayant à répondre à cette question : « Qu'est-ce que l'Église ? », je dirai qu'il y a d'abord un champ – j'emploie un mot que je ne devrais pas employer puisqu'il est à définir – ou, plus exactement, un espace social, un ensemble de rapports objectifs entre des gens qui… comment dire ? [*silence*] je suis très embarrassé pour parler sans les mots qui me permettent de nommer la chose même que je veux nommer, mais comme ces mots ne sont pas définis, je ne peux pas les employer [*rires de la salle*]… Disons que, si je devais dire ce qu'est l'Église de France aujourd'hui, je ne dirais pas que c'est les évêques, ou que c'est l'ensemble des clercs ; ni que c'est l'ensemble des évêques, des clercs et des laïcs, ni même l'ensemble de tout ça plus les théologiens, plus les intellectuels catholiques, etc. Non, l'Église, c'est les relations objectives entre tous ces gens – c'est en gros ce que j'appelle un « champ ». Ce sont des relations telles qu'un espace-Église se dessine et que la position qu'un bonhomme occupe dans cet espace renferme une information considérable sur ses stratégies, ses positions, ses prises de position, etc. Autrement dit, l'Église serait une sorte de diagramme dans lequel seraient situés non plus des agents individuels mais des positions définies par des propriétés objectives (telles que le pouvoir d'excommunier, le pouvoir d'exclure ou, au contraire, le devoir de fréquenter la messe tous les dimanches, etc.), elles-mêmes définies par la relation à l'ensemble de l'espace, l'ensemble de ces positions étant ce que j'appelle un champ, que j'ai défini de manière objectiviste comme s'il s'agissait au fond d'un monde physique.

Une des propriétés de cet espace est que les conduites de quiconque y entre – un prêtre ouvrier, un jeune séminariste qui devient prêtre ouvrier, etc. – vont être modifiées, avant même qu'il ne le sache, par l'ensemble de ces forces. Il sera, par exemple, obligé de regimber, de se révolter : l'un des effets les plus dramatiques que produit l'insertion dans un champ est que les efforts mêmes pour échapper aux forces du champ contribuent à faire exister le champ. Je peux vous en donner des témoignages innombrables : par exemple, certains chrétiens de gauche – c'est l'une de leurs contradictions – ressentent la force du champ, telle qu'elle s'incarne à certains moments dans les évêques ou mandataires de ces forces, à travers précisément leur incapacité de faire comme si ça n'existait pas. Ce champ de forces est tel que si vous y lancez – comme vous lanceriez une bille – un petit séminariste, sa conduite va être modifiée par ces forces. Il ne va pas se balader dans un espace pur, libre, où on fait n'importe quoi. Le monde social, c'est cela : un univers dans lequel on ne fait pas n'importe quoi. J'ai décrit l'espace grossièrement et je n'entre pas, pour le moment, dans le détail parce que c'est déjà assez compliqué, mais ces espaces ne sont pas du tout linéaires, ils sont emboîtés, se chevauchent, etc. Quand on lit dans un journal ou dans un livre que « l'Église de France a fait... », il s'agit d'une sténographie pour décrire la résultante des effets de l'ensemble de toutes ces actions. C'est en fait tout ce qui se passe dans cet espace de forces qui résulte dans les déclarations des évêques de France. Ceci est important par rapport à la philosophie spontanée de l'histoire que nous avons tous [en tête] et selon laquelle il y a un sujet – ce qui ne veut pas dire que les sujets ne font rien, mais ils ne font pas du tout ce qu'on croit qu'ils font.

Deuxièmement – je m'arrêterai là –, ces limailles (les gens qui vont tenter d'entrer dans le champ) sont d'un type tout à fait particulier : ce sont des sujet sociaux qui ont une mémoire. Je veux rappeler que je suis dans la logique de la parabole, parce que j'ai très peur, en disant cela, d'entendre un jour : « Bourdieu a dit que les hommes sont des limailles dotées de mémoire » [*rires*]. Ces paraboles visent à faire comprendre ; ensuite, je les détruirai, encore qu'elles ne soient pas fausses non plus – elles sont vraies comme une parabole est vraie. La limaille entre dans le champ, elle a une mémoire, elle va être soumise à ces forces et va, entre autres choses, enregistrer l'effet des forces : à chaque moment, elle va être modifiée par les forces mêmes qu'elle subit, contre lesquelles elle se débat. Cette mémoire, je vais l'appeler « habitus » : c'est l'inertie de toutes les expériences passées qu'il y a dans le corps biologique de chacun de nous. Mais pour comprendre ce que va faire la petite limaille, il ne suffira pas de savoir les forces qui s'exercent sur elle à l'instant *t* comme si c'était de la physique. Il faudra savoir toute sa trajectoire : d'où elle vient, comment elle est arrivée là, etc. Et tout ce qui lui est arrivé avant va entrer, par la médiation de l'habitus, dans la réponse qu'elle va faire au stimulus à l'instant *t* : le stimulus à l'instant *t* est tout à fait important, mais dans la mesure où il réagit sur un individu. Cet habitus a d'ailleurs la double propriété de constituer un stimulus – l'habitus constitue le stimulus, au sens où il le perçoit, où il le définit, où il le pense – et, tout d'un coup, il modifie l'efficacité qui va s'exercer sur lui. L'Église sera donc cet espace, l'ensemble de ces petites limailles qui se baladent. Ce ne sera pas seulement ces deux choses existant *partes extra partes*, mais aussi la relation entre ces deux espaces de relations ; ce sera l'Église, non pas comme chose morte, mais comme réalité vivante, comme je-ne-sais-quoi qui répond, qui agit, qui transforme, qui demande une subvention, qui en obtient une, qui fonde des églises, etc. L'Église comme réalité vivante va être la dialectique permanente entre ces champs qui existent comme espaces de contraintes et ces habitus qui trouvent les champs tout faits, comme je l'ai dit tout à l'heure, mais qui, en même temps, s'efforcent de les transformer mais se transforment en s'efforçant de les transformer, et ainsi de suite.

Après cette petite parabole, je pourrais faire une homélie [*rires*], je pourrais dire beaucoup de choses. Je pourrais, par exemple, dire à quel point les philosophies de l'histoire en termes de « ça change/ça ne change pas », « pour le changement/pas pour le changement »[1], sont simplistes : on voit tout de suite à quel point ces alternatives avec lesquelles nous vivons dans le débat politique quotidien sont un des plus grands obstacles de la pensée sociale. Elles sont tout à fait dépassées. [D'où l'intérêt du concept de] champ qui est un espace de contraintes, dans la mesure où à chaque instant il est lui-même enjeu de luttes, il est transformé par la résultante des contraintes qu'il exerce sur les agents. Je n'insiste pas.

Si je voulais donner une définition provisoire qui résumerait ce que j'ai dit, je dirais donc au fond que l'Église pourrait être « définie » – entre guillemets – comme champ de luttes entre des agents ainsi disposés, c'est-à-dire habitués, qui luttent entre eux pour la définition de l'Église et pour le monopole de la représentation de l'Église. Si l'on nuançait ou compliquait un peu cette définition qui est simpliste, vous verriez, il me semble, qu'elle rend compte à la fois d'elle-même et de l'insuffisance de toutes les définitions que j'ai fait défiler rapidement tout à l'heure. [...] Cela vaudrait pour des institutions comme les partis et j'aurais pu dire : « Qu'est-ce que le parti communiste ? » ou « Qu'est-ce que le parti socialiste ? ». C'est le même genre de questions qui se transpose de façon très simple dans la mesure où, à chaque moment, l'ensemble de ce champ de forces, de luttes, de concurrence, etc., se cristallise en quelque sorte dans un mandataire ou un porte-parole légitime qui a le monopole de la représentation légitime de cette chose dont personne ne sait ce que c'est, qui est l'Église, dans la mesure où cette monopolisation de la représentation est une des possibilités de la logique du champ que j'appelle l'Église. Dans cette mesure-là, on comprend l'un des effets fondamentaux que produit toute institution sociale : l'illusion de l'appareil qui est, pour moi, l'obstacle fondamental à la pensée du monde social et que nous rencontrons lorsque nous acceptons des phrases du type : « L'Église pense que... », « La France pense que... » ou « Le président de la République pense que... », etc. Ces phrases magiques

1. Sur la critique de l'« alternative scolaire de la permanence et de l'altération », voir P. Bourdieu, *La Distinction*, *op. cit.*, p. 184-185.

doivent être interprétées comme le serait la pensée magique : il faut faire intervenir l'univers des relations sociales extrêmement complexe à l'intérieur duquel se définissent des milliers d'actions et d'interactions apparemment browniennes qui aboutissent à quelque chose comme l'apparence d'une intention personnalisée. Comme nous vivons souvent dans la logique du procès (« Qui est responsable ? », « Qui a fait telle chose ? », etc.), nous nous contentons très souvent de la première apparence (« L'Église décide ») alors que tout l'effort du travail scientifique vise à trouver un langage conforme à cette réalité pratiquement innommable. Mes vacillations verbales de la fin [de ce cours] donnent une idée de la difficulté extraordinaire de ce travail. Je pense que les réalités sociales sont tellement complexes qu'il est très difficile de les nommer avec le langage ordinaire. Or le langage ordinaire, on le parle tout le temps, et avec d'autant plus d'assurance, évidemment, que les intentions de manipulation sont plus grandes. C'est pourquoi une sorte de rééducation, une sorte de gymnastique politique figure parmi les choses que je voudrais faire.

COURS DU 12 OCTOBRE 1982

La double existence du social. – Le processus d'objectivation et l'incorporation du social. – Dépasser l'opposition subjectivisme/objectivisme. – Compréhension savante et compréhension pratique. – L'exemple de la lecture et de l'œuvre d'art. – Programme des cours à venir et questions du public.

Je demandais la dernière fois en quoi consiste l'objet de la sociologie ou, en d'autres termes, ce qu'est ce social que le sociologue est censé étudier. Pour cela j'avais commencé, dans la logique de la parabole, par évoquer les questions qu'on peut poser à propos de l'Église comme institution, l'Église étant en quelque sorte l'institution par excellence. J'essayais de montrer comment, dès qu'on s'interrogeait sur ce que c'est que d'exister pour une chose comme l'Église, on était placé devant une foule de problèmes extrêmement difficiles, du type de ceux que rencontrent les métaphysiciens quand ils posent la question de l'Être.

Je vais donc reprendre à cet endroit en insistant sur un point ; c'est une remarque qui m'a été faite et je voudrais d'emblée éviter un malentendu. Lorsque j'ai souligné qu'en dernier ressort l'Église existe dans la mesure où elle parvient à faire croire qu'elle existe, je voulais dire que toute institution – l'Église mais aussi l'État, la famille, etc. – tend à cacher qu'elle est un fait de croyance : ce qui est en jeu dans l'étude des institutions, c'est le fondement dans la conscience des agents de l'existence de ces institutions. Autrement dit, s'agissant de l'Église, c'est-à-dire de l'institution chargée d'organiser la croyance, on risque d'être abusé et d'oublier que l'institution chargée d'organiser la croyance repose dans sa structure profonde sur la croyance ; finalement, derrière les mystères que l'institution ecclésiastique produit, entretient et conserve, il y a le mystère de l'institution elle-même. Je voulais donc simplement, pour faire sentir les difficultés et les problèmes que rencontre la sociologie, dire que les mystères de l'institution ne sont pas moins mystérieux que les mystères que cultive et conserve l'institution.

(Et je rappelle simplement, pour ceux qui m'ont entendu l'an dernier, que les théologiens du Moyen Âge parlaient du mystère du ministère divin qui appartient au pape, aux évêques, etc.[1]. Cette institution particulièrement mystérieuse chargée de gérer le mystère qu'est l'Église n'est donc pas moins mystérieuse dans son existence sociale que les choses dont elle parle. Par exemple, j'ai été très frappé en relisant – je l'avais évoqué l'an dernier – le droit canon ou les écrits des historiens sur le droit canon, de voir que les théologiens parlant de leurs problèmes théologiques proposaient une théorie du social particulièrement raffinée, particulièrement moderne, transposant à leur institution des modes de pensée qu'ils avaient coutume d'utiliser pour penser leurs objets théologiques. Je ferme cette parenthèse, je pense qu'elle est importante car je n'aurais pas voulu suggérer une espèce de représentation voltairienne de la sociologie : je pense que s'il y a une attitude funeste en sociologie, c'est le ricanement voltairien qui ne comprend rien à rien. Ce que je dis peut paraître mystérieux mais, pour ceux qui me comprennent, je tenais à le dire [*rires*].)

La double existence du social

Je reviens très vite à ma question : qu'est-ce qu'exister pour une chose sociale ? Comment existe une chose sociale ? Comment le social vient-il à l'existence ? Comment se perpétue-t-il dans l'existence ? Comment vit-il ? Y a-t-il une vie des choses sociales ? J'ai pris l'exemple de l'Église un peu pour me faire plaisir, mais

1. Voir *supra*, le cours du 9 juin 1982, p. 163 *sq*.

un exemple plus pédagogique, plus simple, celui du livre ou de l'œuvre d'art, se donne à comprendre beaucoup plus facilement. On peut admettre, je crois sans discussion, qu'un livre, un tableau ou une partition de musique est une chose sociale qui n'existe que comme produit du travail humain objectivé. Cette chose sociale existe-t-elle vraiment aussi longtemps [que se perpétue son existence physique] ou, en d'autres termes, un livre est-il une chose sociale complète ? On voit tout de suite ce que l'expression traditionnelle de « lettre morte » dit très bien : une lettre qui n'est pas lue est une lettre morte, c'est-à-dire une lettre mutilée, qui n'a pas son existence sociale complète. On pourrait dire la même chose d'un tableau (tout à l'heure j'essaierai de vous montrer les erreurs que peut introduire, me semble-t-il, dans la science de l'art le fait d'oublier cette double réalité de la chose sociale). Comme la lettre morte, le livre que personne ne lit ou que plus personne ne sait lire comme il demandait à être lu – le problème ne serait pas exactement le même – est un livre mort ou un livre faussement vivant. Les archéologues retrouvent ainsi parfois des objets dont ils ne savent absolument pas à quoi ils peuvent servir. Ces objets complètement indéterminés appellent un usage que personne ne sait produire : on n'est pas fait à cet objet, on n'a pas ce que j'appelle l'habitus convenable pour faire fonctionner cet objet. On trouve des habitats ou des habits qu'on ne sait pas habiter. Ce que j'appelle l'habitus, c'est ce qui est appelé par ces choses sociales et qui fait que ces choses sociales, au lieu d'être des objets morts, deviennent des réalités vivantes : c'est un habit qu'on sait porter « comme il faut ». Ceci conduit à une définition simple de l'institution, mot dont j'avais dit l'autre jour qu'il avait plusieurs sens : l'institution sociale, le social [...] existant de deux façons. Dans le cas particulier, le livre existe sous forme de chose, mais un livre que personne ne lit est une chose physique comme une autre : on peut le brûler, on peut le détruire, il peut disparaître, on peut s'en servir comme d'une massue pour taper sur la tête d'un ennemi, etc. L'objet physique qu'est le livre ne devient un objet social que lorsqu'il rencontre son autre moitié, la moitié incorporée du lecteur ou, plus exactement, du sujet social ou de l'agent social doté des dispositions qui le portent à le lire et le rendent alors capable de le déchiffrer (ce sont les deux dimensions de l'habitus : l'« inclination à » et la « capacité de »).

On pourrait dire la même chose d'une règle quand elle n'est pas appliquée, quand elle est obsolète. Le droit est une de ces choses sociales pleine de règles devenues lettres mortes : elles existent, elles sont inscrites quelque part et pourront être exhumées par un chercheur (qui dira : « Au XIIe siècle, on coupait la main droite des gens qui… »), mais ce sont des normes, des règles, un fait social qui est tombé en désuétude, mot qui est de la même famille de pensée qu'« habitus » et implique une disposition permanente, acquise par la répétition. Un autre exemple, celui du jeu tombé en désuétude, se rapproche encore davantage de la théorie du social que je vous proposais. Par exemple, si vous relisez *L'Automne du Moyen Âge* de Huizinga, vous verrez la place des tournois dans la vie sociale du Moyen Âge[1]. On investissait dans le tournoi des foules de choses : son honneur, sa vie, ses amours, etc. Le fait que plus personne ne serait prêt à mourir dans un tournoi veut dire que l'institution existe, qu'on peut l'évoquer historiquement, mais que personne n'y investit. Le mot « investir », je crois, est important : il peut avoir un sens à la fois économique et psychologique et le propre d'une institution vivante est d'obtenir des agents sociaux qu'ils y investissent et que, du même coup, ils lui donnent vie, qu'ils la fassent fonctionner. Cette analyse simple conduit donc, me semble-t-il, à une première définition.

(J'ai dit l'autre jour un peu imprudemment, et cela m'a été reproché, ma suspicion à l'égard des définitions. Je voulais dire simplement que, très souvent, les définitions sont un peu la science des ânes et qu'elles masquent, sous la fausse rigidité des concepts, le flou, la stérilité ; c'est pour cela que je mets en garde. Mais lorsqu'on arrive à des définitions rigoureuses dans un effort d'axiomatisation, c'est parfait, et je ferai tout ce que je pourrai pour employer les mots de façon rigoureuse et, le cas échéant, proposer des définitions.)

1. Johan Huizinga, *L'Automne du Moyen Âge*, trad. par Julia Bastin, Paris, Payot, 1975 [1919].

Selon cette première définition provisoire, l'institution sociale ou le social s'institue, c'est-à-dire se réalise, s'accomplit de deux façons, si l'on peut dire, dans la « réalité » (très souvent, je voudrais mettre des guillemets aux mots que j'emploie parce qu'ils ne sont pas tout à fait adéquats). D'une part, elle s'institue dans des choses, dans des objets – c'est le cas du livre – ou dans des mécanismes comme, par exemple, un jeu, les mécanismes n'étant pas des choses nécessairement visibles : ce que j'appellerai un champ désigne ainsi des règles de fonctionnement d'un espace social, des règles dans le jeu. D'autre part, le social s'objective dans ce que j'appelle des habitus, c'est-à-dire des dispositions – pour le moment, je vous demande de vous contenter de cette définition –, c'est-à-dire des manières d'être permanentes qui sont le produit d'un travail d'incorporation, d'apprentissage. Pour aller vite, je dirai que le social existe à la fois dans des choses et dans des corps. Mais – c'est impliqué dans l'analyse que j'ai faite – le social n'existe vraiment comme social vivant, par opposition au social mort, « archéologisé », c'est-à-dire fossilisé, réduit à l'état de chose physique, que lorsque ses deux moitiés en quelque sorte se réconcilient et fonctionnent dans leurs relations. Ainsi, un habitat cesse d'être un habitat archéologique pour devenir un habitat humain lorsqu'il est habité par des gens qui ont l'habitus convenable, c'est-à-dire l'habitus appelé par cet habitat. J'ai, par exemple, analysé il y a quelques années la structure de l'espace de la maison kabyle et j'ai montré – je ne vais pas refaire l'analyse ici – que cet espace rectangulaire, apparemment insignifiant, était organisé selon tout un système d'oppositions complexes où on retrouvait les points cardinaux, l'opposition entre le sec et l'humide, le masculin et le féminin, etc.[1]. Mais cette maison kabyle n'était adéquatement habitable ou habitée que par quelqu'un doté de l'habitus adéquat et capable, sans même en avoir conscience – je reviendrai sur ce

1. Pierre Bourdieu, « La maison ou le monde renversé », in Jean Pouillon et Paul Maranda (dir.), *Échanges et communications. Mélanges offerts à Claude Lévi-Strauss à l'occasion de son 60e anniversaire*, Paris/La Haye, Mouton, 1970, p. 739-758 ; rééd. in *Esquisse d'une théorie de la pratique*, *op. cit.*, p. 61-82.

point –, de faire fonctionner cet espace de façon adéquate, de façon tellement naturelle d'ailleurs qu'il était surpris quand on lui demandait : « Où mettez-vous l'eau ? » – c'est vrai qu'il fallait regarder pour voir qu'on mettait l'eau plutôt à droite de la porte en entrant, du côté du fourrage, des choses humides, etc., sans que l'opposition explicite feu/eau soit thématisée. Cet exemple montre bien comment une institution vivante s'accomplit dans la relation entre une chose ou un mécanisme et un système de dispositions. Je vais préciser un peu ceci.

Le processus d'objectivation et l'incorporation du social

Définissant ainsi l'institution sociale, je définis du même coup le travail de la sociologie, ce qui est mon projet même aujourd'hui. Si le social se réalise sous ces deux formes, une première tâche de la sociologie sera d'étudier le travail d'objectivation, c'est-à-dire le processus par lequel le « social » s'institue dans la matérialité de choses (dans des monuments, des documents, des écrits, etc.) et/ou dans la logique de mécanismes (dans des jeux ou dans des phénomènes comme le marché). Ce premier objectif consiste donc à étudier ce processus d'objectivation, à voir ce qu'il signifie, comment il s'opère, les effets qu'il produit. Quels sont, par exemple – c'est une des questions capitales en sociologie que j'avais abordée un peu l'an passé –, les effets sociaux du passage d'un sentiment diffus, implicite – un malaise, par exemple – à l'état de discours verbal ou de discours écrit ? L'un des effets sociaux les plus formidables est celui qui est produit par le fait de dire quelque chose qui n'était pas dit. Sartre dit quelque part : « Les mots font des ravages et – je cite de mémoire… – quand une chose qui visait par exemple un amour, un sentiment à l'état diffus s'avoue, se déclare, tout est changé[1]. » Cette espèce d'objectivation élémentaire qu'est l'explicita-

1. « Les mots font des ravages quand ils viennent à nommer ce qui était vécu sans nomination : ils suscitent une réflexion complice en lui proposant une signification du réfléchi qui n'est en vérité qu'une hypothèque sur l'avenir, qu'une extrapolation qui

tion dans le discours, *a fortiori* dans l'écrit, *a fortiori* dans un discours doté d'autorité comme le droit, est un des effets sociaux les plus fantastiques, les plus puissants, et il y a des gens dont le métier, la fonction sociale est d'être des spécialistes de l'objectivation : ceux qu'on appelle les « créateurs ». Comme toujours, la représentation idéologique a souvent des fondements réels : le créateur est un professionnel de ce travail d'objectivation qui ne va pas du tout de soi. Qu'il s'agisse de politique ou de psychologie, le passage de l'expérience vécue, diffuse, confuse, du sentiment individuel ou collectif mal constitué à la déclaration et à la manifestation, c'est-à-dire à l'objectivation publique avec l'officialisation qu'elle implique, est un acte social de première importance qui ne fait rien puisque ce qui est dit existe déjà – « Tu ne me chercherais pas, si tu ne m'avais trouvé[1] », « Le prophète prêche des convertis », etc. Mais le prophète qui dit des choses que les convertis demandaient à entendre exerce une action tout à fait capitale et extraordinaire en disant aux gens des choses qu'à la fois ils savaient et qu'ils ne savaient pas puisqu'ils ne savaient pas les dire. Il faudra analyser le processus d'objectivation, j'y reviendrai longuement.

Deuxième processus, beaucoup plus compliqué et qui malheureusement n'est pas facile d'accès parce qu'il demanderait des techniques expérimentales que le sociologue n'est pas toujours capable de manipuler : le processus d'incorporation, c'est-à-dire le mécanisme, la logique selon laquelle les structures objectives, les conditions objectives se transforment en dispositions permanentes. Je reviendrai longuement sur ce point : un des postulats de la sociologie – en tout cas telle que je la conçois – est qu'il y a toujours une correspondance entre les structures objectives dans lesquelles vit un individu social déterminé et les structures mentales

ne peut être acceptée réflexivement sinon par un serment. J'ai cité déjà cette phrase de Mosca parlant de Fabrice et de la Sanseverina : "Si le mot d'amour vient à être prononcé entre eux, je suis perdu." Par ce terme, la collectivité affirme son droit de regard sur l'intimité la plus purement subjective, elle socialise la tendresse un peu folle qu'éprouvent l'un pour l'autre la jeune tante et son neveu [...]. » (Jean-Paul Sartre, *L'Idiot de la famille*, Paris, Gallimard, 1971, t. I, p. 783.)

1. Pascal, *Pensées*, éd. Lafuma, 919 (553).

qu'il met en œuvre pour penser le monde social et tout ce qu'il prend pour objet. Un des mystères que la science sociale devrait explorer par une sociologie génétique, ce sont les mécanismes d'apprentissage à travers lesquels s'opère cette incorporation des structures objectives.

Voilà donc déjà deux objectifs pour la science sociale. Mais la science sociale a aussi pour objet, puisque l'institution existe sous deux formes et ne vit qu'en relation avec les deux formes, la relation entre ces deux formes d'existence. Du même coup, si vous avez entendu ce que j'ai dit, vous voyez qu'à l'opposition spontanée individu/société sur laquelle nous vivons tous (et malheureusement une partie, me semble-t-il, des sociologues), je tends à substituer l'opposition entre deux formes d'existence du social : le social qui existe dans les choses, dans les mécanismes, et le social qui existe dans les corps. D'une certaine façon, quand un agent social quelconque entre en relation avec du social – quand il prend l'autobus, achète un ticket ou paie ses impôts –, ce n'est pas un individu biologique qui entre en relation avec une institution sociale, c'est une institution sociale qui entre en relation avec une institution sociale. Je ne réduis pas la totalité de l'individu sous tous ses rapports à une institution sociale mais, du point de vue de ce que construit le sociologue comme objet, ce qui entre en relation, c'est une institution sociale avec une autre institution sociale : le social institué dans le corps biologique, le social incorporé et donc (parce que le corps individualise) individué – cela ne veut pas dire un individu – entre en relation avec le social objectivé. C'est là l'un des paradoxes sur lequel Durkheim a réfléchi sans aller au bout de sa réflexion : le social est, pour une part, porté par des individus, c'est-à-dire par des corps qui en tant que tels sont séparés les uns des autres, et – là, je ne fais que suivre Durkheim – tous les groupes sociaux cherchent à résoudre les problèmes, souvent insolubles, que leur posent les effets de cette individuation[1]. Les groupes s'efforcent, en particulier par la

1. Durkheim aborde cette question en de nombreuses occasions. On peut renvoyer, par exemple, à l'analyse qu'il fait du clan qui, « comme toute espèce de société, ne

socialisation qui produit des individus objectivement accordés, de transcender le destin de l'individuation. À l'incorporation du social – je le dis tout de suite pour montrer la logique de la réflexion – sont liés tout un ensemble d'autres propriétés. Le fait que, pour exister, le social doit s'incorporer dans des corps biologiques, donc mortels, isolés et justiciables de toutes les calamités qui arrivent par le corps (comme l'imbécillité, etc.), est de première importance et toute une part du travail du sociologue sera d'étudier les moyens que les groupes sociaux emploient pour transcender tout ce qui advient au social par le fait qu'il doit s'incorporer. Dans son magnifique livre que j'ai cité la dernière fois, *Les Deux Corps du roi* – qui malheureusement n'est pas traduit en français, j'espère qu'il le sera bientôt[1] –, Kantorowicz réfléchit sur le paradoxe, que j'avais évoqué très rapidement, de la formule : « Le roi est mort, vive le roi ! » Comment faire que la royauté survive au roi dans ce qu'il a de biologique ? Comment faire que la fonction survive au fonctionnaire ? Comment faire que l'Église soit éternelle et qu'elle survive à tout ce qui peut advenir à l'Église par le corps biologique des gens qui sont chargés de l'incarner ? Voilà des choses auxquelles la sociologie doit réfléchir.

J'ai donc substitué à l'opposition ordinaire individu/société une opposition construite, une opposition entre le social à l'état incorporé que j'appelle habitus et le social à l'état objectivé que j'appellerai chose sociale ou mécanisme social ou champ. Il me semble que l'une des conséquences, l'un des acquis importants de cette substitution est de faire disparaître ce problème de l'individu et de la société qui donne matière à dissertations mais qui me semble un des grands obstacles épistémologiques à une science sociale et aussi à la recherche du social dans l'individuel. L'opposition entre la psychologie sociale et la sociologie, si elle arrange tous les

peut vivre que dans et par les consciences individuelles qui le composent » et dont la vie alterne les phases de dispersion et de concentration de ses membres ; l'emblème totémique est pour Durkheim l'un des instruments qui permet au clan de « reste[r] identique à lui-même », « tandis que les générations changent ». (É. Durkheim, *Les Formes élémentaires de la vie religieuse*, *op. cit.*, p. 207-320.)

1. Il le sera, comme indiqué *supra* (p. 151, note 1), en 1989.

sociologues, me paraît le type de fausse division du travail scientifique. Cette acceptation, sur le terrain scientifique, d'oppositions préconstruites et de prénotions du sens commun est anéantie dès le moment où l'on pense que le social existe à la fois sous forme de mécanismes sociaux et sous forme de corps socialisés, les uns et les autres étant étudiés par le sociologue.

Donc l'habitus tel que je l'ai provisoirement défini comme système de dispositions – je donnerai une définition plus précise – est du social incorporé, donc transindividuel. Il y a donc, et c'est une autre conséquence de première importance me semble-t-il, des classes d'habitus et, du même coup, des habitus de classe, ce qui veut dire que la statistique, par exemple, est fondée, même si les statisticiens ne le savent pas (et je sais qu'ils l'ignorent la plupart du temps), à traiter un ensemble d'individus comme identiques, pour autant que les classes statistiques sont bien constituées et rassemblent des individus qui, ayant été soumis aux mêmes conditionnements, ont des habitus homogènes et sont donc homogènes sous le rapport du social incorporé.

(J'ai été peut-être un peu vite, mais ce que j'essaie de dire là, c'est en quelque sorte à la fois le fondement et le résumé anticipé de tout ce que je vais dire tout au long de l'année, et si j'arrivais à être parfaitement clair, donc à être parfaitement compris, je pourrais m'arrêter après ce premier exposé. Or je vais continuer à parler [*rires de la salle*] et je pense qu'il y a des implications très nombreuses qui vont se développer peu à peu.)

Je vais proposer une sorte de modèle dont je vais donner une première figure relativement simple et dont je développerai longuement les implications. Ne soyez pas surpris si une part de ce que je dis paraît obscur : ce que je veux, c'est suggérer la logique dans son ensemble parce que je crois qu'il faut tenir le modèle dans son ensemble pour pouvoir, après, le démonter. L'habitus, en tant que social incorporé et donc transindividuel, peut donc être constitué en classes. Il y a des classes d'habitus, alors que les individus biologiques peuvent être différents à l'infini selon le principe de continuité de Leibniz : il n'y a pas deux individus semblables[1]. La sociologie peut constituer des classes d'habitus, considérées comme homogènes, à partir de l'hypothèse selon laquelle les mêmes causes produisent les mêmes effets. Des individus biologiques soumis aux mêmes conditionnements sociaux seront, jusqu'à un certain point, homogènes. Je précise tout de suite qu'il n'y a pas non plus deux habitus semblables, simplement parce que les conditionnements sociaux ne sont jamais identiques. Même à supposer que deux individus aient vécu exactement les mêmes aventures individuelles, le simple fait qu'ils ne les aient pas vécues dans le même ordre peut tout changer ; or la probabilité que les individus aient vécu les mêmes expériences dans le même ordre est nulle, donc il n'y a pas deux individus semblables. Cela dit, on peut supposer qu'il y a des classes d'habitus pour autant qu'il existe des classes de conditionnements sociaux, ce qui donne un fondement à l'analyse statistique sans pour autant faire de la sociologie la science des collectifs : il y a aussi une sociologie des habitus singuliers et, par exemple – c'est important aussi pour la division du travail sociologique –, on peut se donner comme instrument la biographie individuelle avec pour intention de ressaisir la logique singulière de la genèse d'un habitus singulier. Je ne prolonge pas.

Dépasser l'opposition subjectivisme/objectivisme

Arrivé à ce point, j'ai dit l'essentiel de ce qu'est, me semble-t-il, une institution. Je voudrais rapidement prolonger par un premier exemple, et je vous ai dit que je m'efforcerai de procéder ainsi tout au long de l'année : j'essaierai d'alterner des analyses abstraites et des analyses semi-concrètes – parce qu'il n'est pas toujours possible par le discours de communiquer l'ensemble des

1. « Le principe d'individuation revient dans les individus au principe de distinction dont je viens de parler. Si deux individus étaient parfaitement semblables et égaux et indistinguables par eux-mêmes, il n'y aurait point de principe d'individuation et même j'ose dire qu'il n'y aurait point de distinction individuelle ou de différents individus à cette condition. » (*Nouveaux essais sur l'entendement humain* [1765], livre II, chap. 27, § 3.)

informations qui seraient nécessaires pour faire une analyse statistique ou ethnographique complète. Pour faire comprendre que ces analyses n'ont rien de purement théorique – elles conduisent à des applications pratiques –, je voudrais prendre l'exemple de l'analyse de l'œuvre d'art. Si ce que j'ai dit jusqu'à présent est vrai, on peut en conclure que la science sociale doit se situer au-delà de la distinction ordinaire du sujet et de l'objet pour construire un objet qui englobe une relation sujet/objet. Pour comprendre cette chose particulière qu'est, par exemple, un objet d'art, une œuvre d'art ou un livre (ou une institution, un marché, etc.), qui englobe elle-même une relation sujet/objet, la science sociale doit se situer au-delà de la relation sujet/objet. En d'autres termes, il y a dans l'objet qu'étudie le sociologue une relation sujet/objet : l'objet qu'étudie le sociologue n'est pas seulement un livre comme fait social, mais une relation lecteur/livre, une relation sujet/objet. Je vais peut-être tout de suite mettre au tableau un petit schéma bien que je méfie toujours des schémas [*rires dans la salle*].

Le cas de l'objet d'art, ou de l'objet archéologique, ou de l'objet ethnologique que l'on peut voir au Musée de l'homme est je crois extrêmement intéressant parce qu'il oblige à poser la question de la relation du sujet à l'objet. [*P. Bourdieu essaie sans succès de faire descendre le tableau pour dessiner son schéma, ce qui fait rire la salle.*] C'est une belle illustration de mes analyses, vous voyez : quand on n'a pas l'habitus adéquat à l'objet, ça ne marche pas.

Je dessine rapidement : soit, d'un côté, l'habitus ; là, un champ – en fait là j'aurais dû mettre le livre, le tableau, le musée, la charrue, n'importe quoi... Évidemment, en mettant « champ », je mets quelque chose de plus : j'entends que ceci n'existe pas vraiment en dehors d'un ensemble de mécanismes qui font que ça fonctionne. S'agissant de la monnaie, ça se comprend tout de suite : on voit bien qu'une pièce de monnaie ne fonctionne pas... mais ce serait pareil pour un livre, un morceau de musique : ça se passe entre les lecteurs, les compositeurs, les auteurs, etc. [...] L'objet de la sociologie sera donc l'étude de tout ça : à la fois l'habitus et le champ, étant entendu que l'habitus est social et le champ aussi. On est dans le social de part en part même si, dans un cas, le social est déposé dans le biologique et, dans l'autre, il va être déposé dans du physique – pas seulement d'ailleurs, parce qu'il y a des cas où il existera en dehors, sous forme de mécanismes non objectivés.

Relation R_1
(connaissance)
Habitus ⟶ / ⟵ Champ, structure (livre, tableau, musée, etc.)
Relation R_2
(conditionnement, incorporation)

Je continue ce que j'ai dit tout à l'heure à propos de l'exemple du livre : une des premières choses que va étudier la sociologie, c'est la constitution, la formation des habitus ; elle va aussi étudier la constitution, la formation des champs : comment se forme, comment se produit l'objectivation dans le cas d'un livre ? Cette question conduit à une autre question : « Comment se produisent des producteurs de livres ? Comment se produisent des producteurs matériels, des producteurs symboliques ? » [...] J'ai commencé à dire de façon très abstraite tout à l'heure que la science sociale doit se situer par-delà la distinction du sujet et de l'objet pour construire l'objet qui englobe la relation sujet/objet. [...] Le sujet scientifique – j'anticipe – va être lui aussi défini par le fait qu'il a un habitus et qu'il est dans un champ. Or ce champ va être d'un type particulier, c'est le champ scientifique qui a une logique à lui[1]. Là, je complique inutilement, ce sera pour beaucoup plus tard. Pour le moment, il y a le sujet scientifique qui rencontre dans son objet une relation du type sujet/objet – on peut l'appeler relation R_1 –, mais il ne faut surtout pas la penser comme une relation sujet/objet et on pourra se demander quel est le statut de cette relation. Mais une autre relation importante est la relation entre le champ et l'habitus. C'est impliqué dans ce que j'ai dit tout à l'heure quand j'expliquais que les habitus étaient le pro-

1. P. Bourdieu reviendra longuement sur la spécificité du champ scientifique, notamment dans son dernier cours au Collège de France publié sous le titre *Science de la science et réflexivité*, Paris, Raisons d'agir, 2002.

duit de l'incorporation de structures objectives et que, parmi les structures dont l'habitus est l'incorporation, il y a par exemple la structure des espaces sociaux, la structure du champ des classes sociales, la structure du champ religieux, etc. Une partie de ce qu'on va trouver dans les habitus aura donc son principe dans les structures objectives du monde social qui s'incorporent. Ces deux relations ne sont pas du tout du même type : celle-ci [R_2] sera une relation de conditionnement et celle-là [R_1] une relation de connaissance. Là j'anticipe beaucoup, et je redis ce que j'ai dit tout à l'heure pour qu'il n'y ait pas de malentendu : je propose un modèle dont je vais donner les grandes lignes et tout ce que je dis là de façon abrupte et arbitraire, je l'expliciterai longuement dans le cours. Il faut donc que vous me fassiez crédit.

On pourra donc dire que cette relation [champ → habitus] est une relation du type « habitus déterminé, conditionné par champ ». [Mais] l'habitus aussi est compris dans champ – ça aussi, c'est une relation très compliquée. Un problème va être de savoir comment cette relation va être déterminée par celle-là. Qu'est-ce que comprendre un monde dans lequel on est compris ? Évidemment, je joue là sur les deux sens du mot « comprendre », ce que Pascal avait fait avant moi (« L'univers me comprend et m'engloutit comme un point ; par la pensée, je le comprends[1] ») : le monde social me comprend, mais je le comprends. Au fond, cela résume assez bien le paradoxe élémentaire dans lequel il faut sans doute s'immerger pour fonder une sociologie. Cela a été souvent dit, mais sous une forme qui me paraît antiscientifique : on a insisté sur l'existence de cette relation pour faire de la sociologie, ou des sciences sociales plus généralement, des sciences compréhensives, des sciences de l'esprit qui auraient une logique irréductible à celle des autres sciences[2]. En fait, je pense qu'il faut prendre acte

1. Pascal, *Pensées*, éd. Lafuma, 113 (348).
2. Allusion aux débats, apparus en Allemagne à la fin du XIXe siècle dans le prolongement de la « querelle des méthodes » en économie et devenus l'un des motifs centraux de l'épistémologie des sciences humaines et sociales, autour de la distinction entre « sciences de l'esprit », relevant de la compréhension herméneutique, et « sciences de la nature », relevant de l'explication causale. Selon Wilhelm Dilthey, en particulier :

de l'existence de cette double relation, non pas pour interdire à la sociologie ou plus généralement aux sciences sociales le statut de science, mais pour s'obliger à constituer scientifiquement cette relation. Je m'arrête une seconde sur cette relation [R_1]. C'est une relation de connaissance : l'habitus adéquat devant un marteau – c'est une analyse célèbre de Heidegger[1] – est celui qui est capable de marteler ; l'habitus est ce qui répond adéquatement aux sollicitations d'un objet social. Du même coup, l'habitus entre avec l'objet dans une relation de connaissance, mais – c'est là la question – cette relation est-elle du même type que celle-ci ? Ici, il y aura une relation que j'appelle R_0, et je pense que l'une des erreurs fondamentales des sciences sociales – ce sera un des objets permanents de ma réflexion – consiste en la confusion entre R_0 et R_1 : les sujets savants, faute de constituer leur objet comme englobant une relation « sujet »/« objet » d'un type autre que la relation de connaissance scientifique, projettent dans cette relation celle-ci et font comme si la relation pratique de connaissance était de même nature que la relation savante de connaissance.

Cela va encore vous paraître abstrait, mais, pour le faire comprendre, et en sortant tout à fait de la logique de ce que j'avais préparé, je vais me référer à un exemple littéraire très célèbre qui a été très souvent commenté, en particulier par Auerbach. Dans le chapitre de *Mimésis* qu'il consacre à Flaubert, Auerbach cite un passage célèbre de *Madame Bovary* que je vais vous lire pour faire entendre quelque chose de tout à fait analogue à ce que j'ai dit : « Mais c'était surtout aux heures des repas qu'elle n'en pouvait plus, dans cette petite salle au rez-de-chaussée, avec le poêle qui fumait, la porte qui criait, les murs qui suintaient, les pavés humides ; toute l'amertume de l'existence, lui semblait servie sur son assiette, et, à la fumée du bouilli, il montait du fond de son âme comme d'autres bouffées d'affadissement. Charles était long à manger ; elle grignotait quelques noisettes, ou bien, appuyée du coude, s'amusait,

« Nous expliquons la nature, nous comprenons la vie psychique. » (*Le Monde de l'esprit*, trad. M. Remi, Paris, Aubier, 1947 [1924], vol. 1, p. 150.)

1. M. Heidegger, *Être et temps*, *op. cit.*, § 15-19.

avec la pointe de son couteau, à faire des raies sur la toile cirée. » Et Auerbach commente : « Flaubert nous présente à la fois Emma comme objet et le monde vu par Emma[1]. » Flaubert nous présente à la fois Emma comme objet physique dans le monde qu'on peut décrire exactement comme la toile cirée et la vision du monde d'Emma. Autrement dit, il nous rappelle à la fois l'objet et le fait que cet objet est sujet de connaissance. Il nous présente à la fois un objet compris dans la situation et sa compréhension de la situation. Il nous rappelle à la fois qu'Emma fait partie du tableau qu'elle décrit et qu'elle vit ce tableau comme quelque chose qui est susceptible d'être décrit. C'est Georges Poulet, dans son livre *Les Métamorphoses du cercle*, qui nous dit : « Il [Flaubert] nous présente comme objet de contemplation un être qui, à son tour, a pour objet de contemplation la réalité[2]. » Ceci peut se transposer à une sociologie rigoureuse. Pour que l'analyse soit complète, il faudrait opposer cette vision qui se situe au-delà de la distinction entre sujet et objet à deux types de descriptions : une description de type strictement objectiviste ou, comme on a dit parfois du Nouveau Roman, objectale[3], qui décrirait Emma exactement sur le mode et avec le langage employé pour décrire les assiettes ou la toile cirée ; ou les descriptions totalement subjectivistes, comme on en trouverait chez Joyce dans *Dedalus* ou chez Virginia Woolf, où l'on aurait uniquement des états de conscience dans leur flux du sujet romanesque. Flaubert, lui, nous donne les deux à la fois sans commettre la confusion qui consiste à être à la fois dedans et dehors, ce que les théoriciens de la littérature objectale ont reproché aux romanciers traditionnels. Je vous renvoie à un livre de Maxime Chastaing tout à fait intéressant sous ce rapport, *La Philosophie*

1. Erich Auerbach, *Mimésis. La représentation de la réalité dans la littérature occidentale*, trad. Cornélius Heim, Paris, Gallimard, 1968 [1946] ; rééd. « Tel », 1977, p. 478, 479. (La citation exacte d'Auerbach est : « C'est d'[Emma] que part la lumière qui éclaire la tableau, mais elle fait elle-même partie du tableau, elle est à l'intérieur. »)
2. Georges Poulet, « La pensée circulaire de Flaubert » (1955), in *Les Métamorphoses du cercle*, Paris, Plon, 1961 ; rééd. Flammarion, « Champs », 1979, p. 386.
3. Cette qualification, due à Roland Barthes (« Littérature objective », *Critique*, n° 86-87, 1954, p. 581-591), repose sur une analogie avec l'objectif d'un appareil photo.

de Virginia Woolf[1]. Maxime Chastaing y cite un roman de type populiste de Ramuz correspondant tout à fait à ce mélange du dedans et du dehors, à ce que disent les gens qui sont tout à fait dehors et qui se croient dedans. Ramuz décrit un bonhomme en train de piocher et qui, à un certain moment, voit la terre qui lui monte au visage[2]. Chastaing remarque que, de deux choses l'une, ou bien on est en train de piocher et on voit la terre monter au visage – ce qui n'est pas une vision de spectateur –, ou bien on regarde le piocheur piocher et à ce moment-là on ne voit pas la terre monter au visage mais on peut dire ce que dit Ramuz par ailleurs, à savoir [que le paysan] était courbé, qu'il peinait, qu'il était couvert de sueur, etc. Maxime Chastaing insiste, et je pense que c'est très important, sur cette sorte de vision divine à laquelle nous ont habitués les romanciers : ils décrivent l'extérieur de la prison et sont, en même temps, à côté du prisonnier à l'intérieur de la prison ; ils sont dans la conscience du sujet – qu'ils font parler, auquel ils prêtent des monologues, etc. – et, en même temps, au-dehors. Ils se font, non seulement spectateur humain, mais encore spectateur divin qui voit les murs de la prison, mais aussi l'intérieur de la prison, le lit, etc. Cette monstruosité logique qu'est le discours du romancier total, totalement subjectif et totalement objectif, repose précisément sur l'indistinction : c'est le fait de quelqu'un qui ne sait pas d'où il parle et ignore que, précisément, il est toujours dehors.

Je pense que, pour un certain nombre de sociologues, c'est l'une des choses les plus tristes et les plus difficiles à supporter que cette relation soit différente de celle-là. Un certain nombre d'erreurs scientifiques y ont leur principe : la sociologie participante – ou l'une de ses variantes, car ce sont les mêmes choses qui renaissent à toutes les époques sous des noms différents, la sociologie de l'action[3], le sociologue immergé dans le mouvement, etc. –, c'est

1. Maxime Chastaing, *La Philosophie de Virginia Woolf*, Paris, PUF, 1951.

2. *Ibid.*, p. 86.

3. P. Bourdieu fait allusion à la sociologie de l'action d'Alain Touraine qu'il avait critiquée dès 1966. Voir « Une sociologie de l'action est-elle possible ? », *Revue française de sociologie*, t. VII, n° 4, 1966, p. 508-517 (avec Jean-Daniel Reynaud).

le rêve du romancier absolu d'être à côté du prisonnier et, en même temps, hors de la prison pour raconter que sa fiancée s'est mariée avec un autre, etc. Vous pouvez y réfléchir et transposer à la sociologie des classes populaires, cela marche très bien. L'une des choses très importantes est d'avoir à l'esprit que les deux relations sont essentiellement distinctes. C'est une distinction épistémologique absolue et, faute de la faire, on commet ce qui me paraît l'erreur fondamentale de toute science sociale, celle qui consiste à mettre la conscience du savant dans l'expérience du sujet à distance et à être donc sujet de l'action de ceux que l'on prend en même temps comme objet. Les ethnologues sont très souvent dans cette relation impossible de conciliation des contraires, c'est-à-dire de magie.

Le texte de Flaubert qu'encore une fois je voudrais faire fonctionner comme paradigme, comme parabole, fait donc voir que devant un fait social (devant le tableau *La Liseuse* [de Fragonard], devant une jeune fille en train de lire, devant une salle de conférence dont on peut faire une analyse scientifique, etc.), on peut prendre plusieurs postures qui risquent de se trouver confondues dans la conciliation des contraires que j'ai évoquée. La première posture est la posture de type objectiviste qui consiste à décrire Emma comme faisant partie de la réalité objective, comme une chose parmi les choses, et donc à la peindre de l'extérieur au même titre que le poêle, le mur ou les assiettes. Cette posture, qui a ses droits à exister, est un béhaviorisme radical tout à fait concevable en science sociale. [...] On peut, deuxièmement, adopter une posture subjectiviste : ce serait le Bloom d'*Ulysse* ou *Mrs Dalloway*[1], c'est-à-dire qu'on présentera le sujet social dans son expérience vécue, comme on dit, dans son monologue intérieur, dans son vécu. C'est aussi une manière concevable de parler du monde social, le seul obstacle étant – et là, la critique wittgensteinienne est radicale[2] – qu'avec les techniques ordinaires de la

1. P. Bourdieu consacrera plusieurs analyses aux auteurs de ces deux textes, James Joyce et Virginia Woolf, dans *Les Règles de l'art*, *op. cit.* et *La Domination masculine*, *op. cit.*
2. Sans doute P. Bourdieu a-t-il en tête les analyses que Wittgenstein a consacrées à l'expérience de l'incompréhension psychologique ou de l'opacité. On peut citer notamment : « Et il y a encore des cas que j'appellerai celui du doute sans espoir. Quand

science sociale, il est pratiquement impossible d'accéder à cette expérience subjective des autres. S'il est vrai que, comme je l'ai dit tout à l'heure, il faudrait être un professionnel de l'objectivation pour être capable d'expliciter ses propres expériences subjectives, tout ce que peut faire un sociologue conscient de son rapport à son objet, c'est de servir d'accoucheur, d'assistant socratique à l'expression vécue d'une expérience qui n'est pas la sienne, étant entendu qu'il ne peut le faire avec quelque chance de succès qu'à condition de se savoir constitué en extériorité par rapport à cette expérience et de ne jamais s'identifier[1].

Le troisième niveau serait la fausse synthèse ou le faux dépassement de cette opposition : c'est la projection du sujet savant dans l'objet et la substitution de la relation de connaissance savante. La question « Qu'est-ce que le social ? », par exemple, est déjà une question qui n'est pas sociale : être dans le social, c'est précisément ne pas demander ce qu'est le social, c'est prendre le métro, prendre un ticket d'autobus, etc. Les questions que j'ai posées tout à l'heure (« Est-ce que c'est un individu biologique qui rentre en relation avec la société ? ») sont typiquement des questions qu'on ne se pose pas quand on paie ses impôts, etc. L'une des erreurs fondamentales du sujet savant est donc de transférer son expérience et ses représentations savantes dans la conscience supposée de ses objets et de faire surgir, de ce fait, des questions qui ne se posent pas pour le sujet connaissant sur le mode pratique. Ceci est de toute première importance. J'ai dit tout à l'heure que le sociologue peut

---

je dis : "Je n'ai pas la moindre idée de ce qu'il pense vraiment." – Cet homme est pour moi un livre fermé. Ou quand le seul moyen de comprendre quelqu'un d'autre serait de traverser également la même éducation que celle qu'il a reçue – ce qui est impossible. Et il n'y a pas ici de faux-semblant. Imagine en effet des gens dont l'éducation vise à réprimer l'expression des émotions, tant sur le visage que par gestes : ils deviennent impénétrables pour moi, dès qu'ils pensent à haute voix dans une langue que j'ignore. Je dis donc : "Je n'ai aucune idée de ce qui se passe en eux", et pourtant c'est là devant moi, comme un fait extérieur. » (Trad. fr. postérieure au cours : Ludwig Wittgenstein, *Remarques sur la philosophie de la psychologie*, vol. 2, trad. Gérard Granel, Mauvezin, TER, 2004 [1947], § 568.)

1. P. Bourdieu reviendra sur cette exigence de méthode notamment dans le chapitre intitulé « Comprendre », in P. Bourdieu (dir.), *La Misère du monde*, Paris, Seuil, 1993, p. 903-939 ; rééd. « Points Essais », 2015, p. 1389-1447.

se faire l'assistant en travail d'explicitation ou d'objectivation des sujets sociaux ; la métaphore socratique, la métaphore de l'accoucheur[1] que j'ai employée est, je crois, pour une fois, fondée et tout à fait adéquate. Je pense en effet que, malgré Wittgenstein, il n'est pas impossible au sociologue de travailler à objectiver des expériences qu'il n'a pas faites lui-même, à condition évidemment de savoir d'emblée que le danger permanent est de s'identifier, de « se mettre à la place ». Si vous relisez les textes de Husserl sur la compréhension[2], vous verrez que ce sont finalement des variations sur le thème du « se mettre à la place », même si c'est dit dans un langage moins trivial [...]. Or, s'il y a une erreur scientifique en sociologie, c'est celle-là ; on ne peut pas se mettre à la place des autres, et pour cause : on n'est pas à la même place. Par définition, un patron ne peut pas se mettre à la place d'un ouvrier, et réciproquement. Ils peuvent avoir une psychologie très compréhensive, mais ils ne peuvent pas se comprendre... Peut-être que leurs chances de se comprendre augmenteraient s'ils avaient une connaissance de la vérité du rapport de connaissance scientifique comme n'étant pas le rapport de connaissance pratique.

La synthèse monstrueuse du romancier absolu, à la fois dedans et dehors, est donc une fausse sortie de cette antinomie de l'objectivisme et du subjectiviste. Elle est la caricature de ce que me paraît être la véritable posture scientifique : si on revient à mon schéma, le sujet connaissant doit être bien conscient que, par position, il est en situation de se poser des problèmes. Pour penser le jeu comme jeu il faut qu'il sorte du jeu. Pour penser l'habitus comme habitus il faut qu'il prenne des distances par la conscience à l'égard de l'habitus, etc. Par définition, le sujet connaissant se met hors de cet espace pour le penser et, du même coup, il le pense comme problème, alors que l'une des propriétés de la relation R_2 (relation de conditionnement, d'incorporation) est, précisément, que le monde ne fait pas problème.

1. Allusion à la maïeutique de Socrate (Platon, *Théétète*, 150b).
2. Par exemple, Edmund Husserl, « Cinquième méditation », *Méditations cartésiennes*, trad. Gabrielle Peiffer et Emmanuel Levinas, Paris, Vrin, 1966 [1947], p. 148-242.

Cette relation sera le rapport doxique, très bien analysé par les phénoménologues, et par Husserl le premier ; ce sera le rapport au monde social comme allant de soi, comme se donnant immédiatement dans son sens : devant le marteau, on ne se pose pas une question d'archéologue (« À quoi ça sert ? »), on le prend et on tape un coup. La réponse pratique à l'existence du marteau, que produit un habitus ajusté à ce marteau, c'est de marteler, sans passer par l'interrogation : « À quoi sert le marteau ? » ni, *a fortiori*, par la question : « Que faut-il supposer pour que le marteau existe ? ». Le raisonnement que j'ai à peine esquissé ici – pour qu'il y ait un marteau, il faut qu'il y ait un forgeron ; pour qu'il y ait un forgeron, il faut des marteaux pour forger le marteau, etc. – pose tous les problèmes de la genèse sociale des objets sociaux ; ces problèmes sont constitutifs d'une science sociale réelle, mais sont exclus par définition d'un rapport pratique au monde social. Par conséquent, si ce schéma est vrai, la connaissance adéquate va être un dépassement de l'opposition subjectivisme/objectivisme, mais pas un dépassement fictif sur le mode de la chimère. [...]

Compréhension savante et compréhension pratique

Les premières démarches de la connaissance savante doivent être – je pense que ce sera l'un des objets des cours suivants – d'essayer de comprendre pourquoi, d'une certaine façon, cette science de la connaissance savante est encore à faire, car elle est à peine commencée. Ce sera donc une connaissance de la connaissance non savante et, du même coup, de la connaissance savante parce que je ne peux comprendre ce qu'est la connaissance savante qu'en comprenant en quoi elle n'est pas la connaissance pratique, et réciproquement. J'ai par exemple révélé beaucoup de choses sur la connaissance savante en disant que la connaissance pratique ne se pose pas de problème [savant], et réciproquement. Je ne peux donc faire progresser la connaissance de la connaissance pratique qu'en faisant progresser en même temps la connaissance de la connaissance savante et, je dirais même, la connaissance des conditions sociales de la connaissance savante.

L'un des premiers objets sera donc une science de la connaissance pratique, ou une science de la pratique, et le deuxième objet sera une science de cette relation et de ce qu'implique, du point de vue de sa propre connaissance, le fait que l'habitus qui produit cette connaissance est le produit, pour une part, de l'objet qu'il connaît.

[...] Si, comme je l'ai dit tout à l'heure, cette science n'a pratiquement jamais été faite, c'est en grande partie parce que toute la philosophie a considéré que la vraie vie était celle-là [la connaissance savante] et qu'il y avait une telle hiérarchie entre ces deux connaissances qu'on pensait ne rien pouvoir faire de mieux pour l'objet que de lui prêter sa propre subjectivité. Le très beau texte de Sartre sur le garçon de café, que je vous lirai[1], est une illustration magnifique de ce que je viens de dire très rapidement. L'habitus du sujet va produire des actes de connaissance, mais pas du tout au sens où on en a l'habitude. Frapper avec un marteau est un acte de connaissance au sens où je l'entends : celui qui frappe avec le marteau a compris le marteau, mieux que je n'avais compris le fonctionnement des tableaux tout à l'heure... Cette relation de compréhension doit une partie de ses propriétés à ce qu'elle est le fait de quelqu'un qui est compris, dans un autre sens, dans ce qu'il comprend. Et elle doit une partie de ses propriétés au fait que celui qui comprend se sert, pour comprendre, de « choses » qui sont le produit de ce qu'il comprend. Ainsi, pour aller vite, si cette relation [la connaissance pratique] est doxique, de l'ordre du « cela va de soi », c'est en grande partie parce que – je vais très vite anticiper sur tout ce que je dirai tout au long de l'année – les structures de l'habitus connaissant sont le produit de l'incorporation des structures du champ social.

Le monde social paraît aller de soi. Au contraire, dans le « déconcertement » que suscite l'expérience d'une société étrangère, le décalage entre les structures incorporées et les structures objec-

1. Voir *infra*, le cours du 19 octobre 1982, p. 267-268.

tivées provoque le sentiment de l'incompréhension, lequel, étant insupportable, s'annule immédiatement par la réinterprétation des structures objectivées en fonction des structures incorporées (c'est le malentendu). Dans le cas du savant, quand il ne comprend pas la pratique et qu'il ne comprend pas qu'il ne la comprend pas, au fond, son ethnocentrisme de savant consiste à ne pas comprendre qu'être savant, c'est ne pas comprendre la pratique. Il n'a de chance de comprendre la pratique que s'il comprend qu'il ne la comprend pas immédiatement.

Si, maintenant, je réfléchis sur cette relation [de conditionnement], mais plus du point de vue de ce qu'elle fait à l'objet, il y a un problème tout à fait important : ce que j'ai appelé « champ » qui agit sur l'habitus (par exemple, le livre qui agit sur l'habitus ou sur le corps biologique qu'on pourrait constituer en habitus, le livre comme livre lu qui va exercer une « influence » – c'est un mot déplorable –, ou le champ religieux, par exemple, en tant qu'il agit sur les corps biologiques pour en faire des habitus) n'est évidemment pas le même champ que celui que les habitus constitués perçoivent ou le livre que l'habitus constitué lit. Je dois donc diviser ce champ. Réintroduire l'habitus n'est pas simplement un point d'honneur spirituel, destiné à faire humaniste ou à faire « science de l'homme » ; cela permet, en gros, de sortir d'une analyse dite physicaliste du champ, pour voir le champ comme champ d'actions ou comme champ de luttes. Autrement dit, si je mets des guillemets, il faudrait « dédoubler ce champ » et on aura un $champ_1$, qui est le champ connu, le champ dans lequel on investit. C'est un champ perçu, un champ d'actions, un champ dans lequel cela vaut la peine d'agir – un livre qui mérite d'être lu ou un livre qu'il faut lire. Si, par exemple, on a l'habitus cultivé, on est constamment soumis à des sollicitations qui existent dans la relation entre l'habitus et l'objet : quand on parle d'un « spectacle qu'il faut avoir vu », ce « il faut avoir vu » ne s'exerce pas mécaniquement, mais seulement sur quelqu'un qui est disposé à subir cette action. L'un des paradoxes de la relation habitus-champ est que l'habitus contribue à déterminer des déterminations qui s'exercent sur lui. Je reviendrai sur ce paradoxe – j'en soulève une série –, mais quand il est écrit dans un hebdomadaire (« Il faut lire cette semaine... », « Il faut voir ce mois-ci... », etc.), ce « il faut » ne s'adresse qu'à un certain type de lecteurs. Presque par définition, un journal ou un hebdomadaire a un postulat sur l'habitus des lecteurs auxquels il s'adresse et il sait que, en gros, ces injonctions rencontreront les conditions de leur efficacité. Ce champ perçu, ce champ comme champ d'actions, est donc différent du champ comme structure objectivée exerçant un conditionnement structurant, que je peux appeler « champ de forces ». J'aurai ici $champ_1$ = champ d'actions et $champ_2$ = champ de forces.

Je pense arriver là aux limites de ce que je peux faire supporter dans une première introduction très rapide, parce que tout cela va paraître tout à fait arbitraire alors que vous en sentirez la nécessité. Je pense même, et je suis sûr (ce que je vais dire peut paraître contradictoire) qu'une partie d'entre vous en a déjà senti la nécessité parce que tout est donné par simple désimplication de ce qui est contenu [dans] cette distinction. Je pense que vous allez avoir à la fois le sentiment que tout est déjà dit et en même temps que c'est très large : c'est le but de ce cours, qui va durer sur une année, de transformer ce sentiment confus de nécessité arbitraire en sentiment de nécessité.

L'exemple de la lecture et de l'œuvre d'art

Ayant un peu explicité ce schéma, je voudrais maintenant faire voir, sur un exemple, comment il permet de poser un certain nombre de questions. Je n'utiliserai d'ailleurs qu'une toute petite partie du schéma à propos de l'exemple de la lecture, de ce que c'est que de lire un livre ou de lire un tableau. J'ai dit tout à l'heure qu'un objet social dans sa forme mutilée, c'est-à-dire objectivée, se donne comme quelque chose qui appelle une reprise, une réactivation qui est le fait de l'habitus adéquat. La lettre comme chose instituée peut survivre comme chose matérielle à l'habitus pour lequel elle était faite. C'est le cas, par exemple, de toutes les écritures qu'on ne peut pas déchiffrer et, plus généralement, de la plupart des objets que nous voyons dans les musées et qui donnent lieu à de fausses lectures, dans la mesure où ce qui se rappelle à propos d'une lettre vraiment morte, d'une écriture inconnue, se fait oublier dans le cas d'objets qui sont à cette sorte de distance proche qui définit l'histoire propre : les objets comme la peinture du Quattrocento ou *a fortiori* la peinture du XVIIe siècle sont assez proches dans l'expérience subjective pour ne pas se rappeler comme des institutions mutilées ; ce sont des objets dont nous pouvons avoir une expérience alors que nous n'avons pas l'habitus inscrit à l'état de sollicitation dans l'objectivité de l'objet considéré. N'étant pas perçus comme institution à moitié, ces objets morts – on l'a souvent dit à propos de l'art nègre mais on pourrait aussi bien le dire à propos d'une peinture du Quattrocento – ont, en quelque sorte, un habitus qui n'est pas celui dans lequel ils vivaient[1]. L'habitus savant se projette ainsi dans l'expérience de l'objet. C'est l'erreur que Bakhtine, dans son livre sur la linguistique, nomme « philologisme » dans le cas de la lecture[2]. Le philologisme consiste à mettre une conscience de philologue dans une expérience de simple lecteur, à lire des textes comme s'ils avaient été faits pour être lus par des philologues, à projeter dans la lecture une expérience de lecteur qui, par exemple, est devant un texte comme devant quelque chose à déchiffrer : le fait de ne pas interroger, comme je l'ai indiqué tout à l'heure, cette relation [R_1] et la relation entre cette relation [R_1] et cette relation [R_2], le fait donc de ne pas interroger ces deux relations dans leur relation conduit à lire des œuvres comme si elles avaient été écrites pour être lues de la manière dont on lit aujourd'hui.

Je pense que je vais le faire comprendre de façon très simple : à partir de Baudelaire et, à coup sûr, de Joyce, les écrivains ont commencé à écrire en inscrivant, de manière plus inconsciente que consciente, dans leur écriture l'attente d'une lecture qui est en

1. Pour l'exemple de la peinture du Quattrocento, voir Pierre Bourdieu et Yvette Delsaut, « Pour une sociologie de la perception », *Actes de la recherche en sciences sociales*, n° 40, 1981, p. 3-9.
2. M. Bakhtine, *Le Marxisme et la Philosophie du langage*, *op. cit.*, p. 104-106.

fait une relecture. Ces écrivains sont nés dans un univers où il y avait des lecteurs professionnels, pour qui lire, c'est lire plusieurs fois, c'est faire de l'exégèse, c'est chercher un sens caché, des structures, une correspondance entre, par exemple, les chapitres d'*Ulysse* et l'*Iliade*, etc. Ce sont donc des gens pour qui écrire, en tant qu'institution, impliquait une définition tacite de la lecture légitime de ce qu'ils écrivaient. C'est vrai *a fortiori* pour un courant littéraire comme celui du Nouveau Roman.

Il y a donc une pragmatique de l'écriture : on oublie que celui qui écrit dit quelque chose concernant celui qui va le lire. Et il y a ainsi toute une littérature de gens qui sont nés dans un univers de lecteurs professionnels et qui, du même coup, disqualifient un type de lecture illégitime, la lecture hâtive, la lecture de train, qui précisément ne peut pas saisir les structures [du champ], etc. J'ai parlé des écrivains, mais le fait d'être dans un univers où il y a des lecteurs professionnels, des exégètes, des structuralistes, des sémiologues, des professeurs d'histoire de la littérature et où l'institution de l'explication de texte existe et s'impose à tous les enfants scolarisés, c'est-à-dire à la quasi-totalité de la population, le fait d'être dans un univers où la lecture existe en tant qu'institution a des effets sociaux à la fois sur l'inconscient de la pragmatique de l'écriture et sur la lecture que les lecteurs professionnels pourront avoir de quelque texte que ce soit : ils liront tous les textes comme s'ils avaient été faits pour être lus, alors que le manuel de gymnastique est fait, non pas pour être lu, mais pour être exécuté et le livre de prières tibétain pour être psalmodié, chanté, dansé. J'ai souvent dit que l'une des erreurs fondamentales d'une certaine anthropologie structurale tient précisément à ce qu'elle constitue comme texte fait pour être lu, destiné à une analyse de type herméneutique, des textes qui étaient faits pour être agis, pour être dansés, comme, par exemple, tous les textes décrivant des rituels[1] ; ces textes ne sont pas destinés à la lecture, et surtout pas à la relecture structurale et à la recherche de cohérences cachées, etc. On en a une preuve dans le fait que

1. Voir P. Bourdieu, *Le Sens pratique*, *op. cit.*

ces textes, souvent, ne résistent à la recherche d'une cohérence que jusqu'à un certain point, au-delà duquel ils cassent, parce que l'une des propriétés de la logique pratique est, précisément, d'être valable en pratique, c'est-à-dire pour les besoins d'une urgence et jusqu'à un certain point. Le fait d'être dans un univers social où la lecture existe comme institution nous rend donc porteurs d'un rapport inconscient à l'objet livre qui tendra à se généraliser à toute chose à lire et qui, du même coup, produira cette sorte d'effet de philologisme.

Revenons maintenant à la peinture où la chose est encore peut-être plus évidente, bien que peut-être plus inattendue... Un exemple très simple : dans des églises italiennes – je pourrais faire une longue description car j'ai fait cette observation de façon assez précise[1], mais je donnerai seulement les grandes lignes –, on voit aujourd'hui, d'abord un tableau du XVe ou du XVIe siècle avec, devant, un cierge électrique, automatique, non allumé, un autre un peu plus loin avec deux cierges non électriques allumés, puis un peu plus loin un tableau tout petit du XVIe siècle et, devant, un petit médaillon type Saint-Sulpice[2] et une foule de cierges avec [inscrit] : « Mettez vos offrandes ici. » Ce qui est très étonnant, c'est qu'ailleurs vous avez le même tableau et il ne se passe rien. Ce tableau-là continue à fonctionner, et un peu plus loin vous allez en trouver encore un autre qui redevient purement esthétique et, entre les deux, un truc typiquement Saint-Sulpice : saint Antoine tendant un chapelet à la Vierge. Vous trouvez tout ça dans le même espace : les sujets, la chose représentée, ceux qui prient devant des tableaux et des touristes qui regardent leur *Guide bleu* [*rires de la salle*]. L'analyse serait très longue à faire, mais je voulais simplement faire comprendre ce que j'ai à l'esprit. Cette observation ne m'a frappé que parce que j'avais en tête ce que je suis en train de vous raconter : ces objets peuvent être traités

1. P. Bourdieu l'exposera plus tard dans « Piété religieuse et dévotion artistique », art. cité.
2. Allusion au style Saint-Sulpice ou sulpicien (synonyme de « kitsch » dans l'imagerie pieuse), selon l'expression inventée par Léon Bloy en référence au quartier Saint-Sulpice à Paris, connu pour ses nombreux magasins d'articles religieux.

comme des institutions. Je veux dire que la propension première d'un sujet cultivé de nos sociétés va être de traiter uniformément ces objets comme des objets esthétiques, c'est-à-dire appelant l'habitus esthétique. Par exemple, j'imagine que si quelqu'un allait se mettre à genoux devant un Fra Angelico du Louvre on crierait au fou, ou alors on penserait que c'est une intervention d'avant-garde [*rires de la salle*] !

Nous transportons donc avec nous une représentation inconsciente de la peinture-institution. Cette peinture est double : elle est chose et, en même temps, elle a une autre moitié qui est l'habitus qu'elle appelle, et elle ne va devenir réellement peinture vivante que si elle trouve l'habitus qui lui convient. Nous, nous passons devant cette peinture en promenant avec nous un habitus à usage universel (c'est même la définition de l'habitus esthétique : il peut s'appliquer à tout, il peut tout constituer esthétiquement) qui dit : « Ça, c'est beau », « Ça, c'est moche », etc. Et, du coup, nous oublions que ces différents objets en tant qu'institutions enferment une définition tacite de l'habitus qu'ils attendent, de l'habitus adéquat : comme comprendre le marteau, c'était frapper avec, comprendre le tableau, c'est s'agenouiller, mettre une offrande, allumer un cierge, etc. Un tableau du XVe siècle, religieux et humaniste, appelait un certain type de rapport ou de croyance qui n'est plus le nôtre et qui correspondait à l'univers de Marsile Ficin et de ces gens qui mélangeaient astrologie et astronomie, qui étaient entre le mythe et la religion, entre l'alchimie et la chimie, qui croyaient en Saturne et le voyaient en même temps sous la forme d'un moine. Un livre magnifique de Seznec sur la survivance des dieux antiques évoque très bien cela[1]. Il décrit cette sorte de zone intermédiaire, que nous appelons « Renaissance », entre l'Antiquité et l'Époque moderne, où les religions antiques et la religion chrétienne se mélangent, d'une façon qui n'est pas du tout un syncrétisme – un syncrétisme, c'est quand on mélange des choses différentes –, parce que les choses sont réellement mélangées : Saturne prend l'allure d'un petit moine barbu, etc. Là, l'effet

1. Jean Seznec, *La Survivance des dieux antiques*, Paris, Flammarion, 1980 [1939].

attendu, ce qu'il fallait faire pour comprendre ce tableau, c'était d'avoir ce type de conscience compliqué où on essayait de faire dire à Platon une forme de christianisme spiritualisé. Imaginons encore un autre tableau : un tableau du gothique international avec de l'or appelait qu'on se mette à genoux, c'est-à-dire encore autre chose.

Vous pouvez penser que ce que je dis là est relativement trivial ou vous demander à quoi bon faire ce genre de réflexion. Premièrement, cela peut fonctionner comme une sorte de paradigme de l'erreur que j'ai nommée tout à l'heure. Ce que nous transportons, c'est une espèce de rapport constant, qui est le rapport esthétique et qui est une forme de croyance : c'est s'arrêter, rester debout longuement devant une œuvre, prendre la peine de la regarder, de la déchiffrer, de chercher dans le guide ce que représente ce qui a l'air d'un serpent et qui, en fait, est une banderole sur laquelle sont écrites les paroles de l'Annonciation[1]. Cette peine et le travail d'ascèse qu'elle représente supposent une forme de croyance, la croyance esthétique qui donne un certain statut à l'œuvre d'art – on pourrait faire une sorte de variation à la Austin sur ce qu'on peut faire devant un tableau. Croire dans la valeur du tableau, c'est adopter l'attitude esthétique que ce tableau demande et ce n'est pas s'agenouiller (ce serait ridicule ou fou) ni prier. Cette analyse de la disposition esthétique comme institution renvoie évidemment à un certain type d'œuvre. Quand un habitus d'homme cultivé rencontre un objet qui n'appelle pas cet habitus, ce sont deux moitiés qui ne sont pas faites pour être ensemble qui se collent. C'est comme si vous aviez une moitié rouge et une moitié bleue : ici, il lui manque une autre moitié ; [au peintre siennois] Simone Martini, il fallait un habitus de croyant qui allait faire sa prière et il trouve un esthète parisien ; l'esthète parisien rencontre un objet devant lequel il fallait s'agenouiller. Ça n'empêche pas que ça colle, que ça passe inaperçu.

1. Les manifestations de la disposition esthétique au musée sont analysées par P. Bourdieu et Alain Darbel dans *L'Amour de l'art. Les musées d'art européens et leur public*, Paris, Minuit, p. 67-109.

La perversion épistémocentrique[1], erreur savante par excellence, ne peut être détruite que par une double analyse. Pour comprendre l'habitus esthétique, il faut étudier le champ dont cet habitus est le produit : par exemple, l'habitus esthétique que je vais appliquer à Simone Martini est le produit du musée. J'ai lu récemment un très bel exposé d'un historien de l'art qui montrait comment Goethe a éprouvé le choc de l'art pur devant la galerie de Dresde qui était, au fond, le premier musée accessible aux hommes cultivés de son temps. L'existence d'œuvres qui étaient arrachées aux environnements sociaux dans lesquels elles pouvaient fonctionner comme objets rituels ou objets de luxe a rendu possible et nécessaire l'approche esthétique qui consiste à regarder les œuvres en elles-mêmes et pour elles-mêmes, à ne pas leur chercher une fonction. D'un côté, l'habitus esthétique est le produit d'un ensemble de choses et d'institutions (le musée, l'existence d'une critique d'art attachée à lire l'œuvre en elle-même et pour elle-même, etc.) et, de l'autre côté, l'œuvre à laquelle cette disposition s'applique à tort est elle-même solidaire de tout un ensemble de conditions qui étaient productrices de l'habitus adéquat. Je renvoie à l'article de Baxandall qui a renouvelé complètement la perception qu'on pouvait avoir de la peinture du Quattrocento à partir d'une objection du type de celle que je propose[2]. Baxandall a par exemple fait remarquer ce détail que les deux couleurs employées dans les peintures du Quattrocento pour les mettre en valeur n'étaient pas, comme nous croyons, le rouge et le jaune mais le bleu et l'or parce que le bleu, qui était le bleu outremer, coûtait extrêmement cher et que l'or, par définition, coûtait très cher. L'artiste qui voulait que le commanditaire en eût pour son argent mettait donc beaucoup de bleu et beaucoup d'or, et mettait beaucoup de bleu quand il voulait mettre un geste en valeur – le geste de saint Jean-Baptiste

1. Dans son œuvre ultérieure, P. Bourdieu dénommera ce phénomène le « biais scolastique » (voir, en particulier, le premier chapitre des *Méditations pascaliennes*, *op. cit.*).
2. Michael Baxandall, « L'œil du Quattrocento », *Actes de la recherche en sciences sociales*, n° 40, 1981, p. 10-49 (il s'agit du deuxième chapitre de l'ouvrage qui ne sera traduit qu'ultérieurement : *L'Œil du Quattrocento*, trad. Yvette Delsaut, Paris, Gallimard, 1985 [1972]).

bénissant, par exemple. Quand nous n'avons plus cette sorte de connaissance de la pragmatique que les gens mettent en œuvre dans leur œuvre, nous faisons des lectures tout à fait inadéquates.

Plus profondément, je lisais récemment un texte classique de Gernet sur l'usage des métaux précieux, « La notion mythique de la valeur en Grèce », dans le recueil *Anthropologie de la Grèce antique*. Gernet écrivait : « Il y a une qualification d'ordre religieux qui s'attache à l'objet précieux en général », et, phrase beaucoup plus intéressante : « Ce n'est pas seulement parce qu'un objet est d'usage religieux qu'il a une valeur, c'est parce qu'il est précieux qu'il peut être objet de consécration[1]. » Autrement dit, il ne faut pas s'étonner devant un certain type de peintures soutenues par des fonds d'or en disant : « C'est bizarre que des gens continuent à faire des fonds d'or alors que Masaccio avait fait une révolution dans la peinture. » S'il y a un usage d'un certain type de matériaux dans une certaine logique, c'est en partie, me semble-t-il, par référence à une recherche de l'effet produit sur le spectateur, et cette recherche est une attente de l'habitus dans la rencontre avec lequel va se produire l'effet. Le caractère précieux des objets exerce un effet d'imposition de valeur qui peut être une dimension de l'effet religieux. Ainsi, un certain nombre d'œuvres destinées à recevoir des reliques avaient la forme même de la relique qu'elles enveloppaient, qu'elles enchâssaient ; ces œuvres étaient chargées de pierreries, elles devaient être aussi précieuses, visiblement, que l'était la chose contenue dans l'objet même. Cet effet-là devient parfaitement inintelligible si nous projetons sur cette réalité le regard esthétique pur.

Je résume. Il est très difficile de faire une analyse concrète dans une situation comme celle-là, mais j'aurai essayé... Si l'on a conscience que le rapport savant à l'objet n'est pas le rapport appelé originairement par l'objet, on peut chercher dans l'objet pris dans sa matérialité des indices de l'habitus qu'il appelait : par exemple, le fait qu'il y ait des pierres précieuses enchâssées, des

1. Louis Gernet, « La notion mythique de la valeur en Grèce » (1948), in *Anthropologie de la Grèce antique*, Paris, Maspero, 1968, p. 133.

auréoles en or, ou le fait qu'on ait mis sur l'auréole le nom du saint sont des indications de type pragmatique à travers lesquelles l'auteur a exprimé, inconsciemment ou consciemment, une définition de l'habitus adéquat qu'il appelait. Si on le cherche, on peut trouver cet habitus adéquat dans l'œuvre, mais aussi dans des documents ou des témoignages. Pour la lecture, par exemple, Roger Chartier a remarqué que, quand les romans classiques ou les romans picaresques passaient du monde savant au monde de la « Bibliothèque bleue », c'est-à-dire à un public supposé plus large, les paragraphes devenaient plus courts, faisaient dix lignes plutôt que trois pages[1]. Voilà un indice tout à fait mineur, qui peut passer inaperçu, de cette pragmatique de l'écriture : le découpage en paragraphes plus courts appelle un lecteur qui aura une lecture moins soutenue, plus discontinue. Inversement, il y a une rhétorique de l'usage des paragraphes : faire des paragraphes très longs, c'est faire sentir une pensée à grand souffle, ça exprime l'ampleur, la profondeur, la magnitude de la pensée – dans *L'Être et le Néant*, il n'y a quasiment pas de paragraphes… On pourrait analyser de la même façon la lecture : si vous avez toujours à l'esprit que cet objet, en lui-même, est fait pour fonctionner en relation avec un habitus, vous pouvez chercher dans l'objet des foules d'indices à travers lesquels il essaie de manipuler d'avance l'habitus ou de le satisfaire – par exemple, les soulignements, l'usage des italiques, l'usage des majuscules, etc.

Je ne sais pas si ce détour, cet exemple aura produit l'effet que je souhaitais ; j'ai la conviction qu'il ne l'a pas fait et j'en suis malheureux. Au fond, une des choses que j'ai dites aujourd'hui, c'est que les objets culturels, dans leur forme matérielle, réduits à leur dimension physique, sont des objets mutilés qui ne peuvent être compris adéquatement que si on les constitue comme tels ; ils enferment une attente de remplissement en tant qu'objets attendant

1. Roger Chartier ne publiera son étude sur cette collection emblématique de la littérature de colportage au XVIIIe siècle, d'où est extraite cette analyse, que deux ans après ce cours (« Livrets bleus et lectures populaires », in Henri-Jean Martin et Roger Chartier [dir.], *Histoire de l'édition française*, t. II, Paris, Promodis, 1984, p. 498-511) ; P. Bourdieu avait sans doute en main une version de travail.

une reprise, une réactivation. Plutôt que de laisser cette réactivation se faire au hasard et de laisser un habitus savant non contrôlé s'approprier à tort des objets qui appelaient un autre habitus, il est important d'avoir une conscience réflexive de ce qu'est l'habitus savant et de ce qu'est l'habitus pratique, de faire donc une place à une histoire sociale des habitus de lecture, des habitus de perception de l'œuvre d'art, des habitus de conduite économique, etc.

Programme des cours à venir et questions du public

Je vais m'en tenir là. Je voudrais simplement vous montrer comment, à partir de ce petit schéma, va se développer la suite de ce cours. Nous avons, en gros, le plan qui est justiciable vraisemblablement de transformations. Après avoir indiqué de façon synoptique ce qui me paraît être l'objet propre d'une science sociale (à savoir cette institution habitant sous deux formes, l'objectivation et l'incorporation, et dans la relation entre ces deux formes), j'examinerai dans un premier temps les fonctions théoriques de la notion d'habitus : pourquoi il faut parler d'habitus pour rendre compte des pratiques sociales, et en quoi cela permet d'échapper à un certain nombre d'erreurs et de difficultés scientifiques. Ensuite, j'examinerai plus systématiquement la notion de champ. Dans un premier temps, je l'étudierai en tant que champ de forces, plus exactement en tant que champ de forces possibles, c'est-à-dire comme un état physique ; il s'agira du champ aussi longtemps qu'il fonctionne sans être constitué comme champ perçu par un habitus. Je décrirai donc le champ comme espace de positions exerçant des contraintes sur tout agent entrant dans cet espace et prendrai comme exemples un certain nombre de champs : le champ des grandes écoles, le champ du journalisme, le champ des relations de travail, le champ des conflits de travail, etc. Ensuite, j'examinerai les rapports entre la notion de champ et la notion de capital, deux notions relativement interchangeables que j'essaierai d'éclaircir, puis les problèmes que posent les homologies de structure entre champs différents. Dans un second temps, j'essaierai d'examiner le champ, non plus comme champ de forces, mais comme champ d'actions, comme champ de luttes. Je finirai avec les problèmes du symbolique et des luttes symboliques : le champ, lorsqu'il devient objet de connaissance pour un habitus, devient un enjeu de luttes symboliques ; je retrouverai, mais peut-être à un niveau d'élaboration supérieur, un certain nombre de thèmes que j'avais abordés l'an dernier.

J'ai reçu à la pause deux questions ; j'ai complètement oublié d'y répondre, veuillez me pardonner. Je ne vais pas le faire tout de suite, simplement je les énonce pour que vous puissiez y réfléchir de votre côté : « Est-ce qu'une sociologie indigène est possible ? » C'est un problème sur lequel je reviendrai et j'avais essayé par mon analyse de reformuler cette question. Elle est souvent posée à propos des pays objets d'ethnologie, soit, en gros, les pays anciennement colonisés, mais elle se pose aussi à propos de nos propres sociétés. Peut-on prendre pour objet un univers social dont on est directement membre, ou un champ dont on fait partie ? Un professeur peut-il étudier le champ de l'enseignement ou un employé de bureau le champ des relations bureaucratiques ? Cette question est partiellement résolue à travers ce que j'ai dit mais, si elle m'est posée, c'est que la réponse n'apparaît pas évidente et, comme c'est une question qui se pose très souvent, je voudrais la reprendre. Je vous lis la deuxième question : « Comment est-ce que vous sortez d'une régression à l'infini si, pour comprendre la connaissance pratique, il faut d'abord comprendre la connaissance savante ? Il faudrait comprendre la connaissance qui essaie de comprendre la connaissance savante afin de comprendre la connaissance pratique et ainsi de suite. » Il s'agit d'une très bonne question sur laquelle je reviendrai[1], mais je dis tout de suite que c'est le type d'aporie faussement logique qui se tranche en pratique. Le fait d'avoir posé cette question oblige à mettre en place un travail scientifique qui résout en pratique cette question. Par exemple, ce que j'ai commencé à dire aujourd'hui, sur le rapport aux tableaux, est, me semble-t-il, un début de solution.

1. Voir en particulier la fin du cours suivant et la section « Critique de la relation savante », p. 407-413, dans le cours du 16 novembre 1982.

COURS DU 19 OCTOBRE 1982

Sens sans conscience. – L'erreur mécaniste et l'erreur intellectualiste. – La tentation du sociologue-roi. – Obstacles intellectuels à la connaissance de la gnoseologia inferior. *– L'habitus comme* orthè doxa.

Je voudrais rapidement rappeler les grandes lignes de ce que j'avais essayé d'établir la dernière fois et donc évoquer les premières conséquences qui peuvent se dégager du modèle représenté par le schéma que j'avais indiqué. La réflexion que je vais proposer s'organisera autour de trois grands moments : le premier sera une réflexion sur la relation R_1 du schéma, c'est-à-dire une réflexion sur le mode de connaissance pratique et sur la logique de la pratique comme préalable à une connaissance du fonctionnement du monde social ; le deuxième moment consistera en une réflexion sur le champ de forces et son fonctionnement dans une logique physicaliste ; le troisième moment consistera dans une réflexion sur le champ comme champ d'actions, par la réintroduction de la relation R_1 et de la relation d'habitus. Je vais revenir, premièrement, sur ce qui me paraît être le préalable à une connaissance adéquate du monde social, à savoir une réflexion sur la connaissance pratique et une tentative pour élaborer une connaissance rigoureuse de la logique spécifique de la pratique, et, deuxièmement, sur la théorie de ce que j'appelle l'habitus, comme principe de cette connaissance pratique.

Sens sans conscience

Je voudrais insister rapidement, sans me perdre en préalables méthodologiques ou épistémologiques, sur la fonction théorique de l'introduction de la notion d'habitus. Si je n'ai pas pratiqué beaucoup ce genre de réflexion sur les concepts que j'employais, c'est en partie par réaction contre la tendance très répandue à produire, à la place d'une véritable connaissance, un métadiscours théorique de type juridique. À mes yeux, un discours théorique ne se justifie que dans la mesure où il permet de produire des effets scientifiques. Lorsqu'il est à lui-même sa fin, je pense qu'il a une fonction ou décorative, ou juridique, c'est-à-dire qu'il prétend se constituer en norme, non pas tant du discours du producteur de ce discours que du discours des autres. La séduction de ce qu'on appelle l'épistémologie réside sans doute très souvent dans le fait que, par une espèce de métadiscours à propos de la science et de la pratique scientifique des autres, on s'institue en législateur en matière de pratique scientifique. Si les sciences sociales passaient leur temps à se regarder dans un miroir comme elles l'ont beaucoup fait, elles n'avanceraient guère et c'est ce qui m'a fait éviter souvent ce genre de réflexions. Je dis cela parce que je crains d'avoir réveillé cette habitude auprès de certains d'entre vous. Il y a eu, dans la préhistoire des sciences sociales, une sorte de fascination sur un certain nombre de problèmes légués par la philosophie, au mauvais sens du terme, comme tous les tristes topiques du genre « expliquer et comprendre », « sciences de l'homme et sciences de la nature », « y a-t-il une spécificité des sciences de l'homme ? », etc. Toutes ces discussions sur le rapport au monde social, qui peuvent avoir une fonction éminente dans l'enseignement – il faut bien enseigner quelque chose – et aussi dans la discussion un peu adolescente sur le monde social, doivent, me semble-t-il, être évacuées du discours scientifique, et je ne pense pas que ce soit une espèce de réflexe positiviste. J'évoque simplement ces débats pour les écarter. Il s'agit d'un des cas particuliers de ce paradoxe de la culture – je vous l'ai déjà dit plusieurs fois : la culture a pour fonction principale de permettre d'écarter un certain nombre de problèmes légués par la tradition culturelle. Il faut avoir une culture pour se débarrasser de la culture. Si je reviens sur la notion d'habitus, c'est essentiellement pour faire le point, au sens de la navigation, pour essayer de situer ce concept dans un espace de concepts où il fonctionne *volens nolens* et pour essayer de définir la position théorique au plus près dans un espace de différences.

Pourquoi une science de la connaissance pratique est-elle nécessaire et pourquoi est-elle difficile ? Pourquoi n'a-t-elle pas été faite plus tôt si elle est vraiment aussi indispensable que je le pense ? Si cette connaissance me paraît indispensable, c'est pour éviter l'erreur extrêmement fréquente que j'ai signalée la dernière fois, qui consiste à projeter dans la « conscience » des agents une représentation de leurs pratiques qui est celle du sujet savant qui les étudie (je donnerai des exemples à propos de la théorie économique qui est sans doute une des illustrations les plus typiques de cette erreur qui consiste à projeter dans l'action du sujet agissant la théorie du sujet savant[1]). Cette réflexion préalable est difficile et en même temps indispensable du fait que les alternatives théoriques devant lesquelles on se trouve placé sont telles qu'on a toujours le sentiment qu'on ne peut sortir d'un des termes de l'alternative qu'en tombant dans l'autre. Je prends un exemple simple : si, par exemple, dans une théorie du pouvoir, ou plus largement une théorie du monde social, on entreprend d'exclure la vision de type mécaniste selon laquelle les rapports de pouvoir seraient de purs rapports de force, on se sent presque inévitablement poussé par la logique de ces alternatives, par des mécanismes inconscients, dans une théorie subjectiviste, une théorie de la conscience ; ayant refusé une théorie des rapports de pouvoir comme rapports de force, on tombe presque inévitablement dans une théorie des rapports de pouvoir comme rapports de complicité entre le sujet dominé

1. P. Bourdieu développe ce point notamment dans *Algérie 60. Structures économiques et structures temporelles*, Paris, Minuit, 1977, et le prolongera dans *Les Structures sociales de l'économie*, Paris, Seuil, 2000, en particulier p. 236 *sq.* ; rééd. « Points Essais », 2014, p. 319 *sq.*

et les dominants, comme si le pouvoir supposait une complicité consciente des dominés. Voilà un exemple d'alternative qui, me semble-t-il, impose une réflexion sur ce qu'est la connaissance du monde social.

L'idée centrale que j'aimerais développer dans ce premier temps, c'est qu'il peut y avoir connaissance et sens sans qu'il y ait conscience. C'est une proposition extrêmement simple, mais je vais longuement l'argumenter. Dire que le monde social est un lieu d'actes de connaissance, que les sujets sociaux connaissent le monde social, qu'ils agissent, pourrait-on dire, en connaissance de cause, qu'ils sont orientés par le sens de leurs pratiques et du monde social en fonction duquel se pensent leurs pratiques, qu'ils sont orientés par des significations qui ne sont pas nécessairement des fins, cela n'implique pas du tout qu'ils soient sujets conscients de ces significations et de ces actes de connaissance. Le paradoxe apparent tient, je pense, au fait que nous vivons dans la tradition dualiste, dans la tradition cartésienne pour la nommer. Je vous renvoie par exemple à ce que Husserl dit très bien dans *La Crise des sciences européennes* : nous sommes tellement imbibés du dualisme de la conscience et du mécanisme que nous ne pouvons rien penser d'autre que l'un ou l'autre, c'est-à-dire que nous voulons que les actions humaines soient ou bien déterminées par des causes (une action économique sera déterminée par un certain nombre de causes économiques ou physiques), ou accomplies en connaissance de cause, c'est-à-dire par un acte conscient (par un calcul rationnel d'un agent qui connaîtrait complètement l'espace dans lequel il agit, comme le savant prétend le connaître)[1]. Je pense que cette alternative est tout à fait funeste, et si je l'explicite fortement, c'est que, premièrement, il est important de l'avoir à l'esprit pour voir ce qu'il s'agit de dépasser, et, deuxièmement, pour comprendre que, l'ayant dépassée, comme je crois l'avoir fait avec la notion d'habitus, on s'expose à être soumis à la critique de gens qui, restant dans cette alternative, voient une contradiction dans ce qui est, je crois, un dépassement.

1. Edmund Husserl, *La Crise des sciences européennes et la Phénoménologie transcendantale*, Paris, trad. Gérard Granel, Paris, Gallimard, 1976 [1936].

Telle est, grossièrement, l'intention de ce que je vais dire, et que je vais maintenant reprendre un peu plus lentement.

L'erreur mécaniste et l'erreur intellectualiste

On peut toujours [naviguer] entre deux positions qui me paraissent erronées – j'emploie le langage de l'erreur parce qu'il est commode : d'une part, l'erreur mécaniste, qui consiste à oublier l'existence d'un mode de connaissance tel que les actions humaines sont orientées par la référence au sens et qui réduit donc les actions au produit de déterminismes mécanistes, et, d'autre part, l'erreur qu'on peut appeler intellectualiste, qui consiste à donner pour la vérité du rapport pratique entre les agents sociaux et le monde social le rapport entre le savant et le monde social, erreur dont j'avais donné l'exemple l'autre fois.

Je vous renvoie, pour une illustration paradigmatique de cette erreur, à l'analyse du garçon de café, un texte de Sartre que je vais vous lire rapidement – je ne ferai pas de commentaire, vous le ferez vous-mêmes – qui me paraît idéaltypique de cette sorte de télescopage ou de confusion de la conscience savante et de la conscience ordinaire. J'ai hésité à vous le lire parce que, autant il est facile psychologiquement de faire la critique d'un texte quand on est devant sa feuille et qu'on s'adresse à une espèce d'adversaire théorique, autant c'est un peu désagréable, surtout quand c'est quelqu'un qu'on admire, de le faire publiquement en abusant de la situation d'autorité, de la situation de monologue, etc. Je le fais malgré tout parce que l'exemple est, je crois, très significatif et parce que Sartre me sert souvent. Sartre est tout à fait exemplaire, et admirable en même temps, parce qu'il a une sorte de puissance logique qui fait qu'il pousse, à mes yeux, des erreurs jusqu'au bout de leur logique. Je lis le texte de Sartre : « J'ai beau accomplir les fonctions de garçon de café, je ne puis l'être que sur le mode neutralisé, comme l'acteur est Hamlet, en faisant mécaniquement les gestes typiques de mon état et en me visant comme garçon de café imaginaire à travers ces gestes pris comme *analogon*. Ce que je tente de réaliser, c'est un être-en-soi du garçon de café, comme s'il n'était pas justement en mon pouvoir de conférer leur valeur et leur urgence à mes devoirs et à mes droits d'état, comme s'il n'était pas de mon libre choix de me lever chaque matin à cinq heures ou de rester au lit quitte à me faire renvoyer. Comme si, du fait que je soutiens ce rôle à l'existence, je ne le transcendais pas de toute part, je ne me constituais pas comme un au-delà de ma condition. Pourtant il ne fait pas de doute que je suis en un sens garçon de café – sinon ne pourrais-je m'appeler aussi bien diplomate ou journaliste[1] ? » Et ça continue comme ça… L'absurdité de ce discours ne vous frappe peut-être pas et elle ne m'a pas toujours frappé – j'ai lu ce texte dans un autre temps. Elle réside dans le fait qu'il télescope, dans une sorte de conscience imaginaire du garçon de café, la vision du garçon de café qui est engagé et ne se pose pas de questions, qui a un habitus de garçon de café et ne peut pas se penser autrement que comme garçon de café, qui n'imite personne mais fait ce qu'il a toujours vu faire par d'autres garçons de café-théâtre, et une conscience de sujet observant, qui constitue le garçon de café comme sujet libre des significations qu'il pose et qui, du même coup, fait surgir ce fantasme de la liberté, à chaque instant révoquée par la mauvaise foi, de sortir du rôle de garçon de café. Il serait inutilement méchant de pousser l'analyse, mais je reviendrai sur l'équivalence paradoxale de l'analyse avec le sujet de la théorie économique : l'*homo œconomicus*, comme le garçon de café vu par Sartre, est un sujet agissant qui aurait dans la tête le savant le regardant agir ou, plutôt, qui penserait son action comme s'il était dans le regard des autres. Maintenant que je vous ai signalé cette erreur, vous la trouverez partout : le discours scientifique en est plein, en grande partie parce qu'il est plus facile d'écrire ainsi.

L'une des difficultés de la réflexion que je propose est qu'elle oblige à mettre en question un certain nombre d'automatismes du discours ordinaire : nous parlons le monde social spontanément de cette façon. Pour échapper à cette sorte de télescopage des

1. Jean-Paul Sartre, *L'Être et le Néant*, Paris, Gallimard, 1943, p. 242.

deux rapports au monde social que j'avais distingués dans mon schéma – la relation R_0 et la relation R_1 –, il faut faire simultanément, comme je l'ai dit la dernière fois, une science de la connaissance pratique et une science de la connaissance savante comme n'étant pas la connaissance pratique. Autrement dit, la connaissance savante doit s'apercevoir comme connaissance d'une connaissance qui n'est pas la connaissance savante. C'est là que je voudrais un peu insister : la théorie scientifique suppose une théorie de la pratique comme non-théorie, l'expression de « théorie de la pratique » ayant l'air d'une alliance de mots, d'une contradiction dans les termes. De fait, ce n'est pas facile, d'abord pour des raisons sociales – ce que je vais développer rapidement –, ensuite pour des raisons intellectuelles parce qu'il y a cette contradiction que je vous ai signalée.

Pour m'autoriser d'une autorité – quand on est sur un terrain où on frôle constamment l'évidence et où, en même temps, on est, je crois, dans des difficultés extrêmes, les grands auteurs sont utiles parce qu'ils contribuent à créer la croyance –, je vous lis ce texte de Husserl dans *La Crise des sciences européennes* (l'autre fonction de Husserl et de Sartre que je vous lis est de vous faire admettre un langage difficile pour qu'après vous appréciez mieux le mien [*rires*], à condition d'accepter que mon discours mérite autant d'efforts, ce qui n'est pas absolument acquis) : « Ce qui est effectivement premier c'est l'intuition *simplement subjective-relative* de la vie pré-scientifique du monde. Certes pour nous [le "pour nous" est intéressant : il ne dit pas qui c'est et j'essaierai de vous le dire] ce "simplement" prend la couleur de la *doxa* [la *doxa* est une vieille tradition qui remonte à Platon et aux sophistes, c'est la croyance, l'opinion, la représentation, le cela-va-de-soi], objet d'un long héritage de mépris [c'est une phrase que j'étais très heureux de trouver chez Husserl]. Mais c'est une couleur dont elle ne porte naturellement aucune trace dans la vie pré-scientifique [cela veut dire que quand on est dans la *doxa* on ne la méprise pas] ; là elle forme au contraire un royaume de bonne confirmation et ensuite de connaissances prédicatives bien confirmées et de vérités qui sont exactement aussi assurées que l'exige ce qui détermine leur sens, c'est-à-dire le projet pratique de la vie[1]. »

Ce texte donne un programme à ce que je vais esquisser, en donnant pour objet à la phénoménologie l'analyse de l'expérience originaire du monde social, expérience qui est le fondement de toutes les expériences de type scientifique. Ce retour à l'originaire est rendu difficile par une tradition de mépris au sujet de laquelle Husserl emploie le mot de « doxa » et qui est présente à la fois dans la philosophie – au travers de l'opposition entre la *doxa* et l'*épistémè*, qui est noble et se conquiert contre la *doxa* – et dans la tradition scientifique : la science se constitue contre les erreurs premières – vous connaissez les thèmes bachelardiens sur la connaissance première et l'erreur première[2]. Husserl dit par ailleurs, tout au long de la *Krisis*, que cette science est en soi extrêmement difficile, parce qu'elle suppose une rupture avec toutes les dispositions habituelles de pensée, avec le mode de pensée cartésien comme je l'ai dit tout à l'heure. Et personne n'a envie de la faire parce qu'elle est méprisée. Elle est méprisée parce qu'il s'agit de mettre à l'œuvre la connaissance par excellence, l'*épistémè*, pour comprendre cette chose qui en est la négation, la *doxa* : comment faire une *épistémè* de la *doxa* ? C'est une espèce de paradoxe que soulève Husserl : il faut vraiment être fou, il faut vraiment transgresser des tabous sociaux – parce que c'est de cela qu'il s'agit – pour se donner pour objectif la connaissance de la *doxa*, cette chose dans le mépris de laquelle l'*épistémè* s'est construite.

Baumgarten, à propos de l'esthétique, parlait de *gnoseologia inferior*[3], et je crois que la notion convient très bien pour nommer le schème de ce que je vais essayer de dire. Ce qu'il s'agit de

1. E. Husserl, *La Crise des sciences européennes*..., *op. cit.*, p. 143.
2. Voir G. Bachelard, *La Formation de l'esprit scientifique*, *op. cit.*
3. Alexander Gottlieb Baumgarten emploie l'expression dans la définition même de l'« esthétique », notion dont il est l'introducteur (*Aesthetica*, Francfort-sur-le-Main, 1750). Ce classique ne sera traduit que plusieurs années après le cours : « L'Esthétique (ou théorie des arts libéraux, gnoséologie inférieure, art de la beauté du penser, art de l'analogon de la raison) est la science de la connaissance sensible. » (Alexander Gottlieb Baumgarten, *Esthétique*, trad. Jean-Yves Pranchère, Paris, L'Herne, 1988, p. 121.)

faire, c'est une gnoséologie inférieure, la gnoséologie d'un mode de connaissance inférieur, ce qui va à l'encontre de toute la tradition gnoséologique, de toute la tradition de la philosophie de la connaissance. On peut reprendre, par exemple, les analyses que propose Cassirer dans *La Philosophie des Lumières* à propos de la philosophie du XVIIe et du XVIIIe siècle : toute la tradition philosophique, qui s'est pensée comme une réflexion sur la connaissance et sur cette connaissance par excellence qu'est la connaissance scientifique, s'est donné en quelque sorte pour objectif de penser à l'image de Dieu. Finalement, le penseur conforme est celui qui se donne un mode de connaissance tel qu'il n'ait rien à envier à l'entendement divin. Ici, je ne fais que paraphraser Cassirer[1]. Chez Descartes, Spinoza ou Leibniz, la philosophie, dans une dimension que je crois essentielle, l'épistémologie, vise à assurer à l'entendement humain, par la vertu de la méthode, l'accès à une pensée de type divin. J'ai des exemples plus clairs, notamment chez Spinoza, mais peut-être que le plus significatif et le plus proche des problèmes que je veux poser aujourd'hui serait Leibniz qui, en découvrant le calcul infinitésimal, et en passant de la géométrie analytique – qui avait déjà pour vertu, comme il le remarque, de débarrasser l'esprit humain des servitudes de l'imagination, des figures, etc. – au calcul infinitésimal, a le sentiment d'assurer à la connaissance humaine un pouvoir tout à fait analogue à celui de la connaissance divine qui possède en acte la valeur complète de $\sqrt{2}$ et qui, du même coup, transcende en quelque sorte les limites de la finitude humaine. On pourrait reprendre ici toutes les réflexions de Leibniz sur l'écart différentiel qui renferme toute la courbe et qui permet en quelque sorte à la connaissance humaine

1. Ernst Cassirer, *La Philosophie des Lumières*, trad. Pierre Quillet, Paris, Fayard, 1966 [1951]. Par exemple : « Pour les grands systèmes métaphysiques du XVIIe siècle, pour Descartes et Malebranche, pour Spinoza et Leibniz, la raison est la région des "vérités éternelles", ces vérités qui sont communes à l'esprit humain et à l'esprit divin. Ce que nous connaissons et apercevons à la lumière de la raison, c'est "en Dieu" donc que nous le voyons immédiatement : chaque acte de la raison nous assure de notre participation à l'essence divine, nous ouvre le royaume de l'intelligible, du suprasensible absolu » (p. 48-49).

de transcender le temps[1]. Je n'approfondirai évidemment pas cet aspect, mais je le mentionne parce que l'un des mystères de la connaissance pratique, c'est, précisément, qu'elle est complètement engluée dans la temporalité et que, pour la connaître, il faut la connaître comme temporalité de part en part.

Je prendrai, sans le développer, l'exemple célèbre des analyses anthropologiques du don – je ne vais faire que l'indiquer pour que vous le développiez vous-même. Si, me semble-t-il, la théorie anthropologique de Mauss à Lévi-Strauss a manqué en quelque sorte la théorie du don[2], c'est que les savants, et en particulier Lévi-Strauss, se donnaient pour objectif de réduire une succession [...] à un modèle instantanéisant, faisant ainsi disparaître la spécificité du don, à savoir qu'il y a un intervalle interposé ; rendre sur-le-champ la même chose qu'on a reçue, ou autre chose mais équivalent, c'est détruire ce qui fait la logique du don, le fait qu'il se déroule dans le temps[3]. Voilà un exemple qui donne à voir la différence entre les choses de la logique et la logique des choses, comme disait Marx[4] : quand l'échange de dons est réduit à sa formule logique, le modèle détruit en quelque sorte ce qu'il décrit. Le modèle de Lévi-Strauss, qui instantanéise le don et le contre-don, fait apparaître qu'il n'y a pas de don sans contre-don, ce qui est très important, mais il faut avoir à l'esprit une théorie de la logique pratique comme n'étant pas

1. Gottfried Wilhelm Leibniz, *Nova methodus pro maximis et minimis*, 1684.
2. Le principe de réciprocité théorisé par Marcel Mauss dans l'« Essai sur le don » (1923-1924 ; rééd. in *Sociologie et anthropologie*, Paris, PUF, 1966) a été systématisé par Claude Lévi-Strauss dans son analyse des règles qui organisent les échanges matrimoniaux (*Les Structures élémentaires de la parenté*, Paris, PUF, 1949). P. Bourdieu précisera cette critique dans le cours du 25 janvier 1983, p. 652 *sq.*
3. Pour des développements, voir P. Bourdieu, *Esquisse d'une théorie de la pratique*, *op. cit.*, notamment p. 337-349, *Le Sens pratique*, en particulier le chapitre « L'action du temps », p. 167-189 ; « La double vérité du don », in *Méditations pascaliennes*, *op. cit.*, « Points Essais », p. 276-291. Voir aussi *infra*, le cours du 25 janvier 1983, p. 652 *sq.*
4. Cette phrase que cite souvent P. Bourdieu est inspirée du passage suivant : « Le point de vue philosophique, ce n'est pas la logique des faits mais le fait de la logique. » (K. Marx, *Pour une critique de la philosophie du droit de Hegel*, in *Œuvres*, t. III, *op. cit.*, p. 886.) D'autres traductions sont plus proches de la formule telle que la cite P. Bourdieu : « Ce n'est pas la Logique de la Chose mais la Chose de la Logique qui est le moment philosophique. » (Karl Marx, *Critique du droit politique hégélien*, trad. Albert Baraquin, Paris, Éditions sociales, 1975 [1843], p. 51.)

la logique de la logique logique et comme introduisant quelque chose que la logique de la logique logique détruit, à savoir la succession. Le modèle de Lévi-Strauss est vrai à condition de constater que c'est un modèle théorique qui rencontre une pratique différente, dans sa logique, de ce modèle. Même si le don implique un contre-don, il est vécu, au moment où il est fait, comme sans retour, et, même si le contre-don est une réponse au don, il est vu, au moment où il est fait, comme généreux, et non comme une réponse au don initial. Ce qui permet cette sorte de mensonge, de mauvaise foi, c'est l'intervalle de temps interposé que le donneur et le receveur s'accordent, et il y a une sorte de complicité, de jeu de mauvaise foi collective : pour que cela marche il faut faire semblant d'ignorer le contre-don[1]. Mon analyse consiste à appliquer un précepte très simple : les modèles construits pour comprendre la réalité sont en danger de détruire la réalité qu'ils décrivent, sauf à savoir qu'un modèle ce n'est pas la réalité. [...]

Si j'insiste sur cette sorte d'*hubris* théorique des grands cartésiens, sur l'ambition panlogique des grands philosophes rationalistes et sur leur ambition de maîtriser le temps – l'exemple du calcul infinitésimal est typique –, c'est parce que cette ambition me semble aussi présente dans les sciences sociales, en particulier dans la tradition structuraliste, et qu'elle risque de produire, sur tous les terrains, des effets analogues à celui dont j'ai donné un exemple à propos du don. Ce mode de pensée à la manière de Dieu, si on peut dire, c'est-à-dire sous le regard de l'éternel, abstraction faite du temps, me semble évidemment lié à l'ambition philosophique et elle trouve sa réalisation dans la... Je suis un peu hésitant parce que vous pourriez trouver bizarre que je fasse une sorte d'histoire de la philosophie un peu à la hussarde sous le rapport du problème qui m'intéresse. Ce ne serait peut-être pas inutile mais le côté un peu hâtif de ce que je pourrais dire des philosophes prêterait à ricanements, et cela n'apporterait pas grand-chose de plus à ce que je voudrais dire. Enfin, vous pouvez prolonger en intention ce que j'ai esquissé...

1. Sur ce point, voir P. Bourdieu, *Esquisse d'une théorie de la pratique*, *op. cit.*, notamment p. 337-349.

La tentation du sociologue-roi

Je voudrais – là encore sans faire un développement au fond – essayer de montrer comment cette sorte d'ambition de la vision en Dieu du monde et du monde social trouve son accomplissement dans la tradition hégélienne. (Vous allez dire que c'est évident, que tout le monde le sait. Mais il est toujours important de s'en prendre aux réalisations archétypales : pour moi, l'une des fonctions des grandes philosophies est qu'elles développent de façon ultra conséquente des tendances de l'esprit humain à l'œuvre tous les jours, et il y a une tendance de type hégélien tout le temps à l'œuvre dans le travail des chercheurs en sciences sociales. S'arrêter sur Hegel, ce n'est pas rendre hommage à un grand auteur pour faire un topo philosophique ; c'est se servir d'un document historique pour y découvrir une forme accomplie d'une tendance à l'erreur, l'expression exemplaire d'une erreur paradigmatique dans les sciences sociales. Ceci peut paraître arrogant, mais c'est en même temps tout à fait modeste [*rires de la salle*]... Non, c'est vrai, si je ne dis pas cela, je ne pourrai plus parler après avoir dit ce que j'ai à dire sur des gens de cette envergure.)

Les sciences sociales sont au fond toujours hantées – on l'a dit mais sans aller jusqu'au bout, et parfois il faut être un peu lourd pour aller jusqu'au bout – par la tentation du philosophe-Dieu que j'ai évoquée très sommairement et qui prend, dans le cas des sciences sociales, la forme de la tentation du sociologue-roi tout-puissant qui agit par la représentation. Cette tentation me semble incarnée dans la pensée hégélienne telle que je vais la résumer. (Je demande pardon aux hégéliens fervents, de stricte obédience : comme je vais sûrement dire des choses un peu barbares, je dirais, pour me mettre à l'abri, que j'ai construit un Hegel pour les besoins de ma démonstration.) Je pense que Hegel donne une expression systématique à une tendance sociale qu'on pourrait appeler de type technocratique. Au fond, c'est une sorte... Chaque mot me coûte beaucoup, ce que je dis est tout à fait sommaire... Lorsque, par exemple, dans *La Philosophie de l'histoire*, Hegel décrit l'Histoire comme le lieu du développement du sujet absolu, différent des sujets humains habituels, qu'il s'agisse d'individus ordinaires, de héros historiques ou de sujets collectifs comme l'État, l'État comme nation, le monde, etc.[1], il décrit quelque chose qui est toujours à l'œuvre dans l'inconscient social de ceux qui prétendent régner au nom de la science. Je pense que chez tout sociologue, et *a fortiori*, dans l'état actuel de la division du travail scientifique, chez tout économiste, il y a un petit Hegel qui sommeille et l'ambition d'opposer le savoir absolu, le savoir du Tout, le savoir de celui qui possède la connaissance du Tout au savoir partiel des individus. Vous trouvez cela dans les manuels de Samuelson[2] ou chez Durkheim qui dit magnifiquement – on dirait une transcription de Spinoza – que le sujet individuel lutte dans l'obscurité, est animé par la passion, que chacun a son petit intérêt particulier alors que le savant, c'est-à-dire le sociologue évidemment, au nom de la science du Tout, surplombe en quelque sorte ces savoirs partiels et les aperçoit comme des perspectives qu'il est seul à pouvoir totaliser[3]. Le sociologue, comme le savant qui a accédé à la connaissance du troisième genre[4], a le géométral, le lieu géométrique de toutes les perspectives[5] et, à partir de là, peut penser les limites de ces savoirs particuliers.

1. Georg Wilhelm Friedrich Hegel, *Leçons sur la philosophie de l'histoire*, trad. Jean Gibelin, Paris, Vrin, 1937 [1822-1830].
2. Au sujet des *Economics* de Paul A. Samuelson (l'un des manuels d'économie les plus prescrits au monde depuis sa première édition en 1948), P. Bourdieu écrit : « Ainsi, tel traité classique d'économie n'évoquera la logique spécifique de la pratique et du sens commun que pour la rejeter dans l'indignité : dénonçant la prétention des agents économiques à posséder une connaissance adéquate des mécanismes économiques, l'économiste "savant" revendique le monopole du *point de vue total sur le tout* et s'affirme capable de transcender les points de vue partiels et particuliers des groupes particuliers et d'échapper aux erreurs qui ont pour principe le paralogisme de composition (*fallacy of composition*). » (*Le Sens pratique*, *op. cit.*, p. 48-49.)
3. Durkheim dit par exemple dans son cours de 1913-1914 sur le pragmatisme : « Les esprits particuliers sont finis, il n'en est pas un qui puisse se placer à tous les points de vue à la fois », la « vérité scientifique » (qui « n'est [donc] pas incompatible avec la diversité des esprits ») permettant de totaliser ces « vérités partielles ». (*Pragmatisme et sociologie*, Paris, Vrin, 1955, p. 186.)
4. Voir *supra*, p. 87, note 1.
5. Voir *supra*, p. 69, note 3.

On trouve chez Hegel cette description des limites qui s'imposent au sujet historique concernant à la fois le contenu et les conséquences de ses actes. On trouve [dans les *Leçons sur la philosophie de l'histoire*] une description de ce que j'appellerai la logique pratique, mais elle est strictement négative, la logique pratique étant définie par la privation de cette totalisation, privilège ou monopole du savant. Le savant absolu est précisément cette norme à partir de laquelle toutes les connaissances particulières apparaissent comme mutilées. Les limites des savoirs particuliers, tels qu'il les décrit, résultent du cadre naturel et économique des actions – les sociologues pensent, moi le premier, que les limites de validité de la connaissance que les sujets sociaux individuels peuvent avoir du monde social tiennent à leur position dans le monde social et aux déterminismes liés à une condition particulière –, de leur horizon culturel, de l'interdépendance des acteurs à un moment donné du temps et de l'interdépendance des agents sociaux à travers le temps. Grossièrement, ce sont là les facteurs qu'invoque Hegel et, en conséquence, ce qu'il appelle la « liberté subjective » des acteurs est toujours très limitée tant pour l'action, c'est-à-dire pour les possibilités réelles, que pour la conscience ou la connaissance de soi. Mais si le cours de l'Histoire est rationnel, du fait de l'accroissement du contrôle de la Nature, etc., cette rationalité ne peut pas être attribuée à telle ou telle subjectivité particulière. Il y a donc un lieu de la rationalité transcendant aux individus, où se situe le penseur. Vous le voyez, le philosophe et le sociologue, qu'on oppose souvent, s'assignent inconsciemment le même rôle et, si la sociologie exerce une telle fascination sur la jeunesse, c'est en grande partie parce que c'est un rôle de roi ou de Dieu, qui surplombe les consciences, bref le rôle que la philosophie s'est toujours assigné et dont la sociologie est la forme moderne.

L'État pour Hegel – je prolonge parce qu'évidemment le problème de l'État et du philosophe d'État est central – est une réalisation de l'« esprit objectif », c'est-à-dire l'une des résultantes de cette infinité d'actions individuelles qui n'enferment pas leur propre vérité et qui se trouvent intégrées à un niveau supérieur aux consciences individuelles auquel le philosophe va les ressaisir.

L'État est donc une des réalisations de l'esprit objectif qui est le résultat de tous les particularismes. Rosanvallon a très justement rapproché le modèle hégélien du modèle de la main invisible, cher aux économistes[1] : il y a dans le monde social une sorte de fin dont personne n'est le sujet et qu'il appartient au philosophe de découvrir. Il est étonnant qu'il se soit opposé au libéralisme économique, alors qu'il a – on l'a montré par l'étude de ses lectures – emprunté un de ses thèmes essentiels, la « ruse de la Raison » que je suis en train de décrire, à la tradition des économistes et qu'il reprend, dans un autre langage, cette tradition selon laquelle l'agrégation des actions individuelles donne un sens objectif irréductible au sens individuel. Je répète pour ceux qui pensent que je m'égare sur le terrain de la philosophie que tout cela est constamment présent dans les descriptions des philosophes, des sociologues, des économistes, etc. : ce que je suis en train d'explorer en m'aidant de l'histoire de la philosophie, c'est l'inconscient épistémologique des spécialistes des sciences humaines et, plus largement, de tous les sujets sociaux parce que tout le monde aujourd'hui est plus ou moins imbibé de sciences humaines, qui se sont diffusées bien au-delà des spécialistes. L'État est donc la réalisation de l'esprit objectif et, en lui, les points de vue unilatéraux et abstraits sur la situation historique se lient et s'intègrent dans un processus historique complexe qui transcende les intentions, les projets et la conscience des agents – que les agents soient des princes, des bureaucrates, des nobles ou des bourgeois. Cette sorte de sens objectif qui transcende les intentions individuelles dote les conduites des individus d'un sens objectif irréductible au sens intentionnellement posé.

C'est là qu'on retrouve la bureaucratie d'État et la technocratie que j'ai évoquées un peu à la hussarde en commençant : la bureaucratie d'État représente l'incarnation de la vision univer-

1. Pierre Rosanvallon, « Hegel, de la main invisible à la ruse de la raison », in *Le Capitalisme utopique. Critique de l'idéologie économique*, Paris, Seuil, 1979 ; rééd. « Points Essais », 1999, p. 162-178. (L'analyse repose ici davantage sur la lecture de *La Phénoménologie de l'Esprit* [1807].)

selle et de la volonté universelle. Elle est le lieu, dans le monde social même, où se réalise l'intégration des intérêts particuliers, aveugles les uns aux autres et donc à eux-mêmes. Elle fournit au prince la connaissance des principes généraux, les circonstances particulières de chaque cas, l'éventail des choix raisonnables et la pondération des conséquences de chaque action. Il y a ce texte tout à fait magnifique dans *Les Principes de la philosophie du Droit* : « Le prince qui est un homme de signature ne fait que mettre des points sur les "i"[1]. » C'est un très beau texte de Hegel. Le prince, finalement, ne fait que signer : il ratifie, il paraphe des dossiers préparés par des bureaucrates.

Cette analyse est très intéressante. On la retrouverait, presque textuellement, chez Weber qui, je pense, a laïcisé sur beaucoup de points Hegel, ce qui fait qu'on peut citer ce très beau texte de Weber, *Le Savant et le Politique* qui est considéré comme, au fond, l'acte de sécularisation de la sociologie : c'est le savant qui renonce à la politique, etc. Quand Weber dit que le savant doit proposer la connaissance claire de la compatibilité des fins et de la compatibilité des moyens avec les fins et que, pour le reste, c'est au politique de choisir[2], je crois que c'est typiquement du Hegel qui dit que la bureaucratie d'État fournit au prince la connaissance des principes généraux, les circonstances particulières de chaque cas, l'éventail des choix raisonnables et la pondération des conséquences de chaque action. Mais, quand ces idées sont énoncées par Weber, on y voit la naissance de la science objective neutre,

1. « On allègue souvent contre le monarque que, si on lui confie les affaires de l'État, elles sont livrées au hasard et à la contingence, puisque le monarque peut avoir été mal éduqué, qu'il n'est peut-être pas digne d'être à la tête de l'État, qu'enfin il est insensé d'admettre que ce régime existe comme s'il était un régime rationnel. Cette argumentation repose sur cette supposition que tout dépend de la particularité du caractère du monarque et cette supposition ne vaut rien. Dans une organisation complète de l'État il est seulement question d'avoir à sa tête un organe de décision formelle et un rempart solide contre les passions. C'est donc à tort que l'on exige d'un monarque des qualités objectives, car il n'a qu'à dire oui et à mettre les points sur les "i". » (Georg Wilhelm Friedrich Hegel, *Principes de la philosophie du droit ou Droit naturel et science de l'État en abrégé*, trad. par Robert Derathé, Paris, Vrin, 1975, p. 294, addendum au § 280.)
2. Voir M. Weber, *Le Savant et le Politique*, *op. cit.*, notamment p. 89.

la vérité scientifique, etc. Comme je l'ai souvent dit, les sujets et les fantasmes, surtout politiques et sexuels s'euphémisent pour transiger avec la censure. Le fantasme politique du philosophe-roi se retrouve aujourd'hui mais ne s'exprime pas naïvement : il s'exprime sous une forme euphémisée et déguisée, et Weber était déjà soumis à une censure plus forte que Hegel. Aujourd'hui, vous ne trouverez ce fantasme qu'à un degré d'euphémisation encore plus élevé.

C'est pourquoi il est important d'en revenir à la source avec un beau cas, un équivalent du cas de Dora pour Freud[1], où le fantasme s'exprime dans toute sa pureté. La bureaucratie, dans cette logique, est la classe universelle – qui deviendra chez Marx le prolétariat –, et ce schème de la classe universelle est très important. À l'opposé de la conscience malheureuse qui se sent étrangère à son activité et à la totalité du monde se trouve la conscience satisfaite que procure la connaissance adéquate du monde – on retrouve là du Spinoza : c'est la conscience satisfaite du bureaucrate qui comprend et accepte le monde comme sien. Le bureaucrate est cette sorte de sage stoïcien qui connaît suffisamment l'État et le monde social pour l'accepter et se l'approprier. L'État est donc le développement et l'explicitation de l'aspect universel de la société civile – pour ceux qui croiraient que je fais un Hegel de fantaisie, je les renvoie à *La Philosophie du droit*, § 182, 187 et 249. Je précise tout de même, parce que j'ai présenté un Hegel unanimiste et proposant une vision de l'État unanimiste, que Hegel insiste sur la dualité de la société civile et de l'État. L'État impose deux types d'action : d'une part, rendre explicite l'universalisme latent de la société civile divisée par des antagonismes qui se dépassent dans les réconciliations, dans l'universel, et, d'autre part, contrôler le particularisme inhérent aux divisions de la société civile.

Pour revenir au modèle hégélien dans sa pureté : l'État est un objet qui inclut son propre développement, et le dernier état de ce développement, c'est-à-dire le Concept constitué par le philosophe

1. Sigmund Freud, « Dora : un cas d'hystérie », in *Cinq psychanalyses*, trad. Marie Bonaparte et Rudolph M. Loewenstein, Paris, PUF, 1954 [1905].

qui est l'accoucheur de l'État, inclut la pleine actualisation de ces possibilités et la pleine appropriation par le discours philosophique, c'est-à-dire par le philosophe, des possibilités inhérentes à l'État. Il existe donc une relation essentielle entre l'État et le philosophe, entre le bureaucrate et le philosophe, le philosophe étant en quelque sorte, non pas le conseiller du prince – c'est un rôle tout à fait différent –, mais l'assistant en conscientisation – pour employer un mot qui s'emploie beaucoup de nos jours – du bureaucrate. Si l'on réfléchit à ce qu'est aujourd'hui la division du travail de domination, il est certain que ce rôle-là est tout préparé pour le sociologue, sans arrêt invité à entrer dans des contrats dans lesquels il est celui qui apporte à la fois aux fonctionnaires d'État une connaissance de la réalité et la conscience adéquate de leur maîtrise pratique de la réalité. Le philosophe accoucheur de l'Histoire est donc le conseiller du bureaucrate qu'il aide à remplir sa fonction d'agent de l'universel transcendant aux intérêts particuliers antagonistes. Il est celui qui dégage et porte au niveau du Concept, c'est-à-dire du discours, le sens objectif que les simples agents accomplissent sans le savoir.

J'ai envie de dire : au fond, Marx c'est la même chose *mutatis mutandis* ; j'avais prévu de développer mais je ne vais pas le faire car la transposition à Marx se fait parfaitement, même si elle doit surprendre. Ce que je voulais tirer du paradigme de Hegel, c'est l'idée que le philosophe ou le sociologue, lorsqu'il se met dans le rôle du penseur-roi, est aussi loin que possible de comprendre et même de se donner pour objet de comprendre les actions particulières et la logique de l'action particulière. En se constituant comme penseur du Tout, il les constitue d'emblée comme privées de la connaissance du Tout et, ce qui est pire, privées de la privation. Les agents singuliers croiraient qu'ils ont la connaissance du Tout si les philosophes n'étaient pas là pour leur dire à quel point leur vision du monde social est particulière, perspective, etc., pour leur rappeler que leur connaissance n'est que pure *doxa*, qu'ils ont à réapprendre de fond en comble ce qu'est le monde social. L'enquête ne serait pas facile à faire, mais je pense que, par un certain type de techniques d'entretien, on découvrirait que la représentation que les sociologues ont, à des degrés différents selon leur position dans leur champ scientifique, de leur fonction sociale, doit beaucoup à cette vision : le sociologue est celui qui, par profession, se sent en droit de constituer les sujets sociaux ordinaires comme privés de la connaissance du monde social et de la connaissance de leur privation. L'usage social du mot « idéologie » pourrait être étudié dans cette logique, tout comme l'usage par Durkheim de la notion de sociologie spontanée ou, pour prendre un exemple récent, les usages en épistémologie de la notion de « coupure » – qui n'est d'ailleurs pas chez Bachelard qui parle de « rupture épistémologique ». Le mot « coupure » est intéressant : c'est une coupure entre le sacré et les profanes, entre les détenteurs du savoir total, donc sacré, et les simples profanes comme on dit, les non-spécialistes ; cette notion a eu un succès social éminent, me semble-t-il, parce qu'elle incarnait cette prétention constitutive de l'ambition scientifique un peu juvénile à se séparer des simples mortels et à se constituer en savant[1].

J'ai développé un long moment ce thème parce qu'il me semble important pour comprendre la difficulté de cette gymnastique qui est une conversion – il faut marcher sur les mains –, et à quel point il est paradoxal de donner à la science sociale l'objet de connaître cette science inférieure que tout la pousse à écarter comme obstacle épistémologique, obscurité, *doxa*, sociologie spontanée, « maîtresse d'erreur et de fausseté[2] ». C'est l'équivalent de l'imagination pour les philosophes athéniens ; c'est l'enfer et la damnation. Un sociologue débutant, avec la complicité du maître, se trouve très bien de cette espèce d'orgueil professionnel de caste (« Nous ne sommes pas de ces gens naïfs qui se fient à leur intuition pour connaître le monde social : nous avons des questionnaires, des techniques, des

1. Allusion au thème de la « coupure épistémologique » qu'introduit Louis Althusser en 1965 en identifiant le passage de l'idéologie à la science dans la pensée de Marx en 1845-1846 (Louis Althusser, *Pour Marx*, Paris, Maspero, 1965).
2. Formule employée par Pascal au sujet de l'imagination : « C'est cette partie dominante dans l'homme, cette maîtresse d'erreur et de fausseté, et d'autant plus fourbe qu'elle ne l'est pas toujours, car elle serait règle infaillible de vérité si elle l'était infaillible du mensonge. » (*Pensées*, éd. Lafuma, 44.)

concepts, de grands auteurs, etc. »). Si j'insiste lourdement sur ce point, c'est que, dans une analyse scientifique comme celle-ci, il y a l'analyse elle-même mais aussi la persuasion des analyses, et si je pense que vous avez tous compris au niveau de la compréhension, je ne suis pas sûr que tout le monde ait compris au niveau de la persuasion. C'est très consciemment et très intentionnellement que je dis la même chose de plusieurs façons, avec l'espoir que l'une d'entre elles fera mouche et que tout le monde se sentira visé, parce que, dans cette affaire-là, tout le monde, et moi le premier, est visé. Cette sensation d'être roi rend très difficile de se donner réellement pour ambition de comprendre la connaissance que les simples mortels peuvent avoir du monde social.

Obstacles intellectuels à la connaissance de la *gnoseologia inferior*

Ayant dit ces obstacles sociaux, je vais maintenant essayer d'indiquer les obstacles proprement intellectuels à la connaissance pratique. L'intention de mon propos est de dire qu'il y a une science à faire de cette sorte de science commune qui, pour la science ordinaire – celle dont Hegel fournit le paradigme –, est un simple déchet. Mon objectif n'est pas exactement de dire qu'il s'agit simplement de ramasser, de recueillir les savoirs des sujets sociaux ordinaires sur le monde social. C'est à mon avis une tâche sociologique tout à fait pertinente que de recueillir systématiquement la sociologie spontanée, les instruments dont elle s'arme, les concepts qu'elle emploie ; il y a dans les proverbes, dans les dictons, dans les expressions toutes faites tout un savoir social – d'ailleurs très différencié selon les classes sociales – qui fonctionne pour les besoins de la pratique comme un outil de connaissance. Mais ce n'est pas cela que j'ai à l'esprit. Il n'est pas non plus dans mes intentions de disqualifier la connaissance savante au profit d'une réhabilitation populiste des savoirs profanes. Peut-être que je me trompe, mais mon intention est de faire rentrer, dans la connaissance savante, la connaissance des limites de la connaissance savante et de la logique spécifique de la connaissance non savante. Et cela pour être encore plus savant.

(Je dis les choses très simplement parce que la communication des résultats du travail sociologique s'expose à beaucoup de malentendus et rencontre des objections tout à fait naïves. Il faut bien savoir, par exemple, qu'il y a des agents qui ont intérêt, spontanément, à être du côté de la disqualification des savoirs savants : si, par exemple, du haut d'une chaire autorisée, je disais : « Il n'y a pas de science sociale », je ferais plaisir à des tas de gens, et notamment à bien des gens qui se disent sociologues et qui seraient ainsi dispensés d'une rude tâche [*rires*]. Les intérêts sociaux que l'on a aux vérités, aux propositions sur le monde social, sont un obstacle constant à la communication des résultats des sciences sociales et, s'il m'arrive souvent d'éviter ou de dire certaines choses, c'est que j'essaye de contrôler, d'anticiper sur les interprétations possibles de ce que je dis. Mais je ne pense jamais à tout et, à l'instant, j'ai manqué d'oublier – parce que pour moi cela va de soi – d'indiquer que mon propos n'est pas du tout de réhabiliter les savoirs ordinaires, ni même de les constituer en objets de recollection scientifique ; les réhabiliter éthiquement et politiquement ne veut pas dire les réhabiliter scientifiquement.)

Mon propos est de dire qu'une science adéquate du monde social doit comprendre, englober une science de ce mode de connaissance que les sujets sociaux mettent en œuvre dans leurs actions ordinaires. C'est donc une gnoséologie, pas une sociologie. J'insiste parce que j'ai très peur d'être mal compris. Il y a toute une psychologie sociale qui travaille à ces sujets et qui va demander directement aux gens à quoi ils reconnaissent qu'une personne appartient à telle classe, ou qui crée des situations dans lesquelles les gens sont mis en demeure d'opérer cette action, donc de livrer dans leur pratique les critères tacites de leur distinction. Mon projet n'est pas celui-là. Il ne s'agit pas d'aller interroger les gens dans la rue, mais de faire la science de la connaissance pratique, ce que Baumgarten, que j'ai invoqué plusieurs fois, appelait *gnoseologia inferior*, c'est-à-dire une science de la connaissance qui est inférieure dans la hiérarchie des gnoséologies, parce que son objet est inférieur – c'est le mépris dont parlait Husserl. Cette science est difficile parce qu'elle est paradoxale – il y a *doxa* dans le mot « paradoxal » –, du fait qu'elle va contre la *doxa* scientifique, les savants ayant aussi, c'est une donnée importante, leur *doxa* et, parmi les propositions doxiques qui hantent la pensée des savants, il y a les hiérarchies et, en particulier, la hiérarchie des disciplines.

(Une simple parenthèse en passant : l'un des principes explicatifs les plus puissants en histoire de l'art, en histoire des sciences, en histoire des activités intellectuelles, c'est le rôle que joue dans la pratique et dans les représentations des agents, des savants, des artistes, la représentation, ou plutôt le schème de classement des disciplines et des activités. L'histoire et la sociologie des sciences ont établi que les grands progrès scientifiques se sont souvent faits par la transgression de ces hiérarchies : par exemple, par le fait d'importer de grandes ambitions intellectuelles sur un terrain méprisé. Ben-David et Collins le montrent dans un article célèbre à propos des premiers moments de la psychologie et de la découverte de la psychanalyse[1]. Un certain nombre des grandes révolutions scientifiques ont été faites par des gens qui, étant dotés d'un grand capital intellectuel et culturel, ont appliqué cet héritage sur des terrains très déprimés, parce que méprisés, ou dont personne ne voulait s'occuper. La *gnoseologia inferior* est typiquement l'un de ces terrains dont personne ne s'occupe parce qu'il conduirait à se salir les mains. Je pense très important, pour bien comprendre l'histoire des sciences et l'histoire de la sociologie, de savoir qu'à chaque moment il y a des choses qu'on ne fait pas, non pas parce qu'elles sont futiles mais parce qu'elles sont trop faciles, et que les gens qui s'estiment ne peuvent pas déroger en les faisant – c'est là ce que j'ai voulu dire à propos de la *gnoseologia inferior.* Ces choses souvent méprisées sont donc socialement faciles, comme on le dit d'une musique ou d'une femme : il faut n'avoir rien à

1. Joseph Ben-David et Randall Collins, « Social factors in the origins of a new science : the case of psychology », *American Sociological Review*, n° 31, 1966, p. 451-465. Voir aussi sur ce point (y compris pour des commentaires de P. Bourdieu sur sa propre trajectoire scientifique) P. Bourdieu, *Science de la science et réflexivité*, *op. cit.*, p. 196 et 218.

perdre pour aller sur ces terrains qui sont des causes socialement perdues tout en étant des causes scientifiquement très fécondes.)

Pour revenir à la difficulté proprement scientifique : Alexander Baumgarten, qui est un disciple de Wolff au XVIIIe siècle, a forgé ce concept de *gnoseologia inferior* pour parler de l'esthétique qui, du point de vue de la philosophie rationaliste classique, est le terrain du senti, de la sensibilité, de la connaissance sensible, c'est-à-dire ce qui, du point de vue de la pensée en Dieu, n'a pas d'existence. Baumgarten dit à peu près que la connaissance divine ignore en fait le sensible et ne connaît que l'univers des lois. Pour aller vite, il n'y a pas d'esthétique pour Dieu. La connaissance parfaitement claire et distincte du penseur divin est toujours au niveau de l'ensemble, des relations totales. Pour elle, il n'y a pas de mots ni de perception esthétique. Alexander Gottlieb Baumgarten, disciple de Wolff, lui-même disciple de Leibniz, en plein dans cette logique ultra-rationaliste, veut établir la possibilité d'une science de l'obscur et du confus qui ne soit ni obscure ni confuse. Tout le paradoxe est là. J'étais très heureux quand je l'ai découvert, parce que c'est une illustration très claire de ce que j'avais essayé de faire et de la contradiction dans laquelle je m'étais trouvé : la perception esthétique est une *perceptio confusa*, comme dit Baumgarten, en ce sens qu'elle appréhende des totalités entièrement déterminées et organisées selon une organisation qui n'est pas celle du concept. Cette connaissance esthétique, dont la logique n'a pas à connaître, a donc elle aussi sa logique, son *logos*, et elle a droit, à ce titre, à une théorie de la connaissance spéciale qu'on appellera *gnoseologia inferior*. Vous voyez le rapport avec ce que je propose.

Pour aller vite, je ne développerai pas l'analogie mais on pourrait réfléchir à la critique que Merleau-Ponty opposait à la tradition intellectualiste à propos de la perception, et à tout son travail pour faire une sorte de *gnoseologia inferior*, pour constituer la perception comme une forme de connaissance qui ne soit pas une simple forme dégradée de la connaissance scientifique. De manière à rompre avec la tradition intellectualiste selon laquelle la perception est une science commençante, Merleau-Ponty voulait constituer la perception comme une connaissance ayant sa propre logique.

Dans le travail de réflexion qu'il faut faire pour essayer de comprendre la logique de la connaissance pratique, la principale assistance théorique est fournie évidemment par la phénoménologie, par la tradition de Husserl, de Merleau-Ponty et d'Alfred Schütz, le phénoménologue allemand devenu américain, inspirateur du courant de la phénoménologie aux États-Unis[1]. Je fais encore de l'histoire de la philosophie sauvage comme je l'ai fait à propos de Hegel ; les historiens de la philosophie vont encore frémir mais, pour les autres, ce que je dirai sera mieux que rien : la sociologie peut s'aider, dans le travail qu'elle doit faire pour récupérer la connaissance pratique du monde social, de la phénoménologie. Merleau-Ponty, dans le cours qui s'appelle « Les sciences de l'homme et la phénoménologie », essayait de montrer qu'on pouvait réconcilier, dans une définition adéquate de l'intention phénoménologique, le sens hégélien et le sens husserlien du mot. Il disait à peu près que, si la phénoménologie selon Hegel est un effort pour recueillir les expériences pratiques (de connaissance, mais aussi de vie, de culture, etc.) de l'humanité telles qu'elles se présentent dans l'Histoire, et pour rendre raison de ces expériences, de même la phénoménologie au sens de Husserl entend « plonger dans l'expérience pour la réfléchir et produire une théorie de la raison cachée dans l'Histoire[2] » – phrase de Husserl qui pourrait être de Hegel. Merleau-Ponty essayait donc de réconcilier les deux ambitions dans une conception de la phénoménologie que je reprendrais

1. Aucune de ses œuvres n'avait encore été traduite en français à l'époque du cours (un recueil de certains de ses articles sera publié quelques années plus tard sous le titre *Le Chercheur et le Quotidien*, trad. Anne Noschis-Gillieron, Paris, Klincksieck, 1987). Une étude consacrée à Husserl, à laquelle P. Bourdieu se réfère implicitement plus loin, avait en revanche paru deux décennies plus tôt : Alfred Schütz, « Le problème de l'intersubjectivité transcendantale chez Edmund Husserl », trad. Maurice de Gandillac, *Cahiers de Royaumont*, n° 3, 1959, p. 334-381.

2. « L'entreprise [de Husserl] est en somme, assez analogue à celle de Hegel, ce qu'on pouvait deviner par l'usage même que Husserl fait du mot de phénoménologie. [...] S'il est vrai que Husserl cherche, par l'étude des phénomènes, à enraciner la raison dans l'expérience même, il ne faut pas s'étonner que sa phénoménologie aboutisse, à la fin de sa carrière, à une théorie de la "Raison cachée dans l'histoire". » (Maurice Merleau-Ponty, *Les Sciences de l'homme et la Phénoménologie*, Paris, Centre de documentation universitaire, 1975, p. 15.)

volontiers à mon compte et qui définirait le premier moment de toute connaissance du monde social comme consistant à faire la connaissance de la connaissance première, cette phénoménologie étant incarnée actuellement en sociologie par l'interactionnisme – Goffman – et l'ethnométhodologie.

Cette tradition sociologique peut se servir, en poussant un peu plus loin la tradition husserlienne, de la méthode comparative comme d'un instrument permettant de radicaliser l'*épochè* phénoménologique. Vous connaissez cette lettre célèbre – et historiquement intéressante pour le problème qui nous concerne – où Husserl écrit à Lévy-Bruhl que, finalement, l'ethnologie permet de radicaliser en quelque sorte la variation imaginaire[1]. Un usage méthodique de la méthode comparative appuyé sur l'ethnologie ou l'histoire comparée peut donc permettre d'opérer une sorte de « réduction » sociologique – j'emploie le vocabulaire husserlien – pour produire une sorte – là je frémis en relisant mes notes – d'eidétique sociologique, c'est-à-dire une science des principes transhistoriques caractéristiques du mode de connaissance pratique dans sa différence par rapport au mode de connaissance théorique. Évidemment, les phénoménologies ainsi réconciliées fournissent une technique de pensée, un mode de pensée, des stratégies de connaissance, mais aussi des acquis et, sans aller jusqu'à dire que la phénoménologie a achevé le travail de connaissance de la connaissance pratique, on peut dès maintenant tirer des acquis établis par les œuvres de Schütz ou de Husserl.

1. « Face à cette généralité vide, votre œuvre et son excellent thème nous ont fait sentir quelque chose qui bouleverse par sa nouveauté : il est, en effet, possible, important au plus haut point et grand de se donner pour tâche de "sentir de l'intérieur" une humanité fermée, vivant dans une socialité vive et générative, de la comprendre en tant qu'elle a le monde dans sa vie sociale uniformisée, et à partir de celle-ci, un monde qui n'est pas pour elle "représentation du monde" mais qui pour elle est le monde véritablement existant. » (« Sur la mythologie primitive. Lettre d'Edmund Husserl à Lucien Lévy-Bruhl », trad. Philippe Soulez, *Gradhiva*, n° 4, 1988, p. 63-72.) (P. Bourdieu pouvait se référer à la citation de cette lettre, datée du 11 mars 1935, par Maurice Merleau-Ponty dans *Signes*, Paris, Gallimard, 1960, p. 135, ou par Jacques Derrida dans l'introduction à sa traduction d'Edmund Husserl, *L'Origine de la géométrie*, Paris, PUF, 1962, p. 115 *sq.*)

L'habitus comme *orthè doxa*

Je vais maintenant essayer de dégager rapidement un certain nombre de propositions simples concernant cette connaissance pratique. Je commencerai par la question, qui me paraît importante, du rapport entre le « sujet agissant » – que j'appelle « agent » – et le monde social. Tout de suite une remarque sur l'emploi du mot « agent » : c'est évidemment un mot qui ne fait pas très littéraire et qu'il est toujours désagréable d'employer dans un texte scientifique, mais ses substituts sont tellement chargés de philosophies implicites qu'il vaut essentiellement négativement. Le mot « agent » vaut contre le mot « acteur » qui implique qu'il y a un rôle ; et je n'ai jamais écrit le mot « rôle » parce qu'il renvoie à la logique modèle-exécution : il y aurait une partition, et l'acteur exécuterait un rôle qu'il aurait appris par cœur. Il y a toute une philosophie de l'histoire et de l'action dans le fait de dire « acteur » et « rôle ». Le mot « sujet », quant à lui, réintroduit évidemment toute la philosophie de la conscience. Il conduit à dire que les « sujets sociaux » sont les sujets de leurs actions et de la connaissance du monde social, et à poser la connaissance du monde social par un acte thétique de conscience. Dans le mot « agent », il y a au moins le mot « action », ainsi qu'une certaine impersonnalité : lorsqu'on parle d'un « agent de l'État », on a l'idée d'un personnage relativement substituable. Même s'il est désenchanteur, le mot « agent » correspond à une philosophie de l'histoire, [à une philosophie] de l'action que je crois plus conforme à la réalité.

Mais si je dis que les agents sociaux ne sont ni des sujets ni des acteurs exécutant des rôles, que sont-ils ? Ne revient-on pas à ces sortes d'individus privés de la connaissance du Tout qui agissent sans avoir la vérité de leurs actions dont parlait Hegel et toute la tradition hégéliano-marxiste ? Sont-ils, autrement dit, producteurs d'un sens objectif qui les dépasse et qui leur échappe ? Le mot « habitus » est en fait là pour dire qu'ils sont le lieu d'intentions de sens, d'intentions signifiantes dont ils ne sont pas à proprement parler le sujet parce qu'ils ne posent pas comme telles les fins de leur action. Au fond, la fonction principale de l'habitus – c'est là que je voulais en venir – est de rendre compte de ce fait simple que, étant le produit de l'incorporation des structures objectives – ce que j'avais indiqué l'autre fois dans le schéma –, les structures incorporées de l'habitus sont génératrices de pratiques qui peuvent être ajustées aux structures objectives du monde social sans être le produit d'une intention explicite d'ajustement. Le concept d'habitus permet donc de rendre compte du paradoxe de la finalité sans fin – je parle de finalité sans fin pas du tout au sens kantien[1] [mais du] paradoxe de la finalité sans condition de fin.

Les agents sociaux – et c'est le propre des actions humaines, telles qu'elles m'apparaissent – font constamment des actions qui se proposent pour être décrites dans le langage des fins, soit par référence à des fins individuelles (« Il a fait ça pour mieux gagner sa vie », « Il a démissionné pour sauver son honneur », etc.), soit par référence à des fins transcendantes aux individus singuliers, c'est-à-dire des significations objectives, ce que la tradition marxiste appelle le « sens objectif ». L'habitus étant cet ensemble de dispositions ou, autrement dit, de schèmes de perception, de pensée et d'action, qui sont le produit de l'incorporation, de l'intériorisation, de l'assimilation, de l'acquisition de structures objectives, de régularités objectives – par exemple, tout ce qui se donne dans le monde social sous forme de régularités statistiques, comme la division entre le possible/impossible, entre l'impossible, le probable, le certain, le douteux, etc. –, on comprend que, lorsqu'il fonctionne comme une petite machine génératrice et qu'il invente ou engendre des choses, ce qu'il produit ait l'air – puisqu'il est donc dans sa logique même ajusté jusqu'à un certain point aux structures dans lesquelles il fonctionne – d'avoir été produit pour s'ajuster à ce à quoi il s'ajuste.

L'habitus me paraît donc un concept important parce qu'il rend compte de l'illusion de la finalité et de ce qui est une des illusions

1. Dans l'esthétique kantienne, la notion de « finalité sans fin » renvoie à l'absence de subordination de la forme à une fin ou à l'entendement (Emmanuel Kant, *Critique de la faculté de juger*, trad. Alexis Philonenko, Paris, Vrin, 1974, p. 133 *sq.*).

principales dans les sciences sociales, comme je le montrerai par la suite. J'essaierai de montrer que la notion d'habitus permet d'échapper à deux illusions : l'illusion de la téléologie individuelle, illusion subjective qui est au centre de l'économie et de la philosophie utilitariste, et l'illusion de la téléologie collective qui est au centre de la tradition hégéliano-marxiste. La notion d'habitus est cette espèce de « chose » qui nomme cette sorte de principe générateur de pensées, de perceptions, d'actions, de paroles, etc. qui a l'air d'obéir à des sollicitations externes, et donc d'être inspiré par la recherche de l'ajustement à des fins, alors qu'il est, pour une grande part, spontanément ajusté. Je vais prendre un exemple qui est très paradoxal et qui me vaut beaucoup de malentendus, en particulier avec des gens qui, dans la tradition de la téléologie subjective, sont habitués à penser dans la logique de l'*homo œconomicus*. Une des formes d'adaptation les plus réussies à l'espace social est réalisée par les gens qui sont comme des poissons dans l'eau dans cet espace et qui, du même coup, n'ont pas besoin d'être calculateurs pour tomber juste. L'exemple par excellence, ce sont ces gens qui, en quelque sorte, réussissent dans un univers parce qu'ils sont faits à cet univers et qu'ils ont été complètement faits par cet univers : c'est l'héritier, qui, ayant respiré dès sa naissance dans l'atmosphère où il respire toute sa vie, réussit ses actions sans avoir besoin de les calculer, ce qui lui procure, en plus du profit de la réussite, le profit supplémentaire du désintéressement[1]. C'est, je crois, une proposition universelle : l'excellence est toujours associée au désintéressement, c'est-à-dire au fait de réaliser la manière accomplie des formes sans avoir l'air de le chercher, comme par surcroît. C'est une définition que je donne souvent. Dans toutes les traditions, l'excellence consiste à jouer avec la règle du jeu, c'est-à-dire à accomplir la règle du jeu en se jouant et, pour montrer qu'on a compris la règle du jeu en se jouant, on joue avec la règle, c'est-à-dire qu'on la transgresse légèrement de manière à montrer qu'à la fois on la respecte et qu'on peut la

1. Voir notamment sur ce point Pierre Bourdieu et Jean-Claude Passeron, *Les Héritiers. Les étudiants et la culture*, Paris, Minuit, 1964.

transgresser mais qu'on choisit de la respecter. Je pense que, si l'on faisait un jour une étude comparée des définitions de l'excellence humaine dans des sociétés très différentes, on retrouverait des choses plutôt intéressantes. Je pense, par exemple, à l'*arétè* (ἀρετή) grecque[1] ou, dans notre système scolaire, à l'opposition entre le savoir et la liberté à l'égard du savoir. Cela se comprend dans la logique que j'ai indiquée : l'excellence sanctionne une rencontre si parfaite entre les structures incorporées et les structures objectivées que l'agent social se trouve sans cesse ajusté à son univers sans jamais avoir besoin de le chercher, sans jamais avoir de raté, ni jamais donner les apparences d'avoir à se forcer pour corriger, redresser ou retomber sur ses pieds. Voilà un exemple paradoxal.

On est évidemment au-delà de l'idée de calcul puisque c'est là que s'introduit l'expression que j'emploie tout le temps, « tout se passe comme si » : la conduite accomplie, excellente, qui ne serait pas mieux si elle avait été calculée pour être parfaite, est d'autant mieux qu'elle n'a pas été calculée pour être parfaite. Le « tout se passe comme si » rappelle qu'on est dans une philosophie qui n'est ni celle du mécanisme ni celle de la conscience, et une des propositions qui découlent de mon analyse, c'est que la théorie de la connaissance pratique recommande de faire précéder toutes les propositions que nous pouvons écrire sur les conduites humaines de l'expression « tout se passe comme si » – cela change tout de suite le savoir, vous le verrez par la suite : tout se passe comme si les conduites étaient orientées par une recherche de la maximisation du profit symbolique, ou du profit économique (ou culturel, etc.) selon le jeu auquel jouent les gens, étant entendu que, sauf exception, la plupart des conduites ne sont pas orientées, en tant que conscience, par cette recherche.

Dans cette logique, que devient l'action ? Évidemment, faire de la science sociale – que ce soit de l'histoire, de la sociologie, de la psychologie, etc. –, c'est engager une philosophie de l'histoire, c'est-à-dire une philosophie de l'action, une théorie explicative ou prédictive des principes en fonction desquels les agents sociaux

1. Voir *supra*, le cours du 2 juin 1982, p. 137.

agissent. Qu'est-ce qui fait que les agents sociaux agissent plutôt que de ne pas agir ? C'est une question très importante parce qu'elle ne va pas de soi. Pourquoi les agents sociaux agissent dans un certain espace et n'agissent pas dans d'autres espaces ? Pourquoi ce qui fait agir certains agents sociaux dans un espace déterminé laisse d'autres agents sociaux indifférents ? Pourquoi, par exemple, ce qui fait courir un professeur laisse indifférent un banquier ? C'est là que la notion d'habitus devient centrale. Dans l'existence ordinaire, et cela est impliqué dans ce que j'ai dit tout à l'heure, une part très importante des actions est du type de celles que j'ai décrites : elles ont l'air orientées par les fins qu'elles atteignent alors qu'elles atteignent ces fins sans que ces fins aient jamais été posées.

Pour me faire comprendre, j'emploierai une référence à un texte de Platon qui me paraît très bien le dire – encore une fois, je ne crois pas que je vous propose une référence uniquement parce qu'elle paraît cultivée. Platon parle de *orthè doxa* (ὀρθὴ δόξα), ce qui peut se traduire simplement par « croyance droite », et il dit à peu près que les actions les plus réussies sont des opinions par opposition à des jugements – Husserl disait que c'est ce que de tout temps la philosophie a méprisé, la *doxa* c'est une *anti-épistémè*, une privation *d'épistémè* –, des privations de vérité qui tombent juste : « C'est par elle, *orthè doxa*, que les hommes d'État gouvernent les cités avec succès. À l'égard de la science, ils ne diffèrent en rien des prophètes ou des devins car ceux-ci disent souvent la vérité mais sans rien connaître, au fond, quand ils parlent[1]. » Autrement dit, comment se fait-il qu'on puisse tomber dans le vrai, se trouver éduqué par hasard, sans que la connaissance du vrai soit au principe de l'action ?

1. « L'opinion droite n'est donc en rien inférieure à la science, ni moins utile en ce qui concerne nos actions, et l'homme qui a une opinion vraie ne le cède point à celui qui a la science. […] Par conséquent, puisque ce n'est pas là seulement la science qui fait les hommes honnêtes et utiles à l'État, si tant est qu'il y en ait, mais que c'est aussi l'opinion droite, et que d'autre part ni l'une ni l'autre, ni la science, ni l'opinion vraie, ne sont un don de nature, mais des choses qu'on acquiert…, mais peut-être crois-tu qu'elles nous viennent, l'une ou l'autre, naturellement. » (Platon, *Protagoras-Ménon…*, trad. Émile Chambry, Paris, Garnier-Flammarion, 1967, 98c et 98d, p. 371-372.)

Peut-être que je vous parais faire de la métaphysique, mais pour moi c'est un des problèmes fondamentaux des sciences sociales. Ce que j'appelle l'habitus – on peut dire aussi le « sens pratique » – est cette connaissance et cette maîtrise pratiques des régularités du monde social qui, sans même constituer ces régularités sur le mode thétique, permettent aux conduites de s'ajuster à ces régularités, de se trouver imputées à ces régularités comme si elles avaient été produites par référence à ces régularités. L'action ainsi définie – je vais encore répéter, mais je pense que c'est important pour les besoins de la compréhension – n'est donc ni une réaction mécanique à des *stimuli*, ni le produit d'une détermination directe par des causes, ni une *praxis* inspirée par un projet conscient ou un plan rationnel. Elle n'est pas orientée par rapport à une fin construite, calculée comme quand on parle, par exemple, de « maximisation du profit » ; l'action du sens pratique est dans l'ordre ordinaire de l'existence ordinaire. Comme disait à peu près Leibniz, « nous sommes automates dans les trois quarts de nos actions[1] » : dans les trois quarts de nos actions, il y a une sorte de coïncidence (à mon avis, c'est ce que veut dire *orthè doxa* : on « tombe » dans la vérité) entre les agents et les *agenda* (les choses à faire) ou les *dicenda* (les choses à dire), entre l'histoire qui est incorporée, c'est-à-dire les structures incorporées, et les structures objectives.

On pourrait montrer que ce que je fais en ce moment est en grande partie de cet ordre : une partie énorme, considérable, de ce que je fais – et, puisque je suis en train de faire l'analyse de ce que je fais, on peut donc raisonner *a fortiori* – n'est rien sans vous tous qui êtes là, sans l'espace qui est là, etc. Une grande partie de ce qui est en train de se faire ici, de ce qui se passe, comme on dit, de ce qui arrive, de l'événement est la rencontre

1. « Les hommes agissent comme les bêtes en tant que les consécutions de leurs perceptions ne se font que par le principe de la mémoire ; ressemblant aux médecins empiriques, qui ont une simple pratique sans théorie ; et nous ne sommes qu'empiriques dans les trois quarts de nos actions. Par exemple, quand on s'attend qu'il y aura jour demain, on agit en empirique, parce que cela s'est toujours fait ainsi, jusqu'ici. Il n'y a que l'astronome qui le juge par raison. » (Gottfried Wilhelm Leibniz, *La Monadologie* [1714], § 28, in G. W. Leibniz, *Discours de métaphysique et monadologie*, Paris, Vrin, 1974, p. 51.)

entre une série de choses, d'institutions qui sont l'investissement de toute une histoire : l'histoire du Collège de France, l'histoire de chacun de nous, la formation d'un habitus qu'on ne peut comprendre sans remonter à plusieurs générations. (Cela fait partie de ces analyses que je censure par pudeur : je voudrais vous montrer que je n'oublie jamais que je suis moi-même dans ce que je raconte et, en même temps, je suis arrêté par le malaise qui vient du fait de me prendre moi-même comme un objet.) Pour comprendre ce qui se passe ici, il faudrait remonter de proche en proche et on n'en finirait plus, comme l'autre jour à propos de l'exemple du marteau ; il faudrait comprendre l'institution et, pour comprendre toutes ces communications à la fois collectives et individuelles, il faudrait comprendre les conditions dans lesquelles se fait la communication (les micros, la salle, la table, les verres, la tradition : vous prenez un verre parce que le conférencier est censé boire, etc.). Finalement, le peu d'intentions conscientes qui passent se trouvent définies à l'intérieur d'un immense acquis qui fonctionne ; c'est sur fond de cette immense coïncidence, de cet immense hasard objectif, de tout ce qui fait l'appareil – au sens de Pascal[1], et non d'Althusser – que passent le peu, si ça arrive, d'intentions conscientes, de communications de sujet à sujet.

Je voudrais juste revenir une seconde sur ce que je viens de dire, qui peut vous paraître très loin de la pratique sociologique. En fait, je pense qu'une fonction de ce genre d'analyse est peut-être, entre autres, de fournir les moyens d'une sorte de contrôle

1. Référence à l'usage du mot « appareil » dans le fragment « La raison des effets » : « Nos magistrats ont bien connu ce mystère. Leurs robes rouges, leurs hermines dont ils s'emmaillotent en chaffourés, les palais où ils jugent, les fleurs de lys, tout cet appareil auguste était fort nécessaire, et si les médecins n'avaient des soutanes et des mules, et que les docteurs n'eussent des bonnets carrés et des robes trop amples de quatre parties, jamais ils n'auraient dupé le monde qui ne peut résister à cette montre si authentique. S'ils avaient la véritable justice, et si les médecins avaient le vrai art de guérir ils n'auraient que faire de bonnets carrés. La majesté de ces sciences serait assez vénérable d'elle-même, mais n'ayant que des sciences imaginaires il faut qu'ils prennent ces vains instruments qui frappent l'imagination à laquelle ils ont affaire et par là en effet ils s'attirent le respect. » (*Pensées*, éd. Lafuma, 44 [82].) Voir également P. Bourdieu, *Méditations pascaliennes*, *op. cit.*, « Points Essais », p. 242-243.

éthique sur sa propre pratique sociale et sur la pratique sociale des autres. Du point de vue de la pratique scientifique, c'est un profit annexe, secondaire, mais je l'indique en passant : sans vouloir fonder une science des mœurs [...] comme le faisaient les ancêtres durkheimiens, je crois qu'on est en droit de dire que le genre d'exercice que je viens de faire, si l'on pouvait le faire complètement dans une situation sociale, aurait une fonction éthique (je dis « éthique » parce que « politique » ferait trop grandiose) tout à fait capitale dans la mesure où les « sujets sociaux » seraient beaucoup plus sujets s'ils savaient qu'ils sont très rarement sujets et qu'en fait « ça parle » – au sens de Husserl et qui engloberait le sens lacanien[1] – à travers eux. Je parle sur fond d'un immense bruit de « ça parle » et, pour arriver à faire passer un tout petit peu de « je parle », il faut savoir que ce qui se passe ici entre nous, c'est une institution. Évidemment, ce qui se fait de retour au doxique pourrait être politiquement très utile si les porte-parole savaient qu'ils portent la parole – enfin, ce sont des tas de choses que je pourrais développer et que je développerai –, ce qui pourrait être très important et fondamental quand il s'agit de sciences sociales et, évidemment, pour écrire de la science sociale, ça pose des problèmes extrêmement difficiles.

Je voudrais répondre maintenant à une question qui m'a été posée l'autre jour : « Comment est-ce que vous sortez d'une régression à l'infini si pour comprendre la connaissance pratique il faut d'abord comprendre la connaissance savante ? Il faudrait comprendre la connaissance qui essaie de comprendre la connaissance savante afin de comprendre la connaissance pratique et ainsi de suite. » La personne qui avait posé cette question m'avait très bien compris et avait anticipé sur les difficultés que j'allais rencontrer. Je pense que, là, on voit comment, en pratique, on peut sortir du cercle dans la mesure où tout ce travail d'explicitation des principes de

1. Voir E. Husserl, « Cinquième méditation », in *Méditations cartésiennes*, *op. cit.* Sur la formule lacanienne (« Ça parle, ça parle même à ceux qui ne savent pas entendre »), voir Jacques Lacan, *D'un discours qui ne serait pas du semblant*, *Le Séminaire*, XVIII, Paris, Seuil, 2007 (1970-1971).

la connaissance pratique va, en intégrant l'arsenal de connaissances dont dispose le sujet savant, en quelque sorte re-fonctionner pour accroître encore la connaissance que le sujet savant va avoir de son objet. À chaque moment, les acquis de la connaissance vont entrer dans la connaissance, d'une façon évidemment circulaire, mais ce cercle n'est pas du tout vicieux : à chaque moment, la connaissance que le savant peut acquérir de son objet et du mode de connaissance de la réalité qui fait partie de cet objet entre dans sa connaissance savante de son objet et améliore donc son mode de connaissance de l'objet. J'illustre cela tout de suite : ce sujet savant est-il un *ego* transcendantal à l'ancienne ? Le sujet savant pourra s'incarner dans un savant singulier, c'est-à-dire dans une incarnation biologique du champ scientifique (en ce moment, par exemple, je suis, autant que possible, l'expression des acquis des sciences sociales), mais plus une science est avancée, plus ce sujet-là est transcendant à l'*ego* singulier qui a l'air de parler. Autrement dit, ce qui parle en ce moment, ce n'est pas un habitus singulier, une trajectoire sociale, ou une position dans l'espace, c'est, je l'espère, le champ scientifique, c'est-à-dire ses concurrents, ses luttes, son histoire, ses acquis, ses conflits historiques et tout ce qui s'est acquis dans ces conflits. Le fait de le savoir, je pense, peut aider à contrôler certaines erreurs liées aux perversions de l'égocentrisme, mais aussi à faire avancer la connaissance de ce sujet de connaissance. D'une certaine façon, connaître la connaissance pratique, c'est se donner les moyens de mieux connaître le sujet savant comme ayant à s'arracher à ce qu'il est : un agent social qui vit d'ordinaire sur la base d'une connaissance pratique et qui se trouve inséré, par la logique de la division du travail, dans un espace qui tend à fonctionner comme un sujet collectif transcendant aux habitus et aux intérêts individuels. Vous allez dire que je retrouve Hegel et l'État. Mon champ scientifique n'est-il pas la réincarnation de l'État hégélien ? C'est une question que je me pose, mais je m'arrête là.

COURS DU 2 NOVEMBRE 1982

Positions et dispositions. – Les deux états de l'histoire. – Le sens du jeu. – La connaissance pratique. – Investissement dans le jeu et illusio. *– Les transferts affectifs de la libido domestique et le conformisme. – Critique du discours économique. – Les conditions économiques des pratiques économiques.*

J'avais essayé de poser la question du statut du sociologue et je finissais sur une question, que peut-être vous avez oubliée et à laquelle je ne répondrai pas directement aujourd'hui : la science du rapport savant à la pratique ne conduit-elle pas à une nouvelle forme de l'ambition hégélienne telle que j'avais essayé de la décrire ? J'indique tout de suite deux différences qui me paraissent importantes (et je crois qu'il y en a d'autres). En premier lieu, une fois qu'elle est constituée comme telle, la distinction entre le sujet savant et l'agent pratique [dans son comportement ordinaire non savant], telle que je l'avais décrite, rappelle au savant qu'en tant qu'agent pratique il reste nécessairement situé dans le monde social qu'il décrit et, donc, qu'il n'y a pas de position absolue, et qu'il est même vain d'essayer de rechercher une position absolue. Je le précise parce que je pense que c'est une tentation permanente de la science sociale, dont Hegel a été sans doute l'initiateur. À chaque époque, les sociologues cherchent le lieu privilégié à partir duquel le monde social se donnerait à penser dans sa vérité – après la bureaucratie, il y a eu le prolétariat, ensuite les nouvelles classes ouvrières, puis les étudiants, etc.[1]. Il s'agit là d'une

1. Voir le passage, dans le cours précédent (p. 279-280), sur la « classe universelle », identifiée chez Hegel à la bureaucratie, puis chez Marx au prolétariat. Dans

illusion fondamentale qui s'explique sociologiquement mais qui n'a pas pour autant de fondements sociologiques. La réflexion que je proposais la dernière fois me semble donc montrer, entre autres choses, que cette recherche toujours recommencée du lieu privilégié de la pensée du monde social est vaine.

Deuxième différence : le sujet scientifique, tel que je l'avais décrit rapidement en finissant, n'est ni un sujet individuel ni un sujet collectif, mais cette espèce de rencontre bizarre entre des habitus socialement constitués et le champ de concurrence pour la production [du discours] légitime sur le monde social ; il est donc une sorte d'agent collectif soumis à de telles fluctuations historiques qu'on ne peut pas lui prêter une sorte de destin qui le conduirait inévitablement, sinon dans l'immédiat, au moins à terme, à une maîtrise absolue du monde social. Si le sujet scientifique est un champ scientifique, tous les acquis de la sociologie sont à la merci d'un coup d'État ou d'une révolution, de droite ou de gauche et, comme je voudrais aujourd'hui le développer, on est obligé de mettre en question les philosophies finalistes de l'histoire.

Je voudrais donc maintenant, après avoir indiqué rapidement ce que me paraissait être la différence essentielle entre le rapport savant et le rapport pratique du monde social, analyser ce qui me paraît constituer l'ensemble des caractéristiques les plus typiques de la logique de la pratique et des rapports pratiques au monde pratique, pour ensuite essayer d'opposer la théorie de l'habitus, telle que je la conçois, à deux formes de représentation de l'action : la téléologie finaliste individualiste et la téléologie collective.

---

les années 1960, des auteurs évoquent la formation d'une « nouvelle classe ouvrière » (par exemple, Serge Mallet, *La Nouvelle Classe ouvrière*, Paris, Seuil, 1963) et, dans les années 1970, les mouvements étudiants, écologiques ou féministes, par exemple, inspirent au sociologue Alain Touraine l'hypothèse que pourraient émerger de « nouveaux mouvements sociaux » jouant, dans la détermination des grandes orientations sociales, un rôle comparable à celui qui aurait été auparavant tenu par le « mouvement ouvrier ».

Positions et dispositions

J'ai indiqué la dernière fois, à propos de l'analyse que j'ai proposée de l'*orthè doxa*, de l'« action juste » comme rencontre quasi hasardeuse entre un sens pratique et un sens objectivement inscrit dans les structures objectives, que l'action sociale réussie, c'est-à-dire positivement sanctionnée par les lois objectives d'un champ social déterminé, était en quelque sorte le produit d'une coïncidence entre deux incarnations, si l'on peut dire, de l'histoire, l'une dans des corps, et l'autre dans des choses ou des objets[1]. Je prenais comme exemple le rapport à l'outil, le rapport à l'instrument, vieille analyse que je ne rappelle que pour mémoire : c'est parce que l'utilisateur de l'instrument est fait à l'instrument que l'instrument semble fait pour lui, et l'illusion de finalité que produit par exemple la conduite virtuose – il y a une très belle analyse de Hegel sur le rapport entre le sujet agissant et son corps, le virtuose entretenant avec son corps un rapport magique d'action immédiate[2] – se dissipe dès que ce rapport magique apparaît comme le produit, non pas d'une harmonie préétablie (de type biologique, par exemple), mais d'une rencontre entre un corps socialisé et des objets socialement constitués. C'est lorsqu'un corps socialisé rencontre des objets structurés selon les structures mêmes par lesquelles il est lui-même structuré que se réalise cette sorte d'ajustement immédiat qui donne aux conduites les apparences de la finalité.

1. Voir, sur ce point, Pierre Bourdieu, « Le mort saisit le vif. Les relations entre l'histoire réifiée et l'histoire incorporée », *Actes de la recherche en sciences sociales*, 1980, n° 32-33, p. 3-14.
2. « Par leur sonorité, les instruments sont en général plus éloignés de l'expression intime de l'âme, ils sont une chose extérieure, une chose morte, alors que la musique est mouvement et activité intérieurs. Mais lorsque l'extériorité de l'instrument disparaît, lorsque la musique intérieure s'échappe tout entière à travers la réalité extérieure, cette virtuosité fait de l'instrument, qui n'est en soi qu'un objet extérieur, un organe fonctionnant en parfait accord avec l'âme de l'artiste. » (Georg Wilhelm Friedrich Hegel, *Esthétique*, vol. 3, trad. Samuel Jankélévitch, Paris, Flammarion, « Champs », 1979, p. 393-394.)

Pour ôter à l'analyse ce qu'elle pourrait avoir d'apparemment philosophique (pour ceux qui entendraient le mot au sens péjoratif), je pourrais emprunter un exemple à différentes recherches que je viens de faire. Lorsqu'on travaille sur un espace social comme celui du patronat, de l'épiscopat ou du professorat, on constate un phénomène tout à fait intéressant : il existe une sorte de correspondance entre, d'une part, l'espace des agents sociaux caractérisés par les propriétés attachées aux individus biologiques – selon les cas, d'âge, de sexe, d'origine sociale, d'origine géographique, de titres scolaires, etc. –, l'espace que l'on constitue donc à partir des propriétés attachées aux personnes, aux individus biologiques, et, d'autre part, l'espace que l'on construit à partir des propriétés attachées aux positions – c'est-à-dire, dans le cas du patronat, des entreprises caractérisées par le nombre d'employés, par le capital, etc. ; dans le cas des positions de professeurs, par la discipline, l'établissement, l'ancienneté de l'établissement, etc. ; dans le cas d'un espace d'évêques, les caractéristiques de l'évêché, le nombre de bonnes sœurs, le nombre d'établissements privés attachés à un diocèse déterminé, etc. Lorsqu'on construit séparément ces deux espaces et qu'on les superpose (je n'entre pas dans le détail de la cuisine qui permet de faire cette mise en relation), on observe une correspondance assez exacte entre l'espace des positions et l'espace des dispositions. On peut dire que tout se passe comme si les positions avaient choisi les individus les mieux disposés à les occuper ou, à l'inverse – ce qui correspond au discours le plus fréquent et relève du langage de la vocation –, que tout se passe comme si les individus avaient choisi les positions les mieux faites pour leur permettre d'exprimer leurs dispositions, leur vocation, leurs goûts, leurs dons, etc. Pour aller vite, il y a une sorte d'homologie structurale entre deux espaces de propriétés qui, si vous y réfléchissez, sont très différentes : par exemple, d'une part, les caractéristiques d'une entreprise comme sa taille, le nombre de personnes contrôlées ou la structure du capital possédé, et, d'autre part, le fait que le patron est polytechnicien ou non, qu'il est passé par l'ENA ou par l'inspection des finances, etc.

Ces deux espaces construits avec des propriétés aussi différentes peuvent être structuralement homologues, à des décalages près qui sont eux-mêmes très intéressants : le constat de l'homologie rend particulièrement significatifs les cas de décalage, de porte-à-faux – je reviendrai sur ces problèmes quand j'analyserai la notion de champ –, et la relation de discordance entre des positions et des dispositions qui place des gens en porte-à-faux est souvent au principe d'innovations. Il y a, dans les cas de discordance, une sorte de lutte – là encore, c'est une description très anthropomorphique, c'est toute la difficulté de la description scientifique du monde social – entre la position et les dispositions de son occupant dont on ne sait jamais qui sortira vainqueur : soit les dispositions l'emportent et le poste est restructuré en fonction des dispositions du porteur, soit les positions l'emportent et transforment les dispositions du porteur. Il est évident – je dois le dire parce que, ayant abordé ce point, je ne peux m'arrêter là – que l'issue de cette lutte dépend elle-même des positions et des dispositions, et une science rigoureuse se doit de connaître les propriétés des positions qui ont le plus de chances de triompher des dispositions. Pour aller très vite, dans un espace social, par exemple, il y a des positions dures et des positions molles, et une position d'instituteur est plus dure qu'une position d'éducateur spécialisé. Les gens qui importeront des dispositions non conformes dans une position dure auront donc de fortes chances d'être vaincus par la position, d'être moins forts qu'elle, alors que les gens qui importent des dispositions décalées et discordantes dans une position molle ont de fortes chances de façonner la position conformément à leurs dispositions. Cela explique, entre autres choses, que les gens ayant certaines dispositions vont plutôt vers une position molle que vers une position dure[1].

Je ne veux qu'évoquer ce phénomène qui est, en général, ignoré par le discours scientifique et qui, à lui seul, mériterait plusieurs séances. Supposons, par exemple, un fonctionnaire qui, derrière son guichet, exerce une action répressive avec complaisance. On

1. Sur ces points, voir notamment P. Bourdieu, *La Distinction*, en particulier les passages sur les « nouvelles professions » dans le chapitre 5, « La bonne volonté culturelle ».

va se demander si cette propension à l'agressivité est inscrite dans la position ou si elle est inscrite dans les dispositions de l'agent qui occupe la position, mais, très souvent, c'est un faux problème : il ne s'agit pas de faire la part de ce qui revient à la position et de ce qui revient à la disposition, mais de comprendre ce qui fait que telle disposition se trouve dans cette position ; il s'agit donc d'expliquer l'espace des positions et l'espace des dispositions et les trajectoires qui conduisent les différentes dispositions dans les différentes positions. J'espère que vous ne pensez pas que je joue avec des mots : cela correspond à des réalités et j'espère que chacun de vous fait fonctionner des petits exemples et des illustrations empiriques correspondant à ces analyses. Pour moi, cette analyse attire l'attention sur une caractéristique importante du monde social. Le petit fonctionnaire répressif, souvent décrit par Crozier[1], qui exploite les propriétés inscrites dans la position qu'il occupe pour exprimer concrètement des dispositions qui ne peuvent s'exprimer que parce qu'elles trouvent leurs conditions d'expression dans la position, défie l'alternative effet de position/effet de disposition. Or, très couramment, on imputera les actions de type répressif qui s'observent dans certaines positions aux dispositions petites-bourgeoises, « répressives » parce que réprimées, des gens qui occupent ces positions ; ou bien on dira qu'elles sont inscrites dans la logique de la bureaucratie subalterne, etc. De mon point de vue, une description rigoureuse doit rendre compte de la correspondance, ou de la non-correspondance, entre des dispositions et des positions, donc des deux systèmes et de leur rencontre dans le cas particulier. Pour aller un tout petit peu plus loin, je prendrai un autre exemple : chacun de nous a vu apparaître après Mai 68 des gens présentant un habitus discordant par rapport à ce qu'on avait l'habitude de voir dans certaines positions. Par exemple, là où les contrôleurs d'autobus ou de métro étaient jusqu'alors des petits-bourgeois bien rasés, bien coiffés, ajustés à la fonction telle qu'elle était définie autrefois, c'est-à-dire répressive,

1. Voir, par exemple, Michel Crozier, *Le Phénomène bureaucratique*, Seuil, « Points Essais », 1971 [1963], notamment le passage sur « La personnalité bureaucratique », p. 243-256.

contrôlante, contrôlée, etc., on a vu apparaître des gens dont les signes extérieures trahissaient une sorte d'habitus plus laxiste, plus désinvolte, une distance au poste comme par exemple des contrôleurs d'autobus ou de métro barbus, avec des habitus qui se trouvaient, jusqu'à une époque légèrement antérieure, plutôt dans une certaine catégorie d'intellectuels. Voilà un cas de discordance où la lutte, en quelque sorte, entre des dispositions et des positions – ce n'est évidemment pas une lutte en tête-à-tête entre le nouveau contrôleur barbu et sa position destinée à être occupée par un individu bien rasé – engage toute la structure, tout l'espace des positions : les rappels à l'ordre vont venir de tout ce qui est autour, parce que si, dans la lutte avec sa position, l'individu considéré arrive à imposer ses dispositions, tout l'espace va changer, la position, étant par définition – le mot « position » (*situs*) le dit – relationnelle, de sorte que celui qui arrive à faire bouger sa position fait bouger tout l'espace. Et, en général, il y a des gens qui tiennent à ce que l'espace ne bouge pas.

Là, il me semble que vous devriez avoir entendu un peu ce que je voulais dire. De cette sorte de coïncidence – je crois que c'est le moins mauvais mot – entre la position et la disposition, qui est telle qu'il n'y a pas grand sens de se demander si c'est la fonction qui produit l'organe ou si c'est l'organe qui produit la fonction, résulte une action du type *orthè doxa*. En quelque sorte, les agents vont tomber dans cette action sans qu'elle ait été constituée objectivement, intentionnellement comme telle, ce qui a des conséquences concrètes sur la question du sujet – au fond, c'est la question qu'on a toujours à l'esprit quand on pose la question des fins ou la question du sens de l'action. L'action, par exemple, qui consiste à réprimer méchamment les adolescents qui se promènent sur les motos à deux est inscrite dans le rôle du gendarme ou de l'agent de police mais, en même temps, elle pourrait ne pas être exercée si le gendarme avait une certaine « distance au rôle ». J'emprunte ce concept à Goffman[1] qui caractérise

1. Erving Goffman, « Role distance », in *Encounters : Two Studies in the Sociology of Interaction*, Indianapolis, The Boobs-Merrill Company, 1961, p. 85-132. (Les pages 115-131

certaines positions comme demandant une distance au rôle. Ce qui est important, c'est que l'exigence de cette distance au rôle croît avec la position sociale : plus on s'élève dans la hiérarchie des positions – c'est vrai à peu près dans tous les champs –, plus [...] la définition de la position [implique] que ceux qui l'occupent aient à l'égard de la position une certaine distance, une certaine liberté. Je vous rappelle que, la dernière fois, j'invoquais cette définition de l'excellence comme art de jouer avec la règle du jeu. Plus on est haut dans un système, quel qu'il soit, plus il fait partie de l'accomplissement d'être à distance de la position. Pour un gendarme, il n'y a pas beaucoup de distance au rôle et il est important qu'il ait les dispositions de sa position, c'est-à-dire qu'il soit répressif s'il doit réprimer. (Je ne prolonge pas l'analyse, je dirais des choses qui compliqueraient l'expérience ou qui la simplifieraient trop...)

D'une certaine façon, lorsque les agents sociaux exécutent, accomplissent un acte qu'on peut appeler répressif, il n'y a pas grand sens à se demander qui en est le sujet. La théorie de l'action que je propose revient à dire que le sujet de cette action n'est ni dans l'individu biologiquement défini, ni dans son système de dispositions, ni même dans la position définie – comme le suggèrent, par exemple, les psychologues qui font des descriptions de poste –, mais dans cette relation très complexe entre l'espace des positions – parce que je ne peux pas définir une position *per definitionem* autrement que par sa position dans l'espace des positions – et dans l'espace des habitus : il est dans la correspondance entre ces deux espaces. Évidemment – c'est l'un des problèmes que je voudrais poser aujourd'hui –, il est extrêmement difficile de décrire ce genre d'action parce que tout le langage est fait pour parler dans la logique du sujet : parce qu'il y a sujet-verbe-complément, parce qu'il est facile de dire : « C'est le gendarme qui a donné une punition », alors qu'il serait terriblement compliqué et un peu décevant, et que cela choquerait notre besoin

---

sont traduites dans « La "distance au rôle" en salle d'opération », trad. Yves Winkin, *Actes de la recherche en sciences sociales*, n° 143, 2002, p. 80-87.)

de description simple, de dire que la punition est le produit de la rencontre entre l'espace des positions et l'espace des dispositions.

Les deux états de l'histoire

Le problème que j'essaie de poser aujourd'hui a été posé dès l'origine de la sociologie et, chaque fois qu'il se repose, il est, me semble-t-il, occulté parce qu'on donne une solution trop rapide. On a, par exemple, dans la période jakobsonienne lévi-straussienne, répondu à ce problème par la notion d'inconscient (ce n'est pas l'inconscient de Freud – je vous renvoie à Lévi-Strauss lisant Jakobson ou Saussure)[1]. Je pense que ce n'est pas l'inconscient : il est vrai que l'essentiel des conduites humaines se passe en dehors de la conscience, en dehors même de quelque chose comme un sujet, mais dans un rapport entre des structures objectives (c'est-à-dire un état de l'histoire) et des structures incorporées (c'est-à-dire un autre état de l'histoire). Finalement, toute action historique est le produit – encore une fois le mot « produit » n'est pas très bon – de la mise en présence de deux états de l'histoire : l'histoire à l'état objectivé, c'est-à-dire l'histoire qui s'est accumulée dans des instruments, des documents, des rites, des théories, des coutumes, des traditions, des manières de parler, des manières de s'habiller, etc., et l'histoire à l'état incorporé. En somme, le paradigme de cette relation que j'ai évoquée, et que je ne développerai pas, c'est le rapport entre un habitus et un habitat ou entre un habitus et un habit.

1. « L'inconscient cesse d'être l'ineffable refuge des particularités individuelles, le dépositaire d'une histoire unique qui fait, de chacun de nous, un être irremplaçable. Il se réduit à un terme par lequel nous désignons une fonction : la fonction symbolique, spécifiquement humaine, sans doute, mais qui, chez tous les hommes, s'exerce selon les mêmes lois ; qui se ramène, en fait, à l'ensemble de ces lois. [...] L'inconscient est toujours vide ; ou, plus exactement, il est aussi étranger aux images que l'estomac aux aliments qui le traversent. Organe d'une fonction spécifique, il se borne à imposer des lois structurales, qui épuisent sa réalité, à des éléments inarticulés qui proviennent d'ailleurs : pulsions, émotions, représentations, souvenirs. » (Claude Lévi-Strauss, « L'efficacité symbolique », *Revue d'histoire des religions*, n° 135, 1949, p. 25-26, repris dans *Anthropologie structurale*, Paris, Plon, 1974 [1958], p. 224.)

À la théorie du sujet et de l'objet telle que nous l'avons acquise, même inconsciemment, c'est-à-dire la théorie de type cartésien, il faut essayer de substituer une théorie dont le paradigme serait le rapport entre un habitus et un habit, la médiation étant le goût. Je vous renvoie aux analyses que j'ai développées longuement dans *La Distinction*, concernant cette espèce de rapport qui peut apparaître comme un rapport d'harmonie préétablie : tout l'habitus s'exprime dans l'habit qui n'existe que parce que l'habitus l'a constitué comme son habit. Je ne prolonge pas cette analyse, c'est un peu long. Je peux emprunter à Panofsky un exemple un peu plus étonnant, un peu plus facile. C'est un exemple qui risque de frapper un peu plus parce que la difficulté des analyses qui me paraissent rigoureuses est qu'on les comprend trop vite. C'est pourquoi je fais traîner un peu, je fais un suspense à la manière des musiciens parce que quelque chose qu'on a attendu est quand même moins facile et on en sent un peu plus la difficulté ; ce n'est pas pour faire valoir, c'est pour faire sentir que ce n'est pas facile. Panofsky rappelle, dans ses *Essais d'iconologie*, que l'acte insignifiant qui consistait à lever légèrement le chapeau pour saluer – il y avait des tas de variantes socialement marquées – renvoie à une tradition médiévale par laquelle les chevaliers manifestaient leurs intentions pacifiques en relevant légèrement leur heaume : c'était une façon de montrer qu'on n'allait pas se battre[1]. Voilà un exemple, je crois, assez frappant, alors que quand je [parle de] l'habit, on comprend trop facilement. L'habit lui-même est dans un espace des habits, et s'il est difficile de choisir un habit, c'est qu'un habit est marqué dans un espace des habits comme un phonème est marqué dans un espace de phonèmes ; un habit est marqué dans l'espace des habits, or l'habit lui-même est le produit de toute une histoire comme tous les autres habits, et finalement c'est choisir dans toute une série très complexe de toute une histoire.

Dans le cas du salut, cet acte apparemment insignifiant que j'accomplis dans l'instant *t* réactive toute une histoire sédimentée

1. Erwin Panofsky, *Essais d'iconologie*, trad. Claude Herbette et Bernard Teyssèdre Paris, Gallimard, 1967 [1939], p. 15.

qui se met à revivre. Évidemment, je ne revis pas l'acte médiéval au sens de Michelet[1]. Je ne revis même jamais aussi peu l'histoire que quand je la réactive, puisque je peux ne pas savoir du tout que cette tradition remonte au Moyen Âge. Je suis capable de réactiver cette histoire parce que je suis, moi-même, socialement constitué, c'est-à-dire produit de l'intériorisation de l'histoire, et c'est dans la mesure où je suis histoire incorporée, ajusté à cette histoire objectivée, sous forme de traditions que je vais trouver dans les manuels de politesse, que j'accomplis cet acte qui est présent et qui, en fait, n'a rien de présent. Il faut donc qu'il y ait cette espèce de rencontre assez extraordinaire entre deux histoires pour que s'accomplisse un acte présent et non perçu comme historique, et je pense que l'essentiel des actions que nous accomplissons sont de ce type[2].

Je reviens à l'exemple que je prenais, en commençant, de l'évêque qui agit, comme on dit, au nom de son diocèse, qui est « son diocèse fait homme » (c'est une formule que Marx emploie une fois à propos du capitalisme : le « capital fait homme[3] » ; c'est la seule fois qu'il évoque la notion d'habitus). Si l'évêque réalise, sans avoir même besoin de le vouloir, les intentions objectives du diocèse, s'il agit comme il devrait le faire aux yeux d'un observateur connaissant tout de son diocèse pour réaliser ce qui est inscrit objectivement dans son diocèse, c'est parce que, par des mécanismes très complexes et relativement indépendants, les conditions qui produisent le diocèse et les conditions qui produisent l'évêque aboutissent à des correspondances. Il très facile, dans des analyses comme celles-là, de tomber dans un langage néo-hégélien et de dire que c'est l'Histoire qui se réfléchit elle-même. Ça fait très bien, mais c'est presque faux, donc je ne le dirai pas.

1. Allusion à la formule dont Jules Michelet fit l'épitaphe de sa tombe : « L'histoire est résurrection. »

2. Sur ce point, voir P. Bourdieu, « Le mort saisit le vif », art. cité.

3. Karl Marx, *Le Capital*, section VII, chap. 24, 3. Selon les traductions, il est question du « capital personnifié » (*Œuvres*, t. I : *Économie*, Paris, Gallimard, « Bibliothèque de la Pléiade, 1965, p. 1095) ou de « personnification du capital » (PUF, « Quadrige », 1993, p. 663).

Le sens du jeu

Avant d'en venir aux deux cas que j'ai annoncés, la téléologie subjective telle qu'elle est à l'œuvre dans la théorie économique et la téléologie objective telle qu'elle est à l'œuvre dans la tradition marxiste, je voudrais répondre à certaines objections. S'agissant de la notion de rôle, par exemple, qui est employée presque automatiquement sans réfléchir par la plupart des gens qui font de la sociologie : pour ma part, d'instinct, je n'ai, je crois, jamais écrit le mot « rôle » – pour ceux qui le trouveraient une fois, ce serait un lapsus. Cette notion semble acquise et fait partie du vocabulaire constitutif de la sociologie. Quand on veut faire chic, quand on veut faire le sociologue, on dit « rôle » et « statut » (ou « status ») et ça fait très science. Mais la notion de rôle, si on la prend au sérieux, veut dire qu'il y a quelque chose qui est écrit à l'avance (un texte complètement réalisé, ou au moins un programme comme dans la *commedia dell'arte*, ou un programme au sens des ordinateurs) et des gens qui vont exécuter le rôle. On est donc dans une logique du type modèle/exécution qui est tout à fait le modèle saussurien de l'opposition langue/parole[1]. L'agent n'est plus qu'un acteur, c'est-à-dire quelqu'un qui exécute un programme écrit à l'avance. Le type de pensée que je propose restitue, lui, à l'agent une responsabilité réelle : il n'est pas quelqu'un qui exécute un plan établi à l'avance, ni quelqu'un qui produit son plan, mais quelqu'un dont l'action se laisse très facilement décrire dans le langage du « tout se passe comme si il y avait un plan », ce qui ne veut pas dire qu'il y ait un plan, mais il y a cette sorte d'accord bizarre entre les dispositions et la position qui fait que quelqu'un qui est comme un poisson dans l'eau dans sa position

1. « La langue n'est pas une fonction du sujet parlant, elle est le produit que l'individu enregistre passivement ; elle ne suppose jamais de préméditation, et la réflexion n'y intervient que pour l'activité de classement [...]. La parole est au contraire un acte individuel de volonté et d'intelligence. » (Ferdinand de Saussure, *Cours de linguistique générale*, Paris, Payot, 1964, p. 30.)

va en quelque sorte au-devant des attentes de sa position : il y a une sorte de sollicitation mutuelle.

Pour faire comprendre, le jeu et le sens du jeu sont la meilleure métaphore : dans tous les sports, les sportifs accordent une très grande place à ce qu'ils appellent le « sens du jeu », forme particulière du « sens pratique » qui fait que, par exemple, tel joueur fait une passe à l'autre non pas à l'endroit où l'autre se trouve au moment où il fait la passe mais à l'endroit où l'autre va se trouver au moment où la passe arrivera ; c'est le b.a.-ba. de n'importe quel sport. Le sens du jeu consiste à se trouver non pas à l'endroit où le joueur adverse a l'air d'envoyer la balle mais à l'endroit où précisément il ne l'envoie pas – c'est le contre-pied. Le sens du jeu est cette espèce de sens de l'histoire du jeu qui fait que, à chaque moment, le jeu se réalise parce qu'il y a des gens qui ont le sens du jeu. Cette analyse confère aux agents un rôle capital. Ce ne sont pas des *Träger* (« porteurs ») comme dans la tradition néomarxiste althussérienne[1] où les agents ne sont que des exécutants de la structure, font double emploi avec elle et pourraient ne pas être là, la structure de toute façon engendrant, par parthénogenèse, d'autres structures et un mode de production chassant à l'autre. Non, les agents sont extrêmement importants : il suffit de mettre sur un terrain de handball un joueur de tennis ou de basket-ball (pour prendre des choses relativement proches) pour voir que cela ne va plus du tout. Et il est absurde de se demander si le plus important, ce sont les structures ou les agents (ou les dispositions) parce que, dans un jeu qui marche bien, c'est deux fois la même chose. On est donc dans une logique où les agents, en tant que porteurs de dispositions, sont absolument constitutifs du jeu : c'est eux qui le définissent, qui le font fonctionner et

1. Le terme de *Träger*, que Marx avait pu employer occasionnellement, est utilisé (comme les expressions de « forces productives » ou de « rapports de production ») par les néomarxistes français réunis dans les années 1960 autour de Louis Althusser (*Lire le Capital*, Paris, Maspero, 1965) ; il s'agit pour eux, dans une perspective « antihumaniste », de « se passer complètement des services théoriques du concept d'homme » : les agents sociaux ne sont que les supports ou les porteurs du rôle qui leur est assigné dans le processus de production.

les règles et les contraintes mêmes du jeu n'agissent que sur ceux qui ont le sens du jeu, ce qui est aussi très important. En effet, avoir le sens du jeu, c'est être libre par rapport au jeu parce qu'on en comprend la nécessité : celui qui a le sens du jeu, par exemple, économise de l'énergie par rapport à celui qui ne l'a pas parce qu'il se trouve tout de suite au bon endroit alors que l'autre commence par aller au mauvais endroit. D'une certaine façon, avoir le sens du jeu, c'est être celui par qui la nécessité du jeu se réalise. Il y a tout une série de paradoxes et, vraiment, si après avoir développé ces paradoxes, vous [en restez à] l'opposition « déterminisme/liberté » [*rires*] !… C'est une relation extrêmement complexe que les antinomies ordinaires brouillent complètement et, malheureusement – je dis bien *malheureusement* –, on revient toujours à ces analyses. (Entre parenthèses, les lectures de mes travaux qui m'attribuent un « finalisme du pire » – que je dénonce pourtant dans des textes déjà anciens – appliquent simplement la pensée en termes « sujet-objet » à des analyses qui sont au-delà de cette pensée ; elles relisent dans un langage finaliste des analyses qui se situent au-delà – je dis ça pour ceux qui m'entendent.)

On pourrait développer la notion de sens du jeu : le sens du jeu s'acquiert en jouant, c'est donc un produit de l'histoire. Je suis un peu gêné de faire ces analyses. Autant à l'écrit, dans un livre de type phénoménologique, on trouve parfois un certain plaisir, et même une certaine complaisance, à développer tous les aspects d'une notion, en essayant de l'épuiser, autant, oralement, devant un vaste public, on se sent un peu gêné. Je pense qu'il vaut mieux que je vous laisse prolonger ces analyses. Cela dit, ce qui est important dans la notion de « sens du jeu », c'est qu'elle est le produit d'une expérience socialement constituée, elle est le produit de l'histoire qui rend possible l'action historique. Au fond, ceci résume assez bien ce que j'ai essayé de dire jusqu'à présent.

La connaissance pratique

Dans le prolongement de ce que je viens de dire, je voudrais très rapidement décrire la logique de la connaissance pratique. Si vous vous rappelez le schéma inaugural que j'avais dessiné la première fois[1], la relation agent-champ est une relation de connaissance d'un type tout à fait particulier. Le sens du jeu tel que je l'ai évoqué est une forme de connaissance, mais sur un mode qui n'est pas du tout théorique : si vous demandez à un joueur de rugby de faire la théorie du contre-pied qu'il vient de faire, il ne dira probablement pas grand-chose, sauf à être un professionnel de l'explicitation – un professeur de gymnastique par exemple. Mais cela ne veut pas dire que la réalisation de son contre-pied n'implique pas une forme de connaissance extrêmement sophistiquée qui est une connaissance globale, synoptique, instantanée, rapide, qui passe immédiatement à l'acte. C'est cette connaissance-là que je voudrais très vite évoquer.

Cette relation de connaissance pratique, je le redis, n'est pas une relation sujet-objet dans laquelle le sujet se pense comme distinct devant un objet (*objectum*), comme quelque chose qui est devant, qui est clairement en dehors, qui est constitué comme tel et qui fait problème. Il s'agit là d'analyses classiques chez certains phénoménologues critiques de la tradition de la philosophie du sujet. Je les reprends en les détournant un peu. La notion de problème, de *problema* (πρόβλημα), c'est ce qui « est lancé devant », et le monde de la connaissance pratique, le monde pour quelqu'un qui a le sens du jeu est précisément un monde qui ne fait pas problème, un monde dans lequel on a répondu avant de s'être posé la question, un monde dans lequel on a apparemment posé des fins avant d'avoir constitué le projet de poser des fins : on a répondu par des actions organisées par rapport à des fins sans que l'objectif même de l'action ait été posé en tant que tel et que les moyens aient été calculés par rapport à cette fin. Entendez ceci

1. Voir le cours du 12 octobre 1982, p. 241.

par rapport à ce que je vais dire par la suite. Si vous le gardez à l'esprit, je n'aurai plus qu'à faire des exercices d'application quand je me servirai de ces analyses pour critiquer la théorie de l'*homo œconomicus*, le calculateur économique traditionnel. L'habitus n'a pas le monde pour objet ou comme représentation (dans le mot « représentation », il y a l'idée de vision globale, de spectacle). L'agent n'est pas un spectateur – ce sont des choses triviales mais importantes ; il est dans le monde social, il habite le monde social, il se déplace dans le monde social comme dans une maison familière. Je vous renvoie sur ce point aux analyses de Bachelard concernant l'habiter[1] qu'on pourrait transposer très simplement, ou aux analyses de Heidegger sur ce que c'est que d'habiter[2]. (Les analyses de Heidegger sont évidemment chargées de connotations fascisantes – je l'ai montré dans un article[3] –, mais elles peuvent être vraies tout en étant détournées dans le sens d'une captation des thèmes de la terre et du sang.) Le sujet social est inscrit dans le monde social, il habite le monde social – sauf dans les situations critiques où précisément l'ajustement immédiat du sens du jeu et du jeu est en question ; il ne se dresse pas devant l'espace, devant le champ social dans lequel il fonctionne comme un spectateur, il ne se donne pas le monde social comme représentation, c'est-à-dire qu'il ne se donne pas une vision extérieure et supérieure. Chose très simple : il ne fait pas de schéma, alors que, par exemple, tout sociologue qui travaille commence à faire des modèles, des schémas, des généalogies. Or, par le simple fait de substituer à la maison dans laquelle on se déplace une maison dessinée sur du papier, on opère une sorte d'objectivation qui suppose qu'on ne soit pas inséré dans la maison. Je précise, pour éviter un malentendu et ne pas avoir l'air d'exalter la participation – je le redis chaque fois parce que tout le monde n'est pas là à toutes les séances et que ce sont des erreurs tellement récurrentes qu'il faut les exorciser

1. Gaston Bachelard, *La Poétique de l'espace*, Paris, PUF, 1957.
2. Martin Heidegger, « Bâtir, habiter, penser », in *Essais et conférences*, trad. André Préau, Paris, Gallimard, 1958 [1954], p. 170-193.
3. P. Bourdieu, « L'ontologie politique de Martin Heidegger », art. cité.

chaque fois –, que je ne dis pas que l'habiter de la maison soit le mode de connaissance légitime de la maison – ce que disent souvent les phénoménologues (dont on peut détourner les analyses pour s'en servir). Je dis seulement qu'habiter une maison est un mode de connaissance dont le mode de connaissance savant doit tenir compte.

Le mode de connaissance savant doit savoir qu'il a affaire à des gens qui connaissent leur maison en l'habitant et il doit savoir que, dès le moment où il dessine le plan d'une maison et où il étudie les aires de déplacement (ceci pour les architectes), il rompt avec l'expérience de l'habitant qui habite et risque de projeter son expérience de faiseur de schéma dans la tête de l'habitant qui l'habite. De même, comme je le répète toujours (parce que c'est important), celui qui habite une généalogie habite une famille, ce qui n'est pas du tout la même chose que faire une généalogie : il habite des relations, des espaces dans lesquels il a des cousins et des copains, qu'il ne confond pas avec les voisins, il a des échanges, etc. Il y a des gens proches, des gens loin, on sait ce qu'il faut faire, on a le sens du jeu, on sait se conduire, on sait qui il faut inviter, à qui il faut rendre, à qui il faut prêter, etc. Quand le sociologue ou l'ethnologue arrive, qu'il fait des schémas et dit : « Ça, c'est un cousin, une cousine parallèle, croisée, etc. », ça change tout. Cela ne veut pas dire – je répète – qu'il ne faut pas faire de généalogie, mais il faut savoir que quand on fait des généalogies, on crée avec l'objet « famille », l'objet « parenté », l'objet « parent », une relation qui n'est pas celle de l'indigène qui, tout simplement, habite sa famille et est inséré dans un réseau de relations familiales.

L'agent social est donc engagé dans ce monde, il n'est pas spectateur, il n'est pas en survol – alors que le plan se voit de haut –, il n'a pas de représentation, il n'a pas de vue perspective, il est engagé dans la réalité même où il agit et opère, en dehors de toute position délibérée d'objet de conscience, de réflexion. Autrement dit, le rapport entre le sens pratique et le sens du jeu, entre le sens du jeu (au sens d'« avoir le sens du jeu ») et la signification du jeu et même le sens de l'histoire du jeu n'est pas un rapport d'extériorité. Au fond, ce que je dénonce là, c'est la tendance à l'intellectualisme qui conduit à décrire les rapports sociaux comme des rapports de communication ou de connaissance.

Investissement dans le jeu et *illusio*

Si l'on prolonge un peu, « être dans le jeu », « être pris au jeu », « être pris par le jeu » veut dire « être investi dans le jeu ». J'ai invoqué plusieurs fois cette expression. Quand quelqu'un a le sens du jeu conforme au jeu, il répond d'avance – c'est le propre de la relation entre un habitus et un champ – aux sollicitations du jeu et, du même coup, il s'investit dans le jeu, ce qui est la condition du fonctionnement du jeu, parce que des jeux sans individus qui s'y investissent, les jeux dont on dit qu'ils n'en « valent pas la chandelle » sont immédiatement abandonnés. S'investir dans le jeu, c'est avoir *intérêt* au jeu. C'est à ce mot d'« intérêt », que j'emploie depuis longtemps, que je voulais en venir. J'ai introduit cette notion d'intérêt avec des intentions polémiques contre une vision disons interactionniste, culturaliste qui était dominante dans le champ des sciences sociales au moment du structuralisme et qui donnait le sentiment que les sujets sociaux agissaient avec pour seul enjeu des échanges de symboles. J'ai voulu rappeler que même les échanges symboliques supposent un investissement intéressé, que les jeux les plus gratuits, comme les jeux de l'art ou les jeux d'amour, supposent une forme d'intérêt. Mais je ne prenais pas le mot d'intérêt au sens de Bentham – j'y reviendrai : il faut prendre le mot au sens d'*interest*, d'« être intéressé », de « ce qui m'importe ».

Quand on a le sens du jeu, on ne pose pas au jeu la question de son existence ou de sa raison d'être, on a envie de jouer, on a une *libido vivendi*. Chaque jeu impose sa libido et on peut dire « intérêt = libido ». On peut dire aussi « intérêt = *illusio* ». L'*illusio*, c'est le fait d'avoir envie d'entrer dans le jeu. Il s'agit là d'une fausse étymologie (je crois que Huizinga dans *Homo Ludens* la propose – et s'il ne le fait pas tant pis[1]), mais elle est bien commode. Il y a des plaisanteries classiques (le petit juif qui va à la messe, le match de rugby écrit par quelqu'un qui ne connaît pas les règles du jeu, etc.) qui reposent sur ce modèle et qui font apparaître l'absurdité d'un jeu lorsque il est vu par quelqu'un qui n'a pas le sens du jeu et que, du coup, les enjeux et les intérêts devenant futiles, toute l'action devient futile. Cette déréalisation du jeu que produit l'introduction du regard extérieur, du regard du « spectateur impartial » comme disait Husserl[2], cette déréalisation tient au fait qu'on retire l'*illusio*, cette adhésion immédiate au jeu qu'implique le sens du jeu. Le jeu, du coup, devient une illusion. Il y aurait des analyses historiques intéressantes et je pense que ce n'est pas un hasard si les analyses les plus proches de celles que je propose sur le capital symbolique, le pouvoir symbolique, etc. ont été développées au moment où le jeu de cour commençait à perdre son sens : la vie de cour, vue par des bourgeois puritains ou jansénistes, apparaissait comme un jeu d'illusions, comme la poursuite illusoire d'enjeux qui n'en valaient pas la peine. Tous les jeux sociaux, dès qu'ils sont vus du dehors, apparaissent comme ayant des intérêts illusoires, mais le propre d'un jeu est de produire les habitus qui font que le jeu n'est pas mis en question et de se doter de joueurs si profondément ajustés au jeu qu'ils ne poseront jamais la question du jeu.

Si l'on applique cela au champ intellectuel, on voit immédiatement que ce n'est pas si simple ; ce qu'on peut dire au niveau de l'anthropologie générale devient tout de suite beaucoup plus douloureux si on décrit quelque chose de très proche [à son

1. Le briseur de jeu, écrit Huizinga, « enlève au jeu l'illusion, *inlusio*, littéralement “entrée dans le jeu” » ; il est ajouté dans l'édition anglaise : « (from *inlusio*, *illudere* or *inludere*) ». (Johan Huizinga, *Homo Ludens. Essai sur la fonction sociale du jeu*, trad. Cécile Sersia, Paris, Gallimard, 1951 [1938], p. 32 ; *Homo Ludens. A Study of the Play-Element in Culture*, Routledge, 1949 [1944], p. 11.) « Dans son livre fameux, *Homo Ludens*, Huizinga dit qu'on peut, par une fausse étymologie, faire comme si l'*illusio*, mot latin qui vient de la racine *ludus* (jeu), voulait dire le fait d'être dans le jeu, d'être investi dans le jeu, de prendre le jeu au sérieux. » (Pierre Bourdieu, *Raisons pratiques*, Paris, Seuil, 1994 ; rééd. « Points Essais », 1996, p. 151.)

2. Voir E. Husserl, *Méditations cartésiennes*, *op. cit.*, § 15, p. 31.

propos]. Le champ intellectuel est un jeu et les gens qui y jouent y investissent une *illusio* qui est l'adhésion au principe même du jeu. Il s'ensuit, par la même propriété – j'y reviendrai –, qu'il est très rare que les gens qui jouent à un jeu avec l'*illusio* bien constitué posent la question de l'existence ou de la non-existence de ce jeu. Ils peuvent contester la manière de jouer, ils peuvent dire que des gens ne jouent pas bien, d'une manière qui n'est pas orthodoxe, qu'il faut jouer à droite ou jouer à gauche, etc., mais ils demandent rarement si le jeu vaut la peine d'être joué. Finalement, la lutte elle-même ne suppose-t-elle pas la collusion (vous voyez l'utilité de l'étymologie : *illusio/collusio*) des joueurs sur la validité du jeu ? Les adversaires ne sont-ils pas unis, dans tout jeu, par une complicité fondamentale sur la validité intrinsèque du jeu ? Le fait d'être habité par l'*illusio* adéquat ne renferme-t-il pas une reconnaissance tacite de la validité même du jeu et, du même coup, des limites à la lutte, sur laquelle les lutteurs n'ont même pas besoin de s'accorder parce qu'ils ne pourraient pas les transgresser sans mettre en question leur existence même en tant que joueurs ? Pour le dire simplement, ils scieraient la branche sur laquelle ils sont assis, ce que les groupes ne font que très rarement, ou bien ils se suicideraient, parce qu'on peut se suicider socialement.

Cette analyse n'a rien de platonique et on pourrait penser de la même façon le problème de la croyance que j'évoquais à propos du champ religieux : dans tout champ il y a un enjeu de croyance, *illusio* signifiant croyance dans le fait que le jeu vaut la peine d'être joué. Un jeu ne fonctionne que dans la mesure où il parvient à faire reconnaître à tous les joueurs que le jeu vaut la peine d'être joué. Cette croyance dans la valeur du jeu est si fondamentale qu'elle peut primer en quelque sorte sur la croyance qui est l'enjeu du jeu. On ne comprendrait pas le champ religieux si l'on ne comprenait pas qu'il s'agit, dans ce champ de croyance, de savoir quelle est la bonne croyance, quelle est l'*orthè doxa*. La question de la bonne manière de croire (ou de faire croire) est l'enjeu de ce champ, mais on ne comprendrait rien à ce champ si on ne voyait pas que, dans ce champ qui encourage la croyance, il y a, comme condition de fonctionnement du champ, la croyance dans le fait que le champ mérite de fonctionner en tant que champ, que la lutte pour la bonne définition de la croyance est objet de croyance. Je voulais dire cela pour que vous ne pensiez pas que j'étais très loin des réalités sociales : avec moi, on n'est jamais très loin… enfin, je crois [*rires*].

Je finis simplement sur ce mot d'intérêt – j'y reviendrai longuement. Le mot « intérêt » doit être pris au sens le plus large : ce qui m'intéresse, c'est ce qui m'importe, ce qui compte pour moi, ce qui me fait bouger, ce qui me sort de l'ataraxie, ce qui me sort de l'indifférence. Ce qui est impliqué dans le sens du jeu, comme je l'ai dit tout à l'heure, c'est l'envie de jouer, c'est que je ne suis pas neutre, que je ne reste pas dehors, indifférent. On peut très bien dire que, dans le cas du champ scientifique, l'*illusio* prendra la forme de la *libido sciendi*. Dans le cas du jeu, il prendra la forme de la *libido vivendi*, qu'on peut aussi appeler « passion ». Là, je voudrais citer un texte de Hegel, « Rien de grand ne s'est fait sans passion », qui, comme c'est un sujet de dissertation, a toujours, me semble-t-il, été très mal lu. La question que je pose au fond est celle-ci : comment se fait-il que les gens agissent ? Pourquoi les gens jouent, alors que c'est très fatigant, que c'est une dépense d'énergie ? Comment se fait-il que les gens jouent plutôt que de ne pas jouer ? Comment se fait-il qu'ils travaillent plutôt que de ne pas travailler ? On croit bien sûr avoir des réponses en disant qu'il y a des besoins ou, dans le cas du travail, que, quand même, on ne peut pas nier le besoin économique. Il y a toutes sortes de réponses toutes faites. Or, même lorsqu'il s'agit du champ économique, on doit toujours poser la question de savoir pourquoi les gens jouent plutôt que de ne pas jouer. Parce qu'on peut très bien se laisser mourir de faim (il y a des anorexiques, etc.). Quitte à choquer l'école matérialiste, dialectique ou non, je pense qu'il faut toujours poser la question de savoir pourquoi il y a de l'action, de l'investissement, de l'intérêt plutôt que rien. Or on voit qu'il y a de l'action plutôt que rien. Je vous lis le texte de Hegel, dans une traduction exacte, rigoureuse, un peu lourde d'Éric Weil, mais qui change des traductions un peu approximatives : « Si nous appelons passion un intérêt par lequel l'individualité tout entière, avec toutes les veines de son vouloir, négligeant tous les autres intérêts si nombreux qu'on peut avoir et qu'on a également, se jette dans un seul objet, [un intérêt] par lequel elle concentre sur ce but tous ses besoins et toutes ses forces, alors nous devons dire qu'en général rien de grand n'a été accompli dans le monde sans la passion[1]. »

Ici, le mot « passion » ne désigne pas du tout un état affectif, mais la logique du fétichisme, c'est-à-dire une croyance qui est illusoire si on la regarde du point de vue de quelqu'un d'extérieur au jeu, mais qui est bien fondée – Durkheim disait que la religion est une illusion bien fondée[2] – si on la regarde du point de vue de quelqu'un qui connaît les conditions de production du jeu et des joueurs. Cette passion est donc bien fondée, bien qu'illusoire. Le mot « passion » est intéressant : c'est quelque chose qui est subi parce qu'on ne peut pas faire autrement que de subir cet intérêt ; quelqu'un qui a l'habitus adéquat ne peut pas s'empêcher de jouer et il n'y a pas de sens à lui dire qu'« il faut sortir du jeu ». Marx disait à peu près à propos des stoïciens qui jetaient des vaisselles d'or pour boire dans des écuelles de bois ou dans leurs mains que ce sont des « luxes

1. Georg Wilhelm Friedrich Hegel, *La Raison dans l'Histoire*, trad. Kostas Papaioannou, chap. II, 2, § « La ruse de la raison », Paris, UGE, « 10/18 », 1965, p. 108. (La référence à la traduction d'Éric Weil renvoie à la citation de ce passage dans l'ouvrage tiré de sa thèse *Hegel et l'État*, Paris, Vrin, 1980 [1950], p. 81.)
2. Si Durkheim n'a peut-être pas employé l'expression telle quelle, il écrit dans *Les Formes élémentaires de la vie religieuse* que « ce délire [religieux], s'il a les causes que nous lui avons attribuées, est *bien fondé*. » (É. Durkheim, *Les Formes élémentaires de la vie religieuse*, *op. cit.*, p. 324.) Il développe plus longuement l'idée dans le passage qui, au début de la conclusion de ce livre, est synthétisé dans la table des matières par la formule : « La religion est une expérience bien fondée. » Il y explique que la sociologie se doit de poser le « postulat que ce sentiment unanime des croyants de tous les temps ne peut pas être purement illusoire ». « Les croyances religieuses reposent sur une expérience spécifique dont la valeur démonstrative, en un sens, n'est pas inférieure à celle des expériences scientifiques, tout en étant différente » car, en effet, « de ce qu'il existe, si l'on veut, une "expérience religieuse" et de ce qu'elle est fondée en quelque manière – est-il d'ailleurs, une expérience qui ne le soit pas ? – il ne suit aucunement que la réalité qui la fonde soit objectivement conforme à l'idée que s'en font les croyants ». (*Ibid.*, p. 596-597.)

de privilégiés[1] ». Il y a en effet des formes de mise en question de l'économie qui supposent des conditions économiques. La logique du fétichisme est telle qu'elle peut toujours être décrite du dehors comme étant illusoire : il n'y a rien de plus illusoire qu'une croyance sauf que, dès qu'on en connaît les conditions, on voit bien qu'on ne peut pas faire autrement et qu'il n'y a rien de plus nécessaire que cette illusion : c'est la passion et la relation profonde entre un habitus et un champ. Celui qui est pris dans un champ est pris au jeu. Il peut théoriquement à chaque instant sortir du jeu et, vu du point de vue du sage ataraxique qui le regarde, il a l'air d'un fou qui investit sur des foutaises. Mais il est constitué de telle façon qu'il est prêt à mourir pour ce jeu.

Les transferts affectifs de la libido domestique et le conformisme

Très vite, une remarque que je ne développerai pas mais qui peut intéresser ceux d'entre vous qui s'interrogent sur le problème des rapports entre sociologie et psychanalyse. Je voudrais simplement dire que, dans la logique de ce que j'ai indiqué dans les analyses précédentes, on doit évidemment avoir à l'esprit que l'investissement primordial ou, en quelque sorte, originaire dans le champ social prend la forme d'un investissement affectif dans le groupe domestique. Autrement dit, l'investissement social prend d'abord la forme de l'affect. La première forme de l'*illusio* serait alors ce que Laing appelle le fantasme familial[2], cette forme de construction

1. Cette formule ne figure pas dans *L'Idéologie allemande*. On trouve en revanche chez Sénèque une critique approchante : « Ne crois pas qu'ici je te conseille ces repas à la Timon, ni ces *cabanes du pauvre*, ni aucune de ces fantaisies raffinées dont la richesse amuse son ennui. » (*Lettres à Lucilius*, trad. Joseph Baillard, XVIII, 7-8.)
2. Le fantasme familial désigne une histoire généalogique, le processus par lequel « chaque génération [opère] sur la suivante [...] une projection généralement ignorée des personnes en cause », le processus par lequel « nous sommes induits [...] à jouer, à notre propre insu, une pièce fantôme, en tant qu'images d'images des morts, qui ont à leur tour incarné et joué de tels drames projetés sur eux et induits en eux par ceux

collective dans laquelle se constituent à la fois l'image du groupe et l'image de chaque individu. Ceci permettrait de donner un sens, de réactiver un autre aspect du mot « passion » chez Hegel : si les investissements dans les jeux sociaux sont si profondément indécrottables, si les fantasmes et les fétiches sont si réels, si nécessaires tout en étant objectivement illusoires, c'est peut-être parce que les investissements, dans l'*Alma Mater* par exemple pour les universitaires, ont quelque chose à faire avec le transfert d'investissements primordiaux. Il me semble que l'on pourrait prolonger sans trop de risque du côté d'une analyse des primes éducations qui soit une analyse sociologique.

J'ai souvent dénoncé – je vous renvoie sur ce thème à *La Distinction*[1] – l'illusion populiste qui consiste à « vivre » une expérience populaire avec un habitus bourgeois ou, en tout cas, dépopularisé, autrement dit à déchirer cette relation que j'ai décrite tout au long de ces analyses entre un champ et un habitus et à faire comme si l'espace de l'usine, de la chaîne était vécu par un intellectuel, avec un habitus d'intellectuel. Les espaces sociaux les plus révoltants – les bidonvilles, la chaîne, etc. – sont habités par des gens qui ont l'habitus, si on peut dire, adéquat, ce qui fait que l'expérience que peut en avoir l'observateur a de bonnes chances d'être fausse si on ne fait pas de correction. C'est donc là un cas où la distinction que j'ai faite entre l'habitus savant, le sujet savant et l'agent engagé dans la pratique est extrêmement importante. Il y a une forme de projection de soi en autrui, comme disaient les phénoménologues, une [façon] de « se mettre à la place » qui est profondément falsifiante et il y a une forme de « générosité subjective » qui ne fait plaisir qu'aux généreux. Ceci est très important pour vivre ce qui, moi, me fait horreur dans un certain type de descriptions populistes des classes populaires.

Pour aller un peu plus loin, il faudrait analyser – et là je ne vais faire que l'esquisser – le cas apparemment le plus défavorable

---

qui les ont précédés ». (Karl Laing, *La Politique de la famille et autres essais*, trad. Claude Elsen, Paris, Stock, en particulier p. 97-109.)

1. P. Bourdieu, *La Distinction*, *op. cit.*, p. 433-435.

par rapport à ce que je viens de dire, la culture des adolescents des classes populaires – les jeunes délinquants, par exemple – qui donnent toutes les apparences de la révolte contre le monde social tel qu'ils l'habitent et qui semblent porter en eux une sorte de mise en question profonde du monde dans lequel ils vivent. Je m'appuie à la fois sur des expériences et sur un livre de Willis dont je vous donne la référence et qui me paraît très important[1]. Dans ce livre, Willis étudie deux groupes de marginaux, de gens en marge, de gens exclus – comme on voudra : d'une part, des loubards qui organisent leur vie autour de leur moto et, d'autre part, des hippies, très différents par leur origine sociale, leur milieu social. Je retiens seulement le premier groupe, le second étant plus facile. Ces jeunes délinquants, qui frappent par l'apparence de révolte qu'ils peuvent donner, sont en marge. Ils contestent les manières vestimentaires, leur langage est une transgression permanente de la grammaire, de la syntaxe, des censures imposées par la langue officielle, etc. Ces durs, ces révoltés sont d'abord, en tant que jeunes, révoltés contre les vieux qui, étant plus socialisés, ont déjà fait plus de concessions à la position et ont des dispositions mieux ajustées à la position. Ils organisent leur vision du monde, comme une analyse de leur langage le montre très facilement, autour de valeurs de virilité, de rudesse, de brutalité, de violence, de bravade, de défi, d'honneur, etc., qui sont simplement le passage à la limite des valeurs inhérentes à toute la classe ouvrière et plus généralement à toutes les classes dominées, et qui conduisent à procurer – Willis, à juste titre je pense, insiste beaucoup là-dessus – un monde stable, solide, constant et surtout peut-être collectivement garanti. Chose très importante, en effet, l'*illusio* ne devient totalement nécessaire que lorsqu'elle est collective et partagée, et l'une des fonctions de la bande, du groupe de délinquants est précisément de procurer une sorte de carrefour des *illusio* et, du même coup, de fournir à chaque

1. Paul E. Willis, *Profane Culture*, Londres, Routledge & Kegan Paul, 1978. P. Bourdieu revient sur ce livre dans « Vous avez dit "populaire" ? », *Actes de la recherche en sciences sociales*, n° 46, 1983, p. 102.

expérience un renforcement permanent. Ce monde solide, stable est aussi un monde très fermé, très défensif, et Willis insiste sur son horizon très restreint : ces gens se révoltent à l'intérieur d'un horizon relativement fermé sans mettre en question l'horizon qui les enferme. Dans une certaine mesure, on pourrait aller jusqu'à dire que leur contestation est tellement partielle qu'elle est conservatrice. Ils sont révoltés dans les limites d'un univers dont ils ne mettent pas en question la structure. La provocation, l'insulte et en particulier tout ce qui concerne le rapport aux femmes et la vision des femmes pourraient s'analyser dans cette logique.

Cette sous-culture populaire est apparemment en rupture avec certaines formes de conformisme, mais, en réalité, elle est plutôt la limite du conformisme populaire et de l'adhésion aux vertus imposées par la nécessité, comme les vertus de dureté. Les vertus de la dureté sont les vertus des gens qui, ayant la vie dure, font de nécessité vertu et deviennent durs pour eux-mêmes et pour les autres ; ils ne se laissent pas aller, ne chialent pas comme une nana, se font des bourrades, des faux combats, ils sont toujours dans la violence parce que le monde est violent et font sans arrêt des simulacres de karaté parce que ça peut arriver et d'ailleurs ça arrive : à partir de trois heures du matin, on pense à se bagarrer. Autrement dit, cet univers, apparemment libéré, anti-, contre tout, évoque en fait beaucoup plus un univers différent, exclu, dominé. Ce serait une très longue discussion, mais je pense utile, au moins, de vous donner ce thème pour insister sur le fait que c'est un monde de sens commun, de consensus, dont la logique même, cela se voit bien au niveau du langage, est de donner une vision raide, rigide, rassurante, solide du monde : on sait qu'un chat est un chat, on appelle les choses par leur nom, on sait ce qu'il faut faire avec les nanas, il n'y a pas de problèmes, etc. Il faudrait enfiler des foules d'expressions qui disent cette espèce de volonté pathétique de s'approprier un monde impossible et de faire de nécessité vertu. J'ai employé le mot de « conformisme » (qui est un mot objectiviste : le « conformisme » suppose que la possibilité de la transgression existe et qu'il y a des gens qui se conforment), mais c'est une sorte d'adhésion originaire en deçà du conformisme, et même en deçà de la possibilité même de poser la question : c'est le rapport doxique au monde. Je ne suivrai pas Willis là où il parle de conformisme, mais il ne faut pas que je me laisse aller parce qu'il y aurait trop à dire. Je voulais seulement montrer, encore une fois, qu'on n'est pas dans des analyses abstraites.

Critique du discours économique

Je veux accélérer un peu mon propos, parce que je voudrais aujourd'hui en finir avec la notion d'habitus et commencer à parler la prochaine fois de la notion de champ. Il faudrait donc aujourd'hui que j'essaie de confronter rapidement aux analyses que j'ai proposées de l'habitus les deux théories en concurrence : ce que j'appelais la téléologie subjective et la téléologie objective ou, si vous voulez, l'individualisme utilitariste, c'est-à-dire le finalisme des individus, la théorie du choix rationnel dont l'une des formes serait la théorie des jeux et, de l'autre côté, le fonctionnalisme du meilleur ou du pire – l'orientation n'ayant aucune importance –, c'est-à-dire le finalisme des collectifs qui voit dans le monde social l'action d'une téléologie objective, la réalisation de fins transcendantes aux agents, des fins que personne n'a voulues et qui pourtant se réalisent. Je ne rappelle pas cela pour le plaisir de faire de la philosophie, mais parce que je pense que le discours scientifique oscille constamment entre ces deux pôles. Le fait de distinguer ces deux pôles est important car, dans l'écriture, on peut passer de l'un à l'autre sans même s'en rendre compte – vous pouvez vous amuser à trouver des textes –, de même que je montrais tout à l'heure qu'on peut passer d'un déterminisme intellectualiste à un déterminisme mécanique presque dans la même phrase.

Premier point : je voudrais très rapidement critiquer, comme on dit, l'anthropologie inhérente à la théorie économique, cette sorte d'anthropologie imaginaire dont le paradigme, l'incarnation privilégiée est l'*homo œconomicus*. (Je vais être péremptoire et dogmatique, mais ce n'est pas par autoritarisme intellectuel. En fait, je n'accorde pas assez d'importance au thème pour juger bon de vous imposer une longue démonstration avec des textes alors que vous pouvez très bien vous donner les moyens de falsifier ou de vérifier ce que je vais vous dire. Si je suis péremptoire, je vous le dis sincèrement, c'est plutôt par respect, pour ne pas gaspiller du temps qui, sans doute, peut être mieux employé.) L'économie, la théorie économique, me paraît compatible à la fois avec un mécanisme et avec un intellectualisme finaliste. On peut en effet faire l'hypothèse que les agents économiques agissent sous la contrainte de la nécessité et des causes que la science économique établit, ou qu'ils agissent en connaissance de cause. J'ai mis beaucoup de temps à comprendre cette distinction parce que le discours économique passe constamment de l'un à l'autre, c'est-à-dire du sujet connaissant à un sujet connu, l'*homo œconomicus*, qui n'est que la projection d'un sujet connaissant. Supposons que la ménagère qui achète un bifteck l'achète en ayant lu Samuelson[1] : elle achète en connaissance de cause puisqu'elle sait qu'elle doit acheter le bifteck à cet endroit et qu'il ne serait pas rentable de l'acheter plus loin, etc. ; mais elle l'achète aussi sous la contrainte des causes, et, à la limite, la distinction n'a plus de sens dès le moment où on suppose que l'*homo œconomicus* est un sujet savant fait homme. Je viens de dire le thème, je vais essayer d'être plus clair maintenant.

Au fond, il me semble que la philosophie utilitariste inhérente à la théorie économique repose sur deux principes. Premier principe : les agents obéissent à la recherche de leur intérêt, intérêt individuel ou intérêt collectif. L'intérêt de l'individu est considéré comme ce qui accroît le somme totale de ses plaisirs et diminue la somme totale de ses peines. Ici se poserait le problème de l'intérêt de la communauté, que certaines traditions tranchent en disant que c'est la somme des intérêts individuels de ses membres. (J'hésite au moment de parler parce qu'on est toujours un peu injuste lorsqu'on essaye de caractériser la philosophie implicite d'une production scientifique très diverse, attachée à des noms propres. J'ai une espèce de malaise parce que je décris ce qui me

1. Voir *supra*, p. 275, note 2.

paraît être le paradigme dominant en économie – pas seulement en économie dans la mesure où l'économie est une discipline dominante – à partir d'un autre paradigme. Décrivant un paradigme dans sa globalité, je suis évidemment injuste et j'ai envie à chaque instant de dire qu'il y a des exceptions. Il y a par exemple des gens qui étudient des effets pervers, qui sont d'ailleurs connus depuis longtemps – sous le nom d'effet d'agrégation, pour ceux qui ne le savent pas, ça fait partie de l'import/export –, et les effets pervers sont un démenti à ce que j'ai dit sur la réduction de l'intérêt collectif à la somme des intérêts individuels. Tout ce que je vais dire va être justiciable de ce genre de critique. Je le précise, sinon je ne pourrai pas continuer parce que je peux faire des objections que je pense que vous ne ferez pas ; mais moi, je me les fais et je souffre tout le temps.)

Second principe : les agents, conformes par définition à la définition, s'arment du calcul pour orienter leur recherche du plus grand bonheur possible, et la mathématique des plaisirs est l'instrument naturel de la pratique rationnelle et par là même de la morale. Dans ce cas-là, on est en droit de faire de l'archéologie à la manière de Michel Foucault et de chercher, par exemple dans l'arithmétique des plaisirs de Bentham qui s'appelle science de la morale ou déontologie[1], une théorie explicitement normative des pratiques économiques rationnelles qui sont en même temps des pratiques moralement fondées, la vertu étant ce qui augmente la possession du plaisir avec l'exemption de peine. Cette théorie d'apparence positive reste normative. C'est évident dans les textes fondateurs, mais c'est vrai aussi de ses formes les plus rigoureuses en apparence. Expliquer pourquoi cette théorie reste normative, c'est résumer, en un mot, les deux points que j'ai essayé d'évoquer : l'agent économique a pour guide son intérêt bien compris, la notion d'intérêt bien compris me semblant parfaitement résumer cette philosophie, car la fonction d'utilité est, en toute rigueur, l'intérêt d'un agent économique tel qu'il apparaît à un observateur impartial. Adam Smith identifiait ainsi le point de vue moral,

1. Jeremy Bentham, *Déontologie ou science de la morale*, Paris, Charpentier, 1834.

c'est-à-dire en même temps rationnel économiquement, à celui d'un « spectateur impartial » mais bienveillant[1].

Pour vous montrer que je ne suis pas dans l'histoire la plus archaïque, je vous cite une définition qui figure dans un livre publié en 1977 par Harsanyi, un très bon économiste : « Le comportement rationnel est simplement un comportement poursuivant de manière conséquente des buts bien définis et les poursuivant selon un ensemble de préférences ou de priorités bien définies[2]. » En d'autres termes, le calculateur rationnel est celui qui fait ce que doit faire un économiste pour rendre compte des conduites économiques ; sa conduite économique est celle qui est conforme à ce que doit supposer le calculateur économique pour en rendre compte rationnellement. À ce sujet, j'aurais dû évoquer plus tôt l'analyse célèbre que propose Max Weber de la conduite rationnelle dans ses *Essais sur la théorie de la science* : la conduite rationnelle est la conduite que les individus adopteraient s'ils avaient la connaissance de la situation que possède l'observateur[3]. Elle est donc la conduite que les agents adopteraient s'ils agissaient en connaissance de cause ou, autrement dit, s'ils étaient dans la position du spectateur qui n'est pas engagé dans l'action mais qui, la regardant du dehors, se donne tous les moyens d'en connaître les tenants et les aboutissants, les causes et les effets, de connaître la situation dans toute sa complexité. Autre référence, tout à fait dans la même logique : « Le principe d'utilité doit s'appuyer non sur les préférences réelles mais sur les préférences parfaitement prudentes[4]. » Bien entendu, c'est l'observateur qui juge de la pru-

1. Voir Adam Smith, *Théorie des sentiments moraux*, Paris, Guillaumin, 1860 [1759].

2. « *Basically, rational behaviour is simply behaviour consistently pursuing some well defined goals, and pursuing them according to some well defined set of preferences or priorities.* » (John Harsanyi, *Morality and the Theory of Rational Behaviour*, Cambridge, Cambridge University Press, 1977, p. 42.)

3. Voir Max Weber, *Essais sur la théorie de la science*, trad. Julien Freund, Paris, Plon, 1965 [1904-1917], p. 335-336, 348.

4. « *On Hare's view, the correct principle should be based not on actual preferences of agents, but on their "perfectly prudent preferences" – what someone would desire if fully informed and unconfused.* » (Amartya Sen et Bernard Williams, « Introduction », in A. Sen et B. Williams (dir.), *Utilitarism and Beyond*, Cambridge, Cambridge University Press, 1977, p. 9.)

dence (« parfaitement prudentes ») puisqu'il est capable d'évaluer en connaissance de cause ce qui est risqué et ce qui ne l'est pas, et qu'il a la connaissance, par exemple, des probabilités de profit que peut apporter un investissement selon qu'il sera placé ici ou là. Harsanyi, de même, distingue entre les préférences manifestes et les préférences vraies, c'est-à-dire celles que l'agent aurait si, premièrement, il avait toute l'information utile, deuxièmement, s'il raisonnait toujours avec le plus grand soin possible et, troisièmement, s'il était dans un état d'esprit disposant au choix rationnel[1]. Cette troisième condition ramène à la passion (il faut que l'agent soit tout à fait calme, maître de lui, etc.), alors que les deux premières choses se rapportent à l'information globale et aux capacités de calcul. On introduit donc toujours, implicitement ou explicitement, deux dimensions : l'information (qui, de préférence, doit être totale) et la réflexion et le calcul.

L'hypothèse de l'intérêt bien compris est au fondement de cette théorie qui suppose une série de pétitions de principe que je vais très rapidement rappeler. D'abord, l'agent est réduit à une fonction d'utilité. Il est le lieu de son utilité, c'est-à-dire le lieu où des activités comme désirer, avoir du désir ou de la peine s'effectuent, et il n'est pas autre chose. Autrement dit, on ne connaît des individus que leur fonction d'utilité, et on ne s'interroge pas sur la genèse sociale, historique de cette fonction d'utilité. On élimine par exemple toutes les propriétés individuelles liées à l'histoire – là encore, si vous prenez ce livre, il me semble que vous trouverez toutes les confirmations de ce que je vous dis – pour justifier l'agrégation de préférences individuelles. Un grand problème, pour ces économistes, est de passer des préférences individuelles aux

1. « *All we have to do is to distinguish between a person's manifest preferences and his true preferences. His manifest preferences are his actual preferences as manifested by his observed behaviour, including preferences possibly based on erroneous factual beliefs, or on careless logical analysis, or on strong emotions that at the moment greatly hinder rational choice. In contrast, a person's true preferences are the preferences he* would *have if he had all the relevant factual information, always reasoned with the greatest possible care, and were in a state of mind most conducive to rational choice.* » (J. Harsanyi, *Morality and the Theory of Rational Behaviour*, *op. cit.*, p. 55.)

préférences collectives : or ce qui est bon pour l'individu est-il bon pour la communauté dans son ensemble ? De quel droit peut-on agréger des propriétés individuelles ? Ne sont-elles pas antagonistes ? Peut-on sommer des choses non sommables ? Les préférences ne seraient-elles pas non agrégeables ? Pour justifier l'agrégation de préférences individuelles, qui permet de passer des préférences individuelles aux préférences collectives, du bonheur individuel au bonheur collectif – parce que c'est de cela qu'il s'agit –, Harsanyi introduit ce qu'il appelle le postulat de similarité, ce qui est très intéressant. (L'une des vertus de la théorie économique et de sa propension à la formalisation est qu'elle s'oblige à expliciter ses propres fondamentaux, ce qui en fait un paradigme relativement facile à combattre : l'axiomatisation, la rigueur, la formalisation, qui font sa force, font aussi sa faiblesse parce qu'elle étale aussi ses naïvetés d'une façon spécialement éclatante ; les paradigmes plus mous, plus élastiques, moins axiomatisés sont beaucoup plus difficiles à combattre.) Le postulat de similarité est une idée magnifique : il permet de réduire les agents à une sorte d'humanité universelle en faisant abstraction de leurs goûts, de leur éducation, etc. On postule qu'on peut les agréger puisqu'on peut ignorer leurs goûts, leur éducation, etc. Mais arriver à éliminer les goûts d'une fonction d'utilité quand il s'agit de préférences est assez étonnant (ceci se trouve pages 51-52 du même livre, vous pourrez vérifier). Est ainsi déclaré en toutes lettres le postulat de l'humanité commune. Autre formule extraordinaire : Harsanyi postule que tous les agents ont la même capacité fondamentale de satisfaction et de non-satisfaction.

Les conditions économiques des pratiques économiques

Autre chose importante, cette universalisation ou homogénéisation abstraite qui élimine les goûts élimine du même coup successivement l'histoire, la genèse des goûts, les conditions sociales de production des consommateurs et – paradoxe ! – les conditions économiques de production des agents économiques. Ma première réaction de sociologue [lors de mon enquête sur le travail en Algérie] a été de m'étonner devant la situation des travailleurs algériens qui se trouvaient affrontés à une économie capitaliste sans posséder l'habitus que produit normalement cette économie. Mon premier travail a consisté à essayer de montrer qu'il y avait des conditions économiques de l'accès au calcul économique[1].

Je résume en deux mots ces analyses en m'excusant auprès de ceux qui les connaissent et les ont entendues cent fois : il existait, et il existe toujours, une tradition d'économie du sous-développement, d'économie des économies précapitalistes, qui s'interrogeait sur le fondement des résistances à l'économie capitaliste qu'on observait dans des sociétés colonisées ou anciennement colonisées (le mot « résistance » est intéressant). On invoquait la tradition culturelle, la tradition religieuse. On se demandait si l'islam est compatible avec le capitalisme, s'il n'y a pas une mentalité islamique qui interdit l'accès au prêt à intérêt, et on allait alors chercher dans les relations médiévales, etc. Sur ces terrains se rencontraient des ethnologues et des économistes, les seconds demandant aux premiers de dire quelles *curiosa ethnologica* expliquaient que ces gens-là ne se conduisent pas comme des économistes rationnels, arrêtant, par exemple, de travailler lorsqu'ils ont assez d'argent (ce qui, après tout, est tout à fait compréhensible...), et les ethnologues expliquaient qu'il y avait des tabous, le tabou du samedi, etc. Je résume et je caricature donc un peu, mais il est apparu très paradoxal qu'une question très simple ne fût jamais posée : quelles conditions économiques doivent être remplies pour que quelqu'un accède au calcul économique ? Ne faut-il pas avoir un minimum de sécurité économique pour avoir l'idée de prendre des garanties économiques ? Un homme, par exemple, qui vit dans l'instabilité économique absolue, comme le sous-prolétaire, le chômeur ou le travailleur occasionnel qui travaille deux jours puis est au chômage trois jours, qui a un habitat tout à fait instable, qui passe trois jours ici, trois jours là, etc., est-il dans des conditions objectives

1. Voir P. Bourdieu, *Algérie 60*, *op. cit.*, et *Esquisses algériennes*, Paris, Seuil, 2008.

permettant l'attitude calculatrice ? Autrement dit, ne faut-il pas avoir un minimum de prise objective sur l'avenir pour avoir l'idée de prendre prise par le calcul sur l'avenir ? Au même moment, la grande mode, avec Fanon, était de se demander si la Révolution serait le fait du sous-prolétariat ou du prolétariat[1]. C'est un problème récurrent qui se pose éternellement dans les mêmes termes et peut se résumer rapidement : quelles sont les conditions pour qu'apparaisse une conscience révolutionnaire qui suppose un plan systématique, puisqu'il faut opposer à une société dans laquelle on est immergé une autre représentation de la société future au nom de laquelle on conteste globalement la société présente ? (Cette formulation est un peu simple, mais elle vaut d'autres définitions.) De façon étonnante, les gens qui ont parlé de révolution ont très rarement posé la question des conditions économiques de l'apparition de la conscience révolutionnaire, sans doute parce que, paradoxalement, ce ne sont pas les plus dominés qui sont les plus révolutionnaires[2]. Cela a été constaté historiquement : les sous-prolétariats sont très ambigus, ils ont un rapport à l'avenir très ambigu, ils servent d'armée de manœuvre aux fascistes, ils sont souvent exploités par les mouvements de type millénariste ; alors que c'est plutôt chez les prolétaires qui, tout en étant exploités, ont accédé à des conditions d'existence relativement stables, en termes d'emploi, de carrière, qu'apparaît l'ambition de prendre prise sur l'avenir et de révolutionner le présent au nom d'un avenir.

Ces deux analyses consistent à poser à propos de l'*homo œconomicus* une question que les théoriciens de l'*homo œconomicus* ne posent jamais : l'*homo œconomicus* est-il une espèce d'homme rationnel, universel ? La théorie de l'*homo œconomicus*, c'est du Descartes : il suffit de bien juger pour bien faire, nous sommes tous capables de calcul économique, la *ratio* est universelle. Or il y a des conditions économiques de possibilité du calcul économique rationnel, de l'épargne, de l'investissement, etc., ces conditions économiques de possibilité étant des conditions nécessaires mais pas nécessairement

1. Frantz Fanon, *Les Damnés de la terre*, Paris, Maspero, 1961.
2. Sur ce point, voir P. Bourdieu, *Esquisses algériennes*, *op. cit.*

suffisantes. Là, on pourrait reposer des questions classiques, comme le problème du protestantisme et le rapport entre Marx et Weber, mais on les pose mieux si on a posé préalablement la question des conditions économiques de possibilité du calcul économique. Je ne fais qu'évoquer cette analyse parce que mon objectif est de faire voir les enjeux de la critique que je propose ici.

Dans la théorie utilitariste-individualiste que je décris, l'agent économique est un individu singulier réduit à une capacité de calculer en connaissance de cause. Il faut à mon sens poser la question de la genèse de cet individu singulier : d'où sort-il ? Comment s'est-il formé ? Que doit être le monde social, économique dans lequel il a été formé, dans lequel il agit pour qu'il soit ce qu'il est ? Et que doit-il être dans ce monde social, parce qu'il ne suffit pas qu'existe, par exemple, une économie capitaliste ? Le cas des sociétés colonisées, où une économie capitaliste est bombardée sur une société qui n'est pas capitaliste, représente une situation expérimentale très intéressante. Pour l'Europe occidentale, Max Weber demande si l'origine du capitalisme est à trouver du côté de l'économie ou du côté de l'éthique protestante[1], mais ce sont deux choses relativement indissociables qui se sont développées en même temps et l'on a donc du mal à trancher. Par contre, dans les pays colonisés, une économie capitaliste toute armée s'est trouvée importée du dehors sur des sociétés dont les agents avaient les dispositions précapitalistes de l'économie précapitaliste dans laquelle elles s'étaient grandement formées : c'est un cas où il y a du jeu et des gens qui n'ont pas le sens du jeu et sont très inégalement en condition de l'acquérir. On peut alors, par observation statistique par exemple, essayer de vérifier si l'apparition de ce que l'on appelle le calcul économique rationnel est liée à des conditions comme l'élévation du revenu, comme la stabilité de l'emploi, comme le niveau d'instruction, etc. Il m'était apparu, dans le travail que j'avais fait à l'époque sur des bases statistiques

1. M. Weber, *L'Éthique protestante et l'Esprit du capitalisme*, *op. cit.* Voir aussi « Réponses finales aux critiques » (1910), in Max Weber, *Sociologie des religions*, Paris, Gallimard, 1996, p. 133-163.

restreintes (je dirais même faibles, mais il y a eu des vérifications depuis), que les conduites économiques de type rationnel en matière de fécondité (planification des naissances, réduction des naissances, etc.), en matière économique proprement dite (épargne, investissement, etc.), en matière d'éducation (investissement dans l'éducation des enfants, etc.) avaient une probabilité d'apparition de plus en plus grande à mesure que les agents économiques étaient arrachés à la nécessité économique brutale. L'apparition d'une conscience révolutionnaire de type rationnel, et non affectif, variait selon les mêmes lois. Il semblait donc que la disposition calculatrice et prospective, la disposition à la fois active et rationnelle à l'égard de l'avenir, la disposition à s'approprier l'avenir par le calcul, supposait un minimum de capacité d'appropriation du présent, comme si les gens étaient d'autant plus disposés, inclinés à s'approprier une économie demandant qu'on s'approprie l'avenir qu'ils avaient plus d'avenir objectif, de carrière, de prévisibilité objective, etc. En termes très simples, pour être disposé à prévoir, il faut déjà être prévisible. Il en résulte des choses tout à fait importantes : la théorie économique telle que je la décris demande des *homines œconomici* prévisibles, c'est-à-dire, comme on dit en anglais, responsables, sur qui on peut compter.

Je prolonge rapidement sur tous les problème de la théorie des assurances et des formes de prêts à intérêt modernes[1], comme le crédit personnalisé qui a été inventé dans les années 1950 et qui conduit les banques à accorder un crédit, non pas sur des garanties visibles (comme dans le cas des prêts hypothécaires), mais sur des garanties que les agents fournissent en tant qu'ils ont une carrière : la garantie que vous donnez en tant que fonctionnaire à une banque pour acheter votre logement n'est ni des terres ni des biens, mais votre carrière. D'une part, on calcule ce que vous rapporterez en une vie. Comme on vous fait une avance

1. P. Bourdieu s'appuie sur une recherche menée dans son centre de recherche dans les années 1960 sur la banque et le crédit (avec Luc Boltanski et Jean-Claude Chamboredon, *La Banque et sa clientèle*, rapport ronéotypé du Centre de sociologie européenne, 1963). Il reprendra ces questions à la fin des années 1980 dans l'enquête sur la maison individuelle (*Les Structures sociales de l'économie*, *op. cit.*).

sur la vie, il faut savoir si vous avez une bonne santé mais aussi si votre carrière a des chances prévisibles [de se réaliser]. D'autre part (les banquiers le savent sur le mode du sens pratique, du sens du jeu), ayant une carrière, vous êtes supposés calculateurs et on peut compter que vous ne ferez pas sauter la banque. Vous pourriez relire dans cette logique tout ce qu'on vous demande quand vous contractez un prêt, vous vous apercevrez qu'on construit un personnage social, un *homo œconomicus*, et que la banque vous demande de quoi faire à votre place le calcul économique rationnel permettant de juger que vous méritez un prêt. On est là tout à fait dans le concret.

Je reviens à la différence entre ce genre d'analyses et les présupposés de la théorie économique traditionnelle. La théorie de l'habitus, à travers l'habitus mais aussi à travers la position (ce que je reprendrai à travers la notion de champ), réintroduit toute l'histoire des conditions sociales de production de la personne. Si les préférences sont historiques, je ne peux pas connaître un système de préférences individuelles sans connaître au moins l'histoire individuelle de la personne considérée, sinon celle de toute sa lignée. La théorie économique élimine, avec l'histoire de l'agent historique, la question des conditions économiques et sociales de production de l'agent économique.

Deuxième abstraction – je l'ai dit tout à l'heure –, l'agent économique est réduit à un pur calculateur dont les préférences sont strictement ajustées aux chances objectives. Tout se passe comme s'il était capable de maximiser l'utilité subjective et d'évaluer à chaque moment la probabilité des profits attachés aux différents investissements entre lesquels il a à choisir. (Je vais revenir sur ce point tout à l'heure : tout compte fait, les agents sociaux sont moins éloignés qu'on ne pourrait s'y attendre de cette rationalité, mais cela ne veut pas dire que cette rationalité ait pour principe le calcul.) On suppose donc que l'agent est calculateur, qu'il choisit entre différentes possibilités et décide en pleine connaissance de cause, c'est-à-dire après un examen pleinement informé des différentes possibilités et de leurs probabilités respectives – comme le dit l'un des textes cités tout à l'heure. En conclusion, l'utilité dont traite l'analyse économique n'est pas l'intérêt des agents tel que les agents le perçoivent, c'est la représentation de l'intérêt tel qu'il apparaît à l'observateur impartial, informé, c'est-à-dire l'économiste. Concrètement, l'*homo œconomicus* est une construction fictive et l'agent une *fictio juris*, une sorte de devoir-être qui est le produit de l'application aux conduites individuelles des modèles économiques. C'est l'erreur dont j'ai déjà décrit le principe, qui consiste à réduire la logique des choses aux choses de la logique ou, plutôt, à mettre les choses de la logique, c'est-à-dire le calcul économique, dans la tête des agents. Toutes ces propriétés qu'on accorde à l'agent économique sont fictives. Si j'insiste un peu didactiquement, ce que je ne fais pas souvent, c'est qu'il s'agit vraiment du paradigme dominant et que, comme tout le monde l'a plus ou moins en tête, cela me paraît mériter un peu de répétition pédestre.

Toutes les propriétés accordées à l'agent économique sont fictives. Premièrement, l'utilité et le bonheur, comme disent parfois les économistes – ils peuvent avoir de petits éclairs d'autocritique –, ne sont pas les seules fins possibles de l'action et il y a des cas où les gens se punissent eux-mêmes, font exprès d'échouer – les conduites d'échec troublent beaucoup les économistes. Deuxièmement (c'est la chose la plus importante), l'intérêt n'est pas cette espèce de propriété universelle attachée à un agent universel ; il est socialement défini. C'est toujours par référence à un champ que se définit l'intérêt : l'intérêt c'est l'*illusio* d'un champ particulier. L'intérêt se détermine dans la relation entre un habitus disposé à percevoir certaines sollicitations et un espace social déterminé où surgissent ces sollicitations. Troisièmement, s'agissant du principe d'utilité, il est très intéressant de relever que les économistes se font une objection à eux-mêmes : ce principe doit compter avec le principe d'ascétisme. Bentham dénonçait le principe d'ascétisme comme l'un des obstacles à une science du bonheur[1]. Or, d'un point de vue sociologique, si on relit *Les Formes élémentaires de la vie religieuse*, Durkheim insiste précisément sur le fait que la

1. J. Bentham, *Déontologie ou science de la morale*, *op. cit.*

culture, c'est l'ascèse[1], et, je ne vais pas reprendre le thème de Lévi-Strauss, mais l'opposition nature/culture est une opposition entre le laisser-faire et l'ascèse. Bentham est donc un peu naïf quand il dit qu'il faut constituer le principe d'utilité contre le principe d'ascétisme où il voit une perversion cléricale. Mais il est intéressant en même temps, comme le sont toujours les fondateurs, du fait qu'ils disent naïvement ce que les épigones répètent, ensuite, de manière plus sophistiquée. Quatrièmement, la logique de la décision, du choix et du calcul est un mythe anthropologique. C'est une sorte de logicisme, pour employer un vocabulaire husserlien, un logicisme du psychologique. Dans l'existence ordinaire, les décisions les plus importantes sont des non-décisions. Je ne prends qu'un exemple : combien de liaisons (« liaison » est un mot social tout à fait intéressant : on parle de liaisons entre entreprises, de liaisons amoureuses, etc.) sont des non-ruptures ? Une liaison, on ne sait pas quand ça a commencé, ni comment ça finit, et puis ça continue. Le monde social est plein de choses de ce type et les situations critiques dans lesquelles il faut décider y sont tout à fait exceptionnelles. La *krisis*, le jugement, la critique, etc., tout ce dont parlent les économistes, n'arrivent vraiment que dans les situations de catastrophe : l'achat d'un bifteck n'est pas une situation critique… Je passe, c'est un peu facile, mais il faudrait développer, parce que s'il est facile de rire de ce paradigme, il est aussi tellement puissant qu'il revient toujours, avec ses formalisations, son affinité avec le calcul mathématique, etc.

J'avais écrit dans mes notes [de cours] : « Parler de choix est souvent aussi absurde que parler de choix entre des phonèmes. » Or le langage porte à dire de telles choses. Les linguistes disent ainsi que « le locuteur choisit entre deux phonèmes », mais, évidemment, personne n'a jamais choisi entre deux phonèmes, en posant un phonème en tant que tel, puis un autre en tant que tel. Si je devais en ce moment choisir entre les phonèmes, quel travail ! [*rires de la salle*]. Ce qu'on peut dire, c'est que « tout

1. É. Durkheim, *Les Formes élémentaires de la vie religieuse*, *op. cit.*, livre III, chap. 1, « Le culte négatif et ses fonctions. Les rites ascétiques », en particulier p. 444-453.

se passe comme s'il y avait choix ». Je pense que la plupart des conduites économiques sont du même ordre et peut-être que les conduites économiques les plus importantes et les plus cruciales sont du même ordre que le « choix » entre les phonèmes. Il y aurait donc à faire toute une analyse de la routine et des situations critiques. Cette critique de la description de la décision conduirait peut-être à dire qu'au fond – je crois même que c'est un économiste qui l'a dit – on finit par avoir, avec la théorie de l'*homo œconomicus*, deux théories économiques : l'une valable pour les économistes, l'autre pour l'*homo œconomicus* ordinaire. Autrement dit, cette théorie qui, contre toute évidence, met dans la tête de tous les agents un petit économiste conduit à créer une division entre les modes d'action valables pour l'homme ordinaire et les modes d'action valables pour l'*homo œconomicus*.

Pour finir, ce qui est important dans ce paradigme, c'est qu'il repose sur une ambition déductive souvent proposée comme le modèle de la science alors qu'elle implique, me semble-t-il, une régression vers un état de la science qu'on pourrait appeler cartésien. Je me sers ici de l'opposition, qui me paraît très pertinente, entre la vision cartésienne et la vision newtonienne du monde physique. Au fond, la théorie économique, telle qu'elle fonctionne aujourd'hui, exprime son ambition déductive par la construction de modèles formels fondés sur une définition décisoire et normative de l'agent correspondant. C'est une définition de la science dans laquelle on se donne une axiomatique initiale à partir de laquelle on peut déduire le réel. Ce n'est pas par hasard si cette façon de penser est en affinité avec l'importation en économie d'une mathématique – Kant disait à propos des mathématiciens qu'ils étaient naturellement enclins à la pensée de type dogmatique et au raisonnement du type argument ontologique[1] : elle passe des choses de la logique à la logique des choses, elle suppose qu'une

1. Voir par exemple *Critique de la raison pure* (1781), Théorie transcendantale, Première section, « Discipline de la raison pure dans l'usage dogmatique », qui commence ainsi : « La mathématique donne le plus éclatant exemple d'une raison pure qui s'étend d'elle-même avec succès, sans le secours de l'expérience. [...] » (Emmanuel Kant, *Œuvres philosophiques*, t. I : *Des premiers écrits à la Critique de la raison pure*, trad. Alexandre J.-L.

chose, une fois qu'elle a été *logiquement* établie, est *réellement* établie. Cette pensée de type dogmatique tend à s'associer avec ce que les philosophes de l'école de Cambridge appelaient le *morbus mathematicus*[1] – la formule me paraît très bonne –, ce qui conduit à une forme de métaphysique qui a tous les dehors de la pensée physique.

On pourrait rappeler ici, contre ces analyses, ce que Cassirer disait de la pensée de Descartes – je vous renvoie à Cassirer dans *La Philosophie des Lumières*, spécialement pages 82 et 128. Cassirer rappelait que, dans les *Regulæ philosophandi*, Newton disait, contre Descartes, qu'il fallait abandonner la déduction pure à partir de principes posés *a priori* au profit d'une analyse qui part des phénomènes pour proposer des principes et qui instaure une dialectique entre les phénomènes et les principes, au lieu de sacrifier à l'ambition déductive qui produit beaucoup d'effets sociaux mais peu d'effets scientifiques. Pour rendre compte complètement de l'efficacité et de la tentation sociale du *morbus mathematicus*, il faudrait intégrer ce que j'appelle souvent l'« effet Gerschenkron[2] ». Gerschenkron est un historien de la Russie. Il a écrit un livre classique où il montre que le capitalisme en Russie n'a pas connu la même logique et le même développement qu'en Angleterre, en France ou dans d'autres pays du simple fait qu'il a commencé plus tard. Du seul fait de ce retard, il a pris une autre allure en Russie. Je pense que, pour les sciences sociales, il y a aussi un effet Gerschenkron : elles sont victimes du fait qu'elles sont parties après. On peut laisser la question du « pourquoi », c'est-à-dire des raisons, notamment sociales, pour lesquelles elles sont parties après,

Delamarre et François Marty à partir de la traduction de Jules Barni, Paris, Gallimard, « Bibliothèque de la Pléiade », p. 1297.)

1. P. Bourdieu emprunte cette référence à Ernst Cassirer qui, dans *La Philosophie des Lumières*, signale que « les penseurs de l'école de Cambridge parlent du *morbus mathematicus* de Descartes, où ils voient le vice fondamental de sa doctrine de la nature » (*La Philosophie des Lumières*, *op. cit.*, p. 109).

2. Sur l'« effet Gerschenkron », voir aussi *Choses dites*, *op. cit.*, p. 51-53 ; « Le champ scientifique », *Actes de la recherche en sciences sociales*, n° 2-3, 1976, p. 101-102. Le livre d'Alexander Gerschenkron est *Economic Backwardness in Historical Perspective*, Cambridge, Harvard University Press, 1962.

et seulement s'attacher à comprendre les effets sociaux du fait qu'elles soient parties après. Parmi ces effets, il y a la possibilité, pour les sciences sociales, d'importer des modèles qui ont fonctionné dans des sciences plus avancées pour produire par déduction des modèles fonctionnant apparemment dans le cas du monde social. Je ne citerai pas de noms propres, la science sociale étant pleine de ces transferts, souvent sauvages, de modèles qui s'accompagnent d'ailleurs d'un transfert de porteurs de modèles : très souvent, quand il y a, par exemple, surproduction de mathématiciens, il y a des retombées de mathématiciens sur l'économie ou sur la sociologie et ces porteurs de modèles, au lieu de construire les objets pour qu'ils soient modélisables, cherchent des objets à propos desquels ils pourraient faire marcher leurs modèles – et c'est un des facteurs les plus funestes.

Si ce que j'ai dit de la théorie économique et de sa philosophie est vrai – j'ai peut-être un peu caricaturé mais pas tellement –, on ne comprendrait pas que cette théorie ait une telle force sociale et qu'elle soit dominante. Lorsqu'une théorie est faible théoriquement et dominante socialement, c'est qu'elle remplit des fonctions sociales éminentes, c'est qu'elle a pour elle l'ordre social, les structures mentales, etc. On ne peut pas alors se contenter d'une critique théorique, battue d'avance puisqu'elle se heurte à des forces sociales. Il faut aussi essayer de comprendre les forces sociales qui font la force de théories très faibles. Il n'y a pas pire adversaire scientifique, quand on travaille dans et sur le monde social, que les adversaires théoriquement faibles et socialement forts.

COURS DU 9 NOVEMBRE 1982

L'habitualité chez Husserl. – La théorie de la décision en économie. – Échapper au mécanisme et au finalisme. – La théorie de la machine. – Le pouvoir ontologique du langage. – Culture populaire, langage populaire. – La téléologie marxiste. – La réification et la personnalisation des collectifs. – La solution de l'habitus.

Je voudrais revenir un instant un tout petit peu en arrière pour évoquer l'emploi par Husserl de la notion d'habitus. Je ne veux évidemment pas faire une analyse historique des usages de la notion d'habitus chez Husserl, ni *a fortiori* chez tous les utilisateurs antérieurs. Je voudrais simplement indiquer un point très intéressant pour ceux d'entre vous qui connaissent cette tradition.

L'habitualité chez Husserl

Il me semble, en confrontant ce texte et les textes que je connaissais déjà, qu'on peut discerner chez Husserl deux pôles dans l'utilisation de la notion d'habitus. D'un côté, conformément à l'idée qu'on se fait traditionnellement de lui, Husserl situe explicitement l'habitus dans – si l'on peut dire – l'ego pur. L'habitus est alors une sorte de principe de constance, de cohérence avec soi-même ou, comme il le dit, de conséquence (au sens où l'on dit de quelqu'un qu'il est « conséquent ») : le sujet pur est capable, en tant que sujet pur, de poser des visées constantes et permanentes. Autrement dit, ce serait une sorte de principe de constance du sujet transcendantal. D'un autre côté, dans d'autres textes que je connaissais mieux, peut-être parce qu'ils tiraient dans le sens où je voulais tirer la notion, il dit tout à fait autre chose. C'est une théorie de ce que Husserl appelle « habitualité » – si on peut traduire ainsi – et là, il semble que Husserl se situe du côté d'une théorie plutôt du moi empirique et non plus du côté du moi transcendantal. Je vais vous lire un texte tiré de *Erfahrung und Urteil*, approximativement traduit : « Notre monde vécu dans son originalité n'est pas seulement un monde d'opérations logiques, pas seulement le lieu de la prédonation des objets comme substrats judicatifs possibles, comme thèmes possibles d'activité cognitive, mais il est aussi le monde de l'expérience dans le sens pleinement concret qui est communément attaché au mot "expérience". » Pour ceux qui resteraient encore dans l'incertitude concernant les emplois que j'ai pu faire de la notion d'habitus, il me semble qu'une traduction commode – « mondaine », comme auraient dit les philosophes – serait cette notion d'expérience, au sens où on parle d'un « homme d'expérience » : l'expérience comme quelque chose qui est le produit d'une confrontation quasi expérimentale avec le monde. Husserl dit donc : « Il est aussi le monde de l'expérience dans le sens pleinement concret qui est communément attaché au mot "expérience". Et ce sens ordinaire n'est en aucune façon relié purement et simplement au comportement cognitif. » Ceci va être traité dans le sens de ce que j'avais essayé de dire la dernière fois : on peut traiter l'habitus comme un mode de connaissance en sachant bien qu'il faut entendre cette connaissance comme obéissant à une toute autre logique. « Pris dans sa plus grande généralité, il est relié plutôt à une habitualité qui assure à celui qui en est pourvu, qui est expérimenté, l'assurance dans la décision et dans l'action dans les situations de la vie. En même temps que par cette expression nous sommes aussi concernés par l'état individuel de l'expérience par laquelle cette habitualité est acquise. » J'ai trouvé ce texte merveilleux parce qu'il disait, au fond, l'essentiel de ce que je voulais mettre sous la notion, c'est-à-dire à la fois une expérience au sens de « ce qui s'acquiert par l'expérience », par la confrontation avec les régularités du monde social, l'accent étant mis sur le mode d'acquisition, et cette expérience qui permet de se débrouiller dans la vie, d'être expérimenté, qui donne, comme dit Husserl, « de l'assurance dans la décision et dans l'action dans les situations ordinaires de la vie ». « Ainsi ce sens commun, familier et concret, du mot "expérience" désigne beaucoup plus un mode de comportement qui est pratiquement actif et évaluatif que spécifiquement un mode de comportement cognitif et judicatif »[1].

J'avais relevé, au hasard des lectures et des relectures, un autre passage, assez long, dans les *Méditations cartésiennes* – dans la traduction française p. 56-58 – dont le thème est le moi comme substrat d'habitualité[2]. Husserl développe une analyse très proche de celle que je viens de faire. Le prolongement le plus naturel de cette orientation de la pensée de Husserl se trouverait évidemment chez Merleau-Ponty avec le thème du corps propre comme corps sujet, comme intentionnalité incarnée, et tout le thème du corps habitué qu'on trouverait, par exemple, autour des pages 80 de *La Phénoménologie de la perception*[3], l'habitus étant cette familiarité avec le monde dont Merleau-Ponty disait très justement que c'est un moyen terme entre la présence et l'absence. Cette expression

1. La traduction de ce passage proposée aux PUF est la suivante : « Notre monde de la vie est, dans cette originaireté qui ne peut être mise en évidence que par la destruction de ces couches de sens, non seulement un monde qui résulte d'opérations logiques, non seulement le lieu de la prédonation des objets comme substrats possibles de jugements, comme thèmes possibles de l'activité cognitive, mais il est aussi le monde de l'expérience dans le sens pleinement concret qui est attaché au mot "expérience". Et ce sens ordinaire n'est en aucune façon relié purement et simplement au comportement cognitif ; pris dans sa plus grande généralité, il est relié plutôt à une habitualité (*Habitualität*) qui assure à celui qui en est pourvu, qui "a de l'expérience", l'assurance dans la décision et dans l'action dans les situations ordinaires de la vie… en même temps que, par cette expression, nous sommes aussi concernés par les progrès individuels de l'"expérience" par laquelle cette habitualité est acquise. Ainsi ce sens commun familier, et concret, du mot "expérience" désigne beaucoup plus un mode de comportement qui est pratique et évaluatif que spécifiquement un mode de comportement cognitif et judicatif. » (Edmund Husserl, *Expérience et jugement. Recherches d'une généalogie de la logique*, trad. Denise Souche-Dagues, Paris, PUF, 1970 [1939], p. 60-61.)

2. E. Husserl, *Méditations cartésiennes*, *op. cit.*, § 32, « Le moi, substrat des habitus », et § 33, « La plénitude concrète du moi comme monade, et le problème de son auto-constitution », p. 56-58 (Vrin, « Textes philosophiques », 2008, p. 115-119).

3. M. Merleau-Ponty, *Phénoménologie de la perception*, *op. cit.*

me paraît très juste pour décrire ce que je voulais évoquer, à savoir que l'habitus n'est ni une conscience vigilante toujours présente ni un automatisme absent. Je ne développe pas le thème, je prolonge simplement les analyses que j'évoquais la dernière fois. Je répète que je ne dis pas du tout cela pour faire valoir l'originalité de ce que je dis. J'utilisais depuis fort longtemps la notion d'habitus à mon usage personnel, et à ma façon, quand ces sources me sont apparues comme sources m'aidant à aller plus loin avec ce que j'essayais de penser. Tout cela est anecdotique, mais je pense que c'est important pour ceux qui font de l'histoire de la philosophie : il doit arriver très souvent qu'on trouve des sources qui n'ont été des sources que *ex post*, par la vertu des historiens.

La théorie de la décision en économie

Deuxième retour en arrière : la dernière fois, j'invoquais que la théorie de l'action ou de la rationalité, telle qu'elle se présente dans l'économie néomarginaliste, néoclassique, se distinguait de ma façon de concevoir la science sociale en ce qu'elle procédait de manière déductive, et j'évoquais à ce sujet le texte bien connu de Cassirer opposant la philosophie de la science telle que l'a développée Newton à celle que mettait en œuvre Descartes. Cette analyse est importante dans la mesure où l'économie, en particulier l'économie mathématique ou la théorie (bayésienne notamment) de la décision, est typiquement déductiviste ; on trouve d'autres exemples dans les sciences sociales, comme la linguistique chomskienne. Ces formes de science procèdent par construction de concepts qui rencontrent la réalité comme quelque chose que l'on peut déduire à partir du modèle. Cette façon de procéder, qui n'est pas contestable en soi, est un parti scientifique d'un type particulier, qu'il est important de caractériser pour s'y retrouver dans les manières contemporaines de faire de la science.

Sur ce point, j'ai pu, entre mardi dernier et aujourd'hui, prendre connaissance d'un ouvrage très typique de cette pensée de type déductiviste – je vais vous donner la référence. Cet ouvrage, pour l'essentiel, n'ajoute pas grand-chose à ce que je disais la dernière fois, mais je voudrais simplement insister sur un point pour prolonger ce que j'avais indiqué. Je trouve très intéressante, d'un point de vue sociologique, la rencontre qui s'observe aujourd'hui entre la théorie philosophique de la décision et la théorie économique du calcul rationnel. Elle est rendue possible par la tradition déductiviste qui caractérise au moins certains courants des deux disciplines, cette posture fondamentale à l'égard de la science permettant une interfécondation. Ces gens se posent, de façon tout à fait intéressante, les questions mêmes que je me suis posées et que j'ai essayé de résoudre avec la notion d'habitus : ils se demandent constamment si le modèle qu'ils construisent pour rendre raison de la décision rationnelle, comme obéissant à ce qu'ils appellent l'utilité subjective attendue, est un modèle normatif ou un modèle descriptif. L'une de leur phrase me paraît très bien illustrer ce que je disais la dernière fois à propos de la théorie de la décision bayésienne qui est décrite dans ce livre : « À la fois en tant que théorie normative et en tant que théorie descriptive, c'est un modèle de la rationalité humaine[1]. » Si on lit la suite du texte, on s'aperçoit que les auteurs de l'article jouent, consciemment ou inconsciemment, avec le mot de « modèle », compris à la fois comme construction abstraite et relativement arbitraire élaborée pour rendre compte du réel et comme paradigme idéal auquel on peut confronter la réalité. Cette théorie se propose donc de rendre compte des conduites telles qu'elles sont et en même temps d'être le modèle de la conduite telle qu'elle doit être. Cette espèce de double jeu, si je puis dire, tout à fait explicite dans ce livre, me semble au cœur des modèles de la décision, explicitement ou implicitement à l'œuvre dans la théorie économique. Une des questions que je veux poser est de savoir s'il s'agit d'une véritable contradiction

1. Ellery Eells, « The philosophical and psychological significance of Bayesian decision theory », in *Rational Decision and Causality*, Cambridge, Cambridge University Press, 1982, p. 24 : « *Both as a normative and as a descriptive theory, it is a model of human rationality.* » (P. Bourdieu se réfère à plusieurs reprises « aux auteurs », au pluriel, de « l'article », alors qu'il s'agit d'un recueil de textes d'un seul et même auteur, sans doute pour désigner l'ensemble des sources citées dans ce travail.)

et s'il n'y a pas un fondement au fait qu'on puisse proposer un modèle formel à la fois comme modèle théorique descriptif et comme modèle théorique normatif. Comment se fait-il qu'un modèle théorique normatif garde une valeur de description ? N'y a-t-il pas là un paradoxe et la théorie à l'œuvre dans ce modèle est-elle finalement capable de rendre compte des principes de son efficacité ? C'est une question que je pose et j'y reviendrai plus en détail.

En fait, il m'est difficile de vous parler en détail de cet ouvrage sans revenir sur des choses que j'ai déjà dites, ou sans entrer dans des discussions très complexes pour lesquelles je ne peux pas vous donner tous les éléments, mais il est intéressant de constater que les auteurs balancent constamment entre deux théories de l'action et, du même coup, de la science : l'une qui consiste à décrire le modèle théorique comme un pur artefact arbitraire qui se trouve, jusqu'à un certain point, coller avec la réalité et dont on peut même s'étonner qu'il ne soit pas plus absurde, plus *meaningless* ; l'autre qui constitue une théorie de l'action très proche de celle que j'ai proposée et qui revient à dire qu'au fond il importe peu que les agents aient dans la tête le modèle proposé pour rendre compte des pratiques car, en fait, tout se passe comme s'ils l'avaient dans la tête. Je cite : « La question n'est pas de savoir si les gens manipulent consciemment un appareil de science de la décision formelle quand ils prennent une décision. De même qu'une saisie inconsciente et intuitive des lois de la mécanique soutient l'habileté d'un cycliste ou d'un funambule, de la même façon une saisie inconsciente et intuitive de quelques-uns des principes de la théorie de la décision peut soutenir les décisions humaines[1]. » Il construit donc une théorie mathématique de la décision, avec des probabilités subjectives, des fonctions d'utilité subjectives, etc., qui se trouve rendre compte, jusqu'à un certain

1. « *The question is not whether people actually consciously manipulate a particular formal decision-theoretic apparatus when making decisions. Just as an unconscious, intuitive grasp of the laws of mechanics underlies the skills of a cyclist or a tight-rope walker, so, in the same way an unconscious, intuitive grasp of some principles of decision theory may underlie human decision making.* » (*Ibid.*, p. 33.)

point, de la réalité. Dans le même livre, comme je l'avais dit la dernière fois, les mêmes peuvent dire, à certains moments, que ça se passe comme ça, que c'est ainsi que les gens font et, à d'autres moments, que ça se passe inconsciemment. Dans ce cas, la porte est ouverte à tout, comme chez Chomsky où on invoque tantôt un cerveau humain qui calcule et pense mathématiquement, tantôt des automatismes mystérieux[1]. Ce qui est intéressant, malgré tout, dans cette incertitude théorique sur le statut, sur la valeur théorique de la théorie, c'est qu'on pose très fortement la question de savoir comment il peut se faire qu'un discours théorique fondé sur l'hypothèse que, en gros, les agents cherchent à maximiser les chances de réussite en tenant compte des probabilités de réussite subjective, rend compte *grosso modo* de la réalité sans faire l'hypothèse que tous les calculateurs économiques sont géomètres ou mathématiciens. C'est la question que je voulais rappeler pour qu'elle reste dans votre esprit.

Autre problème intéressant dans ce livre : l'oscillation entre l'explication par les causes et l'explication par les raisons. La dernière fois je vous avais dit, un petit peu vite, qu'au fond le problème pouvait être posé en une phrase : quand ils accomplissent un acte rationnel, les agents sociaux agissent-ils sous la contrainte de causes ou en connaissance de cause ? Agissent-ils sous la contrainte de causes ou en fonction de raisons ? Cette question est aussi posée par ces économistes. Ils [l'abordent] en passant, mais c'est une phrase intéressante : « Une cause ne peut déterminer un agent à accomplir un acte qu'en déterminant cet agent à avoir des raisons d'accomplir cet acte[2]. » Je vous laisse réfléchir, c'est très intéressant... J'hésite un peu à entrer dans ce genre de discussions parce que ceux d'entre vous qui ont peu de culture philosophique doivent avoir le sentiment de retomber en classe terminale avec la théorie de la décision, et ceux qui sont un peu au courant de ces débats

1. P. Bourdieu applique probablement cette lecture à Noam Chomsky et Morris Halle, *Principes de phonologie générative*, trad. Pierre Encrevé, Paris, Seuil, 1973.

2. « *The common cause can cause the act only indirectly : by causing the person to have reasons for performing the act.* » (Ellery Eells, « Common causes, reasons and symptotic acts », in *Rational Decision and Causality*, *op. cit.*, p. 149.)

doivent penser que je simplifie beaucoup et que je suis en deçà de ces débats de fond où on retrouve justement à la fois la théorie de la décision et les problèmes de calcul économique. Comme je le répète à chaque fois, j'évoque ces questions, non pas par un point d'honneur épistémologique, mais avec la conviction que ce type de réflexion est tout à fait indispensable aujourd'hui pour faire de la sociologie, pour écrire la sociologie, pour penser la sociologie.

Échapper au mécanisme et au finalisme

Ayant rappelé cette problématique des économistes et des philosophes de la décision, je rappelle rapidement le problème tel que je l'avais posé. J'avais indiqué, peut-être un petit peu vite, qu'en fait la notion d'habitus m'apparaissait comme un instrument théorique justifié, au moins négativement, en tant qu'il permet d'échapper à l'alternative du mécanisme et du finalisme. Il permet d'échapper à la fois à l'explication mécanique par des causes et au finalisme subjectif en tant qu'explication par des fins, la forme extrême du finalisme subjectif étant représentée par la théorie que j'ai évoquée la dernière fois. J'ai aussi dit, très rapidement, la dernière fois que ces deux théories, apparemment totalement antagonistes – l'explication par les causes, l'explication par les fins subjectives – sont en fait réductibles les unes aux autres, et j'en donnais pour preuve – comme d'ailleurs je viens de le voir en lisant ce livre – que le même auteur peut passer de l'une à l'autre très facilement et que, sans même s'en rendre compte, au niveau de l'écriture, on pouvait passer de l'une à l'autre. Pour comprendre cette espèce de glissement d'une théorie à une autre qui semble parfaitement opposée, il suffit de penser à la distinction tout à fait classique dans la tradition de la philosophie classique entre ce qu'on appelle le déterminisme physique et le déterminisme intellectuel. Cela va vous ramener à vos souvenirs de Spinoza, mais, parfois, ce n'est pas inutile.

On distinguait traditionnellement un déterminisme externe exercé par des causes extérieures à l'agent, ces causes physiques, biologiques ou sociales s'imposant à l'agent. La formulation classique se trouve dans le texte bien connu de Spinoza : « Toute chose qui est finie et [qui] a une existence déterminée, ne peut exister ni être déterminée à agir, si elle n'est pas déterminée à exister et à agir par une autre cause qui est elle-même finie et a une existence déterminée[1]. » Il n'y a donc pas d'action sans cause externe, assignable, sans déterminisme physique ou biologique : la liberté n'est que l'ignorance des causes. On retrouve là l'utilité de la philosophie de l'*Éthique* pour dégonfler certaines problématiques faussement modernistes. Il y a ensuite le déterminisme de type intellectuel. Contre Descartes qui posait la liberté de constituer des vérités et des valeurs, Spinoza affirmait l'impossibilité pour un sujet raisonnable ou un calculateur rationnel, de s'opposer en quelque sorte à la nécessité logique : l'action apparemment libre consistant à dire que 2 et 2 font 5 est en fait une action aliénée. Spinoza récuse la liberté comme faculté d'assentir ou de refuser d'assentir ; nous n'avons pas le pouvoir de suspendre notre jugement devant la nécessité logique. Si nous revenons, après ce détour à la fois scolaire et paléo, à la théorie de la décision économique, nous nous retrouvons exactement devant ce genre de problèmes : certains diront que les contraintes économiques sont telles que les agents sont contraints de faire ce qu'ils font, quand d'autres diront que les agents sont informés. Les théoriciens des probabilités subjectives montreront par exemple que le calcul rationnel s'exerce dans les limites de l'information disponible et on peut dire, en rappelant les théories de Weber à propos de l'action rationnelle, que le calcul pleinement rationnel suppose une connaissance aussi complète que possible de toutes les données en jeu et, sur la base de ces données, un calcul d'optimum fondé sur la connaissance des probabilités objectives de réussite de l'action. On voit bien que, ainsi posé, le problème peut être traité comme un problème de déterminisme économico-social ou comme un problème de déterminisme intellectuel. En lisant les économistes entre les lignes, on voit la différence. Les uns supposent que les

1. Baruch Spinoza, *Éthique*, proposition XXVIII du *Deo*.

agents économiques quelconques sont soumis au déterminisme économique et social direct, qu'ils agissent conformément aux causes, et les autres qu'ils agissent en connaissance de cause, mais cela revient au même. Et si les modèles construits par le savant rendent compte de ce que font les agents, c'est simplement que les agents sont régis par des causes et que le savant, connaissant ces causes, connaît ce qui fait que les agents agissent comme ils agissent, la différence étant simplement dans l'ordre de la connaissance. L'alternative entre le mécanisme et le finalisme n'est donc qu'apparente. J'avais analysé la dernière fois les théories économiques comme une illustration du finalisme subjectif mais, comme je viens de le montrer à l'instant, elles peuvent osciller entre le finalisme subjectif et le mécanisme.

Il existe une autre forme de finalisme, auquel je voudrais en venir aujourd'hui : le finalisme des collectifs ou le finalisme objectif. En face du mécanisme, on a deux types de théorie de l'action : l'une fait de l'individu singulier le sujet des actions rationnelles, l'autre cherche le sujet des actions rationnelles, des actions historiques dans des espèces de sujets collectifs, des entités collectives comme la Classe, la Nation, l'État, etc. Je voudrais montrer aujourd'hui, très rapidement, que la théorie de l'habitus ou, plus exactement, cette fois, la théorie de l'habitus plus la théorie du champ, que j'invoquerai plus tard, me semblent permettre d'échapper aux illusions du finalisme économique.

Tout le monde sait ce que recouvre le finalisme des collectifs. On en a des illustrations simples avec ces phrases qu'on entend tous les jours à la radio : « La Nation nous dit que… », « L'État a décidé d'augmenter les impôts indirects », « L'Église de France combat la tendance au… », ou qu'on lit chez des sociologues : « L'école capitaliste élimine les enfants des classes défavorisées[1] » ou « L'État bourgeois décide de contrôler les médias ». Ces phrases qui ont pour sujet des notions abstraites censées représenter des groupes, des collectivités, des institutions, nous sont tellement habituelles

1. Allusion au livre de Christian Baudelot et Roger Establet, *L'École capitaliste en France*, Paris, Maspero, 1971.

qu'elles passent complètement inaperçues. Mais que veulent-elles dire ? Ont-elles un sens ? Quelles questions faudrait-il poser à ces phrases pour qu'elles soient sociologiquement fondées ?

La théorie de la machine

Cette logique qui consiste à réifier des collectifs, à en faire soit des choses obéissant à des mécanismes, soit des personnes poursuivant des fins, me semble, à un degré supplémentaire au niveau de la théorie, s'accomplir avec la notion d'appareil [d'État][1]. La notion d'appareil est fantastique parce que c'est un mécanisme finalisé : l'appareil est quelque chose qui est fait de telle façon qu'il a l'air fait pour. « L'appareil scolaire élimine les plus défavorisés » veut dire qu'il y a une espèce de machine – on ne sait pas quel *deus* a fabriqué cette *machina* – qui, par sa logique propre, avec toute la fatalité de la machine (on dit toujours que les machines sont infernales) produit des effets inscrits dans son programme – le programme au sens de l'ordinateur : on l'a programmée… Cette espèce de théorie de la société-machine peut être compatible avec deux philosophies apparemment opposées : l'une qu'on dirait plutôt optimiste, l'autre qu'on dirait plutôt pessimiste. Dans un cas, c'est le *deus in machina*, la machine tourne pour un bien. C'est ce qu'on appelle, dans les sciences sociales, la théorie fonctionnaliste : non seulement la société est une machine qui fonctionne mais elle fonctionne pour le meilleur, pour le mieux, elle est ainsi agencée que, quoi qu'on fasse, elle produit le bien ; elle a l'air d'éliminer les élèves mais, en fait, c'est pour mieux conserver, etc. Dans l'autre cas, c'est le *diabolus in machina*, la machine infernale, diabolique qui est programmée pour faire tout ce qu'on ne voudrait pas que le monde social fasse. Je pourrais apporter des textes. La théorie de la machine me paraît être la limite vers laquelle tendent toutes

1. Allusion à un article de Louis Althusser sur les « appareils idéologiques d'État » (« Idéologie et appareils idéologiques d'État », *La Pensée*, n° 151, 1970 ; repris dans *Positions*, Paris, Éditions sociales, 1976, p. 76-125).

les utilisations mécaniques de concepts chosifiés ou personnalisés – les phrases commençant par « La classe ouvrière… », « Le prolétariat… », « Les travailleurs… », « Les luttes… », « Le mouvement social… », etc., sont de ce type. Tout un verbalisme social véhicule ainsi une vision naïvement finaliste qui ne fait que retraduire en un langage apparemment noble les réactions du sens commun, de l'indignation morale, de la conversation de café, les discours du type : « C'est fait pour… » Le sociologue doit d'abord être en garde, et mettre en garde, contre ces perversions du discours ordinaire sur le monde social parce qu'il s'agit de la manière spontanée de penser le monde social. De même que la physique a dû débarrasser la vision ordinaire du monde, de l'enchantement, c'est-à-dire de la magie, ainsi que de ce que les psychologues de l'enfant décrivent comme un artificialisme enfantin, de même la sociologie doit débarrasser la science sociale de l'artificialisme social : il y a une action, alors il faut qu'il y ait un sujet […]. Je pense que des déterminants, de tous ordres, convergent pour imposer, à la pensée ordinaire et à la pensée scientifique, la pensée en termes de responsable, de sujet.

L'exemple simple du terrible accident à Beaune entre des autocars[1] va faire comprendre par une parabole ce que je veux dire. C'est le cas typique de phénomène social devant lequel la conscience ordinaire cherche tout de suite des responsables. On a nommé des commissions d'enquête, des juges, la logique de l'interrogatoire devant s'arrêter lorsqu'on a assigné un sujet à l'action. Le rapport de la commission d'enquête que vous pouvez vous procurer est une leçon de sociologie scientifique que tous les sociologues devraient méditer. Je ne raconte pas le détail, mais la commission d'enquête, comme vous l'avez peut-être lu dans les journaux, conclut à la pluralité de causes relativement indépendantes et liées aux caractéristiques sociales des agents concernés. On dit que le chauffeur,

1. Cet accident de la route avait impliqué deux autocars transportant des enfants partant en colonie de vacances. Il s'était produit le 31 juillet 1982 et avait fait 53 victimes, des enfants pour la plupart. L'émotion collective qu'il suscita fut à l'origine d'une série de mesures relatives à la vitesse des poids lourds et des transports d'enfants.

« un travailleur temporaire », « était fatigué ». On pourrait pousser un peu plus loin et dire qu'il y a des habitus, des gens qui sont des responsables humains apparents. Pour pousser un peu plus loin encore, il ne suffit pas d'étudier les 24 heures antérieures à l'accident. Pour comprendre s'il avait bu ou pas, il faut remonter à l'enfance, et même aux grands-parents (à grand-papa, à grand-maman). Il faut donc faire une sorte de généalogie historique du côté des agents. Du côté des conditions matérielles, il y a l'état de la route, l'encombrement de l'autoroute qui renvoie aux rythmes des vacances, l'état des véhicules qui renvoie aux entreprises, à la structure des impôts, à l'existence de personnels temporaires, etc. Tout cela ne veut pas dire que la notion de responsabilité ne soit pas adéquate : elle peut l'être car il peut être important, dans certains jeux sociaux, de « trouver le responsable », mais ça n'a rien à voir avec la science. Elle n'est pas adéquate scientifiquement ; du point de vue de la construction d'un système d'explication scientifique, c'est un système de relations complexes entre des agents, des situations, etc. qui est en cause.

Cet exemple étant pris, on pourrait revenir à ce qui se dit communément sur le monde social (« La crise... », etc.) et on verrait que le discours ordinaire que tiennent tous les jours les gens payés pour parler du monde social (les journalistes, les hommes politiques) est bien en deçà de ce que fait cette commission d'enquête. Leur discours régresse vers des propositions du type : « L'État a fait... », ou bien : « Parce que les péages ne sont pas assez chers sur les autoroutes, il y a encombrement. » Ils reviennent à une cause unique et à une logique de la responsabilité. Ce qui me semble important d'un point de vue scientifique, mais aussi éthique (dans ce cas-là les deux dimensions pourraient coïncider), c'est peut-être de soumettre cette propension du mode de pensée ordinaire à la téléologie objective à une critique du type de celle que la philosophie analytique fait subir au langage et aux paradoxes et paralogismes qu'engendre un usage irresponsable du langage.

Le pouvoir ontologique du langage

Je voudrais, avant d'en venir à l'exposé sur la téléologie objective, c'est-à-dire la téléologie du marxisme, dire quelques mots de l'interrogation de type analytique à propos du langage, de manière à ce que vous l'ayez en tête. S'il est important de nommer correctement ce qui porte sur le monde social, c'est que, comme dit le sens commun au travers d'une expression populaire que je trouve très adéquate, « le langage peut tout porter » : tout peut se dire ; on peut même dire ce qui n'existe pas.

Ceux qui sont imprégnés d'une culture philosophique reconnaissent là la tradition qui, depuis les sophistes jusqu'à Russell, ou sous la forme actuelle de la philosophie analytique, consiste à s'interroger sur la légitimité d'un discours qui parle de ce qui n'existe pas : peut-on légitimement parler de ce qui n'est pas et est-ce que, en parlant de ce qui n'est pas, on ne reconnaît pas à ce qui n'est pas une existence ? C'est ce que les sophistes après Platon appelaient le problème du bouc-cerf[1], c'est-à-dire de la chimère, cette espèce de réalité bâtarde faite de deux morceaux séparés qui peuvent exister parce que tout peut se dire et, tout pouvant se dire, tout peut se penser, tout peut s'imaginer. Je pense qu'en sociologie, lorsque nous disons : « L'État décide que... »,

1. « De plus, comment par la définition prouvera-t-on l'essence ? Nécessairement, en effet, quand on sait ce qu'est l'homme, ou tout autre chose, on sait aussi qu'il est, car pour ce qui n'est pas, personne ne sait ce qu'il est : on peut seulement savoir ce que signifie le discours ou le nom, comme lorsque je dis *bouc-cerf*, mais ce qu'est un bouc-cerf, il est impossible de le savoir. Mais, en outre, si la définition peut prouver ce qu'est une chose, peut-elle aussi prouver qu'elle existe ? Et comment prouvera-t-elle à la fois essence et existence par le même raisonnement, puisque la définition, de même que la démonstration, fait connaître une seule et unique chose ? Or ce qu'est l'homme est une chose, et le fait que l'homme existe en est une autre. » (Aristote, *Organon*, t. III : *IV. Les seconds analytiques*, 92b, trad. Jules Tricot, Paris, Vrin, 1970, p. 184-185.) « En eux-mêmes les noms et les verbes sont semblables à la notion qui n'a ni composition ni division : tels sont *l'homme*, *le blanc*, quand on n'y ajoute rien, car ils ne sont encore ni vrais ni faux. En voici une preuve : *bouc-cerf* signifie bien quelque chose, mais il n'est encore ni vrai ni faux, à moins d'ajouter qu'*il est* ou qu'*il n'est pas*, absolument parlant ou avec référence au temps. » (*Ibid.* : *II. De l'interprétation*, 16a, p. 78.)

c'est à peu près comme si nous disions : « Le non-être est » ou bien « le bouc-cerf saute dans la campagne » ; nous faisons une phrase qui est grammaticalement correcte et qui a du sens, comme aurait dit Frege[1], mais elle n'a pas de référent pour autant. Qu'elle soit signifiante, qu'elle ait du *meaning* ne veut pas dire qu'elle renvoie à quelque chose qui existe. En d'autres termes (je demande pardon à ceux qui savent, j'insiste lourdement...), quand je dis : « Les classes populaires se révoltent contre les impôts », j'investis toute une série de présupposés, exactement comme lorsque je dis : « Le roi de France est chauve. » Cet exemple célèbre de Russell[2] cher aux philosophes du langage postule comme allant de soi qu'il y a un roi de France. J'ai l'air de dire : « Le roi de France est chauve », mais je dis qu'il y a un roi de France avant de dire qu'il est chauve. De même, quand je dis que « les classes populaires n'accepteront pas l'augmentation de l'impôt », j'ai l'air de parler de l'augmentation de l'impôt, mais je dis d'abord qu'il y a des classes populaires, ce qui fait précisément question. Il en est de même, lorsque je dis : « L'État décide que... » Autrement dit, j'attire l'attention sur le prédicat alors que je devrais poser la question qui est manifestée en logique par le quantificateur existentiel, c'est-à-dire : « Est-ce que je peux dire qu'il y a ce à propos de quoi je prédis, ce à propos de quoi je dis quelque chose ? »

Je crois que nous avons perdu l'habitude de poser ce type de question en grande partie parce que nous avons tous respiré dans le finalisme des collectifs, cette forme molle d'hégélianisme qui arrive à travers le marxisme, à travers le journalisme, etc. Nous en sommes tellement imbibés que nous acceptons toutes ces phrases comme du pain béni plutôt que de sursauter. Les logiciens, eux, posent la question du statut ontologique des réalités abstraites : les concepts existent-ils, ou faut-il conclure à un nominalisme ? Et, vieux problème de la scolastique, est-ce qu'il faut conclure

1. Gottlob Frege, « Sens et dénotation » (1892), in *Écrits logiques et philosophiques*, trad. Claude Imbert, Paris, Seuil, 1971, p. 102-126.

2. Cet exemple est utilisé dans un article de Bertrand Russell de 1905 « On denoting », *Mind*, 1905, p. 479-493 (trad. fr. postérieure au cours : « De la dénotation », in *Écrits de logique philosophique*, trad. Jean-Michel Roy, Paris, PUF, 1989, p. 201-218).

à un nominalisme radical ou à une espèce de phénoménalisme radical selon lequel nous ne parlerions que des notions et jamais de la réalité, ou bien faut-il prendre au pied de la lettre toutes les propositions sur le monde social ?

La critique du langage ordinaire, qui est un moment dans les sciences, revêt, au fond, dans le cas des sciences sociales, une importance et une utilité particulières. Mais cette critique du langage dont sont justiciables tous les concepts abstraits est particulièrement difficile dans le cas des sciences sociales parce que la nomination, les mots contribuent, dans leur cas, à faire la réalité : on ne peut pas simplement dire que les notions doivent être soumises à la critique logique ; on doit aussi savoir que cette critique logique débouche inévitablement sur une critique sociologique dans la mesure où les mots contribuent – comme je l'ai dit plusieurs fois ici – à faire la réalité. Si, par exemple, quelqu'un dit avec autorité que le roi de France est chauve, il ne s'agit plus d'un problème de logique, mais d'un problème politique. Si quelqu'un dit avec autorité qu'il y aura « crise », il contribue à faire la crise. Autrement dit, dans le cas des sciences sociales, poser la question du statut ontologique des notions servant à nommer le monde social, c'est poser du même coup la question de la signification politique de l'usage incontrôlé de notions qui, lorsqu'elles sont employées avec autorité alors qu'elles impliquent des postulats d'existence, contribuent à faire exister ce qu'elles désignent. Je pense que l'exemple le plus simple et le plus frappant serait celui de l'existence des classes sociales. Si c'est un problème qui est à la fois, d'une certaine façon, résolu et indécidable, c'est parce que précisément on est en plein dans le paradoxe que je suis en train de décrire : dire qu'il y a deux classes, c'est un constat, mais, lorsque ce constat est proféré par quelqu'un qui a autorité pour parler sur le monde social, ce constat contribue à s'auto-vérifier, ce constat est auto-validant. Ce que je voulais dire – je l'ai très mal fait pour des tas de raisons, et notamment parce que je crains que la nécessité de ce détour ne vous apparaisse pas –, c'est que la réalité sociale est, pour une part, la création des agents sociaux en tant qu'ils sont des sujets parlants. Du même coup, l'octroi au langage d'un pouvoir, d'un statut ontologique revient à faire jouer à la langue un rôle éminemment politique.

J'avais noté [dans mes notes préparatoires à ce cours] un exemple qui, je crois, va faire comprendre ce que je voulais dire et, peut-être, vous le faire sentir mieux. À propos des concepts ordinaires que nous employons, les logiciens, en particulier Ryle, remarquent que, comme nous avons une définition univoque de ce que c'est que d'exister, définition qui renvoie à la manière dont existent des choses physiques, nous sommes portés à poser aux choses conceptuelles des questions non pertinentes. Par exemple, à propos du concept d'esprit – je m'appuie sur le livre de Ryle, *La Notion d'esprit*[1] –, nous poserons la question de savoir où se situe l'esprit : est-il dans le corps, dans la tête, dans l'organisme, etc. ? Et nous aboutirons à ce que Ryle appelle le paralogisme du « fantôme dans la machine », par lequel il résume la philosophie de Descartes[2]. Autrement dit, comme nous supposons implicitement qu'une chose qui existe est quelque chose de physique, de tangible, de localisée – exister, c'est être quelque part –, dès que nous poserons, à propos d'une chose ou d'un concept, la question de l'existence, le problème de sa localisation se posera. Je pourrais vous rapporter des volumes ou des bibliothèques [entières] consacrés au problème du *locus*, du lieu de la culture. Toute une tradition anthropologique anglo-saxonne s'est interrogée sur le statut de cette chose qu'on appelle « la culture » et [qu'elle a définie] comme étant ce qui permet à deux individus d'associer le même sens aux mêmes comportements et le même comportement aux mêmes intentions signifiantes. Mais où la culture existe-t-elle ? De même, on se demandera où existe la langue, si elle existe comme un trésor dans les cerveaux – vous pouvez vous reporter à Saussure qui a toute une série de réponses à cette question[3]. Autre exemple : on

1. Gilbert Ryle, *La Notion d'esprit. Pour une critique des concepts mentaux*, trad. Suzanne Stern-Gillet, Paris, Payot, 1978 [1949].

2. *Ibid.*, chap. 1 : « Le mythe cartésien », p. 11-24.

3. Saussure écrit par exemple : « La langue existe dans la collectivité sous la forme d'empreintes déposées dans chaque cerveau, à peu près comme un dictionnaire, dont tous les exemplaires, identiques, seraient répartis entre les individus. C'est donc quelque

se demandera, et ça nous ramènerait à ce que j'ai dit, où est le principe générateur des actions ? C'est-à-dire où est le sujet ? Qui est la cause ? Où est le point archimédien ? Dans beaucoup de cas, on pourra dire que cette chose que vous cherchez n'est nulle part. Souvent, les philosophes analytiques disent ainsi que l'esprit n'est nulle part, ce qui veut dire simplement que la question n'est pas pertinente, que vous posez à une chose une question pour laquelle elle n'est pas constituée. Déjà, répondre « nulle part », cela veut dire « question non pertinente ».

Je pense que, même sans le savoir, nous posons constamment au monde social des questions de ce type. Si nous faisons subir à la phrase « L'Église dit que… » la critique de type russellien, on voit qu'il y a en fait deux propositions : une proposition [affirmant qu']« il y a quelque chose comme une Église », ce qui veut dire que ce quelque chose appelé l'Église existe, et [une autre] que « L'Église dit ceci ou cela ». Ayant posé dans l'univers quelque chose comme une Église, on peut alors se demander ce que c'est que d'exister pour une Église, et on dira qu'une Église existe comme une chose, avec le droit canon, des cathédrales, etc. Ce que je voulais dire, c'est qu'on fait accomplir un progrès considérable aux sciences sociales quand on refuse de faire le saut ontologique. Parce qu'au fond, quand nous disons : « L'Église pense que… », on passe du fait que nous pouvons dire le mot « Église » au fait que quelque chose comme l'Église existe et existe comme existent les choses dont nous sommes sûrs qu'elles existent parce nous pouvons les toucher. Beaucoup de débats sont de ce type.

---

chose qui est dans chacun d'eux, tout en étant commun à tous et placé en dehors de la volonté des dépositaires » (*Cours de linguistique générale*, *op. cit.*, p. 38), ou encore : « Si nous pouvions embrasser la somme des images verbales emmagasinées chez tous les individus, nous toucherions le lien social qui constitue la langue. C'est un trésor déposé par la pratique de la parole dans les sujets appartenant à une même communauté, un système grammatical existant virtuellement dans chaque cerveau, ou plus exactement dans les cerveaux d'un ensemble d'individus ; car la langue n'est complète dans aucun, elle n'existe parfaitement que dans la masse » (*ibid.*, p. 30).

Culture populaire, langage populaire

Je prendrai un autre exemple et vous allez voir l'utilité du détour que j'ai fait en souffrant beaucoup parce que j'ai eu le sentiment que vous me regardiez d'un air égaré [*rires de la salle*]... On va se retrouver sur un terrain plus sûr : il s'agit de la notion de « culture populaire » ou de « langage populaire », qui est un enjeu de lutte considérable. Le débat revient périodiquement à chaque période de crise, on réinvente des débats qui se sont joués cent fois, le moindre détour historique permettant de prévoir tout le déroulement de ces débats. Pourquoi une notion comme celle de « culture populaire » exerce-t-elle une si grande fascination ? La réponse se trouve en grande partie dans une sociologie des intellectuels. Il reste à se demander pourquoi cette notion est prédisposée à fonctionner dans la logique de l'argument ontologique que je viens d'évoquer. La démonstration serait très longue et très difficile parce que les gens investissent beaucoup de pulsions – je ne sais pas trop pourquoi d'ailleurs. Mais si ce débat est aussi ténébreux, c'est, pour dire les choses grossièrement, parce qu'il s'agit d'une proposition du type « le non-être est ». La culture, non pas au sens des ethnologues, mais au sens où on l'entend ordinairement dans une société divisée en classes, par exemple lorsqu'on dit d'un homme qu'il est « cultivé » ou qu'« il a une grande culture », s'oppose à la nature, c'est-à-dire aux gens exclus, aux classes dominées. La culture, c'est ce qui distingue les gens des classes dominantes des gens des classes dominées. Sur le terrain du langage, par exemple, on parle de « langue verte », de « mots crus », ce qui correspond à l'opposition entre le cuit et le cru dans laquelle on reconnaît l'opposition traditionnelle entre nature et culture.

La culture est donc constituée contre la nature, contre les incultes, c'est-à-dire ceux qui sont à l'état de nature à l'intérieur de l'ordre social. Pour vérifier ce que je dis, il suffit d'ouvrir le dictionnaire, à n'importe lequel des couples d'adjectifs du style poli/impoli, rude/grossier, etc. : vous trouverez un système d'adjectifs qui s'organisent autour d'oppositions du type nature/culture, c'est-à-dire dominant/dominé, fin/grossier, léger/lourd, distingué/vulgaire. La culture, je répète, se constitue contre la nature [au sens où] les cultivés se constituent contre les hommes sans qualité sociale, qui sont à l'état brut – cherchez l'adjectif « brut », « brutal » et vous aurez une série tout à fait intéressante[1]. Lorsqu'on parle de « culture populaire », on fait un « bouc-cerf » : on a l'être de la culture, et les incultes, c'est le non-être. On parle d'un « être non-être ». On dit qu'il y a une culture des gens contre qui la culture se définit. Certains diront que le sens du mot « culture » a changé, qu'il s'agit de la culture au sens des ethnologues, d'une culture au sens d'un mode de vie, d'un style de vie, etc. Mais ce n'est pas vrai du tout. Les gens qui parlent de « culture populaire » le font dans une prétention de réhabilitation et veulent trouver dans cette chose ainsi définie comme étant populaire tout ce qui leur paraît constitutif de la culture dominante : « Regardez l'argot, c'est magnifique, c'est du niveau de Saint-John Perse ! » (*rires*). Si l'on produit cette espèce de réalité, c'est que les producteurs et les utilisateurs de cette notion ont des intérêts sociaux si forts qu'ils passent sur les difficultés, et aussi parce que, dans la réalité objective même, des contradictions rendent possible cette sorte de test projectif. J'indique encore un exemple – je vais être très mécontent de moi – que vous pourrez prolonger vous-mêmes : j'ai longtemps pensé que si des notions comme « culture populaire », « langue populaire », « art populaire » – cela vaut pour tous les phénomènes symboliques auxquelles on accole l'adjectif « populaire » – pouvaient fonctionner, circuler, être entendues, etc., c'était parce que des gens ont des intérêts très forts, parfois même vitaux, à faire la *coincidencia oppositorum* – c'est la définition de la magie, la magie est la réunion des contraires – et à passer sur les difficultés. Mais c'est aussi, me semble-t-il, parce que nous sommes accoutumés à combiner les mots et à user de cette propriété qu'ont les systèmes symboliques de décoller par rapport à leurs référents.

Quand on applique de façon systématique à la sociologie la distinction entre le sens et la référence, on voit que l'essentiel

1. Sur tous ces points, voir P. Bourdieu, *La Distinction*, *op. cit.*

du discours politique et des luttes symboliques de l'existence quotidienne est rendu possible par cette capacité du langage et, plus généralement, de tous les systèmes symboliques à décoller – je ne sais plus qui parlait de « décollage sémantique[1] » – par rapport à leur référent et à « tourner à vide » (Wittgenstein disait ça à propos du langage : dans beaucoup de cas, le langage tourne à vide[2]). La politique se nourrit de cet abus de pouvoir symbolique, de ce décollage sémantique permanent qui fait qu'on peut dire n'importe quoi. Mais le fait de dire fait exister. Si je veux réfuter la notion de culture populaire, je serai obligé d'en parler et je contribuerai par là à la faire exister, ce qui est un des grands problèmes de la lutte politique : comment combattre une notion sans contribuer à son existence ? C'est le paradoxe des sophistes : dès le moment ou une chose est pensable et dicible, elle a une forme d'être. Puisque je dis : « Le non-être est », c'est que le non-être existe. Dès le moment où je parle de « culture populaire » pour dire que ça n'existe pas, je contribue à la faire exister.

Je ne suis pas sûr de pouvoir faire mieux, mais je vais essayer tout de même de reprendre ce que je viens de dire afin qu'on comprenne au moins l'intention de mon propos. J'ai voulu dire que la science sociale aurait le plus grand intérêt à rapatrier sur le terrain de la pratique scientifique une forme de critique du langage qui s'est développée dans une certaine tradition philosophique. Cela ne se fait guère parce que, comme il arrive très souvent, les gens qui sont dans cette tradition de philosophie analytique sont sans doute les plus éloignés qu'il se peut de l'intérêt pour le monde social, et les gens qui ont de l'intérêt pour le monde social sont, souvent pour des raisons sociales (par formation, par dispositions, etc.), aussi éloignés qu'il se peut de cette tradition philosophique analytique qui leur paraît gratuite : « Le roi de France est chauve », le sophisme de l'Indien[3] leur [paraissent être

1. Il pourrait s'agir du mathématicien René Thom, « Les "mathématiques modernes" : une erreur pédagogique et philosophique ? », *L'Âge de la science*, n° 3, 1970, p. 225-242.
2. L. Wittgenstein, *Investigations philosophiques*, *op. cit.*, § 132, p. 169.
3. Le sophisme de l'Indien consiste à dire que l'Indien qui a la peau noire et les dents blanches est à la fois blanc et non-blanc.

des exemples] un peu gratuits. Je pense que, outre les difficultés subjectives que j'avais aujourd'hui, [il y a aussi] une difficulté objective qui est qu'il est toujours difficile de faire communiquer, même dans son propre esprit, deux choses qu'on a apprises à des moments très différents et qui sont inscrites dans des logiques différentes.

Il est très frappant que les philosophes de la tradition que j'évoque invoquent très souvent des exemples empruntés au monde social : par exemple, ils se demanderont si l'université d'Oxford est autre chose que l'ensemble des collèges ou, autre exemple, si, lorsque j'ai vu passer les trois compagnies qui composent le régiment, je dois encore attendre le régiment[1]. Ils adorent les exemples de ce genre, un peu gratuits, un peu drôles, très oxfordiens, que l'on dit avec un gloussement sans surtout penser au monde social. D'où la difficulté, dans cet univers, de penser à quelque chose de réel. J'ai assisté à des assemblées de philosophes de cette appartenance et j'ai constaté qu'il suffisait de jeter un exemple réel dans ce mode de pensée pour [provoquer] la consternation. Cela dit, je pense que ce sont des gens qui parlent du monde social, peut-être plus que quiconque. J'ai mis longtemps à me servir de ce courant philosophique et à le retourner sur ma propre pratique, sur mon propre emploi du langage. Il faut entendre ce que dit Durkheim, par exemple, dans *Les Formes élémentaires de la vie religieuse*, à savoir que les concepts logiques sont sortis du groupe, que le monde social c'est la logique, que la théorie logique est une théorie sociologique[2]. On a tous entendu ça, mais au fond on n'y croit plus parce que ça fait partie du terreau de la culture sociologique. Je pense que travailler sur le langage dans cette logique, c'est travailler sur le monde social, d'autant plus que, comme j'ai essayé de le dire (mais c'est peut-être le point sur lequel j'ai été le moins clair), cela se situe au cœur du travail

1. Sur ces deux exemples, voir G. Ryle, *La Notion d'esprit*, *op. cit.*, p. 16. G. Ryle les mentionne comme des « erreurs de catégorie » du même type que le paralogisme du « fantôme dans la machine » (voir *supra*).

2. Voir É. Durkheim, *Les Formes élémentaires de la vie religieuse*, *op. cit.*, p. 616-638.

politique : le travail politique est un travail par les mots, sur les mots, qui exploite cette propriété inhérente du langage – ce n'est pas une propriété sociale – de pouvoir décoller par rapport à ce qu'il dit et de pouvoir dire ce qui n'est pas. Ce langage a cette propriété de parler à vide, lorsqu'il n'y a rien à dire, mais, ce qui est plus fort, il a la propriété de dire et je pense qu'il nous fait sans arrêt le coup de l'argument ontologique. En fait, j'ai repris aujourd'hui l'intention kantienne qui est de dire : « Attention, quand on dit "il y a un concept *donc* la chose existe" – et le plus souvent, on ne le dit pas –, on fait des coups ontologiques, c'est-à-dire politiques. »

Surtout, je voulais renouer ensemble deux courants qui participent à la même tradition de la philosophie analytique mais qui sont relativement indépendants, le courant des exégètes de la logique des notions abstraites et le courant, représenté notamment par Austin, de ceux qui s'interrogent sur le pouvoir exercé par les mots. Si on combine les deux et si on s'interroge sur ce que c'est que de parler comme si elles existaient de choses qui peut-être n'existent pas, on doit voir que, quand on a autorité pour parler, on a autorité pour faire croire que ce dont on parle existe… C'est au fond à cela que je voulais en venir. Dire que les choses sociales existent sans poser la question de la vérité de ce qu'on dit, quand on a une autorité sociale pour le dire, c'est contribuer à faire que les gens croient qu'elles existent, donc à faire qu'elles existent, tout cela sans poser la question de l'existence et de la non-existence. Qu'est-ce qu'exister pour une chose sociale ? Est-ce qu'il y a un mode d'existence spécifique ? En quoi consiste ce mode d'existence spécifique ? Vous vous rappelez, c'est la première question que j'ai posée [au début] de l'année, c'étaient les premières phrases de mon cours : est-ce que nous devons diversifier cette notion d'existence ? Quand nous mettons le verbe « être » avec les deux sens […] après un concept, qu'est-ce que nous faisons ? En gros, pour résumer, je voulais simplement dire que nous saurions un peu mieux ce que nous faisons quand nous parlons du monde social si nous savions que nous sommes sans cesse exposés à des glissements ontologiques.

La téléologie marxiste

Si j'ai inséré ici cette digression sur la philosophie analytique du langage, c'est parce qu'il me semble que c'est dans le courant que nous appellerons « téléologie objective » que ce tour de passe-passe ontologique, ce faux en écriture métaphysique – comme on disait à propos d'arguments ontologiques –, ce faux en écriture sociologique, qui consiste à faire comme si les choses existaient parce qu'on peut en parler, est le plus fréquent. Je reviendrai sur ce point. J'ai dit la difficulté qu'il y a à écrire de façon juste sur le monde social et le langage par sa logique pousse à la personnification, par le simple fait que nous disions le sujet d'une phrase, par le fait que l'on puisse, non seulement prédiquer des choses à propos de notions désignant des collectifs, mais aussi simplement traiter ces notions comme sujets de phrases qui vont recevoir des prédicats, comme sujets de verbe désignant des actions ; c'est déjà toute une téléologie de l'histoire qui parle toute seule. Au fond, la téléologie objective dans sa forme marxiste est inscrite dans le langage ordinaire. C'est ça que j'ai à l'esprit et c'est pourquoi je fais ce détour : si nous avons tous plus ou moins dans la tête cette sorte d'hégélianisme que je dis « mou », c'est qu'il est en harmonie avec la structure profonde du langage que j'ai évoquée.

Cela peut paraître un peu raide et un peu simpliste, surtout à une époque où on disserte beaucoup sur les rapports entre la dialectique hégélienne et la dialectique marxiste. (Là encore, je vais souffrir ; je vais dire des choses un peu simples, parfois un peu simplistes, mais, je crois, utiles du point de vue de ce que je veux démontrer.) Il est de mise de dire que la tradition marxiste aurait rompu avec la tradition hégélienne de la téléologie objective. Comme Marx l'a affirmé (donc c'est vrai – voilà encore une proposition : « Marx a affirmé sa rupture avec Hegel... »), la fin de l'histoire n'est pas cette fin idéale fixée *a priori*, mais un terme matériel [...] « inscrit dans le processus lui-même dont la théorie est le reflet ». Cela figure en termes très clairs chez Engels, dans la *Dialectique de la nature* – je pense qu'Engels, c'est au fond la sociologie spontanée et que, quand on parle d'obstacle épistémologique, c'est de ce côté-là qu'il faut chercher. Je cite : « La dialectique dite *objective* règne dans toute nature, et la dialectique dite subjective, la pensée dialectique, ne fait que refléter le règne, dans la Nature entière, du mouvement par opposition des contraires qui, par leur conflit constant et leur conversion finale l'un dans l'autre, ou en des formes supérieures, conditionnent précisément la vie de la Nature[1]. » Autrement dit, il y a une sorte d'harmonie entre le subjectif et l'objectif, cette harmonie étant la définition précise de la finalité. Le sujet théorique dialecticien épouse en quelque sorte le mouvement théorique de la Nature qui ne va pas vers une fin mais vers un terme – c'est un changement de mot. La fin n'est pas transcendance ; elle est découverte scientifiquement comme le terme naturel vers lequel s'achemine le processus historique – ce terme est nécessaire (il présuppose une fin). Bref, la philosophie de l'histoire est remplacée par une science de l'histoire, par une téléologie matérialiste, c'est-à-dire par les lois. Il n'y a plus, comme disait Marx, une fin idéale fixée *a priori* mais des lois objectives de la Nature. Il se trouve que ces lois objectives de la Nature vont vers une fin absolument nécessaire qui est inévitable, le socialisme, et il y a donc un sens absolu de l'Histoire.

Cette sorte de sécularisation de la téléologie théologique de Hegel n'est pas, à mes yeux, un changement radical de philosophie, mais un *aggiornamento*. Et cette sorte de philosophie finaliste honteuse est en fait la *doxa* dans laquelle nous baignons ; on peut la retrouver chez des gens très différents, chez Weber ou chez Husserl. Husserl dit ainsi dans le petit texte traduit en français dans la *Revue de métaphysique et de morale* : « Notre humanité européenne recèle une entéléchie qui lui est innée, qui domine tous les changements affectant la forme de l'Europe et leur confère un sens [on peut comprendre, le texte est écrit vers 1936 en Allemagne], celui d'un développement orienté vers un pôle éternel. » Et un peu plus loin : « Le *telos* spirituel de l'humanité européenne se situe à

1. Friedrich Engels, *Dialectique de la nature*, Paris, Éditions sociales, 1968 [1883], p. 213.

l'infini »[1]. Pour Weber, je vous renvoie à un texte sur le processus de rationalisation, qui est un élément central dans sa pensée, et surtout – c'est le texte le plus clair – à l'introduction de *L'Éthique protestante* où il donne une sorte de tableau de l'humanité depuis les Babyloniens jusqu'à nos jours sur le mode suivant : il y a une série d'esquisses – c'est le mot qui revient tout le temps : les Babyloniens ont esquissé le calcul, les Chaldéens ont découvert la trigonométrie, etc. – qui se sont cumulées pour donner la société rationnelle, le droit rationnel, la musique rationnelle, etc.[2]. Et dans un texte extraordinaire sur la musique, en annexe à *Wirtschaft und Gesellschaft*, Weber décrit l'histoire de la musique occidentale du Moyen Âge jusqu'à nos jours comme processus de rationalisation, de mathématisation, etc.[3]. Dans un livre très intéressant – je n'ai pas la référence, il me vient à l'esprit à l'instant[4] –, Gombrich, l'historien de l'art, montre comment la tradition hégélienne molle, cette espèce de Hegel laïcisé, a hanté toute l'histoire sociale de l'art, au travers de gens très différents, comme Panofsky. C'est une sorte de finalisme honteux, de finalisme scientifique ; la fin n'est pas posée par un sujet savant découvrant l'orientation objective de l'histoire ; elle est scientifiquement calculée, nécessaire et elle est idéale (dans le cas du socialisme). D'une certaine façon, c'est la même chose [que Hegel], mais en pire. On a en effet ce qui me paraît la forme la plus vicieuse de l'idéologie, l'idéologie masquée en science, c'est-à-dire la forme moderne de l'idéologie concernant le monde social qui prend les allures de la science et, d'une certaine façon, se veut imparable. Cette fin n'est plus officiellement une fin idéale, mais elle reste une fin puisqu'on y va nécessairement. Ce finalisme est encore plus mystérieux qu'il ne

1. Edmund Husserl, « La crise de l'humanité européenne et la philosophie », *Revue de métaphysique et de morale*, vol. 55, n° 3, 1950, p. 225-258.
2. M. Weber, *L'Éthique protestante et l'Esprit du capitalisme*, *op. cit.*
3. Trad. fr. postérieure au cours : Max Weber, *Sociologie de la musique. Les fondements rationnels et sociaux de la musique*, trad. et présentation par Jean Molino et Emmanuel Pedler, Paris, Métailié, 1998.
4. Ernst H. Gombrich, *In Search of Cultural History*, Londres, Oxford University Press, 1969 (trad. fr. postérieure au cours : *En quête de l'histoire culturelle*, trad. Patrick Joly, Paris, Monfort, 1992).

l'était chez Hegel et on retrouverait toute cette sorte de mystique du « processus sans sujet ». On a une espèce de mouvement vers une fin. Personne ne sait pourquoi on y va, comment on y va, mais on y va nécessairement.

La réification et la personnalisation des collectifs

Deuxième objection qu'on me fait : cette fin qui continue à être posée, mais sur des bases scientifiques, est une fin sans agent posant des fins et elle est complètement autonomisée par rapport aux pratiques des individus. C'est ce qui me paraît le plus grave du point de vue d'une théorie qui a mis la *praxis* à son principe. L'art de la réification des collectifs joue son rôle à plein. Il faudrait ici reprendre – je ne vais pas le faire parce que je n'aurai pas le temps – toutes les théories de l'appareil d'État et de la fonction conférée à l'État pour voir à quel point ce que j'appelais l'anthropomorphisme social, l'artificialisme social y est manifeste. Quand on dit que « l'école capitaliste élimine », il y a position de fin en l'absence d'un sujet, mais comment peut-on poser des fins en l'absence de sujet ? Quand on dit que l'État ou l'école est au service de la classe dominante, on suppose quelqu'un qui assigne des fins et des instances qui servent de moyens. Selon cette sorte de définition instrumentaliste, l'État n'est qu'un relais d'une fin dont on ne sait pas par qui elle est posée. On invoquera alors la « classe dominante », par exemple, ou un autre sujet collectif, et on partira dans une régression *ad infinitum*. Il faudrait avoir le courage de dire que c'est Dieu au terme, mais bien sûr on ne le fera pas car on est dans une logique qui se veut matérialiste… Cette sorte d'artificialisme engendre beaucoup d'erreurs qui se voient très bien dans le cas de l'État : l'État étant décrit dans une logique strictement instrumentale, il est totalement transparent aux fins qu'il est censé accomplir ; c'est pourquoi on peut dire des phrases du type : « L'État capitaliste domine », « L'État capitaliste élimine », parce qu'il y a coïncidence des moyens et des fins, parce qu'il est totalement ordonné par rapport aux fins. Or il suffit de réfléchir au type de modèle que j'ai proposé – j'ai posé d'un côté l'habitus, je poserai ensuite d'un autre côté le champ –, pour voir que l'État, ce sont des agents avec des habitus. Rappelez-vous l'analyse que j'ai faite l'autre jour du fonctionnaire[1] : pour comprendre le contrôleur de métro ou l'employé des postes, il faut du temps, il s'agit de savoir les conditions sociales de production du poinçonneur de ticket, le champ dans lequel il agit, etc. – on ne peut pas faire une phrase du type : « L'État poinçonne les tickets. » On retrouverait en fait le paradigme de l'accident de Beaune, c'est-à-dire un univers de relations extrêmement complexes.

Pour comprendre n'importe quel *output* (des décrets-lois ou une interview dans un journal) auquel on assigne l'État comme sujet, ou dont on est tenté de conférer la paternité, l'initiative à l'État, il faut invoquer tout l'espace de ce que j'appelle le champ de pouvoir dont nous aurons à reparler, les relations internes entre les fractions dominantes de la classe dominante et les fractions dominées de la classe dominante, ce qui constitue un univers de relations formidablement compliqué que l'on ne peut pas télescoper... On pourrait dire, à la rigueur, que « l'État » est une sténographie, mais la sténographie en pareil cas est mortelle. Contre cette sorte de philosophie finaliste, de téléologie objective, j'ai maintenant développé suffisamment d'indications. Ce que je dirai, tout au long de cette année, sera l'équivalent de ce qu'on dit par cette sténographie abusive.

Comme je l'ai dit tout à l'heure un peu vite, la réification des collectifs conduit à deux formes de fonctionnalisme : un fonctionnalisme optimiste et un fonctionnalisme pessimiste. Mais, dans les deux cas, c'est la formule du type « c'est fait pour » qui est constituée dans le discours objectif. J'ai beaucoup hésité à le faire mais, pour me faire comprendre, je vais vous lire quelques phrases dans lesquelles se trouve résumé le dernier livre que je viens d'écrire sur le problème du langage : « Une langue ne se forme pas spontanément comme on le croit souvent, la légitimation forcée de l'usage dominant répond à une stratégie politique.

1. Voir *supra*, p. 301-304.

En France, l'école révolutionnaire du XIXe siècle n'a dévalorisé le parler populaire que pour mieux perpétuer les acquis de la révolution – je saute. Cette compétence [linguistique] ressemble à un capital rémunéré en distinction et en pouvoir. Ses détenteurs la déforment comme on sauve un marché et veillent à ce que le capital linguistique reste inégalement réparti. Il importe qu'au-dessus du parler ordinaire règne une langue étroite », etc.[1] « Ses détenteurs [...] *veillent à ce que...* » : voilà un exemple montrant combien il est difficile de parler du monde social sans retomber – ce n'est pas un jugement de valeur – dans le finalisme, sans refinaliser. Il y a en fait l'univers des usages du langage, des agents qui, dans des interactions multiples, complexes, produisent du discours conformément à des lois générales qui se spécifient dans le cas particulier : chaque fois qu'il y a deux interlocuteurs, la structure de marché dépend de la compétence précise des locuteurs, qui dépend de leur capital linguistique mais aussi de leur capital symbolique. Toutes ces choses se passent tout le temps, ici, ailleurs, et il se trouve qu'on peut dire, à un certain moment, qu'il y a une langue dominante, légitime, celle qui est enregistrée dans les dictionnaires, celle qu'il faut connaître pour pouvoir faire de la politique ou pour pouvoir passer des examens.

Et puis il y a une langue dominée qu'on peut aussi décrire, à laquelle on peut assigner des limites sociales. Mais, dès qu'on fait de la sténographie, on va dire : « Il y a des détenteurs du capital qui veillent à ce que la langue reste distinctive », alors que les phénomènes linguistiques échappent complètement à la conscience. Il y a une phrase de Michelet tout à fait magnifique à propos de Frédéric II qui avait voulu ajouter des – e muets à la fin des mots allemands, pensant que l'allemand serait ainsi plus euphonique. Cela n'a pas duré après la mort de Frédéric II : même Frédéric II n'a pas pu ajouter un – e muet à la langue allemande. Autrement dit,

1. Il s'agit de *Ce que parler veut dire. L'économie des échanges linguistiques*, paru aux Éditions Fayard en 1982. Le livre a fait l'objet d'une traduction augmentée en anglais en 1991 sous le titre *Language and Symbolic Power*, puis a été publié sous cette nouvelle forme en français en 2001 aux Éditions du Seuil : *Langage et pouvoir symbolique*, *op. cit.*

ces choses échappent complètement au contrôle, ce qui ne veut pas dire qu'elles ne soient pas justiciables d'une action politique, ni que la concentration de la langue sous la forme d'une langue standard, officielle, légitime qui disqualifie les parler locaux, les parler populaires n'ait pas un lien avec la politique, avec l'État. Mais ce n'est pas une volonté située quelque part dans le monde social, telle que l'on puisse demander où ? Qui a décidé ? Où est le décret ? Qui l'a signé ? Qui l'a voulu ? etc. Cela ne veut même pas dire que c'est une classe dans son ensemble : les plus grands bénéficiaires du capital linguistique sont totalement inconscients des mécanismes qui leur procurent ce bénéfice et il arrive très souvent que cette ignorance bénéficie aux dominés. Il arrive que les stratégies inconscientes de l'habitus accèdent au niveau des stratégies conscientes et organisées, et surtout des stratégies collectives. [...]

Il est intéressant de faire la généalogie de ce mode de pensée personnalisé sur le monde social parce qu'il n'est pas certain qu'il soit universel, et j'ai pensé – je vous y renvoie parce que je ne développerai pas ce thème – à la prégnance du modèle romanesque. Je pense que, si la propension à écrire l'histoire ou le social dans le langage de la personnalisation est si fort, c'est, pour une part, en raison de la logique même du langage, mais aussi parce que les modèles d'écriture dont nous sommes imprégnés, le roman, sont tout entiers organisés sur cette structure. Un article de Michel Butor dans *Répertoire II* m'a paru très intéressant sur la question[1]. Butor, comme la plupart des écrivains du Nouveau Roman, réfléchit sur le problème de l'écriture et se demande pourquoi ce modèle linéaire de l'histoire qu'il faut raconter s'impose avec une telle force. Ce n'est pas par hasard que la philosophie de l'histoire raconte une histoire qui va vers une fin, comparable à ce qu'était une bonne histoire selon la définition du roman qui était dominante jusqu'à Joyce. Les gens du Nouveau Roman déconcertent beaucoup parce qu'ils cassent l'histoire, racontent l'histoire dans le désordre. Ils sont inspirés par une recherche littéraire, mais je pense qu'il y a un travail tout à

1. Michel Butor, « Victor Hugo romancier », in *Répertoire II*, Paris, Minuit, p. 215-242.

fait analogue à faire pour parler correctement du monde social. Je prolonge ce texte de Butor que vous pourrez lire : il montre que le modèle de l'histoire romanesque est une succession de décisions décisives. J'avais évoqué l'autre jour la philosophie de l'histoire selon la théorie de la décision, à travers l'*homo œconomicus*. Tout se passe comme si la vie de l'*homo œconomicus* était une série de choix dans lesquels il doit maximiser l'information et calculer en fonction des probabilités subjectives et objectives. C'est le modèle typique du romanesque, tel que le définit Butor : une série de schèmes d'actions individuelles décisives précédées de délibérations volontaires qui se déterminent les unes les autres ; si, à un certain moment, la décision était autre, toute la suite en serait changée et, par suite, une décision énergique peut changer la vie (*cf.* Balzac et Stendhal). C'est un modèle, et il remarque, ce qui me paraît très intéressant, que Hugo, dans *Quatrevingt-Treize* plus que dans *Les Misérables*, fait exception. Ce qu'il en dit me paraît bien la bonne manière de parler le monde social : le roman est linéaire, « la forme biographique tend à établir dans l'œuvre un "fil" aussi continu que possible [...]. L'individu, si original qu'il soit, ne peut plus alors être considéré que comme un point remarquable d'un champ de forces ». D'où la disparition du personnage romanesque romantique par excellence : le conquérant de Paris ; chez lui, plus de Rastignac. Les personnages réels doivent leur figure historique au « concours de forces [...] qui le[s] déplace[nt] ». Il cite alors les pages de *Quatrevingt-Treize* sur Marat qui n'est plus qu'une espèce de médium – au sens de la magie – à travers qui s'exercent les forces du champ. Butor continue sur le problème de l'écriture romanesque qui me paraît être le même problème que celui de l'écriture scientifique : « Comment saisir avec des mots ces flux, ces grouillements, ces textures, ces migrations, ces déplacements qui entraînent ou concernent des éléments innombrables ? » Et il dit un peu plus loin : « De plus, ces forces [qu'il s'agirait d'évoquer] nous ne les connaissons que par l'intermédiaire des individus qu'elles organisent [ce qui est un grand problème de la sociologie : on ne peut très souvent accéder aux champs de force qu'en interrogeant les individus qui les subissent et qui les expriment réfractés à travers les réactions de leur habitus]. Il nous faut donc pratiquer ces sondages, examens statistiques, prélever des échantillons, pouvoir se répartir des zones, des pôles, des tensions[1]. » J'ai invoqué, là encore avec hésitation, cet exemple parce que très souvent on me demande : « Pourquoi écrivez-vous comme ça ? Pourquoi écrivez-vous si compliqué ou si mal, si lourdement, etc. ? » Je pense que le problème de l'écriture est consubstantiel au problème de la pensée adéquate du monde social ; changer la manière d'utiliser les mots, c'est changer profondément la vision du social. Voilà ce que je voulais dire comme conséquence de mon analyse.

La solution de l'habitus

Le premier bilan, au fond, que je veux faire maintenant des analyses concernant l'habitus serait donc le suivant : contre ces différentes philosophies de l'action qui sont en même temps des philosophies de l'histoire, la notion d'habitus permet de proposer une philosophie de l'action dans laquelle le sujet des actions – pour le moment je ne peux pas développer complètement parce qu'il me manque encore le champ… – est du côté des agents apparents, c'est-à-dire des individus biologiques, le sujet de l'action n'étant pas l'individu mais cette sorte d'incarnation biologique du social que j'appelle habitus. Je voudrais montrer – je ne sais pas si je vais arriver à le faire en peu de mots – comment la notion d'habitus, au fond, permet d'échapper aux problèmes tout à fait naïfs que dénonçait la philosophie analytique – Ryle, par exemple, lorsqu'il relevait que la tradition cartésienne posait à l'âme des questions d'existence qui ne sont pas pertinentes pour elle et que l'esprit n'existait pas de cette façon. Je pense que la notion d'habitus est aussi un effort pour répondre à la question de la façon dont le social existe. Le social existe sous la forme de cette « chose » – dont il ne faut pas se demander où elle existe – que nous voyons se manifester dans deux situations. D'une part, elle se manifeste

1. *Ibid.*, p. 216, 225, 228, 230.

à travers les processus d'acquisition, d'incorporation : les sujets sociaux sont modifiés par les conditions sociales et économiques, ils sont continuellement transformés, comme disait Husserl, par l'expérience ; c'est l'habitus. D'autre part, nous saisissons l'habitus dans son effectuation, c'est-à-dire lorsque cet individu biologique, sur lequel, habitus mis à part, il n'y a que du discours biologique à tenir, entre, avec le monde social dont il est toujours pour une part le produit, dans une relation qui n'est pas justiciable d'un discours biologique. L'habitus désigne finalement cette double relation que sont la socialisation et une manière permanente et durable d'entrer en relation avec le monde social, une modification durable du biologique.

Là encore, le danger de réification existe : je vois déjà des phrases du genre : « L'habitus petit-bourgeois fait ceci ou cela... » On a toujours besoin de réifier et on oublie que, en bonne logique, on ne peut pas faire de l'habitus le sujet d'une phrase. L'habitus petit-bourgeois est ainsi une propension à faire des actions de contre-finalité. C'est le thème d'une comédie célèbre, *L'Héautontimorouménos*[1] (« celui qui se punit lui-même », « celui qui est le bourreau de lui-même ») et je pense que c'est une des formes à travers lesquelles on peut penser le petit-bourgeois. Le petit-bourgeois, s'il faut le caractériser, est disposé à entrer en relation avec le monde social de telle manière que sa révolte, ce qu'il reproche au monde social, son indignation morale – c'est une disposition petite-bourgeoise – a souvent pour effet de faire advenir ce contre quoi il proteste. Autrement dit, le petit-bourgeois est quelqu'un qui a le génie de faire advenir des choses qui ne lui arriveraient pas s'il ne protestait pas d'avance contre le fait qu'elles vont advenir. C'est un phénomène intéressant du point de vue de notre théorie.

Cela nous conduit à un autre point sur lequel je voudrais finir : le paradoxe de l'adéquation partielle des modèles construits dans l'hypothèse de l'ajustement des espérances aux chances objectives

1. *L'Héautontimorouménos* est une comédie du poète antique Térence ; Baudelaire en reprendra le titre pour un poème des *Fleurs du mal*.

et des pratiques réelles. Comment se fait-il que des modèles qui supposent que les agents agissent en connaissance de cause, c'est-à-dire à partir d'une évaluation des probabilités de réussite dont on ne sait pas comment elle s'établit, aient une valeur de prévision ? Je pense que la notion d'habitus a pour fonction (c'est même sa fonction principale) de rendre compte de cet ajustement des modèles aux réalités sans faire intervenir l'hypothèse du calculateur économique rationnel, ni l'hypothèse de la détermination brutale par les causes.

Je développe ceci très rapidement. C'est ce que j'appelle la « causalité du probable », en reprenant une expression de Bachelard[1] : les processus de socialisation, ce que Husserl appelle l'expérience, ce qui s'acquiert par la confrontation répétée avec un monde social structuré selon une certaine logique, c'est-à-dire cette sorte de dispositions à anticiper ce qui va arriver et à attendre ce qui va arriver, et d'ailleurs à contribuer à le faire arriver en attendant que cela arrive, bref cette disposition à devancer, à anticiper le probable, s'acquiert par la confrontation permanente avec un monde structuré, défini par une certaine structure de probabilités objectives. Je reviendrai là-dessus quand je parlerai de champ, car on pourrait dire qu'un champ est un espace de probabilités objectives (c'est-à-dire que, rentrant dans un espace et allant à tel endroit, vous avez 1 %, 20 % ou 50 % de chances de réussite). L'expérience – je reprends le vocabulaire de Husserl –, au sens de disposition acquise, est cette espèce d'art d'aller au-devant de ce qui va arriver, et une partie de la nécessité sociale n'advient d'ailleurs qu'avec la complicité de gens tellement préparés à ce que cela arrive qu'ils contribuent à faire que cela arrive. Ce serait tout à fait pertinent pour comprendre les phénomènes de violence symbolique, mais il y a des phénomènes de domination qui ne peuvent se comprendre que parce que les dominés collaborent à

1. « L'expérience de la probabilité peut rendre raison de nos coefficients d'attente psychologique à l'égard des probabilités plus ou moins nettement arithmétisées. » (Gaston Bachelard, *Le Nouvel Esprit scientifique*, Paris, PUF, 1934, p. 117.) Voir Pierre Bourdieu, « Avenir de classe et causalité du probable », *Revue française de sociologie*, vol. 15, n° 1, 1974, p. 3-42.

leur propre domination. [...] Et le moment où a commencé le processus dont le principe de ma non-décision est le terme, cela n'a pas de sens de le chercher : on est toujours embarqué, ça a toujours commencé plus tôt, etc. On peut tirer de cette analyse une vision très déterministe, très fataliste. Je pense qu'un certain nombre d'entre vous va se dire qu'« il n'y a rien à faire » et que, finalement, l'habitus a un caractère transcendantal – ça fait beaucoup de références philosophiques pour aujourd'hui, mais elles sont utiles. Je ne pense pas que cette analyse conduise nécessairement au fatalisme.

L'habitus est un produit de l'histoire. À la fois, il n'y a pas de sens à dire quand le processus a commencé, mais en même temps on peut en saisir la logique et, par exemple, sa logique profonde est très connue : ce sont des problèmes de dissonance cognitive, il y a une espèce de tendance à réduire les dissonances cognitives ; il est difficile par exemple de penser qu'on sera Premier ministre, ou simplement agrégé d'université ou banquier, quand on a quitté l'école à onze ans, et il y a toute une série de rappels à l'ordre sociaux, de sanctions sociales... Les sanctions sociales sont très importantes, contrairement à ce qu'on croit quand on universalise une expérience bourgeoise. Une des caractéristiques de l'expérience bourgeoise, c'est que les sanctions du monde naturel et social passent presque toujours par la médiation de familiers, de la famille, de papa, de maman, des proches, dans la mesure où la famille est protectrice, est un écran. Ce n'est pas du tout universel. Les expériences de type populaire, par exemple, sont très différentes : les sanctions adviennent de façon beaucoup plus brutale, beaucoup plus directe, comme dans l'éducation à la Rousseau. Rousseau disait : « Ne lui dites pas qu'il va se brûler, laissez-le se brûler[1] » ; c'est la différence, pour aller vite, entre une éducation bourgeoise et une éducation populaire. Elles donnent

1. P. Bourdieu mêle peut-être ici les principes que l'on peut retirer de la lecture de Jean-Jacques Rousseau dans l'*Émile ou De l'éducation* (1762, livre III) avec une citation d'un personnage d'André Gide dans *Les Faux-Monnayeurs* (1925) : « Plutôt que répéter sans cesse à l'enfant que le feu brûle, consentons à le laisser un peu se brûler. L'expérience instruit plus sûrement que le conseil. »

des visions du monde social tout à fait différentes. Selon que l'on découvre le monde social physiquement, sans paroles, sous la forme de « j'en-prends-plein-la-gueule », comme on dit parfois, ou sous la forme de discours : « Non, mais tu sais il faut faire attention », « Ne crois-tu pas que... », « Il faudrait... », etc., la représentation du monde social sera profondément différente.

Ceci dit, la loi fondamentale de l'acquisition des habitus sera la même : même les habitus que j'appelle « habitus de liberté », c'est-à-dire les habitus définis par la distance au monde, par la distance aux rôles, par la distance à ce qu'on dit, à ce qu'on fait, etc., sont liés à une forme de nécessité sociale qui se caractérise comme distance à la nécessité, comme plus grande distance relativement à la nécessité[1]. On peut même dire que le principe fondamental de la socialisation est le principe de « nécessité faite vertu » : à force de découvrir qu'on n'accède pas à certains possibles, on finit par renoncer ; je cite toujours une phrase de Hume : « Dès que nous savons qu'il est impossible de satisfaire un désir, ce désir lui-même s'évanouit[2]. » C'est une proposition tout à fait étonnante, mais, sociologiquement, c'est vrai : les aspirations impossibles sont biffées, sont oubliées et les espérances réelles tendent à s'ajuster aux chances objectives. Quand vous interrogez les gens sur leur avenir – c'est ainsi que j'ai eu ma première expérience de cette loi[3] –, ils ont les espérances de leurs chances et ils veulent ce qu'ils peuvent, sans que cela soit mécanique. Le principe de nécessité faite vertu rencontre des dispositions, par exemple, de soumission à la nécessité dans les classes dominées qui, si on y réfléchit, sont étonnamment soumises à la nécessité[4].

1. Sur la plus ou moins grande distance à la nécessité économique et sociale selon les groupes sociaux, voir *La Distinction*, *op. cit.*, *passim*.

2. David Hume, *Traité de la nature humaine*, trad. André Leroy, Paris, Aubier, 1983 [1739-1740], p. 161.

3. P. Bourdieu fait référence à ses recherches en Algérie (voir *Algérie 60*, *op. cit.* et *Esquisses algériennes*, *op. cit.*). Il mobilisera également ce schème des probabilités objectives et des espérances subjectives dans ses premières enquêtes sociologiques sur la culture et le système d'enseignement.

4. Voir le chapitre de *La Distinction* intitulé « Le choix du nécessaire » et consacré aux classes dominées (p. 433-461) : « La proposition fondamentale qui définit l'habitus

L'habitus de nécessité, c'est-à-dire l'habitus de dominé, est un habitus de soumission à l'ordre. Il n'exclut pas des formes de révolte, mais il est un habitus de nécessité en ce sens que la révolte n'est pas première. Si l'on choque souvent en disant cela, c'est en raison des malentendus concernant l'expérience des dominés que j'ai suggérés l'autre jour et qui tiennent au fait qu'on occupe, imaginairement ou réellement, avec des attitudes de dominants des positions de dominés : habitées avec des habitus de dominants, les positions de dominés sont vécues d'une manière qui n'est pas celle dont elles sont vécues lorsqu'elles sont habitées par des gens qui ont l'habitus de leur habitat. On pourrait, dans cette logique, me demander : « Mais comment expliquerez-vous les formes d'habitus qui paraissent des exceptions, l'habitus de liberté ou même l'habitus intellectuel, l'habitus de transgression ? » C'est l'inverse même « des raisins sont trop verts[1] » ; et il y a le proverbe qui dit : « L'herbe est plus verte dans le champ du voisin. » Je n'ai pas le temps de développer ces thèses mais on pourrait montrer qu'un habitus de transgression est le produit d'un certain type de conditions sociales d'exception.

Ce que je voudrais dire simplement, c'est que, pour rendre compte de ce paradoxe que des modèles construits dans l'hypothèse de la rationalité ne soient pas plus faux qu'ils ne le sont, il faut supposer le mécanisme de la causalité du probable et quelque chose comme l'habitus en tant que modification durable des organismes qui fait que les agents sociaux agissent comme s'ils étaient déterminés par le calcul rationnel des chances. La phrase importante est « tout se passe comme si » : elle rappelle qu'il y a un décalage entre le modèle et la réalité dont ce modèle rend compte ; une proposition logique, mathématique peut rendre compte de

---

comme nécessité faite vertu ne se donne jamais à éprouver avec autant d'évidence que dans le cas des classes populaires puisque la nécessité recouvre bien pour elles tout ce que l'on entend d'ordinaire par ce mot […]. »

1. « Ils sont trop verts […] et bons pour des goujats » : c'est, dans une fable de La Fontaine inspirée d'Ésope (« Le renard et les raisins »), l'argument que met en avant un renard lorsqu'il s'aperçoit que les raisins qu'il veut manger sont trop haut perchés pour qu'il puisse les attraper.

la réalité sans être le principe explicatif de la réalité. La théorie de l'habitus permet de rendre compte de ce fait fondamental : quand vous supposez qu'un agent social va se conduire de façon plutôt raisonnable que rationnelle, c'est-à-dire qu'il va se conduire comme il devrait se conduire pour ne pas avoir d'histoire avec le monde social étant donné son capital et les chances objectives de réussir un défi aux lois objectives, vous pouvez grossièrement prévoir ce que les gens vont faire.

Des modèles formels produits dans une logique tout à fait farfelue philosophiquement – théorie de la décision, téléologie subjective, etc. – sont beaucoup plus vrais qu'ils ne devraient l'être parce que, dans la réalité, les agents sociaux sont façonnés, transformés de façon durable, ils sont faits au monde dans lequel ils vont agir ; du même coup, sans avoir à calculer, ils anticipent la nécessité, ce qui donne à leur conduite l'apparence de la finalité (« Il a fait ce qu'il fallait »). Pensez à l'exemple du sens du jeu que j'avais pris la dernière fois ; que le joueur aille à l'endroit même où le ballon va aller alors que celui qui le lui envoie ne sait même pas où il le lui envoie tient du miracle, du fantastique. Le monde social est plein de choses semblables, de gens qui vont au-devant de fins qu'ils n'ont pas posées. L'habitus est cette espèce de sens du monde social, d'expérience qui fait que les gens sont ajustés objectivement, sans calcul d'ajustement, du moins dans certaines limites, jusqu'à un certain point, et inégalement selon les périodes et les conjonctures – ce n'est pas une loi universelle. C'est, il me semble, sur fond de cette loi qu'on peut comprendre les exceptions.

J'indique simplement un point, sur lequel je reviendrai peut-être cinq minutes la prochaine fois : cette imposition de la nécessité se fait, pour une grande part, et même pour l'essentiel, en dehors de toute intervention expresse de l'éducation, en dehors de la médiation verbale, par exemple, à travers les sanctions objectives (ridicule, échec, etc.). Cela dit, il y a des actions, en particulier des rites de passage que j'appelle rites d'institution, qui redoublent, renforcent symboliquement, par toute l'autorité du monde social, les sanctions objectives du monde. En particulier, l'exemple de l'opposition masculin/féminin montrerait comment les rites de passage redoublent les sanctions objectives d'un monde social qui, lui-même, est divisé selon l'opposition entre masculin et féminin, qui se présente comme une structure de chances objectives très inégale [...][1]. Les rites de passage interviennent avec la force spécifique du social pour en rajouter. Et dans cette logique – je dirai ça très rapidement la prochaine fois –, le système scolaire a une fonction tout à fait particulière dans nos sociétés : il est la grande institution de redoublement symbolique des sanctions à travers lesquelles s'engendre l'expérience au sens d'adhésion inconsciente aux nécessités objectives.

1. Voir P. Bourdieu, « Les rites d'institution », art. cité, et *La Domination masculine*, *op. cit.*

COURS DU 16 NOVEMBRE 1982

L'ajustement des espérances aux chances. – Échapper au finalisme. – L'intériorisation du social. – L'incorporation de la nécessité. – Les rites d'institution. – Le rappel à l'ordre : l'exemple du rapport de la famille à l'école. – La relation sociale dans la relation d'enquête. – Persuasion clandestine, violence symbolique. – Le paradoxe de la continuité. – Critique de la relation savante.

Je vais essayer de faire le point sur ce que j'avais dit les fois précédentes en revenant au schéma que j'avais proposé dans la seconde leçon[1]. [...] J'ai envie d'examiner la différence entre la relation R_0, c'est-à-dire la relation savante au monde social, et la relation pratique R_1 à ce même monde. La dernière fois, j'ai très rapidement évoqué la relation R_2, qui est là pour symboliser la relation entre le champ comme champ de forces et l'organisme biologique en tant qu'il est susceptible d'être socialisé et d'être ainsi constitué en habitus social. Cette relation R_2 – je voudrais revenir sur ce point – est une relation de type génétique à travers laquelle le social incorporé se constitue ; elle décrit, au fond, le processus de conditionnement qui s'accomplit dans un certain type de conditions sociales ; ce processus qu'on appelle d'ordinaire « socialisation », on peut aussi l'appeler « incorporation du social ».

1. Voir *supra*, p. 241.

L'ajustement des espérances aux chances

La dernière fois, j'avais indiqué qu'à mes yeux un des mécanismes fondamentaux, s'agissant de ce processus, est celui qui fait que les aspirations des sujets sociaux, des agents, tendent à s'ajuster aux chances objectives. Cette sorte de loi tendancielle, très générale, me paraît tout à fait fondamentale pour comprendre la genèse sociale de l'habitus. Elle peut s'exprimer par l'expression ordinaire « faire de nécessité vertu » : *grosso modo*, on peut dire que les agents sociaux placés dans des conditions sociales déterminées tendront à ajuster, de façon tout à fait inconsciente, leurs aspirations aux possibilités objectivement inscrites dans ces conditions. Et je disais que l'une des propriétés des champs sociaux sera précisément la structure de possibilité – de « potentialité objective », pour parler comme Weber, ou de probabilité objective – qui se propose soit à un sujet moyen – ce serait un très bon débat sur lequel je reviendrai peut-être –, soit à un sujet particulier capable de spécifier dans son cas particulier la valeur de ces probabilités moyennes. Cette relation entre les chances et les espérances ne s'instaure pas d'un coup. Elle est sans cesse en jeu dans l'expérience sociale des agents. J'avais posé, en empruntant le mot à Husserl, l'équivalence entre l'expérience et l'habitus – c'est un des sens que l'on peut donner à la notion d'habitus. L'expérience sociale comme forme incorporée des régularités objectives est le produit de cette sorte d'ajustement permanent entre l'agent biologique et le monde dans lequel les régularités objectives deviennent des règles immanentes de comportement. Comme je l'indiquais, l'incorporation des chances conduit à des dispositions qui, étant objectivement ajustées aux chances objectives, engendrent des actions qui peuvent apparaître comme inspirées par l'intention d'ajustement à ces conditions. Cette analyse de la genèse de l'habitus rend compte de l'apparence de finalité que donnent les conduites humaines sans faire intervenir de principe d'explication téléologique.

C'est donc parce que les agents sociaux sont, tendanciellement, et jusqu'à un certain point, ajustés aux conditions objectives dans lesquelles ils ont été produits que, toutes choses égales d'ailleurs, c'est-à-dire pour autant que les conditions objectives dans lesquelles ils agissent ne sont pas tellement différentes des conditions objectives dans lesquelles ils ont été façonnés, ils ont spontanément, en dehors de tout calcul rationnel, des conduites qui tendent à s'ajuster à ces chances. C'est une réserve importante que de préciser : « aussi longtemps que les conditions dans lesquelles ils ont été produits ne sont pas si différentes des conditions dans lesquelles ils se trouvent fonctionner ». L'habitus, en effet, tend en quelque sorte à reproduire le monde dont il est le produit, mais il peut y avoir des décalages selon ce qu'on pourrait appeler le « paradigme Don Quichotte » – Marx emploie l'image de Don Quichotte à deux ou trois reprises, mais il n'en tire pas grand-chose[1]. Par exemple, les phénomènes de vieillissement, dans leur dimension sociale, peuvent se comprendre dans la logique du décalage entre les conditions sociales de production du producteur de conduites et les conditions sociales dans lesquelles ces conduites fonctionnent[2] : lorsque les conditions d'existence subissent, en l'espace d'une génération, une transformation radicale, les agents sociaux qui sont le produit des conditions radicalement transformées peuvent se trouver déphasés par rapport aux conditions objectives d'actualisation des dispositions qui sont profondément incorporées. Ils peuvent ainsi engendrer sans cesse des conduites qui, adaptées dans un autre état des choses, viennent là à contretemps, et l'on a un phénomène de contre-finalité.

Autrement dit, si la notion d'habitus permet de comprendre l'un des cas de figure des relations entre les conditions de production de l'habitus et les conditions d'actualisation de cet habitus, elle permet aussi de comprendre les cas où il n'y a pas de concordance, et où, du même coup, il y a contre-finalité. L'habitus façonné à des conditions de pénurie peut, par exemple, être complètement

1. Dans *L'Idéologie allemande* où il désigne par dérision l'idéalisme des jeunes hégéliens comme Franz Zychlin von Zychlinski (in *Œuvres*, t. III, *op. cit.*, p. 660).

2. Sur le processus de vieillissement, voir P. Bourdieu, *La Distinction*, *op. cit.*, p. 123, et « L'invention de la vie d'artiste », *Actes de la recherche en sciences sociales*, n° 2, 1975, en particulier p. 75-81.

inadapté dans une situation de gaspillage[1]. Ces contradictions entre l'habitus et les conditions dans lesquelles il doit fonctionner sont donc inscrites dans la théorie ; et les gens qui comprennent l'habitus comme une espèce de reproduction circulaire et mécanique des conditions dont il est le produit ont une mauvaise lecture – souvent intentionnelle d'ailleurs, parce que c'est plus facile à critiquer… – de la notion.

Échapper au finalisme

Il est donc important de ne pas avoir une lecture finaliste de ce mécanisme, ni, *a fortiori*, du processus même de socialisation. Cela renvoie à une autre critique que l'on fait à la notion et qui, comme la première, porte, non pas sur la notion telle que je la conçois, mais sur la notion telle qu'on la conçoit pour pouvoir la critiquer. Comme vous l'avez sans doute compris à l'insistance que j'ai mise à dénoncer toutes les formes de téléologisme, l'une des fonctions du concept d'habitus est d'évacuer la téléologie tout en rendant compte d'une apparence de téléologie. On peut donc faire réapparaître la téléologie – en admettant qu'elle ait disparu au niveau de la relation entre l'habitus et le champ – au niveau de la relation entre les conditions de production de l'habitus et les conditions d'actualisation de l'habitus. On décrira alors, de façon tout à fait erronée, le processus de socialisation comme un processus final, téléologique, en disant : « Les gens sont produits pour… », et on imputera au pouvoir, aux dominants, à l'État ou à je ne sais quelle puissance, l'action de socialisation qui fait qu'ensuite, par exemple, les gens ne se révoltent pas. Or la notion d'habitus est importante dans le domaine de la sociologie politique parce qu'en sciences sociales une erreur élémentaire, et même courante

1. Pour des développements sur ce point, voir *La Distinction*, *op. cit.*, p. 435-436 : « Les parvenus mettent en général très longtemps, parfois toute une vie, à apprendre que ce qu'ils considèrent comme une prodigalité coupable fait partie, dans leur nouvelle condition, des dépenses de première nécessité. »

parce qu'élémentaire, consiste à confondre – comme disaient les gens précieux – la loi et les mœurs, ou le produit des volontés avec le produit de régularités tout à fait indépendantes des sujets.

Dans le domaine de la sociologie politique – ce que je vais dire semble trivial mais cesse de le paraître si on pense à ce qui se dit communément sur l'ordre politique –, l'erreur consiste à croire que le maintien de l'ordre social est nécessairement final, volontaire, autrement dit qu'il n'y a pas d'ordre qui n'ait pas un sujet : l'ordre politique serait le produit de la propagande, ou bien de l'action politique, qu'elle soit matérielle ou symbolique, de la répression, de l'oppression matérielle ou symbolique. Une fonction de la notion d'habitus est de rendre compte du fait élémentaire que, comme je l'ai dit l'autre fois, on peut être produit dans des conditions révoltantes sans être révolté contre ces conditions révoltantes dans la mesure où ces conditions révoltantes produisent l'habitus ajusté à ces conditions révoltantes, donc une forme d'acceptation du monde révoltant. Du point de vue d'une philosophie du sujet comme chez Sartre (on pourrait prendre chez lui des exemples magnifiques tirés de textes d'une naïveté sympathique dans *L'Être et le Néant*), on dira que le monde est révoltant, non pas parce qu'il est révoltant, mais parce qu'on est révolté, ce qui correspond à des variations sur le thème : « Est-ce qu'elle est jolie parce que je l'aime ou est-ce que je l'aime parce qu'elle est jolie ? », c'est-à-dire au vieux débat entre objectivisme et subjectivisme. Ce genre de considérations n'est possible qu'aussi longtemps qu'on reste dans une philosophie de la conscience, du sujet, où il ne peut pas y avoir d'effet qui ne soit pas le produit d'intentions finales.

Dans le cas de la politique et de l'ordre politique, la notion d'habitus apporte une chose triviale, mais importante, à savoir qu'un certain quantum d'adhésion à l'ordre est immédiatement donné dès lors qu'il y a un ordre ; tout ordre social tend à produire, pour une part, par le seul fait qu'il existe, les conditions de sa propre perpétuation. Dans la mesure où cette loi fondamentale de l'ajustement tendanciel des aspirations aux chances s'impose dans tous les univers sociaux, tout ordre social, dès qu'il existe, tend à se faire, sinon reconnaître, du moins accepter, parce qu'il produit des gens qui ont pour ordre mental quelque chose comme l'intériorisation de l'ordre social. C'est ici qu'on pourrait analyser ce qu'on pourrait appeler le réalisme « populaire » – l'adjectif « populaire », je l'ai dit l'autre jour, est toujours à employer avec des guillemets, avec beaucoup de prudence : le réalisme des classes populaires comme forme d'ajustement anticipé n'implique pas nécessairement la résignation aux conditions telles qu'elles sont et au monde tel qu'il est. Le fait d'appeler un chat un chat, de refuser l'une des dispositions fondamentales de la vision bourgeoise du monde qui est un rapport de dénégation, d'automystification, d'enchantement, etc., cette disposition populaire à voir le monde tel qu'il est et à l'accepter, d'une certaine façon, comme tel, est un des cas de la relation entre les structures objectives et les structures incorporées. S'imposant avec une violence et une nécessité particulières aux plus dominés, les structures objectives imposent avec une rigidité particulière des structures cognitives et évaluatives rigides et rigidement ajustées aux nécessités rigides qui les ont produites.

On pourrait ici faire une analyse, je crois importante, des attitudes des classes populaires. En matière de politique, il faudrait même comparer cette sorte de réalisme, qui n'est pas le réalisme scientifique, mais qui lui ressemble par certains côtés, et qui consiste donc à prendre la nécessité comme elle est, avec ce que Marx appelait – dans un texte très drôle à propos de Sénèque et des stoïciens dans *L'Idéologie allemande* – l'« ascétisme de nantis » celui qui consiste, par exemple, à dénoncer les excès de la consommation[1]. Marx disait à peu près que la dénonciation de la consommation est typiquement une idéologie de consommateur. Je pensais à des choses qui se sont dites dans une époque récente à propos de la « société de consommation[2] » : il y a un abîme entre une

1. Voir *supra*, p. 318-319, note 1, à propos de la formule « luxes de privilégiés ».

2. Le théoricien marxiste Henri Lefebvre passe souvent pour l'inventeur de la notion de « société de consommation » (dans *Critique de la vie quotidienne*, Paris, L'Arche, 1958) à laquelle Jean Baudrillard a consacré un essai à succès dans l'immédiat après-68 (*La Société de consommation*, Paris, Gallimard, 1970).

certaine dénonciation de la nécessité et cette sorte de réalisme, les deux pouvant se rencontrer dans un refus de la nécessité mais avec des attendus tout à fait différents. Pour aller très vite, on pourrait opposer un certain type de refus à un certain type de dénonciation, plus canonique, des conditions matérielles d'existence des classes dominantes. Ce genre d'expérience du monde est lié à une forme particulière d'expérience, et on pourrait faire, d'une certaine façon, une phénoménologie différentielle des expériences sociales du monde à partir de l'idée que la loi de l'ajustement des espérances aux chances produira, selon la nature de ces espérances, des expériences différentes du monde, en particulier des degrés de liberté offerts à l'action humaine. Si l'on devait faire un questionnaire pour étudier les philosophies ou les théories spontanées des différentes classes sociales, un des points cruciaux serait certainement l'opposition de la nécessité et de la liberté ; les visions les plus déterministes auraient le plus de chances d'être approuvées du côté des classes les plus déterminées et les visions les plus libertaires ou libérales – qu'il ne faut pas confondre, ce sont deux variantes intéressantes – du côté des plus privilégiés qui sont assez à distance de la nécessité pour se concevoir comme capables de jouer avec cette nécessité. C'était une parenthèse mais je voulais réfuter un certain nombre d'idées fausses que je pouvais avoir suggérées l'autre jour en allant un peu vite.

L'intériorisation du social

J'ai donc rappelé, essentiellement à propos de ce processus de socialisation, le phénomène de l'ajustement des espérances au champ. J'aurais pu employer un langage légèrement différent, qui sera, je crois, particulièrement utile par la suite pour comprendre les rapports entre les dispositions – je définis souvent l'habitus comme un système de dispositions, c'est-à-dire de manières d'être durables qui sont le produit de conditions d'existence – et les positions dans un espace social. J'ai dit « les espérances ajustées aux chances », mais j'aurais pu dire que les structures incorporées, les structures mentales tendent à s'ajuster aux structures sociales ou, en d'autres termes, que les structures cognitives et évaluatives que les agents sociaux investissent dans leur connaissance – au sens R_1 – du monde social sont, pour une part, le produit des structures objectives ou de l'incorporation de ces structures objectives.

Je reviendrai sur ce point que j'ai déjà abordé plusieurs fois, mais je voulais simplement évoquer ce thème parce qu'il sera extrêmement important pour comprendre certains phénomènes à l'intérieur des champs spécialisés. Par exemple, dans le champ littéraire, le champ scientifique ou le champ universitaire, les taxinomies, les systèmes de classement que les agents sociaux mettent très souvent en œuvre pour se penser les uns les autres, pour penser le monde social ou le champ dans lequel ils sont, sont le produit de l'incorporation de structures objectives du champ. Ainsi, des oppositions comme jeune/vieux qui sont très pertinentes dans certains états des champs sociaux, lorsque se posent des problèmes de succession et des conflits de génération – les conflits de génération étant très souvent des problèmes de succession –, sont dans l'objectivité des structures sociales et fonctionnent, sous une forme légèrement transformée, dans les consciences des agents qui pensent ces structures sociales.

La plupart des grandes classifications qui sont souvent dualistes, les couples d'adjectifs à deux termes (haut/bas, commun/rare, lourd/léger, etc.) qui fonctionnent pour mettre de l'ordre dans le monde social, qui font voir le monde social comme un ordre pour y comprendre quelque chose et s'y retrouver, sont une forme transformée d'oppositions objectives de ce monde, de cet ordre. Le fait qu'elles fonctionnent à l'état incorporé comme principe structurant, alors qu'elles sont dans la réalité objective, est responsable d'un des effets fondamentaux de l'ajustement des structures objectives et des structures incorporées, c'est-à-dire de l'expérience de l'évidence et du cela-va-de-soi. La plupart des taxinomies, des oppositions ou des mots qui servent dans les usages ordinaires à penser l'opposition entre le peuple et le non-peuple, ou entre le bourgeois et le peuple, sont d'une pauvreté fantastique : il suffit d'ouvrir le dictionnaire à l'une de ces entrées (par exemple, lourd/léger), pour voir que ce sont des terrains par excellence où les dictionnaires sont circulaires : « distingué : voir vulgaire », « vulgaire : voir distingué », « lourd : voir léger », « léger : voir lourd », ou des équivalents : « léger = facile », « facile = inutile », « inutile » vous ramène à « lourd ». Les systèmes d'opposition jouent un rôle déterminant et toute une partie du discours esthétique n'est pas autre chose qu'un système d'adjectifs ou d'exclamatifs ; Barthes le disait[1] – et sur ce point je serais cent fois d'accord avec lui. Ces systèmes d'adjectifs qui suffisent pour se bien comporter devant une œuvre d'art, et souvent devant une œuvre scientifique quand on ne veut pas entrer dans sa logique, sont très pauvres, ils tombent très évidemment dans la circularité vicieuse ; pour qu'ils fonctionnent si bien, il faut un principe beaucoup plus puissant, qui n'est autre que l'accord entre les structures mentales et les structures objectives. En fait, ces systèmes ne marchent qu'aussi longtemps qu'on ne leur demande pas de s'expliquer ; il suffit qu'on leur demande de s'expliquer, même dans une dissertation, pour qu'ils montrent leur formidable faiblesse.

L'accord des structures objectives et des structures incorporées est tout à fait fondamental pour le bon ordre social : il est un des fondements – on revient à ce que je disais tout à l'heure sur les fondements non voulus de l'ordre politique – les plus profonds de l'ordre politique. Il est ce que, précisément, la mise en question politique ne questionne pas[2]. La mise en question politique tourne autour de cette *doxa* profonde. L'univers de la *doxa* entoure la sphère de l'opinion, ce petit univers de ce qui est en discussion, dans lequel on opposera orthodoxie et hétérodoxie. L'univers

1. Roland Barthes écrit par exemple : « Si l'on examine la pratique courante de la critique musicale (ou des conversations "sur" la musique : c'est souvent la même chose), on voit bien que l'œuvre (ou son exécution) n'est jamais traduite que sous la catégorie linguistique la plus pauvre : l'adjectif. La musique, c'est, par pente naturelle, ce qui reçoit tout de suite un adjectif. […] Sans doute, dès lors que nous faisons d'un art un sujet (d'article, de conversation), il ne nous reste qu'à le prédiquer. » (Roland Barthes, « Le grain de la voix » [1972], *L'Obvie et l'Obtus. Essais critiques III*, Paris, Seuil, 1982, p. 236.)

2. Sur ce point, voir Pierre Bourdieu, « Questions de politique », *Actes de la recherche en sciences sociales*, n° 16, 1977, p. 55-89.

de la *doxa* est précisément tout ce sur quoi il n'y a même pas à discuter parce que cela va de soi, du fait que les structures mentales sont tellement en accord avec les structures objectives que, comme on dit, ça ne fait pas problème, ça ne fait pas question, c'est comme ça.

L'incorporation de la nécessité

Comme très souvent, je suis parti sur autre chose. Je reviens donc maintenant sur la lecture finaliste de la notion d'habitus. Une première lecture re-finalise la notion d'habitus en disant que l'habitus est fait pour s'ajuster aux chances objectives ; elle coupe l'habitus de ses conditions sociales de production, de la loi tendancielle de l'ajustement des espérances aux chances. Une deuxième lecture re-finalise l'habitus, qu'elle voit, non comme le produit d'une loi, mais comme le produit d'une volonté, en disant que s'il y a adhésion inconsciente, automatique des agents sociaux à des principes, à des valeurs contraires à l'intérêt objectif ou à leurs représentations, c'est que leurs dispositions ont été le produit d'une action volontaire, délibérée, organisée. C'est une lecture tout à fait fausse, que je récuse complètement, et je dirais même que la notion d'habitus est là pour rendre compte – comme je l'ai dit plusieurs fois – du fait qu'il peut y avoir adhésion à un ordre sans que personne n'ait voulu adhérer, ni [voulu] l'adhésion. C'était là ce que je voulais ajouter sur ce point.

Pour rendre compte de ce que sont les habitus et de ce que les espérances tendent à s'ajuster aux chances objectives, j'ai uniquement fait intervenir des mécanismes objectifs. On peut aussi invoquer des mécanismes psychologiques, comme la tendance à supprimer les dissonances que je citais la dernière fois. On peut également faire intervenir la « théorie des niveaux d'aspiration » que tout le monde connaît[1]. C'est de la psychologie tellement

1. La théorie des niveaux d'aspiration, ou « théorie des attentes », dont P. Bourdieu résume le principe dans la phrase suivante, a été développée par le psychologue Kurt Lewin (*A Dynamic Theory of Personality*, New York, McGraw-Hill, 1935).

élémentaire que j'hésite à évoquer ce processus cent fois observé selon lequel, expérimentalement, un agent social qui se donne par exemple un objectif de 10 et obtient 2 tend à progressivement rapprocher l'objectif de la performance, le niveau d'aspiration du niveau d'accomplissement : il dit 8, il fait 4 ; il dit 6, il fait 5 ; puis il dit 5 et il fait 5. Cette sorte de tendance à l'ajustement des aspirations aux chances objectives s'accomplit de manière tout à fait inconsciente et sans nécessairement l'intervention d'agents. Une part très importante de ce que les gens acquièrent et incorporent sous forme d'habitus n'est le produit d'aucune intervention humaine explicite.

Je voudrais insister un peu sur ce point. Évidemment, en tant que sociologue, dès que je formule une proposition relative aux agents sociaux « en général », je me dédis tout de suite, et si vous m'observez, vous verrez que je me corrige souvent... Il faut donc préciser que c'est évidemment de façon différentielle selon les classes : on peut dire *grosso modo* que, même dans les classes où l'intervention et la médiation des adultes sont maximales, l'incorporation s'opère, pour une part très importante, sans la médiation d'agents sociaux, sans qu'interviennent des volontés, des normes explicites ou, pour aller vite, l'éducation.

L'éducation qui s'opère à travers la loi tendancielle est donc une éducation sans sujet, sans sujet éduquant et, à la limite, sans sujet éduqué. Au fond, elle réalise, s'agissant de l'ordre social, ce que Rousseau rêvait pour l'ordre naturel : une éducation dans laquelle les agents font leurs expériences et font leur expérience en faisant leurs expériences. Ces expériences sont des aspirations démesurées qui se heurtent à l'échec. Ce sont des expériences malheureuses qui obligent à en rabattre, et une des expériences sociales fondamentales – dont la sociologie bizarrement s'est peu occupée avant que je m'en occupe vraiment (je ne dis pas cela pour célébrer mon originalité mais, au contraire, pour m'étonner de la bizarrerie des sociologues) – est cette expérience du désinvestissement progressif qui est plus ou moins heureux, plus ou moins malheureux.

Ce serait un autre biais par lequel le sociologue pourrait contribuer à la théorie du vieillissement dont je parlais tout à l'heure : le vieillissement est, entre autres choses – je dis « entre autres choses » parce que ce que je disais tout à l'heure n'est pas exclusif –, cette espèce de processus par lequel on devient réaliste et on acquiert une capacité générative d'espérances ajustées aux chances : on ne rêve pas, on ne fait plus de folies – même s'il y a des exceptions, certains continuant à « faire des folies » [*rires de la salle*]. La socialisation est cette espèce de dialectique permanente entre ce que l'on voudrait et ce que l'on peut, entre le principe de réalité et le principe de plaisir, selon l'opposition freudienne[1], ou entre l'utopisme et le sociologisme, selon l'opposition marxienne. On pourrait dire que, plus on devient vieux, plus on tend à avoir une attitude sociologiste. Le sociologisme, c'est la tendance à voir le monde comme s'il était entièrement déterminé par les lois sociales. Marx opposait le sociologisme à l'utopisme comme tendance à mettre entre parenthèses le pouvoir social et à faire comme si on pouvait suspendre l'action des lois sociales. Je pense que cette espèce de lutte permanente entre principe de réalité et principe de plaisir, entre la *libido dominandi* (ou *sciendi*, ou tout ce qu'on voudra…) et les lois objectives des champs, s'achève normalement par la victoire du champ, par la victoire des structures objectives en ce sens que la lutte même modifie le lutteur. On pourrait reprendre ici l'analyse de Marx et de Hegel sur le travail : le travail de lutte transforme ceux qui luttent – c'est une chose tout à fait banale mais importante pour comprendre le mouvement ouvrier, par exemple –, ne serait-ce que parce qu'ils doivent se transformer pour lutter, et pour lutter durablement, et pour lutter tout le temps au lieu de lutter de temps en temps. Cette sorte d'incorporation de la nécessité qui se fait à l'occasion de l'affrontement à la nécessité, dans l'effort même pour la surmonter, est quelque chose de tout à fait fondamental. Au fond, c'est ce que veut dire la notion d'habitus.

1. Sigmund Freud, « Formulations sur les deux principes du fonctionnement psychique » (1911), in *Résultats, idées, problèmes, I*, Paris, PUF, 1985.

Il y a donc cette action automatique, mais spontanée, de la nécessité sociale : le principe de nécessité s'impose, des régularités sociales se rappellent quand on veut les transgresser. Une autre opposition que je pourrais prendre à ce sujet est celle qu'établissait Alain entre le conte et la fable : le conte, c'est le romanesque, les citrouilles qui deviennent carrosses – bref, c'est le principe de plaisir ; la fable, c'est le principe de réalité, le loup qui mange l'agneau, etc.[1]. Dans la vie ordinaire, on va du conte à la fable, et avoir de l'expérience, c'est savoir que le monde social a des lois – les bergères deviennent rarement princesses, les princes épousent rarement les bergères, etc. – et que ces lois sociales ne peuvent pas être transgressées, qu'elles peuvent à la rigueur être transformées, mais au prix d'un travail. Cette sorte d'éducation sans agent éducateur et, à la limite, sans agent éduqué se fait à travers les rappels à l'ordre aux chances objectives : je voudrais être polytechnicien, mais malheureusement, en quatrième, je suis envoyé dans une mauvaise section, puis en seconde encore pire, etc. [...]

Je reviendrai sur ce point parce que le système scolaire, dans nos sociétés est une des grandes médiations à travers lesquelles l'ordre social inculque son ordre, fait incorporer l'ordre. Il dit, parfois explicitement – mais souvent il n'a pas besoin de le dire explicitement : « Tu n'es pas doué pour... », « Tu n'as pas une nature pour devenir polytechnicien ». C'est de la philosophie politique si on repense, selon l'exemple que je prends toujours, au rêve de Platon dans son livre *La République* qui est que chacun fasse ce pour quoi il est fait, ce qui est de son essence[2] : c'est là ce que le système social obtient sans avoir besoin de processus aussi compliqués que celui que Platon imagine dans le mythe d'Er[3] ou d'interventions politiques expresses consistant à dire aux gens : « Vous n'êtes pas fait pour être président-directeur général mais pour être balayeur », ce qui serait une intervention explicite

1. Sur cette opposition entre le conte, « récit de prière exaucée », et la fable, dont « le vrai [...] est tout dans la terrible image », voir Alain, *Les Dieux*, Paris, Gallimard, 1934.
2. Platon, *La République*, Livre II, 369-370.
3. *Ibid.*, Livre X, 614b-521d.

indispensable si le système social n'avait pas d'autre technique que celle-là. Or les choses se font insensiblement ; il y a une espèce de travail continu dans le processus de socialisation. Je pense souvent à ce propos au paradoxe du tas de blé : c'est du goutte à goutte, ce sont des inflexions insensibles qui, quand on les intègre, donnent de grandes déviations. Ainsi, le monde social vous redresse [...] ou vous courbe, vous rend souple ou, au contraire, on vous demande d'être droit, par des toutes petites interventions souvent extérieures à tout agent. Du même coup – je pense que c'est une chose importante –, parce qu'elle n'implique pas l'intervention d'agents éducateurs, la nécessité s'impose beaucoup plus comme nécessaire, c'est-à-dire naturelle : on se révolte beaucoup plus facilement contre des injonctions parentales, par exemple, que contre des sanctions qui apparaissent comme les sanctions de la nécessité. L'intervention de mécanismes et de médiations apparemment neutres et socialement irréprochables (comme le système scolaire) est extrêmement importante pour faire éprouver ces sanctions comme quasi naturelles.

Un des termes, un des aboutissements – je n'emploie pas le mot « objectif » qui est dans le registre du finalisme – de la socialisation, c'est la naturalisation des régularités objectives : des régularités sociales deviennent naturelles en étant incorporées avec – je l'ai dit dix fois aujourd'hui – l'ajustement des régularités objectives et des régularités subjectives. Ce processus de naturalisation s'accomplit de manière particulièrement réussie lorsqu'il s'exerce à travers des instances dont l'action a les dehors de la Nature et est donc quasi naturelle. Ce sont les mécanismes sociaux (ou plutôt les quasi-mécanismes, car le mot « mécanisme » tend à physicaliser le monde social) qui, dans la société, ressemble le plus à cela. Par exemple, la loi fondamentale de la transmission du capital culturel, qui veut que le capital culturel aille grossièrement au capital culturel, agit au fond, sous les dehors de la nature, comme une loi physique : « Tu auras les résultats scolaires proportionnés au capital culturel de ta famille. » Ce mécanisme est complètement inaperçu (jusqu'à ce que les sociologues s'en mêlent) et ses effets sont pensés dans la logique du don, du choix, du mérite. Les mécanismes produisent un effet de naturalisation. Les sanctions objectives apparaissent comme le fait d'une espèce de puissance sur laquelle les hommes ne peuvent rien, dont les hommes ne sont pas responsables, dont seule la nature, mais cette fois-ci humaine et non plus physique, est responsable. Ces mécanismes tendent à imposer une forme de soumission à la nécessité. Je sais que le réalisme des classes populaires, dont je parlais tout à l'heure, choque le populisme adolescent, mais toutes les enquêtes montrent que la croyance dans le don comme facteur de réussite scolaire croît quand on descend la hiérarchie sociale. C'est un phénomène paradoxal – pour la *doxa* commune : pour aller vite, plus on appartient à une classe sociale dans laquelle les chances d'être éliminé par le système scolaire sont grandes, plus on a de chances de vivre la sanction scolaire comme juste, naturelle et comme pure sanction de dons naturellement inégaux. Ce fait social illustre bien ce que je disais : la nécessité sociale prend les allures de la nécessité naturelle et s'exerce à travers des mécanismes. Un certain nombre de mécanismes économiques sont du même type, mais ils ont été portés à la conscience depuis longtemps et la tradition de luttes politiques à propos des mécanismes économiques n'existe pas à propos des mécanismes culturels. L'oppression culturelle est beaucoup plus inconsciente et l'aliénation culturelle tend à exclure toute conscience de l'aliénation, ce qui n'est pas nécessairement le cas de l'aliénation économique.

Je voulais insister un peu sur ce point. On l'oublie complètement, mais je pense qu'il a des conséquences politiques de tout premier ordre pour penser la sociologie politique en particulier.

Les rites d'institution

Mais l'action du monde social – c'est là que je voulais en venir – ne s'exerce pas seulement à travers cette sorte d'éducation sans éducateurs, sans agent éducateur et sans éduqué conscient. Elle s'exerce aussi à travers des interventions expresses d'éducation que j'appellerai, pour aller vite, des « rites d'institution » ou des « actes sociaux de consécration ». Je voudrais illustrer ce point très rapidement pour montrer comment, dans les sociétés les plus différentes, les groupes sociaux exercent sur les jeunes, sur les nouveaux socialisés qu'il faut faire rentrer dans la société, c'est-à-dire dans l'ordre, des actions explicites qui présentent des caractéristiques invariantes dans les groupes sociaux les plus différents. Pour nommer ce processus très général, j'emploie la notion d'acte de consécration ou de rite d'institution, en prenant le mot « institution » au sens actif qu'il a quand on parle d'« instituer » un légataire, un héritier, un évêque, etc. Je ne vais pas développer longuement ce thème, sur lequel vous pouvez lire un exposé dans le chapitre intitulé « Les rites d'institution » du livre que je viens de publier, *Ce que parler veut dire*[1]. Je voudrais simplement dégager la spécificité de cette action expresse en la comparant aux mécanismes que j'ai décrits tout à l'heure.

Les rites d'institution redoublent en quelque sorte l'effet de la loi tendancielle de l'ajustement des espérances aux chances ou des structures subjectives aux structures objectives. C'est en ce sens qu'il s'agit d'une fonction de consécration. Comme le mot de consécration le dit bien, la consécration, d'une certaine façon n'ajoute rien : pour consacrer, il faut que ce soit déjà fait. Mais la consécration fait plus que sanctionner : elle sanctifie. Elle dit : « C'est comme ça », et, en plus, elle dit implicitement : « C'est bien comme ça. » Elle dit par exemple : « Il faut que tu sois prof et que tu sois fier de l'être. » Le travail propre d'éducation, par opposition à cette sorte d'éducation sans éducateur que j'ai longuement évoquée, consiste donc à redoubler, dans beaucoup de cas (pas toujours, mais la plupart du temps), l'action des mécanismes de socialisation. Cette action de consécration, par exemple – là, je m'aventure un peu… – s'exerce de façon continue à l'intérieur du groupe familial, alors que, là encore, ce sont d'habitude les moments les plus marquants du processus de socialisation qui

1. P. Bourdieu, « Les rites d'institution », in *Ce que parler veut dire*, *op. cit.*, p. 121-134 ; rééd. in *Langage et pouvoir symbolique*, *op. cit.*, p. 175-186.

retiennent l'attention. Arnold Van Gennep, par exemple, a forgé la notion importante de « rite de passage », qui attire l'attention sur ces actions qui, dans toute société, s'accomplissent pour marquer toutes sortes de moments cruciaux – le mariage, la circoncision, la première communion, etc. – où les gens changent de statut social, passent d'une classe sociale ou d'une classe d'âge (jeunesse, vieillesse) à une autre[1]. Dans le texte auquel je vous renvoie, j'ai voulu dire que l'attention portée sur le passage a fait oublier un effet beaucoup plus important qui est la consécration des gens qui passent le rite de passage par opposition à ceux qui ne sont pas justiciables du passage. J'ai pris l'exemple de la circoncision parce qu'il me paraît très frappant : telle qu'elle est pratiquée dans beaucoup de sociétés, la circoncision n'est pas simplement la séparation symbolique entre les non-circoncis et les circoncis, elle est la séparation symbolique et réelle entre l'ensemble des hommes qui sont tous justiciables de la circoncision et l'ensemble des femmes non justiciables de la circoncision. L'opposition apparente cache donc l'opposition beaucoup plus profonde entre ceux qui sont consacrés, dès la naissance, comme justiciables de la circoncision, dont on sait qu'ils seront circoncis et qui sont traités comme tels dès la naissance, par opposition à ceux pour qui cette opération est sans objet.

Ces actions remarquables, qui consistent à dire : « Tu es cela, et il est bien que tu le sois, par opposition à ceux qui ne le sont pas et dont il est bien qu'ils ne le soient pas » – c'est important, ces rites fonctionnent toujours par classes complémentaires –, apparaissent dans des moments décisifs, cruciaux du cycle de vie, et le groupe, plus ou moins totalement mobilisé, s'empare de cette opération. Par exemple, j'ai pu montrer dans le cas de la Kabylie que, selon l'importance de l'opération, le groupe était plus ou moins largement mobilisé : plus le passage est important, plus la présence de tout le groupe est importante, parce qu'une consécration accomplie devant tout le monde par tout le monde devient unanime, approuvée de tous, connue de tous ; c'est de

1. Arnold Van Gennep, *Les Rites de passage*, Paris, Picard, 1981 [1909].

notoriété publique[1]. Quand on baptise, il devient de notoriété publique que vous être chrétien. Quand on publie les bans d'un mariage, il est de notoriété publique, sauf opposition, que vous êtes mariés. Pour que cette opération de consécration ait toute sa force, il faut qu'il y ait tout le groupe et plus l'opération est importante, plus le groupe est largement mobilisé. C'est vrai dans le cas de la tribu mais aussi, je crois, de façon plus générale. On voit cette opération de consécration dans les grandes occasions lorsque, précisément, tout le groupe se mobilise.

Je pense que les grands coups sont une sorte de couronnement, d'achèvement, le paraphe d'une infinité de petites actions de consécration qui s'opèrent tous les jours, dès la naissance – à travers, par exemple, dans la plupart des sociétés, le fait qu'on mette un vêtement différent aux garçons et aux filles, que l'on donne de la nourriture différente, que les uns mangent debout et les autres assis, etc. Les actions de consécration solennelles – c'est-à-dire publiques, mais aussi rares parce qu'elles n'arrivent qu'une fois par an ou même tous les dix ans – ne sont, en quelque sorte, que le moment où on tire un trait pour faire l'addition et l'intégration d'une foule de micro-actions infinitésimales de consécration qui, par le goutte à goutte dont je parlais tout à l'heure, transforment durablement l'habitus et font que celui qui est né garçon se sent de plus en plus garçon, fier de l'être et devant l'être (noblesse oblige), et celle qui est née fille se sent de plus en plus fille. Cela vaudrait aussi pour celui qui est né blanc, noir, riche, pauvre, etc.

Je dis souvent que Van Gennep a eu un grand mérite et, en même temps, fait preuve d'une grande naïveté : il s'est laissé prendre à ce piège du social qui attire l'attention sur les grands moments discontinus – vous voyez, je refinalise... – comme s'il voulait détourner l'attention des actions infinitésimales, continues, banales, quotidiennes. L'essentiel de cette consécration – j'insiste sur ce point – se fait au jour le jour, à travers des actions tout à fait insignifiantes, par le fait que, tout à fait inconsciemment, la

1. Voir P. Bourdieu, « La parenté comme représentation et comme volonté », in *Esquisse d'une théorie de la pratique*, *op. cit.*, p. 149 *sq.*

mère parle autrement à l'aîné qu'au cadet, par le fait que, tout à fait inconsciemment, elle lui ajoute une part de viande et que le cadet, tout à fait inconsciemment, comprend que l'aîné doit être traité autrement, se met à le traiter autrement et puis, quand vient le moment du mariage, comme par hasard, il reste célibataire, comme c'est le cas dans beaucoup de sociétés, et il travaille pour l'aîné, il devient un domestique sans salaire[1]. Ces choses tout à fait étonnantes sont possibles parce qu'elles commencent très tôt, qu'elles prennent la forme d'actions tout à fait infimes. Il y a donc un travail social.

Je dirais que ces actions de consécration – là, je vais employer un mot risqué mais je vais m'en expliquer – qui ont une force extraordinaire parce qu'elles agissent sur les consciences dans la mesure où elles sont infinitésimales, sont des *actions de suggestion* – en employant le mot « suggestion » au sens fort qu'on lui donne dans la magie. Je m'autorise, non sans hésitation, du dernier livre de François Roustang et de sa lecture de Freud dans le livre intitulé *Elle ne le lâche plus...*[2] – ce n'est pas mon travail de parler de psychanalyse, Dieu sait que beaucoup le font, raison de plus pour ne pas le faire... Dans ce livre, Roustang pose la question de savoir si la psychanalyse ne peut pas être rangée dans la classe des actions de suggestion. Je poserais la question plus largement : les actions pédagogiques qui s'exercent pour façonner des inconscients inséparablement sociaux, sexuels, etc., ne s'accomplissent-elles pas à travers des processus du type de ceux qu'on désigne par la notion de suggestion, c'est-à-dire des processus d'imposition très profonds dans lesquels interviennent évidemment les rapports d'autorité – non pas au sens d'autorité explicite, d'autorité reconnue, intimement acceptée, etc. – et aussi des choses beaucoup plus souterraines : je pense que l'éducation se fait par des insinuations, comme, dans l'exemple que j'ai pris tout

1. P. Bourdieu se réfère ici aux travaux qu'il a menés au cours des années 1960 sur le système familial dans le Béarn, republiés dans *Le Bal des célibataires*, Paris, Seuil, « Points Essais », 2002.
2. Paris, Minuit, 1980.

à l'heure, la part de viande légèrement plus grande ? Ce sont des choses que, souvent, les ethnologues ne savent pas observer. Pour les observer, il faut faire partie de la société, mais quand on en fait partie, on ne les voit plus puisqu'on y est tellement habitués qu'elles vont de soi. Cette espèce d'infiniment petit des relations sociales, qui échappe donc à la fois à ceux qui sont dedans et à ceux qui sont dehors, exerce une action permanente par laquelle, peu à peu, on se fait à être ce qu'on est, on devient ce qu'on est, c'est-à-dire ce que le monde social a dit qu'on était : on devient un homme vraiment homme, un homme d'honneur, un aîné, un cadet, une femme, etc.

Le rappel à l'ordre : l'exemple du rapport de la famille à l'école

Parmi les actions de rappel à l'ordre dont je parlais tout à l'heure, il y a les intonations de voix, les manières de parler. Il y aurait une analyse très concrète à faire pour montrer comment la famille exerce une action de rappel à l'ordre. Je pense que tous les présents comprendront de quoi je parle : si le système scolaire donne des sanctions, les parents d'élèves le font également. Récemment, j'avais à débrouiller une enquête dans laquelle il y avait des opinions de professeurs, des opinions de parents d'élèves, des opinions d'élèves, et une chose intéressante a été de voir les conflits qui apparaissaient dans les opinions des professeurs selon qu'ils pensaient le système scolaire en tant que parents d'élèves ou en tant que professeurs, et ainsi de suite – on peut imaginer tous les cas. L'expérience ordinaire des parents d'élèves, surtout d'ailleurs dans les classes sociales dont l'accès au système scolaire est ancien et naturel, doit être décrite *grosso modo* comme une sorte de conflit entre le sentiment d'être capable de légiférer et le fait de se heurter à une légalité extérieure. Ce n'est pas par hasard que, comme toutes les enquêtes le montrent, l'appartenance aux associations de parents d'élèves croît très fortement avec la classe sociale, ce qui veut dire – mais c'est plus compliqué que cela – que le sentiment d'être en droit de légiférer sur le système scolaire est d'autant plus grand qu'on est plus proche, plus partie prenante, plus diplômé, plus proche du système scolaire.

Cette sorte de conflit que vivent les parents qui se sentent en droit de contester le système scolaire en présence de sanctions non conformes à leurs espérances, à leurs attentes, doit être négocié dans l'existence quotidienne : c'est le fils qui ramène une mauvaise note et dont on ne sait pas si l'on doit l'encourager – dans un niveau d'aspiration décroché par rapport aux chances objectives, par rapport au niveau d'accomplissement – ou l'aider à faire le travail d'en rabattre en se mettant en quelque sorte du côté du principe de réalité. Je ne pousse pas plus loin pour ne pas dire des choses qui pourraient être personnelles ou cruelles, ou les deux à la fois, mais ce genre de conflit existentiel me semble le pain quotidien de l'expérience du rapport au système scolaire. Cela se négocie parfois par un ton de voix, le langage disant : « Bien sûr que tu vas réussir », et l'intonation ajoutant : « Mais j'en doute. » Ce qui sera entendu, c'est le « Mais j'en doute », ou bien les deux phrases à la fois, ce qui engendrera alors, pour parler le langage du *double bind*[1], des conflits avec le système scolaire qui seront en fait des conflits avec le père comme définissant un certain rapport avec le système scolaire. Je ne prolonge pas.

Je voulais seulement vous faire sentir que ce serait le terrain par excellence d'une réconciliation réelle de la psychanalyse et de la sociologie, et on pourrait faire des analyses, je crois tout à fait subtiles et justes, du travail collectif de négociation entre le fantasme collectif – ce n'est pas moi, mais Laing qui dit que toute famille entretient, conserve un fantasme collectif[2] – et des sanctions objectives. Par exemple, pour les familles bourgeoises, et surtout pour celles qui pouvaient transmettre leur position sans passer par

1. Le concept de *double bind* (souvent traduit en français par « double contrainte » ou par la notion d'« injonctions paradoxales ») est introduit dans les années 1950 par l'anthropologue Gregory Bateson, en particulier dans des travaux sur la schizophrénie (voir notamment « Vers une théorie de la schizophrénie » [1956], in *Vers une écologie de l'esprit*, vol. 2, trad. Ferial Drosso *et al.*, Paris, Seuil, 1980 [1977], p. 9-34).

2. Voir *supra*, p. 319, note 2.

le système scolaire, le système scolaire est devenu ce par quoi le principe de réalité intervient dans le fantasme familial. (Je le dis de façon très grossière, mais à chaque fois que je dis quelque chose apparemment à la légère, j'ai des statistiques derrière la tête, ce qui ne veut pas dire que j'ai raison… Disons que j'ai plus raison que les objections que vous pouvez me faire [spontanément ne vous le font supposer] [*rires*].) Parmi les questions posées dans les enquêtes, on demande très souvent : « Quels sont les sujets dont vous discutez le plus en famille ? » Et ce qui vient en tête dans toutes les fractions des classes dominantes, c'est le système scolaire. C'est le sujet dont on parle le plus dans les familles.

Vous verrez, dans un des prochains numéros des *Actes de la recherche en sciences sociales*, un ensemble d'articles qui, il me semble, [soulignent] la contribution que l'inconscient du langage peut apporter à ce travail de socialisation[1]. Par exemple, une propriété du langage parlé est d'avoir tellement de niveaux – la syntaxe, l'intention, le lexique, etc. – que le locuteur le plus contrôlé ne peut jamais tout contrôler, et c'est ce qui rend possible une sociolinguistique subtile. En ce moment, je pense à ce que je dis, mais les linguistes pourraient compter combien je fais de liaisons, car, à travers les liaisons que je fais, ou que je ne fais pas, par comparaison avec d'autres faiseurs ou non-faiseurs de liaisons, je livre une propriété.

C'est la même chose de tous les niveaux de langage, et si on avait une sorte de vision microscopique à dimension sociologique – c'est ce qui m'intéresse, mais cela n'exclut pas la dimension psychanalytique, par exemple – des interactions entre les parents et les enfants, on verrait sans doute cette sorte d'infra-langage à travers lequel se communique à mes yeux ce qu'il y a de plus important du point de vue de ce que je voulais dire ici, par exemple les anxiétés du père. L'un des mystères de la sociologie réside dans les relations assez stupéfiantes entre la position du père et la car-

1. Il s'agit du numéro 46 de mars 1983 consacré à « l'usage de la parole » qui contient des contributions de Pierre Encrevé, Michel de Fornel, Bernard Laks et un entretien avec le sociolinguiste William Labov.

rière des écrivains par exemple : la probabilité de devenir plutôt romancier ou, au contraire, plutôt homme de théâtre (ou plutôt romancier populiste, romancier psychologue, etc.) est très fortement liée à l'origine sociale. On pourrait se demander comment. On trouve même des relations entre des choses plus subtiles : entre la position à l'instant *t* et la pente de la position, c'est-à-dire « père en ascension » ou « père en déclin », ou « père en ascension puis en déclin », etc. On peut se demander comment se communique le déclin ou l'ascension du père. On n'imagine pas que les papas rapportent leurs feuilles de paie et en parlent à la maison. Il y a des classes sociales où on sait combien gagne papa, il y en a d'autres où on ne peut pas le savoir, où on n'a pas à le savoir. Cela dit, la manière dont se communique le « ça va bien pour papa ? » est très importante et va être présente ensuite dans tout le rapport au monde des enfants, engendrant des tas de choses, un esprit d'entreprise par exemple, qui fonctionneront au niveau des habitus et qui, quarante ans après, produiront des effets. Pour reprendre mon exemple de tout à l'heure, ces choses infinitésimales qui fonctionnent comme des rappels à l'ordre et que le réalisme paternel ou maternel est obligé de trahir – même si les conseils de la psychologie avancée réclament le contraire – passent à mon avis par des phénomènes comme les inflexions de voix, la façon de laisser tomber la voix, les phrases non finies, le ton, autant de choses que, dans l'état actuel, les sociologues laissent échapper.

La relation sociale dans la relation d'enquête

Je profite de cette excursion vers la sociolinguistique pour dire que la relation d'enquête elle-même est de ce type : dans une relation d'enquête, on est là tout entier, pas simplement avec son questionnaire. Les sociologues qui croient – il s'agit là encore de l'une de ces choses dont je m'étonne d'avoir été le premier à les dire – que, d'abord, on peut envoyer n'importe qui faire passer un questionnaire à n'importe qui sur n'importe quel sujet et, ensuite, tout confier à un ordinateur pour en tirer des statistiques ont un sacré optimisme [dont] il faudrait chercher [l'origine] du côté de leur papa [*rires de la salle*] ! Le questionnaire va travailler dans une relation sociale : chacun sait que ce qui est difficile, c'est de préparer les questions, de les amener, de les faire passer, de les poser sans en avoir l'air, etc. Or tout cela se fait dans une relation sociale. Une question peut être complètement transformée par la manière de la poser. Elle peut être une injonction à laquelle on répond oui sous peine d'être un idiot dans un rapport de force symbolique. On peut insinuer, justement au niveau de l'inflexion, que « je pose la question parce que je suis payé par l'Ifop, mais je sais d'avance que ce n'est pas pour vous », etc. Mille choses peuvent se dire à travers les infiniment petits de l'intonation, de la voix, ou ne pas se dire et se jouer dans la seule façon de se présenter, d'entrer, de frapper, de dire bonjour. Le précepte que je rappelle toujours est important pour ceux qui font métier de sociologue : il faut interroger l'interrogation, le sociologue doit s'interroger interrogeant, etc. Mais cela reste du baratin si on ne sait pas que ça engage des choses comme ce que je viens de dire. Le mieux qu'on puisse faire est d'essayer d'avoir conscience de ce qu'on fait, même si on fera de toute façon des choses qui ne sont pas prévues dans le protocole d'observation. Il faut savoir ce qu'on fait pour savoir que ce qu'on va recueillir sera pour une part le produit de la persuasion clandestine.

Pour ceux qui ne sont pas sociologues, je répète toujours le paradigme de Scholem[1], un des fondateurs de la science du judaïsme, qui disait : « Je ne dis jamais la même chose aux juifs de Jérusalem, de New York, de Paris et de Berlin. » C'est à peu près pareil pour la sociologie : je ne dis jamais la même chose, ce qui ne veut pas dire que je mente, mais les différents récepteurs possibles de discours sur la sociologie ne méritent pas le même discours. Pour des praticiens qui ne croient que trop aux questionnaires, ce que je viens de dire est très bien ; pour ceux

1. Pierre Bourdieu et Jean Bollack avaient réalisé en 1978 des entretiens avec Gershom Scholem qui furent publiés en 1980 : « L'identité juive », *Actes de la recherche en sciences sociales*, n° 35, p. 3-19.

qui n'y croient pas et qui sont déjà sceptiques – à tort ! –, je dis que le propre d'un bon questionnaire est de limiter ces effets et ensuite de contrôler les conditions d'administration et les effets des conditions d'administration. Je fais cette précision parce que je ne voudrais pas susciter un scepticisme qui n'est malheureusement que trop répandu.

Persuasion clandestine, violence symbolique

Je reviens à cet effet de persuasion clandestine qui s'exerce de façon continue dans la famille. Il ne faudrait évidemment pas le psychologiser. J'ai évoqué, à travers mon exemple, un univers disons bourgeois, moderne, qui facilite la vision psychologique. Ce n'est pas qu'il n'y ait pas de psychologie dans d'autres sociétés, mais, précisément, elle est instituée : un aîné est un aîné, une femme aime son mari parce que sa mère le lui a choisi – cela m'a été répondu dans une enquête. On a, en somme, les sentiments de son état social. Ce n'est jamais complètement vrai, il y a des conflits entre les structures et les sentiments dans toutes les sociétés, mais la marge laissée aux variations individuelles, à la modalisation individuelle des normes est moins grande dans beaucoup d'univers que dans l'univers intellectuel bourgeois. Ces effets d'injonction, d'insinuation, etc., sont de l'ordre de ceux qui s'accomplissent publiquement dans les grandes cérémonies solennelles, c'est-à-dire que chacun des agents, chacun des papas ou des mamans, chacun des frères, chacune des sœurs est un peu l'agent de socialisation : il sait ce qu'il à faire avec une petite sœur, il sait ce qu'il à faire en tant que frère aîné. Du même coup, ces injonctions sont beaucoup plus strictes, systématiques, méthodiques que ne pourrait le suggérer l'exemple que j'avais évoqué rapidement.

Pour finir sur ce point, voici ce que je voulais dire : l'action de socialisation s'accomplit à travers les mécanismes sociaux objectifs, à travers les sanctions de l'échec ou de la récompense que l'ordre social peut donner lui-même [...], mais à ces sanctions objectives s'ajoutent des sanctions socialement manipulées par le groupe tout entier, dans les cas les plus solennels, mais aussi par les agents individuels agissant continûment dans la routine la plus inconsciente, la plus quotidienne. Du point de vue de l'efficacité formatrice, on ne doit pas sous-estimer ces actions infimes et invisibles qui agissent doublement, par leur action et par leur invisibilité. Comme je l'ai dit tout à l'heure à propos des actions naturelles, les actions invisibles sont plus difficiles à combattre : on se défend plus facilement, on se révolte contre une éducation répressive explicite ; les chances de constituer [les sanctions objectives] comme telles sont plus grandes que les chances de constituer comme telles les persuasions clandestines, infinitésimales. C'est cette sorte d'effet de méconnaissance et de violence symbolique qui me conduisait à employer l'expression de suggestion. La violence que j'appelle symbolique – je répète toujours les définitions – s'exerce avec la complicité de celui qui la subit. Le terme de « complicité » est dangereux parce qu'il comporte, comme je l'ai déjà dit plusieurs fois, le risque de suggérer l'idée que la victime se fait son propre bourreau consciemment, alors que cette complicité peut être accordée simplement sous la forme d'une méconnaissance, sous l'effet de ne pas savoir qu'on fait ce qu'on nous fait. La forme la plus absolue de complicité avec une violence est celle qu'on accorde en ne sachant pas qu'on la subit : une violence qui est ignorée est une violence symbolique – c'est la définition même de la violence symbolique.

Le paradoxe de la continuité

Pour faire comprendre un des effets de l'action de consécration, je reviens très rapidement aux rites de passage. Dans *Les Rites de passages*, Van Gennep insiste sur les moments où les groupes sociaux opèrent des coupures : on sépare les adultes des enfants, les célibataires des mariés, etc. J'insistais simplement, dans l'exemple de la circoncision, sur le fait que la division, la *diacrisis* qu'opère le groupe, n'est pas là où l'on croit : le groupe ne sépare pas les circoncis des non-encore-circoncis mais de l'ensemble des gens qui ne seront pas circoncis. Ce que je voudrais montrer très vite, c'est que la plupart des rites de consécration agissent en produisant des rassemblements qui ne sont pas nécessairement ceux qu'on aurait pu produire, des groupes qui ne sont qu'un des groupements possibles.

Je vais illustrer ça rapidement par un premier exemple méchant : un élève de l'ENS tendra à se sentir solidaire du plus haut placé au moment considéré – Pompidou, Fabius[1], etc. – au lieu de se sentir solidaire de son collègue de [lycée]. C'est [un phénomène qu'entretiennent] les bulletins des anciens élèves. Autre exemple : supposons les performances de deux ensembles de sujets, masculins et féminins, en matière de saut en hauteur (on peut prendre tout autre chose : les performances en tricot ou en natation). On peut imaginer un garçon qui va se sentir solidaire, en tant que garçon, de la classe des filles : par exemple, regardant à la télévision le saut en hauteur féminin, il va dire que telle fille « saute quand même 1,80 mètre » alors que lui-même ne saute que 1,40 mètre. C'est une expérience que tout le monde a pu faire personnellement. Un individu B va donc se sentir solidaire d'un individu B', bien que, du point de vue de la réussite objectivement mesurable, il n'ait rien de commun avec lui, mais il ne se sentira pas solidaire d'un individu A avec lequel il a en commun les mêmes performances, et il se sentira encore moins solidaire d'un individu A' qui représente l'abomination parce qu'il le dépasse selon les principes mêmes (force, vitesse) au nom desquels il se sent solidaire de B'. [...] A' est une formidable contradiction parce que c'est au nom de ce qui fait que A' dépasse B que B se sent solidaire de B' – il saute très haut. Évidemment, si on pose les choses de cette manière, les jeux sont faits puisqu'on distingue d'emblée

1. Dans une période où l'École normale supérieure a beaucoup moins produit de responsables politiques de premier plan qu'elle ne l'avait fait sous la IIIe République, Georges Pompidou et Laurent Fabius sont sans doute les anciens normaliens qui ont le plus réussi une carrière politique. Le premier fut Premier ministre (1962-1968), puis président de la République (1969-1974). Le second, au moment où le cours était prononcé, venait d'être nommé, à l'âge de trente-cinq ans, ministre du Budget et allait devenir en 1984 « le plus jeune Premier ministre ». Tous deux avaient été caciques à l'agrégation de lettres.

les garçons et les filles. Mais imaginons une classe mixte et le phénomène disparaît : il suffit de ne pas le constituer pour qu'il disparaisse. Mais dès le moment où il est constitué comme tel, toute une série de coups de force sont dissimulés. Dès qu'on prend une performance comme principe de classement universel (ce sera tantôt le QI, tantôt la force en mathématique – ou, plus exactement, dans une certaine mathématique selon les périodes), dès qu'on constitue un critère (une définition de la force ou de l'intelligence parmi des milliers d'autres) en critère déterminant, on trouve une justification d'une division qui a rendu possible la distribution selon ce critère.

Un des effets de la logique de la consécration est donc précisément de créer des groupes qui échappent au paradoxe de la continuité. Chaque fois qu'on mesure des distributions – par exemple, selon la fortune –, on a des distributions continues, mais la conscience sociale introduit des coupures : Pareto – Dieu sait qu'il n'est pas suspect d'égalitarisme… – disait à peu près qu'on n'a jamais trouvé le moyen de savoir où finit la pauvreté et où commence la richesse[1]. De même qu'on n'a jamais su trouver le moyen de savoir où finissent les petits et où commencent les grands, et ainsi de suite. Or, dans la société, tout marche par grand/petit, riche/pauvre, fort/faible, homme/femme, etc., avec cette sorte de dichotomisation qui consiste à produire du discontinu, des incomparables, là où il y avait du continu. Le concours qui, comme chacun sait, fait des différences d'essence pour la vie

1. P. Bourdieu cite assez souvent ce « paradoxe de Pareto » (voir, par exemple, « La jeunesse n'est qu'un mot », *Questions de sociologie*, *op. cit.*, p. 143) au sujet du revenu ou de l'âge. À propos de la personnification de collectifs (tels que les classes sociales ou les pays) et de la tentation, face à des distributions continues, d'arrêter des seuils ou de tracer des lignes, Pareto écrit par exemple : « Ces lignes ne sont pas des lignes géométriques ; pas plus d'ailleurs que ne le sont les lignes qui séparent de la terre ferme les eaux de l'océan. Il n'y a que la présomptueuse ignorance pour exiger une rigueur qui n'appartient pas à la science du concret. […] On ne peut définir rigoureusement la terre végétale, l'argile, ni dire quel est le nombre exact d'années, de jours, d'heures, etc., qui séparent de la jeunesse l'âge mûr ; ce qui n'empêche pas la science expérimentale de faire usage de ces termes, sous la réserve des approximations qu'ils comportent. » (*Traité de sociologie générale*, *op. cit.*, chap. 13, § 2544.)

entre des gens séparés par des quarts de point est l'un des cas particuliers de cette logique. De même, la différence en termes de performances entre l'homme le plus masculin et la femme la plus féminine est – les biologistes le savent – infiniment petite, mais le monde social demande qu'on soit classé de façon claire en masculin/féminin. On a des identités sociales dichotomiques, avec des effets sociaux tout à fait considérables. L'une des fonctions des rites d'institution, qu'il s'agisse des rites d'institution solennels ou des actes infinitésimaux de consécration qui sont la monnaie de ces actes plus absolus, est d'inculquer la coupure, la différence sous tout rapport qui rend le comparable incomparable et les indiscernables définitivement différents. Il est important de le savoir parce que, dans la pratique sociologique, on se trouve constamment en présence de continuités, alors que le monde social produit des différences. Le problème est de savoir comment et pourquoi le monde social produit ces différences, et les rites d'institution sont l'une des techniques qui produisent des différences. Ils créent par la sanction symbolique des différences du tout au rien.

Critique de la relation savante

Je voudrais revenir un peu sur ce point, évident pour moi mais peut-être moins évident pour certains d'entre vous, et je voudrais insister parce qu'une mauvaise compréhension de ces notions de socialisation, de conditionnement, d'habitus, etc., risque de vicier complètement l'utilisation qu'on peut faire de la notion d'habitus et d'introduire une philosophie qui est la négation complète de celle que cette notion veut servir. Je reviens au schéma : j'ai étudié la relation R_1, j'ai étudié la différence entre la relation R_1 et la relation R_0 et, à l'instant, j'ai étudié la relation R_2. Ce que je voudrais faire maintenant, à titre de transition avec les prochaines leçons qui seront consacrées à la notion de champ, c'est étudier la relation à ce qu'est un champ, comme champ de force et comme champ de luttes.

Je voudrais m'arrêter un moment – je ne serais pas très long sur ce point – pour récapituler ce qui me semble avoir été acquis concernant les rapports entre l'habitus savant et l'habitus ordinaire engagé dans l'action, c'est-à-dire entre le sujet scientifique et l'agent social engagé dans la connaissance pratique du monde pratique. Je voudrais y revenir un peu parce que j'avais dit en commençant – en réponse d'ailleurs à une objection qui m'avait été faite par l'un des participants[1] –, mais d'une manière qui avait pu paraître un peu incantatoire, qu'on peut sortir de la régression à l'infini. J'avais répondu à celui d'entre vous qui m'avait demandé si on ne recommençait pas la série que, en fait, cette antinomie pouvait se résoudre en pratique dans la mesure où, à chaque moment, la science du monde social pouvait être mise au service de la connaissance du sujet de cette science et donc contribuer à faire progresser le sujet de connaissance. Comme cette réponse pouvait paraître un peu sophistique, du genre de celle que l'on fait dans une classe de philosophie à une objection un peu sophistique, j'aimerais prendre l'objection au sérieux et montrer que, pratiquement, ma réponse était fondée.

Comment peut-on sortir de ce cercle vicieux et échapper à une régression *ad infinitum* ? Y a-t-il une science du sujet de connaissance ? Le sociologue trouve-t-il, dans sa connaissance du monde social, les éléments d'une science de lui-même en tant que sujet connaissant qui lui permet de faire progresser la connaissance ? La sociologie n'est pas un savoir absolu – ce genre de cercle-là est en effet très inquiétant, je le signale pour ceux qui l'auraient pensé (et pour ceux qui ne l'auraient pas pensé aussi) –, mais ce retour des conquêtes du sujet connaissant sur le sujet connu peut être décrit au fond comme impliquant une définition tout à fait banale de la logique, celle contre laquelle d'ailleurs la tradition de la philosophie de Kant à Husserl s'est toujours plus ou moins bagarrée. C'est une chose que les philosophes n'aiment pas trop : c'est la logique comme discipline pratique, comme technologie. Husserl en parle très longuement au tout début des *Recherches logiques*, en s'autorisant de Kant qui traitait déjà la logique comme

1. Voir la question à la fin du cours du 12 octobre 1982, p. 262.

une simple technologie au service de l'esprit scientifique. Husserl cite un auteur que je ne connais que par lui, Beneke, qui avait écrit un livre sur la logique en tant que technologie de la pensée[1]. Je suis d'accord avec Beneke et je trouve qu'il y a une technologie de la pensée. Je trouve cette formule tout à fait bien, et tout à fait modeste – c'est l'une des raisons pour lesquelles les philosophes ne l'aiment pas : c'est beaucoup moins bien que de faire une logique transcendantale [*rires*]...

C'est donc une technologie : je cherche dans la connaissance que je peux avoir du monde social des techniques pour contrôler le sujet connaissant. Là, je vais rassembler des choses que j'ai déjà dites pour faire voir qu'on a pas mal d'acquis sur la question. Je vais aller plus ou moins vite selon que les choses étaient plus ou moins développées. Le sociologue trouve dans son propre travail les éléments d'une critique sociale du sujet connaissant. J'entends ici le mot « critique » au sens de définition des limites de la connaissance, donc au sens de Heidelberg et pas au sens de Francfort[2], la sociologie étant une science qui peut être critique d'elle-même. Je précise également que cette critique que je voulais développer n'a rien à voir avec la critique telle qu'elle se pratique quotidiennement dans les luttes politiques et scientifiques lorsqu'elles se réduisent à de la lutte politique. (Depuis quelques temps, on a tendance à réduire la critique d'une position à la critique de la personne qui l'a produite – « De quel lieu parlez-vous, Monsieur ? » – et on croit en avoir fini avec une pensée lorsqu'on a dit qu'elle est produite par un fils de ceci ou un père de cela. Je pense qu'il y a une critique sociologique du discours sociologique qui n'a rien à voir avec celle-ci, en tout cas qui ne prend en compte que très

1. Husserl cite deux livres de Friedrich Eduard Beneke : *Lehrbur der Logik als Kunstlehre des Denkens* (1832) et *System der Logik als Kunstlehre des Denkens* (1842). Voir Edmund Husserl, *Recherches logiques*, t. I : *Prolégomènes à la logique pure*, trad. Hubert Élie, Arion L. Kelkel et René Schérer, Paris, PUF, 1959, p. 35.

2. P. Bourdieu entend donc le mot dans le sens qu'il a chez Kant, et non dans le sens, qui se ressent d'une influence marxiste, que lui donne la « théorie critique » développée par les penseurs d'origine allemande (en premier lieu, Theodor W. Adorno et Max Horkheimer) regroupés, à partir des années 1950, sous le nom d'« École de Francfort ».

partiellement la position sociale du sociologue – ce serait trop beau et trop facile s'il suffisait simplement de cesser d'être mandarin pour faire de la bonne sociologie...)

Premier point : la critique sociologique porte d'abord sur le sujet scientifique en tant qu'il est solidaire d'une posture théorique. J'ai commencé par là parce qu'au fond c'est ce que la critique ordinaire laisse le plus de côté. Je ne vais pas revenir sur ce point, j'ai beaucoup insisté sur ce thème dans un livre intitulé *Le Sens pratique* en m'appliquant essentiellement aux effets de l'import non critiqué de postures théoriques dans le travail anthropologique[1]. Je rappelle très vite les thèmes de cette critique : c'est au fond tout ce qui se dégageait de l'analyse que j'ai faite de la différence entre le rapport R_0 et le rapport R_1. C'est une critique de type kantien des limites inhérentes au fait d'être sujet connaissant, extérieur à l'action, pensant l'action au lieu d'agir l'action, ce qui n'implique pas que la position inverse qui consiste à agir l'action soit fondée : la définition des limites de la connaissance extérieure à l'action – c'est le paradigme du schéma, du diagramme, de la généalogie, etc. – a pour fonction de définir les limites de cette extériorité et de la prendre en compte pour la connaissance, au lieu de penser qu'on annule cette extériorité par le fait de s'immerger dans l'objet. La solution n'est donc pas la sociologie participante. La théorie de la connaissance pratique fait découvrir les limites de toute connaissance qui ne se connaît pas comme connaissance, c'est-à-dire comme non pratique.

Dans le domaine de l'économie, c'est toute la critique que j'ai faite de la téléologie associée à la notion d'*homo œconomicus*, le fait que l'on projette l'*homo sapiens œconomicus* dans l'*homo œconomicus vulgaris*, en lui prêtant la connaissance savante des théories économiques. Dans le cas de l'ethnologie, c'est l'*homo anthropologicus*, l'ethnologue qui devient le sujet des actions et qui, par exemple, prend les généalogies pour la vérité des échanges de parenté. Le cas le plus frappant – je ne fais que rappeler ces thèmes pour que vous puissiez replacer l'ensemble de ce qui me paraît acquis – est

1. P. Bourdieu, *Le Sens pratique*, *op. cit.*, p. 71-86.

l'analyse du mythe ou du rite : décrire, en gros, l'import non analysé de postures théoriques dans l'analyse de pratiques comme les rites conduit à décrire comme une algèbre ce qui est une gymnastique, à décrire des systèmes de parenté ou des rituels comme ils sont sur le papier. Ici, on retrouverait une des choses que j'avais dites la dernière fois à propos de ces formes d'ontologie vicieuse auxquelles nous procédons : dire simplement « les classes populaires mangent plus de haricots que les classes privilégiées », c'est déjà de l'ontologie parce qu'on ne pose pas la question de savoir si les classes populaires existent, si elles existent sur le papier, ou si elles existent seulement dans les statistiques, etc. Parmi les erreurs que produit la non-critique de la posture théorique, il y a celle qui consiste à faire exister ce qui existe sur le papier, c'est-à-dire des schémas, des diagrammes, l'algèbre, ce que l'on construit pour comprendre et qui devient la chose comprise – je ne prolonge pas mais je crois que c'est assez clair. La linguistique serait un très bel exemple – Chomsky, etc. –, de même que le déductivisme que j'avais dénoncé l'autre jour. La première critique, le premier acquis de cette réflexion est, au fond, la découverte d'un ethnocentrisme théorique.

Si, dans les luttes politiques, polémiques, scientifiques, politisées, le théoricisme est une de ces injures *ad hominem* qui tiennent lieu d'analyse, ce que je pense être le paralogisme le plus dangereux dans les sciences sociales est cette sorte de théoréticisme inscrit dans le fait d'être en posture théorique, c'est-à-dire dans le fait d'être quelqu'un qui se demande : qu'est-ce que la société ? Pourquoi y a-t-il des sociétés ? Comment ça marche ?, etc. Ce sont des questions – je l'ai dit plusieurs fois – qu'un homme agissant normalement ne se pose pas, n'a pas à se poser ; tout est fait pour qu'il n'ait pas à se les poser. Ne pas apercevoir ce qui est impliqué dans le fait d'être en mesure de se poser ces questions, c'est ne pas savoir la question que l'on pose et du même coup produire un artefact. On pourrait prolonger ; tout ce que je viens de dire là pourrait s'illustrer de mille façons dans la conception d'un questionnaire. Je reprends le paradigme du questionnaire sur les classes sociales dans lequel le sociologue qui ne s'est jamais demandé ce que c'était que les classes sociales demande à son enquêté de lui dire ce qu'est qu'une classe sociale. Si vous réfléchissez là-dessus, vous verrez que ce que j'énonce mérite vraiment d'être dénoncé.

Autre effet – l'un des plus subtils – que j'indique très vite consiste à omettre d'interroger tout ce qui est inhérent à la posture théorique, c'est-à-dire tout ce qui est impliqué dans le fait de prendre une posture théorique. Dans « théorique », il y a *theoria*, c'est-à-dire « contemplation », « représentation », « spectacle ». C'est une banalité de cours de philo, mais parfois les topos les plus éculés sont vrais : la vision que se donne l'*homo theoreticus* est une vision en survol, c'est le monde comme représentation au sens du théâtre et de la peinture, c'est un monde hors duquel on s'installe et qu'on regarde, de préférence de haut, avec des perspectives cavalières, des vues aériennes (pour le géographe) ; on fait des plans, on prend des photos, on fait des diagrammes et on produit un sens qui échappe aux sujets. Pour savoir ce qu'on fait – ce que je fais là n'est qu'une explicitation de la fameuse critique de Saussure : « Il faut savoir ce que le linguiste fait[1] » –, je dis qu'il faut savoir ce que le sociologue fait. Il faut savoir ce qu'est ce point de vue du sociologue et il faut prendre un point de vue sur ce point de vue. Il faut se demander comment ce point de vue est possible épistémologiquement et socialement. Il est tout à fait important de savoir ce qu'il faut être socialement pour pouvoir se payer le luxe de ce point de vue qui n'est pas seulement celui du sociologue : les technocrates, les hommes politiques, les délégués syndicaux, tous nos représentants et porte-parole partagent avec le sociologue une posture qui est celle de gens suffisamment retirés du monde social pour être en mesure de s'interroger sur ce qu'il est, ce qu'il fait, [la manière dont] il marche, etc.

1. « Mais je suis bien dégoûté [...] de la difficulté qu'il y a en général à écrire dix lignes ayant le sens commun en matière de faits de langage. Préoccupé surtout depuis longtemps de la classification logique de ces faits, de la classification des points de vue sous lesquels nous les traitons, je vois de plus en plus [...] l'immensité du travail qu'il faudrait pour montrer au linguiste *ce qu'il fait* [...]. » Ferdinand de Saussure, lettre à Antoine Meillet du 4 janvier 1894, citée par Émile Benveniste, « Saussure après un demi-siècle », *Cahiers Ferdinand de Saussure*, n° 20, 1963, p. 13.

Parmi les choses qu'on n'interroge pas – je le disais tout à l'heure –, il y a tout ce qui est inhérent à cette posture théorique, le survol mais aussi les instruments qu'on se donne pour survoler, pour penser : des cartes, des diagrammes, des plans, etc., ainsi que des choses beaucoup plus simples comme les systèmes de classement ou les oppositions les plus banales. Lorsque, par exemple, on fait des tranches de revenus (10 000, 20 000, 30 000) sans les interroger : pourquoi [prendre] des chiffres ronds ? Pourquoi une division en classes d'âges ? Pourquoi une division en sexes ? Il y a toutes sortes de coupures qu'on n'interroge pas. Du coup, n'interrogeant pas les systèmes de classement, on n'interroge pas le déchet des systèmes de classement, à l'intérieur duquel il y a les choses floues. Je vous renvoie à un article sur ce point exemplaire de Thévenot paru dans *Actes de la recherche en sciences sociales* il y a quelques années, qui est une critique d'un point de vue strictement statistique[1] (et non pas une critique naïve des statistiques, comme celles contre lesquelles j'ai fait une mise en garde tout à l'heure au sujet du questionnaire)[2].

1. L. Thévenot, « Une jeunesse difficile », art. cité.
2. La fin de ce développement, qui concluait le cours, manque sur l'enregistrement.

COURS DU 23 NOVEMBRE 1982

Un discours louche. – Faire savant. – D'où parle le sociologue ? – La sociologie dans l'espace des disciplines. – Les structures inconscientes de la hiérarchie des disciplines. – Philosophie/sociologie/histoire. – Luttes épistémologiques, luttes sociales. – Savoir ce que la sociologie fait.

Le fait que la sociologie utilise un vocabulaire plus ou moins coupé du langage commun est au principe d'une difficulté spécifique, en particulier s'agissant de l'écriture. Le sociologue se trouve devant un choix : il peut, soit utiliser un lexique complètement arbitraire sans rapport avec les usages ordinaires de la langue, en donnant par exemple aux notions des dénominations arbitraires (par exemple, X, Y, Z...), soit reprendre des mots qui ont déjà un usage dans le monde social. Très souvent, ne serait-ce que pour établir un minimum de communication avec les destinataires de leur discours, les sociologues prennent le parti de reprendre des mots du lexique usuel commun tout en leur faisant subir un travail de rénovation important. Les notions de « groupe » ou d'« interaction » peuvent ainsi être utilisées dans un discours scientifique, mais avec des fonctions différentes de celles qui sont les leurs dans l'usage ordinaire, et une position dans un espace conceptuel particulier. Dans le meilleur des cas, c'est-à-dire lorsque le producteur de discours réalise cette critique linguistique, il s'expose à voir son travail détruit par les lecteurs ordinaires qui, consciemment ou inconsciemment, réinjectent dans le message leurs habitudes de pensée et leur mode de lecture.

Je peux prendre l'exemple du concept de « légitimité » : cette notion a toute une histoire politique et juridique et elle a subi, avec Max Weber, une élaboration décisive, liée notamment au problème de la violence et de la définition de l'État[1]. Pour un professionnel de la sociologie, le mot « légitimité » est donc chargé de toute une histoire, il a fait l'objet d'une élaboration théorique. Lorsque, en ce qui me concerne, je retravaille sur cette notion et que j'y investis, dans le prolongement de Weber, et en essayant d'aller plus loin, des concepts comme « reconnaissance », « méconnaissance », etc., je m'appuie sur un acquis théorique que je ne peux pas supposer connu de tous les lecteurs (ni même, malheureusement, de tous mes collègues). Il y a donc un danger de malentendu considérable. Je me place là dans le cas de figure (j'ai dit « dans le meilleur des cas ») où l'intention de purification du lexique est, de la part du producteur du discours, maximum. Mais la difficulté est accrue par le fait qu'il existe un genre, un mode d'expression concernant le monde social, une sorte d'essayisme, qui joue avec la polysémie du langage savant.

Un discours louche

Sans développer longuement ce point (il mériterait d'être traité mais cela prendrait du temps), je vous renvoie, d'abord, à un texte sur Heidegger dans lequel je montre qu'un certain usage philosophique d'un lexique sociologique donnait un discours louche, un discours qui regarde de deux côtés à la fois[2]. Il y a des discours qui se définissent par cette espèce d'intention bifide : ils font semblant de parler au niveau de la cohérence systémique d'un lexique de professionnels spécialisés et, en même temps, ils continuent à parler au niveau de la cohérence infra-systémique des systèmes mythiques à travers lesquels nous pensons le monde social. J'ai montré par exemple comment un ensemble de jeux de mots (sur *Sorge*, *Fürsorge*, etc.) qui se trouve au cœur de la

1. Voir *supra*, p. 183, note 1.
2. Voir P. Bourdieu, « L'ontologie politique de Martin Heidegger », art. cité., et les cours du 26 mai et du 16 juin 1982, p. 104 *sq.* et p. 174 *sq.*

théorie heideggérienne du temps renvoie sur un mode implicite au thème ordinaire de la sécurité sociale. Autrement dit, on peut, en lisant Heidegger, écouter un discours patent, une théorie de la temporalité qui a sa cohérence, tout en continuant à entendre parallèlement, comme une espèce de basse continue en musique, un autre discours qui, peut-être, dit l'essentiel, et qui revient par moment au premier plan – l'auteur, inconsciemment, le laissant ou le faisant revenir. J'ai fait un travail analogue à propos d'un texte encore plus sacré, encore plus canonique, *La Critique du jugement* de Kant[1]. Ceux qui veulent me suivre dans le sacrilège pourront lire le post-scriptum du livre *La Distinction*, où j'essaie de montrer qu'on peut faire une double lecture de la *Critique du jugement* : la lecture que Kant nous demande de faire en attirant notre attention sur un niveau patent de cohérence, et une autre lecture à laquelle j'ai aussi trouvé une grande cohérence dès que j'ai commencé à suivre cette sorte de discours souterrain à la fois refoulé et toujours présent.

Ce discours louche, à deux directions, me semble très important, parce que c'est, au fond, le pain quotidien du discours sur le monde social : sur le terrain du social, il est très rare qu'on ne parle pas de cette façon. Au point que je pense que le sociologue devrait se demander tous les jours, quand il écrit, si ce n'est pas cela qu'il fait. Je pose évidemment cette question pour qu'elle puisse être retournée sur mon propre discours, et sur le discours de tout sociologue possible : est-ce que, lorsque nous faisons ce travail d'élaboration pour rompre avec les connotations ordinaires, nous ne faisons pas un simple travail de rationalisation d'un discours profond à travers lequel s'exprimeraient nos fantasmes sociaux ? Autrement dit, le sociologue ne serait-il pas à la science ce que l'astrologue est à l'astronome ?

Le troisième exemple est ce que j'ai appelé l'« effet Montesquieu » qui concerne sa théorie des climats[2]. Celle-ci est entrée depuis

1. Voir P. Bourdieu, « Post-scriptum : Éléments pour une critique "vulgaire" des critiques pures », in *La Distinction*, *op. cit.*, p. 565-585.

2. Voir Pierre Bourdieu, « Le Nord et le Midi : contribution à une analyse de l'effet Montesquieu », *Actes de la recherche en sciences sociales*, n° 35, 1980, p. 21-25 ;

longtemps dans l'inconscient cultivé et donne périodiquement lieu à des discussions savantes : la question de savoir s'il faut accorder du crédit à la théorie de Montesquieu faisait encore récemment l'objet d'une discussion très sérieuse dans *L'Homme*, une revue d'anthropologie tout à fait remarquable[1]. Or, quand j'ai regardé ce texte sur le Nord et le Sud[2], j'ai été frappé d'y découvrir une cohérence qui est de l'ordre de celle de la pensée mythique telle qu'elle existe dans les sociétés archaïques : le Nord, c'est le froid, la frigidité, le masculin, alors que le Sud, c'est la chaleur, la sensualité, le féminin, etc. Dans un état ancien de ma façon de réfléchir, je me serais contenté de dire que ce texte, qui était considéré comme une affirmation à revoir et à perfectionner du déterminisme géographique, est en réalité un système mythique. Mais, relisant ce texte récemment, après avoir lu ce discours bifide dont je parlais au sujet de Heidegger, j'ai découvert une deuxième cohérence, une cohérence patente qui expliquait qu'on ait pris aussi longtemps ce texte au sérieux. Mon sentiment d'être malin était donc naïf (c'est là une grande expérience que l'on acquiert quand on fait de la sociologie) : si vraiment ce texte était une mythologie simple, il fallait expliquer comment des gens si savants avaient pu s'y faire prendre si longtemps. Pour comprendre que ce qui crevait les yeux ne soit pas aperçu, il fallait que le texte exerce un effet, l'effet que j'ai baptisé « effet Montesquieu ». Pour arriver à faire croire à sa scientificité, Montesquieu avait élaboré toute une rhétorique. Il avait fait des expériences, il avait mis une langue de bœuf au froid et avait vu que les fibres étaient plus resserrées, d'où il tirait des conclusions sur les gens du Nord[3], il citait un médecin anglais… Bref, il avait mobilisé tout un appareil

---

rééd. sous le titre « La rhétorique de la scientificité », in *Langage et pouvoir symbolique*, *op. cit.*, p. 331-342.

1. Pierre Gourou, « Le déterminisme physique dans *l'Esprit des lois* », *L'Homme*, n° 3, 1963, p. 5-11

2. La théorie des climats de Montesquieu est principalement exposée dans les livres XIV à XVII de *De l'esprit des lois* (1748), in *Œuvres complètes*, t. II, Paris, Gallimard, « Bibliothèque de la Pléiade », 1951, p. 474-530.

3. *Ibid.*, p. 474-477.

(au sens de Pascal[1]) scientifique pour faire croire qu'il était capable de prouver ce qu'il avançait.

Dès le moment où il existe un champ scientifique capable de produire de la science, nous sommes exposés à la tentation de masquer des structures mythiques profondes en les habillant de scientificité. Nous sommes appelés à produire, consciemment ou inconsciemment, cet effet Montesquieu, ne serait-ce que pour répondre positivement aux attentes que le monde dans lequel nous sommes nous renvoie. Pour que l'effet Montesquieu fonctionne, l'appareil scientifique ne suffit pas : il faut aussi que les structures profondes du savant rencontrent celles du lecteur et que se produise une communication des inconscients – on parle souvent de « communication des consciences[2] », mais ce qui intéresse le sociologue, c'est la communication des inconscients. À un discours qui est structuré comme son propre cerveau, on ne demande pas grand-chose ; s'il se pare des dehors de la science, on ne lui demande pas plus. Ce qui est constitutif de l'effet Montesquieu, c'est donc cette combinaison entre, d'une part, un appareil qui est structuré comme un discours scientifique et, d'autre part, les structures [mentales] des cerveaux des récepteurs. Pour pousser un tout petit peu cette analyse : je pense que le terrain sur lequel s'exprime aujourd'hui la pensée mythique n'est plus seulement celui des sociétés archaïques. Il me semble que la « pensée sauvage » analysée par Lévi-Strauss[3], qui a été *grosso modo* éclipsée de la pensée sur le monde naturel, s'est aujourd'hui réfugiée sur le monde social. Il y a deux terrains sur lesquels nous sommes spontanément mythologues : le monde social et les cas où nous parlons des autres – et en particulier de leur corps.

1. Voir *supra*, p. 294, note 1.
2. La « communication des consciences » est un vieux thème théologique et philosophique. Dans les décennies d'après-guerre, il est souvent évoqué en relation avec la phénoménologie et les philosophies existentialistes, du fait qu'elles contestent la conception plus solipsiste de la conscience qui primait dans la philosophie classique issue en particulier de Descartes.
3. Claude Lévi-Strauss, *La Pensée sauvage*, *op. cit.*

Faire savant

Le paradigme de cette fausse science, de cette mythologie scientificisée que j'ai trouvée chez Montesquieu, pourrait être la graphologie ou la physiognomonie. Je viens de lire un texte consacré à Lavater[1] qui est l'inventeur de la physiognomonie scientifique (et non pas l'« inventeur de la physiognomonie », car on n'invente pas quelque chose que tout le monde a dans la tête et pour lequel, comme pour la théorie des climats de Montesquieu, on peut trouver des sources à l'infini, puisqu'il s'agit de structures mentales très profondes qui sont coextensives à une tradition culturelle). En se fondant sur son sens pratique, Lavater avait mis en évidence une correspondance entre les traits du visage et les dispositions internes. Pour les besoins de la pratique, pour se débrouiller de la vie, il existe un sens pratique du décryptage des visages : on dira que le bas du visage large trahit la sensualité, qu'un haut front renvoie à l'intelligence, etc. Il serait d'ailleurs intéressant de recueillir ces discours qui vont de la physiognomonie spontanée jusqu'à la production à prétention scientifique : on pourrait voir, d'abord, ce qui est inconscient, non verbalisé, ensuite ce qui est verbalisé dans le langage commun (haut/bas, fermé/ouvert, etc.), puis ce qui est objectivé dans des discours semi-savants (*cf.* les manuels du type « Comment devenir un chef ? ») et, enfin, ce qui est objectivé dans une science à caractère scientifique comme la caractérologie ou la psychologie à l'usage des entreprises. On a ainsi un continuum. Cette sorte de caractérologie spontanée existe d'abord à l'état de schèmes pratiques peu ou pas verbalisés. Elle existe ensuite dans des expressions, des proverbes, des dictons, c'est-à-dire sous la forme de verbalisations partielles qui sont l'équivalent de ce qu'est la coutume sur le terrain juridique. Ensuite, il y a des niveaux d'élaboration un peu plus grands, comme le discours politique.

1. Il s'agit sans doute du manuscrit d'un article qui sera publié ultérieurement au cours : Martine Dumont, « Le succès mondain d'une fausse science : la physiognomonie de Johann Kaspar Lavater », *Actes de la recherche en sciences sociales*, n° 54, 1984, p. 2-30.

Ce que je viens de dire à propos de la physiognomonie vaut pour beaucoup de domaines de connaissances. Par exemple, il y a une sociolinguistique spontanée : quelqu'un qui dit, par exemple, « lequel que je vous donne », est immédiatement classé « classe populaire ». Sur le terrain de la linguistique, on trouve le même continuum que pour la physiognomonie. On applique à la langue le même type de schèmes inconscients : on parlera, par exemple, de « langue verte » ou de « langage cru », l'opposition du cru et du cuit étant convoquée pour [marquer] la division entre langue légitime et langue illégitime. Les catégories mythiques (haut/bas, par exemple) marchent pour tout : pour la langue, pour les sentiments (il y a des sentiments élevés), pour le caractère, la physionomie, etc. Elles sont à la fois mollement cohérentes, partiellement substituables, liées entre elles par des liens vagues : entre « léger/lourd » et « haut/bas », on ne voit pas tout de suite le lien, mais il suffit de donner deux dictons pour voir qu'on passe facilement de l'un à l'autre. Ce système d'oppositions molles, tout-terrain, va structurer chaque terrain particulier. La langue populaire, par exemple, sera dite « basse », « molle », « veule », « relâchée », « détendue », etc. Il y aura donc une classification dualiste fondée sur des structures à la fois cognitives et évaluatives hiérarchisées, car il y a toujours un bon côté des oppositions qui, évidemment, correspond aux termes désignant les dominants, c'est-à-dire les utilisateurs du système d'oppositions : « élevé », c'est la tête, le haut, par opposition aux pieds, au ventre, au sexe, etc. Ces systèmes dualistes sont toujours orientés. Et pour cause : étant juges et parties, ceux qui utilisent ces systèmes sont du bon côté de la taxinomie. Sur le terrain de la langue, ces systèmes d'opposition reproduiront donc d'abord, sur le terrain de la sociolinguistique spontanée, des systèmes de différences (pas entièrement cohérents), puis se développera une sociolinguistique demi-savante (il y a, par exemple, deux « Que sais-je ? » de Guiraud : l'un sur l'argot, l'autre sur le « français populaire »[1]) : c'est l'équivalent de Lavater

1. L'auteur des volumes *L'Argot* (n° 700, 1re éd. 1956) et *Le Français populaire* (n° 1172, 1re éd. 1965) est Pierre Guiraud, un professeur de linguistique à l'Université de Nice.

en physiognomonie, c'est-à-dire un système de catégories de pensée mythiques (haut/bas, etc.) appliqué à un objet social.

Je reviens à Lavater : c'est un bonhomme qui, dans une période de crise (à peu près la Révolution française[1]) où l'univers social bascule, construit un système théorique permettant de juger les gens d'après la forme de leur visage. Le système est très simple (haut/bas, grand/petit, etc.) et repose sur des analogies sommaires : il y a trois parties dans le corps humain, selon une division qui ressemble beaucoup à la tripartition platonicienne[2], et on va reconnaître le chef à son front, à sa tête, le front étant à la tête ce que la tête est au corps et le corps étant à tout le reste ce que le peuple est à ceux qui commandent. À ce système d'analogies simples, le physiognomoniste à prétention savante, c'est-à-dire le mythologue scientifique, donne des allures scientifiques. Il va se servir par exemple des mathématiques : Lavater fait des courbes. Une planche que tout le monde a vue montre ainsi une série de têtes, depuis la grenouille jusqu'à l'*homo sapiens* européen, en passant par le Chinois, le nègre qui est évidemment présenté comme l'homme du peuple, etc. On va mesurer les angles de la face, du nez, etc. On va donc construire tout un appareil de rationalisation scientifique, parce qu'à l'âge de la science on ne peut pas adhérer naïvement à une mythologie.

Le succès de cette fausse science, auprès de Balzac par exemple[3], va tenir à la conjonction d'une pensée mythologique profonde, à laquelle on ne demande pas ses comptes scientifiques, et d'un appareil scientifique. Cette conjonction qui définit le discours louche produit l'effet idéologique tout à fait spécial qui caractérise les fausses sciences. À l'intérieur de ces fausses sciences, on ne peut

1. Publié en allemand entre 1775 et 1778, le traité de Lavater est traduit en français sous forme d'extraits dès 1797 (« avec des observations sur les traits de quelques personnages qui ont figuré dans la Révolution française ») et le sera intégralement sous le titre *L'Art de connaître les hommes par la physionomie* en 1806.
2. Au livre IV de *La République*, Platon distingue trois grands caractères de l'âme (l'« appétit », la « raison » et la « volonté ») dont sont inégalement dotés les hommes et qui déterminent la place qu'ils sont les mieux à même d'occuper dans la Cité.
3. Balzac s'inspire de Lavater pour la physionomie des personnages de *La Comédie humaine*. Voir M. Dumont, « Le succès mondain d'une fausse science », art. cité., p. 29.

évidemment pas mettre dans le même sac Lavater, Heidegger et Kant ; on pourrait distinguer selon leur degré de rationalisation, selon le type de mythologies, etc. Mais ce que je voulais désigner ici, c'est un ensemble de discours qui, quelles que soient leurs différences, parlent du monde social, des peurs et des fantasmes sociaux de leurs auteurs, tout en ayant l'air de parler de tout autre chose. La force des mythologies scientifiques est qu'elles sont, comme on dit, « comme le nez au milieu de la figure », elles sont comme dans ces dessins où il y a des visages cachés dans un feuillage. Si, avant la publication de mon article[1], on avait mis au concours tous les heideggériens de France en leur demandant : « Où Heidegger parle-t-il de la sécurité sociale ? », personne n'aurait trouvé parce que c'est totalement intégré dans un discours patent. Bien sûr, les stratégies (comme je m'en expliquerai plus tard, je ne devrais pas utiliser ce terme parce qu'il peut suggérer qu'il s'agit d'un acte complètement intentionnel) que les différents auteurs emploient pour produire cet effet de camouflage (là encore, cela semble un mot intentionnel) sont très différentes [...].

Je pense qu'il est important de savoir que la sociologie est constamment guettée par ce danger, par cette tentation du discours à double fin, à double jeu, à double profit. Si j'insiste longuement, c'est parce que, comme Bachelard le disait sans cesse, on se bat contre l'adversaire le plus menaçant, contre l'adversaire principal à un certain moment. On est en droit d'accorder beaucoup d'importance à quelque chose qui est important dans une certaine lutte scientifique et, du point de vue sociologique, je pense que le danger du discours bifide est l'un des plus menaçants. Cela ne veut pas dire qu'il n'y en ait pas d'autre. Par exemple, j'évoque très rapidement le danger qui, exprimé dans sa forme la plus générale, consiste à parler à un certain titre en croyant parler à la première personne. Je ne développe pas longuement ce point qui rejoint la critique que je vais esquisser tout à l'heure (à savoir : qui parle quand je parle ?), mais elle est très importante. La sociolinguistique se donne ainsi pour objet de comprendre les discours en

1. P. Bourdieu, « L'ontologie politique de Martin Heidegger », art. cité.

comprenant les conditions sociales de production des discours et les conditions sociales dans lesquelles ces discours sont reçus. Un discours, je l'ai dit plusieurs fois, renvoie à la rencontre d'un produit et d'un marché. Du côté de celui qui parle, elle cherche à savoir comment le discours a été produit. Et du côté du récepteur, elle interroge la structure du marché linguistique. C'est pourquoi les lectures internes de type sémiologique qui consistent à chercher dans le texte, et dans le texte seulement, toute la vérité du texte sont contestables. Il est vrai que toute la vérité du texte est dans le texte, mais ce n'est pas là qu'on la voit le mieux, parce qu'elle y est mais à l'état caché, masqué. Pour comprendre la vérité du texte, il est important d'interroger ce qui le rend possible.

Alors que l'on dit souvent que les sociologues sont menacés par la tentation de faire de la politique, je pense que le danger du discours bifide qui s'adresse aux structures mentales profondes des individus, c'est-à-dire à leurs catégories de perception, est beaucoup plus grand. À un certain degré d'avancement du champ scientifique, le danger d'irruption brutale de discours politique est de moins en moins important. Ce qui est plus menaçant, c'est un discours politique qui se donne les dehors de la science. Je pense par exemple que toute une partie de l'œuvre de Marx est justiciable d'une analyse en termes d'effet Montesquieu : il y a chez Marx toute une part de philosophie sociale (j'en avais parlé par exemple à propos de la philosophie téléologique refoulée[1]), de mythologie sociale qui est habillée en science. Je pense que plus le champ scientifique gagnera en autonomie, plus le discours bifide deviendra dominant car la censure scientifique augmentant, le refoulement des pulsions et des fantasmes politiques primitifs sera croissant, et les discours se caractériseront par un plus haut degré d'euphémisation : ils auront l'air de parler de rien, mais en fait ils ne parleront que de *ça*. J'invoque le *ça* comme en psychanalyse, parce que je pense que les sujets sociaux ne pensent qu'au monde social.

1. Voir *supra* le passage sur la téléologie marxiste dans le cours du 9 novembre 1982, p. 362.

Le discours littéraire qui est en grande partie fait pour ne pas penser le monde social est ainsi absolument hanté par lui. Il parle du monde social de façon formidable, mais à un degré d'euphémisation tel que les lecteurs successifs reproduisent la dénégation dont le texte est le produit. Je vous renvoie à mon analyse de *L'Éducation sentimentale* de Flaubert[1] : j'y montre que *L'Éducation sentimentale* reproduit la structure de la classe dominante telle que la voyait Flaubert ; en même temps, ce qui est intéressant, c'est que, comme dans le cas de Montesquieu, cette structure qui crève les yeux, selon le paradigme de « La lettre volée » analysé par Lacan[2], est passée inaperçue de tous les lecteurs, y compris des plus avisés, comme Sartre[3]. Le travail de refoulement du social que chaque créateur fait pour lui-même – et c'est parce qu'il le fait pour lui-même qu'il le fait si bien pour les autres ; c'est parce qu'il cherche à se tromper lui-même qu'il est si trompeur – se reproduit dans les lectures de son public. J'ai insisté très lourdement (c'est un biais que l'on commet souvent dans l'exposition des recherches scientifiques : on tord le bâton par rapport à l'erreur la plus probable au moment où l'on parle) sur cette forme avancée de l'idéologie que sont les discours bifides mais, bien entendu, elle coexiste avec des formes beaucoup plus élémentaires et il existe encore, y compris dans le monde de la sociologie, des gens qui parlent avec des degrés d'euphémisation très bas.

D'où parle le sociologue ?

Je vous rappelle que ce que je suis en train de faire, c'est de montrer comment la sociologie peut retourner sur la pratique du sociologue les acquis de la sociologie. J'ai examiné premièrement le sociologue en tant que théoricien, deuxièmement le sociologue en

1. P. Bourdieu, « L'invention de la vie d'artiste », art. cité, et le développement de cette analyse dans *Les Règles de l'art*, *op. cit.*

2. Voir Jacques Lacan, *Écrits*, Paris, Seuil, 1966, p. 11-61.

3. Voir Jean-Paul Sartre, *L'Idiot de la famille. Gustave Flaubert de 1821 à 1857*, Paris, Gallimard, 3 tomes, 1971-1972.

tant qu'utilisateur d'un discours socialement marqué. Maintenant, troisièmement, je vais analyser le sociologue en tant qu'occupant une position sociale.

On a beaucoup parlé – c'est une tradition historiciste qu'on peut rapprocher *grosso modo* du nom de Max Weber et qui a été développée en France dans l'après-guerre – de l'insertion sociale du sociologue, de l'insertion historique de l'historien[1]. On en a tiré des arguments relativistes : peut-on être inséré dans l'histoire et avoir une vision objective de l'histoire ? Ces problématiques ont la vie dure parce qu'elles sont reconnues par le système scolaire. Elles se prêtent à dissertations, mais aussi à états d'âme. Cela faisait très bien dans les années 1945 : « Puis-je surmonter les limites de ma condition historique ? » La question avait un côté existentiel, mais elle revient toujours, sous d'autres formes (« De quel lieu parles-tu[2] ? »), et l'on se croit libéré de toutes les critiques kantiennes auxquelles je soumets la sociologie une fois qu'on a dit la profession de son père et de sa mère. Cette problématique qui me paraît, vous le comprenez à ma façon d'en parler, un peu naïve, revient à poser au producteur de discours scientifiques la question de sa position sociale en la réduisant en quelque sorte à l'intérêt de classe : on dira qu'il y a une histoire bourgeoise, progressiste ou prolétarienne. Alors que le vieux débat de la « science prolétarienne » et de la « science bourgeoise » fait rire les savants des sciences de la nature, il est encore très vigoureux quand il s'agit des sciences sociales. Il renaît toujours sous des formes plus ou moins naïves : on veut toujours mesurer la qualité scientifique d'une production scientifique à la qualité sociale du producteur, comme si, pour écrire sur la classe ouvrière, il fallait être issu du monde ouvrier. J'énonce ces questions naïves presque avec honte, dans la mesure où je participe de la communauté qui les pose, mais elles ont encore une grande efficacité sociale : dans la logique de

1. En sociologie, on peut rappeler, par exemple, le titre de la leçon inaugurale de Raymond Aron au Collège de France : *De la condition historique du sociologue. Leçon inaugurale au Collège de France prononcée le 1er décembre 1970*, Paris, Gallimard, 1971.
2. Allusion au succès que connurent dans les années post-1968, à l'intérieur des milieux militants, des formules comme : « D'où parles-tu, camarade ? »

la dénonciation, de la diffamation, de l'anathème, du jdanovisme pratique qui se pratique beaucoup à l'état spontané de la lutte quotidienne, elles ont un très haut rendement ; on peut toujours, pour faire taire quelqu'un, lui rappeler l'« endroit d'où il parle ».

Ces questions, que j'ai évoquées par honnêteté, par vertu, cachent des questions beaucoup plus importantes, qui paraîtront évidentes à certains d'entre vous. Une première question est de savoir ce que c'est que d'être ce que l'on est. S'agissant d'un sociologue, par exemple, avant de l'interroger sur ses filiations et affiliations, il faudrait l'interroger simplement sur sa discipline : qu'est-ce que c'est que d'être sociologue ? Est-ce qu'une partie des limites de son entendement scientifique ne tient pas à ce que c'est que d'être sociologue ? Saussure dit qu'il faut savoir ce que le linguiste fait (je répète toujours cette phrase, parce qu'elle me paraît résumer l'épistémologie) : il ne dit pas qu'il faut savoir ce que Saussure fait, mais ce que « le linguiste » fait[1]. De même, il faut savoir ce que « le sociologue » fait : le sujet d'un certain nombre de discours tenus à la première personne n'est pas tel sociologue, français ou allemand, doté d'un nom propre, c'est « le sociologue », c'est-à-dire la discipline sociologique. Pour savoir ce que je suis en tant que sujet du discours sociologique, il ne s'agit pas de faire une introspection. Je ne veux pas dire par là que ces questions ordinaires de l'origine sociale, sur lesquelles je reviendrai d'ailleurs, sont sans importance ; elles sont importantes, mais elles ne peuvent être posées qu'une fois interrogée la position.

Le sujet du discours sociologique qui va se produire à Berkeley, à Paris ou à Londres est donc *d'abord* la sociologie, c'est-à-dire une certaine histoire, un certain capital accumulé, un certain nombre de problématiques obligées. Une discipline scientifique se définit par un inconscient collectif, qui fait que les gens s'entendent entre eux, ont une espèce de consensus inconscient sur un certain nombre de questions qu'ils jugent plus ou moins importantes. Mais c'est beaucoup plus que cela : ce qui risque d'être le sujet de ce consensus, ce n'est même pas la sociologie en tant que discipline

1. Voir *supra*, p. 412, note 1.

historique, c'est la position de la discipline dans l'espace des disciplines. Pour exercer un contrôle rigoureux sur une pratique scientifique comme la sociologie, il faut avoir une idée de ce que c'est que le champ dans lequel est située la sociologie.

La sociologie dans l'espace des disciplines

Je n'ai pas suffisamment d'éléments pour proposer une analyse absolument rigoureuse de ce que serait la position de la sociologie dans l'espace des disciplines en France, mais j'en sais assez pour faire une sorte d'exercice scolaire que je vais improviser et qui aura une double vertu : il montrera comment on peut comprendre ce qu'est une discipline, comment on peut retourner sur la sociologie les acquis de la sociologie ; en même temps, ce sera une initiation à tout ce que je dirai sur la notion de champ. Le postulat méthodologique et épistémologique que je vais mettre en œuvre, c'est que le sujet, le « je » des propositions que vont écrire tous les sociologues du monde sera, pour une grande part, le sociologue en tant que sa discipline occupe une certaine position dans un espace. Cet espace des disciplines présentera des invariants dans les différentes sociétés, mais aussi des variations : par exemple, ce n'est pas la même chose d'être sociologue à Paris en 1960, à Londres, à Harvard ou à Berlin, parce que, bien qu'il y ait des invariants, les conditions vont varier. Je vais dessiner un petit schéma tout à fait provisoire, utile à titre d'exercice, mais destiné à être effacé des mémoires[1].

Pour savoir où placer la sociologie, le premier moment va consister à se demander dans quel espace elle se trouve. Je vais situer la sociologie dans un espace universitaire, ce qu'il faudrait rapporter à l'histoire : il est très important de savoir comment une science se donnant pour objet le monde social est devenue possible à un certain moment de l'histoire, comment elle est apparue en

1. Nous reproduisons ici le schéma qui figure dans *Homo academicus*, *op. cit.*, p. 160 ; celui que P. Bourdieu a effectivement tracé lors du cours devait en être l'esquisse.

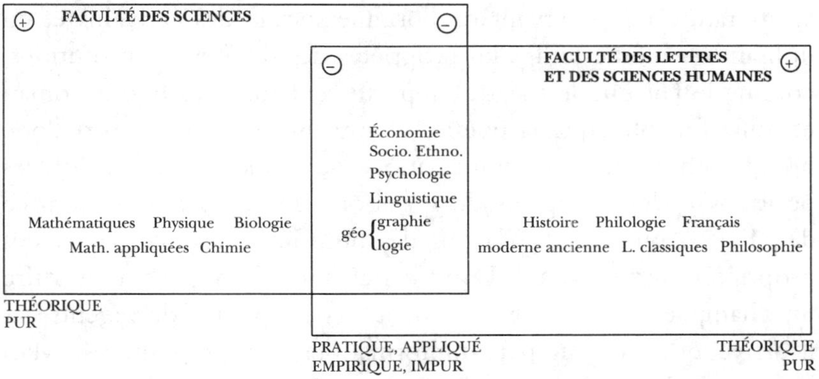

tant que discipline dans l'espace universitaire. La sociologie étant une discipline universitaire, il est naturel de la situer dans l'espace universitaire. Le premier concept va être le champ des disciplines : cette structure va s'imposer aux agents qui vont devoir compter avec elle. Le champ académique est divisé en disciplines hiérarchisées les unes par rapport aux autres. Comment trouver des indicateurs de la hiérarchie des disciplines ? Dans un état déterminé du champ, en dehors de tout jugement de valeur, en prenant les lois du marché, on peut retenir comme indicateurs le taux de normaliens ou le taux d'agrégés dans une discipline. On découvre alors une hiérarchie assez simple, linéaire, unidimensionnelle : de la philosophie à la géographie (je ne situe pas encore la sociologie, car elle va occuper une position bizarre, à l'opposé de ces deux disciplines), le taux de normaliens et d'agrégés diminue, mais aussi l'origine sociale des étudiants. Plus on va vers la géographie, plus l'origine sociale des étudiants diminue. L'origine sociale des professeurs baisse également, mais, comme il s'agit d'une population beaucoup plus sélectionnée, c'est déjà plus brouillé (c'est là un phénomène tout à fait banal). Il existe donc une hiérarchie des disciplines qui correspond à une hiérarchie des agents, ce qui est une chose très intéressante, qu'on observe dans des champs très différents, au point qu'on peut reconstruire les champs en se servant de deux choses : les indications sur les institutions et les indications sur les agents qui les occupent. On peut par exemple construire le champ de la littérature en se servant de l'origine sociale des écrivains et en utilisant en même temps les propriétés des différentes institutions, comme le fait que le théâtre rapporte cent fois plus que le roman et mille fois plus que la poésie. Construire un champ, c'est donc prendre en compte des informations qui concernent à la fois les positions et les occupants des positions. Pour construire l'espace de l'Église, on se sert à la fois des propriétés des évêchés et des propriétés des évêques. Dans certains cas, on peut construire un champ en se servant seulement des propriétés des agents car il arrive que l'on ait peu d'informations sur les positions. Mais lorsqu'on obtient pas mal d'informations sur les positions et sur les dispositions, on peut poser le problème de l'ajustement des dispositions aux positions. Une loi, que j'ai déjà évoquée dans ce cours, est l'existence d'une correspondance globale, sous réserve de discordances, entre les positions et les dispositions. On peut se servir de tout pour construire un champ : le fait que les historiens disent « bête comme un géographe » est, par exemple, un fait social révélateur des rapports entre disciplines ; un historien peut le dire sans avoir à se justifier, et sans être justiciable de la réciprocité : si un géographe disait « bête comme un historien », ça marcherait beaucoup moins, parce qu'il n'a pas le marché pour lui.

Très proche de la philosophie, mais avec des différences, on aura le français. Mais il y a une seconde dimension (j'ai une vision plus compliquée que ce que je vais vous en dire). Un champ peut englober des espaces qui sont eux-mêmes des champs et qui ont pour constantes tout ce qui leur advient par le fait d'occuper une certaine position dans le champ [général]. Un champ va s'organiser selon des oppositions homologues à celles du champ dans lequel il est englobé, ce qui va donner des choses très compliquées et éclairera beaucoup de paradoxes, notamment s'agissant des positions politiques. Mais là, je vais trop vite, et trop lentement à la fois [*rires*]. (J'ai beaucoup hésité avant de raconter cela parce que c'est très risqué. En même temps, je pense que cela peut avoir une vertu communicative importante parce que, si je vous jette tout de suite dans l'espèce de formalisation difficile, rigoureuse et un peu ennuyeuse que j'ai essayé de fabriquer pour rendre compte de la notion de champ, vous m'accorderez tout et rien, c'est-à-dire ce qu'on accorde au discours académique ; j'exercerai alors une autorité pédagogique sans effet réel, ce qui n'est pas mon but dans la vie.)

Il y a donc cette opposition entre les disciplines dominantes et les disciplines dominées. À l'intérieur des dominantes, vous trouverez une sous-opposition. Je renvoie à l'article intitulé « L'excellence scolaire et les valeurs du système d'enseignement[1] », qui analyse les performances des lauréats au Concours général. La discipline y apparaissait comme très explicative et on trouvait une opposition très centrale entre les lauréats de langues anciennes et les lauréats de philosophie et à un moindre degré de français, les lauréats de langues anciennes étant plus petits-bourgeois, plus soumis au système scolaire, plus disciplinés. Dans l'état organique du champ intellectuel, ils avaient une probabilité plus forte de devenir normaliens. Ces gens sont généralement des oblats, ce qui est une loi générale : les institutions aiment les gens qui les aiment et le Parti [communiste], par exemple, adore les gens qui doivent tout au Parti, qui font carrière dans le Parti, qui arrivent au sommet en devant tout à l'institution et dont l'institution est sûre puisqu'ils doivent tout à l'institution. C'est pareil dans les Églises et pour les miraculés du système scolaire : ils doivent tout au système scolaire et sont en général ceux qui rendent le plus au système scolaire et ceux auxquels le système rend le plus. Ils sont enclins à la docilité : ils portent une espèce de docilité viscérale qui permet à l'institution de se confier à eux.

La hiérarchie serait simple s'il n'y avait pas ces disciplines nouvelles que sont la sociologie, la psychologie, la linguistique. Comme ces disciplines, jusqu'à une date récente – grossièrement jusque dans les années 1960 –, n'étaient pas découpées, on aurait eu un point unique « grammaire-philologie-linguistique » ; puis il y a eu une scissiparité, en partie pour des causes externes, et on a une coupure linguistique/philologie. Le cas de la sociologie est

1. Pierre Bourdieu et Monique de Saint Martin, « L'excellence scolaire et les valeurs du système d'enseignement français », *Annales ESC*, vol. 25, n° 1, 1970, p. 147-175.

différent : elle n'est pas sortie d'une discipline traditionnelle. Plus exactement, elle est sortie depuis longtemps (depuis Durkheim) de la philosophie. Comme la coupure est ancienne, on sent moins cette origine. L'histoire va être elle-même un champ : l'histoire moderne sera très proche de la sociologie tandis que l'histoire ancienne sera très près de la philosophie. Une propriété intéressante de l'histoire est qu'elle occupe dans le champ des disciplines littéraires une position centrale et, dans certaines conjonctures des champs, la position centrale peut correspondre à la position dominante. La domination de l'histoire n'a donc pas la même forme que la domination de la philosophie.

Cette construction apprend une première chose importante sur la sociologie. Du point de vue des critères que j'ai employés pour construire le champ, la sociologie est en effet une discipline bizarre. D'un côté, elle a plus de détenteurs d'indices de haut rang selon les normes anciennes que la géographie : elle a plus de normaliens, d'agrégés, plus de professeurs et d'étudiants d'origine bourgeoise. D'un autre côté, elle a plus de gens à faible niveau scolaire, mesuré par le taux de mentions au bac, que les autres disciplines. C'est donc une discipline bimodale. Elle est double du point de vue même des critères qu'on a employés pour construire l'espace des disciplines et on peut se demander la position qu'elle y occupe.

Cet espace des disciplines se situe toutefois dans l'espace des facultés. Il faut donc introduire les facultés des sciences, puisqu'il est question de « sciences humaines ». Dans l'espace des disciplines scientifiques, on va avoir une hiérarchie entre les mathématiques, la géologie, la physique, la chimie [...]. Cette hiérarchie correspond aussi à une hiérarchie des origines sociales des étudiants et des professeurs et à une hiérarchie des prestiges, en fonction des degrés de noblesse [scolaire]. J'avais par exemple assisté à un débat entre des représentants de toutes les disciplines scientifiques et, pour parler de ces disciplines, les gens employaient constamment le lexique et les schèmes du pur et de l'impur, du beau et du laid, du théorique et de l'empirique, du matériel et de l'éthéré. Si les systèmes d'oppositions mythiques dont je parlais tout à l'heure marchent si bien, c'est que souvent la réalité sociale se construit objectivement de cette manière : la géologie va s'opposer à la géographie comme le ciel et la terre, comme le haut et le bas, et les mathématiques vont être à la géologie ce que la philosophie va être à la géographie.

La sociologie est doublement « moins » [*rires*], elle est « ni... ni... ». Elle est la moins littéraire des disciplines littéraires et la moins scientifique des disciplines scientifiques [...]. On pourrait dégager toutes sortes de propriétés pendant des heures et commenter très longuement ce schéma, pour en tirer, non pas des leçons ultimes, mais une foule de questions justiciables de réponses empiriques. Je ne le donne pas du tout comme un corps de propositions validées, mais comme un système d'hypothèses partiellement contrôlées et validées, générateur, en tant que modèle, d'un ensemble de questions, d'interrogations, de vérifications à faire, etc. Le concevant ainsi, je vais simplement en tirer ce qui me paraît pertinent du point de vue du problème que je me pose : qu'est-ce que la sociologie peut apporter s'agissant de comprendre ce qui peut arriver au sociologue sans qu'il le sache et s'agissant de contrôler l'inconscient du sociologue ?

La sociologie, par exemple, est une discipline située entre deux espaces, l'espace des disciplines littéraires et des humanités et l'espace des disciplines scientifiques, qui sont en lutte pour la domination de l'espace universitaire. Il faudrait l'indiquer sur le schéma, par un signe indiquant la dynamique des forces. Là encore, je vais dire des choses qui vont paraître péremptoires mais qui, je pense, pourraient être facilement vérifiées (avec des indicateurs tels que la hiérarchie des sections dans l'enseignement secondaire) : dans un autre état du champ, je pense qu'il y aurait eu un « + » global pour le champ littéraire par rapport au champ scientifique, mais on est dans une période où le « + » tend à passer du côté du champ scientifique ; ce n'est pas fait car il y a une lutte pour la domination, ce qui est une des propriétés du champ. Les champs, en effet, sont des espaces de forces possibles et, en cela, ils sont comparables à des champs physiques ; mais les agents sociaux engagés dans ces champs sont dotés d'habitus luttant pour transformer la structure de l'espace des forces possibles avec des forces qui dépendent de leur position dans l'espace des forces possibles. Il y a donc une lutte pour la prééminence entre ces deux champs. Dans son fameux texte *Le Conflit des facultés*, Kant construit le champ de luttes des cinq facultés de son temps – facultés d'art, de lettres et de sciences, de médecine, de théologie, de droit – et il décrit les rapports de force, la logique des luttes entre ces différentes facultés[1]. Pour que mon modèle soit complet, il faudrait d'ailleurs introduire la faculté de droit qui joue un rôle très important dans les cours d'économie[2] ; on y retrouverait aussi une forme de sociologie normative et une concurrence pour le monopole du discours sur le monde social. Le schéma est simpliste, mais, dans sa simplicité, il dit déjà une chose importante : la sociologie est une discipline bizarre sous le rapport de sa position dans cet espace marqué par l'opposition du littéraire et du scientifique. Elle risque, du coup, d'être spécialement tentée, de façon structurale, par le discours bifide, et cela indépendamment de son objet – on risque en effet d'imputer à la difficulté même de son objet sa propension particulière au discours bifide, à l'effet Montesquieu, c'est-à-dire la prétention de donner des pulsions sociales pour des raisons scientifiques. (Je n'avais pas prévu de dire cela : c'est seulement à la pause que j'ai pensé à ce lien entre les deux parties de mon cours, entre la partie sur le danger du discours bifide et la partie sur le schéma.)

Autre point : le style. Un sociologue allemand, Lepenies, a fait un très beau travail sur Buffon qui disait : « Le style, c'est l'homme[3]. » Il montre qu'à l'époque de Buffon, un problème stratégique dans une science de la nature était de savoir s'il fallait ou non bien écrire. Bien écrire ou ne pas bien écrire, c'était s'exposer à gagner des profits dans le champ littéraire ou dans le champ scientifique :

1. Emmanuel Kant, *Le Conflit des facultés*, trad. Jean Gibelin, Paris, Vrin, 1955 [1798]. Voir *Homo academicus*, *op. cit.* p. 88-89.
2. L'économie, en France, s'est développée à l'intérieur des facultés de droit.
3. La formule (« Le style est l'homme même ») est tirée du discours de réception du naturaliste à l'Académie française en 1753. Wolf Lepenies, « Der Wissenschaftler als Autor – Buffons prekarer Nachruhm », in *Das Ende der Naturgeschichte. Wandel kultureller Selbstverstandlichkeiten den Wissenschaften des 18. und 19. Jahrhunderts*, Munich, Carl Hanser Verlag, 1976, p. 131-168.

ce que bien écrire permettait de gagner en notoriété, en réputation d'élégance, en titres académiques, etc., risquait d'être perdu sur le terrain de la scientificité. Je pense que la sociologie va être dans cette tension. Une stratégie qu'a employée la philosophie à une époque où elle n'était pas la discipline dominante, mais où elle cherchait à le devenir, a consisté à écrire avec une certaine laideur stylistique, pour se constituer comme quelque chose de rigoureux, de non littéraire. Si vous faites une enquête dans les khâgnes françaises, vous trouverez entre les professeurs de français et de philosophie des différences systématiques tournant autour de « obscur mais profond », « brillant mais léger », etc.[1]. Les sociologues vont avoir, eux aussi, un problème d'écriture : s'ils écrivent trop bien, on dira qu'ils ne sont pas scientifiques ; s'ils écrivent trop mal, on dira qu'ils ne sont pas littéraires. Ils sont donc dans une structure du type « ni… ni… » et ils sont toujours exposés à ce qu'on le leur dise [*rires*]. Vous voyez : la sociologie, quand on se l'applique à soi-même, c'est très amusant ! En général, la sociologie est surtout utilisée pour agresser les autres, pour les réduire à telle de leurs caractéristiques sociales, alors qu'elle peut être très utile et avoir un effet libérateur dans la mesure où elle permet de comprendre pourquoi on souffre [*rires*]. La sociologie n'empêche pas de souffrir, elle permet de comprendre pourquoi on souffre[2].

Les structures inconscientes de la hiérarchie des disciplines

L'un des effets qui s'exercent très fortement sur les sociologues est l'effet que je nomme « Gerschenkron ». Je vous en ai déjà parlé[3] : Gerschenkron est un historien de la Russie qui montre

1. Voir P. Bourdieu et M. de Saint Martin, « L'excellence scolaire et les valeurs du système d'enseignement français », art. cité.
2. Cette observation un peu désabusée sera à l'origine d'une grande enquête sur la souffrance sociale qui sera engagée quelques années plus tard et qui sera publiée sous le titre *La Misère du monde*, Paris, Seuil, 1993 ; rééd. « Points Essais », 1998, 2015.
3. Voir *supra*, le cours du 2 novembre 1982, p. 337.

que, y ayant commencé plus tard, le capitalisme s'est développé de façon différente en Russie. La sociologie est la dernière venue. La licence de sociologie a ainsi été la dernière créée dans les facultés[1]. La sociologie n'a pas d'ancienneté ; or, dans tout espace, l'ancienneté, c'est la noblesse. Discipline nouvelle, la sociologie va fleurir dans les facultés nouvelles, dans les institutions nouvelles et elle va être toujours un peu « néo », compromettante, inquiétante, sous surveillance. Du même coup, elle va être, comme les parvenus, agressive, pleine de défi. Elle va aussi évidemment lutter pour subvertir cette hiérarchie. La hiérarchie d'Auguste Comte[2] est une stratégie de sociologue : c'est un sociologue qui établit une hiérarchie des disciplines. C'est intéressant parce que je n'aurais pas mis la sociologie là où l'a mise Auguste Comte. Je l'aurais placée, très modestement, là où elle est [*rires*]. Cela dit, je vais en un sens encore plus loin qu'Auguste Comte, puisque je pose que la sociologie peut penser l'espace. Je pourrais dire qu'elle est à la verticale de cet espace, ce qui est une façon de prendre une position dominante. La philosophie a ainsi fondé sa domination sur les autres disciplines scientifiques sur la base de cette sorte de discours normatif qu'on appelle « épistémologie » et qui prétend fonder les autres disciplines (qui ne sauraient pas ce qu'elles font). Je pense qu'on peut comprendre beaucoup de luttes épistémologiques dans cette logique. On peut faire une sociologie de Kant. La sociologie se distingue donc des autres disciplines par une prétention à les penser. Autrement dit, elle ne reste pas à sa place. Elle dit que c'est à partir de sa place qu'on peut repenser tout l'univers [social]. C'est l'une de ses propriétés.

1. La licence de sociologie est créée dans les facultés des lettres et sciences humaines par un décret du 2 avril 1958.
2. La sociologie est au sommet de la classification des sciences que propose Auguste Comte, notamment dans le *Cours de philosophie positive* (1830-1842). Les sciences, dans cette classification, occupent une position d'autant plus élevée que leur objet est plus complexe et moins indépendant (et que, corrélativement, elles ont accédé plus tardivement à l'« état positif »). La hiérarchie de Comte part ainsi des mathématiques pour aller vers l'astronomie, la physique, puis la chimie, la biologie et enfin la « physique sociale » (qu'il finit par rebaptiser « sociologie », précisément pour marquer son autonomie par rapport à la physique et aux autres sciences plus anciennes).

Je pense que cette prétention à la domination peut aussi expliquer une différence très frappante. J'ai oublié jusqu'ici d'évoquer la psychologie. Elle se trouve dans le même secteur que la sociologie, mais avec une grosse différence du point de vue de la population : la sociologie est masculine et la psychologie féminine, ce qui est très important, le masculin étant du côté de la politique, du pouvoir, de la domination, alors que la psychologie est du côté privé, de l'intime, du roman, du féminin. Ces structures inconscientes que je décris là et qui régissent la division du travail entre les sexes ont évidemment quelque chose à voir avec cette division entre disciplines. Si ces structures d'oppositions fonctionnent si facilement comme structures mythiques et si beaucoup de querelles entre disciplines sont en fait des luttes de classes travesties, c'est que les structures d'oppositions qu'on trouve dans les champs expriment des structures de la division du travail entre les sexes et des structures de la division du travail tout court. Fondés sur les oppositions entre la théorie et l'empirie, entre le pur et l'impur, entre le ciel et la terre, beaucoup de débats sur la hiérarchie des disciplines sont en affinité, sans que les gens le sachent, avec des débats politiques, mais complètement travestis : être du côté de la physique théorique contre la physique appliquée, dire que les maths appliquées c'est bon pour les cochons ou que la géographie est stupide, c'est formuler des jugements de classe qui s'ignorent en tant que tels mais qui sont néanmoins habités, de façon tout à fait mystérieuse, par la classe. En effet, les gens, en fonction de leur habitus de classe, ne se situent pas au hasard dans cet espace et les structures mentales qu'ils importent dans cet espace sont en affinité avec les structures selon lesquelles cet espace est organisé. Vous trouverez des dizaines de textes où, sous l'apparence de parler d'épistémologie, de théorie, de réorganisation des facultés, etc., c'est tout un inconscient social qui s'exprime.

Philosophie/sociologie/histoire

Pour faire parler ce schéma, on pourrait continuer à analyser la structure globale, à la compliquer, etc. On peut aussi prendre les disciplines deux à deux. J'ai déjà évoqué l'opposition philosophie/sociologie. Elle reste importante pour comprendre beaucoup de débats théoriques aujourd'hui, ainsi que des choix intellectuels, par exemple le fait qu'à un certain moment beaucoup de philosophes se reconvertissent, mais d'une façon particulière, vers les sciences sociales. Je pense qu'elle aide à comprendre des façons de faire la sociologie : on peut puiser ses références à la fois chez les philosophes et les sociologues, ou alors seulement chez les sociologues, ou bien chez les philosophes convertis en sociologues, ou chez les sociologues qui font les philosophes, etc. Le mouvement des philosophes vers les sciences sociales a été très marqué dans les années 1960, à la faveur d'une conjoncture d'expansion, ce qui rappelle que les champs sont relativement autonomes par rapport à l'espace économique et social global : ce qui se passe dans un tel champ est la retraduction, selon la logique spécifique de chaque champ, de phénomènes externes. Dans les années 1960, il y a eu une phase technocratico-scientiste, une avancée de la norme scientifique. Ce n'est pas par hasard si énormément d'études à l'époque se terminaient par « -logie » – grammatologie, archéologie[1], etc. – alors que, quinze ans avant, elles auraient été présentées comme « fondement de », « origine », « structure et genèse de… », etc. La philosophie, dans cet espace, est dominante par rapport à la sociologie, sous le rapport des normes canoniques, traditionnelles, du point de vue de la division théorie/empirie : n'ayant pas de matériel, elle est pure, elle n'a pas de mains[2]. Je plonge là dans l'inconscient du regard que les philosophes portent

1. Jacques Derrida, *De la grammatologie*, Paris, Minuit, 1967 ; Michel Foucault, *L'Archéologie du savoir*, Paris, Gallimard, 1969.
2. Référence à une formule de Charles Péguy : « Le kantisme a les mains pures, mais il n'a pas de mains. » (Charles Péguy, *Victor-Marie, comte Hugo* [1910], in *Œuvres*, t. III, Paris, Gallimard, « Bibliothèque de la Pléiade », 1992, p. 331.)

sur la sociologie ; la définition implicite que les gens ont de « la théorie » est celle d'une réflexion « sans matériel », sans tableaux statistiques, sans données, etc. Plus on s'éloigne de la philosophie, plus on s'alourdit en matériel et plus on s'allège en théorie. Par conséquent, l'historien situé au point neutre de l'espace des historiens va être soumis à une demande sociale de théorie beaucoup moins grande que le philosophe, mais aussi que le sociologue.

Le sociologue, en effet, a plus d'empirie que le philosophe, mais plus de théorie que l'historien. Ce sont des faits sociaux tout à fait simples : quel que soit son statut dans la division du travail spécifique de la discipline, un sociologue ne peut pas s'avancer sans un minimum de concepts ; il fait partie de la définition sociale de son rôle d'avoir des concepts, même « moches », alors que la définition sociale de la discipline qui, comme l'histoire, occupe à un certain moment une position neutre, centrale, permet une espèce de compromis entre la scientifisation, la théorisation et le style. Une analyse statistique du style des historiens, des philosophes et des sociologues s'éclairerait beaucoup par référence à ce schéma. Le bien-écrire est tacitement exigé dans certaines disciplines, alors qu'il y en a d'autres où bien écrire est suspect. Il y a aussi des disciplines où il faut faire voir qu'on peut bien écrire, mais sans trop le faire.

Chacune des relations dans le schéma apprend des choses sur la discipline considérée. L'histoire, par exemple, est centrale dans le champ. C'est une discipline canonique, avec un taux d'agrégés très élevé ; tous les indices d'insertion dans le système scolaire restent encore très forts. Il y a un consensus minimal, un accord pour dire qu'Untel est historien ou ne l'est pas, alors que la sociologie, discipline double dans sa position et dans sa définition, est très divisée, très polémique ; il y a très peu de consensus sur la définition de ce qu'est un sociologue. Dans l'image sociale, l'histoire est du côté des humanités. Elle parle de l'homme, mais de manière humaniste. Elle est ainsi du côté de la culture alors que la sociologie est du côté de la politique, la culture étant historiquement définie – ce serait une longue démonstration – comme le non-politique. Ce n'est pas le cas de la sociologie et cela explique la diffusion différentielle de l'histoire et de la sociologie. Il y a une dizaine d'émissions historiques grand public à la télévision, les collections historiques ont une très grande diffusion, les historiens ont un statut considérable : l'histoire est du côté de la culture, c'est-à-dire du côté de ce qui est neutre socialement et politiquement. On découvrirait de nouvelles propriétés en explorant cette relation : la sociologie serait moins fiable, moins validée, elle n'a pas de modèles ou très peu.

Une autre comparaison, qui serait très utile pour une histoire sociale de l'inconscient culturel de toute une génération, serait la comparaison entre l'ethnologie et la sociologie. D'un point de vue strictement théorique – j'assène des choses qui ont l'air dogmatiques mais je crois que vous pourrez les argumenter –, on ne voit pas bien pourquoi la distinction existe. Or c'est une distinction sociale très forte et l'ethnologie s'est appelée anthropologie – ce qui était un vieux truc philosophique, avec l'anthropologie de Kant – au moment où, d'une certaine façon, elle a dominé le champ et où elle a été présentée comme la science fondamentale de l'homme dans son universalité[1]. L'anthropologie a une position tout à fait différente de la sociologie dans la mesure où, comme l'histoire, elle est perçue dans son usage social large comme ressortissant à la culture et ne mettant pas en question la structure du monde social.

Luttes épistémologiques, luttes sociales

Ce genre d'analyse permet de comprendre, non seulement l'ensemble des choix que les uns et les autres peuvent faire, mais aussi un ensemble d'alternatives devant lesquelles toute personne ayant à

1. P. Bourdieu fait référence à l'importation par Claude Lévi-Strauss du mot « anthropologie » qui était utilisé dans les pays anglo-saxons. La discipline ainsi rebaptisée était conçue par Lévi-Strauss comme l'aboutissement (la « synthèse ») d'une recherche visant « à une connaissance globale de l'homme » dont l'ethnographie et l'ethnologie étaient les étapes préliminaires (Claude Lévi-Strauss, *Anthropologie structurale*, vol. 1, Paris, Plon, 1958, p. 388). Kant a notamment donné un cours sur *L'Anthropologie d'un point de vue pragmatique* (1798) dont une traduction par Michel Foucault a été publiée chez Vrin en 1964.

écrire de la sociologie se trouvera placée. J'ai essayé de le montrer à propos du problème du style, mais il y aurait aussi, par exemple, l'attitude à propos de l'usage des statistiques et la reconnaissance (ou non) de la division entre sociologie qualitative et quantitative – des traités de sociologie se construisent autour de cette opposition. Chaque fois qu'on trouve, à un certain niveau de prétention théorique, des divisions aussi primitives, c'est qu'il y a quelque chose de social derrière. Pour aller vite : la division entre sociologie quantitative et sociologie qualitative est inutile, mais derrière il y a l'opposition entre la qualité et la quantité, entre l'élite et les masses. Autre opposition du même type, la division entre le macro et le micro qui résulte de l'effet Gerschenkron, combiné aux structures mythologiques : le penseur en grand s'oppose au penseur en petit. L'opposition fait revenir l'opposition masculin/féminin : en Kabylie, l'homme fait tomber les olives et la femme les ramasse ; l'homme coupe le bois et la femme ramasse les brindilles. C'est l'une des structures fondamentales de la division du travail entre le gros et le petit (et le mesquin), entre le général (la philosophie sociale, la pensée planétaire[1], la philosophie générale, la théorie générale, etc.) et le particulier. Cette opposition est l'une des médiations à travers lesquelles s'opère la division du travail.

Parenthèse : j'ai parlé d'une correspondance entre ces structures et les propriétés sociales des agents occupant ces positions, mais par quelles médiations se réalise-t-elle ? Comment se fait-il que plus de filles se dirigeront vers la psychologie que vers la sociologie sans que personne ne les y envoie ? Comment se fait-il qu'il y aura plus de théoriciens masculins ? Comment se fait-il que le masculin soit lié au général ? Le mot « général » fait réfléchir, et c'est une femme, Virginia Woolf, qui disait : « Les idées générales sont des idées de général[2]. » Par quelles médiations les femmes vont-elles

1. Allusion probable à un livre publié par Kostas Axelos en 1964 aux Éditions de Minuit, *Vers la pensée planétaire. Le devenir-pensée du monde et le devenir-monde de la pensée*.

2. Cette formule, que P. Bourdieu cite en d'autres circonstances (voir, par exemple, *La Distinction*, *op. cit.*, p. 520), est en réalité due à Maxime Chastaing dans *La Philosophie de Virginia Woolf*, *op. cit.*, p. 48 : « [Ce sont] en bref, des idées générales. Mais ces idées sont en vérité des idées de général. » Le texte de Virginia Woolf que

se trouver, à toutes les bifurcations, du côté du particulier ? Le mécanisme que je suis en train de décrire, c'est-à-dire l'existence de structures objectives, d'un espace de possibles et de probabilités objectives, s'exerce sur les agents sociaux, non pas de manière mécanique, mais par des médiations subtiles, par l'intermédiaire de la perception qu'ils ont de ces structures, la perception des agents étant elle-même structurée selon des principes homologues à ceux qui organisent l'espace. Le géographe dira ainsi : « Moi, je ne suis qu'un géographe. » Dès que des gens de disciplines différentes se trouvent rassemblés, ces choses-là affleurent et une partie des luttes épistémologiques qui sont vécues comme des luttes pures – souvent les indications que donne Bachelard se prolongent très facilement dans un langage sociologique – sont des luttes sociales qui s'ignorent comme telles.

C'est aussi le cas des luttes épistémologiques autour du « positivisme ». Le mot ne veut pas dire grand-chose ; en général, c'est une injure. Qualifier ses adversaires ou concurrents de « positivistes », c'est un coup de dominants, les « positivistes » étant souvent les dominés, les femmes, les parvenus, les géographes, etc. Le « positivisme » passe ainsi pour la science des ânes, et le théoricien, celui qui n'a pas compté, qui n'a pas de chiffres, se pense au-dessus. En général, dans cette lutte, tout le monde a tort, le positiviste comme le théoricien. Le mot « historicisme » est la forme un peu plus chic de l'injure ; il signifie : « Moi qui plane à l'échelle de la planète, je te dis que toi qui regardes ce qu'est la bourgeoisie

---

M. Chastaing commente n'a pas pu être identifié avec certitude, mais il s'agit très vraisemblablement d'un passage de la nouvelle « La marque sur le mur » (1917) : « [...] ces généralisations sont bien méprisables. Il suffit de ce mot à consonance militaire. Il évoque en quelque sorte les éditoriaux, les ministres du Conseil – toute une classe de la société qu'enfant, l'on croyait être la grande chose, la norme, la chose véritable, dont on ne pouvait s'écarter sans risquer une indicible damnation. Je ne sais pourquoi, les généralisations rappellent le dimanche à Londres, les promenades dominicales, les déjeuners du dimanche et aussi une certaine façon de parler des défunts, des vêtements, des usages – comme celui de s'assoir tous ensemble dans la même pièce jusqu'à une heure déterminée, sans que personne en ait envie. » (Virginia Woolf, « La marque sur le mur », in *La Mort de la phalène*, trad. Hélène Bokanowski, Paris, Seuil, 1968 ; rééd. « Points », 2004, p. 77-78.)

en France en 1980, tu n'es qu'un historiciste. Tu prends de la peine et en plus c'est bête... Il n'y a qu'à voir certains succès de librairie » [*rires*]. De son côté, le positiviste va se défendre en disant : « Je suis géographe, je sais que je suis bête comme un géographe » [*rires*]. S'il est vrai que, comme le disait Marx, les dominants sont dominés par leur domination[1], les dominés sont dominés par la domination et, parmi les facteurs qui les dominent, il y a la reconnaissance qu'ils ont de ce que au nom de quoi les dominants dominent. Le géographe dira ainsi : « Moi, je ne suis pas brillant, je ne suis pas théoricien. » Et il critiquera ceux qui n'ont « pas de chiffres, pas de données », selon ce que j'appelle l'épistémologie du ressentiment ; comme disait Nietzsche : « Je suis faible, donc il faut être faible[2]. » Dans le cas du géographe, des raisons sociales se transforment en raisons scolaires : « J'ai bifurqué, j'ai fait une terminale B[3], je passais juste, j'avais de bonnes notes en histoire-géographie, mais pas en philo. J'ai dit à la fois : "Je n'aime pas la philo" et "Je ne suis pas doué pour la philo". J'ai donc intériorisé des techniques, c'est devenu mon habitus et maintenant *j'aime* la géographie » [*rires*] ; cela veut dire : « Il faut être comme je suis, il faut aimer les chiffres, il faut aimer les données, et n'aimer que ça ; non seulement il n'est pas mal de ne pas avoir des idées mais il ne faut pas en avoir, elles sont suspectes. »

Je prends un seul exemple, le seul que je puisse prendre : si vous allez interroger les historiens sur la façon dont il faut faire l'histoire, tous les jugements que vous recueillerez consisteront

1. P. Bourdieu condense peut-être par cette formule un passage de *L'Idéologie allemande* : « Ce n'est pas que le rentier ou le capitaliste, par exemple, cessent d'être des personnes ; mais leur personnalité est entièrement conditionnée et déterminée par des rapports de classe bien définis, et la différence n'apparaît que dans l'opposition à une autre classe et ne se révèle à eux-mêmes qu'au moment où ils font faillite. »
2. Sur la « morale du ressentiment » que Nietzsche oppose à la « morale noble », voir particulièrement *La Généalogie de la morale* (1887).
3. Il s'agit de la série du baccalauréat rebaptisée « ES » en 1995. L'allusion, ici, tient à ce que ce baccalauréat, caractérisé par la dominante des sciences économiques et sociales et qui ne datait que de 1968, peinait à rivaliser, sous le rapport de l'excellence scolaire et de son recrutement social, avec le prestige ancien des baccalauréats littéraires, comme avec le prestige plus récent des baccalauréats scientifiques.

à dire : « Il ne faut pas faire ce que je ne sais pas faire. » C'est la même chose partout. En psychologie, en géographie, etc., on retrouvera des structures de ce type, avec des nobles qui ne veulent pas déroger : « Je ne touche pas à l'empirique, je ne saurais pas et je me salirais les mains » – là, c'est le dominant dominé par sa domination. Il est vrai qu'il y a des gens qui dérogent et qui, venant d'une position très élevée, par exemple la philosophie, vont vers une discipline très basse, comme la psychologie. Il y a un très bel article de Collins et Ben-David sur les grandes découvertes scientifiques dans lequel ils décrivent cette trajectoire très improbable[1] car, normalement, cette translation de la philosophie vers la psychologie implique une perte énorme de capital. Quand on a la possibilité d'être philosophe et qu'on met une casquette de sociologue, on perd vraiment du capital et l'on se met à la merci de tous les professeurs de philosophie qui peuvent dire : « Il n'est qu'un sociologue. » Pour faire ce genre de choses très improbables, il faut avoir des propriétés particulières. Il faut être un peu bizarre, être dominé sous un autre rapport, par exemple l'origine sociale. Je me demandais, par exemple, pourquoi la sociologie avait été fondée par des juifs, pourquoi des philosophes ont fait la bêtise de faire de la sociologie et d'écrire dans *L'Humanité*[2], alors que le choix, tellement rentable, de la philosophie spiritualiste aurait payé sans problème. Normalement, quand on est au pôle dominant, l'attraction porte vers le pôle conforme à ses intérêts. Il faut une disposition tout à fait bizarre pour aller à contre-pente des intérêts, il faut un *conatus*[3] qui vienne d'ailleurs. Cela dit, une fois qu'ils sont arrivés dans cette position où ils dérogent, le grand souci de ces agents atypiques est de restaurer leur point d'arrivée et ils font de grandes innovations scientifiques : ils transforment, par

1. Voir *supra*, le cours du 19 octobre 1982, p. 284, note 1.
2. Allusion aux principaux sociologues durkheimiens (Émile Durkheim lui-même, Marcel Mauss, François Simiand, Maurice Halbwachs, etc.) qui avaient réussi, souvent aux tout premiers rangs, l'agrégation de philosophie et qui étaient issus de familles juives ou/et ont collaboré à *L'Humanité* ; Marcel Mauss cumulait ces différentes propriétés.
3. Concept utilisé par Spinoza dans l'*Éthique* et qui désigne le fait de persévérer dans son être.

exemple, une psychologie bavarde qui était à juste titre dominée par la philosophie en une psychologie scientifique ; ils subvertissent cet espace, d'ailleurs en se servant de la logique de l'espace. C'est là une autre propriété de ces espaces : pour faire ce genre de subversion, il faut importer à la fois un grand capital d'autorité et de légitimité et un capital incorporé pour redéfinir la position. Les champs sont des espaces dans lesquels les déplacements qui induisent une perte de capital se heurtent à des forces de résistance considérables. On vous dit, par exemple : « Tu es fou, tu vas ruiner ta carrière. » Une biographie de Goblot publiée par Viviane Isambert-Jamati illustre, par exemple, très bien cela[1]. Lorsqu'on a en tête le modèle que je propose, on comprend les états d'âme qu'on lit dans les biographies : il faut être fou pour aller faire des choses pareilles. Vous pouvez lire, dans le même esprit, la biographie parue il y a quelques années de Bourgin qui était un durkheimien[2]. Les gens qui font ces déplacements subissent des forces, mais ces forces ne sont pas des forces fatales et, quand on tient un certain nombre de forces d'une position occupée dans le champ, on peut, *dans une certaine mesure*, transformer la position et les forces qui s'y exercent, et ainsi déplacer la position.

Évidemment, les différentes propriétés que j'ai dégagées reposent sur une analyse incomplète de ce que le sociologue fait : ce que j'ai en tête, c'est le sociologue en France à un certain moment. Pour comprendre mieux, il faudrait faire une espèce de projection cinématographique de cette image du champ à plusieurs époques. Le champ n'est pas le même en 1880 et en 1960. La comparaison de ces différentes structures permettrait de dégager

1. Viviane Isambert-Jamati a publié un article biographique sur Edmond Goblot qui repose sur l'exploitation de la correspondance familiale (Goblot était son grand-oncle) : « La barrière, oui, mais le niveau ? », *Cahiers internationaux de sociologie*, n° 71, 1981, p. 4-33 (avec Régine Sirota) ; elle a ultérieurement publié : *Solidarité fraternelle et réussite sociale. La correspondance familiale des Dubois-Goblot (1841-1882)*, Paris, L'Harmattan, 1995.
2. Il n'existe pas de biographie d'Hubert Bourgin. Bourdieu pense à un livre de Bourgin lui-même, qui contient des portraits de nombreux normaliens de l'époque : *De Jaurès à Léon Blum : l'École normale et la politique*. Le livre, initialement paru chez Fayard en 1938, avait fait l'objet d'une réimpression en 1970 (Paris-Londres-New York, Gordon & Breach, 1970).

les constantes, lesquelles sont, pour une part, nominales : il se peut que la philosophie soit restée constante, mais une position nominalement constante peut changer uniquement parce que les choses changent autour d'elle. À supposer que la philosophie n'ait pas changé depuis Victor Cousin, elle a formidablement changé du fait que les choses ont changé autour d'elle. Voilà ce qu'est le raisonnement en termes de champ.

Savoir ce que la sociologie fait

Je pourrais prolonger dans deux sens : par des réflexions sur le champ dans son historicité et par des réflexions sur la méthode. Ce que je voudrais seulement indiquer, c'est que si je sais maintenant un peu mieux ce que le sociologue fait, je n'ai parlé que du sociologue français à un certain moment. Une autre possibilité consisterait donc à comparer dans le temps ou dans l'espace. Je pourrais par exemple prendre le modèle américain et me demander s'il correspond à un champ du même type, s'il existe des invariants. L'histoire va être dans une position assez analogue. Il y a eu, par exemple, toute une lutte, il y a une quinzaine d'années aux États-Unis, sur la question de savoir si l'histoire est du côté des humanités ou du côté de la science[1]. Il s'agit d'un débat récurrent qui revient à se demander s'il faut raconter des histoires ou décrire des structures. On voit donc que c'est encore une erreur de croire que la sociologie historicise tous les débats. En fait, elle donne des clés pour comprendre la forme historique que prend un débat qui

1. Il pourrait s'agir d'une allusion aux débats suscités par une entreprise comme la « sociologie historique » de Charles Tilly (qui expose d'ailleurs ses travaux dans un séminaire de Bourdieu dans les années 1970) ; elle se démarque d'une histoire plus traditionnelle représentée par exemple à la même époque par Carl Schorske à Princeton. Dans les années 1970, l'utilisation des statistiques ou l'emprunt aux sciences sociales par une histoire le plus souvent conçue comme une « branche de la littérature » sont souvent débattus dans l'*American Historical Review*. Ces discussions ont une vivacité particulière aux États-Unis où les relations entre l'histoire et les sciences sociales (et la philosophie) sont plus distendues qu'en France, la première étant traditionnellement rattachée aux humanités quand les sciences sociales se pratiquent dans des départements distincts.

n'en est pas moins un débat réel. Il y a en effet dans l'histoire des débats récurrents, ces grands débats que recense l'histoire de la philosophie : les mêmes causes produisant les mêmes effets, le même problème reste posé et les mêmes débats se reproduisent.

On comprend, à présent, qu'une part énorme des propriétés de la sociologie ne réside pas dans la sociologie elle-même, comme l'aurait supposé un sociologue naïf qui serait d'emblée allé interroger les sociologues. Ce que montre le schéma, c'est que 90 % de ce qui se passe est le produit de la position de la sociologie dans l'espace. En d'autres termes, je substitue à une petite sociologie substantialiste qu'on peut épuiser par une méthode monographique une sociologie complètement éclatée, relationnelle. La vérité de la sociologie réside dans cet espace de relations, donc en dehors de la sociologie. Cela ne veut pas dire qu'il n'y ait pas quelque chose à comprendre dans la sociologie : je peux en effet me demander comment, et avec quelles propriétés, des gens arrivent à des positions de sociologue. Je pourrai alors voir s'il y a une correspondance entre les positions et les dispositions.

La sociologie, au fond, occupe une position en réalité et une autre en prétention. Il serait intéressant de ce point de vue d'interviewer les historiens en leur présentant, selon une méthode que pratique la psychologie sociale, une liste d'adjectifs susceptibles de caractériser les sociologues et les autres disciplines : prétentieux, pompeux, nobles, gentils, modestes, etc. Je pense que les sociologues se verraient alors attribuer avec une fréquence plus que probable l'adjectif « prétentieux », et cela à juste titre, en raison de la structure même de la position qu'ils occupent. La prétention est-elle dans leurs dispositions ou dans leur position ? C'est un faux problème. La question qu'il faut poser est la suivante : quelles dispositions faut-il pour devenir sociologue, étant donné ce qu'est la position ? C'est la même question que je pose quand je demande ce que Flaubert devait être pour occuper la position qui a été la sienne[1]. Cela représente une inversion complète de la problématique de

1. P. Bourdieu développe plus amplement ce point *infra* dans le cours du 11 janvier 1983, p. 584 *sq*.

l'énorme travail de Sartre : il s'agit de comprendre la position, le poste à occuper comme une structure de probabilités objectives et de choses à faire, comme un ensemble de probabilités qui n'attendent que des personnes pour les réaliser. La question à se poser devient donc : « Étant donné ce qu'est cette structure de probabilités, que devaient être les gens qui l'ont occupée ? » Il y a des façons différentes, plus ou moins prétentieuses ou plus ou moins modestes, d'occuper des positions, et dans la lutte entre les prétentieux et les modestes, on va retrouver un champ.

Je ne continue pas car je serais obligé de parler de moi[1]. Ce n'est pas du tout que j'en ai honte et je peux le faire pour moi, mais ça n'aurait aucun sens que je le raconte publiquement. C'est un autre problème du discours sociologique : le discours qui se veut le plus positif est toujours entendu comme un discours normatif, parce que d'ordinaire on ne parle que pour dire « c'est bien » ou « c'est mal ». Or je me suis efforcé d'éviter les propositions normatives et, quand ce n'était pas le cas, je les ai dites en riant ou en souriant, en faisant entendre que je les savais normatives. Si la sociologie est difficile et improbable, c'est précisément parce que les gens sont tellement pris dans le jeu qu'ils ne sont pas du tout disposés à l'objectiver. Mais le fait de l'objectiver est une liberté absolument extraordinaire, de même que le ton que j'ai employé : on peut parler sans drame, sans volonté conquérante (« je vais te dominer » ou « tu vas me dominer »), sans naïveté, sans cucuterie interdisciplinaire, de cette chose très dramatique qui commande profondément les choix des sujets de recherche, les travaux que les gens réalisent et l'idée qu'ils s'en font, leurs investissements intellectuels, ou encore ce qu'ils disent quand on leur demande : « Que faites-vous en ce moment ? », leur idée d'eux-mêmes, leurs prétentions intellectuelles. S'il y a une manière de devenir un tout petit peu sujet de sa pratique sociologique, c'est de savoir cela. On peut aller au-delà et dire ce que je n'ai pas dit, car j'ai beaucoup censuré, caché, toujours conformément au paradigme

1. P. Bourdieu appliquera cette grille d'analyse à sa propre trajectoire dans *Esquisse pour une auto-analyse*, Paris, Raisons d'agir, 2006.

de Scholem : on ne peut pas tout dire n'importe où[1]. Ce n'est pas que ce que j'ai à dire et que j'ai censuré soit difficile, mais vous risqueriez de comprendre trop vite, et donc de ne pas vraiment comprendre. Ceci dit, j'espère que vous ferez sortir de ce schéma tout ce que je n'ai pas dit : vous pouvez, par exemple, vous demander pourquoi vous êtes là.

1. Voir *supra* le cours du 16 novembre 1982, p. 402.

COURS DU 30 NOVEMBRE 1982

La sociologie comme prise de liberté(s). – Positions, dispositions et prises de position. – Corps des sociologues et styles académiques. – Positions faites et positions à faire. – Structures mentales et structures objectives. – Les transformations du champ : le cas du système universitaire. – La réfraction des contraintes externes. – Stratégies de lutte. – Les frontières du champ. – Le champ intellectuel.

Comme je vous l'avais dit, l'analyse que j'avais proposée avait une double fonction : d'une part, elle devait montrer ce que la sociologie, en s'appliquant au champ scientifique, pouvait apporter à la connaissance sociologique ; d'autre part, elle devait servir d'introduction à la présentation de la notion de champ. Je voudrais d'abord indiquer très vite ce que suppose le type d'analyse que j'ai proposé. Plusieurs d'entre vous, dans des questions posées à différents moments de nos rencontres, m'ont demandé ce que supposait une science de son propre milieu, de son propre monde, et si quelque chose comme une sociologie de son propre univers était possible pour le sociologue. Plutôt que de répondre *in abstracto*, j'ai essayé de répondre concrètement en essayant de montrer qu'on pouvait soumettre à l'analyse la position sociale qu'on occupait et je voudrais simplement indiquer très vite ce que me paraît supposer cette analyse, en tout cas ce qui me paraît le plus important.

La sociologie comme prise de liberté(s)

Il me semble en fait que ce genre d'analyse n'est difficile que parce qu'il suppose de prendre, comme l'on dit d'ordinaire, des libertés, c'est-à-dire d'adopter à l'égard de l'univers dans lequel on est enfermé une attitude d'ordinaire exclue de fait par l'appartenance à cet univers. Si la sociologie, et en particulier la sociologie des milieux sélects et fermés, est souvent très difficile, c'est que, lorsqu'on est exclu de ces milieux, on n'y a pas accès et que, lorsqu'on en est, on y est bien et l'on n'a plus du tout envie d'en faire la sociologie. La sociologie de ces univers n'est donc possible que si l'on prend des libertés avec les normes implicites de l'univers qui sont en général des normes tacites, des règles de bienséance, de bon ton, de tenue, de maintien, et qui fonctionnent comme des censures, le plus souvent si profondément incorporées qu'on ne les ressent même pas comme telles et que, du coup, l'idée de prendre des libertés avec des choses aussi évidentes et aussi sacrées ne vient pas à l'esprit. Dans toute analyse du monde dont on participe, une sorte de violence à l'égard de ce monde est nécessaire pour détruire et mettre en question ce que Sartre appelait la « violence inerte des institutions[1] ». Cette violence se fait oublier parce qu'elle est inscrite dans l'ordre des choses. Elle n'apparaît, en général, que lorsqu'elle est défiée, même sur des points anecdotiques et apparemment sans importance. Je cite souvent le mot d'*obsequium* par lequel Spinoza désignait le rapport qu'entretiennent les citoyens avec l'État ; il disait que cette relation d'*obsequium* est ce qui unit très profondément et très inconsciemment les citoyens à l'ordre social dont ils participent[2]. Cette sorte

1. À propos du colonialisme, Sartre écrit dans *Critique de la raison dialectique* (Paris, Gallimard, 1960, p. 679) : « La violence ancienne est réabsorbée par l'inerte violence de l'institution. »

2. Spinoza parle de l'*obsequium* comme d'une « volonté constante d'exécuter ce que la loi déclare bon, ou ce qui est conforme à la volonté générale » (*Tractacus politicus*, chap. 2, § 19). Alexandre Matheron présente *l'obsequium* et la « vertu de justice » comme « l'ultime résultat du conditionnement par lequel l'État nous façonne à son

de révérence fondamentale se manifeste, par exemple, dans les formes de politesse, dans le respect des formes et dans les formes de respect. Cette adhésion fondamentale à l'ordre social se manifeste précisément dans des riens : lorsque quelqu'un transgresse ce que tout univers social demande à ses membres, on lui reproche de ne pas sacrifier à des rites qui ne lui coûteraient rien. Mais, précisément, ces riens que l'ordre social demande de respecter sont de première importance : ils sont le don en échange duquel les univers sociaux accordent la reconnaissance de l'appartenance. Si, très souvent, la sociologie choque en touchant à des aspects tout à fait essentiels de l'expérience sociale, c'est, me semble-t-il, parce qu'elle doit commettre, pour exister, quelques incartades parfois beaucoup plus profondes que ne le pensent ceux qui sont étrangers au monde analysé.

Je prolonge un peu cette analyse. J'avais terminé un des cours en évoquant la figure de Karl Kraus, ce personnage tout à fait étonnant de la Vienne fin-de-siècle, qui avait fait une sorte de sociologie des intellectuels en acte[1] : par exemple, toute sa vie, il a édité une revue où les trois quarts des textes étaient de sa main et mettaient en question les abus de langage caractéristiques de l'environnement journalistique et politique dans lequel il vivait. Cette figure m'avait paru exemplaire d'une forme de liberté nécessaire pour surmonter la première forme de violence qui me semble s'imposer à ceux qui essaient de comprendre le monde social, et qui est celle qui s'exerce dans le champ intellectuel. C'est pourquoi toutes les formes de dénonciation subversive qui commencent en quelque sorte *au-delà* du champ intellectuel sont toujours, à mes yeux, un peu pharisiennes et en même temps un peu gratuites et inutiles. La sociologie des intellectuels n'est donc

usage et qui lui permet de se conserver » (Alexandre Matheron, *Individu et communauté chez Spinoza*, Paris, Minuit, 1969, p. 349).

1. En 1981, *Actes de la recherche en sciences sociales* avait publié un article de Michael Pollak intitulé « Une sociologie en acte des intellectuels. Les combats de Karl Kraus » (n° 36-37, p. 87-103). Sur Karl Kraus, lire aussi Pierre Bourdieu, « À propos de Karl Kraus et du journalisme », *Actes de la recherche en sciences sociales*, n° 131-132, 2000, p. 119-126.

pas du tout – je me tue à le répéter – un chapitre parmi d'autres de la sociologie ; elle est le préalable à toute sociologie, elle est ce à partir de quoi peut se constituer une liberté scientifique : il faut prendre des libertés avec les lois cachées, secrètes, non écrites du monde intellectuel pour faire un véritable travail intellectuel, les défenseurs de la bienséance et du bon sens étant presque toujours du côté de l'ordre moral et social et très peu du côté de l'ordre scientifique. Cette lutte contre la domination spécifique commence par la lutte contre la magie des mots, contre les manipulateurs ordinaires des mots : Kraus a passé sa vie à se battre contre un hebdomadaire – dont nous aurions maints équivalents – auquel il reprochait, non pas tellement ses prises de position (ou ses non-prises de position) politiques, mais simplement son laxisme, son laisser-aller dans le domaine du langage qui est le seul sur lequel les intellectuels aient à rendre des comptes parce que c'est le seul sur lequel ils aient quelque pouvoir. (Je n'aime pas beaucoup le prophétisme mais, pour ne pas faire de persuasion clandestine, je voulais rendre explicite ce qui était un peu impliqué dans ce que j'avais dit.)

S'il faut, par une sorte d'anarchisme méthodique, prendre des libertés dans la science, c'est en quelque sorte pour prendre la liberté. Je pense en effet que, comme je l'ai dit plusieurs fois, la question de la liberté que l'on pose toujours au sociologue, au seul prétexte qu'il découvre des déterminismes, ne se pose pas comme on la pose d'ordinaire. La liberté n'est pas un donné, mais quelque chose qui est à prendre et qui est à faire. Du même coup, ce travail qui consiste à prendre des libertés pour apprendre les déterminismes fait partie, me semble-t-il, des moyens d'acquérir une véritable liberté à l'égard de ces déterminismes. Cela étant, ce que je dis pose la question du privilège de la liberté. (Je ne pose ces questions que parce qu'un certain nombre d'entre vous me les ont posées, oralement ou par écrit. Sinon, je les aurais probablement esquivées, pas du tout parce qu'elles ne se poseraient pas à moi, mais parce qu'en général ceux qui parlent ce langage me déplaisent beaucoup : ils abusent de leur pouvoir et ils font de la morale, ce qui, après tout, n'appartient à personne.

Je réponds à ces questions parce qu'elles m'ont été posées et que je ne voudrais pas avoir l'air de les tenir pour insignifiantes ou pour ridicules, ou de n'avoir pas de réponse.)

Une des questions que pose le travail que j'ai pu présenter et qui consiste à rendre visibles les déterminismes – à commencer par ceux qui pèsent sur celui qui travaille à rendre visibles les déterminismes – est cette liberté qui, perçue comme une prétention sans fondement ou comme une sorte de privilège est, dans les deux cas, assez désagréable pour ceux qui n'en participent pas. Cette liberté qu'implique effectivement la sociologie telle que je l'ai pratiquée devant vous – et l'on pourrait aller beaucoup plus loin dans l'analyse que j'ai arrêtée au point où je pouvais aller sans trop choquer la bienséance – n'est pas du tout un monopole. Si la sociologie s'enseigne, si elle se publie, mais également si beaucoup de gens la combattent et veillent à ce qu'elle se diffuse le moins possible, c'est aussi parce qu'elle vise à diffuser un privilège, à universaliser une liberté. (Tout ceci a l'air tellement pompeux et prophétique que je m'en effraie moi-même, mais il faut bien le dire, et je ne le dis que parce qu'on m'oblige à le dire.) Comme la sociologie donne une connaissance des déterminismes et, donc la possibilité d'une liberté par rapport aux déterminismes, écrire de la sociologie, ou la dire à tout le monde, en faisant en sorte que, sans trop de déformations ou de distorsions, elle devienne intelligible, c'est travailler à diffuser, à universaliser la possibilité d'une liberté. C'est tout à fait consciemment, par exemple, que j'ai dit la semaine dernière : « Je ne pousse pas cette analyse jusqu'au bout, vous m'avez assez vu faire pour continuer vous-même. » Mon projet, en effet, est de donner, non pas des thèses, ni même des hypothèses, mais une manière de penser que les gens peuvent mettre en pratique, y compris contre ce que je dis, la possibilité de la critique de ce que je dis étant constamment, non seulement impliquée, mais appelée dans ce que je dis. Il me semble qu'à chaque moment (tant pis, puisque j'ai commencé, je vais aller jusqu'au bout de la logique prophétique et, après, on reviendra aux choses en elles-mêmes) il y a des agents de la science ou des agents de la littérature ou de l'art – car ce n'est pas toujours la science qui apporte cette possibilité de liberté – qui accomplissent un peu plus que les autres ce qui est une possibilité humaine qui n'apparaissait pas jusqu'alors comme possible, comme pensable.

Je pense, ce qui va vous paraître bizarre, à l'une de ces anecdotes, comme on en trouve beaucoup d'autres dans l'histoire de l'art et de la littérature. On les lit habituellement dans la logique hagiographique dans laquelle elles sont présentées, alors qu'il me semble qu'on peut les lire autrement. On raconte, par exemple, que quand Michel-Ange rendait visite au pape Jules II qui le payait et le soutenait dans ses travaux, Jules II s'empressait de le faire asseoir de sorte que Michel-Ange ne s'asseye pas sans qu'on le lui ait dit. Je pense que c'est un acte historique : la liberté que prend Michel-Ange, en tant qu'artiste, de ne pas attendre qu'un pouvoir temporel, même à composante spirituelle, puisse prendre sur lui la moindre autorité n'est pas une liberté personnelle : c'est la liberté qu'il prend pour tous les artistes, et aussi potentiellement pour tous les hommes qui, à travers lui, peuvent comprendre que l'on peut s'asseoir sans attendre que le prince dise de s'asseoir, alors qu'il y a des foules d'intellectuels, d'artistes qui sont assis quand il faut être debout et debout quand il faut être assis. Ces vertus célébrées par l'hagiographie comme des vertus singulières ne restent singulières que parce qu'on les célèbre comme telles [...].

Je pourrais aussi prendre l'exemple de l'Arétin[1], ce bonhomme bizarre tellement célèbre pour ses épigrammes que les nobles, les princes, etc., le payaient pour qu'il ne fasse pas d'épigrammes : son silence, parfois, était suffisant pour faire peur. C'est là une des structures possibles du rapport entre les intellectuels et le pouvoir. Il est très important qu'un tel personnage ait existé et de le percevoir, non pas comme singulier, mais comme représentant une des formes de l'humanité. L'hagiographie est trompeuse parce qu'elle constitue ces personnages dans une espèce de transcendance où ils cessent d'être accessibles, où ils sont tellement exemplaires que personne ne peut plus les imiter. La sociologie, au contraire, est

1. Pietro Aretino, dit l'Arétin (1492-1556), est notamment l'auteur de satires dans lesquelles il ne ménageait pas les princes et les nobles.

une science profondément démocratique : à la différence des autres sciences, elle interroge le premier venu, elle met un micro sous sa bouche ; c'est une science qui a appris qu'il y avait quelque chose à apprendre. Le sociologue est sans doute le seul intellectuel qui ne s'ennuie jamais : il écoute, il a toujours quelque chose à apprendre, à comprendre, partout, en toute situation.

Cette science démocratique dans son travail l'est aussi dans son intention même. On reproche au sociologue cette espèce de lucidité, on lui reproche d'être trop bête ou d'être trop intelligent. C'est le sens de beaucoup des questions qui me sont posées, notamment par les philosophes : « De quel droit vous mettez-vous à la verticale du monde social, dans cette espèce de point de vue absolu qui jusqu'à présent nous était réservé ? » Le sociologue, en fait, ne se met pas du tout dans ce point de vue absolu comme dans la balançoire socratique[1]. Il s'y met pour dire que tout le monde peut s'y mettre au prix d'un certain type d'apprentissage. C'est un peu le sens de mon analyse de la semaine dernière : je voulais montrer, par la pratique, qu'au fond on pouvait soumettre son propre univers social, sa propre position sociale à une analyse sans complaisance ni narcissisme et qu'il ne s'agissait pas là d'une prouesse unique réservée à quelques-uns, mais d'une chose accessible au prix, d'une part, d'une certaine formation intellectuelle, par une certaine acquisition technique, et, d'autre part – les deux choses sont aussi importantes l'une que l'autre –, de l'acquisition d'une attitude à l'égard de sa propre position, qui est en fait ce qu'il y a de plus rare, certaines auto-analyses en apparence très destructrices étant la forme suprême de la complaisance.

Les intellectuels, par exemple, se sont mis à l'abri de l'analyse sociologique en la pratiquant eux-mêmes d'une façon hyperbolique, hypertrophique, excessive et, du même coup, en s'épargnant par l'excès. Vous pouvez reprendre toute l'œuvre de Sartre :

1. P. Bourdieu pense peut-être à la pièce d'Aristophane, *Les Nuées* (423 av. J.-C.), qui, en représentant le personnage de Socrate dans une corbeille suspendue en l'air, moque sa prétention à s'élever au-dessus du point de vue auquel est condamné le commun des mortels.

cette sorte d'auto-analyse masochiste est en fait complaisante, ne serait-ce que parce qu'on se met toujours en position d'être celui qui fera de soi-même l'analyse la plus indépassable – « Nul ne m'analysera mieux que moi-même ». L'analyse que je propose est, au contraire, donnée pour être dépassée : si elle s'inscrit, comme je le pense, dans un travail collectif et progressif, il est évident qu'elle n'en finira pas d'être dépassée. Simplement, pour qu'elle le soit, il faut qu'elle s'inscrive dans un rapport qui n'est ni celui de l'examen de conscience ni celui de la culpabilité – ce type d'analyse s'est beaucoup pratiqué dans les années qu'incarne Sartre. Je pense que si la sociologie des intellectuels est parmi les secteurs les plus sous-développés de la sociologie, c'est en grande partie parce que cette espèce d'habitus sans complaisance est ce qui manque le plus. Nous sommes en fait un objet social comme les autres, avec la différence que nous prétendons nous penser. Si vous cherchez « intellectuel » dans l'index de *La Distinction*, vous trouverez mieux formulé ce que j'essaie de dire là : la vérité des intellectuels échappe aux intellectuels, parce qu'ils croient être capables de saisir leur vérité par les techniques ordinaires de réflexion et d'auto-analyse ; l'illusion de la liberté est ce par quoi les intellectuels sont déterminés.

C'était donc le préambule. Il n'a sans doute surpris personne : il ne consistait qu'à dire ce qui était tellement implicite dans mon ton, ma manière de faire, etc., que vous l'aviez tous entendu. Mais une fois que les choses ont été dites implicitement, pratiquement, il vaut mieux les dire tout à fait parce que cela change quand même tout.

Positions, dispositions et prises de position

Après ces développements sur les conditions implicites de la méthode, quels acquis concernant la notion de champ se dégagent de ce que j'avais fait la dernière fois ? Je ne vais pas proposer une présentation systématique de la notion de champ que j'essaierai de faire ensuite, mais une sorte de mise en pratique des présupposés engagés dans l'analyse que j'avais faite. Première proposition : il y a une correspondance grossière entre les positions (par exemple, la position occupée par une discipline), les dispositions (les habitus, les manières d'être permanentes, durables que les agents importent dans cette position) et les prises de position explicites (sous forme soit de pratiques, soit de discours et de représentations). On peut postuler et constater, dans une certaine mesure, l'existence d'une correspondance entre, par exemple, le poste de géographe et les dispositions importées dans ce poste, une certaine origine sociale. On dira ainsi que les géographes sont aux historiens ce que la géographie est à l'histoire : les géographes font moins de latin, sont moins nombreux, plus provinciaux, plus modestes – « modeste » comme on dit d'« origine modeste », etc. Il y aura donc une correspondance entre les positions objectivement vécues dans un espace, c'est-à-dire définies dans un espace par leurs relations à d'autres positions en termes de « +/– », « au-dessus/au-dessous », « à droite/à gauche », « à côté/entre/à la frontière », etc., et les dispositions que les agents sociaux importent dans cet espace.

La question qui se pose alors est celle des médiations subtiles à travers lesquelles s'accomplit cette correspondance. À propos du cas des femmes, j'avais commencé la dernière fois à suggérer qu'il fallait aller chercher l'explication de cette correspondance dans l'accord entre, d'une part, les dispositions et les structures incorporées à travers lesquelles les hommes et les femmes pensent le monde social et la division entre hommes et femmes et, d'autre part, les structures objectives. *Grosso modo* – ce n'est pas toujours vrai –, les agents sociaux choisissent leur destin, aiment les positions auxquelles ils sont destinés. Dit sous cette forme, c'est tout à fait simpliste et presque révoltant, et je vais donc le redire d'une manière beaucoup plus nuancée : les agents sociaux sont beaucoup plus disposés à accepter les positions dans lesquelles ils se trouvent qu'on ne le croit communément, ou même qu'ils ne le pensent ou ne le disent. Il y a une sorte d'*amor fati*[1], d'amour du destin social qui oriente par exemple les choix de vocations, les gens disant qu'ils ont envie de faire ce pour quoi ils sont faits ou

1. P. Bourdieu revient sur cette notion dans le cours du 11 janvier 1983, p. 578 *sq*.

qu'ils ne peuvent pas faire autrement que de faire ce pour quoi ils sont faits, ou qu'ils sont doués pour faire ce que, de toute façon, ils seraient condamnés à faire. L'exemple le plus typique de cet *amor fati* s'observe précisément dans les cas d'amour et les relations entre les sexes où l'on observe que les agents sociaux, même dans les sociétés où la contrainte en matière d'échanges matrimoniaux est très forte, s'ajustent à ce qui est leur destin social beaucoup plus qu'on ne pourrait croire, étant donné ce qui les contraint – ce qui ne veut pas dire que tout se passe pour le mieux et que tout est pour le mieux dans le meilleur des mondes. Au fond, ils aiment leur destin social beaucoup plus qu'on ne pourrait le croire. Comme je reviendrai sur ce point, je n'insiste pas davantage.

Il y a donc correspondance entre les positions et les dispositions, et aussi entre les positions et les prises de positions par l'intermédiaire des dispositions. Par exemple, depuis le philosophe jusqu'au géographe, depuis le mathématicien jusqu'au géologue, les agents sociaux peuvent être situés dans l'espace que j'ai décrit la dernière fois, et les occupants des différentes positions vont prendre des positions : ils vont voter des pétitions, choisir des partis politiques, prendre des positions lors de périodes de crise comme Mai 68, écrire des pamphlets, des livres, des journaux, etc. ; ils vont aussi formuler des opinions, répondre à des sondages, acheter tel livre plutôt que tel autre, énoncer tel jugement sur tel journal plutôt que sur tel autre, y être abonné, etc. Par l'intermédiaire des dispositions, toutes ces prises de position correspondent aux positions, bien plus qu'on ne pourrait s'y attendre si on faisait l'hypothèse de la relation aléatoire. Connaissant les positions des agents dans cet espace et les dispositions qui leur sont normalement attachées, on a donc une grande prévisibilité concernant leurs prises de position.

Corps des sociologues et styles académiques

J'avais pris deux exemples. Le premier était la prétention des sociologues, qui est moins une prise de position à proprement parler qu'une disposition, c'est-à-dire une matrice de prises de position. Je reprends une analyse de Canguilhem tirée de *Idéologie et rationalité dans l'histoire des sciences de la vie* (Vrin, 1977, p. 33-45) : la sociologie plus que la biologie, la biologie plus que la physique et la physique plus que les mathématiques est poussée à la prétention et cette prétention se manifeste par des idéologies scientificisées – ce que j'appelais l'effet Montesquieu[1] –, c'est-à-dire par l'ambition de résoudre les problèmes sociaux, problèmes d'importance pratico-juridique, sans avoir critiqué la position. Canguilhem continue : cette prétention des sciences sociales conduit à « des discours à prétention scientifique tenus par des hommes qui ne sont encore, en la matière, que des scientifiques présomptifs et présomptueux[2] ». Si vous vous rappelez, j'avais indiqué cette position bimodale, dispersée, déchirée, de la sociologie. Elle a une position réelle au plus bas et une position d'aspiration au plus haut, ce qu'à la manière de Lenski on pourrait appeler une très grande « décristallisation[3] ». Lenski parle de décristallisation à propos des individus qui possèdent des propriétés très dispersées, comme certaines actrices de cinéma très célèbres et très riches par leur métier mais illettrées, ou comme un grand joueur de tennis très riche mais noir. Ces propriétés sont attachées à la même personne, mais l'une au moins est très faiblement corrélée avec les autres, alors que souvent les propriétés sont corrélées (quand le prestige monte, le revenu monte, ainsi que la classe sociale).

Le corps des sociologues se définit par cette espèce de statut décristallisé. La position déchirée de la sociologie s'exprime par la coexistence de gens très disparates, de gens socialement et scolairement très sur-sélectionnés et de gens très peu sélectionnés scolairement et sélectionnés socialement. J'avais dit la dernière fois que la sociologie est « ni … ni … » mais qu'elle prétend aussi être « et … et … » (elle prétend être et scientifique et théorique). Cette position double de la sociologie se retrouve dans la définition du

1. Voir *supra*, le cours du 23 novembre 1982, p. 417 *sq.*.
2. Georges Canguilhem, *Idéologie et rationalité dans l'histoire des sciences de la vie*, *op. cit.*, p. 44.
3. Gerhard Lenski, « Status crystallisation : a non-vertical dimension of social status », *American Sociological Review*, n° 19, 1954, p. 405-413.

poste, dans la description des propriétés du corps, mais aussi dans les productions mêmes, dans le style, dans la manière d'être des sociologues, évidemment à des degrés différents selon leur position dans le sous-champ des sociologues. Il faudrait en effet continuer l'analyse – je m'étais arrêté là volontairement : l'analyse que j'avais faite, qui était elle-même d'ailleurs partielle, de la position de la sociologie dans l'espace des disciplines devrait être continuée par une analyse de la position de chacun des sociologues dans l'espace des sociologues.

Pour illustrer cette correspondance entre la position et les prises de position, le deuxième exemple était celui du style. Là encore, ce serait une très longue analyse. J'avais parlé d'un article de Lepenies qui n'a toujours pas paru – j'en ai reçu un *pre-print*[1]. En m'inspirant des analyses de Lepenies, j'avais essayé de montrer que le choix entre un style plutôt scientifique, c'est-à-dire indifférent à la qualité littéraire de la forme (ce qui ne veut pas dire indifférent à la forme), et un style littéraire, au contraire attentif à la forme, s'était posé dès le XVIIIe siècle aux différentes sciences. Il serait intéressant de reprendre dans cette logique l'esquisse d'analyse que j'avais faite de la structure de la division du travail entre différentes disciplines scientifiques. En effet, pour vérifier l'hypothèse de la coupure, de la division du travail entre les différentes disciplines scientifiques, on pourrait prendre des indices objectifs d'attention au style : d'abord, des indices d'utilisation de la langue (française ou autre) qui, s'ils mesurent autre chose, ne doivent pas être complètement indépendants ; ensuite, ayant contrôlé la variation de langue, des indices mesurant l'attention portée à la langue. Sans pousser l'analyse jusqu'au bout, j'avais fait un dépouillement systé-

1. P. Bourdieu confond peut-être ici un article dont il avait précédemment donné la référence (voir *supra*, p. 434, note 3) avec un autre, traduit par ses soins, qui paraîtra quelques mois plus tard : Wolf Lepenies, « Contribution à une histoire des rapports entre la sociologie et la philosophie », *Actes de la recherche en sciences sociales*, n° 47-48, 1983, p. 37-44. Mais il est également possible qu'il se réfère à un *pre-print* d'un chapitre de la première édition allemande, qui ne paraîtra toutefois qu'en 1985, de son ouvrage *Les Trois Cultures. Entre science et littérature, l'avènement de la sociologie* (trad. Henri Plard, Paris, Éditions de la MSH, 1990), qui s'inscrit davantage dans la continuité d'une réflexion sur le style.

matique des rapports d'agrégation de toutes les disciplines littéraires et scientifiques[1]. Je ne l'avais pas à l'esprit la semaine dernière, mais je peux dire que ce que j'en avais retenu correspondait tout à fait à mon analyse : dans les disciplines scientifiques, les soucis proprement littéraires (ce qui ne veut pas dire de forme) croissaient au fur et à mesure qu'on descendait dans la hiérarchie des disciplines, la part consacrée au style devenant de plus en plus grande quand on allait du côté de la géologie ; dans les disciplines littéraires, l'attention à la forme littéraire était évidemment maximum dans les lettres classiques, mais décroissait régulièrement à mesure qu'on descendait dans la hiérarchie des disciplines. Il n'y avait pas de jurys d'agrégation pour les sciences de l'homme mais, lorsqu'on interrogeait les gens en position de produire des jugements, il apparaissait une particularité de ces sciences : une indifférence plus grande au formel, aux questions de forme. On pourrait continuer l'analyse en comparant les revues de différentes disciplines et leurs normes en matière d'acceptation/présentation des manuscrits. Je pense que, encore aujourd'hui, cette opposition pourrait être le principe d'une distribution diacritique des différentes disciplines. Par exemple, comparer les historiens et les sociologues sous ce rapport rendrait visible un ensemble de différences systématiques – la prétention des sociologues à la conceptualisation étant corrélée avec une indifférence parfois ostentatoire à l'égard de tout ce qui peut concerner l'écriture. Parfois, par un effet d'imitation des sciences de la nature, il y a une espèce de refus ostentatoire du bien-écrire qui tend souvent à tenir lieu de signe extérieur de scientificité : les attitudes négatives étant toujours les plus faciles à acquérir, le mal-écrire ostentatoire est une des façons les plus économiques de prendre les dehors de la science. Pour aller vite, on pourrait opposer la philosophie, l'histoire et la sociologie, et mesurer le type de difficulté ou d'obscurité stylistique que produisent les trois disciplines.

1. P. Bourdieu et M. de Saint Martin, « L'excellence scolaire et les valeurs du système d'enseignement français », art. cité ; voir aussi le prolongement de cette analyse dans « Les formes scolaires de classification », in *La Noblesse d'État*, *op. cit.*, p. 17-98.

Je pense que l'usage de la métaphore par opposition à l'usage du concept serait un point intéressant pour distinguer les historiens et les sociologues aujourd'hui. Le recours massif des historiens à la métaphore, qui est à la fois une façon d'esquiver le concept, par défaut, et une façon de faire joli, s'oppose à l'absence de métaphores chez les sociologues. C'est lié à des phénomènes de dispositions : les historiens ont plus souvent fait du latin, sont plus souvent passés par des filières classiques, par les grandes écoles, etc. Mais le recours à la métaphore, s'il est un effet de formation, est aussi un effet de position. L'histoire est une discipline peu théorisée : la seule théorie indigène des historiens est la théorie du « temps long[1] » de Braudel qui est une théorie, au fond, négative. En l'état actuel, l'histoire est colonisée par les disciplines voisines. C'est une *catch-all* discipline, une discipline qui attrape tout, qui emprunte un peu à l'ethnologie, un peu à l'économie, et même à l'économétrie. Cette discipline théoriquement dominée affirme essentiellement sa spécificité par l'écriture, et cette écriture métaphorique est en même temps signe de distinction et d'appartenance aux humanités et une manière d'esquiver le problème de la conceptualisation. (Je suis désolé de le dire ainsi : s'il y a parmi vous des historiens, des sociologues, je dois choquer tout le monde et laisser entendre des jugements de valeur sournois, alors que j'essaie de ne pas en faire.)

Pour prolonger l'analyse du style et montrer en quoi les styles d'expression sont liés à la position, il faudrait aussi confronter la position occupée par la sociologie à celle de l'économie et les styles entre lesquels oscille la sociologie et qu'elle fait parfois coexister. Par exemple, on pourrait, comme l'a fait un sociologue américain, opposer les sciences de l'homme sous le rapport de l'opposition entre la modélisation, qui aurait pour principale représentante l'économie, et la description fine, quasi romanesque de l'ethnologie, la moins « modélisante » des sciences sociales. Évidemment, comme chacune des disciplines est elle-même un champ, les gens vont se

1. La conception des trois « temps de l'histoire » (long, intermédiaire et événementiel) de Fernand Braudel est notamment exposée dans ses *Écrits sur l'histoire*, Paris, Flammarion, 1969.

distribuer selon ces pôles à l'intérieur de chaque discipline : on n'aura pas des structures simplement et bêtement linéaires, mais des structures plus compliquées, avec des inversions, etc.

Je voulais simplement donner ces deux exemples parce qu'ils sont une manière de saisir ce phénomène de correspondance entre les positions et les prises de position.

Positions faites et positions à faire

Deuxième propriété qui s'est dégagée des analyses que je vous avais proposées : dans un champ, dans un espace social structuré et hiérarchisé, les positions existent indépendamment des agents, ce qui conduit aussitôt à distinguer dans un champ différents états des positions : il y a des positions stables, déjà faites, structurées, parfois codifiées et juridiquement garanties, et des positions non encore établies ; on pourrait opposer *grosso modo* les positions faites et les positions à faire.

Je dis là deux choses que je dois séparer. Premièrement, les positions existent indépendamment des agents. Par exemple, il y a dans la position de géographe des choses qui s'imposent au géographe. S'il advient qu'arrive dans une position de géographe quelqu'un qui, sociologiquement, aurait « dû » arriver philosophe, les contraintes de la position s'imposeront fortement à lui. Il y aura une sorte de lutte entre les exigences de la position et les exigences des dispositions et l'on ne sait pas à l'avance qui sortira vainqueur. J'avais donné un exemple de ces luttes à partir de l'article de Ben-David et Collins[1] : parfois, des gens importent dans des positions inférieures, dominées, un très grand capital pouvant transformer la position pour la rendre conforme aux dispositions qu'ils y importent.

Deuxièmement, ce travail de restructuration des positions en fonction des dispositions a d'autant plus de chances de réussir que la position est moins codifiée, objectivée, structurellement et

1. Voir *supra* le cours du 19 octobre 1982, p. 284, note 1.

juridiquement garantie. Par exemple, dans le champ des positions sociales que l'on décrit d'ordinaire comme champ des classes sociales en décrivant les positions par les gens qui les occupent, il y a des points mous de la structure sociale, des lieux encore indéterminés, mal déterminés, ce qu'on appelle des professions nouvelles, des secteurs en développement[1]. Dans la période récente, les positions de travailleur social représentent un secteur où les postes sont encore mal définis : les titres qui conduisent à ces postes sont eux-mêmes mal définis et il y a, du même coup, une grande dispersion des occupants d'un même poste. L'élasticité du poste et la dispersion des occupants créent des zones de combat incertaines où les possibilités de changement, d'innovation relativement imprévisibles existent. Dans tout espace social, dans tout champ, il y a ce genre d'oppositions.

Dans le champ des disciplines littéraires, par exemple, les positions correspondant aux sciences sociales sont elles-mêmes beaucoup plus ouvertes, beaucoup moins codifiées, beaucoup moins cristallisées que les positions anciennes. Du même coup, selon le postulat – qui se vérifie dans la pratique – de la correspondance entre les positions et les dispositions, il y aura une plus grande probabilité de trouver dans ces positions ouvertes des agents aux dispositions dispersées ou aux dispositions inclinant et disposant à profiter de l'ouverture des positions. Si vous compariez la population d'un journal comme *Le Monde* et d'un journal comme *Libération*, ou si vous compariez les professions d'instituteur et d'éducateur[2], vous auriez des cas très précis où mon analyse s'appliquerait. De même, si, dans le monde artistique, vous prenez un genre littéraire bien établi, bien codifié, comme le théâtre du XIXe siècle par opposition au roman dans la phase où il commençait à se constituer, vous aurez le même genre d'opposition.

Je le redis : premièrement, les positions existent indépendamment des dispositions ; deuxièmement, les positions se distinguent, non seulement par leur position dans l'espace, par leurs propriétés

1. Sur les « nouvelles professions », voir P. Bourdieu, *La Distinction*, p. 409-431.
2. Voir Francine Muel-Dreyfus, *Le Métier d'éducateur*, Paris, Minuit, 1983.

topologiques (au-dessus, en dessous, entre, etc.), mais aussi, toutes choses égales d'ailleurs, selon leur degré de clôture, de rigidité. C'est une propriété importante pour comprendre beaucoup de phénomènes. Par exemple, dans le petit modèle que j'avais essayé de proposer, les disciplines s'opposent sous le rapport de leur élasticité relative : la sociologie est beaucoup plus élastique que la géographie.

On dira, dans la conscience commune, que cela entre dans les stratégies de choix. Par exemple, en reprenant la question que je posais tout à l'heure de savoir par quelles médiations les dispositions et les positions viennent à s'ajuster, on se demandera si c'est une espèce d'harmonie préétablie, miraculeuse, leibnizienne. C'est souvent ainsi qu'on dit ce que j'essaie de dire, mais, en fait, ce n'est pas du tout ce que je veux dire. Dans la conscience commune, on dira qu'il y a des positions sûres avec des carrières prévisibles (on sait, quand on y rentre, comment on en sortira, etc.) et, au contraire, des positions risquées, à haut risque et à hauts profits possibles. C'est l'alternative que j'avais indiquée entre la filière qui conduit à des professions d'enseignement artistique et la filière qui conduit à des professions d'artiste, ou entre le journaliste et le professeur d'enseignement secondaire. Il y a, à chaque époque, des bifurcations. Dans la conscience commune, ces alternatives sont vécues comme des choix et sont souvent pensées dans la logique du risque, plus ou moins grand, et du même coup du profit escompté, plus ou moins sûr, plus ou moins important. Je pense que cette intuition de l'existence ordinaire correspond à quelque chose d'objectif, et on retrouve ce que j'ai dit tout au long des premières leçons : chaque agent social dispose d'un équivalent pratique plus ou moins adéquat. Il ne faut pas faire de la connaissance pratique que j'ai invoquée plusieurs fois une science de l'herbivore qui ne mangerait jamais d'herbe empoisonnée : il est très fréquent que le sens social se trompe, mais [ce risque] est très inégalement réparti. Comme je l'ai dit plusieurs fois, le sens du placement d'un titre scolaire (ou artistique) varie considérablement selon le capital hérité.

Cela dit, une espèce de connaissance pratique de l'espace social fait une place à l'anticipation des rigidités associées aux différentes positions. Par exemple, on vérifie statistiquement que plus les gens sont dépourvus de capital, plus ils ont tendance à choisir les placements sûrs mais de peu de profits, par opposition aux placements risqués potentiellement à haut profit : ils choisiront plutôt professeur de dessin qu'artiste, et comme il y a toute une série de bifurcations de ce genre dans une trajectoire scolaire, on retrouve au terme des ajustements du type « fils de paysan = géographe ». C'est donc une des médiations à travers lesquelles se réalise cette correspondance.

Dans un espace social, dans un champ, il y a donc des positions indépendantes des dispositions des gens qui les occupent, et ces positions sont inégalement structurées et rigides : les potentialités objectives, les avenirs objectivement inscrits qu'elles offrent sont inégalement fermés, précisés d'avance, pas seulement pour l'expérience anticipatrice des agents, mais aussi dans la réalité objective. Ces positions seront des lieux de lutte pour l'imposition d'une définition de la position. Elles sont des lieux de refuge. La sociologie par exemple est, pour une part, une discipline refuge. Elle rassemble des gens différents et va être le lieu et l'enjeu d'une lutte pour définir l'avenir de la discipline, lequel va marquer le succès de l'un ou de l'autre camp. Une position nouvelle encore mal déterminée va, du fait même de sa disponibilité, de son ouverture, attirer des agents aux dispositions particulièrement dispersées et à cette dispersion va correspondre une lutte particulièrement intense.

Toutes les disciplines sont le lieu de luttes pour la définition dominante de la discipline, de même que – c'est une autre propriété que j'anticipe sur la suite – le champ scientifique dans son ensemble est le lieu d'une lutte pour l'imposition d'une définition dominante de la science et chacune des disciplines va être le lieu d'une lutte pour l'imposition de la définition dominante de la science, chacun ayant intérêt à imposer la définition de la discipline la plus favorable à son capital, à dire que la science doit être ce qu'il fait. Ce que je dis là a l'air réducteur mais est tout à fait vérifiable : les gens qui font de la physique statistique vont dire que la physique statistique est la pointe de la recherche.

C'est tout à fait normal, cela fait partie du moral et de la morale de chacun : pour faire de la science, il faut y croire, et croire que ce que l'on fait est l'avenir de la science. Cette lutte pour imposer sa définition de la science est en même temps une lutte pour obtenir les plus grands profits de ses investissements scientifiques. Si la définition de la science en fonction de laquelle j'agis s'impose, j'aurai le maximum de profits. Si, au contraire, une autre définition de la science s'impose, tous mes investissements seront structuralement déqualifiés, disqualifiés, anéantis, sauf s'il arrive une nouvelle révolution scientifique qui me réhabilite. Ce dernier point est intéressant pour ceux d'entre vous qui font de l'histoire de la philosophie, de l'art ou des sciences : dans les luttes posthumes, il peut arriver que, pour les besoins des luttes présentes, quelqu'un ait besoin de réhabiliter un vaincu du passé ; il peut alors y avoir une brusque remontée des actions. Si, par exemple, un partisan de la « nouvelle critique » dit que Taine a tout inventé, Taine, ou tel autre qui avait écrasé le positivisme, peut brusquement remonter contre Lemaître[1]. Dans un sous-champ, il y aura donc une lutte pour imposer la définition de l'avenir la plus favorable à chaque catégorie de détenteurs de capital. De l'issue de cette lutte dépendra ce que deviendra la discipline. Il est probable que dans trente ans la sociologie ne sera plus du tout ce qu'elle est aujourd'hui. Il en ira sans doute de même pour les métiers de travailleurs sociaux : une définition dominante se sera imposée, se sera codifiée, et les gens seront sélectionnés par référence à cette définition dominante claire, codifiée, inscrite dans des programmes scolaires, dans des normes de sélection, de reproduction, etc. Du

1. Il s'agit peut-être ici d'une allusion à la fameuse controverse qui a opposé l'universitaire Raymond Picard, spécialiste du théâtre racinien, à Roland Barthes à la suite de la publication par ce dernier de *Sur Racine* (Paris, Seuil, 1963), considéré comme l'emblème de la « nouvelle critique » apparue au cours des années 1960 et que Picard a fustigée dans *Nouvelle critique ou nouvelle imposture ?* (Paris, Pauvert, 1965). Jules Lemaître avait en son temps éreinté la « critique historique » développée par Hippolyte Taine dans ses *Nouveaux essais de critique et d'histoire* (1865) en la qualifiant de « manie de ne voir dans les tragédies de Racine qu'une reproduction de Versailles » (Jules Lemaître, *Jean Racine*, Paris, Calmann-Lévy, 1908, p. 227), et la « critique littéraire » de Lemaître sera à son tour disqualifiée par le « positivisme » de Gustave Lanson.

coup, les structures de type bimodal qu'on trouve par exemple dans les disciplines encore ouvertes disparaîtront. Voilà encore, au passage, un indicateur : pour décrire une position, on peut regarder les propriétés des gens qui l'occupent. Comme je l'ai dit dès le début, c'est l'un des cercles auquel on ne peut échapper quand on travaille dans cette logique : si l'on peut connaître la position indépendamment des gens qui l'occupent, les meilleures informations sur la position sont fournies par une analyse statistique des occupants de cette position et, par exemple, cette propriété de dispersion est intéressante pour comprendre la position. Cela ne veut pas dire que l'analyse des positions ne produit pas, ensuite, des confirmations concernant les propriétés qu'on a trouvées à partir de l'analyse des dispositions. On pourra par exemple essayer de voir le degré auquel la profession est codifiée, l'existence d'un code de déontologie, ce qu'une tradition américaine, l'école de Chicago, appelle les « indices de professionnalisation[1] » : une profession hautement professionnalisée (avec un code commun, des normes de sélection communes, des diplômes communs, etc.) aura des propriétés du côté des agents et aussi du côté du droit, de la profession, etc. Voilà un deuxième ensemble de propriétés qui s'est dégagé de ce que j'avais dit. J'avais insisté sur le fait que les positions existent indépendamment des individus et j'avais donné une propriété seconde : ces positions sont inégalement objectivées, codifiées, etc.

Structures mentales et structures objectives

Troisième propriété : les systèmes de classement que les agents sociaux mettent en œuvre dans leur pratique pour penser l'espace dans lequel ils sont entretiennent un rapport avec la structure de cet espace et apparaissent comme homologues à la structure de cet espace, de sorte que l'on peut faire l'hypothèse qu'ils sont, pour

1. Voir, par exemple, Harold L. Wilensky, « The professionalization of everyone ? », *American Journal of Sociology*, vol. 70, n° 2, 1964, p. 137-158.

une part, le produit de l'intériorisation de la structure de cet espace. Un très bon exemple : si vous étudiez l'espace des pratiques sportives qui, jusqu'à un certain point, fonctionne comme un champ, un objet intéressant peut être le discours que chacun des pratiquants tient sur les autres pratiques ; dans l'espace des sports de combat, ce que les gens qui font de la lutte disent des gens qui font de l'aïkido, du judo, etc., ou, dans un ensemble plus large, ce que cet ensemble de gens disent des gens qui font du rugby, qui font du football. Des rugbymen disent des footballeurs qu'ils sont des manchots, qu'ils ne se servent pas de leurs mains, avec toute une série de connotations, les autres disent « jeux de mains, jeux de vilains », avec tout ce qu'il y a d'insinuations sociales, sexuelles, etc. Les discours que les agents tiennent spontanément sur les pratiques concernées et les taxinomies qu'ils emploient pour penser ces pratiques ont quelque chose à voir avec la structure même de l'espace auquel s'appliquent ce discours et ces systèmes de classement.

Il est extrêmement important, je crois, de voir qu'il y a une correspondance pour démêler précisément le niveau de discours et le niveau d'analyse. Par exemple, il y a une erreur que ce que je dis permet, sinon d'éviter, tout au moins de prévenir. À l'époque où je travaillais sur le corps professoral, j'avais ainsi recueilli une dizaine d'analyses dans lesquelles des sociologues proposaient des classifications pour distinguer les différentes catégories de professeurs d'enseignement supérieur[1]. Ce qui était très frappant, c'est que toutes ces taxinomies utilisaient des catégories indigènes, comme *jet sociology* – le sociologue qui est tout le temps en avion, le chercheur international –, qui pouvaient être employées telles quelles ou au contraire – ce qui est encore pire – être rebaptisées dans un langage d'allure savante et devenir, par exemple, des oppositions entre le sociologue universel qui prend beaucoup l'avion et le sociologue particulier qui ne voyage pas beaucoup et ne connaît pas de langue étrangère. Les taxinomies employées sont

1. Voir A. W. Gouldner, « Cosmopolitan and locals », art. cité, et P. Bourdieu, *Homo academicus*, *op. cit.*, p. 23-24.

très couramment le mélange de taxinomies indigènes, démarquées et rebaptisées, et de catégories savantes produites par l'analyse. Cette erreur qui me paraît très grave n'est possible que parce qu'on ne fait pas cette distinction et qu'on ne s'interroge pas sur la correspondance entre les structures et les représentations ou les catégories à travers lesquelles on se représente le monde social. Dans la plupart des univers, les injures, les surnoms, toutes les classifications polémiques que les agents sociaux emploient pour enfermer les autres dans une classe sont extrêmement intéressants. Je le dis toujours, mais c'est important : le mot de catégorie vient de *katégoreisthai* qui veut dire « accuser publiquement[1] ». On l'observe toujours en histoire de l'art : la plupart des noms d'école sont des injures produites par l'école rivale ou par des critiques et ensuite reprises par les objets de ces classifications, parfois sur le mode du défi, parfois sur le mode du destin. Dans le monde social ordinaire, les gens passent leur temps à se classer les uns les autres, et l'un des premiers efforts de tout chercheur consiste à recueillir aussi naïvement que possible ces catégorèmes, à les enregistrer tels quels en essayant toujours de savoir par qui ils sont produits, par qui ils sont utilisés, quel est leur champ de validité. Il vaut la peine de chercher l'origine de ces catégorèmes pour y trouver une information sur la structure. Ils ne sont en effet pas aussi en l'air qu'ils en ont l'air et les typologies plus ou moins sauvages que les sociologues reproduisent souvent sous le nom de science sont moins fausses qu'on ne pourrait le croire : malgré tout, même les sociologues les plus maladroits recueillent toujours un peu de vérité sociale, justement sous la forme des mots qu'ils empruntent. Dans la mesure où ces mots eux-mêmes expriment les structures dont elles sont le produit, un peu de vérité sociale passe dans les typologies les plus nulles.

Du point de vue d'un travail scientifique, l'inventaire, la recollection des catégorèmes visant à essayer de construire l'espace des catégorèmes – ce que l'un dit de l'autre, etc. – fournissent

1. Pour des développements, voir *supra* les leçons du 28 avril et du 5 mai 1982, p. 26 et 35.

des indications, par exemple sur l'opposition dominants/dominés. Les dominés, par exemple, sont souvent obligés de reprendre à leur compte ce que les autres disent d'eux – il y a des exemples à la pelle : il y a des identités sociales qui ne sont que l'injure revendiquée, ce ne sont pas les plus agréables. Il ne s'agit pas de faire une analyse des catégorèmes en les prenant un par un : si l'on prend le catégorème *jet sociology* sans l'opposer à ceux qui ne bougent pas, on ne comprend rien. Ces catégorèmes sont des prises de position dont on va supposer qu'elles constituent elles-mêmes un champ, comme un espace de phonèmes qui va fonctionner par un système d'oppositions complexes. Si l'on reconstitue cet espace des catégorèmes en ayant à l'esprit, d'abord, que pourrait s'y exprimer la structure des positions et, ensuite, que les usages que les gens vont faire de cet espace de désignations possibles va dépendre des dispositions, on a déjà beaucoup compris. Par exemple, si, demain, j'avais à étudier le cinéma, je commencerais par me demander comment les techniciens appellent les opérateurs, comment les opérateurs appellent… Mon premier travail consisterait donc à recueillir cette espèce de lexique, d'ailleurs souvent chargé de toute une sociologie, car évidemment les injures ne sont payantes que si elles touchent, comme on dit, et, pour toucher, il faut qu'elles soient un peu vraies.

Les transformations du champ : le cas du système universitaire

J'en viens à un autre trait qui me paraît intéressant et important, et qui ne vous est peut-être pas apparu parce que je n'ai pas insisté. Le petit modèle que je vous ai proposé était relativement daté. Il valait pour les années 1970-1975 et il me semble qu'il faudrait déjà le corriger. Cela ne veut pas dire qu'il n'était pas vrai pour la date considérée, cet enchaînement du modèle à une étape de l'histoire ne contredisant pas sa validité : une propriété de la pensée en termes de champ est précisément de permettre de construire la réalité dans sa particularité historique tout en se donnant la possibilité d'y découvrir des invariants et de dégager des lois de fonctionnement transhistoriques. L'une des questions que pose un champ est la question du changement : comment change-t-il ? (Je ne vais évidemment pas répondre longuement sur ce point, car, je le redis, je ne cherche ici qu'à vous faire comprendre mon intention : j'ai d'abord proposé une description du champ pour essayer de montrer que le sociologue pouvait analyser sa propre pratique sociologiquement et pour donner, à titre de transition, un exemple d'analyse dans la logique du champ ; à présent, j'entreprends une sorte de tentative pour dégager quelques-unes des propriétés de la pensée en termes de champ, avant de passer à un exposé un peu plus systématique des raisons qui me font penser qu'il faut penser en termes de champ. Ce que je dis est décousu mais est très accroché à un exemple particulier : c'est une façon de faire que je crois pédagogique, même si je peux me tromper.)

Dans le cas particulier comme, je crois, dans beaucoup de champs, la médiation à travers laquelle le changement intervient est souvent le changement morphologique, c'est-à-dire le changement du volume des agents attachés aux différentes positions. Par exemple, pour comprendre les transformations du champ universitaire, il faudrait prendre en compte – je ne dis pas « en dernière analyse[1] » – la médiation de l'accroissement de la scolarisation qui lui-même renvoie à une transformation des rapports entre les différentes classes sociales et le système scolaire. Ce sont des choses qui ont été analysées dans « La défense du corps[2] ». La transformation des usages sociaux que les différentes classes sociales font du système scolaire se traduit par un accroissement considérable du nombre des enfants scolarisés, par un accroissement de la concurrence pour l'accès au système scolaire et aux biens rares (les diplômes) que le système

1. Allusion critique implicite à l'approche marxiste qui pose systématiquement la causalité du mode de production économique « en dernière analyse », ce qui est une manière, dénoncée par Bourdieu, de court-circuiter une analyse précise des médiations qui agissent en première analyse.
2. Pierre Bourdieu, Luc Boltanski et Pascale Maldidier, « La défense du corps », *Information sur les sciences sociales*, n° 10, 1971, p. 45-86. Cette question sera développée dans *Homo academicus*, *op. cit.*

scolaire décerne, avec des effets induits comme la dévaluation des diplômes, etc. Ces changements produisent des effets spécifiques dans le champ des professeurs d'enseignement supérieur : l'afflux d'étudiants détermine des effets propres à changer la structure des rapports de force à l'intérieur du champ des disciplines universitaires. Cet afflux d'étudiants est différentiel selon les disciplines et, si l'on se demandait pourquoi, on retrouverait un problème analogue à celui que j'ai posé à propos du rapport des femmes aux différents types d'activité intellectuelle : qu'est-ce qui conduit, pour un capital scolaire déterminé, un capital social déterminé, un sexe déterminé, à choisir telle discipline plutôt que telle autre ?

L'afflux différentiel des étudiants dans les différentes disciplines produit des effets différenciés : l'accroissement du corps professoral va être inégal, en quantité comme en qualité, selon les disciplines. En effet, les différentes disciplines vont, en fonction de leur position dans l'espace des disciplines, répondre différemment à la nécessité d'encadrer un plus grand nombre d'étudiants. Voilà encore une propriété de champ qui se manifeste : les disciplines les plus haut placées dans la hiérarchie traditionnelle des disciplines vont traiter l'afflux d'étudiants autrement que les disciplines placées les plus bas. Elles vont différemment développer (ou laisser se développer) le corps professoral en quantité et en qualité scolairement définie, sous le rapport, par exemple, du taux d'agrégés. (Je suis un peu embarrassé : comme il s'agit d'une analyse très compliquée, très difficile à restituer en quelques phrases, je me dis à chacune de mes phrases que je n'ai peut-être pas raison de vous raconter ces choses ; mais, pour les besoins de mon analyse, je n'ai pas besoin de raconter tout cela longuement. Je vous explique quand même un peu plus…)

Les disciplines canoniques à grosse réserve de normaliens et d'agrégés, comme les lettres classiques, vont répondre à l'afflux d'étudiants en puisant abondamment dans leurs réserves d'agrégés ; du même coup, le corps professoral va augmenter en volume sans tellement changer en qualité sociale scolairement mesurée. Dans ces disciplines, tout se passe comme si (même s'il y a des exceptions) on s'efforçait de commencer à épuiser tous les normaliens agrégés hommes, puis à recruter les normaliennes agrégées femmes, puis les agrégés hommes (non normaliens), puis les agrégées femmes, et, quand il n'y a plus d'agrégés, les capésiens. Cette logique bien connue pour la noblesse est classique pour un corps dominant qui ne veut pas déroger : on s'efforce de défendre la pureté du corps, c'est-à-dire les normes selon lesquelles le corps est recruté et qui sont constitutives de la valeur de la position occupée par ce corps, en s'efforçant d'introduire le moins possible de corps étrangers qui disqualifient la position en disqualifiant les occupants de la position. Le corps, par exemple, va se féminiser, mais avec des agrégées, et il y aura des choix à faire : plutôt une femme agrégée ou un homme non agrégé ? Personne, bien sûr, ne le dit ainsi ; dans la pratique, on demande autour de soi : « Est-ce que vous connaissez quelqu'un qui pourrait occuper ce poste ? » C'est la statistique qui, en agrégeant, permet de saisir le résultat agrégé d'une foule de décisions individuelles qui ne sont même pas des décisions, mais le produit d'une espèce de hasard, de compromis qui aboutit à un fonctionnement du type de celui que j'ai décrit.

Dans les disciplines nouvelles, mal structurées, sans passé, il n'y a pas de réserve de normaliens agrégés. Il n'y a même pas d'agrégés (ce n'est pas du tout un jugement de valeur, mais un jugement d'institution : comme sociologue, je ne comprends rien à l'institution si je ne reprends pas les valeurs au nom desquelles l'institution se comprend. S'il faut être critique, ce n'est pas en ce sens-là – c'est le b.a.-ba de l'erreur sociologique des gens qui se croient malins). N'ayant pas de réserves, l'institution puise en dehors et introduit dans un corps déjà bimodal, dispersé, divisé en une fraction sur-sélectionnée et une fraction sous-sélectionnée, des gens qui importent dans la position des dispositions totalement étrangères à la définition dominante de la position et à ce qui faisait, dix ans auparavant, l'occupation légitime de la position. Ce n'est pas la même chose que dans les disciplines dominantes, où les titulaires et les assistants sont, à trente ans près, les mêmes, l'opposition entre eux n'étant qu'une opposition d'ancienneté. Dans l'état complètement organique du système scolaire, chaque maître se reproduisait dans un successeur d'élection et se reconnaissait en lui, et il n'y avait pas de problème, pas de conflit. C'est un peu le temps cyclique, éternel, comme dans les sociétés archaïques. En période critique, par contre, le corps, pour se reproduire, est obligé de recruter des gens d'une tout autre espèce – c'est un problème qui se pose dans d'autres situations –, qui n'ont plus du tout les propriétés auxquelles on reconnaissait le titulaire légitime de la position et qui, d'ailleurs, n'ont pas toujours les propriétés socialement exigées par la position telle qu'elle est définie : par exemple, dans beaucoup de disciplines autour des années 1960, l'assistant[1] accomplissait un rôle très peu différent du professeur. C'était pratiquement le même rôle, il n'y avait pas de différenciation des tâches.

Évidemment, l'apparition de gens puisés hors des réserves légitimes crée une tension considérable entre les deux corps alors que, dans le stade organique, la tension qui existait avait la forme commune des traditions de succession. Comme disait l'autre [Leibniz], le temps c'est l'ordre des successions[2] ; dans la société aussi, le temps c'est l'ordre des successions : il n'y a pas d'autre mesure du temps social que de savoir qui est avant, qui est après, qui est le prédécesseur, qui est le successeur. Les pressions morphologiques ont, par exemple, pour effet de produire des contradictions entre le prédécesseur et le successeur, soit que les successeurs ne soient plus du tout ce qu'il fallait être pour être successeur du temps où les successeurs étaient appelés à succéder, soit qu'ils importent dans la position des dispositions qui leur font sentir comme inadmissible le temps séparant le successeur du prédécesseur – c'est un critère tacite, caché, mais très important : tout successeur est choisi en fonction de son aptitude à attendre pour succéder ; personne ne choisit un successeur qui le poussera au tombeau [*rires*] ! La contradiction va

1. Le corps des maîtres-assistants, créé en 1960 pour faire face à l'afflux des étudiants, a été intégré en 1984 à celui des maîtres de conférences.
2. Leibniz est souvent cité sur ce point par Bourdieu : « Pour moi, j'ai marqué plus d'une fois, que je tenais *l'Espace* pour quelque chose de purement relatif, comme *le Temps* ; pour un *ordre des Coexistences*, comme le Temps est un *ordre des Successions.* » (« Troisième écrit de Leibniz, ou réponse à la seconde réplique de Clarke, envoyé à la princesse de Galles, le 25 février 1716 ».)

notamment être celle du nombre : là où il y avait un professeur et un assistant, il y aura, par exemple, un professeur et quarante assistants. Du même coup, la structure d'expectation de l'assistant ne sera plus du tout la même. Alors que l'assistant unique avait une probabilité absolue (égale à 1) de devenir successeur, l'assistant parmi quarante ne peut plus se penser comme successeur. Inconsciemment, il pense la position de professeur autrement et, dans cette structure qui se situe juste avant 1968, il a tendance à la chahuter, à la subvertir. C'est là l'un des effets.

Comme je l'ai constamment dit, en raison de l'équilibre interne du corps et de la division du travail, cet espace est un espace de positions qui peut en même temps être décrit comme une structure de division du travail de production culturelle. Mais les hiérarchies internes à chaque discipline, les rapports entre les disciplines vont profondément changer. Les disciplines dans lesquelles la contradiction concernant le mode de succession sera maximum peuvent, par exemple, avoir un rôle leader dans l'expression d'une contradiction ressentie par toutes les disciplines à des degrés différents. Cela renvoie au problème éternel de savoir pourquoi certains groupes sont porteurs d'intentions révolutionnaires : il y a des lieux dans cet espace où la contradiction de la succession va être maximum et, s'il se produit une révolution qui est, en partie, une guerre de palais, une guerre de succession, il est évident que ces gens vont être porteurs d'un message qui va l'anticiper. Je n'ai pris l'exemple des lettres que parce qu'il était plus commode pour moi ; on pourrait montrer que, dans les disciplines scientifiques, il y a des phénomènes tout à fait analogues.

La réfraction des contraintes externes

Très souvent je dessinerai les champs sous forme d'ellipses et je supposerai que des forces externes agissent sur eux, une propriété de tous les champs étant leur capacité à réfracter, à retraduire ces actions externes : une crise économique, même si elle prend la forme d'une restriction de crédits, ne peut avoir d'effet, par exemple sur le champ de la physique nucléaire, que par la médiation de la structure de ce champ. Les champs ont une autonomie par rapport aux contraintes externes qui se retraduit par une capacité de restructurer les contraintes conformément à leur propre logique interne. Ce n'est pas le système scolaire qui engendre l'explosion démographique. Celle-ci lui arrive du dehors, sous la forme d'un afflux d'étudiants : les courbes montent, d'abord en sciences, ensuite en lettres, puis en droit. Cela se retraduit au niveau du corps professoral sous la forme de la nécessité d'accroître le nombre de professeurs pour encadrer et engendre une sorte de problème d'optimum : comment maintenir à un tel niveau l'encadrement ? Ces stratégies individuelles sont une sorte de politique collective. La statistique permet de saisir ces stratégies de défense du corps que personne ne veut mais qui s'opèrent progressivement et entraînent une évolution relative des corps professoraux, des rapports et des conflits entre professeurs et assistants, et une redéfinition du poste. Quand les gens recrutés pour occuper le poste s'écartent fortement de la définition du poste, le poste est absurde, ou intenable. Il se trouve donc redéfini par toutes sortes de transactions. On dit, par exemple, qu'on ne peut plus enseigner comme avant, que ce n'est plus possible, qu'il ne faut plus de cours magistraux, etc. : on redéfinit la structure de la position pour y importer des dispositions. Bien sûr, ce n'est jamais un discours finaliste, cynique, ou naïf du type : « Je dis qu'il ne faut pas faire de cours magistral car je ne peux plus en faire. » Il y a toutes sortes de degrés dans la manipulation de la relation entre les dispositions et les positions. Dans la retraduction de l'effet morphologique s'exprime toute la structure du champ, la hiérarchie des positions liée à la réserve d'agrégés, et c'est à travers ces médiations que l'impact externe va être retraduit et que s'engendre un autre équilibre : apparaîtront, par exemple, d'autres disciplines et une autre hiérarchie des disciplines. Les rapports de force entre les disciplines peuvent se trouver transformés du fait que chaque champ est le lieu d'une lutte pour la définition de la manière légitime d'appartenir au champ, c'est-à-dire pour la domination et pour le principe légitime de domination : je lutte dans un champ, non seulement pour dominer, mais aussi, à un degré déjà plus subtil, pour dire ce au nom de quoi il est légitime de dominer ; à l'intérieur de la classe dominante, par exemple, est-il plus légitime de dominer par l'intelligence ou par l'argent, c'est-à-dire par le capital culturel ou par le capital économique ? Dans la lutte à l'intérieur du champ des disciplines académiques, certaines disciplines pourront trouver un renfort dans la situation. En effet, les différentes disciplines sont inégalement menacées par l'afflux et par les problèmes que pose le nombre, en termes de recrutement professoral, de nouveau type de pédagogie. Il pourra donc y avoir une subversion. Les transformations des rapports de force dans ces champs relativement autonomes sont souvent liées à des occasions externes et c'est à la faveur d'une crise externe que les subversions à l'intérieur d'un champ relativement autonome s'opèrent.

Au passage : si les périodisations des historiens de la littérature – quand ils font des coupures en 1830, 1848, 1870, etc. – ne sont pas si fausses alors qu'elles ne sont guère pensées et qu'elles résultent du simple transfert des plans des manuels, c'est-à-dire du transfert de coupures générales, c'est parce que les coupures générales permettent une transformation des rapports de force à l'intérieur d'un sous-espace. Dans le cas du champ universitaire, l'accroissement du corps professoral a eu pour premier effet une transformation de l'équilibre interne de la division du travail. Il s'est produit un autre effet très important pour une sociologie de la connaissance : il y a eu un accroissement considérable des agents placés dans une position correspondant, dans l'état ancien du champ, à une définition des tâches impliquant, par exemple, pour le statut de professeur d'enseignement supérieur, d'écrire des articles, des livres. Des gens qui auraient été des professeurs agrégés dans un lycée ont été mis dans une position universitaire : le fait qu'ils soient passés d'une position qui n'implique pas d'écrire des livres à une position qui l'implique va avoir un effet sur la production ; des gens qui n'étaient pas statutairement mandatés pour écrire des livres vont se sentir statutairement mandatés pour en écrire. Il faudrait là examiner des tas de choses, comme les courbes de production, l'apparition d'éditeurs, etc. Et les livres vont être différents. Il faudrait continuer l'analyse, mais c'est donc là un autre effet.

Un phénomène externe se retraduit dans la logique du champ. Il suscite l'apparition de nouvelles disciplines, de nouvelles revues. Il transforme l'espace de production, mais aussi la structure de l'espace de consommation. En effet, un autre phénomène très important est qu'avec la population étudiante s'accroît le nombre des gens en position statutaire d'étudiants. J'ai fait l'analyse cent fois : ce que j'appelle les actes ou les rites d'institution par lesquels un individu se trouve affecté d'une position sociale a pour effet d'imposer des obligations, selon la logique « noblesse oblige » – dire à quelqu'un : « Tu es étudiant », c'est lui dire : « Tu liras *Le Monde*, tu iras au cinéma, etc. » C'est aussi lui dire : « Tu liras des livres », de sorte que, pour le corps professoral, l'accroissement considérable du corps des étudiants n'a pas pour seul effet d'accroître la taille du corps, mais aussi d'augmenter considérablement le public potentiel pour les livres. Il faudrait prolonger l'analyse pour comprendre ce qui se passe dans le champ intellectuel aujourd'hui, mais je ne le ferai pas ici.

Stratégies de lutte

En revanche, je voulais insister sur le fait que les luttes dans le champ n'ont pas seulement pour enjeu de triompher dans la lutte, mais aussi de définir les enjeux de luttes capables de donner les plus grandes chances de triompher dans la lutte. Il y a donc dans une lutte deux stratégies : une stratégie naïve de premier degré consiste à dire « je suis le plus fort » ou à l'emporter simplement, l'autre stratégie consiste à dire « nous allons jouer à ce à quoi je suis le plus fort ». C'est un des grands facteurs de changement des champs en général et des champs de production savante en particulier : la lutte prend souvent la forme d'une lutte sur les enjeux de lutte et, du même coup, sur la définition de la manière légitime de lutter. Par exemple, si vous êtes poids plume et que vous arrivez à imposer qu'il n'y ait plus de boxe toutes catégories et qu'il y ait une catégorie poids plume, vous avez gagné. De même, s'il y a une géographie générale, vous pouvez faire une géographie un peu spécialisée. La division des disciplines s'opère ainsi depuis le Moyen Âge, et il y a un très bel article de Kantorowicz sur la naissance d'une spécialisation dans les professions juridiques[1] : on préfère être le premier dans son village que le second à Rome. La scissiparité des champs est une stratégie par laquelle on peut redéfinir les enjeux et les normes de lutte. Une autre façon de lutter peut consister à faire une révolution sur la définition des manières légitimes de triompher. Très courante, la stratégie hérétique prend ainsi les dominants à leur propre jeu, en leur opposant ce au nom de quoi ils dominent mais qu'ils ont cessé d'honorer. C'est le retour aux sources, le retour à la ligne pure et dure ; c'est la stratégie réformatrice.

Évidemment, ces stratégies de subversion sont toujours à l'état virtuel dans un champ. En période organique, quand l'espace social environnant est calme, elles sont vaincues d'avance et peuvent même être, comme on le dit naïvement, « récupérées » – le mot est très dangereux parce que finaliste, il suppose une volonté des dominants de faire attention aux stratégies des dominés et de les détourner par une intention consciente. Je suis souvent accusé de pessimisme quand je montre que les stratégies subversives, en période organique, tournent dans une certaine mesure à l'avantage des dominants. On pourrait reprendre dans cette logique l'analyse que faisait Marx des révolutions partielles[2] qui, comme celle de 1848[3], sont, d'une certaine façon, conservatrices, puisqu'elles

1. Il s'agit peut-être de l'article « Kingship under the impact of scientific jurisprudence », in Marshall Clagett, Gaines Post et Robert Reynolds (dir.), *Twelves-Century Europe and the Foundations of Modern Society*, Madison, University of Wisconsin Press, 1961, p. 89-111 (trad. fr. postérieure au cours : « La royauté médiévale sous l'impact d'une conception scientifique du droit », trad. Jean-Fabien Spitz, *Philosophie*, n° 20, 1988, p. 48-72 et *Politix*, n° 32, 1995, p. 5-22).

2. Une formule souvent citée de Marx oppose à la « révolution *radicale* » « la révolution partielle, la révolution *purement politique*, la révolution qui laisse subsister les piliers de la maison » (K. Marx, *Pour une critique de la philosophie du droit de Hegel*, in *Œuvres*, t. III, *op. cit.*, p. 393).

3. Voir Karl Marx, *Le 18 Brumaire de Louis-Napoléon Bonaparte* (1852), in *Œuvres*, t. IV : *Politique 1*, trad. Maximilien Rubel, Paris, Gallimard, « Bibliothèque de la Pléiade », 1982, p. 431-544.

contribuent à renforcer le système de défense et ne touchent à rien de décisif. Dans la plupart des champs de production savante, comme le champ littéraire – le champ scientifique est à part, je vous dirai plus tard comment m'apparaît cette spécificité –, les tentatives de subversion radicale n'ont de chances de réussir que pour autant qu'elles peuvent exploiter, dans la logique du champ, les effets de changements sociaux externes comme les changements morphologiques, les contraintes économiques retraduites dans la logique propre du champ, etc.

Les frontières du champ

La dernière remarque que je voulais faire, toujours à propos du schéma que je vous avais présenté, concerne le problème des frontières des champs. L'un des points les plus difficiles dans ce mode de pensée est le problème des frontières : d'une part, des frontières du champ lui-même – je fais une ellipse bien délimitée – et, d'autre part, des frontières entre sous-champs. Ces frontières sont importantes pour la recherche mais, en même temps, il faut se garder d'en faire des espèces de lignes de partage, à la manière des frontières juridiques. Que sont ces frontières ? Pourquoi sont-elles intéressantes ? Si on repense, par exemple, à la naissance de la sociologie, on s'aperçoit que la moitié de la réflexion méthodologique et théorique de Durkheim a été inspirée par la nécessité de lutter aux frontières : Durkheim était toujours au Far West, il luttait à la frontière de la psychologie avec l'opposition entre représentations individuelles et collectives, il luttait à la frontière de la philosophie en disant qu'il fallait reposer en termes positifs et scientifiques les problèmes traditionnels de la philosophie de la connaissance.

Une part de l'énergie qui se déploie dans les luttes à l'intérieur d'un champ peut avoir pour enjeu la défense des frontières du champ, ou celles d'un sous-champ, contre les empiètements et les annexions. Je parlais tout à l'heure des stratégies de scissiparité qui consistent à diviser un champ pour être complètement maître d'un petit secteur faute de pouvoir être maître de tout un empire. La stratégie inverse consiste à s'emparer, à conquérir, à annexer tout un secteur en montrant par exemple que les frontières n'existent pas. Si vous montrez que les représentations individuelles ne sont que phénoménales, qu'elles ne sont que la forme incorporée des représentations collectives, vous avalez la psychologie[1]. Une part des luttes entre disciplines ont pour enjeu des guerres d'annexion, de frontières. Ces guerres, évidemment, ne sont pas menées par n'importe qui : ce n'est pas par hasard si ce sont les dominants dans chaque champ qui mènent ces guerres et qui sont les héros éponymes, comme les nobles dans les guerres féodales. Il y a une très belle analyse de Butor sur le nom noble : le noble est celui qui se bat au nom de tout un canton, de toute une région et, à travers son nom, ce sont tous les autres qui se battent[2]. Quand Durkheim se battait contre la psychologie, c'étaient tous les sociologues qui se battaient par lui, et en même temps pour lui, pour dominer. Ces luttes de frontières sont extrêmement importantes mais, d'ordinaire, les champs ordinaires n'ont pas de frontières juridiques précises. Un des gros problèmes qui se pose à toute étude en termes de champs est de savoir ce qui en fait partie et ce qui n'en fait pas partie. Une manière de le savoir est d'observer si les effets de structure du champ s'exercent sur telle ou telle position. Le problème est donc de trouver des indices pour déterminer jusqu'où s'exercent les effets de champ : les occupants d'une position de sociologie géographique, par exemple, sont-ils engagés dans les luttes autour desquelles se divisent les sociologues ou dans les luttes autour desquelles se divisent les géographes ?

Encore une fois – je le dirai beaucoup mieux la prochaine fois –, la notion de champ est construite contre la tentation de la pensée réaliste, contre la tentation de prendre au sérieux ce qui saute aux yeux dans le monde social : les individus biologiques,

1. Voir, par exemple, Émile Durkheim, « Représentations individuelles et représentations collectives » (1898), in *Sociologie et philosophie*, Paris, PUF, 1963, p. 1-48.
2. Michel Butor, « Individu et groupe dans le roman » (1962), in *Répertoire II*, Paris, Minuit, 1964, p. 73-87.

les objets socialement fabriqués, les interactions physiques entre les individus biologiques qui sont manifestées par les échanges de paroles, d'objets, etc. La notion de champ est construite contre le réalisme spontané, contre le substantialisme spontané qui n'accorde de réalité qu'à ce qui peut être vu par les modes de perception ordinaires, en tout cas montré du doigt. La notion de frontière naît ainsi d'une pensée réaliste, pour laquelle un champ devrait exister quelque part, avoir une longueur, une largeur, une hauteur, donc une frontière, et devrait finir quelque part.

Le champ intellectuel

La question des limites du champ se pose à tout champ. Je reprends un exemple que j'ai déjà pris mille fois (je pense qu'il n'est pas inutile de répéter ces choses) : penser le monde intellectuel en tant que champ, c'est savoir tout de suite qu'un des problèmes fondamentaux du champ intellectuel va être de lutter pour savoir qui fait partie du champ intellectuel. Je dirais même qu'une des propriétés par lesquelles on peut le mieux caractériser la position occupée par un intellectuel dans le champ intellectuel sera sa prise de position sur ce qui mérite de faire partie du champ intellectuel, ce qui ne veut pas dire que la définition du champ intellectuel est relative à ce qu'en pensent les gens qui croient en faire partie. L'objet propre d'une sociologie du champ intellectuel est d'étudier les luttes de domination intellectuelle pour imposer le principe de définition dominant du champ intellectuel et, par là, contribuer à le dominer. En imposant le principe de définition dominant, j'impose un principe de délimitation et donc d'exclusion – il y a ceux qui sont *in* et ceux qui sont *out*. Mais ma frontière ne sera une frontière bien fermée que dans certaines phases du champ intellectuel, où je serai suffisamment dominant pour pouvoir contrôler le droit d'accès.

Cette propriété de la frontière qu'on aura tendance à penser en termes réalistes – y a-t-il, ou non, une frontière ? – est une propriété historique à intégrer au modèle : je ne la constitue pas comme particularité, mais comme quelque chose qui fait question dans tout champ. La pensée en termes de champ consiste à dire qu'il est universellement question, en tout champ, de ses frontières. Mais la forme historique que va prendre dans chaque champ la frontière va varier, par exemple, selon le degré de codification. On retrouve un peu l'opposition de tout à l'heure entre professions dures et professions molles. Une profession dure aura une déontologie très forte, un code professionnel très fort, un droit d'entrée dans le champ très élevé, des procédures très claires d'inclusion et d'exclusion. Mais une frontière aussi forte suppose un certain état du champ : il faut que les dominants dans ce champ dominent au point de contrôler complètement l'entrée dans le champ parce qu'ils contrôlent ainsi les effets dangereux qui sont produits lorsqu'on laisse entrer n'importe qui ; cela a un nom, c'est le *numerus clausus*.

Je pense que personne n'en a conscience – c'est pourquoi la sociologie est tout de même une chose assez étonnante… –, mais il y a un effet très intéressant de cette lutte pour ne pas laisser entrer n'importe qui. Il y a une forme simple de la lutte pour le *numerus clausus* : s'agissant par exemple de l'accès à l'université, le *numerus clausus* semble avoir pour but de limiter le nombre des détenteurs du diplôme de sortie. En fait, c'est beaucoup plus subtil. Le *numerus clausus* est une façon inconsciente, qui ne pourrait pas s'énoncer complètement, d'essayer de contrôler par avance les effets, imprévisibles dans le détail – on peut juste prévoir comment globalement, en gros, les choses vont se passer –, que produirait l'entrée massive, ou simplement nombreuse, dans un champ, de gens qui risquent de ne pas avoir les propriétés des gens qui, jusqu'alors, entraient dans le champ et qui auront de moins en moins les propriétés qui donnaient accès au champ. L'arrivée massive s'accompagne donc d'une transformation du droit d'entrée, qui n'est pas nécessairement un droit monétaire ; il y a toutes sortes de droits d'entrée dans un club (il faut par exemple deux parrains et venir d'un milieu où on trouve un parrain). Contrôler le droit d'entrée, c'est se mettre à l'abri des effets relativement imprévisibles que peut avoir sur la structure du champ, sur les rapports de force internes au champ, l'irruption d'un ensemble de gens pouvant, selon ce que j'ai dit tout à l'heure, apporter un renfort aux positions dominées dans le champ et à leurs stratégies subversives. Par exemple, la subversion du champ des architectes, ou de la médecine, ne peut se produire que s'il y a un abaissement systématique du droit d'entrée qui déclenchera tous les phénomènes que j'ai un peu esquissés tout à l'heure. Je ne prolonge pas, je pense que vous pouvez déduire, par transfert de mes analyses, les analyses qu'il faudrait faire de tous les corps qui, en défendant un droit d'entrée, défendent la structure des rapports de force constitutive d'un état du champ.

Pour résumer, on peut dire que des frontières bien défendues, bien tracées, bien délimitées, sont des frontières sans nuage. J'emploie souvent cette image des frontières en nuage ou en lisière de forêt avec des densités décroissantes[1] ; les champs sont souvent comme ça. Ces frontières en nuage prennent parfois la forme de frontières juridiques bien tracées, comme entre la France et la Suisse. De même qu'à un moment on est en France ou en Suisse, à un moment on est intellectuel ou curé et, brusquement, on change d'habit, de vêtement, il y a des rites d'institution, des rites de passage qui font passer une frontière, sauter par-dessus un seuil. Cela suppose que ceux qui dominent le champ soient capables d'imposer la frontière. Ce n'est pas la frontière qui les intéresse, mais l'ordre dans le champ : pour le maintenir, il faut imposer des frontières.

J'ai pris le risque de vous jeter un peu dans la confusion, mais la prochaine fois, je procéderai tout à fait autrement. J'essaierai de vous montrer les principes théoriques qui m'ont amené à penser en ces termes et de dégager les principes généraux de cette méthode.

1. Voir *supra*, le cours du 2 juin 1982, p. 127.

COURS DU 7 DÉCEMBRE 1982

Le mode de pensée structural. – Des systèmes symboliques aux relations sociales. – Parenthèse sur la genèse des savoirs. – Champ de forces et champ de luttes. – Penser une position sociale. – Comment construire un espace relationnel ? – La distribution du capital et les différentes structures. – Les inter-champs. – Retour sur la structure de distribution du capital. – L'interdépendance du champ et du capital. – Les grandes espèces de capital. – La conversion des espèces de capital.

Je vais tenir compte des remarques qui m'ont été faites et qui m'ont fait penser que, contrairement à ce que je croyais, j'allais encore un peu trop vite et que j'avais considéré comme allant de soi des choses qui prêtent à discussion. J'avais indiqué la dernière fois que la notion de champ s'était construite par un retour sur un certain nombre de modes de pensée ou, plus exactement, par l'application aux sciences sociales d'un mode de pensée qu'on pourrait appeler *grosso modo* structuraliste et, du même coup, je crains d'avoir incité un certain nombre d'entre vous à penser ce que je disais à travers l'idée qu'ils ont du structuralisme. C'est pourquoi je veux revenir un tout petit peu en arrière.

Le mode de pensée structural

La notion de structure, telle qu'elle a été introduite en France par le structuralisme, est d'une application extrêmement générale. On pourrait même dire qu'elle est coextensive à la science moderne. (Ce sont des choses que je n'aurais pas dites tellement elles me paraissent évidentes, mais que je crois devoir les dire pour éviter un malentendu qui pourrait être assez dangereux.) À mes yeux, ce qui est important dans le structuralisme, beaucoup plus que cette notion de structure sur laquelle on peut ergoter, c'est ce qu'on pourrait appeler le mode de pensée structural ou, plus exactement, relationnel. Dans son livre *Substance et fonction*, Cassirer essaie de montrer comment ce mode de pensée s'est progressivement imposé dans les mathématiques et dans la physique[1]. Dans un article qui est d'ailleurs le dernier qu'il ait écrit et qui a paru dans la revue *Word*, il essaie de montrer comment la linguistique elle-même, et en particulier la linguistique saussurienne qu'il a, me semble-t-il, connue assez mal et assez tardivement, est un cas parmi d'autres de l'application de ce mode de pensée structural qui s'est élaboré dans les sciences de la nature – la mathématique et la physique – et qui s'est peu à peu appliqué à tous les terrains de la science[2]. Cet article qui est paru à une époque où tout le monde parlait de structuralisme est, je pense, extrêmement important. Dans la logique qui était typiquement la sienne, Cassirer – qui avait une culture historique et théorique absolument fantastique – essaie de resituer la genèse du mode de pensée structural à partir de différentes sciences.

Je reviens donc en arrière – c'est une des raisons pour lesquelles j'avais allègrement sauté par-dessus cette étape dans l'exposé rétrospectif que j'ai fait de la généalogie de la notion de champ. J'avais écrit dans les années 1968 un papier où j'essayais de montrer que le mode de pensée structural n'était, au fond, qu'une application au champ des sciences sociales d'un mode de pensée beaucoup plus général, ce qui ne veut pas dire qu'il n'y ait pas une extrême originalité à l'étendre aux sciences sociales[3]. J'essayais de montrer, en m'appuyant à la fois sur Cassirer et Bachelard qui dans

1. Ernst Cassirer, *Substance et fonction. Éléments pour une théorie du concept*, trad. Pierre Caussat, Paris, Minuit, 1977 [1910].
2. Ernst Cassirer, « Structuralism in modern linguistics », *Word. Journal of the Linguistic Circle of New York*, vol. 1, n° 2, 1945, p. 99-120.
3. Pierre Bourdieu, « Structuralism and theory of sociological knowledge », trad. A. Zanotti-Karp, *Social Research*, vol. 35, n° 4, 1968, p. 681-706.

des langages différents disent, me semble-t-il – en tout cas pour les besoins que j'en avais –, à peu près la même chose, qu'avec l'application de ce mode de pensée structural aux sciences sociales s'est introduite une rupture radicale avec le mode de pensée que Cassirer et Lewin – qui est l'un des auteurs importants s'agissant de la notion de champ[1] – appellent le mode de pensée substantialiste ou aristotélicien – Lewin dit plutôt « aristotélicien », Cassirer plutôt « substantialiste » –, lequel tend à considérer les choses en elles-mêmes plutôt que dans leurs relations entre elles. Ce qui est important dans le travail de Cassirer, c'est qu'il montre que ce mode de pensée n'est pas congénital, en quelque sorte, et qu'il a été une conquête dans les sciences de la nature très difficile et très récente. Pour les mathématiques, par exemple, c'est au prix d'un très haut travail d'abstraction qu'on est parvenu à passer de la tendance à considérer les réalités géométriques chacune pour elle-même à une pensée des réalités géométriques comme pur système de relations et à saisir les figures géométriques dans leurs relations au lieu de les saisir dans leur existence particulière. Je citais, par exemple, une phrase de Bachelard : « La réalité d'une ligne se fortifie par la multiplicité de ses appartenances à des surfaces variées, mieux encore, [...] l'essence d'une notion mathématique se mesure aux possibilités de déformation qui permet d'étendre l'application de cette notion[2]. »

Par conséquent, ce qui est important, et sur ce point je rejoins Cassirer, c'est que dans la mathématique moderne les points, les lignes, les plans peuvent être remplacés par une infinité d'objets entièrement différents sans que se trouvent affectées les propositions que l'on peut formuler à leur sujet. Cassirer montre de façon tout à fait analogue à propos de la physique et du travail de Hermann Weyl que c'est aussi au prix d'une sorte de déréalisation, de désubstantialisation, de destruction – ce sont des termes bachelardiens

1. Voir Kurt Lewin, *Field Theory in Social Science : Selected Theoretical Papers*, ed. Dorwin Cartwright, New York, Harper & Brothers, 1951.
2. G. Bachelard, *Le Nouvel Esprit scientifique*, *op. cit.*, chap. 1, « Les dilemmes de la philosophie géométrique », p. 28.

que tout le monde a plus ou moins en tête – des notions intuitives et sensibles comme celle de force, par exemple, que la science physique a réussi à construire son objet. Je prolongeais en essayant de montrer comment ce travail de désubstantialisation, qui n'était pas facile dans les sciences de la nature, était spécialement difficile dans le cas des sciences de l'homme, qu'il s'agisse de penser des objets symboliques, comme des mythes, des rites ou des religions, ou *a fortiori* des objets sociaux ordinaires comme des groupes, des institutions. En effet, dans ces deux cas, les « réalités » qu'il s'agit de déréaliser, de faire disparaître au profit des relations – c'est un thème que j'ai longuement développé dans les dernières séances – résistent particulièrement à la désubstantialisation, ces réalités pouvant être par exemple l'individu, la personne dont la scolastique aimait à dire que c'est l'*ens realissimum*, la réalité la plus réelle.

Ainsi, si je dénonce parfois avec un peu d'humeur polémique le personnalisme qui hante les sciences sociales, c'est évidemment parce que l'idéologie de type personnaliste ne m'est pas très sympathique, mais c'est aussi parce que je pense qu'un mode de pensée personnaliste est profondément incompatible avec un mode de pensée scientifique dans les sciences sociales, du fait qu'il constitue l'individu, avec qui nous sommes liés de manière particulièrement intéressée, comme quelque chose qui ne se laisse pas dissoudre, qui ne peut pas être réduit à une sorte d'émergence du champ. Il y a une phrase de Hermann Weyl, que je citais avec beaucoup de plaisir, qui disait que le point physique n'est qu'une émergence du champ[1]. Quand il s'agit d'individus, nous avons évidemment du mal à penser que tel ou tel personnage historique, ou bien nous-même, est un simple produit des forces en jeu dans le champ[2]. Pour faire ce qui allait

1. P. Bourdieu, dans l'article cité (« Structuralism and theory of sociological knowledge », p. 690), cite le physicien Hermann Weyl disant que l'électron n'est pas un « *an element of the field but "a product of the field"* (*eine Ausgeburt des Felds*) ».
2. On peut rapprocher ce passage de la citation suivante tirée de *Sur la télévision* (*op. cit.*, p. 63) : « Il faut voir que [Bernard-Henri Lévy] n'est qu'une sorte d'épiphénomène d'une structure, qu'il est, à la façon d'un électron, l'expression d'un champ. On ne comprend rien si on ne comprend pas le champ qui le produit et lui donne toute sa force. »

de soi après toute une série de révolutions scientifiques dans les sciences de la nature, la science sociale devait donc accomplir un travail particulièrement difficile, et cela à deux niveaux.

Le structuralisme, au sens historique que nous avons l'habitude de lui donner (le structuralisme de Jakobson, Lévi-Strauss, etc.), a opéré cette rupture au niveau des systèmes symboliques. Il a entrepris de penser relationnellement les systèmes symboliques, c'est-à-dire la norme, le mythe, le rite, etc. Il faut voir comment étaient pensés les systèmes symboliques avant qu'on ne leur applique le mode de pensée structural. L'un des obstacles à la pensée structurale du mythe ou du rite tient à ce que l'intuition ordinaire qui pense les éléments indépendamment de leurs relations se donnait des interprétations partielles dans la logique de la clé des songes – c'est un peu la même chose que Freud. On disait par exemple trop vite : « Le labour, c'est l'acte sexuel », sur la base d'une sorte d'intuition qui était une intuition du système mais qui se constituait à partir d'un élément particulier du système. La conquête structurale qui a consisté à penser les systèmes symboliques comme systèmes de relations tels que l'élément n'ait de sens que dans le système n'était pas si facile. Elle allait à contre-pente de cette tendance spontanée, illustrée par la notion de « clé des songes », à penser des éléments symboliques dans leurs relations directes à leurs référents sans faire le détour par le système. Il est vrai que ce détour est toujours pénible, long : si, pour comprendre ce que veut dire la charrue, il faut passer par le soc, par la roue, par l'univers entier, c'est long, c'est difficile, alors que la logique pratique porte à rechercher le raccourci. Le mode de pensée structural n'allait pas de soi et, au fond, l'arbre du symbole isolé cachait la forêt des symboles, cachait le système.

Des systèmes symboliques aux relations sociales

Mais, c'est là que je voulais en venir, il y avait un deuxième stade, que j'ai essayé de faire passer au mode de pensée structural. Il consistait à penser dans une logique relationnelle, non plus seulement des systèmes symboliques, mais des systèmes de relations sociales. Au niveau symbolique, la transposition se faisait assez facilement, souvent d'ailleurs trop facilement, parce que – ce serait là un long débat – je pense que, faute de revenir à la racine de ce qui était engagé dans le structuralisme, c'est-à-dire au mode de pensée structural, on procédait à des jeux et à des transpositions de manière assez mécanique. Plutôt que de considérer que ce qui était en jeu était une manière de penser, une méthode relationnelle de pensée, on cherchait des équivalences. On avait, d'un côté, Jakobson et, de l'autre, un rite ou un système symbolique, et on procédait à des systèmes de traduction presque terme à terme, en cherchant des paradigmes, des syntagmes, etc. Il y a eu une époque pour ça. Cela dit, il était encore plus difficile de passer au système de relations sociales dans lesquelles se produisent les systèmes symboliques. Il y avait mille obstacles qui empêchaient d'appliquer le système de relations structural, non plus, dans le langage que j'ai employé ici, au système des prises de position, mais au système du champ des positions : un certain marxisme faisandé, un peu rigidifié et sclérosé qui avait une apparence de pensée relationnelle, mais aussi des obstacles spécifiques, comme le fait que le monde social porte beaucoup plus à la pensée réaliste qu'un système symbolique. D'une certaine manière, dès qu'on commence à penser un système comme un système symbolique, il demande à être pensé ainsi. Mais avoir à l'esprit, quand il s'agit de la relation entre le patron et l'ouvrier, entre la domestique et la maîtresse de maison, entre la secrétaire et le directeur, etc., qu'on ne peut penser aucune de ces relations – qu'on comprend trop vite et trop bien à l'état isolé – sans passer par la totalité du système est extrêmement difficile pour toutes les raisons que j'ai dites, et aussi du fait même de la division du travail qui, par exemple, vous sanctionne positivement – c'est un très bel article d'ailleurs qui a paru dans une revue anglo-saxonne – si vous décrivez la relation entre patron et domestique : aussitôt vous êtes publié dans les grandes revues internationales comme si vous publiiez un article sur tel ou tel phonème indépendamment du système. Tout un ensemble d'obstacles sociaux venait donc s'instituer contre le mode de pensée qui me paraissait devoir s'imposer. La difficulté du mode de pensée structural était redoublée par le fait qu'on pouvait constamment passer du niveau synchronique, du niveau des symboles à l'état d'*opus operatum* au niveau du champ de production des symboles. Et beaucoup de travaux confondaient les deux.

J'en viens à une autre référence que je voulais faire et qui m'a incité à vous proposer cette réflexion aujourd'hui : dans le prolongement des travaux des formalistes russes qui ont été repensés en France dans la logique structurale[1], une école qu'on pourrait appeler structurale de la littérature s'est développée, essentiellement en Israël[2]. Elle me paraît tout à fait intéressante pour marquer la différence entre ce que je propose et ce qu'on pourrait tirer d'un décalque un peu mécanique des notions linguistiques tenues pour dominantes. Cette école part de l'idée que, pour comprendre les œuvres d'une époque, il faut les constituer en système, ce qui est déjà une rupture importante et intéressante par rapport à l'histoire littéraire traditionnelle – « l'homme et l'œuvre » – ou à ses variantes, parce qu'on peut très bien faire des fausses révolutions méthodologiques tout en gardant l'essentiel. Pensant les œuvres dans leurs relations, ces chercheurs découvrent des propriétés des espaces des produits littéraires ; par exemple, on observe généralement l'opposition entre un centre et une périphérie de l'espace littéraire, des changements qui consistent à faire venir au centre ce qui était à la périphérie, etc.

Mais, étant partis du système tel que le définit la linguistique, ils restent en quelque sorte dans le ciel des idées : ce qui se passe dans la littérature, c'est une histoire de rapports entre des choses littéraires. Au fond, c'est ce à quoi je serais arrivé si j'étais parti de la notion de champ sémantique telle que l'a proposée Peirce qui consistait à dire – encore une variante structuraliste – qu'on ne peut pas penser un concept, une notion indépendamment du

1. Voir *Théorie de la littérature. Textes des formalistes russes*, réunis, présentés et traduits par Tzvetan Todorov, Paris, Seuil, 1966 ; rééd. « Points Essais, 2001.
2. Voir en particulier Itamar Even-Zohar, « Polysystem theory », *Poetics Today*, vol. 1, n° 1-2, 1979, p. 287-310.

système des différences dans lequel il fonctionne[1]. Si j'avais, par exemple, pris ce point de départ pour penser l'histoire littéraire – ou l'histoire de la philosophie, ce serait le même genre de problèmes –, j'aurais été conduit à dire que l'espace des œuvres, en tant que système symbolique, enferme l'explication du sens de chacun des éléments constitutifs de cet espace.

En disant, comme je viens de le faire tout à l'heure, qu'il s'agissait d'appliquer le mode de pensée relationnel, non seulement à l'espace des œuvres, mais aussi à l'espace des producteurs d'œuvres, j'introduisais une distinction claire entre deux niveaux d'analyse et posais du même coup la question des relations entre le champ des prises de position et le champ des positions. En fait, à l'époque où j'écrivais ces articles, j'avais à l'esprit un schéma du type suivant : l'idée qu'il y avait un espace des prises de position ; par exemple, ici, l'orthodoxie – que l'on peut mettre dans la partie droite de l'ellipse pour respecter la langue grecque[2] –, dans la partie gauche, l'hétérodoxie, l'hérésie, et, au centre, une zone neutre, là où seraient les gens qui prolongent les formalistes russes (Tynianov, Chklovski, etc.). On pourrait mettre aussi dominants/dominés, central/périphérique, et ceci au niveau des produits culturels.

Mais j'avais l'hypothèse que je devais construire un deuxième espace, l'espace des producteurs : j'aurais appelé le schéma précédent l'« espace des prises de positions » et ce schéma l'« espace des positions » dans lequel se situent les producteurs. Et je faisais l'hypothèse que cet espace des prises de position était la projection de l'espace des positions. Je postulais l'existence d'une homologie entre les positions occupées dans l'espace réel des positions sociales (par les écrivains, par les musiciens, par les ethnologues, etc.), dans la division du travail de production, littéraire par exemple, et les positions occupées dans l'espace des prises de position par les prises de position correspondantes. Pour prolonger l'hypothèse, on pourrait dire qu'il est très improbable que quelqu'un qui est

1. Voir Charles S. Peirce, *Écrits sur le signe*, textes rassemblés, traduits et commentés par Gérard Deledalle, Paris, Seuil, 1978.
2. Le mot « orthodoxie » est formé sur *orthos* (ὀρθός) qui signifie « droit ».

ici [à gauche de l'espace des positions] puisse avoir même l'idée de tenir une position qui se trouverait là [à droite de l'espace des prises de position], et je citais dans un autre texte de la même époque une plaisanterie d'Arthur Cravan, une espèce de personnage bizarre, qui imaginait [l'écrivain catholique et académicien] Paul Bourget en danseuse en tutu[1]. Cette espèce de variation imaginaire farfelue, ces exercices d'imagination qu'inspire la polémique [...] sont très intéressants parce que ce sont des exercices structuraux. (Pour vous endormir, vous pouvez vous amuser à imaginer des gens qui sont ici faisant des choses qui sont typiquement là ; en général, c'est très comique. Dans l'autre sens, ça marche moins bien, ça paraît parodique.)

Autrement dit, constituer l'espace des relations sociales de production comme tel conduit à distinguer clairement les deux espaces et à poser la question de leur correspondance : les transformations qui se situent à ce niveau [celui des positions] correspondent-elles à des changements ici [au niveau des prises de position] ? C'est une question qu'on pose immédiatement. Peut-on imaginer que l'orthodoxie soit supplantée par la périphérie s'il ne s'est pas passé quelque chose ici qui a renforcé cette position ? Du même coup se pose la question de ce qui se passe à l'extérieur de ce champ relativement autonome, question que je posais la dernière fois. Cette distinction, qui rétrospectivement me paraît tellement évidente que j'ai oublié de vous en parler, a été très difficile à acquérir. (Preuve qu'elle n'est pas si facile, ce que je dis là a été suscité par des objections qui m'ont été faites, des gens voyant comme en deçà de ce que j'avais dit des choses qui pour moi étaient tellement au-delà que j'avais oublié de les dire – ça arrive très souvent, c'est peut-être une illusion de ma part, mais, en tout cas, je le vis ainsi et il est donc important que je le dise.)

Pour récapituler simplement ce que je viens de dire : il y a un

1. « Si j'avais la gloire de Paul Bourget je me montrerais tous les soirs en cache-sexe dans une revue de music-hall et je vous garantis que je ferais recette. » (Arthur Cravan, « L'Exposition des indépendants », *Maintenant*, n° 4, 1914 ; P. Bourdieu cite cette phrase dans « Le marché des biens symboliques », *L'Année sociologique*, n° 22, 1971, p. 107.)

danger très fréquent dans l'emploi de la notion de champ et il y a eu une époque, dans les années 1960, où le mot « champ » était employé de façon assez approximative par un certain nombre de gens, dont j'étais d'ailleurs au début (comme je l'ai dit, je crois, assez honnêtement), sous l'influence du mode de pensée structural qui était dans l'esprit du temps. Dans ces emplois assez confus, le mot « champ » désignait quelque chose qui confondait les produits culturels et l'espace dans lequel sont produits ces produits culturels. Il me semble que la notion d'*épistémè* telle qu'elle a été comprise, mélangeait aussi les deux niveaux[1]. La notion de culture aussi fonctionnait confusément aux deux niveaux. J'ai insisté fortement là-dessus pour manifester qu'il faut clairement distinguer le champ des prises de position et le champ des positions, étant entendu que, dans la logique que je postule, une prise de position n'enferme pas en elle-même son propre moteur. Le champ des prises de position peut survivre dans la contradiction ; on ne peut pas imaginer une sorte de parthénogenèse, de changement à partir du seul niveau des prises de position : c'est au niveau des luttes dans le champ de positions, pour le monopole, pour la domination, pour la subversion, etc., que réside le mouvement qui ensuite se manifeste au niveau du champ des prises de position. Voilà, c'est à peu près ce que je voulais vous dire. Je serais très heureux si j'étais sûr d'avoir dit tout ce que je voulais dire.

Parenthèse sur la genèse des savoirs

Une seule chose que je n'ai pas dite mais qui me paraît importante (comme ce sont des choses qui m'ont été utiles personnellement, je postule qu'elles peuvent l'être à d'autres), c'est que l'une des difficultés du travail intellectuel consiste à resituer les unes par rapport aux autres des choses qui sont apparues historiquement dans la biographie individuelle à des moments et dans des contextes

1. Après avoir théorisé le concept d'*épistémè* dans *Les Mots et les Choses* et dans *L'Archéologie du savoir* (Paris, Gallimard, 1966 et 1969), Michel Foucault a renoncé à l'employer.

différents : les unes ont été apprises scolairement, les autres non scolairement, par des lectures personnelles postscolaires, etc. Les acquis restent attachés à leur mode d'acquisition et le travail intellectuel, qui est un travail d'unification, d'intégration, doit vaincre ces adhérences liées à des modes d'acquisition. Pour ce travail, une des choses extrêmement utiles – en tout cas pour moi, j'espère pour d'autres –, c'est d'avoir des informations minimales de type historique ou social sur les contenus de savoir qu'on acquiert. J'en profite pour dire une chose que je crois importante : une des traditions du système d'enseignement français, pour des raisons dont on pourrait faire la sociologie – Durkheim dit d'excellentes choses à ce sujet dans *L'Évolution pédagogique en France*[1] –, est de couper les savoirs de leur genèse historique. On fait comme si *Morales du Grand Siècle*[2] était sorti de la cuisse de Jupiter, sans rien dire de Paul Bénichou, de ce qu'il a fait et de ceux dont il a été l'élève. Du coup, les cerveaux anhistoriques que fabrique ce système sont constitués comme de petits isolats qui ont un mal fou à communiquer. Parmi les manières de faire communiquer les isolats, il y a effectivement les généalogies historiques – « tel a été élève d'Untel », etc. Ça tient peut-être au fait qu'en France il y a très peu d'élèves et très peu de maîtres [*rires*] – c'est une méchanceté, mais pas seulement.

Une chose par exemple – c'est aussi une façon de préparer la suite parce que je peux apparaître comme polémique – qu'il faudrait dire au sujet des formalistes russes est qu'ils ont été importés en France dans la période structurale, leur grand importateur étant Todorov, et un de mes interlocuteurs récents parlait de « todorovisme » pour désigner cette lecture structuraliste des formalistes russes chez qui on peut lire tout à fait autre chose. On a lu des formalistes russes (essentiellement Propp[3] et quelques autres) et on a oublié que le mot « formalisme » était une injure adressée aux

1. Émile Durkheim, *L'Évolution pédagogique en France*, Paris, PUF, 1938.
2. Paul Bénichou, *Morales du Grand Siècle*, Paris, Gallimard, 1948.
3. Vladimir Propp, *Morphologie du conte*, trad. Marguerite Derrida, Tzvetan Todorov et Claude Kahn, Paris, Seuil, « Points Essais », 1970.

formalistes par leurs adversaires. Les formalistes n'étaient pas du tout formalistes, au sens où on l'a entendu en France, c'est-à-dire pas du tout sémiologues. Ils ne considéraient pas la littérature comme un espace autonome ayant en lui-même ses références, bien qu'ils n'aient pas complètement échappé – j'insiste – à une tentation que je dirais formaliste du fait qu'ils étaient partis de l'analogie avec la linguistique et qu'ils avaient traité les systèmes de la littérature comme systèmes symboliques indépendants du champ de production. Je ne sais pas si je me suis fait comprendre, mais je crois que c'est important, parce qu'au fond vingt années de discussions dans la vie intellectuelle française ont tourné, en tout cas à mes yeux, autour de ce genre de problèmes. C'est une des raisons pour lesquelles j'ai pensé qu'il me fallait revenir sur ce point : je pense être au-delà de ce débat structuralisme/poststructuralisme, mais je crains d'être perçu comme étant en deçà, ce qui n'aurait pas grande importance si cela ne risquait pas d'introduire des malentendus ou des incompréhensions.

Autre chose, parmi les obstacles à la compréhension (il y en a des masses), il y a la tentation permanente de réduire le nouveau au déjà connu, ce qui est le fait des hommes cultivés qui, par ce moyen, défendent leur culture. (Je me permets de dire ces choses-là, mais ce serait indécent de les écrire [*rires*] : une des fonctions de l'enseignement est peut-être de dire ces choses qui sont peut-être importantes mais qu'on ne se sent pas en droit d'écrire.) La réduction au déjà connu dont la fonction est de servir au système de défense conduit à rater en quelque sorte des compréhensions, à rater des contenus, et je pense qu'une forme de docilité critique, ou de modestie vigilante, est très importante dans la pratique scientifique, mais là encore ce n'est pas quelque chose que le système français encourage spécialement. (C'était dans [les notes préparatoires de mon cours], et j'avais oublié de le dire.)

Champ de forces et champ de luttes

Après avoir dit que la pensée en termes de champ est une application [du mode de pensée structural] à l'espace des relations sociales et, du même coup, des relations culturelles en tant qu'elles expriment des relations sociales, je voudrais maintenant essayer de décrire rapidement de façon synoptique, sans approfondir chacun des points, un certain nombre de propriétés des champs, en commençant par l'opposition que je faisais la dernière fois entre champ de forces et champ de luttes. C'est là aussi un point sur lequel je pense être arrivé à un peu plus de clarté après avoir été très longtemps dans la confusion : je pense avoir longtemps utilisé la notion de champ de façon assez indifférenciée, tantôt comme champ de forces, tantôt comme champ de luttes, en fonction de ce que l'objet particulier auquel j'essayais d'appliquer ce mode de pensée me présentait pour être pensé. Il s'agit là encore d'une chose importante qu'enseigne le travail de recherche empirique : les objets se proposent pour être pensés de certaines façons ; il est des objets à propos desquels on sera facilement physicaliste, d'autres à propos desquels on sera plus facilement représentationniste. Le rapport que l'on entretient avec l'objet particulier joue un rôle. Ainsi, on sera sans doute plus facilement physicaliste face à un objet auquel on est totalement étranger et je pense aussi – j'essaierai de le montrer – que la vision physicaliste est assez naturelle à ceux qui occupent une position dominante dans l'espace social dans la mesure où la judiciarisation est une forme de physicalisation. Il faudrait donc interroger à chaque moment les propensions épistémologiques inhérentes à tel ou tel objet scientifique.

La distinction entre champ de forces et champ de luttes est importante méthodologiquement. Elle oblige à faire des opérations différentes dans la conduite pratique des opérations de la recherche. Construire un champ comme celui des disciplines scolaires ou le champ littéraire, etc., comme champ de forces signifie *grosso modo* avoir à l'esprit qu'on construit un espace dans lequel vont s'exercer de façon permanente des forces potentielles qui pourront rester invisibles aussi longtemps que rien ne rentre dans l'espace considéré et qui s'exerceront sur tout entrant dans cet espace. Comment peut-on connaître ces forces potentielles ? Quelle en est l'unité de mesure ? Comment définir la structure d'un champ de forces ? C'est la première question quand on pense en termes de champ de forces. Comment nommer les positions occupées dans ce champ de forces ? Comment les caractériser les unes par rapport aux autres ?

La logique du champ de luttes est un mode de pensée qui nous est beaucoup plus naturel, ne serait-ce que parce que nous sommes habitués au mot « lutte » qui n'est que trop prononcé dans la verbalisation de l'univers politique. Si on adopte le langage du champ de luttes, on dira que l'espace littéraire est un champ de luttes en ce sens qu'il y a des agents qui, en usant des armes dont ils disposent, s'efforcent de s'emparer des enjeux qui sont en jeu dans cet espace. Parlant de champ de luttes, on se situera dans un univers doté de sens pour les agents qui l'habitent et à l'intérieur duquel se déroulent les actions orientées par des intentions conservatrices ou subversives visant à conserver ou transformer l'état du rapport de force.

Je n'ai pas envie ici de le faire, mais il serait utile de montrer qu'au fond, dans la tradition marxiste, les deux sens (champ de forces et champ de luttes) ne sont jamais clairement distingués. On passe ainsi constamment de l'un à l'autre, cette confusion, me semble-t-il, ayant beaucoup de profits économiques mais entraînant beaucoup d'inconvénients scientifiques. Je distingue, pour les besoins de l'exposition, les deux types de définition de la notion de champ, mais je précise que ce n'est vraiment que par une opération de raison, par une abstraction consciente, qu'on peut faire cette distinction : dans la réalité on ne peut pas penser un instant une position sans la penser comme ce à partir de quoi les gens qui l'occupent vont entreprendre la lutte pour maintenir leur position, pour la transformer. Autrement dit, à tout instant, les positions engendrent les prises de position qui visent à transformer leur position. À tout instant, le champ de forces fonctionne comme un lieu à l'intérieur duquel se déroulent des luttes pour transformer le champ de forces. Il faut donc faire la distinction entre ces deux moments de la construction de l'objet en sachant que c'est une abstraction.

Penser une position sociale

J'ai donc posé la distinction, ainsi que l'impossibilité de la tenir pour autre chose qu'une abstraction théorique. Maintenant, premier moment : le champ comme champ physique, comme champ de forces, est la description du champ comme une sorte de théorie de l'état des positions occupées par des agents, des groupes d'agents, des institutions dans le champ de forces. Le monde social, considéré de ce point de vue, est un espace de forces possibles, un ordre de coexistence dans lequel chacun des agents, singulier ou collectif, est défini par sa position à l'intérieur de l'espace, c'est-à-dire par toutes les propriétés inscrites au point de l'espace où il se trouve, propriétés qui sont inséparables de la structure globale de l'espace. Parler de position, c'est donc rappeler à tout instant qu'il n'y a de propriété dans cet espace que relationnelle. En effet, il n'est pas question de définir une position autrement que par rapport à l'espace global des positions. Parler de classes moyennes indépendamment des classes supérieures ou inférieures n'a aucun sens et les classes inférieures elles-mêmes, dont on pense très souvent qu'elles sont en quelque sorte le zéro absolu par rapport auquel on peut penser les autres classes, n'ont de sens que par rapport aux autres classes comme étant précisément ce au-dessous de quoi il n'y a rien ou [plutôt, pour éviter une erreur fréquente], ce au-dessus de quoi il risque d'y avoir quelque chose. Lorsqu'il s'agit de comprendre l'apparition au cours des vingt dernières années de ce qu'on appelle naïvement un « besoin d'éducation » dans les classes populaires, on oublie, par exemple, qu'une des propriétés de position de la classe ouvrière, dans une société où il existe une main-d'œuvre d'origine immigrée, est que, n'étant pas le zéro absolu, le maintien de cette position, qu'une vision populiste fait passer pour la dernière des dernières, peut supposer des stratégies visant à maintenir l'écart par rapport à ceux qui ne sont rien et n'ont rien. Cette position potentielle de déclin peut être au principe de conduites et s'exprimer dans des prises de position inattendues, bizarres, qu'on pourra dire conservatrices par exemple, uniquement parce qu'elles ne correspondent pas à l'idée que l'on avait de la position pensée de façon substantialiste [...][1]. Cette position et ses occupants doivent donc une part considérable de leurs propriétés au fait que la position est dans un espace et qu'elle ne prend de sens que dans la relation. Une propriété d'une position est qu'on ne peut pas être où l'on est et être ailleurs, ce qui constitue une autre propriété axiomatique fondamentale, qui découle du fait de penser un espace de position comme tel : je ne peux pas être où je suis et être ailleurs. Je ne peux pas « me mettre à la place... ». Cette proposition très simple ruine toute une phénoménologie de la communication, de la communication des consciences, et tout un tas de choses qui s'écrivaient dans les années 1960. Il est sociologiquement impossible de « se mettre à la place... ». Le « se mettre à la place » a toutes les chances d'être un jeu, comme l'espèce d'exercice imaginaire que je décrivais à propos d'Arthur Cravan, où l'on importe dans une position quelque chose qui y serait impossible, impensable. Cela permet de réfléchir sur la notion de populisme...

Je suis désolé d'être un peu hésitant : je n'ai pas de certitude suffisamment grande pour m'exprimer avec assurance, d'autant plus que je suis amené à dire des choses qui paraissent formidablement triviales. Simplement – c'est peut-être une justification *ex post* –, je fais constamment l'expérience, dans mon travail, de la nécessité de repenser des choses triviales pour avancer, ce qui est spécialement difficile dans le cas du monde social parce que, comme je le dis souvent, nous savons déjà tout sur le mode pratique (ce qui fait que l'explicitation donne une impression d'évidence), mais qu'en même temps nous avons des demi-savoirs théoriques qui empêchent de penser ces choses triviales. Par exemple, je n'ai pas

1. Sur le conservatisme et la trajectoire sociale, voir P. Bourdieu, *La Distinction*, en particulier p. 528-535.

voulu dire « classe ouvrière/prolétariat » ou « lumpenprolétariat/prolétariat » : ce sont de formidables obstacles à la pensée en termes relationnels parce que cela implique une substantialisation, et même une sorte de personnalisation de la classe ouvrière. Je dis des choses polémiques uniquement pour montrer la difficulté propre du travail en sciences sociales, où il est difficile de penser des choses triviales mais fondamentales.

Il faut un mélange d'audace théorique et d'humilité pour rappeler qu'être dans une position, c'est ne pas être dans une autre position – Leibniz a dit des choses très bien là-dessus –, ce qui paraît inévitablement trivial parce que tout le monde sait ce que c'est que d'avoir une position quelque part. Je vais toujours avoir cette difficulté et je préfère le dire parce que je vais beaucoup souffrir. Savoir qu'être quelque part, c'est ne pas être ailleurs, c'est ne pas être utopique. La théorie des intellectuels de Mannheim – que je vous invite à relire –, le thème de l'« intellectuel organique » ou de l'« intelligentsia sans attaches ni racines »[1] qui a beaucoup fait disserter illustre ce que je viens de dire : est-ce qu'on peut être

1. Seule une traduction partielle de l'ouvrage de Karl Mannheim était disponible à l'époque du cours : *Idéologie et utopie*, trad. Pauline Rollet, Paris, Marcel Rivière, 1956 [1929] ; une traduction intégrale, par Jean-Luc Evard, a depuis paru aux Éditions de la MSH en 2006. La notion passée dans l'usage d'« intelligentsia sans attaches » est rendue dans cette dernière par « intelligentsia socialement désancrée » : « Constamment [cette couche en apesanteur relative] a fourni leurs théoriciens aux groupes conservateurs auxquels leur enracinement à la glèbe rendait très difficile d'enseigner les gymnastiques de la réflexion théorique. Mais elle a aussi donné ses théoriciens au prolétariat, dépourvu, de par sa condition sociale, des prémisses de l'instruction exigée par les luttes politiques de l'époque moderne. Quant à l'entente passée avec la bourgeoisie libérale, nous en avons déjà parlé. La capacité de s'identifier à toutes les positions a rendu possibles aux intellectuels ces rapprochements à des groupes qui, en termes de classe, leur étaient étrangers ; pour eux et pour eux seulement, il y avait une possibilité de choix, alors que des individus que leurs attaches de classe situent sans ambiguïté ne sont qu'exceptionnellement à même de les dépasser pour agir » (p. 131). La notion d'« intellectuel organique », qui est mobilisée par opposition à la précédente, est pour sa part tirée d'Antonio Gramsci : « Tout groupe social, qui naît sur le terrain originaire d'une fonction essentielle dans le monde de la production économique, se crée, en même temps, de façon organique, une ou plusieurs couches d'intellectuels qui lui apportent homogénéité et conscience de sa propre fonction, non seulement dans le domaine économique, mais également dans le domaine social et politique. » (*Œuvres choisies*, trad. Gilbert Moget *et al.*, Paris, Éditions sociales, 1959, p. 429.)

quelque part et ailleurs ? Sociologiquement, occuper une position, c'est être quelque part et ne pas être ailleurs, sinon en pensée. Mais que veut dire « être ailleurs en pensée » ? Comme la pensée va dépendre de la position, cela veut dire que vous occuperez une position mais que vous aurez la pensée d'une autre position.

Si vous avez bien entendu ce que j'ai dit jusqu'à présent, vous aurez compris qu'il faut avoir la pensée de sa position comme position pour avoir des chances d'avoir une pensée des positions des autres qui ne soit pas trop imaginaire. Il faut tirer toutes les conséquences du fait que, si on occupe une position, on ne peut être ailleurs. Très souvent, il faut commencer par des quasi-tautologies pour dérouler des fils permettant de sortir du labyrinthe du demi-savoir, des idées reçues, du marxisme un peu vieilli, etc. Si l'on dit qu'être quelque part, c'est ne pas être ailleurs, on peut se demander ce que veut dire « ne pas être ailleurs ». Il peut être utile de changer de langage et de dire : « Être quelque chose, c'est ne pas être autre chose », ou : « Être patron, c'est n'être pas ouvrier »… C'est pas mal déjà de dire ça [*rires*]. Cela peut être une négation, pour reprendre une distinction classique, contraire ou contradictoire : est-ce simplement être autre (le patron est autre) ou est-ce être antagoniste ? Mais on peut se demander aussi s'il y a une réponse *omnibus* pour toutes les positions ? Est-ce qu'à l'intérieur d'une classe, par exemple, il y a encore des positions ? La manière de différer à l'intérieur d'une classe va-t-elle être différente de la manière de différer entre classes ? […]

Voilà le genre de réflexions auxquelles conduit la pensée en termes de relations. On pourrait aussi dire : « Est-ce qu'être ce que l'on est, ce n'est pas être autrement que ce que l'on serait si l'on était ailleurs ? » Mais alors est-ce qu'exister socialement est la même chose quelle que soit la position qu'on occupe dans le monde social ? Peut-on postuler une sorte d'universalité anthropologique transcendante aux positions ? Y a-t-il des aliénations génériques (par exemple le rapport à la mode) ou ces aliénations génériques se spécifient-elles elles-mêmes selon la position où elles sont vécues ? C'est un autre problème extrêmement important. Il est très commode de penser les relations en termes de dominant/

dominé et il vaut mieux, à titre pédagogique et heuristique, parler de classes « dominantes » et « dominées » que de classes « bourgeoise » et « ouvrière », parce qu'il est évidemment difficile de penser « dominant » sans penser « dominé » : ce sont des concepts relationnels. Finalement, même l'opposition supérieur/inférieur est meilleure que ces espèces de grosses substances bourgeoisie/prolétariat qui se mettent à vivre d'une vie autonome et laissent envisager la possibilité d'une bourgeoisie sans prolétariat ou d'un prolétariat sans bourgeoisie. Penser relationnellement, c'est donc essayer d'avoir à l'esprit que, finalement, on ne peut rien dire de ce qui se passe dans le monde social sans le référer à tout l'espace pertinent : « toute détermination est négation », comme disait l'autre [Spinoza][1], et c'est particulièrement vrai dans le monde social.

Je vais donner une autre illustration, au sujet de la culture et de tout le débat sur culture/contre-culture/anti-culture/culture populaire, etc. La « culture populaire » (avec beaucoup de guillemets) est-elle autre chose ou est-elle anti- ? Est-elle autre ou est-elle contre ? On se bat autour de cette distinction sans se demander si le problème n'est pas créé en grande partie par le fait qu'un même mot est appliqué à deux positions dans l'espace, dans lesquelles le mot ne peut pas coexister. Or, pour une raison simple que j'ai étudiée la dernière fois, la notion de culture s'étant constituée contre le vulgaire, on ne voit pas ce que ce peut être une culture vulgaire. La notion de « culture populaire » est encore un produit du « se mettre à la place » en pensée. On croit faire le

1. La formule, souvent citée dans sa traduction latine (le texte original qui est perdu était en néerlandais), « *determinatio negatio est* », est employée par Spinoza dans le cadre limité des figures : « Pour l'idée que la figure est une négation mais non quelque chose de positif, il est manifeste que la pure matière considérée comme indéfinie ne peut avoir de figure et qu'il n'y a de figure que dans des corps finis et déterminés. Qui donc dit qu'il perçoit une figure ne manifeste rien d'autre que ceci : il conçoit une chose déterminée, et en quelle manière elle l'est. Cette démonstration donc n'appartient pas à la chose selon son être, mais, au contraire, selon ce qu'elle n'est pas (*ejus non esse*). La figure donc n'est autre chose qu'une détermination, et toute détermination étant une négation, la figure ne peut être, comme je l'ai dit, autre chose qu'une négation. » (« Lettre L au très humain et très prudent Jarig Jelles », La Haye, le 2 juin 1674, in Baruch Spinoza, *Œuvres complètes*, Paris, Gallimard, « Bibliothèque de la Pléiade », 1962, p. 1230-1231.)

bien des autres en se mettant à leur place. Les erreurs populistes des intellectuels tiennent souvent à l'idée qu'on ne pourrait rien faire de mieux pour le peuple que de se mettre à sa place. Elles consistent à se mettre en pensée à sa place et à penser ce qu'il penserait s'il était un intellectuel, ou à penser ce qu'il devrait penser – parce que c'est toujours normatif – s'il pensait normalement [*rires*]. Tout cela découle de façon très simple des propositions triviales que j'hésitais à dire. Il faudrait continuer. Enfin, c'est un premier point.

Comment construire un espace relationnel ?

Ces positions évidemment existent indépendamment des agents qui les occupent – j'insistais beaucoup là-dessus. Elles sont déterminées par leurs relations aux autres positions beaucoup plus que par la relation aux agents qui les occupent, ce qui ne veut pas dire – je l'ai beaucoup rabâché mais je le répète encore une fois – que l'interrogation des agents n'apprenne rien sur les positions ; très souvent, on n'a évidemment pas d'autres moyens de les connaître. De même que, [comme je le disais] tout à l'heure à propos du système symbolique, il faut, pour comprendre l'acte de labour, faire le détour par la moisson, les rites agraires, bref par tout l'espace mythique, de même il faut, pour comprendre une position comme celle de domestique, comprendre la totalité de l'espace dans sa structure et dans son devenir. Autre exemple typique : la paysannerie est étudiée par la sociologie rurale, mais tout ce que je viens de dire est la destruction de la sociologie rurale. Cela découle de ma tautologie de départ : « Une position, c'est une position. » Il n'y pas non plus de sociologie urbaine, et il n'y a pas non plus beaucoup de sociologies, beaucoup de revues, beaucoup de gens [*rires de la salle*]… Vous voyez, les tautologies, c'est important, il faut toujours commencer par les tautologies. Pour ceux qui font du travail scientifique, il est important – je ne le [souligne] pas d'habitude par une sorte de discrétion en me disant qu'il est inutile de faire souffrir les gens – de se demander pourquoi on en vient à étudier les jeunes de la banlieue ouest, à faire des monographies sur un village de Provence ou à étudier les manoirs anglais au XIVe siècle. Je pense que c'est parce qu'il y a tout un ensemble d'obstacles sociaux réels à la construction en termes de champ. Je répète : si je procède comme il faut et que j'étudie le rapport patron/domestique, je suis renvoyé à tout l'espace, mais comme, de proche en proche, je vais être amené à penser qu'il faut étudier tout ce qui se passe dans le système scolaire, dans le monde social, ce qui n'est pas possible, le problème de la bonne construction de l'espace est de savoir où découper raisonnablement. Le choix d'un sujet et d'une stratégie de travail n'est pas du tout une hypothèse, comme on le dit dans les manuels d'épistémologie, c'est l'allocation de ressources rares : sachant que j'ai un temps fini de travail, que je ne peux travailler que trois jours en moyenne par semaine, et avec telle et telle contrainte, comment investir de telle manière que j'obtienne un rendement maximum ? Je mentionnais la dernière fois la monographie sur une école par opposition à quelque chose de plus extensif sur l'ensemble des grandes écoles : c'est le genre de problème qui se pose concrètement à beaucoup de chercheurs. Le problème est donc de trouver jusqu'où il faut aller pour avoir l'espace d'intelligibilité, ce à partir de quoi je comprends le plus de ce que j'ai décidé de comprendre et le seuil à partir duquel je perds le moins possible en termes de compréhension.

Revenons à la monographie rurale : peut-on étudier un village comme un empire dans un empire, en oubliant que le système scolaire et le système économique sont transvillageois [et que] le système matrimonial a commencé à l'être ? Le sociologue débarque et, au motif que les statistiques sont à l'échelle de la commune, il trace un gros trait autour la commune et décrète : « Je décide que c'est ça qui m'intéresse, que le principe d'explication est là-dedans. » Pourquoi procède-t-on ainsi ? D'abord, et c'est peut-être l'essentiel, compte tenu de la demande sociale, c'est très bien vu : cela porte un nom (« monographie »), il y a des revues qui publient ce type d'article, etc. Ensuite, il y a le fait que le matériel est construit comme ça : les statistiques sont construites à l'échelle de la commune ; au niveau du canton, les choses marchent moins bien et, au niveau du département, c'est agrégé et on mélange tout, etc. Les documents aussi sont constitués et recensés de telle ou telle façon[1]. Il y a donc une foule d'obstacles qui rend le précepte simple « penser relationnellement » formidablement difficile à mettre en œuvre et lorsque, par hasard, on le met réellement en œuvre, il y a des foules de rappels à l'ordre au nom d'une vision positiviste – l'épistémologie intervient : « Mieux vaut étudier très bien un tout petit objet que beaucoup et mal... », « Qui trop embrasse... », etc. C'est de la morale, mais retraduite épistémologiquement. Il en va ainsi souvent pour l'épistémologie : les conseils de directeurs de travaux sont souvent inspirés par une « bonne sagesse ». Tout ceci, encore une fois, n'est pas du tout polémique, mais Bachelard parlait de la polémique scientifique[2] et on oublie que la science, c'est de la polémique à longueur de temps : c'est se battre contre des problèmes, des adversaires, des objets mal construits, c'est casser les objets préconstruits, c'est reconstruire des choses mal construites.

Ce travail se heurte à des difficultés qui sont essentiellement sociales mais, ayant dit cela – et je tenais quand même à le dire –, un des problèmes est de construire l'espace et les principes de structuration de l'espace. Si j'étudie un champ et les positions les unes par rapport aux autres dans ce champ, où vais-je trouver la métrique qui va me permettre de dire : « Ça c'est loin de ça, ça c'est proche de ça, ça et ça se touchent, ça c'est en haut, ça c'est en bas, ça c'est à droite, ça c'est à gauche » ? « Que faut-il dépenser pour aller de là à là ? Quelle force doit avoir un agent pour faire ce déplacement ? Est-ce qu'il faut avoir des ancêtres ou bien de l'argent, des diplômes, du culot ? » : ce sont des questions qui se posent devant un champ : il s'agit de définir les principes structurants. Qu'est-ce que cette structure ? Quelle est

1. Sur ce point, voir Patrick Champagne, « La restructuration de l'espace villageois », *Actes de la recherche en sciences sociales*, n° 3, 1975, p. 43-67 ; rééd. in *L'Héritage refusé*, Paris, Seuil, « Points Essais », 2002, p. 51-95.

2. « L'observation scientifique est toujours une observation polémique. » (G. Bachelard, *Le Nouvel Esprit scientifique*, *op. cit.*, p. 12.)

la structure des rapports de force ? Quelle est cette force ? On ne peut pas parler de structure de rapports de force sans parler de distribution de capital. Autrement dit, je fais intervenir d'un coup plusieurs mots : « structure », « distribution », « capital », « capital spécifique » (je crois que c'est tout). Il faut s'expliquer sur tous ces mots, mais – mon hésitation n'est pas feinte – je suis mal à l'aise sur chacun de ces mots, je les utilise en espérant que peu à peu j'apprendrai ce qu'ils veulent dire. Vous pouvez penser : « S'il en pense vraiment autant de mal, pourquoi nous en parle-t-il dans une situation d'autorité scientifique ? » Pour ma défense, je dirais que pour moi c'est un moindre mal et que c'est un ensemble d'outils utiles qui fonctionnent, qui permettent de déconstruire de mauvaises constructions et de construire mieux. Mais ce n'est pas quelque chose qui est tout à fait présentable, comme le serait une belle doctrine scientifique, et je le regrette beaucoup.

La distribution du capital et les différentes structures

Dans le cas du champ des disciplines, j'avais donné des indices du capital, des indicateurs qui étaient en quelque sorte des étalons universels. Pour mesurer ce qui paye dans un champ, il faut se demander ce qui y est efficace, ce qui y est efficient, ce qu'il faut avoir pour agir, pour réussir, pour gagner, pour s'emparer des enjeux spécifiques. Ce n'est pas n'importe quoi : les enjeux spécifiques sont, selon les champs, le prestige universitaire, les autorités religieuses, les classiques littéraires. Que faut-il donc avoir dans le champ considéré pour que cela marche ? Ce qu'il faut avoir, c'est une forme particulière de capital qui va être distribuée selon une certaine structure. On peut imaginer différentes grandes classes de structures – l'analogie avec l'économie s'impose ici naturellement. On peut avoir une structure de concurrence parfaite : tous les agents et institutions engagés dans le champ ont le même capital, les concurrents sont tous égaux. Par exemple, s'il s'agit d'être le plus grand, tous ont la même taille ; s'il s'agit d'être le plus rapide, tous ont la même vélocité ; s'il s'agit d'être le plus capitaliste au sens économique, tous ont le même capital ; s'il s'agit de réussir dans le système scolaire, tous ont le même capital culturel, etc. Le pôle opposé, c'est une distribution totalement inégalitaire, avec le cas de figure du monopole absolu, dans lequel un seul agent ou un ensemble d'agents concentre tout le capital disponible dans le champ considéré. Une question se pose évidemment dans ce cas : est-ce que c'est encore un champ, non pas au sens de champ physique mais au sens de champ de luttes ?

(Là je suis obligé d'introduire ce que j'avais renvoyé à plus tard : je pense qu'un champ dans lequel le monopole intégral est réalisé, si tant est que ce soit possible – ce pourrait être simplement une vue de l'esprit –, un champ dans lequel par exemple le capital religieux ou la légitimité religieuse serait concentré intégralement entre les mains d'une seule personne ou d'un groupe de personnes ne serait plus vraiment un champ. Je reviendrai sur ce point [...], mais ce serait ce que j'appelle un appareil. Je pense qu'il faudrait réserver la notion d'appareil à cette situation qui correspondrait à un espace complètement mécanique justiciable d'une analyse quasi physicaliste, c'est-à-dire qu'il suffirait de savoir ce que veut le monopoliste pour savoir ce qui va se passer : il n'y aurait absolument aucune possibilité de subversion dans le champ qui serait du coup un champ sans histoire, il n'y aurait plus d'histoire. Je ferme la parenthèse, je reviendrai sur ce point[1].)

Entre ces deux structure imaginaires qui ne sont jamais réalisées en pratique, il y a les structures réelles dans lesquelles il y a une distribution inégale du capital spécifique considéré : des gens ont beaucoup, d'autres un peu moins, d'autres encore moins, d'autres très peu, d'autres presque [rien]. C'est cette distribution qu'on peut mesurer. La notion de « distribution » est extrêmement utile. Dans le cas de la construction du champ universitaire, j'avais cherché un étalon universel, c'est-à-dire une mesure du capital scolaire qui soit commune à des gens différenciés (des géographes, des

1. Pour des développements sur la différence entre champ et appareil, voir Pierre Bourdieu et Loïc Wacquant, *Invitation à la sociologie réflexive*, Paris, Seuil, 2014 [1992], p. 147-148.

historiens, etc.). Le titre de normalien est une mesure. J'aurais aussi pu prendre les mentions au baccalauréat, le taux de lauréats au concours général, etc., c'est-à-dire un indice de capital spécifique, en faisant l'hypothèse que, s'agissant de l'univers scolaire, le principe de hiérarchisation est, sous réserve d'inventaire, le capital scolaire. Il se peut que, analyse faite, il apparaisse que ce capital scolaire lui-même se diversifie, qu'il faille distinguer des sous-espèces de capital : un capital scolaire canonique qui mène à la Sorbonne, un capital scolaire plus hétérodoxe qui mène à d'autres institutions universitaires, etc. L'espace s'avérerait avoir une structure plus compliquée, avec non plus une dimension, mais deux, parfois trois, avec évidemment à l'intérieur de cette structure toujours une lutte : plus l'espace est compliqué, plus la lutte autour des principes de hiérarchisation va être compliquée.

J'anticipe donc sur le deuxième moment : en tant que chercheur, je me mets hors du champ et je cherche ce qui va me permettre de constituer l'espace de telle manière que l'espace ainsi constitué me donne à la fois une intellection et une prévisibilité. La meilleure distribution sera celle qui me permet de comprendre le plus de choses dans ce que les gens disent, dans ce qu'ils font. S'agissant de la structure de l'espace social, du champ social – là, j'anticipe aussi –, l'hypothèse sous-jacente dans *La Distinction* est que l'espace social ou, si l'on veut, le champ des rapports de classe peut être construit à partir de deux grands principes de hiérarchisation : le capital économique et le capital culturel. Mais, en fait, pour retrouver l'espace dans toute sa complexité, pour retrouver tous les champs relativement autonomes, il faudrait faire intervenir un très grand nombre de dimensions correspondant aux différents principes de hiérarchisation eux-mêmes hiérarchisés (c'est important) et relativement autonomes les uns par rapport aux autres, comme le sont les axes dans une analyse de correspondances. Cette structure des principes de hiérarchisation est censée me faire comprendre ce qui fait que les gens sont là où ils sont et que, étant là où ils sont, ils font ce qu'ils font. Comme le veut la définition du champ, c'est donc une description explicative. C'est un espace de positions qui est explicatif de ce que font les gens en occupant cette position, toutes choses égales d'ailleurs et sous réserve de l'autonomie relative des habitus – mais laissons ce point pour le moment. L'espace est donc construit sur la base de l'hypothèse qu'il y a un principe de hiérarchisation dominant qui est la possession différentielle du capital spécifique en jeu dans le champ. Évidemment, il faut s'expliquer sur ce qu'est ce capital spécifique : pourquoi est-il spécifique ? Comment s'engendre-t-il ? Pourquoi fonctionne-t-il dans les limites d'un champ et pas ailleurs ? Comment se convertit-il quand on passe d'un champ à l'autre ? S'engendre-t-il dans le champ ? Est-il le produit du champ et, en ce cas, comment peut-il être ce qui organise le champ ?

Les inter-champs

Évidemment, il existe une structure à l'intérieur de chaque champ, mais – il faudrait y réfléchir comparativement – il y a des lieux d'intersection entre les champs. [...] Un exemple serait ces lieux où, comme dans les commissions du Plan, se rencontrent des gens situés dans des champs différents[1]. Un problème, dans ces sous-espaces, est la gestion des hiérarchies entre les champs. Un autre lieu de ce type serait le salon [littéraire] : même si ce n'est pas la seule question que pose le salon, on peut se demander comment, à l'intérieur de ce sous-espace un petit peu artificiel où se rencontrent des gens dont le capital est lié à des champs différents se gère cette hiérarchie ? Une hypothèse serait que la personne qui a la responsabilité du salon, la maîtresse de maison gère, par la diplomatie et des stratégies, ces relations en sachant très bien qu'elle a affaire à des gens qui sont chacun premiers dans leur ordre et qui coexistent brusquement dans un sous-espace, ce qui pose des problèmes. Une question pourrait être de savoir si le

1. Voir Pierre Bourdieu et Luc Boltanski, « La production de l'idéologie dominante », *Actes de la recherche en sciences sociales*, 1976, n° 2, 1976, p. 3-73 ; rééd. Raisons d'agir/Démopolis, 2007. (Créé en 1946 pour définir la planification économique de la France, le Commissariat général au Plan a été remplacé en 2006 par le Centre d'analyse stratégique puis, en 2013, par le Commissariat général à la stratégie et à la prospective.)

salon va se constituer en champ des champs, en terrain où les différents champs vont s'affronter par l'intermédiaire de leurs représentants, ou si, au contraire, les gens vont en quelque sorte laisser leurs champs « au vestiaire » pour pouvoir avoir des relations neutralisées. Ce serait à réfléchir, en pensant à des lieux sociaux très précis, le mode de pensée que je présente sous sa forme abstraite, axiomatique, fonctionnant très bien quand on l'applique à des objets particuliers. Il permet éventuellement de poser des questions, et en même temps de faire éclater ce que les espaces concrets ont de réaliste.

Je pense, par exemple, que vous ne pensiez pas le salon comme je le propose : un salon, c'est Madame de… qui reçoit à une heure déterminée des gens qui sont constitués dans la hiérarchie de l'aristocratie, etc. Proust pensait en structuraliste les salons dans l'espace des salons et savait très bien, du même coup, que les gens qui fréquentaient les salons étaient eux-mêmes situés par le salon qu'ils fréquentaient, en même temps qu'ils situaient le salon[1]. Pour penser le salon de madame Unetelle structuralement, il faut comprendre la structure de la classe dirigeante. Pour comprendre sa position dans l'espace des salons, pour comprendre qui en est et qui n'en est pas, et pour comprendre même comment les choses se passent dans le salon quand madame Unetelle reçoit à la fois X et Y, il faudra aussi comprendre la division du travail entre les sexes. Un fait social très important pendant tout le XIXe siècle est ainsi que les femmes des fractions dominantes servaient de médiatrices (dans tous les sens du terme) entre les fractions dominantes et les fractions dominées, c'est-à-dire, dans le langage de Flaubert, entre les bourgeois et les artistes. Ce rôle ne peut être compris, à mes yeux, que par une analyse de la structure de la division du travail entre les sexes et des formes qu'elle prend selon les fractions de la classe dominante.

(Il y a ici une part de crédibilité que je ne peux pas obtenir sans donner un tas d'arguments. J'aime mieux, par conséquent,

1. Allusion à l'analyse que fait Proust, dans *À la recherche du temps perdu*, du salon de Mme Verdurin qui n'invitait pas les participants parce qu'ils avaient « leur couvert mis » et où l'habit noir était défendu parce qu'on était « entre copains ».

m'arrêter là plutôt que de vous dire des choses qui paraîtraient légères alors qu'elles ne le sont pas autant qu'elles le paraissent[1].)

Retour sur la structure de distribution du capital

La structure de la distribution du capital est le principe structurant d'un champ. Pour construire la structure d'un champ, on va se trouver, comme toujours dans les analyses de type relationnel, dans un cercle herméneutique : pour avoir la moindre hypothèse concernant ce qui peut être le principe structurant, il faut déjà savoir des choses sur le champ considéré et on ne peut savoir des choses que si on l'a déjà interrogé à partir d'une hypothèse. Pour le champ universitaire, par exemple, on procède par tâtonnements : on fait l'hypothèse que [...] la hiérarchie scolaire est l'étalon commun, puis on s'aperçoit que ce principe de structuration ne rend pas compte complètement de la structure de l'espace, que des gens, sous le rapport du principe de hiérarchisation considéré, sont identiques, alors qu'ils sont pourtant différents, ce qui implique qu'il existe un principe de hiérarchisation secondaire qui est indépendant du premier et orthogonal à lui, et qu'il faut prendre en compte. Peu à peu, on voit effectivement l'espace se constituer dans une espèce de cercle vicieux qui est en fait dialectique : dans la mesure où on comprend que le principe structurant est mieux construit à partir d'une meilleure connaissance des pratiques qu'il permet de construire, il rend possible une meilleure compréhension des pratiques qui permettent de le construire. (Ce que je viens de dire constitue vraiment le résumé d'opérations qui, si je prends le travail que nous venons de faire sur l'Église[2], durent deux ans. On dit : « Tiens, si on construit comme ça, il y a telle opposition

1. P. Bourdieu développera l'analyse des salons dans *Les Règles de l'art*, *op. cit.*, « Points Essais », en particulier p. 89-93, et celle des luttes entre les champs au sein de la classe dominante (ou de l'État), dans *La Noblesse d'État*, *op. cit.*, quatrième et cinquième parties.
2. Il s'agit de l'enquête sur les évêques publiée sous le titre « La sainte famille. L'épiscopat français dans le champ du pouvoir », art. cité, menée avec Monique de Saint Martin.

principale, puis il y a une opposition secondaire, puis il y en a une autre ici. » La recherche, c'est ça. Malheureusement, quand on est au niveau des généralités, comme je le suis ici, on est obligé de présenter des propositions générales parfois presque vides mais qui sont souvent très difficiles à construire.)

La construction de la distribution du capital suppose donc fondamentalement une hypothèse sur la nature du capital en jeu. Pour dire ce qu'est ce capital, je vais employer une analogie : ce capital, c'est l'énergie spécifique qui est en jeu dans le champ considéré[1]. Cette analogie physique, avec tous les dangers qu'elle implique – mais [elle reste] dans la logique que les physiciens utilisent au moins dans la vulgarisation –, me paraît légitime en ce qu'elle permet de comprendre et de rendre raison de la réalité. Si vous réentendez mentalement les questions que je posais tout à l'heure, cette énergie spécifique est ce qui permet de rendre compte des relations – des relations de domination par exemple –, ainsi que de leurs transformations et des déplacements dans l'espace. Comme je le disais la dernière fois, un champ peut être imaginé mentalement comme les cartes en relief de l'Institut géographique : les mouvements dans tel sens sont plus difficiles que les mouvements dans tel autre sens et demandent une forme d'énergie d'un type particulier, un des problèmes étant de savoir, par exemple, comment s'accumule l'énergie ici plutôt que là. Comment s'opère l'accumulation initiale, comment s'opère cette capitalisation, puisqu'on entre dans un champ complètement démuni, sans rien, sans capital ? Est-ce par conquête, par rapt ? Est-ce par importation d'un capital externe transformé en capital interne ? Cette deuxième possibilité correspond à un cas de figure relativement fréquent, à l'œuvre dans le passage d'une discipline à l'autre [qu'on peut, par exemple, observer] à propos de Freud, où un capital de médecin a été reconverti en capital de psychologue (dans le cas de Fechner, un capital de physicien a été reconverti

1. Sur l'analogie entre l'énergie et le capital comme pouvoir social, voir P. Bourdieu, *Le Sens pratique*, *op. cit.*, p. 209 ; y est reproduite et commentée une citation de Bertrand Russell à ce sujet.

en capital de psychologue[1]). Très souvent, dans le champ scientifique, du capital scolaire est converti en capital scientifique : la plupart des travaux de sociologie de la science montrent comment le capital initial y est constitué par les titres des filières, des écoles les plus prestigieuses, etc.

Le capital est cette sorte d'énergie sociale qui opère dans un espace déterminé et qui peut être concentrée dans les mains de quelques-uns. Il va se distribuer entre les gens, il peut être manipulé et – là, j'anticipe encore sur la suite – il peut être approprié et garanti. Le rôle du droit sera de garantir l'appropriation monopolistique d'une espèce de capital ou d'une partie du capital en jeu. Les effets de certification (il faut penser à ce que les Américains appellent *certification*), au travers de l'effet de titre (exercé par le titre scolaire, le titre juridique, le titre de propriété, etc.), consistent à garantir une appropriation de l'énergie sociale accumulée et efficace dans un champ déterminé. Il y a donc une sorte de réification : le titre met en quelque sorte ce capital hors jeu, on ne peut plus y toucher, il est une fois pour toutes à son propriétaire. J'y reviendrai (j'y ai déjà fait allusion tout à l'heure), mais la judiciarisation, l'objectivation dans le droit, est une forme de physicalisation : si tout était dans un champ juridiquement garanti, les choses ne bougeraient plus et il n'y aurait plus d'enjeux dans le champ parce que tous les enjeux seraient attribués. C'est un fantasme de dominant que de bloquer le champ à l'instant où il domine. Weber disait que les dominants ont toujours une théodicée de leurs propres privilèges[2], pour souligner que les grandes religions

1. Gustav Fechner (1801-1887) est le créateur de la psychophysique, une science visant à mesurer quasi mathématiquement les phénomènes d'ordre psychologique.

2. « L'homme heureux se contente rarement du fait d'être heureux. Son besoin va au-delà : il réclame le *droit* d'être heureux. Il veut être persuadé qu'il "mérite" son bonheur, surtout en comparaison avec d'autres. Et il veut aussi pouvoir croire que les moins fortunés, privés du même bonheur, n'ont que ce qu'ils méritent. Ce bonheur veut être "légitimé". Si l'on entend par l'expression générale "bonheur" tous les biens de l'honneur, de la puissance, de la fortune et de la jouissance, on se trouve en présence de la formule la plus générale de ce service de légitimation que la religion avait à rendre aux intérêts intérieurs et extérieurs de tous les maîtres, les possédants, les vainqueurs, les bien-portants, bref, de tous les heureux : la théodicée du bonheur. »

étaient, selon lui, des théodicées des privilèges des dominants. La notion de champ implique que, selon le principe de domination, la théodicée va changer puisqu'il va s'agir de justifier des espèces de capital différentes : ceux dont la domination repose sur du capital [culturel] auront une idéologie de la méritocratie culturelle, du don ; ceux dont le capital est de la terre et du lignage, auront, comme les aristocrates, une théodicée de la terre et du sang[1]. En quelque sorte, les dominants tendent – je ne dis pas « visent » (le verbe « tendre » est plus neutre et n'implique pas d'intention) – à réifier, à physicaliser l'état du champ conforme à leurs vœux, par la forme élémentaire d'objectivation qu'est le discours religieux comme théodicée des privilèges ou, dans une forme plus avancée de légitimation, par la légalisation qui dit que ce qui est doit être et que toute transgression sera accompagnée de sanctions grâce au monopole de la violence légitime spécifique dans le champ considéré.

On peut dire, en référence à la théorie wébérienne de l'État – Weber définit l'État par le monopole de la violence légitime[2] –, que l'un des enjeux de la lutte à l'intérieur de chaque champ sera le monopole de la violence symbolique légitime dans le champ, par exemple le monopole de la consécration ou de l'excommunication. Dans l'espace, le capital est donc l'énergie sociale accumulée et il se distribue, comme je l'ai dit tout à l'heure, de façon plus ou moins inégale. Au fond, le grand principe de variation – les deux extrêmes, le monopole absolu et l'égalité parfaite, étant exclus – sera le degré de dispersion ou d'inégalité. La forme de cette structure sera un des facteurs explicatifs de ce qui se passe dans le champ. Mais quel est le capital en

(Max Weber, « La morale économique des grandes religions. Essais de sociologie religieuse comparée : Introduction » [1915], trad. Maximilien Rubel et Louis Évrard, *Archives de sociologie des religions*, n° 9, 1960, p. 11.) Ce texte a depuis fait l'objet d'une nouvelle traduction : Max Weber, « Introduction » à *L'Éthique économique des religions mondiales* (1915), in *Sociologie des religions*, trad. Jean-Pierre Grossein, Paris, Gallimard, 1996 (citation p. 337-338).

1. P. Bourdieu et L. Boltanski, « La production de l'idéologie dominante », art. cité, en particulier p. 8, note 4.

2. Voir, *supra*, le cours du 16 juin 1982, p. 183, note 1.

jeu ? Comment agit-il, comment s'accumule-t-il, comment se manifeste-t-il ?

La théorie du champ conduit inéluctablement à une théorie du capital ou, plus exactement, des espèces de capital, ce qui constitue un nouveau point : le rapport de force que j'avais décrit tout à l'heure, qui peut se représenter sous la forme de la structure d'une distribution de la force spécifique en jeu dans le champ, va être matérialisé dans la structure de la distribution d'une forme particulière de capital, ce que j'appelle une « espèce de capital ». Le problème des espèces de capital en rapport avec la notion de champ appellerait un immense développement, que je reprendrai une autre année. Je vais ici simplement indiquer les grands thèmes, car parler de champ, c'est automatiquement parler de capital, et le capital est à la fois ce qui s'engendre dans le champ et ce qui est en jeu dans le champ : c'est à la fois ce qui fait marcher le champ, ce pourquoi on agit, et ce qui n'a de valeur que dans le champ. C'est une contribution (il faut bien qu'il y en ait une...) que les lectures structuralistes de Marx ont un peu apportée : le capital n'agit que par rapport à un champ.

C'est vrai de toute espèce de capital : c'est dans un champ que s'engendre l'énergie sociale qui agit dans un champ et cette énergie vaut dans les limites du champ à l'intérieur duquel elle s'engendre. Prenons l'exemple simple du champ religieux : l'énergie spécifique, qu'on pourrait appeler grossièrement l'« énergie de consécration » ou le « capital d'autorité religieuse spécifique », qui consiste dans le pouvoir de « consacrer » est à la fois le produit du fonctionnement du champ religieux et l'enjeu de la lutte à l'intérieur du champ religieux. Ce capital de consécration va être distribué inégalement entre différents agents religieux qui vont essayer soit de conserver le capital acquis en l'augmentant, en le concentrant encore davantage ou en renforçant l'orthodoxie (ce sera la stratégie des dominants), soit de discréditer le capital accumulé par les autres en disqualifiant des agents religieux détenteurs provisoirement du monopole de l'autorité spécifique et en jetant la suspicion sur la croyance qui fonde ce monopole. Cette lutte va engendrer ce par quoi elle agit : c'est dans la lutte proprement religieuse pour le monopole de l'autorité religieuse que s'engendre la croyance dans la nécessité de la lutte, dans la valeur des enjeux qui justifient la lutte, et ainsi de suite.

L'interdépendance du champ et du capital

Encore une fois, je suis passé du champ de forces au champ de luttes, du niveau physicaliste au niveau des représentations. Il est très difficile de faire autrement. Lorsqu'on saisit le champ à un moment donné à travers des indicateurs objectifs, on peut essayer de saisir la structure de la distribution du capital sans faire intervenir les actions pour transformer cette structure, mais l'on ne peut pas ne pas faire intervenir l'histoire même du champ de forces dans la mesure où le capital accumulé est le produit objectivé de cette histoire. Si la métaphore physicaliste n'est pas tenable jusqu'au bout, c'est qu'à chaque instant les agents engagés dans la lutte caractéristique d'un champ considéré mettent en jeu dans la lutte pour le monopole du capital considéré le capital qu'ils ont acquis dans les luttes antérieures et qu'ils possèdent soit à l'état objectivé – sous forme de biens matériels, de sceptres, de couronnes, de symboles, de croix, de livres, etc. –, soit à l'état incorporé. Ceci dit, mon objectif était simplement d'insister sur cette espèce d'interdépendance totale entre le champ et le capital. C'est la raison pour laquelle j'ai débordé avec la notion de champ d'actions, sans doute parce qu'il n'est pas possible de fonder complètement cette interdépendance au niveau physicaliste : il faut passer au niveau du champ de luttes et faire intervenir l'habitus, la croyance, etc., surtout pour les champs de productions symboliques. Je dirais, à ce niveau, qu'il y a, au fond, autant d'espèces différentes de capital que de champs : il y a interdépendance entre la définition d'un champ et la définition du capital qui y est en jeu. Quand je parle de champ culturel, je parle automatiquement de capital culturel ; quand je parle de champ religieux, je parle automatiquement du capital religieux qui y est en jeu et qui est engendré par les luttes mêmes pour s'approprier cet enjeu que les luttes produisent.

Une façon simple de sentir cette interdépendance est d'observer ce qui se passe dans un champ avec un point de vue pris à partir d'un autre champ. On produit assez facilement un effet de déconcertement ethnologique en décrivant ce qui se passe dans un champ avec les yeux innocents de quelqu'un qui est dans un autre champ, avec le regard du naïf de Montesquieu qui, n'ayant rien investi dans un champ, regarde ce champ sans y avoir ni enjeu ni croyance dans la valeur des enjeux[1]. Si, par exemple, vous faites un jour une étude sur la haute fonction publique avec une vision d'intellectuel, un des grands problèmes sera d'arriver à repérer ce qui, comme on dit, « fait courir » un haut fonctionnaire, puis, l'ayant découvert (« mon bureau a deux fenêtres », etc.), de comprendre comment cela peut le « faire courir ». En sens inverse, ce sera la même chose et les gens ne comprendront pas pourquoi vous publiez dans l'*American Journal of Sociology* plutôt qu'ailleurs. Or, dans les deux cas, il peut s'agir de question de vie ou de mort ; les grands journaux de physique américains ont, par exemple, en permanence des standardistes pour que, à toutes les heures du jour ou de la nuit, les scientifiques puissent téléphoner leurs découvertes, le fait d'attacher son nom après vingt ans de travail à une découverte se jouant parfois à quelques minutes.

Parlant d'un champ, on est obligé de faire intervenir des luttes. Je voulais en donner l'intuition. La métaphore du jeu est commode pour le seul niveau « champ d'actions » mais elle est inadéquate au niveau « champ de forces ». Si je m'obstine à autonomiser le niveau champ d'actions alors qu'il serait si facile de parler en termes de champ de forces, c'est parce que c'est une façon de matérialiser la priorité des positions par rapport aux stratégies qui s'engendrent par disposition. C'est pour bien faire entendre qu'à chaque moment l'histoire sort de la structure (qui sort de l'histoire) mais qu'à chaque moment c'est l'espace des positions comme espace physique qui est explicatif de ce qui va s'engendrer, y compris de ce qui va s'engendrer pour changer la structure. Je crois qu'il est

1. Montesquieu utilise le procédé du regard du naïf dans les *Lettres persanes* (1721) : la société française y est évoquée à travers le regard d'un étranger, un philosophe persan.

important d'avoir à l'esprit que cette structure de la distribution implique des stratégies à l'intérieur du champ considéré : imaginez une grosse pile de jetons et là une toute petite pile, et puis là il y aura des gens avec une pile moyenne... Commencer par penser l'espace des positions, c'est rappeler que les stratégies qui vont s'engendrer ici et là pour transformer cet espace trouvent leurs principes dans cette structure de l'espace, même s'il ne faut pas oublier que cette structure de l'espace est elle-même à chaque moment le produit des stratégies de l'instant *t-1* qui avaient pour but de transformer l'espace (dans les limites des déterminations liées à une structure de l'espace à l'état *t-1*). C'est pour cette raison que j'insiste lourdement sur ce primat de la structure physique de l'espace, du rapport de force par opposition au champ de luttes.

Ce rapport de force est donc un rapport entre des positions définies comme positions occupées dans la structure du capital. Tout à l'heure, j'avais des positions qui pouvaient être définies en termes de droite, de gauche, etc. Maintenant, j'ai des positions dans une distribution ; je dirai : « [Celui-ci] est en haut de la courbe, ou en bas, ou au milieu, etc. », et c'est cette position qui peut être définie par des propriétés : à cet endroit, on compte 30 % de normaliens, 60 % d'agrégés, tant de pour cent de fils de professeurs, etc. Ce sont de purs indicateurs mais on peut reconstruire autrement et dire : « Il y a du capital scolaire de type scientifique, ou de type littéraire, consacré ou pas consacré, etc. » Les gens qui sont dans cette position ont ces propriétés, mais ces propriétés les définissent dans la mesure où elles les situent dans un espace de propriétés, et ce qui va être explicatif de leurs pratiques, ce ne sont pas directement leurs propriétés – le fait d'être agrégé, évêque, théologien, coiffeuse, etc. –, ce sont ces propriétés dans la mesure où elles définissent une position dans l'espace des propriétés qui agissent à l'intérieur de l'espace considéré.

Les grandes espèces de capital

Même si, au fond, il y a autant d'espèces [de capital] que de champs, j'ai proposé de distinguer un certain nombre de grandes espèces de capital pour pouvoir construire ce qu'on appelle ordinairement l'espace social, c'est-à-dire l'espace plus général dans lequel les agents peuvent être classés en quelque sorte toutes espèces de capital confondues, tous champs confondus. Il m'est apparu, sur des bases à la fois empiriques et théoriques, que pour construire cet espace il fallait se donner, fondamentalement il me semble, un petit nombre d'espèces de capital qui peuvent être elles-mêmes spécifiées et subdivisées[1] : le capital économique et le capital culturel (qui, l'un comme l'autre, j'y reviendrai, se spécifient). Toutes les espèces de capital peuvent être distinguées selon qu'elles sont plus ou moins institutionnalisées et juridiquement garanties, mais elles peuvent être aussi spécifiées selon des variables secondaires par référence à des sous-champs. Je donne un exemple simple dans le cas du capital culturel : pour comprendre l'espace des disciplines, j'avais fait intervenir tacitement la distinction entre le capital littéraire et le capital scientifique et, du même coup, j'avais posé implicitement le problème des rapports entre ces deux espèces de capital, de leur convertibilité, de l'évolution du taux de conversion à des époques différentes, un capital dominant ayant un taux de conversion meilleur qu'un capital dominé, et quand on dit que « les sciences montent par rapport aux lettres », cela veut dire qu'il faudra beaucoup plus de capital littéraire que dans la génération antérieure pour arriver au même point. Ce sont des choses tout à fait simples. Évidemment, les mesures et le calcul du taux de conversion sont relativement simples pour le capital économique, parce qu'il y a un quantificateur – la monnaie. Pour le capital culturel, il faut trouver des indicateurs

1. Voir Pierre Bourdieu, « Ökonomisches Kapital, kulturelles Kapital, soziales Kapital », in Reinhard Kreckel (dir.), *Soziale Ungleichheiten*, Göttingen, Otto Schartz & Co., 1983, p. 183-198 (trad. en anglais par Richard Nice : « The forms of capital », in John G. Richardson (dir.), *Handbook of Theory and Research for the Sociology of Education*, New York, Greenwood, 1986, p. 241-258).

relativement subtils pour mesurer, par exemple, la dévalorisation relative du capital littéraire par rapport au capital scientifique.

La troisième espèce de capital qu'il faudrait distinguer est ce que j'appelle le capital social, mais ce serait beaucoup plus compliqué à analyser. On peut dire, comme je l'ai fait, qu'elle correspond à ce qu'on appelle d'ordinaire les « relations », mais c'est une définition dangereuse parce qu'intuitionniste, les « relations » constituant un objet préconstruit qui s'imposait mais qu'il faut déconstruire pour concevoir le capital social comme étant le capital associé à des relations d'appartenance. Le capital social désigne tout ce qui advient à un individu, à un agent ou à un groupe par l'intermédiaire de ses « relations », institutionnalisées ou non, avec d'autres agents ou d'autres groupes. Il peut exercer un effet multiplicateur par rapport aux autres espèces de capital : avoir un capital social peut être un redoublement très important du capital économique, et si le capital économique va au capital économique, c'est qu'à travers un espace de capital social, matérialisé sous forme de relations, on peut avoir du « crédit » (au sens fort de confiance, de croyance, ce sur quoi on peut compter dans l'avenir à partir du présent). Dans le crédit, il y a énormément de choses qui tiennent à l'effet du capital social. Voilà donc grossièrement les trois espèces que je distingue. Elles me paraissent les trois espèces d'efficacité universelle auxquelles les sous-espèces liées à des champs particuliers peuvent se réduire et dans lesquelles elles peuvent se convertir.

La conversion des espèces de capital

L'un des problèmes que pose la distinction des espèces de capital est celui des conversions entre espèces. Ce problème peut être posé en termes physicalistes : avec quelle déperdition du capital économique peut-il se transformer en capital culturel ? Avec quelle dépense d'énergie (et quel type d'énergie) le capital économique peut-il se transformer en capital culturel ? Il faudra par exemple dépenser du temps : une difficulté de la conversion du capital économique en capital culturel est que le capital culturel ne s'achète pas instantanément. On ne peut pas acheter du capital culturel incorporé, de même que, jusqu'à une date récente, on ne pouvait pas bronzer instantanément, il fallait dépenser du temps [*rires*]. L'analogie est intéressante parce qu'elle est tout à fait du même ordre : il y a des choses qu'on a au comptant, sur-le-champ, rubis sur l'ongle, sitôt qu'on les paye. La conversion de capital économique en capital culturel demande du temps, d'où l'importance, dans les jugements sociaux, de la stigmatisation du parvenu, du tard-venu. Si le temps joue un rôle si grand dans la perception sociale – le temps, c'est l'ancien : les meubles anciens, les titres anciens, la noblesse ancienne, la dimension historique[1] –, c'est que l'ancienneté est la mesure du temps de conversion et donc du taux de conversion. Le passage du capital économique au capital culturel a un coût. On ne retrouve donc pas toute l'énergie qu'on a investie puisqu'il a fallu dépenser de l'énergie pour la conversion même.

De même, s'agissant de la transformation du capital économique en capital social, on ne peut pas acheter des relations : les relations, au contraire, supposent tout un travail. Ces remarques sont nées de mes réflexions sur les sociétés qu'on appelait traditionnelles, archaïques, précapitalistes, dans lesquelles le capital social est l'une des formes essentielles du capital[2] : l'une des seules choses qu'on puisse accumuler dans ces sociétés est un capital de relations, de dettes, d'obligations morales ou réelles, parfois juridiquement garanties. Dans ces sociétés, le capital économique ne peut pratiquement rien par lui-même et, à la limite, la plupart des choses qui, dans nos sociétés, s'achètent sont hors commerce. Dans *Le Vocabulaire des institutions indo-européennes*, Benveniste intitule un de ses chapitres « Un métier sans nom : le commerce[3] » : dans les anciennes sociétés, le commerce comme action économique se donnant en tant que telle était tellement honteux et désavoué qu'on ne lui

1. Voir P. Bourdieu, *La Distinction*, *op. cit*, notamment p. 77-79, 298-299 et *passim*.
2. Voir les développements sur l'importance du capital symbolique dans P. Bourdieu, *Le Sens pratique*, *op. cit.*, p. 191-207.
3. É. Benveniste, *Le Vocabulaire des institutions indo-européennes*, t. I, *op. cit.*, p. 139-147.

donnait pas de nom. Dans ces sociétés, le capital économique qui agit ne peut jamais agir en personne : il faut toujours qu'il se masque, on ne peut pas payer comptant, ni acheter un sourire, alors que, dans nos sociétés, on peut tout acheter, y compris un sourire, certes plus ou moins facilement. Les sociétés précapitalistes sont le lieu d'un travail énorme de sociabilité qui est un travail de transformation du capital économique en capital social, par le cadeau, par l'entretien des relations, etc. On en trouverait l'équivalent dans nos sociétés dans le travail d'entretien des relations au sein de la noblesse : Monique de Saint Martin montrait, dans un travail sur la famille des Brissac[1] que, pour être un duc, il ne suffit pas (même si bien sûr cela aide) de naître duc, il faut aussi travailler continûment à entretenir le capital par un travail spécifique. Voilà encore un autre exemple d'effet de champ : du point de vue d'une position petite-bourgeoise, on dira : « Ces gens, ces mondains, ils foutent rien... », sans voir que c'est un travail considérable [*rires de la salle*], qui demande qu'on inaugure, qu'on fasse des actions charitables, qu'on ouvre des ouvroirs, etc.[2]. Ce travail-là est très important pour entretenir le capital de noblesse hérité et pour le faire fructifier pour en tirer les profits.

Autre exemple, les relations de parenté : dans un travail sur le Béarn et la Kabylie, j'avais montré qu'alors qu'une vision objectiviste de type généalogique considère ces relations comme données – sur la généalogie, vous avez tous les cousins –, dans la réalité, on n'a que les cousins qu'on entretient[3]. Il y a un vieux mot français, le verbe « cousiner » : on n'a des cousins que si on cousine, que si on fréquente les cousins et qu'on les entretient ; on ne peut se servir d'un cousin que si, auparavant, on l'a vu de nombreuses

1. Monique de Saint Martin, « Une grande famille », *Actes de la recherche en sciences sociales*, n° 31, 1980, p. 4-21. (Voir aussi *L'Espace de la noblesse*, Paris, Métailié, 1993, notamment p. 45-52.)

2. Sur ces points, voir aussi Pierre Bourdieu, « Le capital social. Notes provisoires », *Actes de la recherche en sciences sociales*, n° 31, 1980, p. 2-3.

3. Voir Pierre Bourdieu, « Les stratégies matrimoniales dans le système des stratégies de reproduction », *Annales ESC*, n° 4-5, 1972, p. 1105-1127 ; rééd. in *Le Bal des célibataires*, *op. cit.*, p. 167-210, notamment p. 173-176.

fois sans s'en servir[1] [*rires de la salle*]. Tout le monde sait cela, mais on n'en tire pas les conséquences dans la théorie. Il faut déjà relever que le mot « cousin » existe, alors qu'il pourrait ne pas exister : dans beaucoup de sociétés, on spécifierait immédiatement en parlant de « cousine croisée » ou de « cousine parallèle », ce qui ferait éclater la classe de « cousins » ou le concept générique de « cousin ». Le fait qu'il y ait, non seulement un mot, mais un ensemble de représentations, de devoirs, d'obligations, de sentiments obligés, etc., est très important et n'est pas sans efficacité : c'est l'effet d'institutionnalisation, d'objectivation, de nomination, de légalisation. La nomination est un premier pas sur le chemin de la judiciarisation, de la légalisation. Mais, en plus, pour que le cousin ne reste pas un cousin nominal, pour qu'il devienne un cousin réel, il y a un travail de cousinage à faire et que, dans la pratique, on fait sans le percevoir comme travail – au contraire, c'est un travail dénié, qu'on fait sans vouloir le savoir, ce qui contribue aux difficultés à le prendre en compte dans la théorie.

Voilà un exemple de ce qu'implique le passage d'un capital à un autre. Je pourrais en prendre d'autres exemples. À l'intérieur de l'espace du capital culturel, par exemple, quelles sont les conditions de la transformation d'un capital de physicien en capital de sociologue, ou d'un capital d'historien en capital de sociologue ? Les lois de transformation vont être du même type : les droits d'entrée, le passage dans des champs connexes, vont impliquer un travail de conversion qui, évidemment, va beaucoup dépendre de la position relative des champs considérés ; le travail de conversion prendra des formes tout à fait différentes et sera plus ou moins long, plus ou moins facile selon, par exemple, qu'il s'agit de convertir du capital économique en capital culturel ou en capital de relations. Si vous avez été sceptiques sur ce que j'ai raconté, je pense que

1. P. Bourdieu livrera une partie de la « genèse » de cette idée dans son *Esquisse pour une auto-analyse* (*op. cit.*, p. 86) : « C'est sans doute une remarque tout à fait banale de ma mère, que je n'aurais même pas entendue si je n'avais été en alerte – "Ils se sont trouvés très parents avec les Untel depuis qu'il y a un polytechnicien dans la famille" – et qui, à l'époque de mon enquête sur le célibat, a été le déclencheur des réflexions qui m'ont conduit à abandonner le modèle de la règle de la parenté pour celui de la stratégie. »

vous pourrez vraiment sentir les effets de champ en réfléchissant sur l'exemple des passages de frontières car c'est là que se voient la plupart des effets de champ, des effets de conversion, etc.

La prochaine fois, j'insisterai, tout en restant toujours au niveau physicaliste, sur les effets de la notion de champ qui résultent du fait que les champs, tout en ayant chacun leur logique spécifique liée au jeu spécifique qui s'y joue, ont, en gros, tous des formes de fonctionnement relativement invariantes. Il y a des phénomènes d'homothétie, d'homologie entre champs – le fait par exemple d'être dominé dans un champ dominant –, qui sont au principe d'effets sociaux tout à fait paradoxaux, notamment en politique. Je vous donne simplement, pour vous faire réfléchir, un exemple assez proche de nous (mais pas trop) : j'ai fait un papier il y a quelques années sur le champ de la haute couture qui est un espace comme tous les autres : je ne me suis pas tenu au courant des dernières évolutions sur la question, mais à l'époque, Dior occupait les positions dominantes et il y avait des gens comme Ungaro, Paco Rabanne, etc., qui étaient des dominants/dominés, puis au milieu il y avait Courrèges[1]. Les gens qui étaient en position dominée – l'enquête avait été faite juste après 1968 – parlaient de leurs rapports avec les dominants et disaient, comme à l'époque les étudiants gauchistes : « Il faut faire descendre la mode dans la rue » [*rires de la salle*]. Il faudrait analyser les effets qui tiennent au fait que les champs relativement autonomes sont situés très haut dans l'espace social et sont en rapport d'homologie avec le champ des classes sociales et tout ce que cela permet. (Vous pouvez faire des tas d'exercices mentaux, en positionnant le CNRS, le champ scientifique et le champ politique lui-même.) Parce qu'ils sont en rapport d'homologie avec le champ des classes sociales (ou avec l'espace global à l'intérieur duquel ils se trouvent situés), ils engendrent des conduites doubles, louches, la gauche du champ relativement autonome pouvant conduire à se sentir à la gauche du champ englobant. Je reviendrai là-dessus parce que, dit sous cette forme, vous avez sans doute compris tout et, en fait, rien [*rires*].

1. Pierre Bourdieu et Yvette Delsaut, « Le couturier et sa griffe : contribution à une théorie de la magie », *Actes de la recherche en sciences sociales*, n° 1, 1975, p. 7-36.

LE CHAMP DE LA HAUTE COUTURE

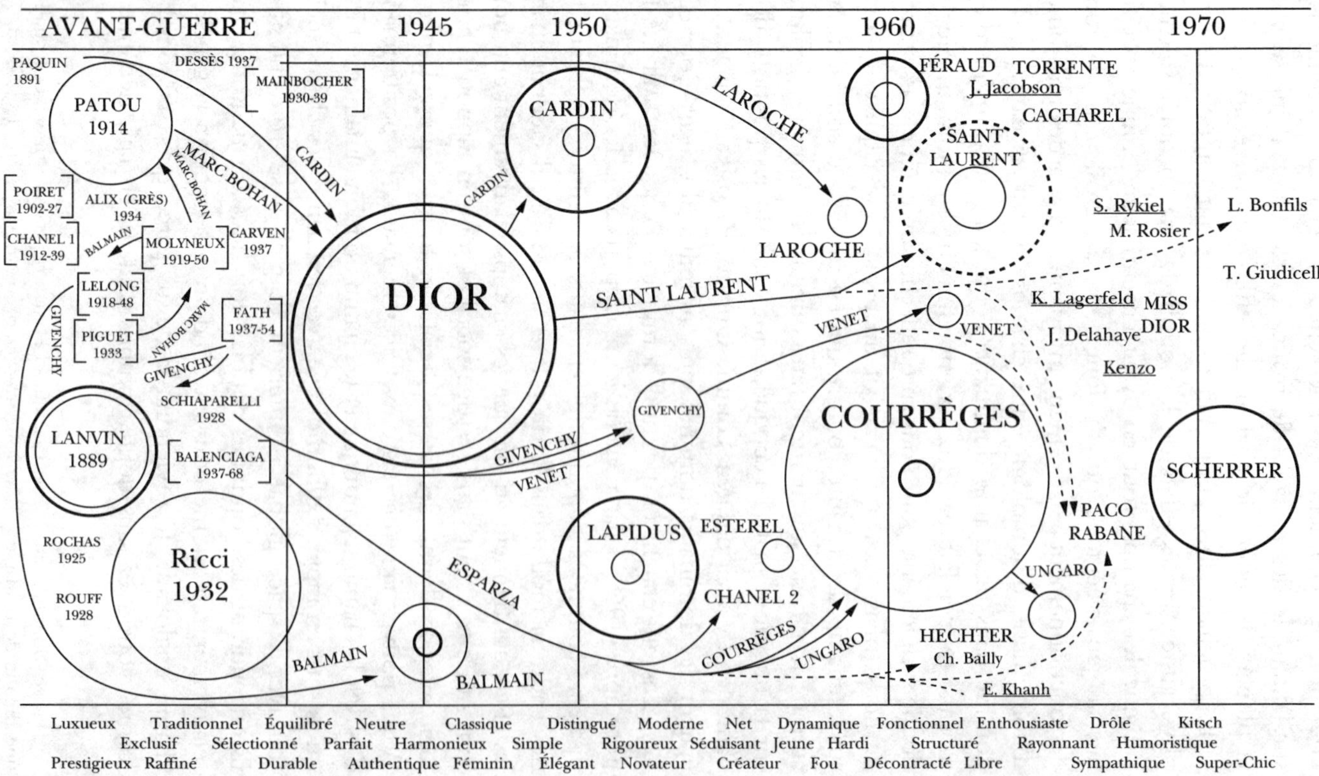

COURS DU 14 DÉCEMBRE 1982

Une manière de penser. – Champ et agrégat statistique. – Le concept de champ (1) : itinéraire théorique. – Le concept de champ (2) : itinéraire pratique. – Champ et milieu. – Champ et interaction. – Champ et réseau. – Champ et positions. – Champ et représentation de la situation. – Espace des relations objectives et espace des interactions. – Champ, groupe, population, individu. – Représentations et sens pratique. – Les homologies entre champs.

J'ai évoqué plusieurs fois la notion de champ, mais sans jamais en proposer de définition rigoureuse. Aujourd'hui, je voudrais passer de cette sorte d'intuition à laquelle je me suis tenu jusqu'à présent à travers des exemples à un premier essai de systématisation. Comme le nombre de séances que je pourrai consacrer à ce thème se restreint, je vais tenter de vous donner, une sorte de synopsis, et réserver les développements plus approfondis pour une autre année.

Je voudrais donc essayer de dégager, comme je l'avais fait pour la notion d'habitus, le contexte théorique dans lequel s'est constituée la notion de champ et, en même temps, donner une vue synoptique un peu simplifiée des propriétés des champs. Je vais procéder un peu comme font les journalistes américains : on commence à dire en quelques phrases tout ce qu'on va dire dans l'article, comme ça on a le temps de développer et on peut supposer que le lecteur qui s'arrêtera au premier paragraphe aura quand même une vue d'ensemble. Je vais essayer de rompre cette sorte de cercle que rencontre souvent la pédagogie et qui tient au fait qu'il est aussi difficile d'employer un concept sans l'avoir défini que de le définir avant que les gens n'aient pris l'habitude de le voir fonctionner. En effet, j'ai déjà un peu fait fonctionner le concept de champ devant vous sur le cas du système universitaire dont tout le monde ici a une expérience. À partir des analyses que vous avez désormais à l'esprit et des quelques propriétés qui en ont été dégagées, je voudrais maintenant vous montrer ce que je mets sous cette notion.

Une manière de penser

Premier principe : la notion de champ n'est pas une thèse, ni ce qu'on appelle d'ordinaire une théorie. J'avais indiqué dès le premier emploi que j'avais fait de la notion que c'était une manière de penser, une sorte de terme mnémotechnique qui, devant un problème, fournit des techniques de construction de l'objet. J'avais montré à l'époque, dans l'exemple de l'espace des grandes écoles, que penser en termes de champ excluait d'emblée la possibilité d'étudier une grande école en tant que telle, en la dissociant de l'espace des grandes écoles. Cette préoccupation méthodologique place souvent le chercheur devant une alternative très douloureuse : faut-il étudier en extension tout ce qui doit être étudié pour que l'objet construit soit construit correctement, ou étudier à fond, avec toutes les apparences de la rigueur, un objet aussi petit que possible, mais construit contre la logique du fonctionnement réel du monde social ? Faut-il, par exemple, étudier l'École des arts et métiers, objet relativement circonscrit qu'on peut approcher à la fois synchroniquement et diachroniquement et sur lequel on peut avoir tout le matériel possible, ou l'ensemble des grandes écoles en sachant bien qu'on sera alors réduit à un petit nombre d'informations, que la relation à l'objet ne pourra pas être aussi approfondie et qu'on s'exposera donc à la critique positiviste ordinaire : « Tout n'a pas été considéré », etc. ?

La science sociale, comme science dominée et sans cesse menacée dans son identité scientifique, du fait d'être en faute avec les règles en vigueur, a beaucoup de mal à résister à la tentation de l'idiographie pointilleuse et pointilliste qui donne, finalement à bon compte (mais apparemment à coût très élevé), toutes les apparences de la rigueur scientifique. L'une des fonctions de la notion de champ est, en quelque sorte, de rappeler à l'ordre théorique les gens qui voudraient se précipiter dans les satisfactions de la monographie ou de l'idiographie. L'exemple des grandes écoles est très typique : si, comme l'indique la notion de champ, la vérité n'est pas dans chaque grande école mais essentiellement dans la relation qu'elle entretient avec les autres grandes écoles, on s'épuisera à épuiser l'objet singulier « telle grande école particulière » sans y trouver, sinon par surcroît et par mégarde, ce qu'on aurait dû prendre pour l'objet (parce que malgré tout il y a des effets : même si on leur pose les questions les plus bêtes, les polytechniciens seront bien obligés de parler des autres écoles et de dire, par exemple, qu'ils ont eu à choisir entre l'École normale [supérieure] et l'École polytechnique, etc.). La même chose vaudrait pour le champ littéraire. On peut ainsi épuiser Vigny sans comprendre rien de ce que l'on comprendrait si l'on savait que la vérité de ce qu'il est [se situe] dans la relation qu'il entretient avec un espace. Il est frappant de constater que des monographies inépuisables sur les amours de Vigny ou sur les opinions politiques de Musset, etc., paraissent bourrées de lacunes dès lors qu'on les interroge, si je puis dire, structuralement, c'est-à-dire du point de vue de l'espace des relations dans lesquelles ont fonctionné les gens qui sont l'objet de ces monographies.

La notion de champ est donc une façon de prendre au sérieux ce primat des relations dont on parle toujours en sciences sociales, sans tellement savoir ce qu'on dit par là. Elle aide (j'avais dit la même chose pour la notion d'habitus) à designer une sorte de vision du monde social en contradiction avec la vision spontanée. En effet, ce que nous voyons spontanément du monde social, ce sont des individus ou des groupes d'individus ; il est ainsi très fréquent que des gens qui ne sont pas sociologues, par exemple des scientifiques venus des sciences dures, croient faire de la sociologie simplement en faisant des analogies avec la théorie des gaz, avec les phénomènes stochastiques, etc. Un embouteillage sur la place de la Concorde est certes un fait social intéressant[1], mais je pense que la sociologie doit surmonter deux types d'images immédiates : l'individu et la somme d'individus – et même les interactions entre individus. La notion de champ vise à abolir durablement ces trois images. Ce n'est que dans certaines configurations que le monde social s'apparente à une sorte de mouvement brownien de particules élémentaires qui s'entrechoqueraient en produisant quelque chose que l'on pourrait saisir statistiquement. Il faut savoir que les phénomènes de foule ont été le lieu de toute une série de fantasmes, la foule constituant, avec les classes populaires, l'un des objets les plus difficiles à étudier, parce que les autres classes y ont projeté tous leurs fantasmes (ce sont les mêmes fantasmes dans les deux cas).

la foule

Champ et agrégat statistique

Il est donc vrai que le monde social ne fonctionne pas toujours en tant que champ (il faut des conditions sociales pour qu'un monde social fonctionne en tant que champ). Ce n'est que dans certaines conditions que le monde social échappe à l'état d'agrégat : par exemple, l'ensemble des gens qui sont, à un moment donné, dans la salle des pas perdus de la gare du Nord ne forment pas un champ, mais seulement un ensemble de gens qui sont en interactions ponctuelles. Les mouvements de foule ou de masse ne sont cependant qu'un cas particulier de l'état du monde social, lequel ne se réduit pas à des formes de mouvement brownien, c'est-à-dire aux interactions physiques de gens qui s'entrechoquent, ont des contacts, se bousculent. Il n'est pas davantage une somme d'individus en état d'interactions symboliques. Le monde social est parfois pensé comme un ensemble d'interactions innombrables dont l'agrégation produit quelque chose d'irréductible à la somme des éléments : les économistes étudient ainsi depuis fort longtemps la logique des effets

1. P. Bourdieu reprendra cet exemple dans *La Domination masculine*, *op. cit.*, « Points Essais » p. 11.

pervers et le paradoxe qui, dans beaucoup de cas, voit les actions individuelles changer de sens en s'agrégeant. Les actions individuelles agrégées sont, elles aussi, un état particulier du monde social. Il y a donc l'état brownien, l'état agrégé et l'état de champ.

L'état de champ est un état dans lequel les relations entre les agents sociaux ne sont pas réductibles aux interactions physiques ou symboliques. En effet, les actions des agents renferment quelque chose dont le principe n'est pas dans l'interaction. Si l'agent X prend la parole et l'agent Y se tait, le principe de cette différence de conduite n'est pas dans les propriétés de l'interaction. On ne peut pas en rendre compte en disant que celui qui parle est celui « qui a de l'initiative ». Alors pourquoi prend-il la parole ? De quelle propriété était-il porteur pour pouvoir parler[1] ? Dans beaucoup de cas – enfin, ce sont tous ces cas que la notion de champ essaie de constituer comme objet privilégié de l'action sociale –, les propriétés des agents ne se comprennent que si l'on fait intervenir des relations transcendantes à l'interaction dans sa ponctualité, dans sa synchronie. Pour prolonger l'analyse, il faut distinguer la structure des relations constitutives d'un champ et les interactions qui s'accomplissent dans ce champ. Les interactions sont un des lieux dans lesquels s'actualise la structure du champ, et invoquer la notion de champ, c'est dire que, pour comprendre ce qui se passe dans un espace social, il faut postuler des structures invisibles. Ce qui se passe à l'École des arts et métiers, par exemple, a son principe dans la hiérarchie objective des écoles dont on peut construire un indice à partir d'indicateurs complexes faisant intervenir l'ancienneté, l'origine sociale des élèves, la valeur du diplôme sur les différents marchés scolaires ou autres, etc. Autrement dit, dans la pratique de chacun des agents singuliers de cet espace se découvrira, à condition qu'on sache la chercher, la trace de cette structure invisible, qu'on annule quand on ne construit pas l'espace complet.

1. Sur les logiques commandant la prise de parole, voir P. Bourdieu, *La Distinction*, *op. cit.*, p. 480 *sq.* (P. Bourdieu reviendra à plusieurs reprises sur cette question, notamment dans *Sur la télévision*, *op. cit.*, « Le plateau et ses coulisses », p. 9-42.)

On ne peut penser en termes de champ sans se demander comment construire le champ. C'est pourquoi je disais, en commençant, que la notion de champ est essentiellement une méthode de construction d'objet. C'est une manière de rappeler que faire de la sociologie, ce n'est pas étudier n'importe quoi : « les adolescentes de quinze à dix-sept ans de la banlieue sud de Paris », « la condition des femmes en France depuis 1980 » ou « la loi Roudy »[1]. La sociologie, sous peine de n'étudier rien du tout (mais avec toutes les apparences de la scientificité), consiste à construire un espace tel que ce qui s'y passe trouve dans l'espace ainsi construit son principe explicatif ou, plus exactement, trouve l'essentiel de son explication. C'est la notion d'autonomie relative qui me conduit à faire cette correction : les champs sont relativement autonomes par rapport à l'espace environnant et l'on trouve dans l'espace des grandes écoles l'essentiel de l'explication à ce qui se passe dans cet espace, à cela près que cet espace est lui-même le lieu de forces qui, comme je l'avais dit la dernière fois, sont la retraduction de forces externes s'exprimant selon une logique spécifique à l'intérieur de cet espace. Voilà donc une première indication sur ce qui est impliqué dans la vision du monde social inscrite dans la pensée en termes de champ.

Le concept de champ (1) : itinéraire théorique

Avant de continuer sur ce point, je voudrais revenir sur les raisons pour lesquelles je me suis mis à parler de champ et à faire fonctionner cette notion. Mon objectif, ce faisant, n'est pas de me faire, en quelque sorte, l'historien de ma propre pensée, mais au contraire de donner un [moyen de] contrôle sur ce que je vais dire, d'en indiquer les limites et, peut-être, d'aider ceux qui le voudraient à s'approprier cette manière de penser. Cela devrait,

1. Tirant son nom de la ministre du Droit des femmes nommée à l'arrivée de la gauche au pouvoir en 1981, la « loi Roudy » sur le remboursement de l'interruption volontaire de grossesse était en cours d'adoption au moment où ce cours était prononcé.

à mon sens, être un grand principe pédagogique : on comprend beaucoup mieux les structures de pensée quand on en connaît la genèse, on comprend beaucoup mieux les travaux des savants du passé quand on comprend les problèmes qu'ils se sont posés. L'histoire des sciences devrait faire partie de la pédagogie des sciences. Me concernant, je vais proposer une reconstruction rétrospective qui, inévitablement, sera biaisée. Je vais m'efforcer, avec toute l'honnêteté du monde, de ne pas l'arranger mais, inconsciemment, je vais la structurer en fonction du terme final.

Première chose, et c'est peut-être l'essentiel de ce que je voudrais dire : la notion de champ, comme la plupart de celles que j'ai utilisées (habitus, capital culturel, capital symbolique, etc.) est une notion que j'ai employée parce que je ne pouvais pas faire autrement. Mon souci n'était pas d'affirmer ma distinction théorique ou d'importer un concept noble à la physique théorique ou à la psychologie lewinienne. C'est un concept que j'ai employé parce que j'avais besoin de ce mot pour désigner quelque chose dont je ne savais pas très bien ce qu'il représentait et que ce mot montrait du doigt plus qu'il ne le désignait vraiment. J'ai donc commencé à parler de champ sans trop savoir ce que je disais. Je le dis au risque d'accroître la vulnérabilité de concepts dont je vais dire combien ils sont vulnérables. (Pour ma défense, je dirais que les choses se passent souvent ainsi, mais les savants ne le disent pas, parce qu'ils n'y ont pas intérêt en général, et les épistémologues le disent encore moins, parce qu'ils ne le savent pas et prennent toujours la science à l'état d'*opus operatum*, c'est-à-dire de science déjà faite. Il faut faire bien sûr une exception pour la tradition bachelardienne, Bachelard disant l'importance, dans la science, des erreurs ou des tâtonnements[1]. Cela dit, on l'oublie malgré tout.)

J'ai donc, à l'origine, employé la notion de champ sans trop savoir ce que je lui faisais signifier. C'est dans un article paru dans *Les Temps modernes*, rédigé autour des années 1964-1965, « Champ intellectuel et projet créateur », que j'en ai fait le premier usage, en

1. « L'esprit scientifique se constitue comme un *ensemble d'erreurs rectifiées.* » (G. Bachelard, *La Formation de l'esprit scientifique*, *op. cit.*, p. 239.)

l'employant en un sens qui m'est apparu très vite comme erroné, mais je pense que si je n'avais pas utilisé la notion de la sorte, je n'aurais pas pu découvrir l'erreur (c'est pourquoi il faut faire des erreurs pour avancer scientifiquement). Dans cet article, j'identifiais nettement la notion de champ à la notion d'espace d'interactions[1]. J'essayais de rompre avec la tradition de l'histoire littéraire qui cherche le principe explicatif de l'œuvre dans l'œuvre elle-même, ou à la rigueur dans une biographie construite en fonction de l'œuvre. Pour m'arracher à cette conception traditionnelle, j'essayais de trouver le principe explicatif de la production ou de l'intention littéraire dans l'espace de relations entre les producteurs littéraires – les écrivains, donc. Mais je conservais à l'esprit une définition que je qualifierais maintenant d'« interactionniste » : je pensais que ce qui se passait entre les écrivains était réductible à leurs interactions. Ce n'était donc qu'un progrès apparent. En attirant l'attention sur les rapports entre l'écrivain et les autres écrivains, l'écrivain et le critique, l'écrivain et les éditeurs, etc., je restais dans la logique, finalement banale chez les historiens de la littérature, des influences : la notion d'influence est le type-même de notion que, dans une logique scientifique, il faut déconstruire complètement et faire disparaître. L'influence est une espèce d'action magique à distance qui s'accomplit dans l'interaction réelle entre des agents.

Si j'avais travaillé dans cette logique sur un matériel empirique, j'aurais interrogé les agents sur leurs relations réelles, et j'aurais abouti à une analyse qui existe, l'interactionnisme, dont j'ai parlé plusieurs fois à travers l'école de Chicago. L'analyse des réseaux (ou *network analysis*) actuellement employée par certains sociologues américains consiste à essayer de construire (par exemple pour rendre compte du pouvoir dans une petite ville ou des systèmes d'influence dans une université) le réseau de relations de l'ensemble des personnes[2]. La technique d'enquête pourrait

1. Pierre Bourdieu, « Champ intellectuel et projet créateur », *Les Temps modernes*, n° 246, 1966, p. 865-906.

2. P. Bourdieu se réfère en particulier à l'approche développée par Ronald S. Burt, *Toward a Structural Theory of Action : Network Models of Social Structure, Perception, and Action*, New York, Academic Press, 1982.

consister à demander aux gens leur agenda, puis à relever les noms et à regarder les intersections. C'est une technique qui n'est pas du tout négligeable. Un réseau d'interactions réelles peut être le canal empirique visible à travers lequel s'exercent des relations qui ne sont pas réductibles à ces interactions. On enregistre dans un agenda des gens que l'on rencontre et la pensée en termes de champ conduit notamment à faire l'hypothèse que les rencontres ne sont qu'apparemment aléatoires ; finalement, à travers les rencontres, c'est-à-dire les interactions effectuées, ce qui s'exprime, c'est un espace de rencontres possibles, c'est-à-dire la logique d'un champ.

Un réseau d'interactions n'est cependant pas un champ et la notion d'espace ou de champ d'interactions présente des risques (là encore, je parle tout à fait innocemment, pour faire comprendre ce que je fais et pas du tout pour définir l'absolu dans la logique des cours traditionnels où, selon le vieux modèle hégélien, on fait la généalogie de sa pensée pour arriver en haut). Dans la sociologie rurale, il y a un concept équivalent, la notion d'univers d'interconnaissances. Elle est utile pour définir de façon non réaliste, non empirique, une communauté villageoise et c'est un concept qui m'a beaucoup aidé à un certain moment. Mais, dans mon expérience, ces notions tangentes à la bonne notion sont les plus dangereuses parce que, précisément, comme elles lui sont collées, elles risquent de l'occulter très durablement. Cet espace d'interactions n'est donc pas le champ, bien que, parfois, il n'y ait pas d'autres moyens de saisir un champ que de l'appréhender sous la forme d'un espace d'interactions, en essayant d'établir un sociogramme[1] (« Avec qui avez-vous passé vos vacances ? », etc.). Un sociogramme peut être utile, à condition évidemment que l'on dispose des variables pertinentes (parce que si l'on oublie de demander la profession des parents de l'enfant interrogé, on aura

1. Le sociogramme est une technique utilisée depuis les années 1930. Dans sa forme la plus simple, elle consiste à représenter les membres d'un groupe par un nuage de points et à relier ou non les différents points par des traits selon que les individus correspondants ont ou non des liens. Les sociogrammes peuvent représenter par exemple les relations existant au sein du groupe constitué par les élèves d'une même classe (d'où la référence aux enfants qui figure dans la phrase suivante).

beau chercher des structures cachées, elles ne sortiront pas d'elles-mêmes, ou bien elles seront là mais on ne les verra pas). L'espace d'interactions est donc l'une des manifestations possibles de l'espace que j'appelle champ, mais cette manifestation a la propriété de dévoiler ce qu'elle dévoile en le cachant.

La notion de champ, telle que je l'avais employée, était très proche de la notion d'interaction, mais j'avais essayé à l'époque de lui donner un contenu avec le thème à la fois utile et purement verbal de l'autonomie relative. Mon usage de la notion d'autonomie relative remonte encore plus loin : dans les années 1960, dans le cours que je faisais à l'École normale sur le champ littéraire, je ne pouvais évidemment pas ne pas tomber sur la notion d'autonomie relative. Mais cette notion n'avait de valeur que négative : elle consistait à dire que des corps sociaux qui dépendent en dernière instance, en dernière analyse, de l'économie, ont une logique propre. Parler de champ, c'était donc essayer d'opérationnaliser ce qui était, comme c'est souvent le cas des concepts marxistes[1], un concept à haut rendement scolaire mais à faible rendement scientifique, l'une de ces notions dont on ne sait pas trop quoi faire en dehors des cours et des dissertations en trois points. La notion de champ consistait ainsi à dire que cet effet d'autonomie relative pourrait tenir au fait qu'il existe, à l'intérieur de l'univers social, des sous-univers où on joue à un jeu particulier, qui sont dotés de règles et de structures propres et qui, de ce fait, retraduisent les influences externes. Je me servais beaucoup à l'époque de la métaphore de la réfraction, en disant, par exemple, qu'à la faveur de l'autonomie relative des champs les oppositions politiques entre conservateurs et progressistes vont se retraduire selon une logique

1. Le concept d'autonomie relative est lié à la tradition marxiste. S'ils ont écrit par exemple que, par rapport à l'infrastructure économique, « la morale, la religion, la métaphysique et tout le reste de l'idéologie, ainsi que les formes de conscience qui leur correspondent, ne conservent plus leur semblant d'indépendance » (*L'Idéologie allemande*, in K. Marx, *Œuvres*, t. III p. 1056-1057), Marx et plus encore Engels ont pu attirer l'attention sur l'autonomie relative dont bénéficiait, malgré tout, la « superstructure ». P. Bourdieu a plusieurs fois cité sur ce point une lettre à Conrad Schmidt où Engels parle de l'autonomie relative du corps des juristes (*Lettres sur* Le Capital, Paris, Éditions sociales, 1964, p. 366-372).

telle que l'opposition entre la droite et la gauche subira une transformation conforme aux lois spécifiques du champ. La notion de champ est donc une façon de nommer la notion d'autonomie relative en essayant de constituer les mécanismes qui sont rendus possibles par cette autonomie, tout en la rendant efficiente.

De là, je suis passé à une notion plus proprement structuraliste : j'ai très clairement introduit dans mon esprit l'opposition entre interaction et structure, entre champ d'interactions et structure, et j'ai commencé à me dire pour moi-même, très fortement, que ce champ n'était pas réductible à un espace d'interactions, qu'il y avait une structure transcendante aux interactions, structure dont les interactions étaient la manifestation. Relus dans cette logique, les articles acquièrent une vertu pédagogique, parce qu'on y voit les erreurs. (Je n'aime pas pratiquer l'autocritique parce que c'est une façon d'avoir les profits des erreurs et les profits de la correction des erreurs.) Je vous donne des textes qui peuvent être lus en toute confiance.

Construire la notion de champ comme espace structuré m'a conduit à me demander quel était le principe de cette structure, comment cette structure s'organisait, comment je pouvais la saisir empiriquement et ce que voulait dire la « structure du champ littéraire » ou la « structure du champ religieux ». C'est l'une des rares fois où j'ai fait ce que j'appellerais une « petite découverte » tout en faisant un cours : j'exposais l'analyse célèbre de la religion que Max Weber propose dans le chapitre « Sociologie de la religion » d'*Économie et société*, et sa description des agents fondamentaux du monde religieux (le prêtre, le prophète, le sorcier). J'avais été très frappé, en confrontant la traduction anglaise de Talcott Parsons[1] – comme Parsons dominait de façon tout à fait abusive le champ des sciences sociales à l'époque, j'avais évidemment envie de montrer que sa lecture n'était pas bonne[2] –, que Parsons omettait complè-

1. Talcott Parsons est l'auteur (avec Alexander Morell Henderson) d'une traduction du premier tome d'*Économie et société* sous le titre *The Theory of Social and Economic Organization* (New York, Oxford University Press, 1947).

2. Sur le contexte sociologique de l'époque et l'hégémonie de Talcott Parsons et, plus généralement, de ce que P. Bourdieu compare à la « triade capitoline », voir « Repères », in *Choses dites*, *op. cit.*, p. 50 *sq.* ; « La cause de la science. Comment l'histoire des

tement de traduire ce qu'il pensait être de simples transitions entre les différents chapitres consacrés l'un au sorcier, l'autre au prêtre, au prophète, etc. Remarquant cette lacune et ravi de découvrir cette erreur (vous voyez comment les intérêts sociaux – l'envie du jeune sociologue de subvertir le vieux sociologue – peuvent avoir des vertus scientifiques ; c'est une illustration de ce que j'ai dit : dans un champ scientifique, les mobiles pathologiques peuvent produire des effets qui ne le sont pas[1]), j'ai beaucoup réfléchi sur ces textes à mi-chemin entre la simple transition et quelque chose comme des indications sur les relations entre les différents agents, quelque chose comme une pensée en termes de champ. Comme j'avais en tête la pensée en termes de champ, je me suis dit qu'au fond Parsons avait supprimé toutes les indications que Weber donnait des relations entre les agents religieux. Autrement dit, là où on avait vu des portraits (ce qu'on appelle des « types », ce mot détestable) des agents religieux fondamentaux qui se retrouvaient transhistoriquement dans tous les univers religieux (le prêtre, le prophète, le sorcier), on pouvait voir, en accentuant les transitions, des figures invariantes, parce que transhistoriques, des champs religieux. Mais, à ce moment-là, il fallait voir que le prophète ne se définit que par opposition au sorcier qui, lui-même, se définit par rapport au prêtre, et il fallait construire l'espace – ce que Weber n'avait pas fait du tout – à l'intérieur duquel ces agents se définissaient. Je ne prolonge pas l'analyse, mais – cela vous aidera si vous voulez vous amuser – il y a deux articles que j'ai écrits à cette époque : d'une part, une relecture du texte de Max Weber parue dans les *Archives européennes de sociologie* et, d'autre part, une reconstruction, disons libérée de la dette à Weber, de la notion de champ religieux[2]. Dans

---

sciences sociales peut servir le progrès de ces sciences », *Actes de la recherche en sciences sociales*, n° 106-107, 1995, p. 6 ; *Esquisse pour une auto-analyse, op. cit.*, p. 95.

1. P. Bourdieu développera ce point dans son dernier cours au Collège de France en 2000-2001 consacré au champ scientifique, qui est publié sous le titre *Science de la science et réflexivité, op. cit.*

2. Pierre Bourdieu, « Une interprétation de la théorie de la religion selon Max Weber », *Archives européennes de sociologie*, vol. 12, n° 1, 1971, p. 3-21 (d'où est tiré le schéma page suivante) ; « Genèse et structure du champ religieux », *Revue française de sociologie*, 1971, vol. 12, n° 3, p. 295-334. Ces articles sont repris en ouverture de

ces deux textes, j'essayais de montrer comment ce qui avait été toujours lu comme des portraits d'agents religieux devait être compris comme la description de trois positions invariantes qui pouvaient se retrouver dans des formes différentes du champ religieux.

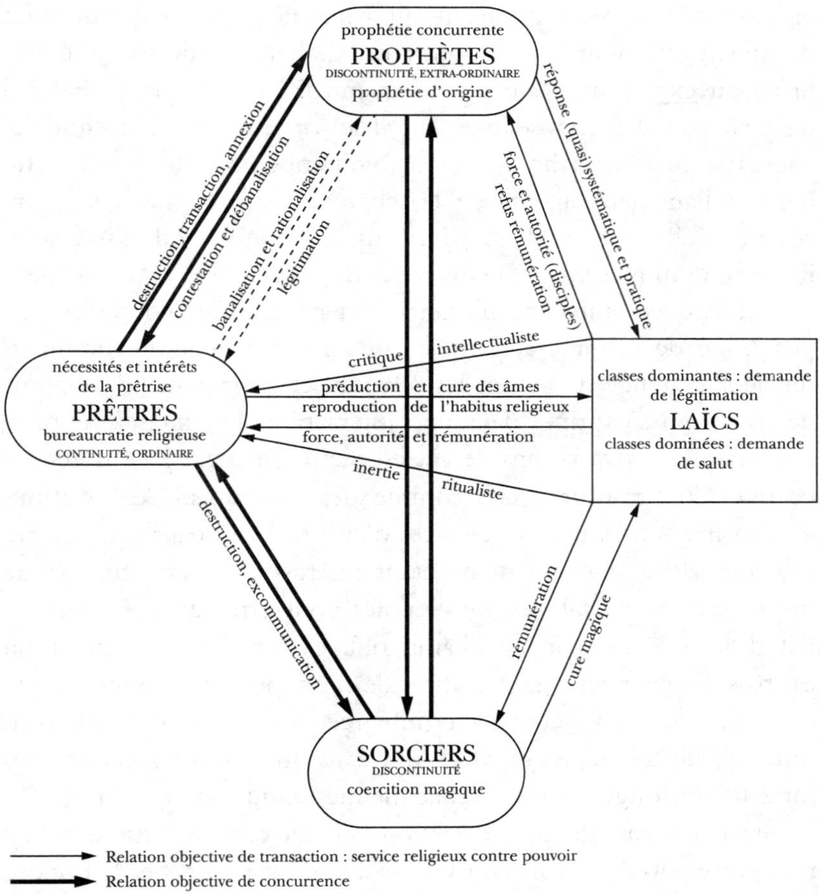

Je ne sais pas si le changement vous apparaît, mais, là où, comme tous les gens qui font des typologies, Max Weber était coincé par la logique typologique de la définition réaliste (parce que s'il y a des

son ouvrage inachevé sur la théorie des champs, *Microcosmes* (à paraître aux Éditions du Seuil et Raisons d'agir).

prêtres, des sorciers, des prophètes, il y a aussi des prêtres un peu sorciers ou des prophètes proches du prêtre), le fait de construire l'espace et simplement de tracer ce rond (en fait une ellipse pour pouvoir distinguer des positions opposées) conduisait à s'interroger, non pas seulement sur les relations d'interaction, mais, en prenant en compte que ce qu'un agent fait à un autre varie selon qu'il est dominant ou dominé, [sur la structure de leurs relations]. Le prêtre brûle ou excommunie le sorcier quand il le peut, mais, quand il ne peut pas, il compose avec lui, il le canonise, etc. Aussitôt, les choses se mettent à bouger et on voit tout de suite que si cette ligne [reliant deux agents sur le schéma] peut désigner des interactions réelles (ce qu'ils se font : ils se critiquent, ils s'injurient, ils s'excommunient, ils [s'envoient] des bulles, etc.), on ne peut pas décrire ces interactions sans se demander les conditions de possibilité de ces interactions, ce que j'ai fait depuis. Autrement dit, je suis obligé de penser les relations et la structure du rapport de force qui s'exprime dans une interaction. Du même coup, je peux penser les variations de cet espace de manière à comprendre ce que Weber avait décrit comme des invariants. Ces positions exemplaires ont toutes les chances d'être réalisées dans tout champ religieux, leur absence même étant intéressante : en situation de monopole sacerdotal, les autres pôles vont être squeezés, mais le fait d'avoir le modèle du champ oblige alors à se demander où est passé le prophète (en situation de monopole, le prophète a été annexé et les prophéties sont [intégrées au dogme]). Je ne vous résume que très rapidement ce qui était un travail beaucoup plus long (deux longs textes de chacun une cinquantaine de pages).

Grâce au passage par le champ religieux et à cette sorte de réinterprétation, je crois en tout cas avoir fait progresser la notion, d'une part, en marquant plus nettement l'opposition entre l'interaction et la structure et, d'autre part, en important dans ma manière de penser la notion de champ l'analogie que Weber avait apportée entre le champ religieux et le champ économique. Weber, en effet, et c'était ce qui faisait – et qui fait toujours – la fascination qu'il exerçait sur moi, a su penser les champs de production symbolique par analogie avec le champ économique.

L'analogie wébérienne apportait des choses autour de la notion de champ, tout en obligeant à penser ce qui l'avait rendu possible : si Weber avait pensé le champ religieux selon le mode de pensée caractéristique de la pensée économique, c'est peut-être que la pensée économique pensait aussi les champs et que, derrière la notion de champ religieux ou de champ économique, il y avait une théorie plus générale des champs, au fondement de toutes les analogies. Je pourrais m'en expliquer plus longuement si ça avait de l'intérêt, mais vous voyez que l'itinéraire n'est pas du tout celui qu'on me prête souvent quand on parle d'une transposition des concepts économiques. C'est à partir d'une transposition, qui à mes yeux reste géniale, des concepts économiques sur le terrain de la production symbolique, qu'on est amené à repenser *et* les champs de production symbolique *et* le champ économique en le pensant comme champ. Évidemment, je me garderai bien, pour le moment, de parler ici de ce dernier point, la sociologie ne pouvant, compte tenu des rapports de domination entre les disciplines, s'affronter sans trembler à l'économie, et surtout aux bases mêmes de la pensée économique. Ceci dit… j'y pense [*rires de la salle*] et, puisque vous le sauriez de toute façon, autant l'avouer !

Le concept de champ (2) : itinéraire pratique

L'itinéraire est donc à peu près celui-ci. Mais les reconstructions rétrospectives sont toujours un peu fausses et elles peuvent faire croire que, finalement, cette notion de champ s'est implantée en réfléchissant sur des textes et sur des concepts, ce qui est tout à fait faux. Parallèlement, et même dès l'origine, il y a un travail à la fois individuel et collectif sur des problèmes réels de champ. J'évoquais cette entreprise collective à l'École normale sur l'étude du champ littéraire au XIXe siècle[1] et, à tous les instants, appa-

1. Cette entreprise s'inscrivait dans le cadre d'un séminaire d'histoire sociale de la littérature, de l'art et des formes de domination, animé à l'École normale supérieure par P. Bourdieu et Jean-Claude Chamboredon à partir de 1968. Parmi les articles issus

raissaient des problèmes tout à fait réels. Par exemple, se mettre à étudier en termes de champ une population d'écrivains faisait apparaître l'antinomie entre population et champ. Pour aller vite, le champ des écrivains au XIXe siècle ne peut être saisi qu'à travers des indications presque toutes attachées à des individus (des biographies, des livres, etc.) et la tentation élémentaire, du même coup, est de faire ce qu'ont fait les sociologues de la littérature comme Escarpit[1], c'est-à-dire des statistiques, et de se mettre par exemple à comparer l'origine sociale des poètes symbolistes et des poètes parnassiens, ou à étudier l'évolution des taux de diplômés de droit, de lettres, de médecine, etc., parmi les écrivains au cours du XIXe siècle. Autrement dit, on prend pour objet des populations qui se traitent statistiquement. Mais le travail empirique sur les populations fait surgir la question suivante : ne peut-il pas arriver, dans certains champs, que certaines positions soient des positions à une place, et que, en ce cas, la statistique, en faisant des regroupements (par exemple, une catégorie de moins de cinquante individus n'aurait pas de sens), conduise à détruire cela même qu'on cherche ?

Il y avait donc une sorte de conflit pratique permanent entre la notion de champ et ce qu'elle imposait (l'idée qu'il fallait trouver des positions pertinentes, des *situs*, valant par leur opposition) et non seulement les contraintes (même s'il n'y a de contrainte que si on veut bien se laisser faire) mais aussi les inclinations et les facilités

---

de ce séminaire, voir, outre Pierre Bourdieu, « Champ du pouvoir, champ intellectuel et habitus de classe », *Scolies. Cahiers de recherche de l'École normale supérieure*, n° 1, 1971, p. 7-26 ; Christophe Charle, « L'expansion et la crise de la production littéraire (2e moitié du XIXe siècle) », *Actes de la recherche en sciences sociales*, n° 4, 1975, p. 44-65 ; Christophe Charle, « Situation sociale et position sociale. Essai de géographie sociale du champ littéraire à la fin du XIXe siècle », *Actes de la recherche en sciences sociales*, n° 13, 1977, p. 45-59 ; Jean-Claude Chamboredon, « Marché de la littérature et stratégies intellectuelles dans le champ littéraire », *Actes de la recherche en sciences sociales*, n° 4, 1975, p. 41-43 ; Rémy Ponton, « Naissance du roman psychologique », *Actes de la recherche en sciences sociales*, n° 4, 1975, p. 66-81 ; Rémy Ponton, « Les images de la paysannerie dans le roman rural à la fin du XIXe siècle », *Actes de la recherche en sciences sociales*, n° 17-18, 1977, p. 62-71.

1. Voir notamment Robert Escarpit, *Sociologie de la littérature*, Paris, PUF, « Que sais-je ? », 1958 et, sous sa direction, *Le Littéraire et le Social*, Paris, Flammarion, 1970.

de la statistique qui ramènent à un mode de pensée en termes de populations, lesquelles, comme les gens dans la salle des pas perdus, sont des agrégats. Travailler en termes de champ, c'est par exemple regarder la position des instances de consécration. Dans un champ littéraire, il y aura des instances de consécration, des instances de reproduction des producteurs, des instances de reproduction des consommateurs. Le système scolaire, dans le cas des champs littéraires, deviendra – ce n'est pas seulement un changement de nom – une « instance de production des producteurs et des reproducteurs », etc. Une position construite susceptible d'être saisie à travers les propriétés de ses occupants se caractérise par ce qu'elle fait aux autres, même si les autres ne sont pas en action avec elle. (Je ne l'avais pas dit parce que cela va de soi, mais les effets de structure s'exercent en l'absence même d'interactions – cela dit, ils peuvent aussi s'exercer à travers des interactions.)

Une manière de caractériser ces positions relationnellement par rapport aux autres, c'est-à-dire comme elles le sont, est de décrire les propriétés statistiques des gens qui les occupent. Mais il y a des conflits pratiques dans lesquels la réflexion se développe : comment faire, par exemple, si j'étudie l'état du champ en France dans les années 1950, avec la position dominante occupée par un seul homme, Sartre, l'homme-orchestre qui domine à la fois le théâtre, la littérature, etc. ? Je ne suis pas condamné à une monographie de Sartre parce que, s'il est vrai que Sartre est défini par la domination, je ne peux le comprendre qu'en comprenant tout ce qu'il domine : Sartre, c'est le champ ; le champ, c'est Sartre. Voilà le genre de problème que j'évoque très rapidement, mais qui était accompagné, ou plus exactement précédé, des réflexions de nature théorique, c'est-à-dire en l'air, que j'ai racontées séparément.

Champ et milieu

Maintenant, comment la notion de champ peut-elle se définir dans un espace de notions voisines et opposées ? Tout d'abord, on pourrait dire, pour la commodité, que la notion de champ, en un certain sens et au risque de désenchanter, est synonyme de la notion de « milieu ». Cette notion s'était introduite dans la science sociale, semble-t-il, à travers Claude Bernard. Canguilhem qui, dans *La Connaissance de la vie*, pages 129 et suivantes, essaie de faire une sorte de généalogie du concept de milieu, montre comment cette notion est passée de Newton aux sciences de la vie, et des sciences de la vie aux sciences sociales, jusqu'à devenir d'un emploi si courant et si banal qu'on ne met plus aucun sens dessous[1]. C'est pourquoi la notion de champ qui réactive davantage la signification qu'il s'agit de véhiculer me semble préférable. Ceci dit, le retour généalogique à la notion de milieu n'est pas inutile, ne serait-ce que pour comprendre les usages sociaux ordinaires de la notion et faire sentir le décalage entre les formes avachies du vocabulaire scientifique et les formes un peu plus rigoureuses, ainsi que l'importance, en sciences sociales, du travail sur les mots, auxquels je fais une telle chasse dans mon discours. Donc, la notion de milieu telle que l'a utilisée Newton était finalement une sorte de véhicule de l'action à distance que Newton désignait aussi par la notion d'éther. (Vous verrez tout à l'heure que ce retour généalogique n'est pas inutile.)

Le milieu est donc ce qui permet de dire ce phénomène de l'action à distance et, du même coup, de rompre avec la physique de type cartésien selon laquelle il n'y a d'action que sous la forme de l'interaction, de l'entrechoc. Cette notion me paraît importante, dans la mesure où elle permet de voir que la pensée en termes de champ est à la pensée en termes d'interaction, illustrée par Goffman par exemple, ce que la pensée newtonienne est à la pensée cartésienne. (Ces analogies sont toujours dangereuses et sauvages, et je les donne uniquement pour autant qu'elles peuvent servir tel ou tel d'entre vous à faire quelque chose de la notion.) La notion de milieu se construit donc contre la notion de contact, comme la notion de champ se construit contre la notion d'interaction. Je voudrais ici citer un texte de Marx à qui je pourrais attribuer la

1. Georges Canguilhem, *La Connaissance de la vie*, Paris, Vrin, 2e éd. augmentée, 1965 [1952].

paternité de l'usage scientifique de la notion de champ (à certaines époques, ça rapporterait beaucoup de profit symbolique !) : « Dans toutes les formations sociales, c'est une production déterminée qui assigne à toutes les autres leur rang et leur importance : les rapports essentiels jouent un rôle déterminant vis-à-vis des autres. On obtient ainsi un éclairage général qui baigne toutes les couleurs et en modifie la tonalité particulière ; autrement dit, c'est un éther qui détermine le poids spécifique de tout ce qui s'y trouve[1]. » C'est vraiment la notion de champ (« un éther qui détermine le poids spécifique de tout ce qui s'y trouve »). Évidemment, j'ai vu ce texte après un usage prolongé de la notion de champ. (Et je suis sûrement le seul à l'avoir vu, Dieu sait pourtant qu'il y a des lecteurs de Marx ou des gens faisant semblant de lire Marx !)

Le retour généalogique sur Newton n'était donc pas inutile pour faire ce lien entre Newton, l'éther et Marx. Ce qui est en question dans la notion de champ, c'est l'idée que Marx, je crois, avait en pratique, selon laquelle le monde social est un espace de relations objectives irréductibles aux interactions. S'il y a une chose dont on peut à coup sûr créditer Marx, c'est d'avoir vu, plus que les autres « pères fondateurs » [de la sociologie], que le monde social ne se réduit pas à l'interaction entre les agents. Il y a le fameux texte de *L'Idéologie allemande* où il dit : « Sancho croit que le patron et les ouvriers ont besoin de se rencontrer pour que le patron influence l'ouvrier[2] » ; c'est en fait toute la structure économique qui s'interpose entre le patron et l'ouvrier. L'ouvrier

1. Karl Marx, *Les Fondements de la critique de l'économie politique*, t. I, Paris, Anthropos, 1967, p. 36.

2. « Sancho voudrait ou plutôt *croit* vouloir que les individus communiquent entre eux de façon purement personnelle, que leur commerce n'ait pas pour intermédiaire un troisième facteur, une chose (voir “la concurrence”). […] Sancho ne veut pas, par exemple, que deux individus se trouvent en “opposition” comme bourgeois et prolétaire ; il proteste contre la “particularité” qui “avantage” le bourgeois par rapport au prolétaire et voudrait qu'ils contractent une relation purement personnelle, qu'ils communiquent entre eux uniquement en tant qu'individus. Il ne s'avise pas qu'à l'intérieur de la division du travail les relations personnelles se changent nécessairement et inévitablement en relations de classes […]. » (K. Marx, *L'Idéologie allemande*, in *Œuvres*, t. III, *op. cit.*, p. 1318 ; sous le sobriquet de « Sancho », en référence à *Don Quichotte*, Marx désigne comme souvent Max Stirner.)

et le patron peuvent ne s'être jamais vus, il n'en reste pas moins que le patron domine. Cette idée qu'il existe des rapports objectifs, indépendants des volontés et des consciences individuelles, comme le dit Marx, est constitutive de la notion de champ. La notion de champ ne s'y réduit pas, mais l'idée est importante pour arracher la notion de champ à la lecture interactionniste.

Champ et interaction

Je voudrais prolonger cette distinction tout à fait centrale entre champ et interaction. Comme la vision interactionniste est la plus proche de la vision en termes de champ, c'est le danger épistémologique majeur et, dans les usages, dès qu'on s'oublie un peu, on fait de l'interactionnisme en croyant penser en termes de champ. L'exemple le plus clair est celui de la pensée wébérienne telle que je l'ai décrite : Weber, dans *La Sociologie de la religion*, part des agents individuels (le prophète, le sorcier, le prêtre) et réduit du même coup les actions que les agents religieux peuvent exercer sur les autres aux interactions réelles, ignorant les contraintes structurales liées à la position dans un champ et aux effets d'attraction-répulsion, pour employer une métaphore physique – je m'en expliquerai par la suite –, qui sont liés à l'appartenance à un champ et qui commandent la forme des interactions subjectives. Les interactions subjectives n'ont donc pas leur vérité en elles-mêmes ; elles sont commandées par la structure à l'intérieur de laquelle elles s'accomplissent. Cette définition de la notion de champ peut être dite, si on veut (je bouscule volontairement les frontières entre les traditions théoriques), structuraliste. Je dis « si on veut », mais je ne le veux pas trop, non pas, encore une fois, par souci d'originalité, mais parce que cela comporterait des risques, étant donné ce qu'est devenu le structuralisme dans son usage social. Cette conception structuraliste – mais il vaut donc mieux ne pas l'appeler structuraliste – décrit le monde social comme un univers de relations objectives qui peuvent n'être pas directement et immédiatement effectuées dans des interactions et qui orientent les pratiques, en particulier, les interactions directes. Du même coup, elle refuse la vision interactionniste, c'est-à-dire au fond psycho-sociologique, selon laquelle la vérité des relations, conformément au sens ordinaire du terme (quand on dit : « ils sont en relation » ou « ils ont des relations »), serait dans l'expérience que les gens en ont. Il est vrai que, par exemple, c'est une des propriétés de certaines positions dans le champ social que d'avoir des relations.

Un autre exemple pour faire sentir la différence entre interaction et effet structural est la notion de distance sociale. J'ai analysé plusieurs fois les stratégies de condescendance[1] qui s'accomplissent dans l'interaction et consistent à nier dans l'interaction une distance qui, précisément, n'est pas visible dans l'interaction. L'observateur réaliste, en un sens, ne peut pas comprendre ces stratégies ; il peut en avoir l'intuition, mais il ne peut pas en rendre compte. En effet, elles se produisent entre des gens proches dans l'espace physique mais éloignés dans cet espace invisible qu'est l'espace social. Elles mettent face à face deux personnes (l'aristocrate et son palefrenier, le professeur moderne et son étudiant) séparées par une différence objective qui existe sous la forme d'un système de sanctions sociales, de distances sociales, mesurables avec des indicateurs (différences de salaire, d'ancienneté, d'âge, de carrière, d'avenir, de passé, de présent, etc.).

Les structures de domination doivent être quelque part dans l'invisible pour que prennent sens les stratégies qui les mettent en suspens. Les stratégies de condescendance qui consistent à dénier les distances symboliquement, à faire au dominé l'oblation de sa domination, prouvent la distance sociale dans l'acte même où elles la nient. Autre exemple : dans les rapports entre les sexes, c'est paradoxalement le fait de faire passer les femmes d'abord qui est une stratégie de condescendance. Ou encore : la stratégie de condescendance par laquelle un philosophe se fait interviewer dans le premier numéro d'une revue de géographie[2] ne peut

1. Voir notamment P. Bourdieu, *La Distinction*, *op. cit.*, p. 285, 444, 551.

2. Allusion à l'entretien avec Michel Foucault publié dans le premier numéro de la revue *Hérodote* : « Questions à Michel Foucault sur la géographie », *Hérodote*, n° 1, 1976, p. 71-85.

se comprendre que si on a à l'esprit l'espace que j'ai décrit la dernière fois. Il y des tas de situations sociales que nous sentons pratiquement et que l'on pourrait mettre au concours, comme cela se faisait au XVIIIe siècle, en disant : « Expliquez ce qui se passe dans cette situation sociale. » Seul un structuraliste, au sens où je l'ai dit, peut rendre compte de ce qui, dans une interaction, relève d'une stratégie de condescendance.

Autre exemple plus sophistiqué : les stratégies par lesquelles un dominé cherche à se familiariser avec un dominant ; il familiarise, il ne tient pas ses distances, etc. Ces stratégies, elles aussi – mais c'est là beaucoup plus compliqué –, ne peuvent se comprendre que par référence à une distance objective que le familiarisant et le familiarisé connaissent et reconnaissent, le second cherchant à nier la distance, qu'il reconnaît dans l'effort même pour la nier, par des actes visant à ramener celui à qui il cherche la familiarité à sa propre hauteur. C'est le paradigme de Groucho : « Qu'est-ce que ce club dans lequel on m'accepte[1] ? » [*rires dans la salle*]. Ce sont des stratégies très complexes que nous pratiquons publiquement et savons reconnaître, mais qui sont formidablement difficiles à analyser aussi longtemps qu'on reste dans une vision psychosociologique. Il faut supposer ce décalage entre des structures objectives que personne ne voit mais qui agissent formidablement, y compris, et même surtout, au travers d'actes qui cherchent à les nier. Je vous laisse reprendre le problème de la culture populaire et vous verrez qu'il est analogue au modèle de celui qui se familiarise. Je ne le développe pas parce que cela me détournerait et m'entraînerait trop loin.

1. Selon une anecdote rapportée, avec de petites variantes, en différents endroits (par exemple : Groucho Marx, *Groucho and Me*, New York, Da Capo Press, p. 321), Groucho Marx aurait répondu à la fin des années 1940 à l'invitation que lui adressait un club privé de célébrités : « Je ne veux pas appartenir à un club qui m'accepterait comme membre. »

COURS DU 14 DÉCEMBRE 1982

Champ et réseau

Il est très difficile de communiquer un discours en science sociale et il faut toujours tordre le bâton dans tous les sens. La contribution interactionniste est tout à fait remarquable et je ne voudrais pas donner l'impression de détruire d'un tour de main, comme cela se pratique beaucoup dans les luttes idéologiques françaises, l'énorme contribution scientifique des écoles de Chicago. Si l'on peut faire aujourd'hui les analyses fines des stratégies de condescendance, c'est aussi parce qu'il y a eu cette sociologie. La dialectique de la science est ainsi : on est obligé de critiquer ce qu'on respecte le plus. Je le dis très sincèrement, je respecte beaucoup ce mode de pensée, mais je pense qu'il faut le critiquer parce qu'il a des limites, précisément parce qu'il est très proche de la vérité. Au fond, c'est une forme de réalisme, et même de réalisme naïf qui considère que n'existe pour la science que ce qu'on peut toucher, ce qu'on peut voir. On peut filmer une interaction. Inversement, on ne peut pas filmer la structure qui commande l'interaction, et penser en termes de champ, c'est s'exposer, comme lorsqu'on met en œuvre la notion d'habitus, à être mis en question. Vous ne pourrez jamais montrer un habitus ni un champ et on ne pourra, je pense, jamais en mettre sous un microscope. Pour autant, cela ne veut pas dire qu'ils n'existent pas. Ils existent à travers les manifestations qu'on ne pourrait pas comprendre autrement, et qui d'ailleurs n'existeraient pas autrement.

La même chose vaudrait pour le réseau (*network*). Voici un exemple d'effet scientifique que produit l'analyse en termes de champ ou de structure : il arrive, comme je l'ai dit tout à l'heure, que certains phénomènes de champ ou de structure ne puissent être saisis qu'à travers des analyses de réseaux. Pinto a ainsi analysé, par un travail considérable, les « amis du *Nouvel Observateur* », c'est-à-dire le réseau de gens liés à ce journal par différentes connexions (ils y écrivent des articles, y sont célébrés, en célèbrent d'autres, etc.)[1]. L'analyse, qui était obligée d'être interactionniste, parce qu'il n'y avait pas de moyen de saisir autrement un certain type de vérité objective, a aussitôt prêté à des lectures ordinaires, disons à la manière de Régis Debray (là, je suis obligé de citer), qui consistent, selon le mode de pensée ordinaire, à réduire des effets de structure à des effets de complot. Une des raisons pour lesquelles la pensée en termes de champ est très difficile, c'est qu'il faut chercher une chose invisible qu'on ne peut trouver qu'en prenant des choses visibles, c'est-à-dire des personnes. Mais des réseaux de personnes, on sait ce que c'est : c'est un complot, des sociétés secrètes, un réseau de gens ayant un projet commun, des intérêts communs, des dangers communs, des fins communes – et on retrouve la téléologie et tout ce que j'avais déjà critiqué. Du même coup, cela finit par être pensé en termes de responsabilité (« C'est la faute à Pivot[2] »).

Il faut ajouter – c'est une chose que je dis toujours et qui rend la science sociale difficile – que toutes les propensions à l'erreur se cumulent : un intellectuel qui parle du champ intellectuel est sur un terrain où il a de forts enjeux, il a des intérêts énormes investis et cachés et toutes les propensions à l'erreur se cumulent. La pensée procédurière qui a été identifiée à la pensée politique pendant des générations et qui consiste à constituer les injures en concepts (« Tu n'es qu'un... », « Tu es fils de... », « Tu n'es qu'un mandarin », etc.), vient ensuite redoubler tout ce que j'ai dit et on finit par commettre des erreurs scientifiques qui sont en plus des erreurs politiques. C'est un exemple que je ne peux pas pousser plus loin parce qu'il est trop brûlant, il est trop proche, etc., il

1. Louis Pinto, « Les affinités électives. Les amis du *Nouvel Observateur* comme "groupe ouvert" », *Actes de la recherche en sciences sociales*, n° 36-37, 1981, p. 105-124. (Ce travail sera développé dans *L'Intelligence en action : Le Nouvel Observateur*, Paris, Métailié, 1984.)

2. En octobre 1982 (soit deux mois avant ce cours), lors d'une conférence à Montréal sur la littérature, Régis Debray (auteur quelques années plus tôt du *Pouvoir intellectuel en France*, Paris, Ramsay, 1979) avait tenu des propos qui avaient été repris et commentés dans plusieurs médias : il reprochait au journaliste Bernard Pivot, animateur de la principale émission littéraire de l'époque, d'« exercer une véritable dictature sur le marché du livre » et dénonçait le pouvoir qu'il avait acquis dans la vie littéraire, parlant de l'« arbitraire d'un seul homme ».

referait fonctionner ce que je veux dénoncer, mais il donne une idée de la difficulté qu'il y a à faire de la sociologie. Les sociologues à mes yeux les plus efficaces sont ceux qui s'interrogent constamment sur leurs opérations de pensée, et je pense que c'est vital dans une science où on est sans cesse menacé de retomber au niveau de la vision ordinaire, c'est-à-dire intéressée.

La vision interactionniste, dans la mesure où elle situe le principe de l'action et de l'interaction au niveau des interactions, conduit naturellement à une philosophie de l'histoire du type machiavélien, à une théorie du complot, du responsable, du responsable principal, du noyau des responsables, du groupuscule, etc. Penser en termes de champ a pour effet, non pas de dissoudre les responsabilités, mais d'exclure la pensée en termes de responsabilité, d'exclure par exemple la question de savoir qui est responsable de ce qui s'écrit dans *Le Nouvel Observateur.* Cela suspend aussi la propension à l'indignation morale. Un sociologue suédois qui a écrit un très beau livre sur le rôle de l'indignation morale [...] voulait montrer que la propension à l'indignation morale était une disposition particulièrement marquée dans la petite bourgeoisie[1]. Cette propension à l'indignation morale qui porte à chercher partout les responsables, à faire la chasse aux sorcières (chose que nous connaissons) n'est pas sans avoir des bases sociales parmi les gens qui font de la sociologie et elle vient, dans le cas particulier, renforcer et couronner en quelque sorte tout ce que les erreurs théoriques, empiriques, ont préparé.

Champ et positions

La notion de champ conduit donc à penser, non plus des interactions, mais des positions : là où on voyait un espace d'individus visibles, des interactions visibles (des échanges, des cadeaux qui circulent, des pots-de-vin, des récompenses, des intercitations, etc.), on ne

1. Il s'agit vraisemblablement de Svend Ranulf (qui était cependant danois), *Moral Indignation and Middle Class Psychology*, Copenhague, Levin & Munksgaard, 1938.

voit plus que des positions comme dans une analyse *in situ* dans un espace abstrait qu'il faut construire, avec le cercle permanent qui est que c'est en construisant les positions qu'on constitue l'espace, et c'est en construisant l'espace que les positions se constituent. Par exemple, au lieu de penser les classes moyennes dans la logique [du revenu moyen], on les considérera simplement comme étant « entre » : ce sont ceux qui ne sont ni en haut ni en bas, ou, pour sortir d'une conception statique, ceux qui ne sont pas encore en haut mais qui ne sont plus en bas, ceux qui ne sont plus en haut mais pas encore en bas.

Dès que l'on pense ainsi, on est amené à se poser des questions très simples : quelles propriétés les gens doivent-ils à leur position, à celles qu'ils n'occupent pas encore, à leurs dispositions ? On définit la position petite-bourgeoise, comme étant neutre – ni l'un ni l'autre, etc. : la petite bourgeoisie est la position la plus positionnelle, celle dont on voit le plus facilement qu'elle doit la plus grande part de ses propriétés au fait qu'elle est « entre »[1]. Quand il s'agit du bas et du haut, c'est moins clair, mais la phrase de Marx selon laquelle le dominant est dominé par sa domination[2] rappelle que celui qui, apparemment, serait le plus pensable dans l'absolu n'est pensable que relationnellement : on ne peut pas penser un supérieur sans inférieur. Ceci est très simple, mais si on tire le fil et qu'on va au bout des conséquences, on voit qu'on a une topologie dans laquelle aucun élément, aucune position, aucun site, aucun point n'a de sens en dehors de son rapport aux autres points. Il est ce qu'il est en tant qu'il n'est pas ce que sont les autres.

Le propre d'une position est donc essentiellement qu'elle diffère des autres. Par exemple, les écrivains ne peuvent pas à la fois écrire des pièces de boulevard et de l'art social. On ne peut pas être partout dans l'espace social, ce qui est le rêve des intellectuels[3]. Du coup, la phrase de Mannheim, « l'intellectuel se définit

1. Ce point est développé dans Pierre Bourdieu, « Condition de classe et position de classe », *Archives européennes de sociologie*, vol. 7, n° 2, 1966, p. 201-223.

2. Voir *supra*, p. 443.

3. « C'est sans doute le goût de "vivre toutes les vies" dont parle Flaubert et de saisir toutes les occasions d'entrer dans l'aventure qu'est chaque fois la découverte de nouveaux

par l'absence de position[1] », apparaît comme le type même de l'idéologie de ceux qui, pensant un peu l'espace comme tel, se pensent comme n'étant pas situés dans cet espace, mais à sa verticale. Finalement, on ne peut pas penser cet espace autrement que comme un réseau de relations objectives (et non plus comme un réseau d'interactions) entre des positions qui vont imposer leurs contraintes aux occupants des différentes positions. Pour aller un tout petit peu plus loin, on pourra dire que le champ est un espace de forces possibles qui vont s'exercer sur quiconque entre dans l'espace, d'abord sous forme de forces d'exclusion qui rendent l'entrée difficile et, une fois qu'on est entré, sous forme de forces qui nous poussent dans un sens ou dans l'autre.

Si je devais résumer tout ce que j'ai à raconter en une phrase, j'emploierais une image (c'est parce que Marx l'a employée que je le fais remarquer) : au fond, le monde social, ce sont des espaces de forces qui peuvent ne pas s'exercer ou qui vont s'exercer dès qu'une chose va y entrer ; cette chose va subir la force et sa capacité de résistance à cette force sera proportionnelle à son capital, c'est-à-dire à son habitus, à son capital incorporé et à son capital objectivé. Pour employer une autre métaphore, on pourrait dire que le champ est un espace en relief, ce qui signifie que, s'agissant de l'espace des disciplines par exemple, si vous voulez aller de la géographie aux mathématiques, ça monte. L'image implique aussi que si vous venez de très bas, vous serez crispé, tendu et cela se verra. Si, tout à l'heure, pour rendre compte d'une stratégie de condescendance, il fallait supposer quelque chose qui est transcendant, il en va de même pour rendre compte de cette observation phénoménale que ceux qu'on appelle les « parvenus » – mot péjoratif parce qu'il exprime le point de vue des dominants (ce sont les « tard-venus » […], ceux qui sont arrivés en

milieux […] qui m'a porté à m'intéresser aux mondes sociaux les plus divers. […] J'ai pu ainsi participer en pensée d'univers très éloignés des miens, passés ou présents, comme ceux de la noblesse ou de la grande banque, des danseurs de l'Opéra ou des acteurs du Théâtre français, des commissaires-priseurs ou des notaires. » (P. Bourdieu, *Esquisse pour une auto-analyse*, *op. cit.*, p. 87-88.)

1. Voir *supra*, p. 505, note 1.

dernier) – sont souvent marqués par la trace de l'effet qu'exercent sur eux les forces du champ qu'ils doivent contrecarrer, alors que ceux qui sont nés dans la position qu'ils occupent flottent en état d'apesanteur. Cette métaphore que j'ai employée, comme toutes les métaphores, est fausse, dangereuse, provisoire, à détruire, etc., mais elle est pédagogiquement utile parce qu'elle permet de supporter des analyses un peu pédestres.

Champ et représentation de la situation

Je reviens à la distinction entre structure et interaction. La structure des positions dans lesquelles les agents se trouvent engagés contraint l'interaction, et peut agir par la médiation de la représentation que les gens ont de la structure – c'est là que l'interactionnisme redevient intéressant. Je reviendrai plus en détail sur ce point. Une des questions que pose la pensée en termes de champ et qui m'a beaucoup préoccupé est celle du mode d'action de ces forces possibles. S'exercent-elles comme dans un champ physique ? Faut-il pousser l'analogie avec la physique jusqu'au bout et dire que le champ, tel que je l'ai décrit, est un champ de forces qui agirait d'une façon déterminée sur les gens qui entrent, ou ces forces ne s'exercent-elles que sous certaines conditions, c'est-à-dire sur des agents prédisposés à les subir, dans la mesure où ils les connaissent et les reconnaissent ? L'interactionnisme qui, par sa généalogie, est le produit – si tant est que cela ait un sens – du croisement de la phénoménologie (à travers Schütz[1]) et de la psychologie sociale de Mead[2], est très attentif aux phénomènes de signification et il tend à trouver le principe explicatif des conduites dans les interactions, c'est-à-dire dans la représentation que les sujets ont de l'interaction. Anselm Strauss, l'un des principaux représentants du courant interactionniste, a ainsi essayé de formaliser la notion

1. Voir *supra*, p. 286, note 1.
2. Voir notamment George Herbert Mead, *L'Esprit, le Soi et la Société*, trad. Jean Cazeneuve *et al.*, Paris, PUF, 1963 [1934].

d'espace d'interactions, qui est tangente à la notion de champ, à travers le concept d'*awareness context*[1], le contexte de conscience : ce qui serait déterminant dans les pratiques, selon Strauss, serait la conscience que les agents ont de la conscience que les autres agents ont de leur conscience ; on est dans une espèce de jeu de miroir infini (les interactionnistes ont été très influencés par les phénoménologues comme Schütz, Husserl, etc., mais aussi par le premier Sartre). Pour Strauss, l'interaction aurait pour principe ce qu'il appelle la « situation » – c'est souvent ce mot de situation qui circule dans la psychologie sociale –, c'est-à-dire, au fond, la représentation que les agents ont de la situation, entendue comme la représentation que les agents ont de la représentation que les autres agents ont d'eux-mêmes (c'est encore le jeu de miroir à l'infini).

Chez Goffman, il y a une tentative qui fait beaucoup penser à la pensée marginaliste : le monde social serait l'agrégation de toutes les actions inspirées par la représentation que les agents ont de la représentation que les autres agents ont de leur action ; et l'agrégation de toutes ces actions, référées successivement aux autres et à la valeur que les autres donnent à sa propre action donnerait la transcendance sociale[2]. C'est intéressant parce que si on poursuit dans cette logique, on aboutit à une philosophie du monde social selon laquelle chacune de nos actions, par exemple de respect, contribue aux structures de respect qui ne sont que l'agrégation de toutes les actions respectueuses, alors que, dans une vision structuraliste, les actions de respect seront l'une des manifestations (au même titre d'ailleurs que beaucoup d'actions d'irrespect qui, n'étant produites que par la logique de l'inversion, reconnaissent les structures dans l'acte même [accompli] pour les dénier) des structures de respect qui sont transcendantes aux actions individuelles de respect, à travers lesquelles ces structures

1. Voir notamment Barney Glaser et Anselm Strauss, *Awareness of Dying*, Chicago, Aldine Publishing Company, 1965.
2. Voir Erving Goffman, *Frame Analysis : An Essay on the Organization of Experience*, Cambridge, Harvard University Press, 1974 (trad. fr. postérieure au cours : *Les Cadres de l'expérience*, trad. Isaac Joseph, Paris, Minuit, 1991).

transcendantes s'expriment. Je ne sais pas si je suis clair, mais je fais ce que je peux pour l'être ! Les enjeux sont énormes, théoriquement et politiquement, la première vision conduisant, finalement, à une vision libérale, marginaliste ou spontanéiste, selon qu'on met l'accent d'un côté ou de l'autre. Dans cette logique, chacun agirait, selon le principe de l'action, en fonction des perceptions qu'il a des autres et des perceptions que les autres ont de lui. Ce qui n'est pas faux. On ne peut donc pas conclure, contre l'interactionnisme, à un pur physicalisme, selon lequel les agents sociaux seraient comme des limailles lancées dans un champ. En fait, je pense que les agents sociaux sont déterminés dans leurs conduites par la représentation de soi et des autres, étant entendu que cette représentation des autres est fonction de la position que le représentant, celui qui se représente, et le représenté occupent [respectivement] dans l'espace objectif.

Il est donc vrai que la représentation intervient, mais elle est structurée par les structures du représentant et du représenté. Selon ma position dans l'espace, je ne verrai pas la même chose ; selon que je serai dominant ou dominé, je verrai le monde de haut ou du bas et, du même coup, je verrai autre chose. Ma représentation du monde pourra donc être le principe de mon action, mais ce ne sera qu'un principe apparent parce que la représentation elle-même sera le produit des structures qui structurent cette représentation. Autrement dit, s'il y a un espace des *situs*, s'il y a un espace des positions, l'analyse des *situs* qu'est la sociologie, c'est-à-dire l'analyse topologique de cet espace, implique à la fois l'analyse des positions et l'analyse des représentations que les agents ont de leurs positions et des autres positions et, du même coup, l'analyse des prises de position qu'en fonction de leurs représentations, de leurs positions et de leurs dispositions les agents vont avoir sur cet espace, dans cet espace, sous forme d'actions, sous forme d'opinions déclarées, etc.

Espace des relations objectives et espace des interactions

Je pense que vous êtes convaincus, mais il faut que je prolonge un peu cette analyse. Pour moi, je passerais… [*rires de la salle*] mais j'insiste, parce que je sais – c'est aussi pour cela que j'ai évoqué tout à l'heure la généalogie – que ce sont des choses très lentes, très longues à comprendre. On les comprend très vite, mais à un niveau abstrait. C'est comme la phrase « les ruptures épistémologiques sont des ruptures sociales » : on la comprend en trois secondes, mais il faut toute une vie pour qu'elle devienne un principe réel de pratique ; il y a dans la sociologie un côté « initiation au zen » où on vous fait travailler pendant très longtemps parce que les choses peuvent être comprises de façon très différente. Dans mon enseignement, [je ressens] toujours ce conflit entre la communication du discours qu'on peut comprendre très facilement et très vite et la communication de quelque chose qui devrait être véhiculée par le discours mais que le discours véhicule très rarement : une conversion profonde des dispositions, des modes de pensée, etc.

Je prolonge un peu ce point avec un exemple où, je pense, les choses vont s'éclairer. L'interactionnisme distingue, dans l'échange d'un message, le fait que tout message communique simultanément un contenu informatif (un message qui dit quelque chose) et quelque chose sur l'émetteur du message, sur la structure dans laquelle s'accomplit la communication (il communique, par exemple, un ordre). C'est un biais par lequel les interactionnistes retrouvent les analyses classiques d'Austin[1] : dire quelque chose, c'est toujours dire quelque chose sur les conditions dans lesquelles on dit ce qu'on dit. C'est un principe simple et extrêmement important, par exemple du point de vue d'une sociolinguistique.

1. J. L. Austin, *Quand dire c'est faire*, *op. cit.* Voir les développements que P. Bourdieu lui consacre au moment de ce cours dans *Ce que parler veut dire*, *op. cit.* ; rééd. in *Langage et pouvoir symbolique*, *op. cit.*, notamment p. 108-110.

Ce que font les interactionnistes est très bien, mais ils oublient de demander d'où vient la force de ce méta-message que le message communique sur les conditions de sa propre réception. Il faudrait en fait dire que tout message tend ou prétend à communiquer un message concernant l'émetteur du message et, du coup, concernant les conditions de la réception adéquate. Tout message enferme au moins la demande d'être écouté et d'être cru ; parler signifie : « Accordez-moi au moins ça : écoutez-moi ! » Or, évidemment, ce n'est pas quelque chose qu'on obtient automatiquement. Les interactionnistes ne s'interrogent même pas – parce que ça n'est pas dans leur mode de pensée – sur les conditions requises pour que ce méta-message qu'enferme tout message soit entendu, pour qu'il soit efficace, ce qui est le problème de l'autorité, des conditions sociales dans lesquelles le message est, non seulement connu, mais reconnu comme légitime, c'est-à-dire digne d'être non seulement écouté mais cru, et même obéi.

Dernier exemple de décalage. Il y a, avec l'école de Palo Alto, des lectures interactionnistes de la famille comme espace d'interactions[1] (c'est la mode en ce moment à Paris avec quinze ans de retard), et on reproche à la psychanalyse orthodoxe d'avoir oublié (ce qui est à la fois vrai et pas vrai, mais il faut bien parfois dire quelque chose) que l'espace dans lequel s'accomplissent les expériences originaires est un espace social. L'on croit qu'on a introduit le social en parlant, non plus d'expériences individuelles, mais d'interactions. On remplace donc l'individu dans son histoire individuelle par un réseau d'interactions auquel il participe, comme si la famille n'était pas autre chose que l'agrégation de toutes les interactions, dont le sujet considéré a pu être le lieu ou l'objet. En fait, il est très facile de montrer que, du point de vue structural tel que je le décris, les interactions à l'intérieur de la famille n'ont de sens que comme actualisation d'une structure (par exemple, la division du travail entre les sexes) telle qu'elle se

1. Plusieurs travaux fondateurs de l'école de Palo Alto venaient d'être traduits aux Éditions du Seuil, dont notamment Paul Watzlawick et John H. Weakland (dir.), *Sur l'interaction. Palo Alto (1965-1974), une nouvelle approche thérapeutique*, Paris, Seuil, 1981 [1977].

retraduit dans l'espace de la famille sous forme d'inégalités économiques entre, par exemple, le père et la mère. Dans beaucoup de sociétés, la division entre les sexes se retraduit par la division économique. Dans une société où le patrimoine se transmet par les deux lignées, la domination masculine peut aussi coïncider, dans certains cas, avec une domination féminine, la femme étant, sur le plan économique, plus riche que l'homme, ce qui donne des structures chiasmatiques. Et l'on peut se demander quel effet le fait d'être (ou non) le produit d'une structure chiasmatique a sur la structuration d'une personnalité.

Je ne prolonge pas l'analyse car, comme je l'ai faite trois ou quatre fois, vous pouvez la faire vous-mêmes, mais on voit que, si considérer la famille comme un « espace d'interactions » marque un progrès, c'est un type de progrès qui en cache un autre. Comprendre la famille comme une structure d'interactions, ce n'est pas en faire la sociologie. Ce n'est même pas en faire la psychologie sociale (je pense que la psychologie sociale n'existe que subordonnée à une analyse de type structural). Ce n'est pas du tout en termes de hiérarchie des disciplines : à mon sens, une analyse des interactions qui ignore les interactions comme lieux d'actualisation des structures est idéologique. C'est pourquoi la psychologie sociale a tellement de succès (dans les entreprises, etc.) : elle permet de faire croire qu'on manipule des structures alors qu'on manipule des choses structurées par les structures, ce qui permet de ne pas toucher aux structures et de se contenter de les aménager. Il est certain que, dans la famille, étudier les interactions est sans doute la seule manière de saisir les structures. C'est par une observation approfondie, continue, des temps de parole à table du père, de la mère, de leurs prises de parole, etc., qu'on pourrait, entre autres, saisir la structure. Mais en étudiant aussi les généalogies, les professions des parents et des grands-parents, le capital économique, culturel, social apporté par les deux conjoints ou par les deux lignées, etc., on peut trouver le principe de compréhension et l'explication des différentes interactions observées. La structure des deux espaces, l'espace des interactions et l'espace des rapports de force objectifs doivent donc être toujours pensés conjointement.

Champ, groupe, population, individu

Après cette distinction entre l'espace de relations objectives et l'espace des interactions, je vais aller beaucoup plus vite sur une deuxième distinction dont j'ai déjà dit un mot : champ contre groupe, ou contre population. Je vais aller vite, mais je crois que c'est assez utile parce que, de nos jours, toute personne cultivée a été, à des degrés divers, exposée au discours durkheimien sur les représentations collectives et sur le tout qui n'est pas égal à la somme des parties[1]. Je pense en fait que la notion de champ permet à la fois de comprendre ce que Durkheim a voulu nommer toute sa vie et de comprendre pourquoi [son intention] a tourné à une sorte de métaphysique holistique (avec sa dimension politique extrêmement dangereuse) qui a été souvent dénoncée. La notion de champ permet d'échapper à une autre opposition dans laquelle s'enferme d'ordinaire la sociologie, l'opposition entre l'individuel et le groupe. Faute d'avoir constitué l'effet de milieu ou l'effet de champ, Durkheim n'a pas cessé de penser dans l'alternative de l'individuel et du collectif (c'est une opposition qui revient en permanence). De mon point de vue, mais j'hésite à le dire, il lui manquait les notions de « champ » et d'« habitus » et, du même coup, il a tourné toute sa vie autour de l'opposition entre groupe et individu.

Sur l'habitus, je me suis expliqué. Je vais dire deux mots sur la notion de champ. Durkheim avait l'intuition très forte d'un effet de champ qui se manifeste ainsi : lorsque les couplages entre deux phénomènes changent, les résultats changent, même si les éléments n'ont pas changé ; quand vous changez la relation entre deux éléments qui restent physiquement identiques, vous obtenez des effets différents. De cet effet relationnel, Durkheim a conclu à l'existence d'une efficacité du tout, du collectif ou du groupe comme totalité transcendante à la somme de ses parties. En réalité, je pense qu'en parlant de champ, on cherche à nommer un effet

1. É. Durkheim, *Les Règles de la méthode sociologique*, *op. cit.*, p. 102.

simple : l'espace des grandes écoles, par exemple, produit quelque chose qui n'est pas réductible à ce que produirait chaque grande école à l'état séparé. Je mentionne l'un de ces effets. Comme il serait très long à évoquer, je n'en donne que le principe : les grandes écoles, grossièrement, contribuent à reproduire l'élite ou la classe dominante, etc., mais l'espace qu'elles forment produit un effet beaucoup plus subtil et irréductible aux effets individuels de chaque école, en reproduisant une structure de différences qui est, dans une grande mesure, la structure même de la classe dominante et de la division du travail de domination. Je reviendrai sur cette analyse[1], mais je n'ai pas de meilleur exemple pour faire sentir que les champs peuvent produire des effets en tant que tels. Dans ce cas, au fond, le champ reproduit un système de différences (qui est un système de relations). L'ayant évoqué tout à l'heure, je ne reviens pas sur le fait que, pour penser en termes de champ, il faut échapper à la tentation, inhérente à la notion ordinaire de groupe, de penser en termes de population.

Représentations et sens pratique

Troisième distinction que je voulais faire et que j'ai déjà esquissée à propos de l'interactionnisme en réintroduisant les représentations : faut-il considérer les champs, d'une manière physique, comme des champs de forces ou comme des champs de lutte, des champs d'action dans lesquels les agents introduisent leurs représentations du champ ? Évidemment, maintenant que vous avez à l'esprit le schéma que j'avais dessiné la première fois, vous voyez immédiatement qu'on peut penser le champ en lui-même en quelque sorte, comme un espace de positions agissant comme espace de forces possibles s'exerçant sur ceux qui y entrent. Mais si l'on sait que ces champs sont appréhendés par des agents sociaux dotés d'habitus,

1. Notamment dans le cours de l'année 1985-1986, dont a été conservé un support manuscrit publié depuis : Pierre Bourdieu, « Champ du pouvoir et division du travail de domination », *Actes de la recherche en sciences sociales*, n° 190, 2011, p. 126-139.

c'est-à-dire de schèmes de perception et d'appréciation, qui leur permettent de structurer cet espace, de l'appréhender comme ordonné, et non pas en tant que tel, à travers ses manifestations, [...] on voit que le champ de forces fonctionne aussi comme espace agi et, dans une certaine mesure, représenté.

Si on réintroduit ici tout ce que j'ai dit sur la notion d'habitus, l'espace social peut donc être constitué comme signifiant par le sens pratique sans être constitué comme espace représenté. C'est important et c'est pourquoi je m'arrête sur le mot : l'espace social peut être agi sur le mode pratique comme espace doté de sens pour le sens pratique, sans être l'objet en tant que tel d'une représentation, même partielle. Cela dit, il est évident qu'il y a place pour les représentations. Je vais m'expliquer sur ce point, mais c'est quelque chose que vous devriez avoir compris après tout ce que j'ai dit sur la notion d'habitus. Je l'ai dit et redit pendant tout un trimestre : l'un des dangers de la pensée ordinaire, c'est de penser qu'il n'y a sens que s'il y a représentation, alors qu'il peut y avoir sens, pour le sens pratique, sans qu'il y ait représentation au sens d'« image mentale » dessinant une configuration visible, perceptible, objectivable sous forme de dessin ou de mots. L'espace social peut donc être agi comme ayant un sens sans être représenté comme tel, ce qui ne veut pas dire qu'il n'y ait pas des représentations partielles. Je pense qu'on ne peut pas vivre dans un espace social sans représentations.

Même si on est comme un poisson dans l'eau dans un espace social, il y a toujours un minimum de représentations ; pour les besoins de la pratique, on fait des objectivations partielles. Par exemple, pour vivre correctement dans l'espace des universités, il faut avoir une maîtrise pratique de cet espace. (Le fait que, très souvent, lorsque j'objectivais certains mots en plaisantant un peu, les gens riaient tout de suite, signifiait qu'ils maîtrisaient immédiatement ce dont il était question – le rire est un signe de compréhension immédiate.) Les agents ont une maîtrise de cet espace et des débuts d'objectivation. Les injures, par exemple, que j'ai citées plusieurs fois (« bête comme un géographe ») sont ainsi des débuts d'objectivation, des débuts d'actualisation de l'espace. Les agents sociaux sont donc à la fois structurés, agis par les structures de cet espace qui s'impose à eux par la médiation du sens pratique qu'ils ont de cet espace et qui est, pour une part, le produit des structures de cet espace et d'espaces homologues. (Ceci est très important : si un universitaire devait se débrouiller dans l'université avec un sens pratique complètement produit par l'université, ou si un évêque devait se débrouiller dans l'épiscopat avec un sens pratique entièrement produit par la structure du champ religieux, je crois qu'ils ne se débrouilleraient pas complètement.)

Les homologies entre champs

J'ai dit « le produit de cet espace ou d'espaces homologues » : l'un des effets les plus originaux, je crois, de la notion de champ, est qu'elle permet de comprendre les effets des homologies entre champs. Ainsi, un géographe investira dans ses rapports avec le philosophe des choses qu'il pourra avoir apprises tout à fait ailleurs que dans le champ et que le champ, bien sûr, lui rappellera en permanence, par un effet de renforcement – par exemple, un habitus ajusté au champ mais acquis dans l'espace social qui lui est homologue. Si, grossièrement, tous les espaces tendent à s'organiser selon des oppositions +/– (l'espace des classes sociales dominants/dominés, etc.), les gens pourront investir, dans leur sens pratique de l'orientation (le sens pratique, c'est un peu le sens de l'orientation : je crois que c'est la bonne métaphore), dans l'espace des disciplines universitaires, quelque chose qu'ils ont appris dans l'espace des classes sociales, sur la base du transfert que permettent les homologies : dominant/dominé, masculin/féminin, inférieur/supérieur, théorique/empirique, pur/impur, désintéressé/intéressé, etc.

Si le champ de forces fonctionne, c'est parce que les forces qui s'y exercent s'exercent par la médiation des habitus qui sont, pour une part, le produit du champ de forces qui s'exercent sur elles. Les habitus sont le produit des conditionnements exercés par les structures et ce produit structure l'espace dans lequel il agit.

Lorsque la coïncidence est parfaite entre les structures structurantes de l'habitus et les structures structurées du champ, les choses vont de soi, le monde est évident, on est comme un poisson dans l'eau. Cette coïncidence parfaite n'est jamais réalisée, mais c'est le mécanisme. Les structures de l'habitus sont donc déterminées par les structures du champ ou d'un champ homologue, et elles sont, en tant que telles, au principe de l'efficacité que, dans la synchronie, les structures du champ exercent sur ces habitus sous la forme de sens pratique, sous la forme de « c'est à faire », de « c'est bien pour moi », de « j'aime ça », donc sous la forme de propension, d'adhésion, de *libido dominandi*, de *libido sciendi*, etc.

Je finis en un mot : je renvoie à la prochaine fois l'opposition entre champ de forces et champ de luttes, qui est utile et dont je ne pourrai pas me passer dans l'exposé synoptique des propriétés de la notion de champ. Je serai obligé, pour les besoins de l'analyse, de distinguer deux moments : 1) les propriétés du champ en tant que champ de forces, c'est-à-dire en tant qu'espace de positions déterminant des conduites ; 2) les propriétés du champ en tant que champ de luttes destinées à transformer ou à conserver le champ de forces, étant entendu que la force dans les luttes pour transformer ou conserver le champ de forces dépend toujours pour une part de la position occupée dans le champ de forces. Je distinguerai donc les deux définitions de la notion de champ pour des raisons pédagogiques. Mais il est important que vous gardiez à l'esprit que c'est une distinction d'école, indispensable pour comprendre certaines propriétés qui doivent, en même temps, être dépassées.

COURS DU 11 JANVIER 1983

Physicalisme et sémiologisme. – La structure comme histoire cristallisée. – La roulette et le poker. – L'alternative de la rente ou de la vente. – Amor fati. *– Le terrain productif du champ littéraire. – L'art contre la méthode : idéologie charismatique et « sociologie de la littérature ». – Le champ comme médiation. – Champ littéraire et intertextualité. – Une structure en chiasme. – Autonomisation, hiérarchisation, institutionnalisation. – Les intellectuels dans le champ de production culturelle.*

Ne disposant plus de beaucoup de temps, je propose une réorientation partielle de l'analyse théorique sur la notion de champ. J'essaierai de boucler en disant l'essentiel au plan théorique sur ce que j'avais à dire sur la notion de champ et de proposer une analyse systématique en ces termes, avec pour terrain d'application le champ littéraire qui est le terrain par excellence à propos duquel s'est constituée la notion de champ et où elle s'est imposée comme instrument de connaissance. C'est le terrain où elle fonctionne depuis le plus longtemps et où se trouve l'accumulation la plus grande de travaux, soit propres, soit accomplis par d'autres. Il me semble donc permettre, mieux que d'autres terrains, de montrer la fécondité de la notion, les difficultés qu'elle rencontre et les problèmes qu'elle pose[1].

1. P. Bourdieu développera tous les points qu'il aborde dans ce cours dans *Les Règles de l'art*, *op. cit.*

Physicalisme et sémiologisme

Je voudrais rapidement prolonger la réflexion sur laquelle je vous avais laissés l'autre fois, au sujet de la nécessité de tenir ensemble deux expressions de la notion de champ, le champ comme champ de forces et le champ comme champ de luttes ou champ d'actions. D'une certaine façon, la distinction entre champ de forces et champ d'actions est artificielle : elle est imposée par les nécessités de l'exposition, et par elles seulement. En même temps, elle est relativement indépassable dans la mesure où elle indique une priorité méthodologique. C'est sur ce point que je voudrais rapidement insister : la définition du champ comme champ de forces ou comme espace de positions possibles est épistémologiquement prioritaire en ce sens que, dans un champ, les luttes, les stratégies, les actions dépendent à chaque moment de l'état des rapports de force. Du point de vue d'une démarche scientifique, il est donc indispensable de commencer par construire cet espace et cette structure objective dans la mesure où elle est explicative de ce qui se passe dans l'espace étudié ; c'est le postulat matérialiste qui est affirmé dans cette priorité.

Ce champ est un champ de forces, mais il est aussi un champ de luttes destinées à transformer ou à conserver ce champ de forces, ces luttes étant elles-mêmes déterminées dans leur forme et leur orientation par la structure du champ de forces. Ce discours qui peut paraître circulaire me paraît nécessaire pour échapper aux alternatives et aux dichotomies qui s'imposent – ce n'est pas par hasard – à la pensée sociale de façon particulièrement forte. Un article a été consacré à la fréquence des dichotomies [...] dans la pensée sociale, qui s'est constituée autour d'oppositions comme celle de communauté/société. Presque toujours, ces oppositions entre deux termes, qui ont une efficacité sociale très grande, ont une efficacité scientifique très faible. Elles ont une efficacité sociale très grande parce qu'elles correspondent en général à des oppositions sociales et des conflits sociaux réels, les conflits se structurant de façon dualiste, même quand il y a une troisième position, une troisième voie. La pensée de type dualiste se transfère ainsi très naturellement de l'objectivité du monde social à la pensée sociale prétendant à l'objectivité. C'est du social à l'état brut qui s'importe alors dans la pensée sociale. Très souvent, dans mon expérience de chercheur, j'ai été amené, non pas par une pétition de principe mais par la logique de mon travail, à dépasser ces alternatives qui empêchent de penser la réalité dans sa complexité. Dans le cas particulier, la double définition que je propose est à la fois utile mais destinée à être dépassée. Elle permet de penser une différence et de la dépasser de façon très réelle par le fait de l'avoir clairement constituée comme telle.

Si je dis que le champ est un champ de forces mais aussi un champ de luttes destinées à transformer ou à conserver ce champ de forces, c'est contre deux positions contre lesquelles la sociologie et la science sociale en général ne cessent de se mobiliser, parce que le propre de ces oppositions duales est d'être éternelles, de toujours revenir sous des formes à peine transformées, ce qui nourrit une *philosophia perennis* qui me semble empêcher d'entrer dans un mouvement scientifique progressif, sans parler du renfort que ces oppositions dualistes trouvent dans les nécessités de la pédagogie et la commodité des expositions en trois points. Ces oppositions ont donc pour elles une force sociale extraordinaire et l'on se met en position difficile lorsqu'on entreprend de les dépasser, d'autant plus que ces positions de dépassement, sauf à se présenter comme un dépassement hégélien avec tout ce que cela peut cacher de métaphysique, sont souvent perçues comme éclectiques par des gens n'ayant pas d'autres catégories de perception que ces catégories dualistes. C'est une loi de la perception : vous ne voyez qu'en fonction des structures de perception et, la plupart des esprits étant socialement constitués pour penser selon ces catégories, tout dépassement, quand il ne passe pas inaperçu, est réduit à un défaut [...] ou condamné comme éclectique (l'éclectisme, vous le savez, est l'enfer de la pensée : on s'accorde à le condamner de toutes parts). Ce sont là des choses relativement importantes, même si elles sont extérieures à ce que je vais raconter, pour aider à recevoir ce que je vais essayer de dire.

Ma définition s'efforce donc de dépasser les deux pôles entre lesquels s'oriente constamment la discussion scientifique en sciences sociales. D'un côté, il y a *grosso modo* le physicalisme, dont la formule « traiter les faits sociaux comme des choses[1] » est la définition la plus claire, la plus nette. Selon cette position épistémologique qui constitue le monde social sur le mode du monde physique, le champ est un champ de forces, un champ d'espace de positions, un espace de forces qui vont s'exercer sur tout objet entrant dans le champ. Il n'y a pas de mot commode pour désigner l'autre position. Bien sûr, au physicalisme, on peut opposer une forme de personnalisme, de spiritualisme, de subjectivisme. À l'époque contemporaine, on pourrait appeler ça, bien que personne ne s'en soit réclamé, « pôle sémiologique ». Cela correspondrait à ce qu'on appelle en France le « structuralisme », c'est-à-dire une façon de définir le monde social comme lieu de communication, comme système de signes, les actions sur le monde social étant entendues comme actes de communication, échanges au sens d'échanges symboliques (les échanges matrimoniaux, par exemple, sont vus comme des échanges de femmes traitées comme des symboles). Cette sorte de vision sémiologiste s'oppose à la vision physicaliste. Elle traite les faits sociaux comme des signes quand la seconde traite les faits sociaux comme des choses. Elle conduit à réduire les choses sociales à des systèmes de signes. En disant que le champ est un champ de forces mais qu'il est aussi un champ de luttes visant à conserver ou transformer le champ de forces, je dépasse l'opposition. Je dis que le champ est un espace quasi physique dans lequel les agents sont soumis à des forces qui s'imposent à eux et qui orientent leurs actions, mais que ces agents ayant des dispositions socialement constituées, que j'appelle les habitus, à travers lesquelles ils perçoivent ce champ de forces, ne sont pas manipulés par le champ de forces, comme la limaille. Ils « pensent » ; ils se situent pratiquement à l'égard de cet espace, soit sur le mode du sens pratique, soit plus rarement sur le mode de la représentation. Ils constituent cet espace du même coup. Ils l'agissent, tout en

1. É. Durkheim, *Les Règles de la méthode sociologique*, *op. cit.*, p. 27.

étant agis par lui : ils agissent cet espace selon une logique que, pour une grande part, cet espace impose.

La structure comme histoire cristallisée

Pour prendre l'exemple des écrivains : si l'un de vous veut devenir écrivain, il rentre dans un espace constitué où des forces vont s'exercer sur lui. Il y a des ambitions, des écrivains déjà établis, l'Académie, des lieux de consécration, il y a une structure du capital déjà objectivée, des gens connus, des gens inconnus, etc. Entrant comme inconnu, il va devoir se faire un nom et va être soumis à des forces qui vont s'exercer sur lui différemment selon qu'il a déjà du capital par ailleurs. Pour autant, il ne va pas être balloté comme un fétu de paille. Il y aura des actions. Par exemple, il pourra aller proposer, par une erreur de perception, son manuscrit à un éditeur qui ne correspond pas à sa position et, si ce que je dis est vrai, il sera renvoyé vers son lieu naturel, l'endroit où il serait directement allé s'il avait eu le sens de l'orientation. Il ira proposer un manuscrit chez Robert Laffont et sera renvoyé aux Éditions de Minuit (en général ce sera d'ailleurs plutôt l'inverse qui se passera)[1]. La loi du champ s'exercera donc sur lui, non pas de façon mécanique, mais à travers la perception qu'il aura de ce champ, cette perception pouvant être plus ou moins juste. Elle le conduira tout de suite vers son lieu naturel, s'il est bien né, si son habitus est façonné par les lois homologues à celles du champ qu'il va subir et *a fortiori* s'il est un produit du champ.

Le théâtre, par exemple, est un des domaines où il existe une forte hérédité professionnelle et où, pour réussir, il faut en quelque sorte être né dans les milieux du théâtre. Sans relations dans les milieux du théâtre, on n'a d'abord pas envie [d'écrire] du théâtre et, si malgré tout on en a envie, on n'a aucune chance

1. P. Bourdieu reviendra en 1999 sur la structure du champ de l'édition et l'orientation des entrants : « Une révolution conservatrice dans l'édition », *Actes de la recherche en sciences sociales*, n° 126-129, 1999, p. 3-26.

d'être joué. Les forces qui s'exercent sur le nouvel entrant, sur cette particule entrée dans le champ, s'exercent donc à travers des actions qui supposent des actes de perception : on lira ou on ne lira pas ses manuscrits, on fera des actes de jugement orientés par un sens pratique de la bienséance (« c'est permis » ou « ce n'est pas permis », « ça convient », ou « ça ne convient pas », « ça aura du succès » ou « ça n'en aura pas »). Ces actions s'exercent sur un sujet qui lui-même s'oriente, se déplace dans l'espace en fonction de l'*impetus* autonome, qui n'est pas complètement un produit de forces externes. Par exemple, s'il veut à tout prix être publié au pôle le plus prestigieux symboliquement et le moins gratifiant économiquement, il peut choisir de rester non édité plutôt que de publier dans un endroit qui ne convient pas à l'idée qu'il se fait de lui-même.

C'est donc cette espèce de dialectique entre la position, c'est-à-dire le champ comme champ de forces, et les dispositions à travers lesquelles le champ de forces se constitue comme champ de luttes qui est à la fois au principe de la structure et du changement du champ. Voilà encore une opposition qui a beaucoup sévi : la dichotomie dans les dissertations scolaires entre « structure et changement », « structure et histoire ». Dans la définition que je vous ai proposée, il va de soi que la structure, c'est l'histoire et que l'histoire, c'est la structure. La structure, c'est l'histoire cristallisée et, à chaque moment, l'histoire va être, sinon commandée, du moins orientée fortement par la structure : ce que les agents vont faire (ou essayer de faire) dans un espace, pour transformer la structure, c'est-à-dire la distribution du capital à un certain moment du temps, va dépendre de leur position dans la structure, c'est-à-dire du capital qu'ils ont acquis.

La roulette et le poker

C'est l'analogie du joueur de poker que j'ai employée plusieurs fois. On peut imaginer un monde social dont le modèle serait un jeu totalement non cumulatif, comme la roulette. Ce monde dans lequel à tous les coups on repart de zéro ne correspond pas du tout au modèle que propose le joueur de poker. Je pense que si le jeu exerce une fascination quasi métaphysique[1], c'est qu'il est un des seuls lieux où, en un instant, on peut changer radicalement sa position sociale. C'est un lieu qui donne une expérience du Dieu cartésien, de création continue : si ça sort, je deviens plus puissant, plus riche, etc. C'est l'un des seuls endroits où les lois sociales peuvent être brusquement suspendues ou anéanties. Dans la plupart des jeux, cependant, les stratégies mêmes des joueurs dépendent des coups précédents. Et le monde social est de ce type : à chaque moment, le joueur pourra bluffer ou au contraire passer, son audace dépendra de la pile de jetons qu'il a devant lui.

L'une des propriétés de l'espace social que je décris tient au fait que ces jetons dans le monde social sont de différentes natures[2]. Ce sont les différentes espèces de capital : il y a les jetons économiques, les jetons culturels, les jetons sociaux. Selon l'importance globale du nombre de jetons et la structure – le joueur peut n'avoir que des jetons économiques, ou à la fois des jetons sociaux et des jetons économiques, ou un peu des jetons des trois sortes –, les stratégies vont être différentes. Il ne faut pas oublier que cette structure va en plus devoir une part de ses propriétés à ses rapports avec d'autres structures : en face de moi, je peux avoir quelqu'un qui n'a plus rien ou un autre qui a encore plus. Il y a une structure des structures de capital, qui va être connue ou inconnue, et c'est un point intéressant. Dans un jeu, il est très important d'avoir l'information sur ce que les autres ont. Or, dans le monde social, on sait ce que les autres ont sans le savoir complètement. Le jeu social serait sans doute totalement changé si l'on connaissait à chaque moment sa propre structure et les autres structures, par exemple si les revenus étaient affichés. Une part de la spécificité, de l'originalité du fait social tient au fait que les

1. P. Bourdieu reprendra cette analogie dans les *Méditations pascaliennes*, *op. cit.*, « Points Essais », p. 310, en la rapprochant du *Joueur* de Dostoïevski.
2. Sur cette propriété des champs et l'image du jeu et des jetons, voir « Quelques propriétés générales des champs », *Questions de sociologie*, *op. cit.*, p. 113-120.

gens ne sont pas sans information sur le volume et la structure du capital des gens avec qui ils jouent, mais qu'en même temps ils n'ont presque jamais l'information totale.

Le jeu des différents joueurs dépendra donc à chaque moment de la structure de la distribution du capital, c'est-à-dire non seulement de la structure et du volume du capital possédé par un joueur, mais de la valeur relative, relationnelle, structurelle de cette structure de capital dans la structure de tous les capitaux de tous les agents possibles. Une propriété très simple et très importante, par exemple dans le champ littéraire, est l'audace. C'est vrai d'ailleurs dans la plupart des univers. Il y a des positions sociales qu'on ne peut occuper, qu'on ne peut avoir l'idée d'occuper, vers lesquelles on ne peut se diriger que si on a une haute idée de soi-même. Ces positions qui sont typiquement des positions rares, difficiles à tenir, sont appropriées par des gens qui ont la propriété particulière d'avoir des arrières. C'est une chose très simple : on a d'autant plus d'audace qu'on risque moins. Quand les gens prennent des risques apparemment considérables, c'est qu'en fait, malgré tout, ils risquent moins que d'autres. Dans le champ littéraire, par exemple, c'est le risque des positions d'avant-garde qui suppose souvent de tenir pendant très longtemps sans marché. L'idéologie charismatique du milieu décrit cette loi de l'avant-garde en disant qu'il faut travailler pour la postérité, produire son propre marché, ce qui est vrai, même si c'est tellement transfiguré idéologiquement qu'il faut faire attention. Ces positions supposent de travailler pour un marché qui n'existe pas encore, mais il faut bien vivre, et reproduire le producteur. Il existe toutes sortes de solutions pour surmonter ce problème. Parfois, ces écrivains ont des femmes qui travaillent, qui triment. Il y a aussi les petits métiers : les métiers de pion au XIXe siècle, les métiers dans l'édition, etc. Et il y a une solution sans laquelle une part énorme de la peinture du XIXe siècle n'existerait pas, c'est la rente.

L'alternative de la rente ou de la vente

C'est en somme l'alternative de la rente et de la vente : il y a ceux qui choisissent de vivre de leur littérature et dont on dit que ce sont des « vendus », des « commerciaux », et il y a ceux comme Flaubert dont Goncourt dit : « Quelle chance a Flaubert, il a la rente[1]. » Sans la rente, peut-être nous n'aurions pas eu Flaubert. La structure de la distribution du capital objectivé ou incorporé est à chaque moment le principe à partir duquel s'engendrent les stratégies, étant entendu qu'il y a une autonomie relative – ce point est important pour ne pas tomber dans une vision mécaniste et déterministe – des dispositions par rapport aux positions. Dans un espace, une position, quelle qu'elle soit (dominante ou dominée, etc.), commande pour une grande part les stratégies de ses occupants, dans la mesure où elle est ce à travers quoi s'exercent les forces du champ. Cela dit, et c'est en ce sens que le champ de forces n'est pas un simple champ de forces, cet effet de la position dépendra des dispositions de l'occupant de la position. Elle dépendra aussi de la nature des positions qui, je l'avais déjà souligné, sont plus ou moins contraignantes, plus ou moins définies.

Beaucoup de choix de carrière, par exemple, relèvent de l'alternative de la rente et de la vente : c'est le choix de devenir écrivain ou universitaire – ou critique au XIXe siècle ; c'est le choix entre, d'une part, audace, paris risqués et gros profits très incertains et, d'autre part, moins d'audace, paris sûrs mais valeur beaucoup moins grande. Cela engendre deux types de personnages très différents. La profession d'écrivain a la particularité d'être assez fortement indéterminée, sans être cependant complètement ouverte : il y a des moments où elle n'est pas du tout ouverte et parfois, parce

1. Sur l'alternative de la rente et de la vente, voir *Les Règles de l'art*, *op. cit.*, « Points Essais », p. 142-143. C'est un propos de Théophile Gautier à Ernest Feydeau qui est cité sur ce point : « Flaubert a plus d'esprit que nous, [...] il a eu l'intelligence de venir au monde avec un patrimoine quelconque, chose qui est absolument indispensable à quiconque veut "faire de l'art". » (Ernest Feydeau, *Théophile Gautier : souvenirs intimes*, Paris, Plon, 1874, p. 126-127.)

qu'il y a eu un écrivain avant, on hérite d'une position, au moins définie par le fait que le grand homme a été Hugo ou Théophile Gautier ; il faut alors compter avec cet acquis, etc. Ceci dit, cette définition s'impose dans les limites des dispositions de celui qui s'affronte à [la position en question] et l'histoire va être la résultante de l'affrontement entre cette position et ces dispositions, soit que les dispositions parviennent à transformer la position, soit que la position transforme les dispositions, soit que ce soit une sorte de lutte permanente avec des compromis, des changements, etc.

Amor fati

Pour résumer ce premier point, le champ se définit comme un champ de forces possibles, un espace où des forces se manifestent dès le moment où un agent vient à y entrer. On pourrait même parler d'un espace dans lequel on ne fait pas n'importe quoi, d'un espace dans lequel on est tiré, poussé, orienté, même si ces forces ne sont pas vécues directement comme forces, même si elles sont appréhendées – c'est là que vient le deuxième point –, par exemple, comme vocation. L'une des ruses de la raison sociale, c'est que le monde social vous envoie de gaieté de cœur là où il veut que vous alliez, vous donne envie d'aller au seul endroit où il veut que vous alliez, et vous ne voudriez aller pour rien au monde ailleurs qu'à l'endroit où on veut vous envoyer. C'est l'*amor fati* que j'ai décrit plusieurs fois[1]. Pour faire comprendre, je dirais que la plupart des expériences biographiques sont de ce type. La plupart du temps, nous allons là où le monde social nous aurait envoyés de toutes façons, mais nous y allons contents. C'est ce qu'on appelle la vocation. Il y a évidemment des exceptions, et elles sont très importantes : il suffit qu'il y en ait une seule pour que cela change tout – c'est la liberté.

Le champ est donc un champ de forces possibles qui s'exerce sur les gens qui entrent dans cet espace mais, du fait que le monde

1. Voir, par exemple, *La Distinction*, *op. cit.*, p. 199 et 211.

social – je l'ai assez répété dans la première partie de mon cours – se réalise deux fois, dans l'objectivité des structures et sous la forme de l'incorporation dans l'inconscient, si on veut, des agents, il est aussi champ d'actions possibles. Et l'opposition entre la structure et le changement, dont j'ai dit qu'elle me paraissait tout à fait artificielle, correspond à deux manières de voir la même chose : lorsqu'on considère un état d'équilibre de ce champ de forces qui est aussi un champ de luttes (lorsqu'on regarde la pile de jetons entre deux coups), on a affaire à une structure et, selon la formule hégélienne, « l'être, c'est l'avoir été[1] », [ce champ] est passé objectivé, passé réifié, acquis accumulé, ressources accumulées ; sous un autre rapport, il y est irréductible, puisque c'est sur la base de ce passé que vont se développer des actions destinées à transformer ce passé. Par exemple, c'est sur la base de leur dépossession dans la structure et la distribution du capital à un moment donné du temps que les dominés peuvent être conduits à essayer de transformer la structure, sous certaines conditions et dans certains contextes, lorsque l'accord ordinaire entre les structures objectivées et les structures incorporées a été suspendu. Au fond, le modèle marxiste que l'on a plus ou moins confusément en tête est un cas particulier d'un modèle beaucoup plus général qui est celui des rapports entre une structure fondée sur l'opposition entre des positions définies par la possession inégale d'un capital quelconque et un changement qui est inscrit en quelque sorte dans la structure. C'est en fait la structure elle-même qui fait l'opposition, qui engendre les actions visant, selon le côté où l'on se trouve, à conserver ou à transformer cette structure. Je dis cela de façon rapide parce que je ne veux pas m'éterniser sur ce point, mais je ne veux pas non plus le laisser en suspens.

1. « Cette bizarrerie dans l'usage [en allemand du terme *Wesen* ("essence") avec l'auxiliaire *sein* ("être") pour désigner l'être passé comme *gewesen* ("ayant été")] est fondée dans une intuition juste du rapport de l'être à l'essence, pour autant que nous pouvons assurément considérer l'essence comme l'être passé, à propos de quoi il y a encore seulement à remarquer que ce qui est passé n'est pas pour autant nié de façon abstraite, mais seulement dépassé et donc en même temps conservé. » (Georg Wilhelm Friedrich Hegel, *Encyclopédie des sciences philosophiques*, t. I : *La Science de la logique*, trad. Bernard Bourgeois, Paris, Vrin, 1979 [1830], [262], add. § 112, p. 547.)

Le terrain productif du champ littéraire

Ayant dit l'essentiel du point de vue des problèmes que j'avais soulevés, je veux passer à l'exemple du champ littéraire, parce que c'est un terrain sur lequel l'accumulation de travaux est grande et parce qu'on pourra y voir très clairement l'efficacité de ce système de pensée qui est avant tout une méthode, une manière de penser, et non pas une doctrine. Ce n'est pas quelque chose à propos de quoi on parle, mais quelque chose dont on fait quelque chose, avec quoi on produit des effets. C'est pour cette raison que la solution qui consiste à partir d'un cas particulier pour présenter le fonctionnement de la méthode me convient mieux que le formalisme des exposés généraux illustrés par des exemples un peu discontinus. L'une des raisons pour lesquelles le terrain du champ littéraire ou artistique est particulièrement favorable à l'application de cette méthode est que ces terrains conduisent à penser autrement. La logique selon laquelle cet univers se propose à la pensée, se pense lui-même, est absolument antithétique à la logique que je propose à travers cette notion de champ ; il y a peu de terrains où la sociologie spontanée, la sociologie indigène, soit aussi profondément opposée à la sociologie qui me paraît la bonne scientifiquement. Ce n'est pas par hasard si c'est l'un des terrains où l'enquête sociologique est la plus difficile, les écrivains, les artistes se définissant comme des singularités irréductibles et refusant de façon absolue l'interrogation, l'enquête, etc. Mais, du même coup, une fois surmontées les difficultés, je pense que c'est l'un des terrains sur lequel ma méthode peut produire les effets les plus fantastiques et où le rendement en termes d'audace d'un investissement intellectuel risque d'être maximum. C'est un terrain où on a l'impression, dès qu'on y travaille, qu'il est impensable qu'on n'y ait pas pensé plus tôt et où le matériel paraît se proposer en quelque sorte comme fait pour être pensé de cette manière.

C'est compliqué et vous devez penser que ce que je dis est contradictoire. Il y a un discours indigène sur le monde littéraire qui exclut l'approche scientifique. C'est un discours de type charismatique selon lequel le créateur – le mot est intéressant – est fils de ses œuvres. Il est incréé et il ne saurait y avoir de science du créateur incréé qui est sa propre création. (La sociologie de la philosophie se heurterait à un obstacle encore plus grand, parce que, étant le créateur qui se pense comme créateur, le philosophe ne peut pas être objet de pensée pour quelque approche scientifique que ce soit ; il se prétend en mesure de penser toute pensée le pensant, il prétend se penser, se fonder lui-même mieux que n'importe quelle pensée.) Cela dit, une fois contournée cette idéologie professionnelle défensive-offensive par laquelle l'artiste se constitue comme artiste (et le philosophe comme philosophe), il est très amusant de voir à quel point le matériel se propose en quelque sorte tout structuré.

Je prends l'exemple de l'enquête de Huret rééditée tout récemment[1]. Huret était un journaliste. Il a publié en 1891 l'enquête dite « enquête Huret » qui consiste à interroger pour un journal tous les écrivains qui comptent à ce moment. On part du naturalisme, qui était à la fois dominant et méprisé, de Zola, on dit aux gens : « Le naturalisme est mort » (c'est un coup classique de journaliste depuis que le champ intellectuel s'est développé) et on va interroger successivement les représentants de l'école symboliste, les néoréalistes, les néonaturalistes, les survivants des parnassiens, en leur demandant à chaque fois : « Qu'en pensez-vous, est-ce que Zola est vraiment mort ? » On interroge Zola lui-même, on interroge tout le monde et ce document journalistique est à mes yeux le document scientifique le plus intéressant : au lieu de prendre pour unité, comme le fait d'ordinaire l'histoire littéraire, une œuvre d'un auteur (*La Princesse de Clèves*, etc.), toute l'œuvre d'un auteur, ou un auteur et son œuvre, elle prend pour objet, dans une logique journalistique, l'ensemble de l'espace, tous les gens qui comptent, qui ont un nom ou essaient de s'en faire un. Les plus jeunes, les plus obscurs sont évidemment sous-représentés ; l'échantillon n'est pas parfait, mais on a une vue de l'espace.

1. Jules Huret, *L'Enquête Huret*, Vanves, Thot, préface de Daniel Grojnowski, 1982 [1891].

Si vous lisez le livre dans ses intervalles, en ayant en tête la notion de champ, vous verrez qu'il n'y a pas une phrase qui ne soit pas relationnelle : même – et surtout – quand les écrivains parlent vraiment d'eux-mêmes, ils ne parlent que des autres. Bien sûr, l'auteur de l'enquête recueille ce type de discours parce qu'il les interroge systématiquement, au moins sur les grandes positions du temps ; s'il leur avait demandé : « Comment écrivez-vous, cher maître, plutôt le matin, plutôt la nuit ? », il est probable qu'ils auraient pensé de manière moins relationnelle, moins structurale. Cela dit, l'incitation est minimale. Il les interroge sur l'école naturaliste, l'école symboliste, les parnassiens, Verlaine, Mallarmé ; ils répondent : « Ah oui, ils sont obscurs, je ne les lis pas, je ne les comprends pas », et on a un espace qui se constitue de lui-même. Il n'y a pas besoin de beaucoup de choses supplémentaires pour construire la structure du champ et pour comprendre, à partir de cette structure, ce que chacun dit et à travers quoi se révèle la structure. On est évidemment devant le cercle herméneutique classique : plus je connais la position de chacun, plus je découvre la structure et plus je connais la structure, mieux je comprends la position de chacun, ce qui est l'antithèse de la position ordinaire où on s'imagine qu'on connaîtra un individu singulier en s'immergeant dans sa singularité. En un mot, la réalité sociale fonctionne de manière si évidemment structurale que, dès le moment où on a de bonnes pensées à l'esprit, elle se livre elle-même quasi construite.

([…] Le rendement de n'importe quelle forme d'interrogation d'un sujet social – l'entretien, l'interview non directifs, le questionnaire, etc. – s'accroît de façon extraordinaire dès le moment où l'on pense structuralement et où l'on entend dans ce que les sujets sociaux disent d'eux-mêmes ce qu'ils disent de leur position dans un espace. On est tellement habitués à penser non structuralement qu'il est très facile de recevoir l'information sans l'entendre. Quand un OS [ouvrier spécialisé] chaudronnier parle du chaudron, en fait il parle du monteur. Il ne peut pas parler de sa position sans parler du reste de l'espace. Être attentif au mode de pensée structural, c'est entendre de l'information qui est spontanément structurale et c'est aussi, évidemment, savoir développer l'interrogation de manière à intensifier cette sorte de mobilisation de l'expérience qui, étant structuralement constituée, revient d'autant mieux et d'autant plus vite qu'on se situe consciemment dans une optique structurale – c'est l'un des problèmes de l'entretien bien fait : il s'agit d'obtenir le maximum d'information dans le moins de temps. Si, par exemple, on fait une enquête sur les professeurs, on peut commencer par demander : « Qu'est-ce que pour vous être professeur ? », mais les choses marcheront tout de suite beaucoup mieux si on demande : « Vous êtes professeur dans quelle discipline, dans un établissement où il y a des enjeux, des luttes, etc. ? » Ce n'est pas de la provocation, c'est que la réalité marche structuralement. En prendre acte et le savoir, c'est intensifier l'efficacité de ce stimulus qu'est toute intervention scientifique. Le sociologue, par l'entretien, fait de l'expérimentation et l'essentiel de ses buts est de stimuler suffisamment l'informateur pour obtenir le plus d'informations dans le moins de temps possible. Certains entretiens ne révèlent rien parce que l'interrogateur a réussi ce tour de force à ne pas stimuler des gens en tant qu'ils sont [dans un] « champ » : si vous allez voir un éditeur et que vous ne lui demandez pas comment il se situe par rapport aux autres éditeurs, il vous fera un topo omnibus que tous les éditeurs vous tiendront. Cette parenthèse pratique était, je crois, utile.)

L'art contre la méthode : idéologie charismatique et « sociologie de la littérature »

Dans la pratique ordinaire de l'histoire ou de la critique littéraire, bref, dans tout ce qui s'attache au fait littéraire ou au fait artistique, l'unité est presque toujours le producteur singulier ou le produit singulier du producteur singulier. Vous pouvez le vérifier statistiquement dans les bibliothèques : la part des travaux consacrés à l'ensemble d'un courant ou à l'ensemble d'une époque par rapport aux travaux consacrés aux individus est infime. Je veux vous citer un livre très important de Cassagne qui date de 1905 et qui a été tout récemment réédité à Genève. Il porte sur la genèse de la théorie de « l'art pour l'art »[1]. Comme le livre de Huret, il étudie l'art pour l'art au travers, non pas d'un individu singulier (comme Flaubert), mais de l'ensemble des gens qui occupent cette position distincte, dans l'espace [artistique], de l'« art bourgeois » et de l'« art social ». Il donne plus que d'autres – peut-être pas autant qu'il le faudrait – l'espace à l'intérieur duquel se situe cette position qu'est l'art pour l'art. Si les terrains littéraires sont particulièrement productifs du point de vue de l'exercice de méthode que je veux faire, c'est parce que l'analyse scientifique y est spécialement improbable, du fait de l'idéologie de type charismatique : l'œuvre de création, de grâce, charismatique, n'a d'explication qu'en elle-même et le personnage charismatique qui, fils de lui-même ou de ses œuvres, est sa propre création ne saurait obéir à des déterminants externes à la réalité de ce qu'il est. Il s'agit d'une vision dominante du fait intellectuel qui est à peine moins forte dans le domaine scientifique, par exemple, même si bien sûr la science, dans son développement moderne, est devenue si évidemment collective que la force de résistance de l'idéologie charismatique est moins grande. Mais elle peut ressurgir sous d'autres formes ; je le montrerai si un jour je parle de la sociologie de la science. L'art reste en tout cas le terrain par excellence de l'idéologie charismatique, le plus antithétique à la méthode.

Il y a cependant des cas compliqués que je voudrais simplement évoquer, comme le *Flaubert* de Sartre qui pose un problème. Sartre évidemment est dans la logique que j'ai décrite : il prend pour objet un auteur singulier et cherche le principe d'explication final d'une œuvre dans la singularité de la personne[2]. Il part donc en sens absolument inverse de la direction dans laquelle je m'oriente[3]. En effet, si vous avez compris ce que j'ai voulu dire par la notion de champ, vous verrez immédiatement que le créateur de l'œuvre de Flaubert, c'est Flaubert, dans la mesure où il est le lieu où s'est

1. Albert Cassagne, *La Théorie de l'art pour l'art en France chez les derniers romantiques et les premiers réalistes*, Genève, Slatkine, 1979 [1906].

2. J.-P. Sartre, *L'Idiot de la famille*, *op. cit.*

3. Sur l'analyse de Flaubert par P. Bourdieu, voir *Les Règles de l'art*, *op. cit.*, « Points Essais », p. 17-191 et *passim*.

accompli un champ de forces qui est le vrai principe de ce qu'a fait Flaubert. Ma méthode consiste donc à se demander ce que devait faire Flaubert pour accomplir ce qui était inscrit dans la position qu'il a occupée. Je procéderai donc dans le sens inverse de Sartre. Je commencerai par décrire l'espace dans son ensemble, avant d'en venir à la position de Flaubert qui, entre l'art social et l'art bourgeois, se distingue de l'un comme de l'autre, et ce n'est qu'une fois que j'aurai décrit la position dans toutes ses propriétés et toute sa complexité que je pourrai me retourner sur la biographie, l'enfance, les premiers romans, etc., pour me demander que ce devait être Flaubert (l'idiot de la famille, le second, les rapports avec son père, son frère aîné, etc.) pour être si bien fait pour faire ce qu'il a fait, c'est-à-dire accomplir cette position centrale dans le champ. Le changement de l'ordre n'est pas anecdotique[1].

Il faut également situer la méthode par rapport à celle qu'on associe ordinairement à l'idée de sociologie de la littérature et qui correspond à la solution Lukács-Goldmann[2] : on s'attache à un producteur (Flaubert, Debussy, Mallarmé, Heidegger, Adorno, etc.) et on s'interroge sur le groupe social qui l'a produit et pour lequel il produit, en faisant l'hypothèse que ce producteur a exprimé – en général, sans le savoir et mieux que n'aurait su le faire le groupe – les attentes et expériences inconscientes, la vision du monde social de ce groupe. Cela fonctionne magnifiquement quand on a, par exemple, un auteur bourgeois exprimant un groupe bourgeois dont il est le porte-parole inconscient, le groupe parlant, sans qu'il le sache, à travers lui. Vous le reconnaissez tout de suite : c'est la philosophie la plus idéaliste, qui est simplement renversée. On pense à Hugo, au poète à thèse inventé au XIXe siècle, au poète qui exprime tout ou partie de sa société. Mais là, il s'agit d'une théorie matérialiste de l'art : il faut chercher le groupe concerné. Ce groupe est parfois cause finale : c'est le groupe pour lequel

1. P. Bourdieu procédera de la même manière sur lui-même dans son *Esquisse pour une auto-analyse*, *op. cit.*, qu'il rédigera à la fin de sa vie, l'ordre d'exposition étant là aussi l'inverse de celui des biographies traditionnelles.

2. Voir Georg Lukács, *La Théorie du roman*, trad. Jean Clairevoye, Paris, Gonthier, 1963 [1916] ; Lucien Goldmann, *Pour une sociologie du roman*, Paris, Gallimard, 1964.

on produit, et on a le langage de la commande. Appliquée à l'histoire de la peinture, cette façon de faire est une catastrophe parce qu'elle ne sort de l'histoire hagiographique (« Vinci par lui-même », etc.) que pour tomber, en croyant opérer une rupture, dans l'idée qu'il y a des commandes, des gens qui payent et que la réalité va être dans la commande. Antal, dans son livre sur la peinture florentine et son arrière-plan social[1], pense retrouver dans les œuvres la vision du monde des commanditaires, comme si la vérité des œuvres était dans la vision des commanditaires. Cette démarche est très primitive et c'est de la fantasmagorie, parce qu'on construit à la fois les deux termes de la relation.

D'un côté, on construit les propriétés du producteur et du produit ; on dira que Mallarmé ou Debussy, par exemple, avaient une vision enchantée du monde social, qu'il y a une sorte d'« escapisme », une envie d'échapper au monde social par une fuite dans le passé ou une vision régressive du monde social, etc. D'un autre côté, on construit les propriétés du groupe : on rappelle la Commune, Fourmies, Anzin, la CGT, les luttes, etc., et on dit que la bourgeoisie, les salons, l'aristocratie étaient demandeurs d'une peinture ou d'une musique célébrant les délices de Cythère, le retour au passé, la fuite dans Couperin, etc.[2]. Et les deux termes collent. Je pense que cette manière de faire à laquelle l'idée de sociologie de l'art et de la littérature est attachée est catastrophique. Elle donne apparemment raison, souvent par sa grossièreté (technique), aux formes les plus bêtes du discours charismatique du créateur incréé.

1. Frederick Antal, *Florentine Painting and Its Social Background*, Londres, Routledge & Kegan Paul, 1948 (trad. fr. postérieure au cours : *Florence et ses peintres. La peinture florentine et son environnement social*, trad. Alix Girod, Brionne, Montfort, 1991).

2. Ces exemples sont tirés d'un article de Michel Faure, « L'époque 1900 et la résurgence du mythe de Cythère. Contribution à l'étude des mentalités sociales à travers les *Fêtes galantes* de Verlaine et de deux de ses musiciens : Fauré et Debussy », *Le Mouvement social*, n° 109, 1979, p. 15-34.

Le champ comme médiation

Comme c'est souvent le cas sur le terrain de la pensée sociale, les deux positions polaires se renforcent mutuellement : on a une espèce de débat circulaire éternel entre ceux qui s'appelleront « formalistes[1] » à certaines époques et qui disent qu'il faut regarder les œuvres et elles seules, que la vérité est dans l'œuvre et pas au-delà, et ceux qui invoqueront la bourgeoisie ascendante, le « Dieu caché[2] », etc. Ce qui dans les deux cas est absolument évacué, c'est cette médiation tout à fait particulière qui est aussi une médiation sociale : le champ artistique, c'est-à-dire un espace social dans lequel se structure une action de création culturelle. Autrement dit, entre les salons qui accueillaient Fauré pour lui faire jouer des bagatelles et la musique de Fauré, il y a toute l'histoire de la musique. Les spécialistes ont beau jeu d'invoquer l'histoire de la musique, mais l'histoire de la musique, c'est l'histoire accumulée d'une lutte ou d'une concurrence spécifique entre des gens qui introduisent de nouveaux accords contre le Conservatoire, etc. Il y a une sorte d'accumulation spécifique et c'est dans cet espace particulier que se constitue une forme de production culturelle. Très souvent, les apparences sont malheureusement pour le « goldmannisme », pour ces gens qui, établissant brutalement une relation avec un groupe supposé être commanditaire ou destinataire, font ce que j'appelle le court-circuit : ils évacuent toute l'histoire spécifique de l'art, c'est-à-dire tout ce qui se passe dans le champ, par exemple le fait que Debussy se situe de telle ou telle manière par rapport à ses contemporains ou à ses devanciers, le fait qu'il fasse autrement, qu'il fasse plus, qu'il fasse autre chose, etc.

Dès qu'on lit structuralement, on voit que les nouveaux entrants souvent ne disent pas autre chose qu'« il faut faire autre chose ». Les fondateurs de revue font des manifestes, mais, neuf fois sur dix, ils

1. Sur le formalisme, voir *supra*, le cours du 7 décembre 1982, p. 499 *sq*.
2. Allusion à Lucien Goldmann, *Le Dieu caché. Étude sur la vision tragique dans les Pensées de Pascal et dans le théâtre de Racine*, Paris, Gallimard, 1955.

ne disent presque rien. Fabiani qui étudie le champ philosophique à la fin du XIXe siècle montre ainsi qu'il n'y a rien de plus dans le manifeste que publie, à sa création, la *Revue de métaphysique et de morale*[1]. En général, la pratique des entrants consiste à dire qu'ils sont inspirés par le souci, parfois désespéré, de faire autre chose. Il y a ainsi des gens qui se sont donné des étiquettes en espérant qu'elles resteraient, mais les adversaires le voient. Zola, par exemple, dit : « Qu'est-ce que c'est que ces coquilles de noix sur le Niagara[2] ? » Ces gens veulent exister à tout prix, et comme pour exister à un certain moment il faut avoir une étiquette, ils inventent des étiquettes. Il y a souvent une espèce de volontarisme de la différence, mais il est rare qu'il s'exprime aussi clairement que dans le cas de la *Revue de métaphysique et de morale* qui naît de la volonté de trois ou quatre jeunes gens inconnus de faire autre chose que la *Revue philosophique*. Ils disent qu'ils veulent faire autre chose, mais ils ne disent pas quoi.

Le principe explicatif, direct, immédiat qui permet de rendre compte du fait que les gens font cela plutôt qu'autre chose est à chercher dans cet espace [le champ littéraire relativement autonome]. La solution sartrienne consiste à creuser indéfiniment dans Flaubert seul (dans *L'Idiot de la famille*, Sartre trouve tout, il fait revenir tout ce qui est présent du champ dans Flaubert, mais il ne s'est pas donné pour projet de construire le champ littéraire comme tel). Le concept de champ permet d'éviter un double écueil : ou bien on creuse désespérément dans l'individu pour retrouver le principe explicatif, alors que la vérité de ce que fait par exemple Flaubert n'est pas dans Flaubert, mais dans la relation de Flaubert avec tout le reste ; ou bien on squeeze complètement l'espace

1. La thèse de Jean-Louis Fabiani à laquelle P. Bourdieu fait ici référence (*La Crise du champ philosophique : 1880-1914. Contribution à l'histoire sociale du système d'enseignement*, Paris, EHESS, 1980) sera publiée ultérieurement sous le titre *Les Philosophes de la République*, Paris, Minuit, 1988 (voir notamment p. 36-38). Le manifeste comprend en particulier cette phrase : « Ici on voudrait faire autre chose. »
2. La formule est rapportée dans l'« enquête Huret » : « En s'attardant à des bêtises, à des niaiseries pareilles, à ce moment si grave de l'évolution des idées, ils me font l'effet, tous ces *jeunes* gens, qui ont tous de trente à quarante ans, de coquilles de noisette qui danseraient sur la chute du Niagara ! » (J. Huret, *L'Enquête Huret*, *op. cit.*, p. 158.)

littéraire dans lequel se trouve Flaubert et on dit que Flaubert, c'est la bourgeoisie provinciale, la rente, etc. Dans les deux cas, on escamote l'espace littéraire.

Champ littéraire et intertextualité

Il y a une troisième manière d'escamoter que je vais évoquer. Je ne dis pas tout cela pour faire valoir ce que je propose, ni faire un effet professoral de concurrent déloyal (mes collègues ne sont pas là pour répondre). Individuellement, je respecte beaucoup ces gens. Cette critique de l'approche systémique, je la fais, vraiment contraint et forcé, parce que je pense qu'autrement l'efficacité de ce que j'essaie de faire n'apparaîtrait pas. Les choses paraîtraient trop faciles.

Il y a une forme de lecture des œuvres d'art qui peut être confondue avec ce que je vais proposer et qu'on peut appeler *grosso modo* systémique ou structurale. Je l'ai déjà évoquée la dernière fois : ce sont des gens qui, s'inspirant, les uns des formalistes russes, les autres du structuralisme français lui-même partiellement influencé par les formalistes russes ou par la tradition saussurienne, essaient de penser les œuvres littéraires comme système. Ils posent comme postulat de méthode qu'une œuvre n'est pas explicative d'elle-même, mais que ce qui est important, c'est ce que certains appellent l'« intertextualité » : un texte ne parle que par référence à d'autres textes, à un système de textes. Certains, dans le prolongement des formalistes russes, arrivent à une forme de destruction du phénomène littéraire qui peut ressembler à ce que je vais vous dire. C'est pourquoi je suis obligé de les mentionner, non pas pour me démarquer, ce qui est une loi du champ intellectuel (comme au football), mais pour éviter des malentendus qui retarderaient la compréhension de ce que je vais vous expliquer.

Certains, dans le prolongement des travaux de Tynianov[1], par

1. Iouri Tynianov, « De l'évolution littéraire », in *Théorie de la littérature*, *op. cit.*, p. 120-137. P. Bourdieu reviendra notamment sur cette question dans « Le champ littéraire », *Actes de la recherche en sciences sociales*, n° 89, 1991, p. 20-21.

exemple, insistent sur le fait que le champ littéraire change selon la loi relativement simple de l'automatisation et de la désautomatisation. Pour aller vite, les écoles dominantes imposeraient un mode de pensée, d'expression qui deviendrait automatique, et donc à la fois banale, évidente et répétitive ; à un certain degré d'automatisation de la vie littéraire, une sorte de lassitude, de dégoût engendrerait la désautomatisation (c'est moi qui traduit ainsi mais je pense être fidèle à leur démarche), c'est-à-dire une sorte de rupture créant une sorte d'étonnement. La dialectique littéraire consisterait donc à produire un décalage par rapport à ce qui se fait. Ces deux propositions – d'une part, l'œuvre littéraire n'a de sens que par rapport aux autres œuvres ; d'autre part, il y a une sorte d'histoire des œuvres qui est l'histoire des confrontations entre les œuvres – peuvent ressembler à ce que je vais vous dire. La différence est évidemment que, pour moi, le moteur du changement ne peut pas être au niveau des œuvres : il ne se passe rien au niveau des œuvres ; le principe générateur des prises de position, c'est-à-dire ici des œuvres, se situe au niveau de l'espace des positions.

On peut faire un rapprochement entre les formalistes russes qui parlent de désautomatisation et Max Weber qui dit « déroutinisation », « déquotidianisation ». (Cela prêche dans le sens de l'éclectisme méthodique qui n'a rien à voir avec l'éclectisme passif : une culture large peut permettre de produire des effets scientifiques en faisant communiquer des courants intellectuels qui ne communiquent pas entre eux, en décloisonnant les espaces culturels.) Pour Max Weber, le charisme est extra-ordinaire, hors du quotidien, régi par l'extra-quotidienneté, il sort de l'ordinaire, rompt avec l'ordinaire, il est para-doxal, contre ce qui va de soi, il brise les routines. L'un des problèmes du chef charismatique est sa succession[1] : qui va succéder au chef charismatique qui, fils de ses œuvres, est inimitable ? Le problème de la succession est celui de la routinisation du charisme, de la quotidianisation de l'extra-quotidien : comment remplacer le chef grandiose, éloquent,

1. M. Weber, *Économie et société*, t. I, *op. cit.*, « Pocket », p. 326-336.

magnifique, par quelqu'un qui n'aura pas sa légitimité historique ou qui, en tout cas, ne sera pas perçu comme légitime ? Il y aura routinisation, quotidianisation, dont l'une des formes est la bureaucratisation qui permet de faire tous les jours de façon quotidienne des choses que le charisme ne peut faire que de façon extraordinaire. Weber développait ces concepts de routine et de déroutinisation surtout à propos de la religion, opposant la routine de la prêtrise qui dit sa messe et fait un miracle tous les matins, et le prophète qui, lui, fait des miracles extraordinaires, trois ou quatre fois dans une vie extra-ordinaire. Le prophète est donc celui qui déroutinise, qui bouleverse la routine. C'est une opposition entre des agents sociaux impliqués dans un même espace, un espace de concurrence des uns avec les autres, et ce qui se passe au niveau des textes (« La lettre tue, l'esprit vivifie[1] », la critique des prêtres par le prophète, la bonne et la mauvaise lecture, Barthes contre Picard[2], etc.) est le produit de luttes entre des gens occupant des positions différentes : la position sacerdotale de maître magistral garanti par une autorité statutaire et institutionnelle et la position de maître marginal, charismatique, autorisé par lui-même. La déroutinisation ne sort donc pas d'une lassitude générale à l'égard des textes. En fait, à un certain moment, des gens ont intérêt à lire les textes autrement et y trouvent autre chose. Ils vont se faire excommunier. Toute une série de choses sont inscrites dans la position.

La notion d'intertextualité représente donc d'une certaine façon un progrès par rapport à la lecture des textes à l'état isolé. Je pense que sur beaucoup de problèmes, on peut faire une espèce de tableau de Mendeleïev des erreurs possibles. Là, sur le champ littéraire, la vision systémique est celle qui a le plus d'apparences pour elle. Elle dit bien que l'on est en présence d'un système, que les œuvres n'existent que par leur opposition et leur relation ; on ne peut pas les comprendre si on ne saisit pas qu'exister, c'est différer, etc. Vous pourriez croire que je ne dis pas autre chose.

1. Deuxième épître aux Corinthiens, 3, 6.
2. Voir *supra*, p. 469, note 1, et P. Bourdieu, *Homo academicus*, *op. cit.*, p. 151-156.

Pourtant, ce que je dis, c'est qu'au niveau des œuvres, cela se passe effectivement ainsi, mais seulement dans la mesure où le niveau des œuvres est l'expression transfigurée, symbolique, transformée par l'alchimie littéraire d'un système de positions. Il y a transfiguration, la relation entre la position et la prise de position n'est évidemment pas mécanique.

Il y a un travail d'élaboration et une chose importante est de faire croire et de se faire croire que la prise de position n'a rien à voir avec la position. Quand Zola dit : « Vous êtes une coquille de noix sur le Niagara », ce n'est pas du tout pour défendre le naturalisme. Si c'était le cas, la formule perdrait la moitié de son efficacité, qui repose sur la croyance dans son efficacité. Voyez la phrase de Hobbes : « Le pouvoir, c'est être crédité du pouvoir[1]. » Le pouvoir symbolique existe dans la mesure où on croit que la personne qui l'exerce le possède. Par conséquent, si Zola apparaît comme mû par le ressentiment, par les intérêts défensifs de dominant en passe de liquidation dans son jugement qu'il porte sur les néoromantiques, les parnassiens ou les symbolistes, etc., il perd une grande partie de son efficacité. Sauf en situation d'enquête, de polémique, etc., ces prises de position, surtout sur les autres, seront fortement euphémisées, fortement retraduites, et une part de la compétence spécifique de l'écrivain consiste à masquer la relation immédiate entre les positions et les prises de position. C'est important et cela va encore contre les théories qui court-circuitent, comme la théorie du reflet. Il y a un tel travail, une telle réfraction, qu'on ne peut plus parler de reflet.

Cette théorie systémique (intertextualité, etc.) est donc bonne si l'on y voit un principe de méthode provisoire, partiel, s'agissant d'étudier les textes : il vaut mieux étudier un ensemble de textes contemporains qu'un seul, et les étudier dans leur relation. Mais cette théorie n'ira pas très loin si l'on ne précise pas que la relation à étudier est une relation objective et si l'on n'a pas présent à l'esprit que cet espace de relations entre les prises de position,

1. Voir *supra*, p. 133, note 1.

ou entre les expressions, a son principe dans l'espace de relations entre les positions. J'ai voulu évoquer les deux ou trois directions par rapport auxquelles je voulais situer ce que j'avais à vous dire.

Une structure en chiasme

Je passe maintenant à une tentative d'analyse du champ littéraire dans son fonctionnement, sa genèse.

Premier point : le champ littéraire est un sous-espace relativement autonome inséré dans un espace englobant que j'appelle champ du pouvoir, lui-même inséré dans un espace englobant que j'appelle « champ des rapports de classe » ou « champ social ». Cela se traduit par un schéma relativement simple. [*P. Bourdieu dessine, en même temps qu'il parle, un schéma au tableau*[1].] Le « champ social » est en même temps un champ de luttes entre les classes. Le champ du pouvoir, lui, est grossièrement le champ des luttes pour le pouvoir entre détenteurs de capital donnant des chances dans les luttes pour le pouvoir ; si l'on veut, c'est la « classe dominante », mais je préfère parler de « champ du pouvoir », les différentes fractions de la classe dominante étant des sous-champs qui sont eux-mêmes le lieu de luttes mais qui luttent entre eux pour le pouvoir. Il y a un troisième niveau : ce que j'appelle le champ de production culturelle pour englober aussi la production intellectuelle, philosophique, artistique, littéraire, etc. Une chose importante qui apparaîtra mieux par la suite : cette structure telle que je la décris n'est pas éternelle ou universelle ; il n'y a pas toujours eu et il n'y a pas dans toutes les sociétés une structure de ce type, ce qui ne veut pas dire qu'on ne puisse pas tirer des lois valables de la constitution ou de la genèse d'une structure de ce type et des lois du fonctionnement de structures de ce type une fois qu'elles sont constituées.

1. Nous reproduisons page suivante celui qui figure dans *Les Règles de l'art*, *op. cit.*, « Points Essais », p. 207.

Le champ de production culturelle dans le champ du pouvoir et dans l'espace social

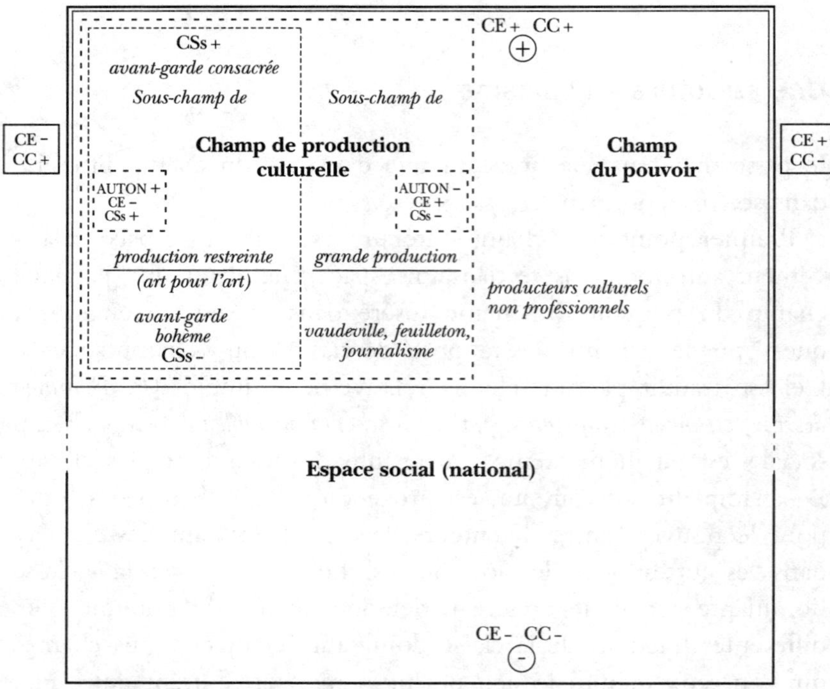

Légende

—	Espace social	CE	Capital économique
—	Champ du pouvoir	CC	Capital culturel
- - -	Champ de production culturelle	CSs	Capital symbolique spécifique
----	Sous-champ de production restreinte	AUTON +	Degré d'autonomie élevé
		AUTON -	Degré d'autonomie faible

Ce que je viens de dire est vrai. Je pense que le problème des lois en sciences sociales se pose ainsi. Le champ littéraire et artistique, le champ de production culturelle, est englobé dans le champ du pouvoir, tout en disposant d'une autonomie relative par rapport à lui, en particulier par rapport aux principes économiques et politiques de hiérarchisation ; c'est une chose très importante dont je développerai les conséquences. Dire qu'un champ est autonome par rapport à un autre, c'est dire qu'il va continuer à subir les forces qui s'exercent dans le second, mais sous une forme atténuée. Plus l'autonomie du champ sera grande, plus ces forces vont être atténuées. Dans le cas présent, un des principes de hiérarchisation à l'intérieur du champ du pouvoir est le capital économique et, comme je l'ai analysé dans *La Distinction* sur une base statistique aussi rigoureuse que possible, la distribution du capital économique et du capital culturel dans les différentes fractions de la classe dominante fait apparaître une structure en chiasme [ce qui est un indice de l'autonomie relative du champ de production culturelle dans le champ du pouvoir].

Tout le monde connaît cette structure et la trouve évidente quand on l'explicite, mais bizarrement elle n'avait jamais été mise au jour par un travail scientifique. Je rappelle cette structure en deux mots : dans le champ du pouvoir, au pôle des intellectuels et des artistes [c'est-à-dire dans le coin supérieur gauche du graphique], il y aura moins de capital économique, mais inversement il y aura plus de capital culturel ; on a donc une structure en chiasme, dont résultent un grand nombre de propriétés[1]. Cette opposition va se retraduire sur le plan idéologique sous la forme de l'opposition « en ce monde » *vs* « dans l'autre ». Cette structure est une matrice idéologique : c'est, par exemple, sur cette base que va se constituer la représentation que les artistes se feront des dirigeants ; quand ils diront « bourgeois », cela voudra dire : « Nous avons pour nous l'au-delà, vous avez l'en deçà », ou encore : « [Vous êtes] puissants en ce monde, impuissants dans l'autre ».

Cette structure est historiquement variable. Il faut la constituer comme structure pour en percevoir les variations. J'insiste sur ce point car le mode de pensée que je vous propose exige l'historicisation. On ne peut vraiment travailler avec lui que sur du matériel historique, que sur des cas particuliers, mais autrement que les historiens (dans leur définition sociale, parce que si les historiens étaient comme ils doivent être, il n'y aurait plus de différence [avec les sociologues]). Il s'agit là aussi d'une banalité : Bachelard dit que la science est l'art de traiter de cas particuliers comme un

1. Pour des développements, voir P. Bourdieu, *La Distinction*, *op. cit.*, p. 130, 134, 364, et *La Noblesse d'État*, *op. cit.*, p. 139, 212, 218, 382.

« cas particulier du possible[1] ». Ces choses qu'on récite dans les cours d'épistémologie, je suis en train de les mettre en œuvre : j'ai ce modèle à l'esprit et, ayant construit cet espace de la classe dominante comme telle, je peux m'interroger sur la forme que va prendre cette opposition selon les époques, selon les sociétés.

L'une des propriétés de l'époque actuelle, en France pour prendre un exemple précis, c'est que cette structure chiasmatique est moins claire qu'elle ne l'était à la fin du XIXe siècle. L'opposition entre l'artiste ou l'écrivain riche en capital culturel mais pauvre en capital économique et le pouvoir riche en capital économique et pauvre en capital culturel, est beaucoup moins vraie aujourd'hui qu'au XIXe siècle, en partie peut-être parce que les intellectuels sont plus riches en capital économique, pour des raisons compliquées (ils sont plus liés à l'université, moins à la bohème) et surtout parce que, du côté du pôle dominant de la classe dominante, l'accumulation du capital culturel devient de plus en plus grande. Cela pose par contrecoup un gros problème aux intellectuels. Je développe pour que vous n'ayez pas que des modèles abstraits. Dans le champ littéraire et artistique, il est question de lutte pour le monopole de la compétence littéraire ou artistique légitime. Les gens y luttent pour s'arroger le monopole de la compétence artistique légitime, c'est-à-dire le droit de dire « je suis artiste », « je dis qui est artiste » et, du même coup, ce qui est essentiel, « je dis qui ne l'est pas ». Ils luttent donc pour le pouvoir de définir un espace de concurrence. Si ce que je dis est vrai, la question traditionnelle des gens qui travaillent sur les intellectuels (« Qu'appelle-t-on un intellectuel ? ») n'a pas de sens, parce qu'elle est en jeu dans l'objet même. Si je dis : « Je suis un historien sérieux et j'appellerai intellectuel… », je tranche déjà. L'une des choses en jeu dans cet espace est de savoir qui est intellectuel et qui ne l'est pas, et une chose très importante sera de dire que des gens ne le sont pas. Mais quand ces gens

1. « De cette organisation mathématique des possibilités expérimentales, on retourne alors à l'expérience par des voies plus droites. On retrouve le réel comme un cas particulier du possible. » (G. Bachelard, *Le Nouvel Esprit scientifique*, *op. cit.*, p. 58.)

se mettent à passer par l'ENA, à avoir des titres élevés, à écrire des essais, ils posent un problème de concurrence déloyale, de monopole de la légitimité, d'exercice illégal [*rires dans la salle*], et c'est très important.

Construire cette coupure comme telle conduit donc à se poser un tas de questions : par exemple, un facteur de changement dans cet espace ne va-t-il pas être la transformation des structures ? Un très gros problème malheureusement est que les statistiques ne suivent pas : dès qu'on construit réellement la réalité sociale, le matériel ne suit pas… C'est pourquoi le problème tout à l'heure m'a tarabusté. [Les historiens] ont des excuses parce que souvent ils sont obligés de construire [leurs objets] en fonction des documents qu'ils trouvent. Je pense que, justement, il vaudrait mieux qu'ils sachent dire que tout document implique une préconstruction, parce que, très souvent, ce qu'on trouve dans les documents, c'est ce que des gens bien ou mal intentionnés y ont laissé. C'est donc du matériel déjà structuré de manière à proposer une préconstruction. Pour prendre un cas célèbre, le livre de Darnton qui vient d'être traduit en français repose sur les archives d'un éditeur de Genève qui éditait à la fois l'*Encyclopédie* et des livres érotiques[1]. C'est très bien d'étudier ces archives, les commandes que les gens lui faisaient, etc. Seulement, l'objet est en grande partie préconstruit par le matériel qui se propose tel qu'il est. En fait, ce que ce genre d'exercice demande, c'est qu'on trace en pointillés l'espace à l'intérieur duquel ce matériau prend son sens.

Je répète toujours les mêmes choses, mais l'exemple des grandes écoles est significatif : si ce que j'ai découpé ce sont les archives de l'École polytechnique, par exemple, je suis prêt à considérer que ces archives contiennent l'essentiel, ainsi que le principe explicatif de ce que je cherche. Pour les positivistes, les apparences sont impeccables : j'ai mon matériel, c'est bien carré, bien découpé, je ne dis que ce que j'ai trouvé. Mais, dans certains cas, il n'y a rien dedans. S'il s'agit d'un phénomène dont 95 % de l'explication se trouve hors de l'espace, c'est la pire falsification. Or, en

1. R. Darnton, *L'Aventure de l'Encyclopédie*, *op. cit.*

sciences sociales, on est très souvent dans cette situation d'avoir le choix entre un matériel impeccable d'un point de vue positiviste mais scientifiquement nul et un matériel scientifiquement rigoureux (j'entends par là « construit selon ce que je propose comme modèle de construction ») mais faible d'un point de vue positiviste, parce que le matériel n'est pas là. Je maintiens devant la postérité que, du point de vue de la science, il est plus scientifique de faire ça [reconstruire l'espace dans son ensemble] quitte à laisser des pointillés que de faire ça [se restreindre à un corpus préconstruit] et d'avoir l'approbation de ses contemporains. Je le dis fermement : je pense qu'il vaut mieux avoir les apparences contre soi du point de vue de la preuve positiviste que d'avoir pour soi toutes les apparences mais d'avoir enregistré un artefact que souvent les chercheurs se sont fait refiler en douce (ce n'est pas toujours le cas, mais ça l'est souvent – pensez par exemple aux archives de police).

L'idéal serait de construire des séries, par exemple de prendre la classe dirigeante en 1900, en 1930, en 1950, en 1980, et de comparer les structures selon les diplômes, le sexe, l'âge, etc. Mais, d'abord, les chiffres n'existent pas toujours ; ensuite, la comparaison pose des problèmes formidables parce que les indices sont eux-mêmes structuralement définis et pourront avoir des sens totalement différents si la structure a changé. On est donc devant un problème très difficile. Cela dit, je pense qu'il vaut mieux produire des problèmes clairement insolubles que de résoudre des faux problèmes [*rires dans la salle*]. Je le dis avec véhémence parce que, malheureusement, peu de gens le disent. La sociologie est une science dominée. Elle se trouve soumise aux formes les plus bêtes de demande scientifique. On lui demandera de la fausse mathématique et de la fausse empirie, moyennant quoi, on sera tranquilles. En fait, les exigences scientifiques, surtout au stade où en est la sociologie, sont des exigences de construction rigoureuse de l'objet, plus que des exigences de preuve. Ceci dit, ce que je vais vous raconter est une forme de preuve. Je pense que ça tient, que ça a une forme de cohérence et de *self-probation*.

Autonomisation, hiérarchisation, institutionnalisation

Le champ littéraire ou artistique a une autonomie relative à l'intérieur de cet espace [le champ du pouvoir] et une des questions qu'on pourra poser, c'est le degré auquel il est autonome par rapport aux forces qui agissent dans cet espace. Une chose très simple (j'anticipe un peu) est que l'une des lois de cet espace est d'être structuré selon le principe de hiérarchisation dominant, le principe économique : plus vous avez d'argent et de pouvoir politique, plus vous êtes puissant – c'est une définition grossière, mais il faut me l'accorder. Plus vous avez de l'argent et/ou du pouvoir politique, plus vous êtes dans la partie droite de l'espace littéraire. Dire qu'il y a une autonomie relative de l'espace littéraire, c'est dire que ce sera d'autant moins vrai que l'espace littéraire sera plus autonome. On peut même imaginer que le champ littéraire soit totalement autonome et qu'il se produise une inversion complète : moins vous aurez de pouvoir et d'argent, plus vous serez prestigieux. Sur le marché des éditeurs, par exemple, il y aura un sous-espace qui sera un monde à l'envers : il fonctionnera selon une loi qui tendra à être l'inverse de la loi de l'univers ambiant. Mais l'autre loi continuera toujours à essayer de fonctionner. Une des questions va être de déterminer le degré d'autonomie de cet espace [littéraire] par rapport à celui-là [le champ du pouvoir] ; plus l'autonomie sera grande, moins cette loi générale [s'appliquera]. L'autonomie veut dire que cette frontière-là [entre le champ littéraire et le champ du pouvoir] va devenir de plus en plus forte, d'où les questions : est-ce que les artistes sont des bourgeois ? Y a-t-il lutte des artistes contre les bourgeois ?

Ce qui est en jeu, c'est la définition de l'intellectuel, c'est le refus d'être soumis à la loi générale, le refus de la corrélation entre le succès mesurable en tirages ou en argent et la valeur [littéraire] ; il s'agit donc d'une lutte pour imposer un sous-univers relativement autonome dont la loi n'est pas la loi générale du champ dans lequel il est inséré, et où on ne peut pas dire : « C'est parce que X est à l'Académie, ou parce qu'il tire à 800 000 exemplaires, ou parce qu'il est philosophe qu'il est bon écrivain. » C'est donc l'autonomie par rapport au politique, à l'économique et, finalement, à tous les pouvoirs externes. Évidemment, le modèle oblige à s'interroger sur les variations qui vont se produire en fonction de ce qu'est le pouvoir externe. Voilà ce que signifie le « cas particulier du possible » : si ce pouvoir externe est un pouvoir (j'hésite à le dire…) de « droite » ou de « gauche » (pour vous mettre dans l'actualité[1]), cela pose des problèmes ; comment les choses vont-elles changer selon que les intellectuels font face à l'Académie française ou à l'Académie de l'Union soviétique ? Si je me laissais aller, je poserais des quantités de questions qui sont toujours objectivement posées, par exemple quand quelqu'un dépose un sujet de thèse sur les écrivains en France entre 1930 et 1940 ou sur les rapports entre les écrivains et le Parti communiste en Chine entre 1924 et 1960. Premier niveau, le champ étudié est inséré dans cet espace [le champ du pouvoir] et si une part d'hétéronomie est un invariant, on peut se poser la question des changements que la part d'hétéronomie subit selon le pouvoir à l'égard duquel se définit cette hétéronomie. Je pense qu'il y a des lois invariantes et que la tendance à la dépendance à l'égard des pouvoirs obéit à des lois universelles, quel que soit le pouvoir, mais l'on peut quand même supposer que, si l'on procède à une comparaison empirique, la forme des effets de la dépendance va changer selon la forme du pouvoir. Être dépendant à l'égard d'un pouvoir césaro-papiste n'est pas la même chose qu'être dépendant à l'égard d'un pouvoir de type démocratique.

Le champ littéraire est englobé dans le champ du pouvoir, à l'égard duquel il a une autonomie relative, qui est aussi une dépendance relative : il continue à être partiellement déterminé par les lois générales de ce champ. Dans cet espace, il occupe une position dominée : il est dans le pôle « moins » [sous le rapport du principe de hiérarchisation dominant] de l'espace du champ du pouvoir. Le champ artistique est englobé dans le champ du

1. Rappelons que ces leçons sont données dans le contexte du retour de la gauche au pouvoir.

pouvoir et, s'il dispose d'une autonomie relative par rapport au principe de hiérarchisation économique et politique de ce champ, il occupe une position dominée dans ce champ du pouvoir. J'ai oublié de préciser que le champ du pouvoir est lui-même situé au pôle dominant de l'espace des classes sociales. Il en résulte que ce champ-là [le champ artistique] est le lieu d'une double hiérarchie. D'une part, un principe de hiérarchisation hétéronome reste en vigueur. Il s'imposerait totalement si l'autonomie du champ [artistique] disparaissait ; si le champ perdait son autonomie, ce principe de hiérarchisation serait totalement agissant. Ce principe de hiérarchisation [s'établit] selon des critères économiques et politiques, c'est-à-dire selon le succès en termes de tirage, de nombre d'éditions, de revenus financiers, etc. D'autre part, il y a le principe de hiérarchisation autonome, interne, que le champ a en quelque sorte pour lui-même. On a des variations continues et on peut faire varier continûment le degré d'autonomie : si le degré d'hétéronomie devient très fort, le principe de hiérarchisation économique devient dominant et le meilleur écrivain est celui qui vend le mieux ; si le principe autonome, c'est-à-dire les lois internes du milieu (lois internes qui, comme j'essaierai de le montrer, se constituent contre les lois globales du champ [du pouvoir], contre le bourgeois, contre l'économie, contre l'intérêt, etc.), devient dominant, ce qui s'imposera, ce sera le degré de reconnaissance, le degré de consécration symbolique qui est accordée par la reconnaissance des autres membres du champ autonome.

J'aurai donc dans cet espace deux principes de hiérarchisation possibles. Si le principe de hiérarchisation externe devient dominant, le champ de production culturelle devient un champ comme les autres, et on mesure finalement la production culturelle au même critère, à la même aune qu'une production quelconque. C'est pourquoi quand on discute par exemple du prix du livre[1], les gens

1. La question du prix du livre est d'actualité au moment de ce cours : en août 1981, peu de temps après l'arrivée des socialistes au pouvoir, la « loi relative au prix du livre » est adoptée. Pour protéger les petits libraires (perçus comme des « commerçants d'un bien pas les comme les autres »), elle interdit à tout vendeur d'un livre à l'état neuf de faire une ristourne dépassant 5 % du prix de vente fixé par l'éditeur.

vous disent : « Mais vous ne pouvez pas traiter le livre comme un marché comme les autres, ce n'est pas des casseroles, etc. » En invoquant cela, ils défendent la spécificité des résistances d'un critère autonome irréductible. Il y a des gens qui sont invendables, ce qui ne veut pas dire qu'ils ne valent rien, et l'éditeur d'avant-garde fera valoir que ce n'est pas parce que personne n'achète ses livres qu'ils ne valent rien. En résulte-t-il automatiquement qu'ils valent quelque chose ? C'est un problème… Les dominés dans ce champ ont, au fond, intérêt à cette structure. Ils ont intérêt à dire que moins on a de succès, plus on est bon et que, donc, tous ceux qui réussissent, qui accumulent des décorations sont corrompus, compromis, etc. Les propriétés de position sont une chose très intéressante. Par exemple, l'une des lois du vieillissement dans les milieux littéraires, et intellectuels en général, c'est qu'on peut différer très tard la découverte de la vérité des prix. On peut se raconter très tard des histoires. D'une certaine façon, tout ce qu'on dit sur la bohème ne parle que de cela : on peut différer très tard le moment où on pose la question de savoir si le non-succès est la promesse d'un succès dans l'au-delà ou un non-succès. On peut penser aux formes que prennent les crises dans le monde intellectuel avec les phénomènes que j'essaierai d'analyser par la suite, par exemple les reconversions brutales – qui prennent des formes politiques – qu'opèrent des gens qui, étant tout à fait bas dans la hiérarchie des profits économiques, sont en même temps très haut dans la hiérarchie des profits symboliques de consécration. Il y a par exemple des types de trajectoires historiquement fréquentes, avec un magnifique exemple de sociologie expérimentale dans *L'Éducation sentimentale*, au travers du personnage de Hussonnet qui, après avoir traîné des ambitions d'écrivain, de critique raté, etc., a fait une grande carrière dans l'administration des arts et des lettres à la faveur de la Révolution de 1848[1]. Il y a ainsi des trajectoires où les gens passent de l'extrême gauche à l'extrême droite. La période préfasciste est très intéressante sous

1. Pour des développements, voir l'analyse de *L'Éducation sentimentale* in *Les Règles de l'art, op. cit.*, « Points Essais », p. 17-71.

ce rapport-là : une période de crise de l'évaluation de soi qui s'accompagne de reconversions dramatiques qui font passer de là [la bohème] pour aller ici [la frontière du champ politique], et ici, c'est une forme servile, comme vendeur de service symbolique, comme plumitif.

Je reprends : ce sous-champ est donc le lieu de deux hiérarchies qui sont elles-mêmes en concurrence. Il y a d'un côté une hiérarchie externe : c'est la loi commune, ce que, d'une certaine façon, [les producteurs culturels] redoutent le plus, et d'autant plus qu'ils sont plus autonomes. Cette loi externe, ce n'est pas seulement le tirage, c'est aussi (c'est toujours très compliqué dans le champ intellectuel et artistique) une forme de consécration institutionnalisée accordée par un pouvoir agissant dans le champ mais très liée à des pouvoirs externes au champ. Le paradigme en est représenté par l'Académie, où s'exerce effectivement un pouvoir de consécration qui n'est pas le pouvoir de consécration interne. Avec des variations selon les époques, les écrivains d'avant-garde ne peuvent pas, sans se déconsidérer, accepter ce genre de consécration.

Pour aller vite, il y a d'abord le principe de hiérarchisation économique. De ce point de vue, [le genre] le plus haut au XIXe siècle est le théâtre. C'est lui qui rapporte le plus : avec une pièce de théâtre on gagne autant qu'avec cent mille [exemplaires d'un] roman et des milliers de fois plus qu'un recueil de poèmes qui tire à cent exemplaires. Sous le rapport de la hiérarchie économique, [l'auteur dramatique] Ponsard[1] serait très haut et Mallarmé très bas. L'autre hiérarchie, la hiérarchie interne, repose sur le principe de consécration spécifique, sur le fait qu'on est reconnu par les plus reconnus, par les plus rares parmi ceux qui peuvent donner la reconnaissance.

L'histoire du champ littéraire au XIXe siècle dont je rappellerai les grandes lignes plus tard est l'histoire d'un processus d'autonomisation par lequel [cette seconde hiérarchie] s'affirme dans l'objectivité (et pas seulement dans la représentation de quelques jeunes farfelus,

1. *Ibid.*, en particulier p. 120-121.

comme Nerval, par exemple, se faisant arrêter parce qu'il criait dans la rue : « Mort au pouvoir ! »), sous la forme d'institutions. Ces institutions peuvent être très peu institutionnalisées dans le champ littéraire qui est l'un des univers où le degré d'institutionnalisation est le plus faible : il n'y a pas de carrière toute préparée, pas de titres clairs, pas de transmission simple du pouvoir et des privilèges. Les techniques de succession sont mal définies. Il y a des choses classiques comme la préface de l'auteur consacré en faveur de l'auteur débutant qui fera un compte rendu élogieux en faveur du préfacier, mais ce sont des choses relativement peu institutionnalisées.

Malgré tout, à mesure que l'histoire va avancer, il y aura de plus en plus dans l'objectivité de mécanismes sanctionnant l'efficacité du principe de hiérarchisation autonome par opposition au principe de hiérarchisation hétéronome : cette histoire du champ au XIXe siècle peut être décrite comme une sorte de conquête progressive de l'autonomie qui se traduit par l'apparition de plus en plus claire de mécanismes de marché dans lesquels se définit une valeur pure, anti-économique. Plus on avance, plus celui qui tourne le dos au marché économique au sens strict trouvera des renforts objectifs dans les lois de fonctionnement même du champ. Par exemple, ce discours anti-économique, contre la bassesse bourgeoise et le bourgeois intéressé qui, chez Vigny, était un thème dans *Chatterton*[1], devient quelque chose de tout à fait réel. Un écrivain sait qu'il doit refuser le prix Nobel. Après Zola, un intellectuel sait qu'il doit dénoncer certaines choses et que cela implique des récompenses, ce qui est très important parce qu'il ne serait pas possible d'être, chaque fois, un héros… Ainsi, avec le temps, un processus d'institutionnalisation qui, initialement, demandait beaucoup d'invention et de courage en demande moins, simplement parce que cela a déjà été fait. J'ai beaucoup de mal à dire ces choses parce que tout le monde les connaît, mais il faut, je crois, les repenser tout à fait autrement qu'on ne le fait habituellement.

1. Cette pièce date de 1835. Elle participe du mouvement romantique qui ne fait qu'annoncer les ruptures qui ne se réalisent vraiment que dans la génération de Flaubert et de Baudelaire.

Le champ littéraire et artistique se définit donc dans sa spécificité par le fait qu'il tend à suspendre ou à inverser le principe de hiérarchisation dominant, et cela d'autant plus complètement qu'il est plus autonome, c'est-à-dire plus accompli en tant que champ ; mais si affranchi qu'il soit, il reste traversé par les lois du champ englobant, celles du profit économique et politique. Plus l'autonomie du champ est grande, plus le rapport de force symbolique est favorable aux producteurs les plus autonomes et plus le champ de production restreint, qui est encore un sous-espace de cet espace, tend à se couper du reste du champ. Le champ de production restreint est le champ des producteurs de producteurs, ces gens qui n'ont comme concurrents que leurs concurrents [c'est-à-dire les autres producteurs du champ de production restreint]. Les mathématiques avancées sont ainsi un champ dans lequel on ne peut être lu que par les gens qui ont le moins intérêt à trouver que vous avez raison, ce qui fait progresser la science. C'est une chose très simple mais très importante. Sur le marché de la poésie, pendant tout le XIXe siècle, les plus grands succès symboliques ont été sanctionnés par des ventes de l'ordre de cent exemplaires. Autrement dit, la coupure entre les deux types de production [sur le schéma, le sous-champ de production restreinte et le sous-champ de grande production] est extraordinaire. À la limite, les gens qui ont beaucoup de capital symbolique et très peu de capital économique s'opposent formidablement aux gens qui sont ici [dans le sous-champ de grande production]. Là [dans le sous-champ de production restreinte], vous aurez des chevelus qui traînent dans les bistrots, qui se donnent des noms tout à fait bizarres, décadents, qui ne parlent qu'argot, qui sont extrémistes, anarchistes, etc. Ici [dans le sous-champ de grande production], vous avez Sacha Guitry, pour prendre une chose plus récente : il est l'incarnation de ces d'acteurs du théâtre de boulevard très insérés au monde bourgeois ; ils ont une vie tout à fait semblable à celle qu'ils mettent en scène dans leurs œuvres et ont les dispositions éthiques et politiques qu'il faut avoir pour être immédiatement compris du public du théâtre bourgeois. L'une des raisons pour lesquelles les gens qui ne sont pas issus de la bourgeoisie ne peuvent pas réussir au théâtre au XIXe siècle, c'est que le théâtre repose sur une compréhension immédiate, par exemple quand il met en scène la vie de façon comique : on rit sur la base d'une utilisation instantanée d'un même système de références qui est souvent une éthique. Il faut qu'il y ait une orchestration presque parfaite de l'habitus des producteurs et de l'habitus des récepteurs, qui, sauf dans le cas du cynisme (que je ne pense pas possible), n'est réalisée justement que lorsque producteurs et récepteurs viennent du même milieu. C'est le cas où le goldmannisme marche : le producteur est issu du milieu pour lequel il produit et il propose à ce milieu sa propre mise en scène.

Les intellectuels dans le champ de production culturelle

À la limite, les gens qui sont ici [dans le sous-champ de production restreinte] et les gens qui sont là [dans le sous-champ de grande production] peuvent n'avoir pratiquement rien de commun, sauf d'être dans le même champ. C'est très important pour voir ce qu'est un champ : ils n'ont rien de commun sauf qu'ils s'injurient (« Mais ce n'est pas un artiste ! ») et que, si vous les mettez dans une salle, ils auront des choses à se dire tout à fait fondamentales. Ainsi, celui qui pose le plus la question de l'écrivain à Robbe-Grillet, c'est [l'auteur de romans sentimentaux] Guy Des Cars – [Claude] Simon ne lui pose pas de questions. Ce sont des gens qui ont la même activité, ils écrivent des choses, les font imprimer, les publient, parviennent à les faire lire, mais rien ne met plus en question l'écrivain invendable produisant pour des producteurs que l'écrivain à succès qui a toutes les apparences pour lui, en particulier aux yeux du pouvoir (c'est important, et il peut être de l'Académie française…). En même temps, aux yeux de l'écrivain produisant pour les producteurs, il [l'écrivain à succès] n'a rien de ce qui définit l'écrivain [pour producteurs] puisque l'écrivain [pour producteurs] se définit comme ne voulant rien avoir à voir avec ce qui définit l'écrivain [à succès]. Cet écrivain [à succès] fait quelque chose que celui-là [l'écrivain pour producteurs] refuse par définition, qui est d'offrir [au public] ce qu'il demande.

Vous pouvez retraduire cela, par exemple, sur le terrain du journalisme, qui fait partie de l'espace. Ce mode de pensée permet de faire des phrases dans lesquelles vous remplacez le mot « écrivain » par le mot « artiste », le mot « intellectuel » ou le mot « journaliste », chaque fois en vous interrogeant sur le principe de variation. L'une des choses intéressantes que vous découvrirez si vous procédez à ce genre d'exercice, c'est que, selon l'aspect du modèle que vous pouvez faire fonctionner, selon le secteur du champ de production culturelle que vous considérez, certaines propriétés viennent plus en avant que d'autres, ce qui pose une question : pourquoi certains espaces présentent-ils davantage certaines propriétés générales que d'autres ? C'est une chose très importante pour la recherche en sciences sociales : de même que, parmi les enquêtés, il y a des gens à propos desquels des propriétés tout à fait générales se voient mieux, il y a des terrains qui sont en affinités et il faut comprendre pourquoi. Je donne un exemple. J'évoquais tout à l'heure la propriété selon laquelle la définition du champ (définition signifie « délimitation », « limites ») est en question dans le champ : il est question dans le champ intellectuel, et donc en particulier dans le champ journalistique, de savoir qui est intellectuel et qui ne l'est pas.

Mais pourquoi cette question vient-elle plus facilement à l'esprit quand on pense aux intellectuels ? Pourquoi, si l'on faisait une enquête, la question de la définition de l'intellectuel sortirait-elle plus souvent que la question de la définition de l'artiste ? Je pense qu'il en est ainsi surtout dans des sociétés où on ne peut plus appartenir à la fraction dominante de la classe dominante sans avoir un haut niveau intellectuel (le niveau du baccalauréat, l'aptitude à écrire ou à faire croire qu'on est capable d'écrire, etc.). Si ce problème se pose, c'est que les intellectuels sont beaucoup plus soumis à la menace de concurrence déloyale sur le plan de l'écriture que dans le domaine des mathématiques, ou même que dans celui de la peinture ou, *a fortiori*, de la musique (où, mis à part le cas de la musique concrète où les profanes peuvent s'introduire – et encore très difficilement –, la barrière à l'entrée est très élevée). C'est pourquoi, lorsque j'essaie d'étudier ce problème du champ comme champ de luttes ayant pour enjeu l'existence même du champ, je pense plus facilement au champ intellectuel. Dans ce cas particulier, la question est inévitable : pour les intellectuels (si on entend par « intellectuel » quelqu'un qui écrit des essais, dont les journaux parlent, etc.), la menace de concurrence déloyale est infiniment plus grande que pour la peinture, la musique, etc. On trouvera donc dans le champ même la question à l'état permanent, avec des périodes critiques où la question se pose plus qu'à d'autres – et là il faudrait savoir pourquoi… Mais, comme je m'aperçois que j'ai affreusement dépassé [le temps imparti] [*rires*], je m'arrête là.

COURS DU 18 JANVIER 1983

Un monde renversé. – Champ du pouvoir et champ de production culturelle. – Les intellectuels conservateurs. – La loi de la légitimation symbolique. – Retour sur les luttes à l'intérieur du champ de production culturelle. – La genèse des invariants. – L'ajustement de l'offre à la demande par homologie de structure. – La conquête de l'autonomie. – Hiérarchie des productions et hiérarchie des publics.

L'une des difficultés – vous vous en êtes rendu compte – de l'analyse que je propose est qu'il faut tenir ensemble deux principes d'explication qui tendent constamment à se séparer : des explications en termes de champs et des explications en termes d'habitus. Ainsi, s'agissant de rendre compte de la production d'un écrivain particulier, on sera constamment tiraillé entre la tentation de tout expliquer par la position ou de tout expliquer par les dispositions que les écrivains considérés importent dans la position considérée. Je dis « tiraillé », mais si l'on était simplement tiraillé, ce serait trop beau : dans la réalité, selon la configuration particulière des problèmes posés, on aura tendance à penser plutôt dans une logique ou plutôt dans l'autre. On voit souvent une oscillation entre les deux accents dans les travaux – exemplaires, sur lesquels mes analyses s'appuieront – des gens qui se sont exercés à penser de cette façon : Charle par exemple, Ponton, ou quelques autres[1]. Moi-même, dans mon exposé, je n'échapperai pas à ces

1. Christophe Charle, *La Crise littéraire à l'époque du naturalisme. Roman, théâtre, politique*, Paris, Presses de l'École normale supérieure, 1979 ; Rémy Ponton, « Le champ littéraire en France de 1865 à 1905 », thèse de l'École des hautes études en sciences sociales, 1977 ; Rémy Ponton, « Naissance du roman psychologique », *Actes de la recherche en*

balancements qui tiennent, je crois, au fait que la réalité sociale se propose souvent, pour employer un vocabulaire leibnizien, avec des propensions ou des « prétentions à exister[1] » scientifiquement d'une certaine façon. Dans mon expérience de chercheur, comme je l'ai dit plusieurs fois ici, j'ai souvent eu le sentiment que les objets appellent particulièrement certaines approches. La nécessité de contrôler ces effets d'objet est l'une des raisons qui justifient la méthode comparative : le fait, pour un chercheur, de travailler sur plusieurs objets à la fois est extrêmement important car c'est une manière d'instituer pratiquement dans son expérience la comparaison, parce qu'il est alors constamment amené à se poser à propos de l'objet A des questions qui se posent à propos de l'objet B. Le fait de travailler dans un groupe où d'autres s'interrogent sur des objets différents produit les mêmes effets.

J'ai fait ce préambule parce que, dans un premier temps aujourd'hui, je penserai évidemment plutôt en termes de champ. À mesure que j'avancerai dans mon analyse et que je me rapprocherai des producteurs singuliers, le mode de pensée en termes d'habitus s'imposera de plus en plus. Ceci tient en partie à la logique de l'exposition et à ce que la méthode que je propose oblige à inverser complètement l'ordre ordinaire. En effet, plutôt que de partir de l'individu singulier pour se poser (parfois) des questions concernant l'espace dans lequel cet individu est inséré, on part d'emblée du cadre le plus englobant, de la structure sociale, et on s'interroge sur la position du champ du pouvoir dans cette structure, puis sur la position du champ intellectuel à l'intérieur de cette structure, pour poser la question de la position à l'intérieur de cet espace du champ des intellectuels ou des écrivains

---

sciences sociales, n° 4, 1975, p. 66-81. Voir aussi Jean-Claude Chamboredon, « Marché de la littérature et stratégies intellectuelles dans le champ littéraire », *Actes de la recherche en sciences sociales*, n° 4, 1975, p. 78-87.

1. Leibniz parle de la « *praetensio ad existendum* », par exemple : « Du fait qu'il existe quelque chose plutôt que rien, [...] il y a, dans les choses possibles ou dans la possibilité même, c'est-à-dire dans l'essence, une certaine exigence d'existence, ou bien, pour ainsi dire, une prétention à l'existence, ou bien, pour ainsi dire, [...] l'essence tend par elle-même à l'existence. » (« De la production originelle des choses prise à sa racine » [1697], in *Opuscules philosophiques choisis*, trad. Paul Schrecker, Paris, Vrin. 2001, p. 173.)

produisant pour les écrivains et, enfin, revenir sur la position dans ce sous-espace d'un écrivain particulier – Flaubert ou tel autre. Cette démarche conduit donc à penser d'abord en termes, disons, de macrosociologie, de relations globales, pour aller de plus en plus vers les individus particuliers.

Un monde renversé

J'avais indiqué que le champ de production culturelle avait une structure particulière. Il s'organisait selon deux hiérarchies inverses : une hiérarchie proprement économique, qui peut se mesurer aux profits économiques que produisent les activités considérées, et une hiérarchie proprement culturelle, de sens inverse, qui se mesure à la fois aux non-profits économiques et aux profits symboliques. Une question importante était de savoir si le non-profit économique est une condition nécessaire mais aussi suffisante du profit symbolique. En d'autres termes, le fait d'être poète maudit suffit-il à consacrer ? Le poète maudit ne peut-il pas être un poète raté ? Cette question est constamment posée dans la pratique humaine et, comme je le disais la dernière fois, elle se pose parfois de façon dramatique à certains tournants de la biographie, lorsque l'ambiguïté que le milieu permet de perpétuer s'écroule brusquement. Le roman des Goncourt *Manette Salomon* est un document tout à fait intéressant pour ce que je raconte ici[1]. Il fait le récit d'une biographie : un peintre qui commence comme rapin[2] se découvre brusquement misérable et il est amené, du coup, à se poser la question de savoir s'il est misérable et maudit, donc exposé à être reconnu dans

1. P. Bourdieu citera *Manette Salomon* (1867) plus loin dans cette leçon, ainsi que dans *Les Règles de l'art*, *op. cit.*, « Points Essais », p. 391, et dans *Manet. Une révolution symbolique*, *op. cit.*, p. 40-41 et 126.

2. Nom donné par Théophile Gautier au petit groupe de peintres jamais admis au Salon (l'exposition annuelle des œuvres agréées par l'Académie des beaux-arts), de musiciens sans commande et d'écrivains sans éditeur qui se retrouvent au café Momus et qui passera à la postérité grâce à Henry Murger, auteur de *Scènes de la vie de bohème* (1851), et *La Bohème* (1896), l'opéra de Puccini.

l'au-delà, ou s'il est simplement misérable et raté. Cette trajectoire biographique est structurée par l'espace même dans lequel elle se déroule. La logique du sous-champ de production culturelle est donc tout à fait spéciale : c'est un univers dans lequel, comme je le disais la dernière fois, les forces externes, c'est-à-dire les lois externes, les lois de l'économie, continuent à s'exercer, mais de moins en moins fortement à mesure que l'on s'éloigne de ce pôle pour aller vers ce sous-univers, plus ou moins autonome, de l'art pur, des producteurs produisant pour les producteurs dont la loi de fonctionnement est la mise en suspens des lois ordinaire du monde social.

On peut dire que cet univers est le monde économique renversé, le monde social inversé : les lois ordinaires de l'économie (plus on travaille, plus on a de profits) ou les lois ordinaires de l'univers politique (plus on a de pouvoir, plus on est important, plus on a d'honneurs) sont inversées[1]. Ce sont des choses tout à fait tacites : Sartre refusant le prix Nobel, c'est une action économique ajustée à cet espace économique qui a pour économie d'être anti-économique. Autrement dit, c'est un espace dans lequel on joue à « qui perd gagne ». C'est un espace dans lequel moins on a, plus on a. Mais, s'il est certain qu'il faut ne pas avoir pour avoir, est-ce qu'il suffit de ne pas avoir pour avoir ? La logique de l'univers est celle de la prophétie telle que je la décrivais : la poursuite de ressources temporelles contredit l'intention objective de l'univers.

Sur ce point, je veux dire tout de suite qu'il est encore question d'une hiérarchie à l'intérieur de ceux qui s'affranchissent des impératifs économiques. Comme je le disais la dernière fois, la question est de savoir si ce « + » est un « + » pour la totalité de l'espace, ou s'il n'y a pas une autre hiérarchie qui serait orthogonale. C'est le problème de la bohème : n'ayant rien, ils sont *eo ipso* riches de profit symbolique puisqu'ils obéissent à la loi fondamentale de l'univers qui est de refuser les gratifications ordinaires qui font

1. Voir *Les Règles de l'art*, *op. cit.*, « Points Essais », en particulier « Un monde économique à l'envers », p. 139-145.

courir les gens ordinaires ; mais n'avoir rien, dans d'autres cas, c'est n'avoir vraiment rien, même pas du capital symbolique. C'est l'opposition entre les gens simplement dépourvus par privation et les gens dépourvus par refus, les stratégies des dépourvus tendant à transformer la privation en refus, à la fois pour soi et pour les autres, c'est-à-dire à faire de nécessité vertu. La polémique entre eux est permanente. Par exemple, pour la période du Second Empire, des gens comme Flaubert ou les Goncourt ne cessent pas de proférer des sarcasmes contre les premiers, de dénoncer la logique du « faire de nécessité vertu »[1] : « Vous décrivez comme pauvreté élective ce qui est pauvreté forcée, vous décrivez comme malédiction pour le salut de l'art ce qui est simplement ratage intellectuel, existentiel, etc. » Il y a donc une dénonciation très violente de la bohème et des bohèmes qui est d'ailleurs une réponse à la dénonciation par la bohème de ceux qui, occupant une position dominante dans le champ littéraire, sont décrits comme mandarins, bourgeois, nantis. Je reviendrai sur ce point.

Dans ce type d'espace, il y a plusieurs principes de légitimation concurrents. Le principe de légitimation dominant revient finalement à faire du succès bourgeois (par exemple au théâtre, avec les consécrations qui lui sont associées d'ordinaire – l'Académie, etc.) le principe de la position dans la hiérarchie. Pour le principe concurrent, on peut invoquer le débat que je viens d'évoquer rapidement entre ceux qui diront que le non-succès est *en soi* une garantie d'élection [future] et ceux qui diront le contraire. Dans cet espace, l'opposition horizontale que j'ai indiquée entre les deux principes de légitimation sera donc croisée dans les deux cas par une opposition verticale qui correspondra, en gros, à l'opposition entre les professionnels et les bohèmes et à l'opposition entre ceux qui ont du succès auprès de la bourgeoisie et ceux qui, ayant en gros du succès auprès des autres classes, revendiqueront un principe de légitimation populaire.

Pour aller vite, on pourrait dire qu'il y a quatre principes de légitimation en concurrence. Il y a ce qu'on pourrait appeler le

1. *Ibid.*, p. 137.

principe de légitimation bourgeois et le principe de légitimation qu'on appellera populaire, dont Zola est, je pense, l'inventeur – je suis responsable des erreurs historiques. Comme, de ce point de vue, le succès discrédite (il condamne, il ne peut être obtenu que par des concessions à un public d'autant plus honni qu'il est plus grand : donc plus le succès est grand, plus le succès discrédite), la parade consistera à dire : « Mais ce public est un public populaire », le mot « populaire » ainsi prononcé redevenant laudatif et étant opposé à ceux qui n'ont pour public que quelques collègues asthmatiques – les écrivains sont d'une vacherie épouvantable. Le « vrai succès », c'est le non-succès ou le succès auprès de ceux qui méritent d'être considérés comme purs : c'est le principe de légitimation des désespérés. Face aux mises en question des gens qui, n'ayant pas plus qu'eux de ressources, leur disent : « Est-ce que, vraiment, vous ne regrettez pas de n'avoir pas de ressources ? », leur réponse est le principe de légitimation qu'on pourrait appeler révolutionnaire, et qui est une autre manière d'imposer le peuple, très différente de celle-là : je le dis avec hésitation, mais il y a, à un certain moment, chez certains des inventeurs du réalisme comme l'écrivain Champfleury, Courbet, etc., une invocation – tout à fait fantasmée bien sûr – du peuple.

Au passage, une remarque importante, je crois, du point de vue de la sociologie du peuple : il est constamment question, dans cet espace, du peuple – qu'on l'appelle « peuple », « public », etc. –, mais, évidemment, il ne se dit sur le peuple que des choses médiatisées par le rapport aux autres personnes dans le champ. Il est donc très peu question du peuple : le peuple n'est que quelque chose qui permet de maximiser la puissance de discrédit que l'on peut exercer contre des adversaires intellectuels. C'est très important : si la sociologie de ce qu'on appelle « le peuple », du langage « populaire », de la culture « populaire », toutes ces choses qui sont qualifiées par l'adjectif « populaire »[1], est si difficile à faire, c'est qu'avant même de rencontrer le peuple, il faut traverser quatre ou cinq écrans de discours sur le peuple qui ne parlent pas du tout

1. Voir P. Bourdieu, « Vous avez dit "populaire" ? », art. cité.

du peuple mais qui ne parlent que de ceux qui parlent du peuple et de leurs positions dans un espace où l'on parle du peuple. Ça se complique évidemment du fait que vous allez avoir plusieurs « populaires » concurrents et que le « populaire » change dès que le champ change, dès que la limaille glisse à gauche ou à droite, ce qui est une des choses les plus frappantes. Je le dis peut-être de façon biaisée, mais ce qui me frappe dans l'histoire sociale de l'art, ou de la littérature, quand on la voit à travers cette lunette, c'est le degré auquel, dans les limites de l'autonomie relative, l'espace se transforme avec les changements du rapport entre le sous-champ relativement autonome et le champ du pouvoir. La Révolution de 1848, par exemple, s'accompagne d'un mouvement général vers l'art social[1] : il n'y a plus personne qui ne crée pas un journal dédié au peuple, qui ne dise pas, pour faire comme tout le monde, que « l'art doit servir le peuple » ; ensuite, dès que la structure du champ de forces change, ça glisse vers « l'art pour l'art ».

Champ du pouvoir et champ de production culturelle

Maintenant, après cette mise en place, mon intention est de développer ce que l'on peut comprendre de ce qui se passe dans le champ de production culturelle. En raison de la logique de la démarche, ce que je vais dire va paraître formel et abstrait ; après, les choses vont devenir plus concrètes et on ira de plus en plus vers la particularité des écrivains particuliers.

Un des enjeux de la lutte dans le champ du pouvoir (on pourrait l'appeler « classe dominante » mais je pense que « champ du pouvoir » est un progrès théorique[2]) est, comme dans tout champ, le principe de domination dominant et légitime : on lutte pour savoir ce au nom de quoi il est légitime de dominer. La lutte

1. Sur ces points, voir *Les Règles de l'art*, *op. cit.*, « Points Essais », p. 101-102, 125-127.
2. Pour des précisions, voir P. Bourdieu, *La Noblesse d'État*, *op. cit.*, p. 373 *sq.* ; P. Bourdieu et L. Wacquant, *Invitation à la sociologie réflexive*, *op. cit.*, p. 119-120, note 1.

symbolique (qui n'est évidemment pas la seule lutte, il y a d'autres luttes : la lutte économique, etc.) a pour enjeu le principe de domination dominant qui est méconnu comme tel, c'est-à-dire reconnu et donc légitime. Dans cette lutte, les deux camps sont *grosso modo*, dans les termes mêmes des artistes du XIXe siècle, les artistes contre les bourgeois. Théoriquement, globalement, cette lutte entre les artistes et les bourgeois devrait opposer l'ensemble du champ politico-culturel et l'ensemble de ce qu'on pourrait appeler les fractions dominantes de la classe dominante, celles qui sont dominantes selon les principes réellement dominants dans le champ du pouvoir (le capital économique et le capital politique) ; on devrait avoir une lutte simple entre ceux qui, du point de vue des principes de structuration du champ, sont du côté « – » et ceux qui sont du côté « + ». En fait, toute la difficulté de cette lutte est qu'elle se situe à l'intérieur du champ de production culturelle. Les producteurs du sous-champ [de production restreinte], qui a pour économie l'inversion de l'économie, dénoncent, au nom de « l'art pour l'art » ou de légitimations différentes, l'emprise du « bourgeois » sur leur production culturelle ; ils récusent la subordination de l'art à une fonction. Une difficulté de leurs luttes est qu'elles se situent à l'intérieur d'un champ de luttes où leurs adversaires, tout en étant producteurs culturels, acceptent de se plier aux lois générales du champ du pouvoir. Plus le champ est autonome, plus il a pour loi de ne pas avoir pour loi l'économie. Or il y a dans ce champ des gens (ceux qui produisent pour le théâtre, une partie de ceux qui produisent des romans, etc.) qui reconnaissent la loi de l'économie et qui subordonnent leur production aux sanctions du marché. La lutte contre le « bourgeois » sera donc en fait une lutte contre les « artistes bourgeois ». Baudelaire le dit très bien : l'ennemi véritable, ce n'est pas le bourgeois c'est l'« artiste bourgeois[1] » : tout étant un producteur culturel, il nie ce qui devrait être la loi du champ, à savoir la loi de la négation,

1. « Il y a une chose mille fois plus dangereuse que le bourgeois, c'est l'artiste bourgeois, qui a été créé pour s'interposer entre le public et le génie ; il les cache l'un à l'autre. » (*Curiosités esthétiques* Paris, Michel Lévy, 1868, p. 208.)

du déni de l'économie. Cette lutte interne au champ du pouvoir pour le principe de domination dominant se déroule donc, en fait, à l'intérieur du champ de production culturelle sous la forme de la lutte entre « l'art pour l'art » (ou l'art pur) et l'art subordonné à des conditions externes.

On peut saisir l'opposition dans le domaine de l'art et de la littérature, mais le problème se pose de façon plus nette au niveau plus large de la production intellectuelle, dans la mesure où plus l'on va vers des arts épurés – plus l'on va du théâtre au roman, du roman à la poésie, de la poésie à la musique –, plus ce rapport aux fonctions externes devient évanescent ; l'essayisme, par exemple, a un degré de référence au réel social encore plus grand que le théâtre qui parle du monde social. Plus l'on va vers des formes de production culturelle dans lesquelles il est question du monde social, plus le conflit interne aux univers de production culturelle ayant pour enjeu la lutte à propos du principe d'évaluation légitime est visible, et c'est dans le champ intellectuel englobant les producteurs d'essais que la lutte va devenir plus claire.

Les intellectuels conservateurs

Comment ce pôle [subordonné aux conditions externes] va-t-il s'exprimer dans la lutte symbolique pour imposer le principe de légitimation dominant ? Premièrement, en période « organique » comme aurait dit Comte[1], son discours sera caractérisé par une absence de discours : le discours des dominants sur le monde social est un non-discours ou un discours de défense contre des discours faisant surgir des questions que, par définition, les dominants excluent. Le discours dominant peut être le silence et – je pense qu'il s'agit d'une propriété importante pour comprendre le fonctionnement du champ – il y a un degré zéro du discours de

1. Auguste Comte opposait les périodes « critiques » aux périodes « organiques » devant clore les révolutions passées (*Cours de philosophie positive*, t. VI, Paris, Bachelier, 1842, *passim*).

légitimation, une espèce de conservatisme tacite qui n'a même pas besoin de s'exprimer par des mots. Deuxièmement, il y a un discours qu'on peut dire « politique », au sens très large, c'est-à-dire un discours conservateur du premier degré, naïf, par exemple en direction des gens qui sont dans des positions différentes du monde social. Je pourrais mettre des noms propres : je me réfère à une tradition qui s'est développée chez les historiens, surtout américains, à propos du problème historique très spécial que pose le naïf ; ils ont pour ambition de comprendre la genèse de la pensée conservatrice et cette forme très particulière de pensée conservatrice que représentait le naïf[1]. Ils ont essayé d'analyser, en particulier dans les années 1830 en Allemagne, le passage d'un conservatisme silencieux, [relevant d'un] *ethos* de classe qui n'a pas besoin de s'exprimer, à un conservatisme professionnel.

On a beaucoup étudié de cette manière l'un des fondateurs de la pensée conservatrice – je vais le caractériser à l'instant – qui se distinguait des écrivains, disons bourgeois, qui sont des écrivains amateurs. Il y a des écrivains qui ne sont pas des professionnels et il faut savoir qu'actuellement en France plus de la moitié de ce qui se publie est écrit par des gens qui [appartiennent aux fractions dominantes de la classe dominante]. C'est une chose importante parce qu'inconsciemment, quand on fait une étude sur les intellectuels ou sur la production culturelle, sauf exception du type de celle que je propose, on constitue un échantillon dans lequel on ne met pas des gens comme Marcel Dassault[2] et tous

1. P. Bourdieu se réfère ici en particulier à Hans Rosenberg, *Bureaucracy and Aristocracy : The Prussian Experience, 1660-1815*, Cambridge, Harvard University Press, 1958, et à John R. Gillis, *The Prussian Bureaucracy in Crisis, 1810-1860 : Origins of an Administrative Ethos*, Stanford, Stanford University Press, 1971. (Il ajoutera ultérieurement à ce corpus Robert M. Berdahl, *The Politics of the Prussian Nobility : The Development of a Conservative Ideology, 1770-1848*, Princeton, Princeton University Press, 1988.)

2. L'industriel et patron de presse Marcel Dassault avait publié aux Éditions J'ai lu, en 1970, une brève autobiographie sous le titre *Le Talisman*, dont il résumait ainsi l'intention : « J'ai écrit ce livre en pensant aux jeunes. J'ai voulu montrer qu'il n'est pas nécessaire d'hériter pour réussir et qu'il suffit de persévérer. Enfin, si tout le monde n'a pas son trèfle à quatre feuilles, chacun du moins a son étoile. » L'ouvrage est réputé s'être écoulé à des centaines de milliers d'exemplaires.

les gens du même type qui écrivent des livres. Il y a donc, outre le conservatisme silencieux, le conservatisme qu'on peut dire naïf, de premier degré, qui est le fait de gens qui portent au niveau de l'expression ce qui va tellement sans dire qu'il n'est pas besoin d'en parler. Ils le portent au niveau du discours avec – c'est très intéressant – un dialogue imaginaire avec cet espace-là [le champ de production culturelle].

Ensuite, il y a une autre catégorie de gens, dont ce premier écrivain conservateur qui s'appelait Müller était très typique[1], ce sont des producteurs professionnels qui portent le discours conservateur à un niveau d'expression tout à fait spécial, qui lui font subir un changement de nature, qui passe souvent inaperçu, par le simple fait de le penser par référence à ceux-là [les producteurs du sous-champ de production restreinte]. Ce sont des gens qui répondent, non pas directement aux objections politiques du type : « Vous gouvernez, mais de quel droit ? Vous gouvernez mais êtes-vous légitimé à gouverner ? Suffit-il d'invoquer la race et le sang pour être légitimé à gouverner ? etc. », mais à ces questions telles qu'elle sont reformulées dans cet espace. Du même coup, leur langage, leur position sociale, toutes leurs positions dans l'espace se trouvent transformées. Ces gens sont des *gatekeepers* qui gardent la frontière qui partage le champ intellectuel et ils vont constamment importer ici [du champ intellectuel] les problèmes qui viennent de là [des fractions dominantes de la classe dominante]. Dans ce cas, on pourrait pousser l'analyse et, partant de l'analyse structurale de la position, aller jusqu'aux propriétés des agents qui l'occupent. Un personnage intéressant de ce point de vue est Schumpeter[2]. Ce sont, très souvent, des intellectuels issus des fractions dominantes de la classe dominante ; ils en sont sortis par le fait d'être devenus des intellectuels – ils ont une trajectoire [des fractions dominantes de la classe dominante vers les fractions

1. Pour un développement, voir *Les Règles de l'art*, *op. cit.*, « Points Essais », p. 363.
2. L'économiste Joseph Schumpeter (1883-1950), notamment connu pour une théorie de l'« entrepreneur innovateur » (qui s'accompagne d'une critique de la surproduction d'intellectuels), était le fils d'un industriel autrichien. S'il fit principalement une carrière universitaire, il fut aussi, à certains moments, avocat, ministre et directeur de banque.

dominées de la classe dominante] – et, par le fait de se situer dans cette position, ils reviennent dans l'autre sens. Leur biographie est un double mouvement et leurs dispositions croisées d'intellectuels qui sont intellectuels dans leurs rapports avec les bourgeois et bourgeois dans leurs rapports avec les intellectuels sont à la fois inscrites dans leurs positions et dans leurs dispositions.

(Je ne vous fais pas la démonstration dans le détail, mais c'est un cas où – j'y reviendrai – on peut montrer la redondance des propriétés attachées à la position et des propriétés attachées aux individus qui l'occupent. C'est une parenthèse, mais elle est importante pour le travail de la recherche : avoir à l'esprit que, dans beaucoup de cas, la position et les dispositions sont, au fond, deux traductions de la même phrase, pour employer la métaphore spinoziste[1], permet de trouver dans la description des positions des questions à poser aux dispositions, et inversement. On peut faire une espèce de va-et-vient rapide dans la recherche : dès qu'on apprend des choses sur les positions, on a intérêt à chercher dans les textes le produit d'une disposition ou bien, à partir de la position, poser des questions qu'on n'aurait pas eu l'idée de poser, sur la trajectoire par exemple.)

Je reviens un instant au champ du théâtre : Cassagne, que j'ai cité plusieurs fois, dans son livre *Théorie de l'art pour l'art*, dit qu'on a parlé d'« école du bon sens » à propos d'une école théâtrale qui est sortie du romantisme avec Ponsard, Augier, etc.[2] : ces gens retenaient de la mise en question par le romantisme des rapports matrimoniaux considérés comme normaux ce qui pouvait être retenu dans les limites de l'éthique bourgeoise et ils ont fait, selon Cassagne, une forme tempérée du théâtre romantique, fondant ce théâtre bourgeois qu'on dit aujourd'hui de « rive droite ». Dans

1. Cette métaphore tire probablement sa source d'une relecture de Spinoza par Bergson : « Chez Spinoza, les deux termes Pensée et Étendue sont placés, en principe au moins, au même rang. Ce sont donc deux traductions d'un même original ou, comme dit Spinoza, deux attributs d'une même substance, qu'il faut appeler Dieu. » (Henri Bergson, *L'Évolution créatrice*, Paris, PUF, 1959 [1907], p. 379.)

2. A. Cassagne, *La Théorie de l'art pour l'art en France chez les derniers romantiques et les premiers réalistes*, *op. cit.*, p. 65.

le champ intellectuel, les gens qui jouent ce rôle de *go-between* entre les fractions dominantes et les fractions dominées sont en quelque sorte les porte-parole du bon sens. Ils reprochent aux gens qui sont [des producteurs pour producteurs] leur obscurité, le fait de poser des questions qui ne se posent pas, par exemple en matière de poésie. Ils se servent de la compétence d'intellectuel qu'ils tiennent de leur appartenance à ce champ intellectuel, où ils ont obtenu des signes de consécration spécifique, pour rassurer les bourgeois contre les audaces intellectuelles. C'est très visible, par exemple, dans la critique théâtrale (je vous renvoie à l'analyse comparée que j'ai faite de la critique de théâtre selon la distribution des critiques dans l'espace[1]) ; le rôle du critique du *Figaro*, quand il parle d'Arrabal, par exemple, est de dire à l'attention des gens qui sont ici [les fractions dominantes de la bourgeoisie] : « Moi qui suis bien placé pour comprendre ces audaces, je vous dis, en tant qu'intellectuel, qu'il n'y a là rien d'extraordinaire. » Autrement dit, sa fonction est de se servir de l'autorité intellectuelle qu'il a pour rassurer. Cette espèce de personnage formidablement déchiré ne peut exercer ce rôle de réassurance à l'intention de ces gens-là qu'à condition d'être inquiété et inquiétant (c'est-à-dire intellectuel), parce qu'il doit pouvoir dire « moi qui suis intellectuel » pour pouvoir dire : « Je vous le dis, il n'y a rien à comprendre. » Il faut qu'il soit celui qui comprendrait s'il y avait quelque chose à comprendre, sinon son exorcisme n'aurait aucune efficacité. Par là même, il inquiète, d'autant plus que son point d'honneur intellectuel dans ses rapports avec [le pôle du champ de production restreinte] l'oblige à être inquiétant. En particulier, ne serait-ce que parce qu'il défend son monopole, il sera impitoyable pour le conservatisme naïf, le conservatisme de premier degré.

Ce rôle est de plus en plus difficile à tenir, notamment en raison de l'élévation générale du niveau de l'instruction que j'évoquais la dernière fois. En effet, il y a trente ans, beaucoup plus de gens [dans les fractions dominantes de la classe dominante] passaient par l'enseignement privé dont la fonction, pour la bourgeoisie, était d'enseigner

1. *La Distinction*, *op. cit.*, p. 262-265.

le moins possible, c'est-à-dire d'enseigner sans rendre intellectuel[1]. Il y avait comme une sorte d'anti-intellectualisme qui était le fondement tacite du contrat d'éducation que les parents bourgeois passaient avec l'enseignement privé. Comme aujourd'hui, pour accéder avec tous les signes de la légitimité [aux positions dominantes de la classe dominante], il faut être passé par les grandes écoles, la prétention des gens dans cette position à se servir eux-mêmes idéologiquement, c'est-à-dire à être leurs propres idéologues et à faire eux-mêmes le travail symbolique, et donc à se passer de ces idéologues professionnels qui étaient situés en position charnière, croît.

La loi de la légitimation symbolique

Ce qui sauvera toujours les hommes qui occupent cette position, c'est une des lois de la légitimation que je dois rappeler parce que, sinon, on ne comprend pas tout ce que j'avance et que je désigne, pour aller vite, par l'expression du « paradigme de Napoléon[2] ». Napoléon se couronnant lui-même commet une erreur du point de vue de la logique du symbolique car, s'il y a un domaine où il n'est pas vrai qu'« on n'est jamais mieux servi que par soi-même », c'est la consécration ; s'il y a une chose qu'on ne peut pas faire, c'est se légitimer soi-même. Si c'est votre frère qui vous consacre, une relation préexiste à l'acte de consécration et il sera suspecté d'être spécialement indulgent. C'est une parenthèse que je ne veux pas développer, mais la légitimation est d'autant plus forte que le circuit de consécration est grand[3]. Les petits clubs d'admiration mutuelle ont une faible efficacité légitimatrice parce qu'on voit trop bien que X écrit un compte rendu sur Y qui le lui rend. Vous n'avez qu'à suivre les hebdomadaires : A écrit un compte rendu sur B dans le journal X et B écrit un compte rendu sur A

1. P. Bourdieu développera cette question dans *La Noblesse d'État*, *op. cit.*, p. 230-231 et *passim*.
2. Sur ce point, voir aussi *supra*, le cours du 2 juin 1982, p. 146 *sq*.
3. Voir P. Bourdieu, « L'allongement des circuits de légitimation », in *La Noblesse d'État*, *op. cit.*, p. 548-559.

dans le journal Y. Si vous ne lisez pas les deux journaux, vous ne vous apercevez pas de cet échange de bons procédés. Le circuit devient plus compliqué si A écrit un compte rendu sur B qui écrit un compte rendu sur C qui écrit sur A. C'est une conséquence de la loi générale de l'économie du symbolique (l'économie du symbolique est antinomique à l'économie) : chaque fois qu'il y a une relation économique entre, par exemple, celui qui célèbre et celui qui est célébré, la célébration perd de sa valeur puisqu'elle est suspecte d'être intéressée. (On pourrait faire une théorie des manières d'euphémiser les relations de manière à ce que l'efficacité symbolique qui suppose cette dissimulation fonctionne, mais je ne développe pas, c'est juste une parenthèse.)

Les gens qui sont ici [dans les positions dominantes de la classe dominante] voudraient bien se couronner comme Napoléon et dire : « Il est bien d'être ce que nous sommes. » Max Weber prétend fonder une loi qui, je crois, est vraie quand il dit que les dominants demandent à l'idéologie une « théodicée de leurs propres privilèges[1] ». Ils demandent en gros à être justifiés d'exister comme ils existent, c'est-à-dire comme dominants. Ils demandent à ce que soit dit qu'il est bien qu'ils dominent, que le monde est fait pour être dominé par eux. On pourrait faire une immense sociologie comparée des sociodicées. Il me semble qu'il en ressortirait que, la fonction de sociodicée étant constante, ce qui varie en réalité est le principe de légitimation invoqué qui est lui-même lié au principe de la domination : une aristocratie va ainsi chercher le principe de légitimité dans la terre et le sang. Les idéologies conservatrices retrouvent souvent leur paradigme dans l'histoire aristocratique de la terre et du sang. C'est pourquoi Simone de Beauvoir, quand elle essayait de dégager dans les années 1950 l'essence du conservatisme, retrouvait au fond les idéologies conservatrices inventées en Allemagne dans les années 1830, en gros pour justifier la domination des *junkers*[2]. Ceci dit, quand

1. Voir *supra*, p. 518, note 2.
2. Voir P. Bourdieu et L. Boltanski, « La production de l'idéologie dominante », art. cité, p. 42, et *supra*, p. 70, note 2, pour la référence au texte de Simone de Beauvoir.

la classe dominante change, le principe de sa domination et, du même coup, le discours légitimateur changent. Pour aller vite, plus la part de capital culturel est importante dans les principes de domination au nom desquels les classes dominantes dominent, plus le principe méritocratique va intervenir comme principe de légitimation, avec par exemple l'idéologie du don.

L'hypothèse que je propose est la suivante : si on ne demande rien à cette fraction dominante, elle ne répond rien ; le silence est l'idéologie dominante lorsqu'il ne se passe rien. C'est une chose très importante : l'orthodoxie n'existe que lorsque la *doxa* est rompue ; il faut qu'il y ait hérésie pour que le discours orthodoxe intervienne. Cette fraction ne sort donc du silence que quand elle est y est sommée, quand on lui pose des questions. Le discours, la sociodicée qu'elle invente alors spontanément, avec ses seules armes, et par laquelle elle prétend se justifier, a à voir avec le principe de légitimation sur lequel elle repose. Ensuite, si le principe que j'ai posé tout à l'heure est vrai, c'est une erreur pour la classe dominante que de faire elle-même sa propre légitimation, en se passant en quelque sorte d'idéologues, parce qu'en bonne logique symbolique, en matière de légitimité, on n'est jamais mieux servi que par les autres.

Retour sur les luttes à l'intérieur du champ de production culturelle

L'idéologue est donc un personnage qui aura intérêt à répondre aux questions posées à la classe dominante, et il y répondra, non plus naïvement, mais au second degré ; il y répondra en connaissance de questions ; du coup, son discours se distinguera tout à fait dans son style. Il s'opposera, par exemple, à celui des intellectuels : il sera sommé d'affecter la simplicité, la clarté, la *doxa*, contre, chez les intellectuels, le para-doxe. Je parlais tout à l'heure de bon sens : « bon sens » veut dire silence. La *doxa* est silencieuse là où les paradoxaux posent des questions impossibles : ils mettent en question, refont la mise en scène[1], mettent en question la rime pratiquée depuis des générations en se mettant à dire qu'il faut faire des vers libres. Ils posent des questions qui ne sont pas posées et les fractions dominantes de la classe dominante restent coites, alors que [l'idéologue] continue à parler et à produire des discours ortho-doxes. Il faut répondre à la provocation hérétique, mais dans un langage qui est l'antithèse de ce discours hérétique hérissé, qui pose des problèmes, qui emploie des concepts allemands, etc. Il faut répondre simplement, dans un bon français, bien simple, bien clair. Mais si l'idéologue va trop loin dans le bon sens, dans la clarté, il bascule : il perd ses propriétés intellectuelles, il est exclu, il passe la frontière. Or un des enjeux fondamentaux de la lutte, c'est de dire où est la frontière. (Pensez aux philosophes, trouvez des exemples vous-mêmes... Je crains d'en donner parce que, le modèle étant plus général, un exemple affaiblirait le modèle, mais en même temps, si on ne pense à aucun exemple, cela va apparaître comme un exercice formel : c'est à vous de faire le travail pour que ça fonctionne.)

La lutte [porte] sur la place de cette frontière, [les producteurs pour producteurs] ayant comme règle d'exclure [les producteurs qui répondent à la commande], parce que, pour [les producteurs pour producteurs], une des faiblesses dans la lutte entre les artistes et les bourgeois tient à l'existence d'artistes-bourgeois qui mettent en question l'existence d'artistes en tant qu'artistes et qui sont les premiers à avoir cette position. On pourrait parler des heures sur ces gens [les producteurs qui répondent à la commande], c'est trop facile de donner des exemples par milliers. S'ils vont trop dans le sens du bon sens, de la simplicité (« je vais vous dire », « soyez rassurés », « dans Sartre, il n'y a rien de si compliqué », etc.), ils

1. Allusion à André Antoine, le fondateur du Théâtre-Libre : « En constituant comme tel le problème de la mise en scène et en posant ses différentes mises en scène comme autant de *partis artistiques*, c'est-à-dire comme des ensembles *systématiques* de réponses explicitement *choisies* à un ensemble de problèmes que la tradition ignorait ou auxquels elle répondait sans les poser, André Antoine met en question une *doxa* qui, en tant que telle, était hors de question et met en mouvement tout le jeu, c'est-à-dire l'histoire de la mise en scène. » (P. Bourdieu, *Les Règles de l'art op. cit.*, « Points Essais », p. 202.) Voir aussi *Manet. Une révolution symbolique*, *op. cit.*, p. 147-148, 157.

sont menacés par le danger d'être purement et simplement expulsés. On dira [dans les fractions dominées de la classe dominante] qu'« ils ne comprennent rien », ou que « ce sont des vulgarisateurs », ce qui est une façon de les jeter hors du champ : le vulgarisateur (le mot vient de *vulgus*) est disqualifié par le public même auquel il s'adresse. Par ailleurs, ils perdent de leur efficacité spécifique. Ce ne sont pas des mandataires, ce qui est une chose très importante.

La sociologie des intellectuels que j'ai évoquée l'autre jour[1] commet une erreur fondamentale en faisant des mises en relation directes entre le producteur et le groupe social pour lequel il écrit, en essayant de décrire les producteurs par référence à la classe dont ils sont issus ou à la classe qui consomme leurs produits : elle oublie que l'effet symbolique que je décris ne se produirait pas si le producteur était un dispositif, s'il écrivait pour quelqu'un. Relisez, dans *La Distinction*, le passage sur les critiques théâtraux : le critique théâtral du *Figaro* dit en toutes lettres que jamais de sa vie il n'a été inspiré par l'idée de s'adresser au public du *Figaro*. De même, l'idéologue (le mot « idéologue » est très mauvais, je ne l'emploie que par sténographie, et pour ne pas couper la communication parce que je ne peux pas dire à chaque fois « l'occupant de cette position symboliquement dominée et économiquement dominante dans le champ culturel ») ne remplit sa fonction symbolique que dans la mesure où, quand il produit une critique des gens qui sont là [les « bourgeois »], il le fait à compte personnel, pour défendre sa peau, ses intérêts spécifiques à lui, sans jamais avoir l'œil sur ces gens-là. S'il leur fait plaisir, c'est par surcroît, et il leur fait d'autant plus plaisir qu'il ne le fait pas exprès. J'avais lu des déclarations de Jean-Jacques Gautier, un critique de théâtre très influent, qui disait – on peut le croire sur parole – n'avoir jamais produit une critique avec l'intention de s'adresser à son directeur de journal ou à son public ; il voulait simplement embêter le type du *Nouvel Observateur* qu'il prenait pour le représentant du pôle opposé[2].

1. Voir *supra*, le cours précédent, p. 585 *sq*.
2. Voir le passage et la note sur le critique Jean-Jacques Gautier dans *La Distinction*, *op. cit.*, p. 267.

Ce qui est important – j'anticipe encore une fois sur ce que je voudrais dire tout à l'heure –, c'est que cet effet qu'on pourrait appeler idéologique (« Je vais dire ce qui fera plaisir aux gens occupant la position dominante dans le champ ») n'est rempli que par surcroît. Il n'est pas recherché comme tel et il est d'autant mieux rempli qu'il est moins recherché comme tel. Il est rempli sur la base de l'homologie des positions : l'intellectuel petit-bourgeois est à l'intellectuel bourgeois ce que le petit-bourgeois est au bourgeois. En défendant sa position dans le champ relativement autonome dans lequel il se situe, il défend automatiquement, dans les limites de l'homologie – qui, c'est très important, n'est jamais l'identité –, la position des gens pour qui il est censé parler, mais il n'est pas un porte-parole. L'image du porte-parole est catastrophique, et cela resterait vrai s'agissant du champ des appareils syndicaux ou du champ des partis politiques ; dans le champ politique, on peut avoir un porte-parole, mais, dans les deux cas, la mise en relation directe entre celui qui parle et le groupe au nom duquel (ou pour lequel) il est censé parler cache que, dès qu'on est dans un champ, on parle d'abord contre, pour, avec les gens qui sont dans le champ et on ne parle que par surcroît pour des gens qui, dans ce champ-là [l'espace social], occupent des positions homologues. L'idée du « pisse-copie », du « valet de la bourgeoisie » est d'une énorme naïveté et elle est un des grands obstacles à une sociologie rigoureuse de la production culturelle. Évidemment, cette relation mécanique et directe, mais scientifiquement et politiquement fausse, est, comme toujours, plus simple, plus facile que la relation beaucoup plus compliquée que je propose.

Si l'agent qui est ici [l'intellectuel bourgeois] est porté par la logique de sa position dans le champ à se laisser trop aller dans cette logique qui le porterait à importer dans ce champ les valeurs et les représentations de celui-là [des fractions dominantes de la classe dominante] (bon sens, virilité, sérieux, réalisme économique, etc.), il perd tout crédit dans l'espace, il se discrédite, et ne peut plus exercer son effet principal qui suppose qu'il soit différent de l'idéologue spontané, du producteur spontané. D'autre part – je ne fais là que décrire les contradictions liées à cette position –, dans le rapport avec les dominants qu'il est censé exprimer, il ne peut défendre son point d'honneur intellectuel qu'en important les exigences, les valeurs caractéristiques de l'intellectuel et en dénonçant le conservatisme primaire, en donnant des leçons de politique aux hommes politiques et des leçons de conservatisme aux conservateurs. Comme il ne peut, en raison de sa profession, se contenter du silence de la *doxa*, une autre de ses tentations est de parler de choses qu'il vaudrait mieux taire, de porter à l'explicitation des stratégies dont il vaut mieux se dédire. Il est donc dans une position de porte-à-faux dans le rapport aux dominants et, en quelque sorte, ce rôle d'intermédiaire, c'est le rôle du prêtre. Dans la mesure où il légitime ce qui en dernier ressort n'a pas besoin de légitimation, il est suspect d'avoir besoin pour lui-même de principes de légitimation. Là encore, ma description reste abstraite. On pourrait illustrer, mais j'arrête sur ce thème.

Je résume donc : la lutte interne au champ de production culturelle est la forme que prend la lutte à l'intérieur de la classe dominante, à l'intérieur du champ du pouvoir. C'est donc une lutte pour le principe de légitimation légitime ou, plus exactement, une lutte pour la manière légitime d'être homme : le principe de domination dominant dit ce que doit être un homme pour être légitimé à gouverner, à dominer, à régner. Par exemple, dans la période récente des années 1960, l'intelligence était l'un des thèmes les plus fréquents du discours de légitimation[1]. Je vous rappelle ce que je disais tout à l'heure, en simplifiant un peu, à propos du contrat tacite entre la bourgeoisie et l'enseignement catholique. Un mouvement a opposé le sport au thème latin (lequel permettait aux petits-bourgeois de parvenir) et il y a eu ce débat au XIXe siècle sur ce qu'on devait enseigner dans les grandes écoles. Cette sorte de défiance viscérale à l'égard de l'intelligence s'exprimait alors très nettement. Mais le principe selon lequel on accède à la classe dominante et aux fractions dominantes dans le champ du pouvoir

1. Voir notamment P. Bourdieu, « Le racisme de l'intelligence », in *Questions de sociologie, op. cit.*, p. 264-268, ainsi que P. Bourdieu et L. Boltanski, « La production de l'idéologie dominante », art. cité.

ayant changé, au niveau du discours idéologique, l'intelligence (la différence de dons, etc.) est apparue comme un des principes de légitimation – ce qui changeait, d'une certaine façon, toute la structure du champ de luttes à propos du principe de domination et, du même coup, les stratégies que les dominés pouvaient opposer.

Il faudrait réfléchir dans cette logique à ce qui s'est passé en Mai 68 – c'est très important – et aussi à ce discours contre-idéologique qui s'est alors inventé contre les diplômes et les examens : je pense que c'est un travail idéologique collectif de la fraction intellectuelle pour constituer un contre-discours en face d'une classe dominante qui ne se contentait plus de dominer au nom de l'économie et du pouvoir, mais aussi au nom de ce que d'ordinaire les intellectuels opposaient à la classe dominante, à savoir les diplômes. En particulier, on peut comprendre dans cette logique – je vais dire des choses très abruptes et très politiques – une certaine forme d'anti-intellectualisme de gauche. Cette sorte de dérive idéologique qui fait que beaucoup de thèmes qui étaient de droite dans l'entre-deux-guerres sont devenus de gauche récemment résulte des effets structuraux du changement de cet espace. Une chose très importante, qui va de soi mais qu'il faut peut-être dire dans ce cas, est que les couples d'oppositions entre lesquels se construisent les identités, les manières idéales d'être homme (raison/passion, etc.) n'ont de contenu que relationnel.

Ce sont là encore des choses tout à fait triviales mais je vais insister un peu, parce que ces couples d'opposition sont rationalisés, éternisés par le système scolaire. Il faudrait analyser tous les mécanismes qui tendent à engendrer cette éternisation des couples d'opposition. Les couples d'opposition finissent par fonctionner indépendamment des conditions sociales dans lesquelles ils ont été engendrés et, du même coup, indépendamment de l'espace dans lequel ils se sont fondés et qui leur donne toute leur réalité. En fait, ils n'ont guère [d'autre] contenu que celui que leur donne le fait qu'ils sont portés par tel ou tel groupe, au point que, pour comprendre, il faut savoir, par exemple, qu'à un certain moment, ce sont les psychanalystes qui défendent le rationalisme contre Taine et Renan. Autrement dit, l'une des seules manières de faire l'histoire des luttes à l'intérieur de la classe dominante, c'est de faire l'histoire des luttes des dominants luttant à propos des idées. Or toute la logique de l'histoire des idées et des intellectuels étudiant les idées est de faire comme si nos idées pouvaient exister en elles-mêmes (il y a le libéralisme, il y a le néolibéralisme, etc.), comme si tout cela se passait dans le ciel pur des idées. Ces couples d'opposition sont en réalité des espaces sociaux convoqués dans les mots et, pour mettre un contenu réel sur ces oppositions fonctionnant avec les apparences de l'éternité, ou comme si elles étaient anhistoriques, il faut donc reconstituer réellement l'espace dans lequel elles fonctionnaient. C'est la première chose. La deuxième, c'est que, évidemment, les choses s'inversent. Lorsqu'on donne à réfléchir sur tous ces couples qui, comme « nature et histoire », sont des sujets de dissertation, en fait on télescope, on fait une espèce de surimpression. Par exemple, des oppositions qui, depuis le premier emploi, ont correspondu, dans huit générations sur dix, plus ou moins à des oppositions gauche/droite peuvent s'inverser dans la génération actuelle, ou dans l'une des générations [précédentes]. On met tout dans le même sens, mais [la polarité] peut avoir basculé, et l'on oublie que ces termes n'ont de sens que l'un par rapport à l'autre, ce qui paraît évident (mais n'est pas si évident quand on se met à étudier l'histoire du libéralisme ou du positivisme).

On peut oublier, premièrement, que chaque terme n'existe que dans un espace, par rapport à d'autres termes, et que, deuxièmement, chaque fois que cet espace se bouleverse, le sens des deux termes de la relation se bouleverse. Il n'y a pas besoin de prolonger, mais c'est, je crois, l'une des choses importantes qui découlent du petit modèle simple que je voulais vous donner. Une partie des problèmes de « morale », comme on disait autrefois dans les livres de philosophie, sont ainsi les problèmes à propos desquels il y a une division importante à l'intérieur la classe dominante. À l'intérieur du champ de production culturelle, un des termes de la relation exprime de fait la position dominante tandis que l'autre exprime la position dominée, étant entendu que l'un et l'autre se définissent toujours dans la lutte. C'était le premier point, on pourrait prolonger.

Évidemment, au niveau du champ de production culturelle dans sa forme littéraire – là, j'ai pris le champ de production culturelle dans sa forme disons philosophico-théorique, politique –, l'opposition va porter sur la définition de l'artiste légitime et [se traduire par] la lutte entre les deux formes d'art légitime : l'art sans finalité et l'art fonctionnel ; l'art sans morale et l'art moral ; l'art qui transgresse toute chose, y compris la morale, et l'art qui la respecte ; le théâtre bourgeois et la poésie symboliste, etc. Cette opposition sur la manière légitime, accomplie, d'être artiste est une des façons de lutter pour la manière légitime d'être homme. Par exemple, les débats sur rationalisme et irrationalisme, qui sont des débats constants dans la classe dominante, prendront des formes transformées par la logique du champ.

Pour résumer : les luttes internes au champ de production culturelle ont pour enjeu la manière légitime d'être artiste, écrivain, intellectuel, etc., et accomplissent sous une forme sublimée les luttes internes à la classe dominante sur la manière d'être homme, c'est-à-dire sur la manière légitime d'être dominant, sur la manière légitime de dominer. Dans ces luttes, [un des enjeux porte sur] la frontière du champ intellectuel : le champ intellectuel se limite-t-il aux producteurs pour producteurs, aux producteurs reconnus comme producteurs légitimes par les producteurs légitimes ou reconnus comme légitimes par les plus légitimes parmi les producteurs légitimes, ou bien englobe-t-il tous les gens qui font profession de produire, quelle que soit la destination de leurs produits ?

On va passer à un autre point : comment arbitrer dans cette lutte entre les deux principes de légitimation concurrents ? La formule « le plus légitime parmi les producteurs légitimes » implique qu'il y a un cercle : qui va choisir le producteur légitime, alors que, comme je l'ai énoncé il y a longtemps, il n'y a pas d'instance à légitimer les instances de légitimité ? Qui va dire, qui peut dire qui est écrivain ? Qui est légitimé pour dire qui est écrivain légitime[1] ? Étant entendu que tout écrivain prétend à la légitimité et au pouvoir de décerner la légitimité de dire au-delà de quelle maison d'édition on cesse d'être écrivain, cette lutte sur la limite du champ de production culturelle est la forme que va prendre la lutte symbolique à l'intérieur du champ de pouvoir.

La genèse des invariants

Avant de développer ce point, je vais faire une remarque en réponse à une objection qui m'a été faite sur la valeur d'historicité de la description que je fais. C'est un problème qui se pose à moi et qui va se poser à vous : il est évident que je passe constamment d'une époque à l'autre, du présent au passé, d'une époque du passé à une autre époque du passé, d'un XIXe universalisé à un XIXe plus spécifié, etc. Je pense que cela tient aux effets d'exposition orale et au fait que, pour essayer de faire sentir le plus possible les propriétés du modèle, je suis amené à utiliser à l'excès cette propriété de méthode qui permet de poser des questions générales au sens historique. Cela dit, dans la pratique de la recherche, cela fonctionne ainsi : ce que je donne est quelque chose qui n'a pas de vérité historique, ce sont des cas de figure, des états de la structure du champ mélangés. Dans la réalité, il faudrait dire : « Je vais étudier la structure pour la période 1880-1890. » Par exemple, les travaux que je cite à nouveau de Charle, Ponton et quelques autres se sont concentrés sur cette période, pour des raisons que j'essaierai d'expliquer la prochaine fois : il me semble que c'est le moment où ces espaces tendent à prendre la structure qui est la leur depuis. Ces structures ne sont donc pas éternelles, elles ont une genèse, elles sont liées à une histoire et, par exemple, on pourrait décrire toute l'histoire de l'image de l'artiste au XIXe siècle – si j'ai le temps je l'évoquerai rapidement – comme l'histoire de l'autonomisation de cet espace [le champ artistique

1. Voir P. Bourdieu, « Le hit-parade des intellectuels français, ou Qui sera juge de la légitimité des juges ? », art. cité.

et littéraire]. C'est la conquête progressive de l'autonomie[1], une sorte de guerre de libération, une espèce de lutte très prolongée qui commence très tôt chez les peintres, relayés par les écrivains, qui servent d'idéologues aux peintres, qui prennent des peintres comme exemples : c'est le rapin qui incarne le sacrifice à l'art, qui meurt pour l'amour de l'art, qui produit des échanges de rôles ensuite...

Cette lutte de libération était évidemment nécessaire. Ce mode de pensée n'est pas la manière habituelle de penser des historiens et il peut les choquer, mais il est en fait très historique. Pour que, par exemple, un écrivain puisse s'asseoir dans le fauteuil du Nouveau Roman sans drame (on ne meurt pas pour faire du Nouveau Roman, même si cela peut être douloureux – il reste quelque chose des origines), il a fallu littéralement que les gens meurent de faim. Je dis les choses de façon un peu dramatique, mais il y a une anecdote dans un de ces romans qu'on ne lit pas (parce qu'ils ne font pas partie de ceux qui ont survécu pour les instances de consécration) : trois rapins vont enterrer leur camarade et, au moment de partir, ils se soûlent et n'ont pas une pièce à donner au fossoyeur, qui leur dit : « Ça ne fait rien, vous reviendrez ! » [*rires*]. Ces gens-là, d'une certaine façon, sont morts pour incarner le fait qu'on peut mourir pour l'art, que l'art est une valeur transcendante à l'économie. Ils ont servi de figure exemplaire que les écrivains ont exploitée de la même façon. Ils ont permis aux artistes, au nom de l'exploitation qu'ils faisaient de l'image de l'artiste, de s'affirmer contre les académies, les savants, etc.

Pour penser cela de façon tout à fait historique (ça va encore plus embrouiller le plan, mais je le dis pour me justifier) : l'histoire de ce champ est l'histoire d'une lutte permanente entre ces gens [les producteurs pour producteurs] et ceux-là [les producteurs académiques] qui doit être présente à l'esprit. C'est l'une des raisons pour lesquelles j'avais commencé par ce point : par exemple, cela n'existait pas au même degré pour toutes les époques, et on

1. Voir « La conquête de l'autonomie. La phase critique de l'émergence du champ » dans *Les Règles de l'art*, *op. cit.*, « Points Essais », p. 85-191.

peut très bien concevoir – c'est très important, je disais une fois qu'il fallait abandonner les modèles linéaires, les évolutions irréversibles – que ce champ puisse disparaître. Dix siècles de luttes pour l'économie artistique peuvent être effacés, et même cette salle [du Collège de France] peut disparaître aussi. Ce sont les produits d'une lutte historique, avec des progrès, des régressions, des déplacements de frontières, etc. De même, les gens qui vont écouter cette leçon sont eux-mêmes les produits d'une histoire. L'habitus, c'est de l'histoire ; le champ, c'est de l'histoire ; et chaque état du champ est un produit de l'histoire antérieure.

Par exemple, une chose très simple est de remplacer la notion de bohème par la notion d'avant-garde. C'est une conquête. Ce champ s'est construit comme une anti-économie, contre l'économie économique, mais aussi contre l'économie politique, le pouvoir, la consécration. Il s'est construit contre l'institutionnalisation et c'est un peu le paradoxe de l'Église réformée qu'énonçait Troeltsch[1] : comment doit s'y prendre l'Église réformée, qui s'est constituée contre les Églises, pour ne pas devenir une nouvelle Église contre laquelle il y aurait besoin d'une Réforme ? Le problème des hérésies est que, pour se constituer comme un instrument de révolte sérieux et organisé contre la domination, elles doivent constituer l'appareil. De même, une contradiction de ce sous-champ est que, étant constitué contre l'institution, il est très peu institutionnalisé. Pour autant, on ne repart pas de zéro à chaque génération. Il y a des acquis, mais ce ne sont pas l'Académie […], l'École des beaux-arts ou la Légion d'honneur. Ce sont des petites revues, c'est le mot d'« avant-garde », ce sont de toutes petites choses qui permettent au dernier venu de ne pas repartir de zéro : il sait que les éditeurs qui permettent de fonder une revue meurent sans arrêt, mais qu'il y a un éditeur qui, au nom de l'idée qu'il y a eu de grands éditeurs, fait de la grande édition à fonds perdus. Et puis il y a les grands ancêtres : Hugo, Renan et la génération qui avait vingt ans en 1840, puis, à une autre époque, Verlaine et

1. P. Bourdieu se réfère ici à Ernst Troeltsch, *Die soziallehre der christlichen Kirchen und Gruppen* (1912), in *Gesammelte Schriften*, t. I, Aalen, Scientia Verlag, 1961 [1922].

Mallarmé, etc. Chacun de ces types laissera au moins une image et c'est un acquis considérable : on ne repart pas de zéro, on ne réinvente pas tout, on peut s'en servir comme d'une arme. Une autre chose très intéressante (tout le monde l'a comprise mais personne ne l'a pensée) : l'un des profits extraordinaires que les peintres actuels tirent des sacrifices des peintres du passé, c'est l'idée qu'il y a eu beaucoup d'erreurs, que les clients se sont trompés, qu'on n'a pas acheté des toiles qu'on aurait dû acheter. La peur de se tromper est aujourd'hui un facteur important de l'économie du marché de la peinture.

Je le répète : il faut penser tout cela dans une logique historique. Si j'ai le temps la prochaine fois, j'expliquerai qu'à chaque moment il y a de l'histoire sous deux formes. D'une part, il y a de l'histoire parce qu'il y a une Académie, parce qu'il y a deux théâtres là où il n'y avait qu'un seul théâtre, et c'est un changement extraordinaire de dire « les théâtres », c'était impensable au temps on ne parlait que d'un théâtre ; il s'agit là de choses qui existent, qui sont inscrites dans la mémoire, que le système d'enseignement reproduit ou dont il reproduit le souvenir. D'autre part, il y a des gens qui sont façonnés par ce qu'on raconte, par le fantasme. Là encore, il y a un texte magnifique dans *Manette Salomon* où le jeune peintre dit, au fond, pourquoi il est devenu peintre : parce que ses copains le voyant dessiner sur les petits papiers lui disaient « tiens, c'est marrant tu vas être peintre », et puis parce qu'il avait le fantasme de l'atelier, du modèle, de la liberté, etc.[1]. À chaque époque, si l'on fait l'analyse, parmi les choses que contribuent

1. « Au fond, Anatole était bien moins appelé par l'art qu'il n'était attiré par la vie d'artiste. Il rêvait l'atelier. Il y aspirait avec les imaginations du collège et les appétits de sa nature. Ce qu'il y voyait, c'était ces horizons de la Bohème qui enchantent, vus de loin : le roman de la Misère, le débarras du lien et de la règle, la liberté, l'indiscipline, le débraillé de la vie, le hasard, l'aventure, l'imprévu de tous les jours, l'échappée de la maison rangée et ordonnée, le sauve-qui-peut de la famille et de l'ennui de ses dimanches, la blague du bourgeois, tout l'inconnu de volupté du modèle de femme, le travail qui ne donne pas de mal, le droit de se déguiser toute l'année, une sorte de carnaval éternel ; voilà les images et les tentations qui se levaient pour lui de la carrière rigoureuse et sévère de l'art. » (Edmond et Jules de Goncourt, *Manette Salomon*, Paris, UGE, « 10/18 », 1979 [1867], p. 32.)

à constituer les dispositions qui vont permettre d'occuper les positions, il y a l'effet plus ou moins fantasmé des positions. Il faut donc, je le répète, prendre en compte le rapport entre deux histoires : l'histoire objectivée sous forme d'institutions, aussi peu institutionnalisées soient-elles, et l'histoire incorporée sous forme de dispositions (l'envie d'être peintre, etc.).

(Je clos sur ce point, mais il reste que j'ai tendance, dans mon exposé, à vous présenter une sorte de description des invariants transhistoriques de la structure du champ intellectuel et des rapports entre le champ intellectuel et le champ du pouvoir. Mais ce que je dis est possible car il y a quand même des invariants : lorsqu'un champ intellectuel est arrivé à un degré d'autonomie assez avancé, on a une structure de ce type. En d'autres termes, le processus d'autonomisation du champ d'intellectuel tend vers une telle structure ; c'est pourquoi elle me paraît représenter l'invariant d'un idéal type.)

L'ajustement de l'offre à la demande par homologie de structure

Après cette parenthèse, je viens au deuxième point. Ayant décrit, en gros, ce qu'était la lutte entre le champ intellectuel et le champ du pouvoir, je vais rapidement décrire la lutte à l'intérieur du champ intellectuel. Le modèle que je vais proposer, qui s'appuie en grande partie sur les travaux de Ponton et Charle que j'ai évoqués tout à l'heure, vaut spécialement pour la période 1880-1900. Je me situe dans l'espace de ce champ [le champ de production culturelle], avec ce sous-champ [le sous-champ de production restreinte], dont on peut dire qu'il représente la vérité du champ [de production culturelle].

Dans cet espace, il y a deux principes de hiérarchisation concurrents : le principe de hiérarchisation économique et le principe de hiérarchisation culturelle. On a donc la structure en chiasme dont je vous rappelle qu'elle caractérise aussi le champ de pouvoir dans son ensemble, et on va avoir une homologie entre la structure du champ de production culturelle et la structure du champ englobant. J'évoquais tout à l'heure cet effet d'ajustement par homologie. Je le redis parce que je ne l'avais pas tout à fait bien dit tout à l'heure. D'habitude, on décrit cette relation entre le champ intellectuel et le champ du pouvoir, ou le champ des classes dans son ensemble, comme une relation de service : « Il écrit pour telle ou telle fraction. » Ou alors on la décrit comme une relation de transaction – ce serait le modèle wébérien : dans le cas de la religion, Max Weber décrit les rapports entre différents agents religieux en concurrence et les laïcs comme des rapports de transaction, au sens économique, des rapports d'échange. Par exemple, il explique que, dans la concurrence pour [l'accès aux] laïcs, les prêtres ou les sorciers sont amenés à faire des concessions aux laïcs, à transiger avec eux pour garder leur clientèle[1]. On pourrait appliquer ici ce modèle de la transaction et dire : « Les gens qui font du théâtre de boulevard, par exemple, sont en négociation, en quelque sorte permanente, avec leur public ; si ça ne marche pas, ils changent de produit et ils ajustent à la clientèle. »

Ce modèle finaliste, fonctionnaliste est, je pense, grandement faux, et il est d'autant plus faux qu'à l'intérieur du champ de production culturelle on s'éloigne du pôle économique pour aller vers le pôle intellectuel. C'est cela que signifiait, tout à l'heure, mon analyse des idéologues et le refus de l'idée d'intellectuel de service, de pisse-copie de la bourgeoisie. Je voulais dire que, même dans le cas qui leur est le plus favorable en apparence où des écrivains acceptent les légions d'honneur, les prix, les profits, le modèle de la transaction et l'analyse économiste de la production culturelle ne sont que très partiellement vrais ; c'est sur la base de l'homologie de position que se produit l'ajustement entre la production et la demande. Je le redis autrement : même dans ce cas, on ne comprend pas tout de la production culturelle à partir de l'hypothèse d'une recherche consciente de l'ajustement

1. Voir notamment les sections « La communauté émotionnelle » et « Savoir, sacré, prédication, cure d'âmes », in M. Weber, *Économie et société*, *op. cit.*, « Pocket », vol. 2, p. 204-222.

de l'offre à la demande, et, si mon modèle est vrai, il y a un effet d'ajustement automatique de l'offre à la demande qui tient à l'homologie de structure. C'est donc dans la mesure où ils [les producteurs académiques] produisent en partie ou en totalité contre les producteurs pour producteurs qu'ils produisent du même coup pour la fraction dominante de la classe dominante, qui n'en demande pas tant […]. De même, [si] les producteurs à succès servent la fraction dominante de la classe dominante, c'est parce qu'en la servant ils se servent, et ils ne servent si bien que parce qu'ils se servent en la servant et c'est par surcroît qu'ils servent. J'insiste beaucoup sur ce modèle, parce que je le pense réaliste et qu'il est à contre-pente des manières politiques de penser (en termes de dénonciation, etc.).

Cette homologie de structure s'établit entre la droite et la gauche [des champs] (je mets toujours le « – » à gauche parce [qu'il s'agit d'une] opposition dominant/dominé) : l'homologie entre, d'une part, le fait d'être du côté des dominés [dans un champ] et, d'autre part, la position des dominés dans le champ des classes est au principe de rencontres politiques qui, comme toutes les rencontres fondées sur l'homologie et non pas sur l'identité de position, ne sont que des rencontres partielles. […] Un texte de Zola dit très bien qu'en une représentation – je n'ai pas l'ordre de grandeur – l'auteur de théâtre bourgeois peut gagner ce qu'un romancier ne gagne qu'en tirant à 200 000 exemplaires[1], lequel romancier [gagnant] lui-même en une année ce qu'en trois vies un poète ne gagnera pas. Dans cette structure, certains font de grands profits, d'autres des profits moyens et, évidemment, ce

1. « Quand un roman se vend à 3 000 ou 4 000 exemplaires, c'est 2 000 francs de revenu. Une pièce a cent représentations, le chiffre courant aujourd'hui pour les succès ; la moyenne des recettes a été de 4 000 francs, ce qui a donc mis dans les caisses du théâtre 400 000 francs et ce qui rapporte à l'auteur une somme de 40 000 francs, si les droits sont de 10 %. Or, pour gagner la même somme avec un roman, il faudrait en touchant 50 centimes par exemplaire, que ce roman fût tiré à 80 000 exemplaires, tirage tellement exceptionnel qu'on peut en citer quatre ou cinq exemples au plus, pendant ces cinquante dernières années. Et je ne parle pas des représentations en province, des traités à l'étranger, des reprises de la pièce. » (Émile Zola, *Le Roman expérimental*, Paris, Charpentier, 1909 [1881], p. 180.)

sont des groupes plus ou moins dispersés : l'une des propriétés de la position [dans le sous-champ de production restreinte] est qu'elle rapporte beaucoup de profits mais à un tout petit nombre de gens – c'est très important –, alors que la position [dans le sous-champ de grande production] rapporte de grands profits à un assez grand nombre.

La conquête de l'autonomie

Cette hiérarchie, du point de vue de l'économie, s'impose évidemment d'autant plus fortement que l'on reconnaît davantage les valeurs dominantes et que, du même coup, l'autonomie relative de ce champ est moins grande. Plus l'indépendance de ce sous-champ va grandir par rapport au champ englobant, plus les artistes vont gagner dans le champ artistique contre les bourgeois, plus la loi spécifique du champ artistique va s'affirmer. J'aurais dû parler tout à l'heure de la loi du champ artistique : Max Weber disait à peu près que l'économie se constitue en tant qu'économie lorsque l'axiome tautologique « les affaires sont les affaires » (ou « en affaires, on ne fait pas de sentiment ») devient la loi des affaires[1] ; on peut dire que l'art se constitue comme tel lorsque l'axiome de « l'art pour l'art » s'affirme comme tel. L'expression de « l'art pour l'art » est l'une des conquêtes que j'évoquais tout à l'heure quand je disais que l'artiste moderne est le produit d'une lutte de libération. On est notamment dominés par l'illusion rétrospective : on voit cette histoire du point de vue du terme d'arrivée où nombre de choses qui ont été des conquêtes fantastiques paraissent aller de soi, y compris à ceux qui profitent le plus de ces conquêtes fantastiques ; ils se rendent compte qu'ils ont lutté contre la génération précé-

1. « Lorsque le marché est laissé à sa propre légalité, il n'a de considération que pour les choses, aucune pour les personnes ni pour les devoirs de fraternité ou de piété, aucune non plus sur les rapports humains originels, propres aux communautés personnelles. Tous ces rapports sont des obstacles au libre développement de la communalisation du marché toute nue [...]. » (M. Weber, *Économie et société*, t. I, *op. cit.*, « Pocket », vol. 2, p. 411.)

dente mais ne voient pas tout ce qu'ils héritent (y compris comme armes dans leur lutte contre la génération précédente) du travail de toutes les générations du passé (y compris de la précédente). Cette illusion rétrospective est très importante. On ne voit pas que cette idée, apparemment tout à fait banale, de « l'art pour l'art », d'une activité artistique qui n'a pas d'autre fin que d'exister, est une conquête extrêmement difficile. C'est difficile à penser, et on peut déconcerter complètement un artiste en lui demandant : « À quoi servez-vous ? »

Pour proposer encore une fois une analogie (mais une analogie, je pense, contrôlée), je crois que, pour penser cela, il faut penser aux sciences sociales, aux situations où on demande aux sciences sociales : « À quoi servez-vous ? » Il est très difficile de dire : « Je sers à faire de la science sociale » [*rires*] – essayez, vous verrez. Si l'on a du mal à le dire, c'est en raison d'une autre loi sociale très importante : il y a des choses qui sont dicibles et pensables parce que, dès qu'on les dit, elles sont reçues, on est certain qu'il y a un marché pour les recevoir ; et il y a des choses qui ne sont pas dicibles, et ne sont donc pas pensables, parce que celui qui les dit passe pour bizarre, il n'est pas justifié. Ces choses tout à fait importantes font partie de ce processus de conquête. Plus le processus d'autonomisation est avancé, plus il devient clair que le pôle de producteurs pour producteurs est dominant symboliquement et moins les producteurs à succès se sentent artistes ; si on les oublie dans un échantillon, ils souffrent. C'est une chose très importante, tout à fait naïve ; dans les années 1860 et même 1880, par exemple, on pouvait être artiste à succès et se sentir à la fois bien sous tous rapports, c'est-à-dire à la fois couronné par le succès et relativement artiste. C'est le résultat du travail d'imposition symbolique.

Voilà encore une chose importante : en quelque sorte, on gagne une lutte symbolique quand on impose à l'adversaire ses propres catégories de perception. Le dominant domine symboliquement quand il impose au dominé les catégories à travers lesquelles il le perçoit, quand le dominé se voit comme le dominant le voit ou se voit avec les lunettes à travers lesquelles le dominant le voit. Je prends toujours l'exemple de l'intimidation : le dominé symboliquement est celui qui perd ses moyens en présence du dominant. Il peut contester le dominant mais son corps le trahit : il rougit, il panique, il perd son langage, etc. Dans le phénomène de domination symbolique, le dominé reprend à son compte les principes de perception du dominant. Autrement dit, la victoire, ici, ce n'est pas simplement de dire : « Le théâtre c'est de la bibine, c'est bon pour les bourgeois, etc. », c'est de faire que les dominants économiquement, ceux qui ont la légion d'honneur, le théâtre, le public, les bravo, etc., se sentent mal dans leur peau et, par exemple, mènent une double vie et se mettent à écrire.

Un cas a été étudié dans *Actes de la recherche [en sciences sociales]* : Cécil Saint-Laurent qui est en même temps Jacques Laurent[1]. C'est un cas typique, une espèce de preuve expérimentale : il pourrait être parfaitement satisfait s'il avait cette définition : « Il a beaucoup d'argent » (on fait des films à partir de *Caroline chérie*, etc.) ; or il se donne du mal, il travaille beaucoup pour se faire une double vie et avoir une carrière qui soit reconnue, il a deux noms. Il est cet espace fait homme, il est l'illustration de cet espace où l'on distingue les choses faciles/difficiles, claires/obscures, racoleuses/pures ; il va essayer d'être aux deux pôles de l'espace, ce qui, je pense, est impossible : dans cet espace, on ne peut pas être à deux endroits à la fois, ne serait-ce que parce que le dédoublement n'est jamais total. Il est intéressant qu'il utilise un pseudonyme : le pseudonyme est une façon de reconnaître qu'il y a quelque chose de honteux à faire ce qu'on fait. C'est une façon de cacher,

1. François de Singly, « Un cas de dédoublement littéraire », *Actes de la recherche en sciences sociales*, n° 6, 1976, p. 76-86. Royaliste et membre de l'Action française dans les années 1930, Jacques Laurent-Cely (1919-2000) commence une carrière littéraire après la Seconde Guerre mondiale. Il écrit, d'une part, des romans à grand tirage, en particulier, sous le pseudonyme de Cécil Saint-Laurent, *Caroline chérie* dont le succès est amplifié par une série d'adaptations cinématographiques dans les années 1950 avec l'actrice Martine Carol. D'un autre côté, il publie, sous le nom de Jacques Laurent, des romans de diffusion plus restreinte qui participent du mouvement littéraire des Hussards, marqué à droite et privilégiant des préoccupations de style et de forme. Après avoir délaissé un temps son activité d'écrivain, Jacques Laurent publie en 1971 *Les Bêtises* qui obtient le prix Goncourt. Il est élu à l'Académie française en 1986.

donc de reconnaître la légitimité, comme le relève Max Weber quand il dit que le voleur reconnaît la légitimité en se cachant pour voler[1] (même si c'est plus compliqué...).

Dans cet espace où il y a deux principes de hiérarchisation en lutte (l'un économique, l'autre symbolique), une part de l'histoire va consister à constituer ce principe [de légitimation symbolique] en principe dominant ou unique et, du coup, à constituer ce sous-champ comme l'univers artistique (ou littéraire) en disant que hors du sous-champ il n'y a plus d'écrivains, mais des « faiseurs », des « pisse-copies », etc., c'est-à-dire en discréditant des gens par le simple fait qu'ils donnent à leurs pratiques une fonction. C'est ce que j'ai dit tout à l'heure : la théorie de l'art pour l'art est au champ artistique ce que, me semble-t-il, la formule « les affaires sont les affaires » est au champ économique : elle en est la vérité, et les gens qui luttent pour cette position ont en quelque sorte avec eux une logique qui leur permet de dire aux autres : « Ce que vous faites est une production comme les autres. » Ce sera l'opposition entre le pur et le commercial. On pourrait prolonger...

Hiérarchie des productions et hiérarchie des publics

Une deuxième opposition qui est liée à celle-là, sans en être complètement dépendante, tient au fait qu'on évalue les actes de position non seulement à leur finalité sociale, mais aussi à leur destination sociale. C'est une autre manière de voir, dans ce champ qui prétend à l'autonomie, l'effet des contraintes externes. Comme je l'ai toujours dit, cette autonomie est relative, et les forces du champ englobant continuent de s'exercer, notamment parce qu'on juge une production sur la qualité sociale du public auquel on suppose qu'elle est destinée puisqu'elle l'atteint, parce que évidemment, dans la lutte interne au champ, on est toujours

1. « Que l'ordre "vaille" au sein d'un groupement d'hommes, cela se manifeste par le fait qu[e le voleur] est *obligé* de dissimuler l'infraction. » (M. Weber, *Économie société*, *op. cit.*, « Pocket », vol. 1, p. 66.)

dans une philosophie mécanique. Si je suis revenu à trois reprises sur l'idée qu'il ne faut pas penser en termes de fonction, qu'il ne faut pas expliquer un artiste par le groupe qu'il est censé servir, c'est qu'une des manières de combattre dans le champ, c'est de réduire, avec l'usage d'injures, une production à sa fonction : « Tu n'es qu'un écrivain pour bonnes femmes. » On réduit la qualité artistique d'une œuvre en lui assignant une fonction (« Tu fais de l'art industriel ») et on la réduit d'autant plus (on la réduit une deuxième fois en quelque sorte) que le groupe que l'œuvre est censée servir est plus bas dans la hiérarchie sociale. Au théâtre, entre le vaudeville lourd, comique, facile sur l'éternel problème du ménage à trois, et le boulevard le plus noble, on va avoir une opposition selon la hiérarchie sociale des publics.

Pour les hiérarchies au niveau du roman, je peux m'appuyer sur les analyses de Rémy Ponton en télescopant des périodes, mais il y a là un autre élément intéressant : la poésie est la spécialité dont l'autonomisation est la plus ancienne même si, encore aujourd'hui, la représentation populaire de la littérature est associée à la poésie. Quand il arrive, par exception, que des gens des classes populaires ou moyennes écrivent, ils écrivent de la poésie et non pas un roman réaliste de ce qu'ils ont sous leurs yeux[1]. Mais, à l'inverse, la poésie est, dans l'histoire, le secteur qui a le plus tôt conquis son autonomie, en partie par nécessité (faute de public), en partie par élection, donc dans une dialectique de la nécessité faite vertu. En poésie, la lutte interne au sous-champ pur entre le nouveau et l'ancien, l'orthodoxie et l'hérésie, s'est mise en place depuis longtemps. Ponton montre très bien que l'idée de révolution littéraire que nous associons à l'idée de champ artistique s'est constituée à propos de la poésie. L'idée de la révolution permanente, selon laquelle une école chasse l'autre (les parnassiens renversent les romantiques, etc.), est exemplifiée par la poésie, et quand on pense au modèle de la révolution, on pense à la poésie parce qu'elle est depuis plus longtemps dans la logique de la lutte

1. P. Bourdieu précisera ce point dans *Les Règles de l'art*, *op. cit.*, « Points Essais », p. 402, note 46.

pour la différence, de l'économie pure, de l'économie symbolique – je reviendrai sur l'économie symbolique qui est l'économie de la distinction. À mesure que le champ s'autonomise, toutes les positions du champ, jusques et y compris les moins autonomes par rapport au monde de l'économie, vont entrer dans la logique illustrée ici : on va avoir des oppositions verticales qui ne seront plus simplement hiérarchisées avec des oppositions selon la qualité du public.

Là, je dois faire intervenir une époque ultérieure, avec la tradition du théâtre d'avant-garde, le théâtre Antoine, les formes rive droite/rive gauche, que j'ai décrites dans un papier[1] et qui font apparaître une opposition entre le théâtre qui a un public bourgeois et le théâtre qui a un public étudiant, de professeurs. Cette opposition commence à se constituer à la fin du XIXe siècle dans le cas du théâtre, comme dans le cas du roman, où se constitue l'opposition entre un roman de recherche et un roman de service. Mais, avant l'autonomisation de ce secteur, la hiérarchie des pratiques correspond à une hiérarchie des publics touchés.

À la suite de Ponton, et si on télescope un peu les écoles, on peut dire qu'il y a, en gros, le roman psychologique, le roman mondain, le roman naturaliste (Zola), le roman de mœurs, le roman populaire, le roman rural : la hiérarchie des genres correspond grossièrement à la hiérarchie des publics. J'anticipe là sur la suite et, comme l'a montré tout à fait précisément Ponton, la hiérarchie des genres correspond à la hiérarchie des auteurs selon leur origine sociale[2] : il y a une espèce d'homologie entre le degré de rareté sociale d'un genre et le degré de rareté sociale des gens qui le pratiquent. Le roman psychologique (Paul Bourget, etc.), par exemple, est produit par des transfuges de la poésie, c'est-à-dire des gens qui viennent d'un genre plus noble, selon des lois que j'avais décrites à propos du champ scientifique au travers des gens qui

1. Pierre Bourdieu, « La production de la croyance. Contribution à une économie des biens symboliques », *Actes de la recherche en sciences sociales*, n° 13, 1977, p. 3-43. Voir aussi *La Distinction*, *op. cit.*, notamment p. 18, 260-265, et *Les Règles de l'art*, *op. cit.*, chap. « Le marché des biens symboliques ».

2. Voir notamment R. Ponton, « Naissance du roman psychologique », art. cité, p. 68.

viennent d'une discipline plus haute et apportent dans une région plus basse du point de vue du prestige le prestige qu'ils doivent à leur origine disciplinaire[1] ; pour faire cette conversion, ils doivent avoir des propriétés liées à une origine sociale élevée (le courage de rompre, le sens des stratégies de reconversion, etc.). Ces gens vont proposer un produit dans lequel ils vont présenter un milieu lui-même situé plus haut dans la hiérarchie, ce qui donne naissance à des débats explicites tout à fait amusants : est-ce que les états d'âme d'une femme de chambre sont aussi intéressants que les états d'âme d'une duchesse ? (C'est précisé en toutes lettres dans certains débats.) Il arrive que la question même de la relation entre hiérarchie des genres et hiérarchie des groupes mis en scène dans le roman soit explicite dans le débat.

Pour finir : dans cet espace ainsi hiérarchisé se constitue peu à peu une hiérarchie autonome, la hiérarchie selon les genres tendant à progressivement céder la place à une opposition unique qu'on observerait, à partir en gros de 1900, entre la poésie, le roman et le théâtre d'avant-garde contre la poésie, le roman et le théâtre bourgeois. Le passage s'opère progressivement. C'est pourquoi, comme je le disais tout à l'heure, en reprenant une remarque de Charle que je crois très fondée, cette époque 1880-1900 est très intéressante[2] : elle est le moment où la structure se met en place et dans laquelle on voit les deux principes de hiérarchisation. Le principe de hiérarchisation selon le poids de l'économie reste encore en vigueur et, déjà, commence à se mettre en place l'autre principe de hiérarchisation qui était, et depuis longtemps, en vigueur du côté de la poésie et qui s'instaure pour l'ensemble du champ.

Voilà pour la description de l'espace. Je termine très vite, de façon à pouvoir la prochaine fois essayer de donner un sens complet à mon analyse. Je voudrais dire simplement que, comme je

1. Pierre Bourdieu, « La spécificité du champ scientifique et les conditions sociales du progrès de la raison », *Sociologie et sociétés*, vol. 7, n° 1, p. 91-118 ; « Le champ scientifique », *Actes de la recherche en sciences sociales*, n° 2-3, 1976, p. 88-104. P. Bourdieu reviendra sur ces questions dans *Science de la science et réflexivité*, *op. cit.*

2. « Cette époque, à notre sens [...], voit la structuration du champ littéraire dans ses formes actuelles. » (C. Charle, *La Crise littéraire à l'époque du naturalisme*, *op. cit.*, p. 16.)

l'ai dit cent fois dans les cours précédents, ce champ va être le lieu d'une lutte pour transformer le champ. Il y aura deux axes de luttes : premièrement, la lutte que j'ai évoquée tout à l'heure entre le pôle dominé et le pôle dominant économiquement, cette lutte n'étant que la forme que prend dans le champ la lutte à l'intérieur de la classe dominante ; et, deuxièmement, la lutte qui peu à peu prend le pas au point d'occulter la première, une lutte à l'intérieur de chaque genre entre un art de service, à profit immédiat, et un art qui est à lui-même sa fin et à profit différé. Autrement dit, il va se mettre en place deux économies : une économie anti-économique et une économie économique, qui correspondront à deux types d'artistes antagonistes. Ce que je voudrais, la prochaine fois, c'est essayer de montrer comment, en fonction de leurs dispositions, c'est-à-dire des propriétés qu'ils importent dans le champ, les nouveaux entrants débarquent dans cet espace : le tout nouvel artiste va avoir à se situer dans cet espace, il va être manipulé par les forces qui sont en jeu dans ce champ et son destin dépendra du rapport entre ces forces et les dispositions qu'il importe.

COURS DU 25 JANVIER 1983

La logique économique des entreprises culturelles. – La vérité de la pratique. – Les profits différés du désintéressement. – Les profits ambivalents du marché. – La subversion des règles du champ. – Temporalités et « personnalités ». – Clients et concurrents : la médiation du système scolaire. – Générations et révolutions. – Les modes de vieillissement et d'éternisation. – Dépasser pour dépasser. – S'orienter dans l'espace des possibles – La trajectoire et l'habitus. – Le démontage impie de la fiction.

Je pense que vous êtes fondés à éprouver une insatisfaction, et je voudrais que vous sachiez que je le sais. Je vais vous dire ce qui manque, me semble-t-il, à ce que j'ai dit. J'aurais voulu pouvoir aller jusqu'au bout de l'explicitation de la logique de ce qu'est un champ. Pour cela, il aurait fallu que j'aborde un problème que je n'avais pas le temps de traiter dans le petit nombre de séances qui me restaient : le problème des rapports entre la notion de champ et la notion de capital. De ce fait, vous avez dû m'entendre employer constamment cette notion de capital – j'ai parlé de capital culturel, de capital économique, de capital social – et vous avez pu en tirer une impression de flou ou d'incertitude, alors que je crois que ces différents concepts peuvent être clarifiés et situés les uns par rapport aux autres. De même, j'aurais dû expliciter davantage ce problème fondamental qu'est le problème du champ des classes sociales, d'autant que l'ensemble des propositions que j'ai avancées manifestent, me semble-t-il, toute leur force, toute leur logique lorsqu'on les applique à ce problème qui me semble l'un des plus mal posés dans la tradition sociologique, peut-être parce qu'il a été un des premiers à être posés.

Ceci sera donc pour une autre année, où je reprendrai très rapidement ce que j'ai établi sur la notion de champ pour essayer de montrer en quoi elle est indissociable de la notion de capital et en quoi la distribution des différentes espèces de capital, les luttes à propos de sa distribution, de sa perpétuation, de sa transformation, peuvent permettre de renouveler complètement la pensée en termes de classes et, en particulier, de se libérer de la pensée réaliste très souvent associée à la notion de classe[1]. Je dis tout cela pour exprimer cette insatisfaction et je voudrais au moins vous donner une idée de tout ce que je voulais dire. Dans cette mesure, je pense que ceux qui, parmi vous, voudraient aller plus loin, auront beaucoup plus de facilités à lire ce que j'ai voulu dire. Cela dit, je ne voudrais pas vous donner le sentiment que j'ai dit mon dernier mot sur toutes ces choses parce qu'autrement vous seriez fondés à faire beaucoup de reproches.

La logique économique des entreprises culturelles

Je reviens donc maintenant au point où j'avais laissé, la dernière fois, mon analyse du champ intellectuel ou du champ de production culturelle pour essayer d'aller un peu plus loin et de passer de ce qui était une description de la structure du champ intellectuel, telle qu'elle était à un certain moment, à une tentative de construction d'un modèle permettant de rendre compte de cette description. Autrement dit, j'ai construit, comme je pense qu'il faut s'efforcer de le faire en sciences sociales, une sorte de modèle descriptif – qui se résumait dans le schéma que je vous avais proposé – mais ce modèle peut apparaître comme construit par ajustement à une réalité préalablement connue. Très souvent, les gens procèdent ainsi, et pas seulement en sciences sociales : ils parlent de modèle, alors qu'en réalité, connaissant une distribution, ils ont construit la formule qui permet de passer par les points représentant cette distribution. C'est là le type même

1. Voir, par exemple, P. Bourdieu, « Espace social et genèse des classes », art. cité.

du faux modèle, du modèle *ex post*, qui décrit sous l'apparence d'expliquer.

Celui que j'ai à vous proposer échappe, me semble-t-il, à ce reproche dans la mesure où il repose sur le concept de champ tel que je vous l'ai décrit et où il essaie de rendre compte de la structure qui s'est dégagée de l'analyse historique selon laquelle les différents genres de production littéraire se distribuent selon deux hiérarchies inverses en chiasme : une hiérarchie selon le degré de profit économique procuré et une hiérarchie inverse selon le degré de consécration spécifique. On avait à un bout le théâtre, à l'autre bout la poésie. Et je pense que, pour rendre compte de cette distribution, il faut se donner deux choses extrêmement simples. J'avais déjà avancé [l'une] la dernière fois, à savoir que, à mesure que le champ de production culturelle affirmait son autonomie, il se constituait comme ayant lui-même une économie dont la logique était la négation de l'économie au sens ordinaire. L'axiome fondamental de cet univers particulier (« l'art pour l'art ») est la négation de l'axiome fondamental de l'économie (« les affaires sont les affaires ») : l'axiome de l'univers culturel est antithétique à l'axiome fondamental de l'univers économique. Ceci étant posé, on voit que plus un genre ou une pratique artistique procurera du profit économique, plus elle tendra à être discréditée symboliquement. Il y aura donc une corrélation négative entre la propension d'un genre, d'une manière, d'un style, etc., à procurer du profit économique et à le procurer rapidement – c'est une dimension sur laquelle je reviendrai – et le fait de procurer du profit symbolique.

Deuxième proposition : on peut traiter les différents genres, manières ou écoles comme des entreprises économiques et les interroger sur les conditions dans lesquelles elles procurent du profit. On verra que ces entreprises se distinguent selon trois dimensions fondamentales : 1) le prix du produit à l'unité, pour aller vite ; 2) la taille du public et le volume de la clientèle ; 3) la longueur du cycle économique. On peut donc opposer sous ces trois rapports les trois genres que j'avais pris en considération – la poésie, le roman, le théâtre – en les traitant, par une abstraction méthodologique, comme des entités économiques.

Le champ littéraire à la fin du XIXe siècle (détail)

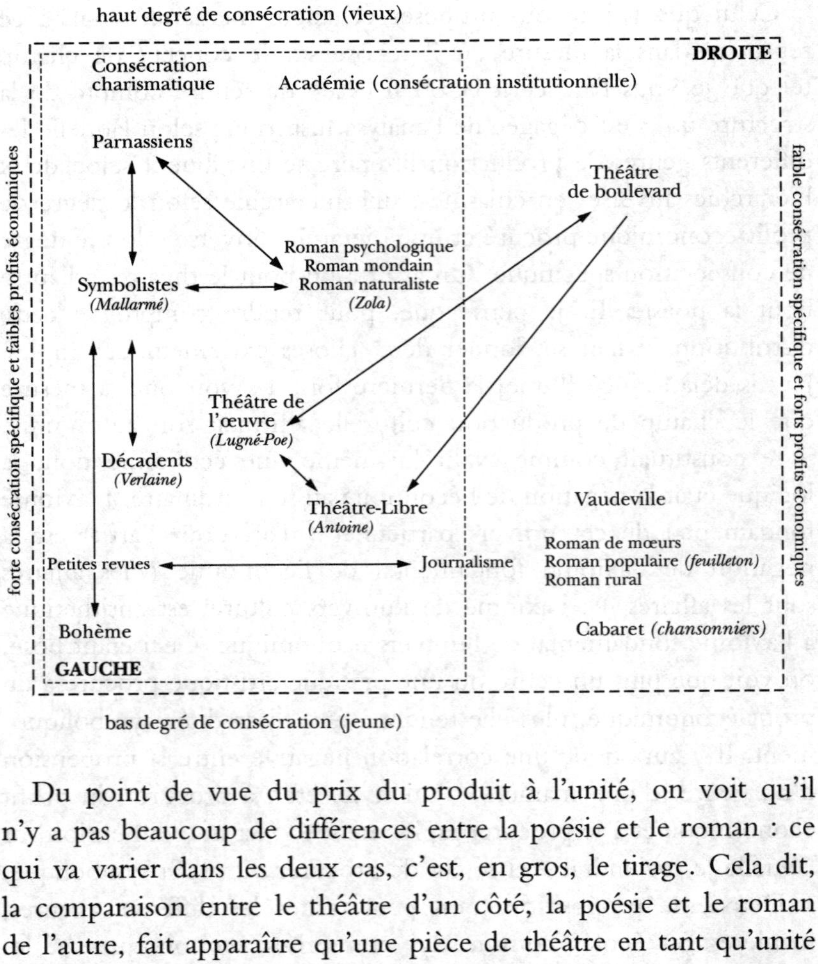

Du point de vue du prix du produit à l'unité, on voit qu'il n'y a pas beaucoup de différences entre la poésie et le roman : ce qui va varier dans les deux cas, c'est, en gros, le tirage. Cela dit, la comparaison entre le théâtre d'un côté, la poésie et le roman de l'autre, fait apparaître qu'une pièce de théâtre en tant qu'unité écrite peut apporter beaucoup plus de profits avec un nombre beaucoup moins grand de représentations. [...] Je vous ai rappelé la dernière fois que des écrivains ont pris conscience de cette différence colossale. Pour un investissement identique – si, encore une fois, on accepte ce parti de considérer l'entreprise [culturelle] comme une entreprise comme les autres –, les profits à l'unité vont donc être incomparablement plus grands d'un côté que de l'autre.

Deuxième dimension, corrélée avec la précédente : le volume

de public que l'on peut obtenir avec une œuvre déterminée. On voit que, pour obtenir le même profit – cela découle des variations du prix à l'unité –, il faudra un nombre d'unités infiniment plus grand dans le cas du roman que dans le cas du théâtre et, par conséquent, si on combine ce qui découle de cette proposition avec la proposition que j'ai avancée en commençant – à savoir qu'il y a une corrélation négative entre le profit économique et le profit symbolique –, l'homme de roman devra avoir un public infiniment plus grand pour un même profit économique que l'homme de théâtre ; du même coup, il sera beaucoup plus menacé par le discrédit lié à la taille du public.

Troisième propriété, qui est très importante parce que c'est sur elle que va se constituer l'opposition fondamentale, me semble-t-il, dans le champ de production culturelle : l'opposition entre les entreprises à circuit long et les entreprises à circuit court. Je vous renvoie, pour des illustrations précises, à l'article que j'avais écrit sur la production de la croyance dans lequel je donnais des statistiques de vente, d'une part, pour tel roman ayant obtenu le prix Goncourt et, d'autre part, pour telle œuvre de Beckett : en chiffres cumulés, au bout de vingt ans, l'œuvre de Beckett et l'œuvre du prix Goncourt arrivent à peu près aux mêmes quantités ; on a vendu autant de Beckett que de cet auteur dont le nom a disparu[1]. Cela dit, le second a eu tous ses lecteurs, donc tous ses profits, en un an, alors que l'autre ne les a eus qu'en vingt ans. Du même coup, l'entreprise économique va être tout à fait différente même si, en profits cumulés, les résultats sont identiques. En effet, dans un cas, il s'agit d'investissements qui peuvent être vécus comme à fonds perdu ; ce n'est que rétrospectivement qu'on sait qu'il s'agit d'un investissement productif : pendant longtemps, il faut que l'éditeur accepte le risque de ne jamais rentrer dans ses comptes et que l'auteur accepte de travailler dans des conditions où il n'est jamais sûr de rentrer dans ses comptes. Il y a donc deux rapports

1. P. Bourdieu, « La production de la croyance », art. cité, p. 24 (ce graphique et son commentaire, sensiblement différents de ce passage, sont repris dans *Les Règles de l'art*, *op. cit.*, « Points Essais », p. 238).

à l'économie totalement antagoniques : l'un se situant dans la logique du donnant-donnant, le travail donne immédiatement un résultat ; l'autre travaillant dans une logique analogue à l'échange du don, c'est-à-dire avec un délai interposé, ce délai interposé étant très important, comme dans tous les échanges [fondés sur] la dénégation de l'économique.

La vérité de la pratique

Je vous renvoie à une analyse du *Sens pratique*, où j'ai montré comment l'analyse structuraliste de l'échange de dons telle que l'a proposée Lévi-Strauss omettait une dimension très importante de l'échange de dons, à savoir l'écart temporaire entre le moment où l'on fait le don et le moment où l'on reçoit le contre-don[1]. Je ne sais pas si vous vous rappelez l'analyse : Lévi-Strauss a montré que Mauss avait proposé une analyse naïve de l'échange en ce sens qu'elle n'était que la transcription savante de l'expérience indigène. L'analyse de Mauss faisait de l'échange de dons une série discontinue d'actes généreux : je donne comme si je ne devais jamais rien recevoir en retour et celui qui reçoit donne en retour comme s'il n'avait jamais rien reçu, et ainsi de suite. Et Lévi-Strauss montrait, dans une analyse célèbre, que cette apparence d'irréversibilité cachait une structure de réversibilité, un modèle *a priori* selon lequel celui qui donne est assuré de recevoir puisque la mécanique même de l'échange implique qu'il n'y a pas de don sans contre-don et que le contre-don appelle un don, et ainsi de suite[2]. J'indiquais simplement que ces deux analyses apparemment contradictoires ne le sont pas du tout : dans la réalité, les deux sont vraies. Celui qui fait le don peut le faire comme étant sans retour bien que son acte soit régi par un modèle obéissant à la logique de la réversibilité. Ce qui permet à l'expérience

1. P. Bourdieu, *Le Sens pratique*, *op. cit.*, chap. « L'action du temps », p. 167-189.
2. Claude Lévi-Strauss, « Introduction à l'œuvre de Marcel Mauss », in M. Mauss, *Sociologie et anthropologie*, *op. cit.*, p. IX-LII.

de l'échange de dons de se vivre comme la décrit Mauss, alors qu'elle a pour réalité d'être comme la décrit Lévi-Strauss, c'est l'intervalle de temps. Dans quasiment toutes les sociétés, il y a deux règles : on ne rend jamais exactement la même chose que ce qu'on a reçu, et on ne rend jamais sur-le-champ – d'ailleurs, rendre sur-le-champ, c'est précisément rendre la même chose, la chose même. Le modèle efface l'intervalle, l'état temporel. C'est d'ailleurs souvent une propriété des modèles mécaniques que d'abolir le temps, ce qui justifierait de reprendre, à leur propos, une critique bergsonienne de la science comme destructrice de l'essentiel, c'est-à-dire du temps[1]. Dans le cas particulier, je pense que le modèle économique de l'échange fait disparaître l'essentiel, c'est-à-dire le décalage entre les deux expériences qui est rendu possible, entre autres choses, par le fait qu'il n'y a pas simultanéité.

(Je fais une parenthèse mais elle est importante : je pense que, souvent, le travail scientifique permet d'accéder au modèle par simple effet de simultanéité : toutes les opérations que fait le chercheur quand il dessine des schémas, établit des chronologies ou des généalogies, consistent à rendre simultanées des choses qui ne sont vivables que parce qu'elles sont successives. Il y a des choses qui seraient insupportables, tant elles contiennent de contradictions, si elles étaient simultanées et qui ne sont vivables que parce qu'elles sont pratiquées dans des temps, des moments, des lieux séparés et que personne n'est là pour faire ce travail du Dieu leibnizien qui consiste à totaliser du non-totalisable, quelque chose qui n'est pas fait pour être totalisé. C'est une illustration de ce que je ne cesse de dire : réfléchir sur ce que c'est que la pratique, c'est toujours réfléchir sur ce qu'est que la pratique scientifique et sur ce qui fait la différence entre la pratique scientifique et la pratique pratique.)

Dans le cas particulier, l'écart entre l'expérience du faiseur de don et l'expérience de l'analyste est essentiel : si les choses

1. « [La science] considère des moments, toujours des stations virtuelles, toujours en somme des immobilités. C'est dire que le temps réel envisagé comme un flux, ou en d'autres termes comme la mobilité même de l'être, échappe ici aux prises de la connaissance scientifique. » (H. Bergson, *L'Évolution créatrice*, *op. cit.*, p. 364.)

se passaient comme le dit l'analyste, ça ne marcherait pas. Il est donc très important, dans les sciences de l'homme, de faire des modèles qui fassent entrer les conditions de fonctionnement des modèles. On a toujours fait des topos régressifs et obscurantistes sur le thème sciences de l'homme/sciences de la nature, etc. Je pense que les analyses qui invoquent la spécificité des sciences de l'homme sont en général des analyses très archaïques, qui servent à défendre le point d'honneur spirituel de l'humanité ou les intérêts du philosophe qui réfléchit sur les sciences de l'homme. Le point réel de la différence entre les sciences de l'homme et les sciences de la nature réside du côté de ce que je viens de dire : les sciences de l'homme sont des sciences comme les autres mais qui doivent mettre dans leur modèle le fait que la réalité n'est pas vécue conformément au modèle. Ce sont des choses simples mais importantes, il ne faut pas confondre, pour reprendre le mot de Marx à propos de Hegel, les choses de la logique et la logique des choses[1].

Autrement dit, l'erreur anthropologique fondamentale – mon cours est, au fond, une longue variation sur ce thème – consiste à mettre dans la conscience des agents, dans leurs pratiques, les modèles que nous devons construire pour comprendre leurs pratiques. Il faut comprendre que, pour comprendre les pratiques, nous avons besoin de construire des choses qui sont la vérité de la pratique mais que la pratique n'a pas pour vérité. Les gens, effectivement, vivent objectivement l'échange comme le dit Lévi-Strauss, mais il faut Lévi-Strauss pour découvrir cette vérité que les gens ignorent ou, plus souvent, ne veulent pas savoir. Vous verrez – si j'ai le temps et je l'espère – que, quand il s'agit d'art, cette distinction est extrêmement importante parce que ce qui rend difficile la sociologie de l'art (surtout auprès des gens dont l'art est la religion, comme les intellectuels), c'est qu'elle objective des choses qui sont antinomiques à l'expérience de l'œuvre d'art. C'est pourquoi le sociologue est dénoncé à la fois comme le grossier personnage qui dit ce que tout le monde sait et comme disant

1. Voir *supra*, p. 272, note 4.

des choses fausses et révoltantes ; on lui reproche à la fois de dire le faux et de dire l'évidence. Si on peut lui reprocher les deux à la fois, c'est qu'il dit des choses que, d'une certaine façon, tout le monde sait mais [...] ne veut pas savoir. Ceci vaudrait aussi pour l'échange de dons : dès que vous travaillez sur une société quelconque, vous observerez qu'il y a à la fois des proverbes qui disent que rien n'est plus beau que la générosité et d'autres qui disent que rien n'est pire que de recevoir un cadeau ; autrement dit, il y a une vision lucide. Sur l'œuvre d'art – je vous le montrerai –, la sociologie fait un travail que, d'une certaine façon, personne ne fait, surtout pas les artistes.

Les profits différés du désintéressement

Je reviens à mon propos, mais vous allez voir que je n'ai pas du tout dévié de ma ligne. Je parlais de l'écart temporel, du fait qu'au bout de vingt ou trente ans, le profit de Beckett est équivalent à ce qu'il est pour d'autres écrivains dans l'année même. Il faut voir qu'il y a des profits dans les arts les plus désintéressés. Les entreprises les plus désintéressées, les entreprises d'avant-garde produisant pour un marché qu'elles doivent produire, sont donc exposées à ne jamais rentrer dans leurs fonds d'investissement, mais elles peuvent, dans un certain nombre de cas statistiques, rapporter des profits tout à fait équivalents, sinon plus grands – on peut penser aux classiques : si Racine avait eu des droits d'auteur... Il reste que ces profits absolument fantastiques se présentent sous une forme différée, donc différente. Les actes qui produisent ces profits différés peuvent se vivre comme radicalement désintéressés. Je dirais même qu'ils ne peuvent obtenir ces profits différés que s'ils sont réellement vécus comme désintéressés : le désintéressement fait partie des conditions de la réussite de cette économie du désintéressement. Cela étant, la différence entre le théâtre qui rapporte beaucoup plus vite et la poésie qui rapporte très peu mais qui rapportera à terme beaucoup, ou entre le roman de gare qui rapporte beaucoup tout de suite et le roman d'avant-garde qui tire à trente exemplaires la première année – c'est le cas pour beaucoup de romans d'avant-garde – et a ensuite une courbe croissante, consiste en un écart temporel qui est tout à fait capital parce qu'il fait toute la différence du point de vue de l'expérience. C'est ce qui fait que l'auteur d'avant-garde se sent le droit de mépriser radicalement l'auteur à succès. Toute la logique [du champ] repose sur cette opposition.

Ce détour est important pour faire comprendre ce que je voulais dire l'autre jour lorsque j'opposais une économie économique et l'économie anti-économique de l'art. Les différents genres – pour ne prendre que les trois principaux : théâtre, roman et poésie – se distinguent donc de façon fondamentale sous le rapport des profits qu'ils rapportent et de la manière dont ils les rapportent. Le théâtre rapporte beaucoup de profits économiques, très rapidement, avec un public relativement restreint et bourgeois ; le roman rapporte beaucoup de profits, mais avec un grand public, et il ne rapporte un très grand profit, équivalent à celui que procure le théâtre, qu'à condition de dépasser le public bourgeois. Je rappelle une des propositions que j'avais introduites la dernière fois : l'autonomie du champ de production est toujours une autonomie relative. Les principes d'évaluation externes au champ continuent donc à fonctionner, même de façon euphémisée et masquée à l'intérieur du champ sous une forme retraduite : la valeur accordée à un succès dépend de la taille du public et, à travers la taille du public, ce qui intervient, c'est la qualité sociale du public. On fait l'hypothèse, sans la formuler complètement, qu'à mesure que le public s'étend la qualité sociale des acheteurs décline, donc la valeur de consécration de l'acte d'achat diminue. Par conséquent, un art comme le roman qui ne peut apporter de profits économiques que par une extension de sa clientèle, qu'à la condition d'avoir un très vaste public (lequel, selon les analyses de Christophe Charle, va jusqu'au sommet de la classe ouvrière pour certains romans de Zola), enferme pour le producteur la menace de discrédit s'il est vrai, comme je l'ai dit, qu'il y a cette corrélation négative entre quantité de profits économiques et quantité de profits symboliques. Tout le problème du roman sera qu'il a beaucoup de profits et beaucoup de public, alors que le théâtre a beaucoup de profits et pas beaucoup de public. Le roman a beaucoup de public, et un public suspect. La poésie, elle, est parfaite sous tous rapports : elle n'a ni profit ni public, elle ne peut donc obtenir que des profits différés.

Les profits ambivalents du marché

Il faudrait pousser l'analyse plus loin. Je pense que la comparaison entre les genres est intéressante (pensez une seconde au statut de la peinture) et, évidemment, ce que je dis là est très éclairant pour comprendre les discours que tiennent les artistes des différents genres sur leur rapport au public ; quand ils parlent de public, ils expriment cette contradiction. Par exemple, le peintre d'avant-garde aujourd'hui peut se contenter de cinq acheteurs, dont trois directeurs de musée ; du même coup, il n'a pas besoin de faire de grands topos apocalyptiques sur les masses, le peuple, etc. : de toute façon, il vend à des tarifs tels... On voit donc qu'un peintre d'avant-garde ne va pas du tout développer le même fantasme du succès, la même idéologie professionnelle qu'un romancier d'avant-garde. Il peut avoir le rêve de vendre une seule œuvre, alors qu'un romancier, même avec beaucoup d'astuce (il y a des choses qui vont dans ce sens), ne peut pas vivre en vendant cinq exemplaires numérotés. Les économies très différentes des produits culturels se retraduisent dans des rapports à la profession, des rapports à la critique, des rapports au public, des rapports au marché totalement différents.

On comprend bien dans cette logique les analyses célèbres de Raymond Williams dans *Culture and Society* : il montre comment l'idéologie romantique du poète charismatique s'est développée chez les poètes anglais en réaction contre l'affrontement, imaginaire d'ailleurs, avec le marché[1]. L'analyse est plus subtile et détaillée,

1. Raymond Williams, *Culture and Society. 1780-1950*, Londres, Chatto & Windus, 1963 [1958].

mais je vous en donne le schème : il montre que la représentation de l'artiste assiégé par les masses, qui doit construire sa personnalité charismatique, capable de lutter contre les forces environnantes qui l'absorbent, se construit parallèlement au développement d'un marché anonyme et se développe à mesure que s'accroît la dépendance de l'écrivain, non plus à l'égard de quelques mécènes choisis qui lui assurent sa subsistance, mais à l'égard d'un marché anonyme qui n'assure la subsistance que si on vend beaucoup à des inconnus, dont l'approbation devient de plus en plus douteuse à mesure que ce public s'accroît. L'antinomie du rapport au public, que l'on peut décrire comme cynisme, est inscrite dans une description rigoureuse purement économique de cette forme particulière de profit.

Si vous m'accordez l'axiome selon lequel il y a une corrélation négative entre profits symboliques et profits proprement économiques, on voit comment les différents genres, étant donné qu'ils apportent des profits de valeur très différente, vont se prêter à des hiérarchisations inverses. À partir de ces analyses, on peut même comprendre une bizarrerie : le théâtre qui apporte beaucoup de profits économiques avec un public relativement large, socialement inférieur du point de vue des artistes, mais moins inférieur que le roman, va procurer une forme de consécration bourgeoise. Il est situé sur le schéma en haut à droite[1], du côté où j'avais indiqué l'Académie, du côté où les écrivains obtiennent des profits économiques importants, relativement peu compromettants et assortis des sanctions bourgeoises, étatiques, etc. c'est-à-dire des formes de consécration officielle dont le paradigme est l'Académie. Pour la poésie, les choses sont claires puisqu'il n'y a pas de profits. À de rares exceptions près (il arrive que des poètes, François Coppée par exemple, écrivent des drames en vers, c'est-à-dire qu'ils deviennent hommes de théâtre), les poètes sont positivement sanctionnés du point de vue de l'économie anti-économique propre au champ de production restreint et ils sont donc consacrés, ce qui peut leur permettre, à la fin de leur vie – j'y reviendrai tout à l'heure –,

1. Voir p. 650.

de se retrouver à l'Académie avec des hommes de théâtre. Quant aux romanciers, surtout les romanciers naturalistes, ils posent un problème tout à fait spécial, puisqu'ils arrivent à avoir de très gros profits, ce qui est une tare, mais des profits de mauvais aloi, qu'ils obtiennent au prix d'un dépassement des limites : ils dépassent les limites sociales et, en particulier avec le roman naturaliste, ils vont jusqu'au haut des classes populaires. D'où, pour aller vite – je télescope un petit peu –, tous les démêlés de Zola avec l'Académie, où il a été maintes fois candidat mais a toujours été battu par des hommes de théâtre, par les romanciers psychologues, etc.

[Le roman naturaliste] ne pouvait avoir aucune forme de légitimité : ni la légitimité pure que reçoit l'art pour l'art – c'est-à-dire l'art pour l'artiste, l'art qui a pour marché les seuls concurrents – ni la légitimité « bourgeoise », la légitimité académique, d'où la nécessité pour cet art de fonder une nouvelle légitimité, et ce n'est pas par hasard si ce roman se revendique comme populaire, retournant, selon une stratégie fréquente des groupes stigmatisés, le stigmate en drapeau : ce qui était une tare, le succès, redevient susceptible d'être approuvé et loué quand, au lieu d'être un succès vulgaire, il devient un succès populaire. Il y a tout une lutte pour remplacer le vulgaire par le populaire, le populaire étant un vulgaire électif. (Il y aurait là à réfléchir et à discuter : le fait d'appeler la vulgarisation « popularisation » change tout. Cela dépend de qui fait la vulgarisation… Il faudrait réfléchir là-dessus, mais je sortirais de mon propos.)

La subversion des règles du champ

Cette position ambiguë et contradictoire du roman est inscrite dans son économie et, pour aller vite, la stratégie très complexe de Zola est caractérisée par le fait que, étant dans une position centrale dans le champ, il a essayé de tenir ensemble deux choses normalement exclusives, à savoir d'une part une sorte de dignité politique, littéraire, qui faisait qu'il ne pouvait être rejeté du côté du roman vulgaire, comme les romanciers régionalistes ou les romanciers populistes, et d'autre part un public incontestablement populaire[1]. Ce n'est pas par hasard si le naturalisme a été l'enjeu d'une lutte d'une violence particulière.

Je pense que – c'est ce que je vais essayer de montrer ensuite – le naturalisme représentait une révolution spécifique. Comme je l'ai dit plusieurs fois, une des propriétés des champs réside dans le fait qu'ils sont le lieu de luttes pour la subversion. Tous les champs sont le lieu de révolutions : il y a autant de formes de révolution qu'il y a de champs ; il y a, par exemple, des révolutions en mathématiques, en physique. Ces révolutions partielles sont à la révolution ce que chaque champ relativement autonome est au champ des champs. Ceci est important : très souvent, des révolutions partielles à l'échelle d'un champ sont présentées comme des révolutions générales parce que, dans ces champs, il y a des gens qui ont intérêt à universaliser leur révolution. Je l'ai dit cent fois : il y a des révolutions spécifiques (je pense qu'on a tout à fait le droit d'employer le mot), c'est-à-dire des actions tendant à subvertir, à renverser les rapports de forces constitutifs d'un espace donné et à renverser la structure de la distribution qui est la structure de cet espace. Ces révolutions spécifiques – c'est un problème – peuvent, sous certaines conditions, devenir des révolutions générales. Je ne prolonge pas – ce sera pour l'an prochain – sur le problème des rapports entre les révolutions dans un sous-champ plus ou moins autonome et les révolutions qui entraînent peu à peu tous les champs. Mais je l'ai à l'esprit[2].

Pour revenir à Zola, je pense qu'il représente une forme de révolution spécifique en ce sens qu'il fait intervenir un principe de légitimation qui n'est reconnu par aucun de ceux qui dominent selon les principes de légitimation qui dominent dans le champ : il n'est reconnu ni par les tenants de l'économie pure ni par les tenants de l'économie bourgeoise. Il fait autant scandale aux

1. Pour des développements sur la stratégie de Zola, voir P. Bourdieu, *Les Règles de l'art*, *op. cit.*, « Points Essais », p. 214-218, 232.

2. Sur ces questions, voir notamment les analyses consacrées à Mai 68 dans *Homo academicus*, *op. cit.*, p. 207-250, et *Manet. Une révolution symbolique*, *op. cit.*

yeux des poètes symbolistes, par exemple, qu'aux yeux du théâtre bourgeois. L'enquête Huret était très typique : il suffit de regarder le nombre de références à Zola, qui est la tête de Turc, celui à propos de qui l'enquête est déclenchée[1]. L'enquête, au fond, demande : « Que pensez-vous de Zola ? », et tout le monde parle, se situe par rapport à Zola. C'est que Zola introduit quelque chose qui est de nature à subvertir profondément l'économie du champ de production culturelle. Il introduit un principe de légitimation qui discréditerait les tenants de l'art pour l'art en les renvoyant, du fait qu'ils n'auraient pas de public populaire, du côté du dur, de l'interne, du gratuit, de l'inutile, du vain, tandis que les autres seraient renvoyés du côté du bourgeois.

Cette subversion partielle a des effets, d'une certaine façon, dans la révolution naturaliste : c'est une révolution ratée. On avait, pour reprendre le schéma, la poésie, le roman de Zola et le théâtre bourgeois, et il va apparaître un roman psychologique – ou « roman d'analyse », comme on dit à l'époque – qui prend ses objets dans la classe bourgeoise. Dans l'enquête Huret – à laquelle je vous renvoie encore –, on nous dit à deux reprises les mérites et les malheurs comparés de la psychologie des femmes de chambre et des prêtres : est-il plus intéressant de traiter d'une blanchisseuse ou d'une duchesse ? Le débat qui est formulé très naïvement en ces termes pose le problème de la qualité de l'œuvre selon la qualité sociale du public : est-ce que l'œuvre ne vaut pas ce que vaut la qualité sociale de son public ? Ce débat polémique saisit quelque chose d'essentiel, à savoir l'espèce de correspondance, due à une série d'homologies absolument extraordinaire qui fait la complexité et en même la simplicité de ces champs : la qualité sociale des personnages, la qualité sociale des auteurs (qui parlent des personnages), la qualité sociale des éditeurs vont être en correspondance et les héroïnes des romanciers psychologiques vont être aux héroïnes de Zola ce que les romanciers psychologues sont à Zola, ce que leurs éditeurs sont entre eux.

Les romanciers psychologiques viennent du symbolisme : ils

1. Sur l'enquête Huret, voir *supra*, le cours du 18 janvier 1983, p. 581 *sq*.

conservent un capital proprement symbolique, acquis sur le terrain de la poésie. Ils perdent du capital en allant vers le genre inférieur du roman, mais ils importent dans ce genre inférieur un capital emprunté à un genre supérieur, de sorte qu'ils rehaussent ce genre et le rendent supportable pour un public homologue dans la classe dirigeante : ce roman va avoir un public qui sera l'équivalent du public du théâtre bourgeois. Le roman aura un public bourgeois, alors qu'on n'imaginait pas – je renvoie, une fois encore, à l'enquête Huret – qu'il puisse y avoir dans un salon une conversation à propos de *La Terre* de Zola, le livre ayant fait scandale et ayant provoqué une rupture avec l'école naturaliste compte tenu de descriptions choquantes qu'il comportait du point de vue intellectuel. Le roman psychologique est, lui, un produit conforme au milieu bourgeois et aux valeurs de ce milieu, comme l'était le théâtre bourgeois qui trouvait dans le public restreint assuré dont il disposait (à condition d'en respecter de façon absolue les valeurs) l'une des conditions tacites de sa réussite. Évidemment, il ne s'agit là que de ce qu'on peut dire au niveau du champ littéraire, car il y a en même temps la fin de l'Empire, la Commune, etc., et l'on pourrait dire que Zola a échoué parce qu'[au même moment, dans le champ politique, il y avait La Commune, etc.]… Je reviendrai sur ce problème tout à fait capital de la coïncidence [entre les champs].

Temporalités et « personnalités »

Pour aller à l'essentiel, il me semble que les oppositions entre les genres se comprennent à partir de mes propositions concernant la logique économique du champ et des économies spécifiques de chacun des genres. À partir des analyses des économies spécifiques, on comprend que l'opposition entre les deux économies que j'avais décrites il y a trois séances – l'économie économique ordinaire qui a pour loi « les affaires sont les affaires » et l'économie anti-économique du champ de production restreinte – ait commencé à prendre la forme d'une opposition entre les genres, en gros entre la poésie et le théâtre. Ce que j'avais commencé à mal vous décrire la dernière fois, c'est cette sorte de schisme qui va se produire à l'intérieur de tous les genres : au théâtre, entre théâtre bourgeois et théâtre d'avant-garde ; dans le roman, avec l'opposition roman psychologique, naturaliste, régionaliste et le roman de mœurs. Au sujet du roman de mœurs, il y a un texte magnifique de Flaubert qui dit grossièrement à son ami Feydeau : « J'ai essayé de te protéger pendant des années contre la chute[1] », Feydeau tombant peu à peu dans un roman grivois, une espèce de pornographie élégante. Le roman de mœurs est la forme inférieure du roman psychologique.

Peu à peu, l'opposition entre les deux économies qui s'était initialement exprimée entre la poésie et le théâtre se reproduit en quelque sorte à l'intérieur de chacun des genres : sous la forme de l'opposition entre un roman noble, bourgeois, qui sera le roman de Proust (je ne veux pas faire d'anachronisme, j'ai déjà trop mélangé les époques) et un roman ignoble, un roman de marché, un roman qui se vend. Au théâtre, on aura aussi une coupure avec un théâtre de reproduction morale, de droite, et un théâtre d'avant-garde dans lequel le metteur en scène devient le personnage principal. Du même coup, l'espace sera structuré de façon simple selon deux oppositions : une opposition principale, horizontale, entre d'une part la poésie, le roman de recherche, d'avant-garde et le théâtre de recherche, d'avant-garde ; et une deuxième opposition, orthogonale à la précédente entre – je vais m'en expliquer après – la rive gauche et la rive droite. Je renvoie encore à l'article « La production de la croyance » où j'ai analysé les peintres selon que les galeries se situaient sur la rive droite (les peintres sont alors plus aisés) ou sur la rive gauche.

Tous les indices convergent pour montrer qu'il y a deux éco-

1. Coulissier (courtier) en bourse et écrivain, notamment lié à Théophile Gautier et à Gustave Flaubert, Ernest Feydeau (1821-1873) avait connu le succès avec son roman *Fanny* en 1858. Au sujet de son dernier roman, *Mémoires d'une demoiselle de bonne famille*, Flaubert lui écrit par exemple qu'il « ne di[t] pas qu'il y [a] trop de follichoneries, mais qu'il n'y [a] *que cela.* » (Lettre du 21 septembre 1873, *Correspondance*, t. III, Paris, Gallimard, « Bibliothèque de la Pléiade », 1991, p. 719.)

nomies : d'une part, des économies dans le long terme, c'est-à-dire des économies non économiques (« Je fais trente exemplaires en deçà, mais j'aurai le salut dans l'au-delà ») ; d'autre part, une économie à court terme, avec des livres sur commande, rédigés par rapport à la demande, complètement soumis à du travail salarié, bref, un univers qui est justiciable d'une analyse économique. L'erreur serait de dire que ce n'est plus de la littérature, et je ne vais pas l'oublier s'agissant d'une analyse du champ intellectuel. Dès le moment où, quelque part, des gens produisent dans la logique de l'art pour l'art, dès le moment où des institutions reconnaissent cette logique, dès le moment où il y a toutes sortes de sanctions, etc., les producteurs pour un large public ne peuvent se vivre – sous un certain rapport – que comme mutilés par rapport aux producteurs pour un public restreint. Je suis prêt à faire l'expérience demain : si on pouvait demander à un producteur de télévision de mettre sur un plateau tous ces producteurs, je pense qu'on aurait une prédictibilité considérable sur l'attitude des gens – les producteurs pour un large public ne pouvant pas ignorer les producteurs pour public restreint qui peuvent, par contre, faire semblant de les ignorer. Je ne reviens pas là-dessus, mais je crois que c'était important de le rappeler.

On a donc un espace de ce type et la structure du champ littéraire et artistique est constituée par cette double opposition qui est à la fois le principe de la structure du champ à un moment donné et le principe du changement. C'est important pour ceux qui gardent à l'esprit l'opposition structure/histoire, etc. En fait, le principe même de la structure est le principe même du champ. La description que j'avais faite de l'état du champ autour des années 1880 correspondait donc à une phase de transition. On va avoir en gros, face à face, deux économies : une économie ordinaire et une économie anti-économique. On va avoir deux temporalités : un temps court, avec un type d'économie à rotation rapide, une durée de vie des livres de six mois, ce qui suppose un certain type de libraires, des attachés de presse, parce que ce sont des produits qui ne sont pas durables et qui doivent donc se vendre vite ; et une économie qui permet de compter sur un temps long, avec des livres à rotation lente, ce qui suppose un autre type d'investisseurs, un autre type de libraires, etc. Là c'est une autre loi des champs – je l'ai dit cent fois, mais il est très étonnant de la voir si souvent à l'œuvre dans l'espace des éditeurs[1].

Parce qu'il y a un champ, on peut presque toujours postuler qu'il y aura une homologie entre les éditeurs et les auteurs : les éditeurs d'avant-garde seront aux éditeurs d'arrière-garde ce que les producteurs d'avant-garde seront aux producteurs d'arrière-garde. Fabiani montre, par exemple, dans son travail sur les philosophes, que Félix Alcan, le fondateur des éditions du même nom, était, par ses propriétés, en affinité avec les auteurs qu'il publiait (d'anciens normaliens, etc.)[2] ; il avait les propriétés qui faisaient qu'il pouvait entrer dans la logique d'une économie anti-économique, dont l'acceptation supposait un fort investissement symbolique[3]. On pourrait décrire les temporalités de ces deux espaces et, dans la mesure où les structures temporelles, le rapport à l'avenir sont parmi les structures les plus fondamentales de ce qu'on appelle la « personnalité », elles correspondraient à des personnalités tout à fait différentes : des investisseurs à long terme, des investisseurs à court terme, etc.

Clients et concurrents : la médiation du système scolaire

Évidemment, si l'on observe les luttes de cette époque du point de vue du public, les gens qui sont du côté du pôle de production restreinte ont partie liée avec les jeunes, avec les étudiants, avec

1. P. Bourdieu reprendra plus tard cette question ; voir « Une révolution conservatrice dans l'édition », *Actes de la recherche en sciences sociales*, n° 126-127, 1999, p. 3-28.
2. Issu d'une famille de libraires et ancien normalien, Félix Alcan (1841-1925) fonde en 1883 sa maison d'édition qui se spécialise dans la philosophie et les sciences sociales et sera l'une des quatre maisons qui fusionneront en 1939 pour donner naissance aux Presses universitaires de France.
3. J.-L. Fabiani, *La Crise du champ philosophique*, *op. cit.* ; *Les Philosophes de la République*, *op. cit.*, p. 104-109.

la bohème. Ils ont ainsi pour public leurs concurrents car – je le dis souvent parce que c'est important – plus un marché est autonome, plus le producteur n'a de clients que ses adversaires ; cela vaut pour les milieux scientifiques fortement ésotériques, mais aussi pour la plupart des recherches littéraires ou artistiques d'avant-garde. En plus, ces positions avancées ont souvent pour public les jeunes et la population étudiante, qui est une des médiations à travers lesquelles le champ de production culturelle est tributaire du changement du système scolaire. Le système scolaire est une des médiations les plus importantes pour comprendre ce qui se passe dans le champ littéraire, à deux titres.

Premièrement, il peut être à l'origine d'un changement profond du mode de production des producteurs. Le changement que représente le roman naturaliste est ainsi lié au formidable accroissement de la scolarisation secondaire qui lance sur le marché une masse de producteurs qui venaient de milieux qui n'intégraient pas jusqu'alors le système scolaire et qui n'avaient pas les valeurs ordinaires. Comme ils s'opposaient aux valeurs dominantes, ils acceptaient des choses considérées comme déshonorantes (c'était l'époque où la presse se constituait). Les grands changements dans l'espace de production, surtout les changements du type d'une révolution spécifique, sont souvent liés à des changements sociaux importants par la médiation des changements du système scolaire. On peut penser, par exemple, aux changements dans l'histoire de la philosophie allemande. Il s'agit d'un modèle très général pour comprendre des tas de choses : je pense que l'histoire des idées passe par l'histoire du système scolaire sous ce rapport-là.

Deuxièmement, le système scolaire intervient aussi en produisant le consommateur. Ian Watt a écrit un livre classique sur la naissance du roman en Angleterre en liaison avec la scolarisation des femmes[1]. Ce très beau livre montre le lien entre le genre romanesque et l'apparition d'un public féminin nouveau de consommateurs. Je pense que (j'anticipe un peu sur mon plan) les luttes

1. Ian Watt, *The Rise of the Novel : Studies in Defoe, Richardson and Fielding*, Berkeley, University of Los Angeles Press, 1957.

qui se déroulent à l'intérieur du champ entre, par exemple, ceux qui veulent faire la révolution et imposer une nouvelle manière d'écrire et ceux qui sont pour la tradition dépendent, pour une grande part, des publics : ce sont les publics qui arbitrent. Il n'y a pas de force intrinsèque des idées vraies comme disait Spinoza[1] : même dans les luttes scientifiques les plus scientifiques, les plus pures, la vérité ne s'impose pas par elle-même. Il est toujours bon de rappeler que l'histoire des sciences est pavée de découvertes non découvertes, de découvertes qui n'ont été découvertes qu'après, en grande partie parce que les concurrents n'ont pas intérêt à comprendre. C'est que, comme je l'ai dit tout à l'heure, le marché condamne un producteur à avoir pour clients ses concurrents, et cela d'autant plus qu'il est plus autonome. La sanction du marché n'est pas toujours conforme à ce qu'elle devrait être si la loi du marché était la loi de la vérité. Cela dit, le fait d'avoir pour clients les seuls concurrents est aussi un contrôle fantastique : le fait que le concurrent a les moyens pour comprendre mais n'a pas intérêt à comprendre (ou en tout cas n'a pas intérêt à adhérer sans comprendre) est une protection contre le charisme, la magie, et tous les effets de ce genre.

(Au passage, c'est encore une parenthèse, mais je la crois importante. On pourrait juger normatives ces deux propositions [...], mais elles sont posées ici en termes tels que ce sont des propositions [positives]. Je ne sais pas si vous voyez ce que je veux dire : j'ai pris deux lois de fonctionnement du champ scientifique, et tout découle des propriétés qu'on pourrait décrire comme normatives. On pourrait dire : « Le champ scientifique, par sa logique même, oppose des résistances d'autant plus grandes aux effets d'imposition symbolique, charismatique, etc., qu'il est plus autonome. » C'est important parce que, souvent, la sociologie qui s'efforce d'être positive est entendue comme énonçant des propositions normatives. Si ces propositions peuvent être entendues comme normatives, il

1. « La connaissance vraie du bon et du mauvais ne peut, en tant que vraie, réduire aucune affection, mais seulement en tant qu'elle est considérée comme une affection. » (Spinoza, L'*Éthique*, IV, proposition 14.)

n'en reste pas moins que, lorsqu'elles sont engendrées conformément à la logique spécifique de la production scientifique, elles ne sont pas normatives. Ce sont des constats portant sur la logique de fonctionnement. Je prolonge un peu pour ce qui est du champ scientifique. S'il y a un progrès du champ scientifique dans le sens de la vérité, c'est parce que la lutte scientifique devient de plus en plus scientifique : le champ scientifique gagne toujours en autonomie, le droit d'entrée dans le champ s'élève sans cesse, les armes nécessaires pour triompher dans le champ deviennent de plus en plus sophistiquées, les instruments qu'il faut posséder pour détruire le théorème de l'adversaire sont de plus en plus rares et de plus en plus élevés. On pourrait le dire beaucoup mieux, mais il y a donc un progrès de la raison qui est fondé dans une logique sociale qui n'a rien à voir avec la raison. Je n'ai donc pas besoin d'un postulat rationaliste pour rendre raison dès que, sous certaines conditions, dans certains champs, à certains moments, la logique du changement est dans le sens d'une plus grande raison. Il y a donc un progrès dont on peut rendre compte sans accepter un tant soit peu une philosophie de type idéaliste. Je vais revenir à mon plan parce que là, je pense que j'ai beaucoup dévié [*rires*]… Pour conclure sur ce point, j'ai dit que ce progrès de la raison n'est pas un progrès de type hégélien, n'est pas un progrès linéaire, mais dépend des conditions, des droits d'entrée qui ont changé. Je ferme la parenthèse.)

Générations et révolutions

L'apparition d'un nouveau public peut contribuer à changer les rapports de forces dans le champ, mais le principe de l'efficacité du public ne peut être trouvé dans le public lui-même ; le principe de l'efficacité spécifique (c'est-à-dire spécifiquement intellectuelle, culturelle, artistique) du public ne peut être trouvé que dans la logique même du champ à un certain moment. C'est, par exemple, à condition d'avoir compris ce qui se passait entre Zola, Bourget, etc., qu'on peut comprendre que l'arrivée sur le marché scolaire de couches sociales moins instruites qui peuvent trouver leur bonheur dans ce que leur offre Zola apporte une sanction positive à Zola et renforce sa position en devenant une révolution. Cela dit – on revient à ce que je disais –, Zola ne peut gagner dans cette course qu'à condition de tirer parti de son succès (il faut qu'il puisse dire : « Ce n'est pas *vulgaire*, c'est *populaire* »), les autres ayant intérêt à le discréditer. L'accord d'un public est une chose très ambiguë : l'un va tirer à crédit, l'autre à discrédit. La relation bête du style : « l'apparition d'une nouvelle couche a produit Zola qui les exprime » n'a donc pas grand sens.

On va donc trouver l'opposition entre deux économies, deux temporalités, deux publics, et le public étudiant a ici un rôle très important. Je pense par exemple qu'on ne comprendrait pas un mot de ce qui s'est passé dans le champ intellectuel en France depuis les années 1945 si l'on ne faisait pas intervenir les changements du système scolaire et les deux effets que j'ai décrits sur la production des producteurs, d'une part, et sur la production des consommateurs, d'autre part. Cela ne veut évidemment pas dire qu'ils puissent être considérés comme déterminants : ils ne sont pas cause nécessitante, mais cause favorisante ; en d'autres termes, un certain type de luttes va se développer et permettre à des positions n'ayant dans les luttes internes que très peu de chances de succès – ou alors seulement à très long terme – d'affleurer comme étant au moins quelque chose qu'il faut discuter, qu'on est obligé de discuter parce qu'il y a les forces sociales derrière.

Cela varie bien entendu beaucoup selon la nature des genres. Je considérais tout à l'heure les différents genres en tant qu'entreprises économiques, mais il faudrait aussi les considérer du point de vue de ce dont ils parlent et de la manière dont ils parlent du monde social. L'une des oppositions pertinentes à cet égard – je le dis très rapidement car c'est important pour une compréhension complète – est celle qui s'établit entre le théâtre et la musique, laquelle est dans une certaine mesure beaucoup plus justiciable d'une adhésion « transclasse » parce qu'elle ne parle pas du monde social ; c'est l'art le plus dénié[1]. Dans la logique de la construction de notre modèle, ce degré de référence explicite ou implicite au monde social est une propriété importante. J'ai suffisamment décrit cette opposition, je ne prolonge pas.

La deuxième opposition, relativement indépendante de la précédente, s'observe à l'intérieur du sous-champ de production pour producteurs. Elle se trouve à l'intérieur de chaque genre : il y aura un théâtre d'avant-garde consacré et un théâtre d'avant-garde d'avant-garde, un roman d'avant-garde consacrée et un roman d'avant-garde d'avant-garde, etc. En gros, c'est une opposition, en fonction du degré de consécration spécifique et de l'ancienneté dans le champ, entre les jeunes d'avant-garde et les vieux d'avant-garde. Rémy Ponton est le premier à avoir mis l'accent sur cette propriété, la poésie fournissant le plus beau terrain pour l'étudier car c'est là que se sont constitués ce modèle de la révolution permanente et cette idée de génération artistique, d'école, etc. Avec la poésie, on a ainsi un temps plus long, avec plus de révolutions. Rémy Ponton remarque que ce modèle de la révolution permanente oppose des gens qui se distinguent comme « néo- » (très souvent d'ailleurs les nouvelles écoles sont « néo- » : « néonaturalistes », « néomarxistes », etc.). Cette opposition entre le « paléo- » et le « néo- » est, du point de vue du contenu formel, presque vide : Ponton montre, dans un article sur le mouvement parnassien[2], que l'opposition entre les discours des gens les plus consacrés du point de vue spécifique et les discours de ceux qui le sont le moins sont réductibles dans leur principe générateur à l'opposition entre le « jeune chien » qui veut se faire remarquer – Zola parle ainsi des jeunes symbolistes avec mépris : pour lui, ils

1. « La musique est l'art "pur" par excellence : elle ne dit rien et n'a *rien à dire* ; n'ayant jamais vraiment de fonction expressive, elle s'oppose au théâtre qui, même dans ses formes les plus épurées, reste porteur d'un message social et qui ne peut "passer" que sur la base d'un accord immédiat et profond avec les valeurs et les attentes du public. […] La musique représente la forme la plus radicale, la plus absolue de la dénégation du monde et spécialement du monde social que l'*ethos* bourgeois porte à attendre de toutes les formes d'art. » (P. Bourdieu, *La Distinction*, *op. cit.*, p. 17-18.)

2. Rémy Ponton, « Programme esthétique et accumulation de capital symbolique. L'exemple du Parnasse », *Revue française de sociologie*, vol. 14, n° 2, p. 202-220.

n'existent pas, ou ne sont que des prétendants prétentieux – et le parvenu corrompu, le « traître » qui a fait des concessions au siècle.

C'est là que l'opposition hérésie/orthodoxie et la logique du retour aux sources et à la pureté trouvent leur accomplissement : les vieux sont renvoyés à ce au nom de quoi ils ont été contre les encore plus vieux. Comme on le voit encore une fois dans l'enquête Huret, cela affleure à la conscience individuelle quand les vieux disent, pour se défendre : « On nous fait ce que nous avons fait à d'autres », « On nous reproche ce que nous reprochions ». Il ne s'agit pas là de l'opposition entre deux visions du monde, entre l'art et l'argent, l'artiste et le bourgeois, le désintéressement et l'intérêt, la pureté et l'impureté, l'indifférence ou l'engagement politique contre tout intérêt politique et la politique intéressée (la légion d'honneur, etc.). Ce n'est pas de cette opposition qu'il s'agit, bien que des agents puissent avoir pour stratégie de la rejouer, ce qui n'est pas sans fondement objectif ; comme je l'ai dit tout à l'heure, l'Académie, par exemple, dans la période des années 1880 étudiée par Charle, pouvait rassembler côte à côte des gens qui étaient arrivés à l'Académie à la suite de carrières bien différentes.

Il faut donc distinguer deux oppositions qui sont au principe de deux luttes de changement. L'opposition dont je parle ici est celle qu'engendre la révolution permanente, les ruptures qui définissent des générations littéraires pouvant être extrêmement fréquentes. Des gens peuvent en effet appartenir à deux générations littéraires en étant séparés de dix ans – il est très courant que deux générations littéraires soient séparées par moins de dix ans. Il est important de remarquer – un auteur américain (dont j'ai oublié le nom) a étudié, dans une logique très différente, l'apparition de l'idée de génération dans les années 1880 et la diffusion du mode de pensée en termes de génération[1] – que la naissance du thème de la génération, ou l'apparition d'une construction théorique sur la génération, coïncide avec la généralisation dans la réalité objective d'une structure de division qui était, jusque-là, réservée

1. Il s'agit sans doute de Robert Wohl, *The Generation of 1914*, Cambridge, Harvard University Press, 1979.

à la poésie, mais devient celle de tout le champ littéraire et, à travers lui, devient un système du monde étudiant. Cette opposition selon la génération artistique est d'un ordre très différent de l'opposition entre l'artiste et le bourgeois. Elle oppose des tenants et des prétendants, l'orthodoxie et l'hérésie, et la loi du changement est cette révolution permanente qui s'opère dans les limites de la logique du champ au nom des principes du champ et de la loi fondamentale du champ qui condamne le succès. Le problème de l'accumulation initiale (comment les gens qui n'ont rien commencent-ils à avoir quelque chose ?) se pose dans tout champ, mais la loi du champ [littéraire] est qu'il ne faut rien avoir. C'est une économie anti-économique et les démunis, les dépossédés peuvent faire de nécessité vertu. Ils peuvent dire qu'ils n'ont rien par choix et se servir de leur dénuement comme d'une arme contre les nantis, les consacrés qui ont le plus de lecteurs – leurs courbes de vente montent – et qui ont déjà des signes de consécration.

Autre propriété que Ponton avait remarquée : cette opposition n'ayant d'autre contenu que cette structure formelle « avant/après » ou « ancien/dernier venu », elle est presque vide ; les invectives que les gens s'envoient à la figure renvoient à des oppositions formelles, très creuses. Effectivement, ceux-ci [les consacrés] disent que ceux-là [les jeunes de l'avant garde] sont obscurs, ce qui est une propriété puisque la loi anti-économique condamne les producteurs à produire leur propre marché. Ils vont produire par conséquent des produits structurés selon les catégories de perception qu'ils doivent produire. Autrement dit, ils doivent produire leurs consommateurs, ce qui demande du temps ; les consommateurs n'y voient que du feu, ils ne comprennent pas : les symbolistes vus par les parnassiens, c'est effectivement obscur. Le « clair » va donc s'opposer à l'« obscur », « clair » signifiant en fait « bourgeois » (« clair pour plaire au bourgeois »). L'une des stratégies élémentaires consiste donc à transformer des effets de structure en effets de stratégie. Je pense qu'il est possible d'expliquer l'essentiel de ce qui se passe à partir de la structure tout à fait formelle qui oppose les nouveaux entrants sans capital aux consacrés.

Les modes de vieillissement et d'éternisation

Parmi les propriétés qui opposent ces deux pôles de l'espace intellectuel, il serait important d'analyser les modes de vieillissement. Les auteurs et les œuvres ne vieillissent pas de la même façon aux différents pôles du champ. Le vieillissement social étant défini par la loi spécifique du changement de l'univers social correspondant, vieillissement social et loi de changement sont évidemment deux fois la même chose. Pour le dire vite : le vieillissement sera le produit de cette lutte. Chaque fois qu'un prétendant sera parvenu à se faire reconnaître et qu'il aura fait date, il fera tomber au passé ceux qui l'avaient précédé. Chaque fois qu'une école parvient à se faire reconnaître, elle fait tomber dans le passé l'école antérieure. La temporalité, c'est donc la lutte. L'histoire de ce champ, c'est la lutte même et il n'y a pas d'histoire au-delà de la lutte. Je pense que l'on pourrait généraliser cette proposition et dire que le temps, c'est la lutte. C'est la vieille formule : « L'histoire, c'est l'histoire de la lutte des classes », mais à condition de prendre le mot au sens très banal, qui est d'ailleurs celui que Marx lui a donné (il disait qu'il y a toujours eu des luttes de classes dans l'histoire, ce qui n'est pas vraiment tout à fait vrai, mais bon...)[1]. Ce que je dis, c'est simplement que ce qui fait l'histoire, c'est la lutte : c'est en luttant pour faire tomber au passé les gens qui ont eux-mêmes lutté pour en faire tomber d'autres au passé, que je fais l'espace, et donc le temps, le temps-même de cet espace.

Ceux-ci [les auteurs consacrés] luttent pour être éternels, pour s'éterniser, pour ne pas être déclassés ou pour devenir classiques. Ils luttent pour passer du déclassé (qui veut dire hors-histoire, hors-temps, hors-champ) au classique qui, étant à la fois daté et transhistorique, est une des preuves de l'éternisation, un auteur

1. Allusion à la première phrase du *Manifeste du Parti communiste* de Marx et Engels (1848) : « L'histoire de toute société jusqu'à nos jours a été l'histoire de la lutte des classes. »

classique restant un enjeu de luttes. Le système scolaire est le lieu d'éternisation des classiques qui, le mot le dit, sont liés aux classes. Mais le système scolaire, où la célébration académique dote les œuvres d'une éternité un peu spéciale, est l'enfer des écrivains et il y a une autre forme d'existence qui est plus recherchée par les gens qui luttent dans cet espace : elle consiste à exister éternellement comme un enjeu de luttes dans le champ – Marx, par exemple, existe comme un enjeu de luttes. Je cite souvent l'expression : « Citer, c'est ressusciter[1] » ; chaque fois qu'on cite quelqu'un, on le ressuscite, on le remet en vie, puisque vivre dans ce champ, c'est être un enjeu de luttes et encore participer à la lutte, arbitrer entre les luttes. Cette lutte a sa logique et sa temporalité propres : on voit au passage que les champs ont la propriété d'avoir une durée structurale, un temps qui est à eux et qui n'est pas autre chose que la loi de leur changement. Si, par exemple, pendant une période, il ne se passait rien, s'il s'écoulait cinquante ans sans nouvelle école, les gens ne vieilliraient pas, ils seraient provisoirement éternisés, ils resteraient dans leur position, dominants. Comme je le disais tout à l'heure, l'opposition vieux/jeune, paléo-/néo-, est une opposition entre ce qui est dépassé et renvoyé au passé et ce qui est encore agissant et opérant. Mon analyse est un peu implicite, un peu rapide, mais elle est développée dans l'article déjà cité sur « La production de la croyance » où je décris cette temporalité spécifique du champ. Je ne reviens pas sur ces règles qui sont très liées à l'opposition entre temps long et temps court.

Dépasser pour dépasser

Les agents sociaux sont des agents historiques, c'est-à-dire des agents qui peuvent se référer consciemment à l'histoire. Selon l'exemple de Marx toujours cité des révolutionnaires refaisant la

1. Bourdieu la citait notamment dans sa leçon inaugurale au Collège de France (*Leçon sur la leçon*, Paris, Minuit, 1982, p. 52), en précisant qu'il s'agissait d'un proverbe kabyle.

révolution romaine[1], les écrivains qui luttent aujourd'hui refont éternellement les révolutions littéraires antérieures, par exemple la bataille d'*Hernani*. Un effet de l'historicité du champ de luttes est qu'on sait que, pour faire date, il faut faire une révolution, il faut dépasser. Dans les luttes à l'intérieur du champ, les tenants s'opposent aux prétendants, et cela très tôt, dès les années 1880, en dénonçant l'intention de dépasser pour dépasser. C'est en fait l'éternel problème de la privation ou du refus : à ceux qui n'ont rien et qui tirent force de leur faiblesse, il est toujours possible de dire : « Si vous n'avez rien, c'est peut-être que vous ne valez rien. » Pour les gens qui sont ici [au pôle avant-garde], une stratégie consistera à dire : « Vous êtes vieux, vous êtes dépassés », et ceux-ci [les dominants, les consacrés] diront : « Vous nous faites le coup du dépassement pour le dépassement. » Par exemple, la forte croissance du nombre d'écoles dans les années 1880, l'apparition d'une floraison de néo-styles, est, me semble-t-il, très intéressante en ce qu'elle représente un effet pratique d'une sorte de prise de conscience pratique de la loi du changement du champ comme lieu dans lequel on change en déplaçant et en dépassant, et en marquant l'apparition d'une nouvelle manière d'être ou de faire. Et les gens ici [les auteurs consacrés] diront : « Ce n'est pas un vrai dépassement, il ne dépasse pas pour dire autre chose, il fait croire qu'il a quelque chose à dire pour dépasser, il dépasse pour dépasser. » C'est ce que j'appellerais l'effet *Tel Quel*[2]...

Ceci dit, autre effet intéressant, des gens contemporains sont pourtant situés différemment dans le temps. Un des grands problèmes de l'analyse de ces phénomènes est la question, comme on dit, des générations : des gens qui, du point de vue des générations littéraires, ne sont pas contemporains ont été biologiquement contemporains ; des gens contemporains peuvent être dans des temps différents. Si la loi du changement est le dépassement

1. Voir notamment *Le 18 Brumaire de Louis-Napoléon Bonaparte* où Marx souligne à plusieurs reprises l'inspiration que la Révolution française de 1789 à 1814 a puisée dans la République romaine.

2. Voir Louis Pinto, « *Tel Quel*. Au sujet des intellectuels de parodie », *Actes de la recherche en sciences sociales*, n° 89, 1991, p. 66-77.

permanent, le renvoi au passé, le modèle du changement correspondant est assez voisin du modèle de la mode. Il existe par exemple en peinture toutes sortes de néoréalismes et un problème est de savoir ce qui fait la différence entre le grand-père et le petit-fils (qui reprend le nom du grand-père), entre le réalisme degré zéro et le réalisme par retour. La vision profane qui ne voit pas de différence entre un néoréalisme et un réalisme scandalise les spécialistes. Un champ doté d'une telle loi de changement suppose des producteurs qui intègrent l'histoire dans leur propre production – c'est la métaphore qu'a choisie Merleau-Ponty du numéro de téléphone : quand vous faites le 6 après avoir fait le 3 et le 2, ce n'est pas la même chose qu'après avoir fait le 1 et le 2. Le temps de l'histoire propre du champ artistique est de ce type : le retour n'est jamais un vrai retour. Dans « La production de la croyance », je cite un texte extraordinaire de Duchamp[1]. C'est embêtant qu'il s'appelle Duchamp… [*rires de la salle*], mais c'est le premier artiste qui a compris en pratique les lois du champ ; il passe son temps à expliquer ces lois, et leurs dénégations, à des critiques qui les comprennent, mais pas complètement[2]. Il a fait un topo magnifique sur ces retours qui ne sont jamais identiques (il dit que ce sont comme des pistolets à deux coups). Il analyse très bien cette propriété de ces champs en vertu de laquelle l'histoire ne se répète jamais, puisqu'elle est une histoire qui est la non-répétition même.

Autre exemple très intéressant : les peintres naïfs. Le Douanier

1. « La caractéristique du siècle qui se termine est d'être comme un double *barrelled gun* : Kandinsky, Kupka ont inventé l'abstraction. Puis l'abstraction est morte. On n'en parlerait plus. Elle est ressortie trente-cinq ans après avec les expressionnistes abstraits américains. On peut dire que le cubisme est réapparu sous une forme appauvrie avec l'école de Paris d'après-guerre. Dada est pareillement ressorti. Double feu, second souffle. C'est un phénomène propre au siècle. Cela n'existait pas au XVIIIe ou au XIXe. Après le Romantisme, ce fut Courbet. Et le Romantisme n'est jamais revenu. Même les préraphaélites ne sont pas une nouvelle mouture des romantiques. » (« Interview reproduite in *VH 101*, n° 3, 1970, p. 55-61, cité dans « La production de la croyance », art. cité, p. 42).

2. Sur Marcel Duchamp, comme sur le Douanier Rousseau dont il est question juste après, voir « Réflexivité et naïveté », *Les Règles de l'art*, *op. cit.*, « Points Essais », p. 398-410.

Rousseau a toute une histoire quand il entre dans ce champ, et il va être comme un peintre objet[1] : il part faire quelque chose dont il ne sait pas ce que c'est. Les autres peintres le traitent comme un jouet, en organisant, par exemple, de fausses séances de consécration, etc. Rousseau est une sorte de personnage expérimental. Il copie des peintures de peintres réalistes académiques et ce qu'il fait prend un sens qui lui échappe complètement dans une histoire qu'il ignore. Il est devant ses propres peintures comme un spectateur qui, ne connaissant pas cette histoire, ne peut pas avoir une perception adéquate, c'est-à-dire historique. C'est une chose importante du point de vue de la sociologie de la perception de l'œuvre d'art : dans le champ artistique, vous ne pouvez comprendre des œuvres du temps $t + 1$ que si vous avez toute l'histoire. Il faut que vous sachiez que celui-ci, en $t + 1$, a peint par rapport à celui qui a peint en t, lequel a peint par rapport à celui qui a peint en $t - 1$ qui a lui-même peint par rapport à celui qui a peint en $t - 2$; et si celui qui peint en $t + 1$ peint comme celui en $t - 2$, ce n'est pas pareil, parce qu'il le fait après. Je n'en dis pas plus mais je crois que c'est important pour comprendre des tas de choses.

S'orienter dans l'espace des possibles

J'en viens au dernier point, que je vais sûrement devoir escamoter [faute de temps] alors que c'est sûrement le plus difficile et le plus délicat, celui qui nécessiterait le plus de preuves (l'analyse vaut beaucoup mieux que ce que je vais en dire). Ce que j'ai décrit jusqu'à présent, tout en anticipant sur ce que je vais dire, est un espace de positions et, à la limite, on aurait pu faire toute la description sans faire intervenir les agents, les écrivains, etc. : les choses se passaient, en gros, entre des positions. Ce que j'ai décrit

1. P. Bourdieu, quelques années plus tôt, avait consacré un article à la paysannerie comme « classe objet », « contrainte de former sa propre subjectivité à partir de son objectivation ». (« Une classe objet », *Actes de la recherche en sciences sociales*, 1977, n° 17, p. 2-5.)

– pour revenir à l'analyse théorique que j'avais proposée de la notion de champ –, c'est un espace de positions et d'oppositions entre les positions, un espace de positions possibles, antagoniques, incompatibles telles qu'on pouvait presque déduire ce qu'étaient les prises de position à partir des positions ; on pourrait ainsi superposer par transparence[1] l'espace des prises de position au schéma de cet espace des positions, et dire que le théâtre bourgeois va plutôt à droite, ou qu'il est pour l'ordre moral et plutôt conformiste. On peut donc, en quelque sorte, prédire des prises de position à partir des positions en faisant abstraction des agents qui occupent ces positions. Or, comme je l'ai dit lorsque j'ai présenté la notion de champ dans son abstraction, le champ peut être décrit à la fois (i) comme un espace de positions dont la structure correspond à la distribution du capital spécifique, et (ii) comme un champ de luttes pour transformer cet espace. Ces deux descriptions qui ne sont pas du tout incompatibles sont distinguées pour les besoins de la méthode, ainsi que pour des raisons théoriques, de façon à ce que soit maintenue la priorité matérialiste des positions objectives sur les pratiques : c'est dans l'espace des positions que réside le principe explicatif de ce que les gens vont faire.

Cela dit, deuxième moment d'une explication en termes de champs, comme cet espace de positions est un espace de possibles, on ne passe pas des positions aux prises de position par un simple reflet mécanique ou par un décalque : une médiation importante est l'habitus des agents qui occupent ces différentes positions. Du même coup, apparaît une question fondamentale. Il faut imaginer l'espace ordonné comme un jeu. Des gens y jouent et, à tous les moments, des nouveaux venus arrivent, par exemple le petit Flaubert, qui vient de Rouen et a fini ses études. Comment va-t-il

1. P. Bourdieu a en tête que, reproduit sur une feuille transparente, un schéma de l'espace des prises de positions peut être rabattu sur le schéma de l'espace des positions. Il procède presque littéralement de cette manière dans une prépublication de chapitres de *La Distinction* : le schéma des styles de vie y est accompagné d'une feuille de papier calque que le lecteur peut rabattre sur lui et sur laquelle figurent les propriétés des groupes sociaux. (Voir Pierre Bourdieu et Monique de Saint Martin, « Anatomie du goût », *Actes de la recherche en sciences sociales*, 1976, n° 2-3, p. 2-81.)

entrer dans le champ ? Comment le champ apparaît-il à celui qui y entre ? Sa perception du champ ne va-t-elle pas dépendre de choses qui ne sont pas inscrites dans le champ ? Le champ, en effet, sera perçu de façon différente par des gens différant du point de vue de leur habitus. S'il est vrai que l'habitus est un système de schèmes de perception et d'appréciation général qui trouve un terrain d'application particulier dans l'art, il va fonctionner, pour employer la métaphore classique, comme un système de lunettes et, à travers ces lunettes, la même réalité objective, l'espace de positions, va être appréhendée différemment.

Mais, ayant dit cela, on rencontre un problème. L'analyse statistique, telle qu'elle a été faite par Rémy Ponton montre qu'il y a *grosso modo* une correspondance entre les propriétés des agents occupant les positions et les propriétés des positions. Des positions plus basses socialement vont ainsi accueillir des gens plus bas et, entre deux genres, l'un plus bourgeois, l'autre plus populaire, ce sera toujours du côté du plus bourgeois qu'on trouvera le petit-bourgeois. C'est presque évident d'associer aux positions les caractéristiques des occupants des positions mais c'est un mérite énorme que de le démontrer dans le détail comme l'a fait Ponton. À un moment déterminé, il y a donc correspondance entre les positions et les dispositions des occupants de cette position. Pour aller vite, dans tous les temps, une position est à une autre position ce que ses occupants sont aux occupants de la deuxième position et plus on va dans le détail, plus on pourra le vérifier : dans un tout petit secteur, par exemple, en prenant trois pelés dans un petit groupe. On peut se demander par quel miracle cela se produit, comment cela se passe. Ce n'est pas mécanique et il y a des gens qui sont déplacés, qui sont à côté de leur place, par exemple des détenteurs d'un capital petit-bourgeois qui, pendant un moment (avant d'être remis à leur place), font des romans psychologiques.

Comment rendre compte de cette correspondance ? Si l'on pense le champ comme un champ de forces qui altère la limaille de façon différentielle, on peut bien sûr imaginer que plus les gens sont d'origine élevée, plus ils vont résister à l'attraction d'un pôle peu élevé – ce n'est pas complètement faux d'ailleurs.

On est obligé de prendre en compte la perception qu'à chaque moment les agents sociaux ont et ont eue aux différents moments stratégiques de leurs carrières de ce champ. Autrement dit, pour rendre compte de cette relation statistiquement observée en 1880 chez les écrivains, vous allez vous situer dans cet espace. Vous allez commencer par analyser les propriétés de position à partir d'un certain nombre de critères objectifs : les postes, le genre dans lequel les écrivains écrivent, la manière dont ils écrivent, etc. Après la description du poste, vous ferez une description des propriétés, avec des choses classiques, comme l'origine sociale, le père, le grand-père, la mère, le beau-fils, etc. Ensuite, vous superposez les deux images, vous voyez ce qui colle et ce qui ne colle pas – et ça colle *a priori* et *a posteriori*.

Comment s'est faite cette rencontre ? C'est là qu'on va rencontrer des choses compliquées. Sauf à faire l'hypothèse de l'ajustement mécanique, on est obligé de se demander comment les différents agents ont été amenés à la position qu'ils occupent à un certain moment, et qui peut être leur position définitive ou non. L'une des difficultés de l'analyse est qu'on trouve dans certaines positions des gens aux dispositions très différentes, les uns y étant toujours [dans la position] et les autres ne faisant que passer – c'est pareil dans l'espace social. Parmi les gens qui y sont toujours, certains y sont parce qu'ils y sont relégués pour toujours, et d'autres parce que c'est vraiment leur lieu d'élection. Ceux qui n'y font que passer y sont souvent parce qu'ils ont commis une bévue, parce qu'ils n'ont pas eu un bon sens pratique.

Je crois avoir dit l'essentiel du point de vue du modèle. Pour rendre compte de la relation qui s'observe à un certain moment entre l'espace des positions et l'espace des dispositions, il faut supposer des agents qui ne sont pas tous au moment final mais qui se trouvent à différents moments d'une trajectoire où ils se trouvent face à des alternatives : après le baccalauréat, font-ils la fac de lettres ou de droit (c'est là quelque chose de très important au XIXe siècle) ? Ensuite, font-ils des romans ou de la poésie, du roman naturaliste ou du journalisme ? À chaque moment de la trajectoire, ils sont guidés par ce qui est, non pas une conscience, mais une espèce de rapport obscur à eux-mêmes, un sens de l'orientation comme dimension particulière du sens pratique. Il serait encore mieux de parler d'un « sens du placement » – au sens à la fois de « placement financier » et au sens du « placement » en sport – qui fait aller vers telle position plutôt que vers telle autre. L'opposition Paris/province qui joue un rôle énorme dans l'histoire de l'art, mais aussi l'opposition entre masculin et féminin et l'opposition selon l'origine sociale vont se retraduire du point de vue de la loi spécifique du champ, par l'intermédiaire de ce sens du placement.

Je reviens encore en arrière : il faut avoir compris la notion de champ, la loi spécifique du champ pour savoir comment, pour le dire vite, va agir l'origine sociale. Ordinairement, on fait absolument l'inverse, on part de tel bonhomme, avec son habitus. C'est une erreur. En fait, il faut savoir ce que demande un champ, en fonction de sa loi générale, pour comprendre ce qui va payer (je crois que ce mot est tout à fait pertinent), ce qui va être sanctionné, positivement ou négativement, de ce qui est constitutif de l'habitus de classe. Supposons, par exemple, que Zola ait gagné : après cette révolution populaire, tous les habitus populaires reçoivent une plus-value et, du coup, comme cela s'est vu dans certaines situations postrévolutionnaires, les handicaps s'inversent pour un temps, les gens pouvant même aller (pour quelque temps) jusqu'à singer des accents populaires. La valeur de ce qu'apporte le nouvel entrant va donc dépendre du champ. Par conséquent, essayer de faire, comme l'a fait Escarpit, des tableaux et des statistiques sur le nombre de fils d'ouvriers, ou autre chose, à travers les âges et les siècles, n'a aucun sens (la statistique produit au plus des choses ici et là qu'on pourra interpréter avec quinze corrections mentales). Ce qui est important, c'est que, chaque fois que le marché, le champ change, ce que va rapporter le fait d'être, comme tel écrivain, fils de paysan du Quercy[1], c'est beaucoup ou rien. Un des enjeux de la lutte entre les gens dans le champ, c'est de créer

1. Bourdieu doit penser à Léon Cladel qu'il présente dans *Les Règles de l'art* comme un « exemple idéal-typique » de ce désajustement (*op. cit.*, « Points Essais », p. 431-433).

un champ qui leur permette d'occuper une position dominante. C'est pourquoi c'est un champ de luttes tout à fait mortelles. Les luttes sont mortelles parce que ce qui est en jeu, c'est de créer un jeu dans lequel on gagne. La vision mécaniste selon laquelle l'origine sociale, ou la position dans le champ, déterminerait les prises de position est catastrophique, parce qu'elle ne prend pas en compte l'habitus.

La trajectoire et l'habitus

Dans le modèle que je propose, il y a deux choses, le champ et l'habitus, et c'est en connaissant les lois de fonctionnement du champ que l'on va pouvoir comprendre ce qu'il advient à l'habitus. Je prends un exemple entre mille : l'exemple de Courbet ou de Champfleury qu'on considère comme un des théoriciens du roman réaliste. On raconte, dans les biographies de Courbet, qu'il affectait de prendre un air paysan et de prendre l'accent de Besançon (je pourrais avancer des choses en détail mais, comme j'ai très peu de temps, je vais simplement vous donner de quoi vous permettre de continuer vous-même l'analyse)[1]. C'est dans un champ déterminé que Courbet perçoit son origine sociale et son accent provincial ; c'est dans sa relation avec les autres artistes, les peintres qu'il fréquente dans les bistrots, qu'il perçoit son accent comme accent par rapport à des non-accents, ou par rapports à des accents qui ne le sont pas. Dans ces conditions, il n'a pas le choix, il n'y a que deux possibilités : il peut soit éliminer son accent, soit l'accentuer. L'accentuation de l'accent, c'est le réalisme. Mais imaginez que les autres fassent du réalisme… [*Silence.*] On ne peut pas faire une corrélation simple, comme le faisaient les contemporains de Champfleury et Courbet : « Oui, c'est facile, ils sont fils de paysans, ils sont paysans, ils parlent comme des paysans, ils font donc du réalisme, ils peignent des paysans, ils

1. Sur Courbet, voir *ibid.*, notamment p. 434-435 sur ce point, et *Manet. Une révolution symbolique*, *op. cit.*

peignent des sujets paysans, ils peignent d'une manière paysanne, de manière lourde. » En fait, Courbet s'est fait paysan, il a fait la Commune, mais dans un espace déterminé.

Une chose importante pour comprendre l'efficacité spécifique de l'habitus est que les gens portent avec eux leur habitus, qui est tellement lié à eux qu'ils ne peuvent pas s'en défaire – ce en quoi il est quelque chose de mystérieux. Il faut faire fonctionner en acte les analyses théoriques : l'habitus, c'est l'aspect du capital qui est incorporé. Or ce qui est incorporé, comme chacun sait, n'est pas facile à décrocher : une grande différence entre le capital culturel et le capital économique est ainsi que, étant incorporé (à l'image du capital linguistique), le capital culturel fait corps avec son porteur. Comme il est, en quelque sorte, collé à la peau de son porteur, ce capital va être un obstacle vivant de tous les instants dans la lutte pour obtenir un rendement maximum du capital. Mais ce qui est intéressant, c'est la place considérable que les luttes scientifiques, ou artistiques, font à l'image de l'habitus des adversaires, en tant qu'elle se révèle à travers leur *hexis* corporel. Un exemple (qu'il faudrait, encore une fois, développer) est le cas d'Ingres : Ingres a été honni par quasiment toute sa génération, parce qu'il allait au Salon de façon arrogante, mais, plus fondamentalement, parce qu'il avait un habitus formidablement bourgeois. Il avait la tête du financier, ou du propriétaire terrien, et, dans les jugements que les gens portent sur lui, il y a constamment une sorte d'intuition de la personne sociale telle que l'appréhende cette sorte de caractérologie spontanée que les gens utilisent et qui est en fait une sociologie spontanée. Je pense que si le jugement de la génération ultérieure est très différent du jugement des contemporains, c'est notamment que la postérité n'a pas connu physiquement la personne (sinon par des portraits) ; il s'agit de ce fait d'un jugement socialement neutralisé. C'est un effet analogue à celui qu'exercent les traductions : quand Heidegger est traduit en français, on perd des tas de connotations qui ne s'entendent qu'en allemand ; il est désocialisé et devient un auteur philosophique sans référence au monde social alors qu'il en est plein. De même, s'agissant d'un auteur mort, la postérité n'a plus d'intuition de la personne qui se trouve réduite à sa position dans l'espace. Dans le cas d'Ingres, la redécouverte dont il a été l'objet a été rendue possible par le fait qu'on ne le voyait plus et qu'apparaissait ce que les contemporains qui s'opposaient à lui ne voyaient pas, tellement il était antipathique.

Je finis là-dessus, avec un sentiment de grand malaise : pour comprendre ce que sont les gens, à chaque moment de leur trajectoire, il faut connaître leur habitus. Une difficulté est que, lorsque nous étudions l'histoire sociale de la peinture ou de la littérature au XIXe siècle, nous savons la fin de l'histoire. Il s'agit là d'une banalité que la moindre réflexion sur l'histoire oblige à dire. Mais il y a un tout petit peu plus : pour les besoins d'une étude, on peut imaginer que les positions occupées à des dates successives (1880, 1890, etc.) se représentent par une série de points. Les genres vont ainsi connaître de petits déplacements. De même, Untel qui était représenté par tel point va être représenté, dix ans plus tard, par un point légèrement différent. Ces petits déplacements dessinent une trajectoire. Ils n'ont rien à voir avec une biographie. Ce sont des déplacements dans un espace qui ne peut être perçu comme tel que si on le construit – c'est très important. Tout ce que j'ai dit revient à considérer que la biographie de Hugo, par exemple, est, non pas une succession d'événements chronologiques, mais la série des déplacements pertinents dans l'espace ; bien sûr, tant que je n'ai pas construit cet espace, je ne peux pas construire la trajectoire de Hugo. Ces petits déplacements infinitésimaux sont très importants. Par exemple, Champfleury, qui a commencé populiste, finit décoré par Napoléon III (la légion d'honneur) dans une espèce de national-socialisme populiste avant la lettre. C'est une belle trajectoire, tout à fait classique d'ailleurs, du parvenu dans le champ intellectuel qui, du fait de son rapport avec les artistes d'origine bourgeoise qui réussissent mieux que lui selon les lois du champ, est d'abord renvoyé vers le populisme mais, échouant aussi dans le populisme, l'est ensuite vers le national-populisme, c'est-à-dire une forme de droite agressive. Saisir ces trajectoires à différents moments, c'est saisir des actualisations successives d'une espèce de petit programme qu'est l'habitus, lequel entre en relation constamment avec un champ qui lui-même change. Certains historiens peuvent être attentifs au fait que, dans le cas de Champfleury, son réalisme n'est pas le même au début et à la fin de sa trajectoire, mais souvent les historiens connaissent le terme final et cela induit une philosophie de l'histoire qui interdit de poser la question extrêmement compliquée de savoir pourquoi et comment, à chaque moment, à chaque tournant, l'individu considéré se trouve dans une position plutôt que dans une autre. Il faut s'interroger sur le devenir de la position et sur la perception qu'il a pu avoir, à chaque moment décisif, de l'état du champ : comment à chaque moment a-t-il vu l'espace des possibles ? Ainsi, quelqu'un qui entrait comme poète dans les années 1880 avait tout de suite deux figures : Verlaine et Mallarmé, et c'est par rapport à eux qu'il se constituait.

Le démontage impie de la fiction

Pour finir, comme c'est la dernière séance, je vais vous lire un texte de Mallarmé qui pose une question que vous avez dû vous poser :

« Nous savons, captifs d'une formule absolue que, certes, n'est que ce qui est. Incontinent écarter cependant, sous un prétexte, le leurre, accuserait notre inconséquence, niant le plaisir que nous voulons prendre : car cet *au-delà* en est l'agent, et le moteur dirais-je si je ne répugnais à opérer, en public, le démontage impie de la fiction et conséquemment du mécanisme littéraire, pour étaler la pièce principale ou rien. Mais, je vénère comment, par une supercherie, on projette, à quelque élévation défendue et de foudre ! le conscient manque chez nous de ce qui là-haut éclate.

À quoi sert cela –

À un jeu[1]. »

1. Stéphane Mallarmé, « La musique et les lettres », in *Œuvres complètes*, Paris, Gallimard, « Bibliothèque de la Pléiade », 1970, p. 647. P. Bourdieu reprendra cette citation

Grossièrement, Mallarmé dit là d'une manière obscure, hermétique, c'est-à-dire sur un mode tel qu'il ne le dit pas, ce que je vous ai dit. Il dit pourquoi il n'a pas envie qu'on le dise. Il dit que des gens voudraient qu'il y ait une beauté transcendante, inaccessible, qui existerait dans l'absolu, mais qu'il ne faut pas se faire d'illusion : c'est un leurre. Cependant, il n'est pas possible de dire cela, de démonter le mécanisme littéraire. « Incontinent écarter cependant, sous un prétexte, le leurre, accuserait notre inconséquence, niant le plaisir que nous voulons prendre » : autrement dit, l'art est un fétiche, c'est le produit d'un travail collectif de création, mais le dire est grave dans la mesure où cela détruit un plaisir que nous voulons prendre. C'est la question que je n'ai pas cessé de poser, de la fonction de la sociologie : la sociologie est-elle quelque chose qui détruit le plaisir littéraire ?

---

et son commentaire dans *Les Règles de l'art, op. cit.*, « Points Essais », p. 450-455 ; voir aussi *Manet. Une révolution symbolique, op. cit.*, p. 161-162.

SITUATION DU COURS DE SOCIOLOGIE GÉNÉRALE DANS L'ŒUVRE DE PIERRE BOURDIEU

par Patrick Champagne et Julien Duval

Prononcés au Collège de France entre avril 1982 et janvier 1983, les deux cours publiés dans ce volume constituent les deux premières années d'enseignement de Pierre Bourdieu dans cette institution, où il a été élu au printemps 1981. Donnés dans un laps de temps rapproché[1], ils manifestent le souci de Bourdieu de présenter les grandes lignes de sa théorie sociologique qui repose sur les concepts d'habitus, de capital et de champ. Si, durant les deux décennies où il sera professeur au Collège de France, Bourdieu centrera certaines années de son enseignement sur un thème précis (l'État, le champ artistique, le champ scientifique), ce n'est pas le cas des cinq premières années qui sont consacrées à une présentation des concepts fondamentaux de sa sociologie. Il choisit d'appeler son enseignement « Cours de sociologie générale », avec l'intention, qu'il exprime au tout début de la première séance, de présenter les « linéaments fondamentaux » de son travail de recherche.

Le programme qu'il annonce pour ces premières années consiste à analyser le « fonctionnement conceptuel » des « notions-clés » et la « fonction technique » qu'elles sont susceptibles de jouer dans la recherche. Ce « travail de théorisation » suppose au préalable – c'est l'objet de la première année de cours – de faire une théorie de la pratique, c'est-à-dire une analyse de la « relation entre le sujet scientifique et son objet » ou, pour le dire de manière plus précise, une analyse du « rapport entre la classification que produit le savant et

1. Les cours annuels du Collège de France sont concentrés sur quelques semaines et, alors que la première année de cours de Bourdieu a lieu en toute fin d'année universitaire (entre avril et juin 1982), la deuxième a lieu au tout début de l'année universitaire suivante (entre octobre et janvier).

les classifications que les agents sociaux mettent en œuvre ». Ce n'est que lors de la deuxième année qu'il commence à exposer les raisons pour lesquelles il a, au fil de ses travaux, développé les concepts d'habitus et de champ, ainsi que les traditions, en philosophie et en sciences sociales, avec (ou contre) lesquelles il les a forgés, insistant notamment sur l'« articulation entre les concepts fondamentaux et la structure des relations qui unissent les concepts ». Au cours de cette deuxième année d'enseignement, il traite longuement de l'habitus et du champ, ainsi que de leurs rapports, mais, par manque de temps, il repousse l'examen de la notion de capital dans ses rapports avec la notion de champ à l'année suivante.

En raison de son intitulé et de l'objectif qu'il poursuit, le cours peut être lu comme une introduction à la sociologie et à la théorie de Bourdieu. Il pourrait presque paraître constituer une sorte d'équivalent à l'ouvrage posthume de Max Weber, *Économie et société*. Contre un tel usage du cours, les lecteurs familiers de l'œuvre de Bourdieu invoqueront les réserves que Bourdieu a exprimées à de nombreuses reprises à l'égard de la tentation de la « présentation globale[1] » ou des synthèses théoriques. Ils feront valoir aussi que, Bourdieu n'ayant pas cessé, quarante ans durant, d'approfondir et de complexifier sa réflexion, c'est un état daté de ses analyses qui est exposé dans le cours. Dans cette logique, cependant, le cours risque de n'être lu que comme un document historique susceptible simplement de renseigner une interrogation sur la genèse et l'évolution de la pensée de Bourdieu, alors qu'il correspond aussi à une entreprise assez unique : Bourdieu ne s'était jamais auparavant essayé à un tel exercice et il ne l'a jamais véritablement réitéré par la suite[2].

1. Voir, par exemple, Pierre Bourdieu et Yvette Delsaut, « Sur l'esprit de la recherche. Entretien », in Yvette Delsaut et Marie-Christine Rivière, *Bibliographie des travaux de Pierre Bourdieu, suivi d'un entretien sur l'esprit de la recherche*, Pantin, Le Temps des cerises, 2002, p. 204-205 (P. Bourdieu, dans ce passage, y parle notamment de ses réticences à « se manueliser » et, citant *Économie et société* de Max Weber, dit avoir « souvent pensé [...] que c'est [là] une tentation dangereuse à laquelle je devais me garder de succomber »).
2. *Méditations pascaliennes* peut à la rigueur s'apparenter à une entreprise de même type, mais l'objet du livre est davantage d'expliciter les implications philosophiques de la démarche de Bourdieu que d'en proposer une synthèse théorique.

Il est indiscutablement utile de lire le cours en ayant en tête le lieu et les circonstances dans lequel il a été prononcé, ainsi que le moment dans l'œuvre de Bourdieu et même l'époque dans laquelle il s'inscrit, mais il ne s'agit pas ce faisant d'en relativiser la portée. Au contraire, les éléments de contextualisation peuvent aider à comprendre pourquoi Bourdieu s'est donné cet objectif qui, un peu professoral ou/et un peu théoriciste, peut surprendre de sa part mais qu'il s'efforce de réaliser sans concession majeure et qu'il utilise pour développer des aspects de sa réflexion moins visibles dans d'autres écrits.

Il faut commencer par évoquer ce que la retranscription des leçons fait disparaître : les conditions concrètes dans lesquelles elles ont été professées. Selon la discipline dont ils relèvent, mais aussi selon leur degré de spécialisation et la notoriété des professeurs, les enseignements du Collège de France prennent des formes très différentes. Les cours de Bourdieu ont d'emblée été très fréquentés. Dès la première leçon, le grand amphithéâtre n'est pas assez grand pour contenir le public nombreux qui vient assister au cours, le Collège de France devant ouvrir une seconde salle dans laquelle le cours est retransmis en vidéo, situation qui sera permanente, l'intérêt que le public manifestera aux exposés de Bourdieu ne faiblissant pas. Si les séminaires qu'il donnait à l'École pratique des hautes études (EPHE) dans les années 1970 avaient suscité également un grand intérêt, en revanche la taille et la composition du public des séminaires étaient moins hétérogènes que celui du Collège de France, composé de chercheurs, d'étudiants, d'habitués des cours du Collège, de purs spectateurs, de curieux, ce qui rend difficile la transmission du savoir ou, pour le moins, constitue une situation qui favorise tous les malentendus. L'auteur des *Héritiers* et de *La Reproduction* qui, dès les années 1960, préconisait pour lutter contre les inégalités scolaires l'instauration d'une pédagogie rationnelle, est particulièrement conscient de cette situation peu rationnelle qu'il évoquera longuement à plusieurs reprises au début des cours, espérant sans illusion excessive faire disparaître le problème en l'analysant sociologiquement et en suscitant une prise de conscience de la part de l'auditoire.

Peu propice aux échanges intellectuels, les cours du Collège constituaient une véritable épreuve que Bourdieu à la fois redoutait et souhaitait : il devait se produire devant un public nombreux et exigeant qui attendait de lui une véritable performance, mais, en même temps, les cours étaient une occasion pour lui de tester ses analyses en les exposant publiquement et en s'efforçant d'instaurer une forme de dialogue avec la salle. Si sa préférence allait aux petits auditoires de chercheurs, il reste que le public du Collège, plus hétérogène dans sa composition et plus grand dans sa taille, n'entraînera pas un changement majeur dans la manière si particulière qu'avait Bourdieu d'enseigner et de rendre compte de ses recherches. Ceux qui suivaient ses séminaires ne furent donc pas dépaysés par ses cours au Collège, et cela d'autant plus que, prévient-il, « la manière dont [il essaie] de fonctionner [...] est la seule possible pour [lui] ». C'est ainsi que ses auditeurs habituels retrouvèrent chez lui cette façon d'improviser qui s'appuie sur des notes très fournies et jamais totalement utilisées tant sont nombreuses les parenthèses, les digressions, les précautions méthodologiques, les changements de registre, les reformulations permanentes d'une pensée qui se cherche et ne livre pas seulement du déjà pensé mais utilise la situation d'enseignement comme une occasion pour continuer à réfléchir. Et Bourdieu exprimera dès la première leçon son rejet du « cours à la française » qu'incarne la leçon d'agrégation et qui, tourné vers la recherche de l'« élégance » et la mise en valeur de l'orateur, s'oppose à la logique de la recherche, laquelle ne peut aller sans « lourdeurs » et « longueurs » apparentes, « hésitations » et « piétinements », prise de risques. Loin des cours académiques formatés qui exposent sans surprise des savoirs établis selon un plan d'exposition rigoureusement suivi par l'orateur, les cours de Bourdieu débordaient souvent l'horaire et étaient pour une part imprévisibles parce qu'il s'agissait de transmettre un mode de pensée en rupture avec les modes ordinaires plutôt qu'un corpus de connaissances établies. Ce mélange de préparation et d'improvisation contrôlée produisait un discours qui, quoique assez libre, restait structuré par un plan sur lequel Bourdieu prenait très régulièrement du retard, mais qu'il ne perdait jamais de vue et qu'il pouvait parfois retrouver au terme de digressions inattendues.

Les cours publiés dans ce volume ne sont pas les premiers édités mais les premiers que Bourdieu a donnés au Collège de France. Sa seule entrée dans cette institution présente un caractère paradoxal. Son élection par l'assemblée des professeurs du Collège de France témoigne de la forte reconnaissance scientifique dont son œuvre fait l'objet. Mais sa nomination tardive par l'autorité politique manifeste l'hostilité latente que suscite la sociologie, ou du moins celle qu'il pratique. Christophe Charle souligne ainsi le contraste entre les deux phases du processus de nomination. L'étape essentielle de l'élection par l'assemblée des professeurs du Collège de France s'opère sans grande difficulté : Bourdieu est élu, à sa première candidature, et avec une nette avance sur son concurrent, Alain Touraine. Sa nomination, en revanche, prend un temps anormalement long. Le vote, consultatif, de l'Académie des sciences morales et politiques est défavorable et, à l'approche des élections présidentielles de 1981 qui vont se solder par l'arrivée de la gauche au pouvoir, la ministre en place préfère laisser à son successeur le soin de procéder à une nomination qu'elle désapprouve[1]. Bourdieu ne prononce ainsi sa leçon inaugurale que le vendredi 23 avril 1982[2]. Il y parle du paradoxe que constitue la présence, dans une institution comme le Collège de France, de la sociologie – et en particulier de la sociologie telle qu'il la conçoit, cette « science de l'institution et du rapport, heureux ou malheureux, à l'institution[3] ».

À l'âge de cinquante-deux ans, il devient de fait le représentant d'une discipline qui n'a jusqu'alors pas été beaucoup représentée (et

1. Sur ces points, et plus généralement sur le professorat de Bourdieu au Collège de France (ainsi que sur les analyses qu'il a consacrées à cette institution dans *Homo academicus*), voir Christophe Charle, « Collège de France », in Gisèle Sapiro (dir.), *Dictionnaire international Bourdieu*, Paris, CNRS Éditions, à paraître en 2016.

2. Publiée sous le titre *Leçon sur la leçon*, *op. cit.*

3. *Ibid.*, p. 8.

seulement de manière épisodique) au Collège de France. Son fondateur, Émile Durkheim, a échoué à y entrer, le ministre de l'Instruction publique préférant nommer Jean Izoulet qui, aujourd'hui largement oublié, a professé entre 1897 et 1929 une « philosophie sociale » d'inspiration bien différente, ne serait-ce que par sa dimension littéraire et mondaine. Au début des années 1930, Marcel Mauss, neveu et élève de Durkheim, fut élu. Il avait souhaité, ce qui n'allait pas sans risque, l'être sur une chaire de « sociologie » (et non pas d'« ethnologie »[1]) et sa leçon inaugurale montre qu'il avait envisagé de consacrer son enseignement à une « sociologie générale »[2]. Mais il ne le fit pas. Ses cours se centrèrent sur les travaux que des membres du groupe durkheimien (outre lui-même, Robert Hertz et Henri Hubert) avaient consacrés aux sociétés « archaïques » ou « de type inférieur » et ils n'eurent qu'un écho limité : l'entreprise durkheimienne connaissait une phase de reflux et Mauss renonça à la formule du cours magistral pour pratiquer un séminaire de lecture et de commentaire de textes en petit comité comme il le faisait à l'EPHE[3].

En 1931, un autre ancien élève de Durkheim, François Simiand, le rejoignit, mais sur une chaire d'« histoire du travail » qui avait été créée en 1907 par la Ville de Paris. Son enseignement, autour de ses travaux en cours sur l'économie[4], fut très spécialisé et fut interrompu par son décès brutal, en avril 1935 à l'âge de soixante-deux ans. En 1944, alors que Mauss avait été prématurément mis à la retraite par les lois antisémites de Vichy, un troisième

1. Sur l'élection de Marcel Mauss dans un contexte encore marqué par la « prévention contre la sociologie durkheimienne », voir Marcel Fournier, *Marcel Mauss*, Paris, Fayard, 1994, p. 563 *sq.*

2. Cette leçon (dont une partie a été perdue) a été récemment publiée, avec une présentation de Jean-François Bert : « Un inédit : la leçon inaugurale de Marcel Mauss au Collège de France », *Terrains*, n° 59, 2012, p. 138-151.

3. Voir M. Fournier, *Marcel Mauss*, *op. cit.*, p. 590 *sq.* On trouvera aux pages 592-593 la liste des cours que Marcel Mauss a donnés au Collège de France.

4. Parmi les textes que François Simiand a publiés à la fin de sa vie, et parmi ses textes posthumes, certains sont issus de ses enseignements au Collège de France : notamment, *Inflation et stabilisation alternées. Le développement économique des États-Unis des origines coloniales au temps présent*, Paris, Domat-Montchrestien, 1934, et « La psychologie sociale des crises et les fluctuations de courte durée », *Annales sociologiques*, série D, fascicule 2, 1937, p. 3-32.

élève de Durkheim, Maurice Halbwachs, fut à son tour élu et nommé. Dans le contexte de l'Occupation, il paraissait voué à l'échec de demander la création d'une chaire de « sociologie »[1]. Halbwachs opta pour un intitulé de « psychologie collective » qui aurait impliqué un enseignement généraliste évoquant les travaux de Durkheim et les approfondissements qu'il lui avait apportés (dans des directions qui, pour certaines, annoncent partiellement les travaux de Bourdieu : l'intérêt pour les classes sociales ou l'individualisation du social par exemple)[2]. Il ne put cependant jamais donner sa leçon inaugurale : il fut arrêté par la Gestapo en juillet 1944, vraisemblablement au motif des activités de ses fils dans la Résistance, et déporté à Buchenwald où il mourut de maladies en 1945[3]. Enfin, Raymond Aron occupa, entre 1970 et 1978, une chaire de « sociologie de la civilisation moderne ». Aron a cependant toujours eu des réticences à l'égard de la tradition durkheimienne et il était engagé dans une discussion critique du marxisme. Deux des douze cours qu'il a donnés sont assez significativement intitulés « Critique de la pensée sociologique »[4]. Ses enseignements sont tournés vers la réflexion politique, l'étude des relations internationales et une discussion de l'« historisme » dont les représentants, en sociologie, appartiennent à la sociologie allemande qu'Aron avait

1. Sur l'élection de Maurice Halbwachs (que ses soutiens jugent plus stratégique de présenter comme une figure œcuménique que comme un héritier de Durkheim), voir Thomas Hirsch, « Psychologie collective et sociologie », in Maurice Halbwachs, *La Psychologie collective*, Paris, Flammarion, « Champs », 2015 [1938], p. 38-40 ; voir aussi Jacqueline Pluet-Despatin, « Halbwachs au Collège de France », et Maurice Halbwachs, « Ma campagne au Collège de France », *Revue d'histoire des sciences humaines*, n° 1, 1999, p. 179-188 et p. 189-229.

2. Sur ces points, voir le cours qu'Halbwachs a donné à deux reprises à la Sorbonne (M. Halbwachs, *La Psychologie collective*, *op. cit.*) et l'introduction de Thomas Hirsch à ce cours, « Psychologie collective et sociologie », art. cité.

3. Pierre Bourdieu a consacré un texte à Maurice Halbwachs et aux circonstances de son « assassinat » : « L'assassinat de Maurice Halbwachs », *La Liberté de l'esprit*, n° 16, 1987, p. 161-168.

4. On trouvera la liste des cours donnés par Raymond Aron au Collège de France dans Nicolas Baverez, *Raymond Aron : un moraliste au temps des idéologies*, Paris, Flammarion, 1993, p. 411.

contribué à importer en France[1]. Par ailleurs, dans ces années qui sont celles de l'après-68, il endosse particulièrement le rôle de l'intellectuel de droite, prenant une part active, notamment par ses interventions politiques ou par la création de la revue *Commentaires*, à la réaction libérale qui se produit alors. Aussi peut-on considérer, au total, que le « cours de sociologie générale » de Bourdieu est le premier enseignement de ce type donné dans cette institution.

Il se prête, à bien des égards, à une telle lecture. Bourdieu, certes, présente « sa » sociologie et s'emploie régulièrement dans son cours à réfuter les lectures mal intentionnées qui en sont faites. Sans doute exprime-t-il quelque chose de lui-même lorsqu'il évoque, au détour d'une leçon et en prenant l'exemple de Marx, les novateurs qui, dans les champs de production culturelle, aspirent non pas au statut de classique mais à « exister éternellement comme un enjeu de luttes dans le champ ». En même temps, il ne cesse de mettre en valeur l'ambition qui habite sa propre sociologie d'intégrer de façon cohérente les différents « pères fondateurs » et les différents courants de la discipline que l'on a l'habitude de distinguer, voire d'opposer[2]. Ce cours le conduit par ailleurs à poser des questions

1. Raymond Aron, *Leçons sur l'histoire. Cours du Collège de France*, Paris, Éditions de Fallois, 1989. Ces cours correspondent aux cours « De l'historicisme allemand à la philosophie analytique de l'histoire » et « L'édification du monde historique » (le titre fait référence à un livre de Dilthey) donnés respectivement en 1972-1973 et en 1973-1974.
2. Dans un entretien de cette époque (il est publié en octobre 1983), Bourdieu explique par exemple : « L'opposition entre Marx, Weber et Durkheim telle qu'elle est rituellement invoquée dans les cours et les dissertations masque que l'unité de la sociologie est peut-être dans cet espace de positions possibles dont l'antagonisme, appréhendé comme tel, propose la possibilité de son propre dépassement. » (« Repères », in *Choses dites*, *op. cit.*, p. 49.) Les cours mettent en pratique ce rapport aux « fondateurs ». Régulièrement, Bourdieu souligne les points et les problèmes communs rencontrés par les trois auteurs (la confrontation avec le droit, par exemple). Refusant, selon l'image qu'il emploie à un moment, de choisir parmi les trois « tribus » (marxistes, durkheimiens et wébériens), il peut créditer Durkheim d'avoir « nommé » la question de la transcendance des groupes, tout en regrettant qu'il l'ait « à la fois [...] évacué[e] », ou d'avoir « mis le doigt » sur la notion d'institution, tout en en ayant « bloqué » les usages. Très souvent, il se sert de l'un des auteurs pour aller plus loin que lui – parfois avec l'aide de l'un des deux autres. Le cours montre aussi l'enracinement de quelques-uns des points les plus importants de la sociologie de Bourdieu dans les origines de la

tout à fait fondamentales pour une discipline encore relativement récente. Il s'interroge ainsi notamment, durant la première année, sur la forme particulière que prennent les opérations de classements dans une science qui a pour spécificité de traiter de « sujets qui eux-mêmes classent » et il s'affrontera, au début de la deuxième année, au problème de l'objet propre de la sociologie.

C'est peut-être une logique assez comparable qui le conduit à consacrer une séance, la deuxième année, à la question de la position que la sociologie occupe dans l'espace des disciplines universitaires, entre les sciences et les lettres. La leçon participe de l'exigence de réflexivité dont Bourdieu faisait un impératif de méthode : la connaissance des relations qui unissent ou opposent la sociologie aux autres disciplines est un moyen de mieux la pratiquer, le rapport incontrôlé aux autres disciplines (et aux tentations qui leur sont associées : « scientisme », culte du « bien écrire », tentation du « philosophe-roi », par exemple) étant un principe d'erreurs dans la rédaction d'un questionnaire, dans la réalisation d'un entretien ou dans l'écriture elle-même. Mais le cadre de ces premiers cours au Collège de France n'est peut-être pas étranger à cette opération réflexive. Sa leçon inaugurale ne portait-elle pas déjà sur une analyse de la leçon ? Tout indique que l'intérêt particulier que Bourdieu prête à cette époque aux « rites d'institution » et aux « actes de nomination » procède sans doute en partie du souci de mobiliser les ressources de la sociologie au moment où il est nommé et institué professeur au Collège de France, et cette interrogation sur la position de la sociologie dans l'espace des disciplines lui est peut-être particulièrement utile alors qu'il débute son enseignement dans un établissement pluridisciplinaire où la place de la sociologie est en grande partie à faire. Cette

---

discipline. S'il rappelle par exemple les usages ponctuels que Durkheim et Weber ont faits du concept d'habitus, il évoque de façon plus inattendue « la seule fois que [Marx] évoque la notion d'habitus ». Et si, comme il le rappelle à plusieurs reprises dans le cours, la sociologie de la religion de Weber a joué un rôle majeur dans l'élaboration du concept de champ, il insiste aussi sur les « efforts » accomplis par Durkheim dans la direction de l'analyse structurale, ou cite « un texte de Marx à qui [...] pourrai[t être] attribu[ée] la paternité de l'usage scientifique de la notion de champ ».

même spécificité du Collège de France le pousse vraisemblablement aussi à intensifier la discussion avec les autres disciplines. De longs développements traitent ainsi de la linguistique, de l'économie ou de la philosophie, sans compter des propos plus incidents, au cours de ces deux premières années, sur l'histoire, ou même la zoologie. Comme le note Christophe Charle, Bourdieu poursuivra dans cette voie tout le long de ses enseignements au Collège de France[1], jusqu'au cours consacré à Manet qui engage un dialogue avec l'histoire de l'art et, bien sûr, le dernier cours consacré à la science dans lequel, mobilisant le concept de champ, il interroge les conditions sociales de possibilité d'un discours scientifique à portée universelle, et notamment d'une sociologie scientifique.

Mais, si ces premiers cours doivent certains de leurs aspects à l'institution dans laquelle ils sont prononcés, ils s'inscrivent aussi dans l'œuvre de Bourdieu et se situent à cet égard à un moment important de sa trajectoire intellectuelle. Il a publié quelques années auparavant deux ouvrages majeurs qui marquent une étape importante dans l'élaboration de sa théorie anthropologique. C'est d'une part *Le Sens pratique* (1980), qui reprend et développe les implications du concept d'habitus en partie exposées dès 1972 dans *L'Esquisse d'une théorie de la pratique*, et d'autre part *La Distinction* (1979), qui fait la synthèse de quinze ans d'enquêtes sur le capital culturel sous ses différentes formes et sur la place majeure qu'il doit occuper désormais, en raison notamment du développement du système d'enseignement, dans toute théorie des classes sociales. Il lui reste à faire un travail identique sur le troisième concept de son anthropologie sociale, à savoir le concept de champ, qu'il a déjà en partie précisé mais sur lequel il va concentrer ses efforts. C'est à ce concept qu'il consacre son cours du Collège de France dès la deuxième année, comme pour s'imposer le nécessaire travail d'approfondissement qu'il lui reste à accomplir, et cela d'autant plus que le concept de champ lui apparaît de plus en plus comme le concept majeur de son trio conceptuel, celui qui intègre les

1. Christophe Charle, « Collège de France », *loc. cit.*

deux autres. C'est ainsi qu'il développe la distinction capitale entre champ de forces et champ de luttes et surtout les relations entre le concept de champ et les concepts d'habitus et de capital. Il multiplie les enquêtes de champ dont les cours portent la trace, notamment sur le champ universitaire, le champ juridique[1], le champ étatique[2] et surtout le champ littéraire et artistique au XIXe siècle dont il étudie minutieusement l'apparition et la structure. Les cours du Collège de France constituent en quelque sorte un moment provisoire dans un travail de longue haleine qui devait trouver son achèvement dans le grand livre qu'il préparait sur la théorie des champs.

Dans ces deux premières années d'enseignement, Bourdieu ne revient qu'exceptionnellement sur ses travaux des années 1960. Il s'appuie principalement sur les livres qu'il vient tout juste de publier (*La Distinction*, *Le Sens pratique*, ainsi que *Ce que parler veut dire* qui paraît en octobre 1982) et sur les recherches qu'il a en cours. Il parle ainsi à de nombreuses reprises du travail sur les professeurs de l'Université de Paris qu'il a commencé au milieu des années 1960 et auquel il met alors la dernière main : le livre *Homo academicus* paraîtra en 1984. Il prend aussi souvent pour exemples une enquête sur le patronat qui a donné lieu en 1978 à un long article[3], ainsi qu'une recherche sur l'épiscopat qu'il publie dans le numéro de novembre 1982 de sa revue *Actes de la recherche en sciences sociales*[4]. Il se réfère également à deux recherches, l'une sur les grandes écoles, l'autre sur le champ littéraire. Engagées à partir de la fin des années 1960, elles feront l'objet de livres

1. P. Bourdieu consacrera un cours entier en 1987-1988 à l'analyse du champ juridique (après avoir consacré un article à « La force du droit », *Actes de la recherche en sciences sociales*, n° 64, 1986, p. 3-19).

2. Voir Pierre Bourdieu et Rosine Christin, « La construction du marché. Le champ administratif et la production de la "politique du logement" », *Actes de la recherche en sciences sociales*, n° 81-82, 1990, p. 65-85 (repris dans *Les Structures sociales de l'économie*, *op. cit.*, « Points Essais », p. 145-194) ; Pierre Bourdieu, « Esprits d'État. Genèse et structure du champ bureaucratique », *Actes de la recherche en sciences sociales*, n° 96-97, 1993, p. 49-62 (repris dans *Raisons pratiques*, *op. cit.*, p. 99-145).

3. P. Bourdieu et M. de Saint Martin, « Le patronat », art. cité.

4. *Id.*, « La sainte famille. L'épiscopat français dans le champ du pouvoir », art. cité.

quelques années après les cours publiés ici : *La Noblesse d'État* en 1989 et *Les Règles de l'art* en 1992.

Parce que s'y mêlent recherches publiées et travaux en cours, préoccupations anciennes et réflexions plus récentes, ces deux années de cours (ainsi que les trois suivantes qui seront publiées ultérieurement dans un autre volume) donnent à voir concrètement une façon de travailler que Bourdieu comparera ailleurs à un « mouvement en spirale qui permet d'atteindre à chaque fois un degré d'explicitation et de compréhension supérieur[1] ». Les leçons sur le concept d'habitus, par exemple, loin d'être une simple redite du *Sens pratique*, le retravaillent encore, notamment par une (re)lecture de textes de Husserl que Bourdieu invoque sous l'expression – qui n'est paradoxale qu'en apparence – de « source *ex post* ». Ce mouvement d'approfondissement progressif est aussi très visible dans le retour proposé dans la première année du cours sur les questions du classement et des classes sociales. Ces problèmes, qui étaient déjà au centre de *La Distinction*, sont reposés ici à la lumière de réflexions que Bourdieu a développées entre-temps. Il mobilise désormais les analyses consacrées, notamment dans le livre sur le langage[2] et dans l'article sur la délégation politique[3], aux discours « autorisés » (en ce qu'ils bénéficient de l'autorité ou/et de la délégation d'un groupe) et aux performatifs qui ont le pouvoir, sous certaines conditions, de faire exister ce qu'ils énoncent (même lorsqu'ils se rapportent à des sujets qui – comme la « classe ouvrière », par exemple – s'apparentent presque à des entités métaphysiques). Bourdieu en vient du coup à insister sur un aspect des « classes » dont il était peu question dans *La Distinction*, à savoir la capacité, limitée mais jamais totalement négligeable, dont disposent des discours savants et politiques pour engendrer une croyance collective dans l'existence d'une « classe ».

1. *Méditations pascaliennes*, *op. cit.*, « Points Essais », p. 19.
2. *Ce que parler veut dire*, *op. cit.*, réédité sous une forme augmentée : *Langage et pouvoir symbolique*, *op. cit.*
3. « La représentation politique. Éléments pour une théorie du champ politique », *Actes de la recherche en sciences sociales*, n° 36-37, 1981, p. 3-24 (repris dans *Langage et pouvoir symbolique*, *op. cit.*, p. 213-258).

En 1984, il publiera un condensé de cette analyse dans un article important qui est une sorte d'*addendum* à *La Distinction*, « Espace social et genèse des “classes”[1] ».

Ces deux premières années d'enseignement au Collège de France font apparaître d'autres orientations qui, présentes de façon plutôt implicite dans les travaux que Bourdieu a publiés au seuil des années 1980, esquissent des analyses qu'il ne développera véritablement que les années suivantes. Le cours sur l'État (1989-1992)[2] s'annonce ainsi en partie dans l'intérêt que Bourdieu prête, dans ces leçons données en 1982 et 1983, à une question comme celle de l'officialisation ou au *continuum* qui mène de l'insulte à l'acte de nomination accompli et garanti par l'État. De même, bien qu'il ne l'utilise pas encore en 1982 et 1983, l'expression de « biais scolastique » sera le signe le plus visible des réélaborations insensibles dont font l'objet les réflexions sur la différence entre les connaissances pratique et savante. Sans aucun doute, une tendance est l'extension et l'affinement progressifs du concept de champ. Dans ces cours, l'utilisation de la notion de champ du pouvoir commence par exemple à devenir systématique. Peu utilisée dans *La Distinction* (l'expression n'y est utilisée qu'une fois), elle deviendra centrale en 1989 dans *La Noblesse d'État*, le cours permettant de voir que cette notion utilisée dans le livre sur les grandes écoles est d'abord issue de la recherche sur le champ littéraire. Si Bourdieu signale à un moment le profit que peut retirer la sociologie à reprendre des interrogations issues de traditions qui, comme la théologie ou la philosophie analytique, sont apparemment très éloignées de ses propres préoccupations, son cours fait régulièrement prendre conscience de relations entre ses différentes recherches, insoupçonnées du lecteur qui les aura lues à des moments différents.

Plus évident, un dernier élément de contexte doit être rappelé : ces cours, dans certaines allusions, portent la marque de l'époque où ils

1. « Espace social et genèse des “classes” », art. cité (repris dans *Langage et pouvoir symbolique*, *op. cit.*, p. 293-323).
2. P. Bourdieu, *Sur l'État. Cours au Collège de France 1989-1992*, *op. cit.*

sont prononcés, le début des années 1980. La conjoncture politique est marquée par l'élection, en mai 1981, de François Mitterrand à la présidence de la République qui met un terme à une longue période où la gauche avait été tenue à l'écart du pouvoir. Durant les premières années du mandat de François Mitterrand[1], la seule véritable intervention publique de Bourdieu consistera à interpeller, avec d'autres intellectuels (dont Michel Foucault) en décembre 1981, le nouveau gouvernement qui, sans doute du fait qu'il compte quelques ministres issus du Parti communiste français, ne condamne pas l'état de siège décrété en Pologne par le régime communiste contesté par le syndicat Solidarność. La première année de cours de Bourdieu au Collège de France débute plus de quatre mois après ce texte, et la deuxième s'achève en janvier 1983, soit quelques mois avant que le gouvernement français n'engage, sur le plan économique, le « tournant de la rigueur ». Bourdieu ne fait pas référence à la politique menée. Les cours font tout au plus très ponctuellement écho à la question, que Bourdieu a explicitement soulevée en décembre 1981, de l'attitude que des intellectuels doivent adopter face à un gouvernement de gauche. Évoquant les relations entre le champ de production intellectuelle et les pouvoirs externes, il attire rapidement l'attention – « pour mettre [son auditoire] dans l'actualité » – sur le fait que le problème ne se pose pas exactement de la même façon selon que le pouvoir politique est de gauche ou de droite. Un développement qu'il consacre à une déclaration qu'avait faite Régis Debray dans ses nouvelles fonctions de conseiller du président de la République et qui lui paraissait très éloignée d'une analyse sociologique rigoureuse renferme peut-être une critique implicite des intellectuels qui se mettent au service du pouvoir.

1. Sur ce point, voir la section « 1981-1986 », in Pierre Bourdieu, *Interventions 1981-2001. Science sociale et action politique*, textes choisis et présentés par Franck Poupeau et Thierry Discepolo, Marseille, Agone, 2002, p. 157-187. On peut rappeler que, durant la campagne présidentielle de 1981, Bourdieu avait apporté son soutien à la candidature éphémère de Coluche, action qui n'était pas étrangère à sa réflexion sur la « représentation politique » (et dont Bourdieu a pu souligner aussi la dimension personnelle qu'elle revêtait pour lui au moment où il était élu au Collège de France – voir *Esquisse pour une auto-analyse*, *op. cit.*, p. 137).

Mais si l'« actualité » est présente dans les cours, c'est surtout par les faits auxquels Bourdieu se réfère parfois, dans son souci de ne pas proposer un enseignement abstrait, comme un accident d'autocars très meurtrier où 53 personnes, dont 44 enfants, étaient morts durant l'été 1982. Peuvent aussi être évoquées des personnalités ou des questions politiques de l'époque. De ce point de vue, les cours de Bourdieu diffèrent de ses articles et de ses livres : ils étaient destinés à la réception immédiate qu'opérait, à l'instant même où ils étaient prononcés, un auditoire qui avait en tête ces événements et ces personnalités qui, l'espace de quelques jours, de quelques semaines ou de quelques mois, sont au centre de l'« actualité » ou des conversations dans le monde intellectuel ou universitaire.

L'ancrage des cours dans la période particulière où ils ont été donnés ne se réduit pas à ces allusions. Dans cet enseignement, Bourdieu va par exemple proposer à plusieurs reprises une analyse d'un palmarès des intellectuels que la revue *Lire* avait publié en avril 1981[1]. En ce cas, l'invocation d'un fait contemporain n'est pas (ou pas seulement) un exemple commode et rapide pour communiquer parce que familier à l'auditoire. Bourdieu ne traite pas ce « hit-parade » comme un sondage insignifiant. Il y voit l'annonce d'un déplacement majeur du centre de gravité de la vie intellectuelle, les intellectuels ayant une œuvre et débattant dans des revues savantes étant relégués au profit de ces parodies d'intellectuels que sont ces nouveaux intellectuels pour médias célébrés par les journalistes dans la grande presse et qui, dès la fin des années 1970, vont saturer l'espace public par leurs discours et leurs problématiques semi-savantes. On peut dire dès lors que son analyse du « hit-parade des intellectuels » est moins « datée » qu'elle ne fait date par son anticipation concernant les transformations structurelles du champ intellectuel.

Dans le même esprit, il faut dire un mot de ses invitations, nombreuses au cours de sa première année d'enseignement, à mettre en question ces phrases ou ces formules toutes faites qui

1. Bourdieu détaillera cette analyse lors de l'année universitaire 1983-1984 (qui sera publiée dans le second volume du « Cours de sociologie générale »).

prêtent des propos ou des intentions à « l'Église » ou à « la classe ouvrière ». À un regard superficiel, ses remarques pourraient paraître dépassées aujourd'hui. Les formules citées renvoient à une époque où le poids social de l'Église catholique comme l'influence du marxisme (dans le discours politique, ainsi que dans les sciences sociales) étaient plus importants qu'aujourd'hui. Au début des années 1980, par exemple, le Parti communiste demeure une force politique non négligeable. Les formules citées par Bourdieu ne sont plus aussi omniprésentes aujourd'hui dans les discours politiques et dans les gros titres des médias. Les exemples ont vieilli, mais ils ne sont qu'un matériel qui permet à Bourdieu de revenir sur le problème permanent en sciences sociales de la personnalisation des collectifs. Déjà soulevé par les fondateurs de la sociologie à la fin du XIXe siècle et au début du XXe siècle, il continue de se poser aujourd'hui et rien n'interdirait d'ailleurs de transposer les analyses développées dans le cours au sujet de « l'Église » ou de « la classe ouvrière » à ces collectifs plus quotidiennement invoqués aujourd'hui que sont « les marchés », « les classes moyennes » ou « les classes populaires », « l'Europe », « l'islam », etc.

Bourdieu anticipait souvent les lectures dont ses propos et ses écrits pouvaient faire l'objet. S'il a prononcé ces enseignements au Collège de France sans envisager qu'ils seraient ultérieurement publiés, on peut affirmer sans grand risque qu'il aurait souhaité désamorcer la tentation de lire comme des analyses datées les passages de ses cours inspirés par une actualité ou une conjoncture aujourd'hui vieille de plus de trente ans. En fait, ce qu'il y dit par exemple de l'ancienneté relative de ses enquêtes sur les grandes écoles (elles dataient des années 1960) décourage clairement de telles lectures, de même que les précisions qu'il apporte à ses descriptions du champ du pouvoir. Il ne cache pas que celles-ci correspondent à un état de la classe dominante légèrement révolu : dans les années 1980, le clivage central n'avait déjà plus tout à fait la forme de l'opposition entre le « bourgeois » et l'« artiste » que son travail sur le champ littéraire dans la deuxième moitié du XIXe siècle conduisait à mettre en avant. S'il présentait néanmoins ces analyses, c'était en invitant son auditoire à y voir, non pas des invariants ou, à l'inverse, des spécificités historiques, mais un « cas particulier du possible ». Et il invitait explicitement ses lecteurs à faire l'exercice qui consistait à trouver les équivalents structuraux des données empiriques qu'il mobilisait dans ses analyses lorsqu'elles étaient datées. Pour lui, la sociologie se doit de procéder à l'analyse précise et approfondie de faits historiquement situés, mais dans une tout autre perspective qu'une histoire historicisante ou qu'un discours journalistique voué à disparaître avec l'actualité qui le suscite : ce que la sociologie recherche dans l'évocation d'états historiques précis, c'est la découverte de structures sociales profondes et des lois de leurs transformations[1].

1. Bourdieu évoque ce point explicitement dans le cours de l'année 1982-1983. Le caractère daté (ou, à l'étranger, « franco-français ») de ses enquêtes ayant été un argument fréquemment avancé pour neutraliser ou ignorer ses analyses, il l'a traité en d'autres circonstances, expliquant par exemple que son enquête sur les professeurs de l'Université de Paris dans les années 1960 « peut et [...] doit [être lue] comme un programme de recherche sur *n'importe quel* champ universitaire » : « Le mode de pensée relationnel et analogique qu'implique le concept de champ permet de saisir la particularité au sein de la généralité et la généralité au sein de la particularité, en nous enjoignant de considérer le cas français comme un "cas particulier du possible". » (P. Bourdieu et L. Wacquant, *Invitation à la sociologie réflexive, op. cit.*, p. 118-119.)

Annexes

RÉSUMÉS DES COURS PARUS DANS L'*ANNUAIRE DU COLLÈGE DE FRANCE*

1981-1982

On a, pour commencer, examiné une des opérations fondamentales de la science sociale, celle qui consiste à nommer et à classer. Le sociologue rencontre des réalités déjà nommées, déjà classées, porteuses de titres, de signes, d'insignes, de sigles, qui sont autant d'indices d'appartenance à des classes. Sous peine de reprendre à son compte sans le savoir des actes de constitution dont il ignore la logique et la nécessité, il lui faut prendre pour objet l'opération sociale de la nomination – notamment la nomination à une fonction, à un poste – et les rites d'institution à travers lesquels elle s'accomplit. Plus profondément, il lui faut examiner la part qui revient aux mots dans la construction des choses sociales ; ou, si l'on préfère, la contribution que la lutte des classements, dimension de toute lutte des classes, apporte à la constitution des classes, classes d'âge, classes sexuelles ou classes sociales.

Pour poser la question de la spécificité du classement savant dans le cas des sciences sociales, on a confronté les opérations de classement que le sociologue est amené à effectuer d'une part à celles que réalisent d'autres sciences, comme la botanique ou la zoologie, d'autre part à celles que les agents sociaux opèrent dans la pratique et qui, du point de vue de leur efficacité symbolique, se situent entre l'insulte et la nomination officielle. Comme les classifications biologiques, les classements de la sociologie prennent en compte un ensemble de propriétés corrélées entre elles et responsables de la plus grande fraction de la variation observée ; en cela, ils se distinguent des classements pratiques, dont l'insulte est un exemple, et qui, étant orientés par des fins pratiques, privilégient un critère particulier. Mais l'analyse des opérations pratiques de classement rappelle que, à la différence de la biologie, la sociologie a affaire à des agents qui posent la question du classement et pas seulement comme un problème de connaissance : les propriétés que le sociologue traite comme des critères d'agrégation, des indicateurs de distance objective entre les éléments ou les classes, fonctionnent dans la réalité comme des pouvoirs. C'est pourquoi la hiérarchie des critères qu'il établit à partir de mesures objectives est à la fois la résultante et l'enjeu de luttes visant à la conserver ou à la transformer. Il y a une lutte des classes sur l'existence ou la non-existence des classes. Et la science doit établir les divisions objectives sans oublier que l'état observé de ces divisions dépend pour une part, dans son présent et son avenir, des luttes par lesquelles les individus et les groupes s'efforcent d'imposer une *représentation* de ces divisions.

S'agissant du monde social, la théorie néo-kantienne qui confère au langage et, plus généralement, aux représentations, une efficacité proprement symbolique de construction de la réalité est parfaitement fondée : et la science sociale doit analyser la logique de la lutte pour le pouvoir symbolique de nomination (ou de constitution ou d'institution) qui contribue à faire la réalité sociale en la nommant. Dans ce contexte, on peut revenir à l'exemple de l'insulte, récemment discuté par les linguistes : à l'opposé des noms communs, et en particulier des noms de professions (gendarme, professeur, etc.), qui ont pour eux le sens commun, le *consensus,* l'*homologein* de tout un groupe, celui qu'exprime l'acte social de nomination par lequel un mandataire reconnu décerne un titre, les « noms de qualité » (idiot) auxquels recourt l'insulte n'ont qu'une efficacité symbolique faible en tant qu'*idios logos,* qui n'engage que son auteur. Mais ils ont en commun avec eux une intention que l'on peut appeler performative ou, plus simplement, magique : l'insulte, comme la nomination, appartient à la classe des actes d'institution ou de destitution, plus ou moins fondés socialement, par lesquels un individu agissant en son propre nom ou au nom d'un groupe signifie à quelqu'un qu'il a telle ou telle propriété, lui signifie d'avoir telle ou telle propriété. Autrement dit, l'insulte comme la nomination affirment une certaine prétention à l'autorité symbolique comme pouvoir socialement reconnu d'imposer une certaine vision du monde social, c'est-à-dire des divisions du monde social.

La science sociale doit englober dans la théorie du monde social une théorie de l'effet de théorie qui, en contribuant à imposer une manière autorisée de voir le monde social, contribue à faire la réalité de ce monde : le mot ou, *a fortiori*, le dicton, le proverbe, ou toutes les formes d'expressions stéréotypées ou rituelles, sont des programmes de perception. Dans la lutte pour l'imposition de la vision légitime, où la science est elle-même inévitablement engagée, les agents détiennent un pouvoir proportionné à leur capital symbolique, c'est-à-dire à la reconnaissance qu'ils reçoivent d'un groupe : l'autorité qui fonde l'efficacité performative du discours est un *percipi*, un être connu et reconnu, qui permet d'imposer un *percipere*. C'est toujours le groupe qui crée les créateurs de groupes.

Pour établir comment se constitue et s'institue le pouvoir symbolique de constitution et d'institution, on peut s'appuyer sur les analyses des historiens du droit (Kantorowicz, Post, etc.) qui décrivent l'opération magique de transsubstantiation par laquelle les groupes constituent leurs mandataires en dépositaires reconnus de l'autorité du groupe. Le mystère du ministère (selon le jeu de mots cher aux canonistes) ne peut être percé que par une analyse historique de la logique de la *représentation* (aux différents sens du terme) par laquelle le représentant fait le groupe qui le fait : le porte-parole doté du plein pouvoir de parler et d'agir *au nom* du groupe, et d'abord sur le groupe par la magie du mot d'ordre, est le substitut du groupe qui existe seulement par cette procuration ; groupe fait homme, il personnifie une personne fictive, qu'il arrache à l'état de simple série d'individus séparés, lui permettant d'agir et de parler, à travers lui, comme un seul homme. En contrepartie, il reçoit le droit de « se prendre pour » le groupe, de parler et d'agir au nom du groupe : *« Status est magistratus »*, « l'État, c'est moi ». Il donne un corps (son corps) à un corps constitué.

Le représentant de l'État a pour lui le *consensus omnium* ; il est le dépositaire du sens commun. La nomination officielle, le titre scolaire, par exemple, vaut universellement, sur tous les marchés. On pourrait dire de l'État, avec Leibniz, qu'il est le « géométral de toutes les perspectives » : en effet, la nomination (comme bachelier, professeur ou ministre) arrache à la lutte symbolique de tous contre tous ; elle donne sur les agents sociaux la perspective autorisée, reconnue, c'est-à-dire méconnue dans sa vérité arbitraire. C'est en ce sens que l'on peut voir dans l'État le détenteur du monopole de la violence symbolique légitime.

1982-1983

Du point de vue de la science sociale, l'objet propre n'est ni l'individu (biologique) ni le groupe comme ensemble d'individus mais la relation entre les deux réalisations du social, dans les corps (ou les individus biologiques) et dans les choses ; c'est-à-dire la relation double et obscure entre les *habitus*, systèmes de schèmes de perception, d'appréciation et d'action qui sont le produit de l'institution du social dans le corps, et les *champs*, systèmes de relations objectives qui sont le produit de l'institution du social dans les choses ou dans des mécanismes ayant la quasi-réalité des choses physiques ; et aussi tout ce qui s'engendre dans cette relation, c'est-à-dire les pratiques sociales et les champs lorsqu'ils se présentent sous la forme de réalités perçues et appréciées, donc comme champs d'action et champs de luttes.

La relation entre l'habitus et le champ est à double sens : c'est d'une part une relation de conditionnement, le champ structurant l'habitus qui est le produit de l'incorporation de la nécessité d'un champ (ou d'un ensemble de champs) ; c'est aussi une relation de connaissance, l'habitus contribuant à constituer le champ comme monde doté de sens et de valeur, dans lequel il vaut la peine d'investir. Il s'ensuit d'une part que la relation de connaissance dépend de la relation de conditionnement préalable qui façonne les structures de l'habitus. Et d'autre part que la science est, en ce cas, connaissance d'une connaissance et doit faire une place à une phénoménologie sociologiquement orientée de l'expérience du champ ou, plus précisément, des invariants (avec par exemple l'analyse de la pratique ordinaire et de l'expérience doxique, de la crise et du rapport critique, etc.) et des variations de la relation entre les différents habitus et les différents champs. Bref, la spécificité de la science sociale réside dans le fait qu'elle a pour objet de connaissance une réalité qui englobe des agents ayant pour objet de connaissance cette réalité. Il s'agit donc d'élaborer une théorie de la pratique en tant que pratique et une théorie du mode de connaissance pratique qui s'y trouve impliqué.

S'il faut tenter de décrire adéquatement la logique spécifique de la pratique et de la connaissance pratique, ce n'est pas pour obéir à une sorte de point d'honneur épistémologique mais pour produire des effets scientifiques : en effet la confusion de la connaissance savante et de la connaissance pratique, du point de vue du savant et du point de vue de l'agent, est au principe de tout un ensemble d'erreurs communes, tant en sociologie qu'en économie. Ce travail d'analyse, aujourd'hui mené, de manière quasi indépendante, par les courants les plus avancés des sciences sociales, interactionnisme, ethnométhodologie, anthropologie cognitive, est rendu difficile, comme souvent dans les sciences sociales, par de formidables obstacles sociaux : du philosophe divin de la théorie classique de la connaissance au sociologue régalien de la théorie classique du monde social, en passant par toutes les théories du savoir absolu, du sens objectif, de la fausse conscience ou de la coupure, le dédain pour ce qu'Alexandre Baumgarten, appelait la *gnoseologia inferior*, ne s'est jamais démenti. Pourtant, s'il est certain que le sociologue doit rompre avec la connaissance spontanée du social, il doit néanmoins englober dans sa théorie la connaissance contre laquelle il a construit la connaissance scientifique et qui, quoi qu'il en ait, continue à orienter les pratiques. Ce qui suppose un renversement du pour au contre que les grands sociologues objectivistes (Marx, Durkheim), responsables des coupures les plus décisives avec la connaissance ordinaire, n'ont pas su accomplir. Tous les obstacles sociaux mis à part, la science de la *gnoseologia inferior* pose des problèmes extrêmement difficiles : il s'agit en effet de faire une science du confus et du flou qui ne soit ni floue ni confuse ; sans pour autant détruire l'objet, comme il arrive si souvent, par les instruments, souvent construits contre lui, c'est-à-dire contre les inclinations de la logique pratique et de la *perceptio confusa*, dont parle Baumgarten, qu'on lui applique (problème qui se pose avec une acuité particulière toutes les fois qu'on veut rendre raison de logiques dites naturelles).

La relation de connaissance pratique n'est pas une relation entre un sujet et un objet constitué comme tel et posant problème. Participant, en tant que social incorporé, du monde social, l'habitus est présence directe au champ qu'il habite, où il se sent chez soi et qu'il saisit de manière immédiate comme doté de sens et d'intérêt. L'action pratique qui réussit peut se décrire par analogie à l'*orthè doxa* de Platon *(Ménon*, 98c), l'opinion juste ou qui tombe juste : la coïncidence entre les dispositions et la position, entre le sens du jeu et le jeu fait que l'agent fait « ce qui est à faire » sans le poser explicitement comme fin, en deçà du calcul et même de la conscience. La théorie de l'habitus permet d'échapper à toute une série d'alternatives où s'enferme d'ordinaire la réflexion sur l'action. Celle de la conscience et de la chose : l'habitus comme sens du jeu produit des actions ajustées aux exigences objectives du jeu, sans avoir besoin de les poser comme telles, c'est-à-dire comme fins, pouvant donner par là l'illusion de la finalité. Celle du mécanisme et du finalisme (sous ses différentes formes) : ni choses passivement soumises à des mécanismes ni sujets posant des fins consciemment calculées, les agents n'agissent, dans l'ordre ordinaire de la pratique, ni sous la contrainte mécanique de causes ni en connaissance de cause. Celle de la téléologie subjective, avec l'individualisme utilitariste (et toutes les théories du choix rationnel), et de la téléologie objective, avec le fonctionnalisme du meilleur ou du pire qui prête des intentions et des projets à des collectifs personnalisés.

On ne peut produire une théorie du mode de connaissance pratique sans produire, dans la même démarche, une théorie du mode de connaissance savant qui, aussi longtemps qu'il n'est pas pensé comme tel, tend à s'insinuer dans l'analyse des pratiques. Cette substitution du sujet savant à l'habitus pratique est particulièrement visible dans la philosophie de l'action qu'engagent de manière implicite ou explicite la plupart des théories sociologiques ou économiques ; c'est-à-dire la représentation de l'agent comme calculateur rationnel guidé par son intérêt bien compris, capable de choisir et de décider en pleine connaissance de cause et réductible, à la limite, à une fonction d'utilité, donc totalement dépourvu de propriétés liées à l'histoire individuelle ou collective (celles-là mêmes qui sont enregistrées sous forme d'habitus). On voit en passant que cet agent qui agit en pleine connaissance de cause, mesurant par exemple ses espérances et ses investissements aux chances de profit, n'est que la version finaliste, fondée sur la projection du sujet savant dans l'agent agissant, de l'agent mécaniquement conduit par la contrainte des causes, également connues du seul savant. De l'anthropologie imaginaire du calcul rationnel on passe à la franche mythologie avec les théories de l'action et de l'histoire qui, à la faveur de jeux de langage permettant de traiter comme sujets connaissants et agissants des sujets grammaticaux, peuple le monde social de collectifs personnifiés posant leurs propres fins (*e.g.* l'École élimine…, l'État sert…, etc.).

La théorie de l'habitus explique pourquoi le finalisme de la théorie de l'agent rationnel ou raisonnable, individuel ou collectif, quoique faux anthropologiquement, peut paraître fondé dans la réalité empiriquement observable. Le finalisme individualiste, qui tient l'action pour déterminée par la visée consciente de fins explicitement posées, est une illusion bien fondée : le sens du jeu qui favorise l'ajustement anticipé de l'habitus aux nécessités et aux probabilités inscrites dans le champ, se présente sous les apparences d'une visée réussie de l'avenir. De même, l'affinité structurale des habitus de même classe qui, étant le produit des mêmes conditions et des mêmes conditionnements, peuvent engendrer des pratiques convergentes et concertées en dehors de toute conspiration, rend compte des phénomènes de quasi-téléologie qui s'observent dans le monde social (par exemple dans les réactions du corps professoral à l'accroissement du nombre des enseignants imposé par l'accroissement du nombre des étudiants) et que l'on est souvent tenté de comprendre soit dans la logique du finalisme individualiste (avec les théories du complot), soit à travers les métaphores organicistes (*homeostasis*, etc.).

Ayant rappelé les fonctions théoriques de la notion d'habitus et montré que l'habitus ne s'effectue réellement et ne révèle ses potentialités que dans sa relation à un champ, on peut tenter d'établir les propriétés générales des champs. Parler de champ, c'est d'abord rompre avec le mode de pensée substantialiste qui, fasciné par le directement visible, les individus, les groupes, les interactions – échanges matériels et symboliques, etc. –, ignore les relations invisibles entre des positions, relations irréductibles aux interactions dans lesquelles elles se manifestent et qu'elles structurent. La sociologie, dans son moment objectiviste, est une *analysis situs*, c'est-à-dire l'analyse d'un espace de relations objectives entre des positions (ou des postes), relations relativement indépendantes par rapport aux agents qui occupent les positions et par rapport à leurs intentions et leurs fins (et irréductibles aussi à un *network* de « relations »). Et l'on peut montrer que la connaissance des positions construites, donc de l'espace global à l'intérieur duquel chaque position se définit (comme haute, basse ou intermédiaire, dominante ou dominée, etc.) enferme une connaissance des prises de position de leurs occupants.

Appréhendé à un moment donné du temps, le champ se présente comme un espace relativement autonome de forces possibles qui s'exercent sur tous ceux qui y entrent ; la structure du champ n'étant autre chose que la structure de la distribution du pouvoir spécifique, c'est-à-dire agissant dans le champ considéré, et la position dans le champ étant définie par la position occupée dans cette structure. Champ de forces possibles, le champ est aussi un champ d'actions possibles et en particulier un champ de luttes visant à conserver ou à transformer le champ de forces. Autrement dit, le champ en tant que réseau de relations objectives entre des positions de force fonde et oriente – par l'intermédiaire des dispositions constitutives de l'habitus – les stratégies que les occupants de ces positions, agents singuliers ou groupes d'agents, engagent, à compte propre ou au nom d'une institution, dans leurs luttes (patentes ou latentes) pour défendre ou améliorer leur position ;

et, en retour, les luttes par lesquelles les agents s'efforcent de conserver ou de transformer le réseau de relations objectives sont déterminées dans leur force et leur direction par la position dans le rapport de forces. Ou, pour être plus concret, par les atouts dans le jeu, c'est-à-dire par le *capital* spécifique comme principe de la force détenue dans un jeu déterminé.

Renvoyant à une autre année l'étude des rapports entre l'habitus et le champ, qui permet d'articuler les deux définitions du champ comme champ de forces et comme champ de luttes, l'analyse du rapport entre le champ et le capital, sous ses différentes espèces (avec la théorie des pouvoirs qui s'y trouve impliquée), et la recherche des lois formelles ou des invariants du fonctionnement des champs, on s'est attaché à l'analyse d'un cas particulier, celui du champ littéraire et artistique en France à la fin du XIXe siècle (qui fera l'objet d'une prochaine publication).

INDEX DES NOMS

Adorno, Theodor W., 409, 585
Alain, Émile Chartier, dit, 391
Alcan, Félix, 665
Allais, Alphonse, 22-23
Althusser, Louis, 281, 294, 309, 349
Amiel, Henri-Frédéric, 211
Angelico, Fra, 256
Antal, Frederick, 586
Antoine, André, 625, 644
Aristophane, 457
Aristote, 205, 352
Aron, Raymond, 16, 70, 222, 426, 693-694
Arrabal, Fernando, 621
Auerbach, Erich, 243-244
Augier, Émile, 620
Auguste, 58
Austin, John L., 27-28, 34, 38, 41, 150, 178, 191, 257, 361, 561
Axelos, Kostas, 441

Bachelard, Gaston, 81, 194, 212, 270, 281, 312, 372, 423, 442, 490-491, 510, 537, 595-596
Bacon, Francis, 164
Bakhtine, Mikhaïl, 188, 253
Bally, Charles, 209
Balzac, Honoré de, 55, 369, 422
Barthes, Roland, 244, 387, 469, 591
Bateson, Gregory, 399
Baudelaire, Charles, 253, 371, 604, 616
Baudelot, Christian, 348
Baudrillard, Jean, 384
Baumgarten, Alexander Gottlieb, 270, 283, 285, 711
Baverez, Nicolas, 693
Baxandall, Michael, 258
Beauvoir, Simone de, 70, 623
Becker, Howard, 221
Beckett, Samuel, 651, 655
Ben-David, Joseph, 284, 444, 465
Beneke, Friedrich Eduard, 409
Bénichou, Paul, 499
Bentham, Jeremy, 314, 325, 334
Benveniste, Émile, 15, 117-118, 126, 142-144, 150, 412, 526
Benzécri, Jean-Paul, 78
Berdahl, Robert M., 618
Bergson, Henri, 25, 620, 653
Bernard, Claude, 53-54, 548
Bert, Jean-François, 692
Bloy, Léon, 255
Bollack, Jean, 402
Boltanski, Luc, 157, 211, 332, 474, 514, 519, 623, 628
Bony, Daniel, 86
Boulard, Fernand, 59
Bourdieu, Marie-Claire, 7, 55
Bourget, Paul, 497, 644
Bourgin, Hubert, 445
Braudel, Fernand, 464
Brunschvicg, Léon, 104
Buffon, Georges-Louis Leclerc de, 434
Burke, Kenneth, 116
Burt, Ronald S., 538
Butor, Michel, 368, 484

Canguilhem, Georges, 461, 548
Carol, Martine, 641
Cassagne, Albert, 583-584, 620
Cassirer, Ernst, 118, 271, 337, 342, 490-491

Cellard, Jacques, 38
Cervantès, Miguel de, 139, 186
César, Jules, 139
Chamboredon, Jean-Claude, 17, 80, 332, 545, 610
Champagne, Patrick, 510
Champfleury, Jules, 614, 682, 684
Charle, Christophe, 546, 609, 632, 636, 645, 656, 671, 691, 696
Chartier, Roger, 73, 260
Chastaing, Maxime, 244-245, 441
Chklovski, Victor, 496
Chomsky, Noam, 345, 411
Christin, Rosine, 697
Cladel, Léon, 681
Collins, Randall, 284, 444, 465
Coluche, Michel Colucci, dit, 700
Comte, Auguste, 149, 436, 617
Coppée, François, 658
Couperin, François, 586
Courbet, Gustave, 614, 676, 682
Courrèges, André, 529
Cousin, Victor, 137, 446
Cravan, Arthur, 497, 504
Crozier, Michel, 302
Cyprien de Carthage, 165

Darbel, Alain, 257
Darnton, Robert, 59, 597
Dassault, Marcel, 618
Debray, Régis, 554, 700
Debussy, Claude, 585-587
Delsaut, Yvette, 96, 253, 529, 688
Derrida, Jacques, 287, 438
Des Cars, Guy, 606
Descartes, René, 271, 330, 337, 342, 347, 355, 419
Dilthey, Wilhelm, 242, 694
Dior, Christian, 529
Doroszewski, Witold, 209
Dostoïevski, Fedor, 186, 575
Duby, Georges, 145
Duchamp, Marcel, 676
Ducrot, Oswald, 36
Dumont, Martine, 420
Durkheim, Émile, 80, 87, 112, 127, 156, 166, 175, 205, 209, 214, 216, 236, 275, 281, 318, 334-335, 360, 432, 444, 483-484, 499, 564, 572, 692-694, 711

Eells, Ellery, 343, 345
Elias, Norbert, 161
Elizabeth Ire d'Angleterre, 165
Encrevé, Pierre, 400
Engels, Friedrich, 362-363, 540, 673
Escarpit, Robert, 546, 681
Ésope, 375
Establet, Roger, 348
Even-Zohar, Itamar, 495
Eymard-Duvernay, François, 86

Fabiani, Jean-Louis, 588, 665
Fabius, Laurent, 405
Fanon, Frantz, 330
Fauré, Gabriel, 586-587
Faure, Michel, 586
Fechner, Gustav, 517-518
Feydeau, Ernest, 577, 663
Ficin, Marsile, 256
Flaubert, Gustave, 243, 246, 425, 447, 515, 556, 577, 584-585, 588, 604, 611, 613, 663, 678
Fornel, Michel de, 400
Foucault, Michel, 217, 325, 438, 440, 498, 551, 700
Fournier, Marcel, 94, 692
Fragonard, Jean-Honoré, 246
Frédéric II de Prusse, 367
Frege, Gottlob, 353
Freud, Sigmund, 279, 305, 390, 397, 493, 517
Fridenson, Patrick, 73

Garfinkel, Harold, 35
Gaulle, Charles de, 166
Gautier, Jean-Jacques, 626
Gautier, Théophile, 577-578, 611, 663
Gernet, Louis, 259

Gerschenkron, Alexander, 337, 435, 441
Gide, André, 373
Gillis, John R., 618
Glaser, Barney, 559
Goblot, Edmond, 69, 445
Godel, Robert, 209
Goethe, Johann Wolfgang von, 258
Goffman, Erving, 55, 93, 213-214, 287, 303, 548, 559
Goldmann, Lucien, 82, 585, 587
Gombrich, Ernst H., 364
Goncourt, Edmond et Jules, 577
Gouldner, Alvin W., 23, 471
Gourou, Pierre, 418
Gramsci, Antonio, 505
Guibert, Bernard, 84
Guiraud, Pierre, 421
Guitry, Sacha, 605
Gurvitch, Georges, 16, 222

Halbwachs, Maurice, 444, 693
Halle, Morris, 345
Harsanyi, John, 326-328
Hegel, Georg Wilhelm Friedrich, 69, 89, 106, 182, 274-276, 278-280, 282, 286, 288, 296-297, 299, 317-318, 320, 362-363, 390, 579, 654
Heidegger, Martin, 35, 104, 156, 168, 173-174, 217, 243, 312, 416, 418, 423, 585, 683
Henderson, Alexander Morell, 541
Henri IV, 161
Hertz, Robert, 692
Hirsch, Thomas, 693
Hjelmslev, Louis, 96
Hobbes, Thomas, 133, 592
Horkheimer, Max, 409
Hubert, Henri, 692
Hugo, Victor, 369, 578, 585, 684
Huizinga, Johan, 232, 314-315
Humboldt, Wilhelm von, 118
Hume, David, 374
Huret, Jules, 581, 584, 588, 661-662, 671
Husserl, Edmund, 205, 248-249, 266, 269-270, 284, 286-287, 292, 295, 315, 339, 341, 363-364, 371-372, 380, 408-409, 559, 698

Ingres, Jean-Auguste-Dominique, 683
Isambert-Jamati, Viviane, 445
Izoulet, Jean, 692

Jakobson, Roman, 305, 493-494
Jean de Salisbury, 177
Joyce, James, 244, 246, 253, 368
Jules II, 456
Jussieu, Antoine-Laurent de, 69

Kalinowski, Isabelle, 67
Kant, Emmanuel, 159, 190-191, 289, 336, 408-409, 417, 434, 436, 440
Kantorowicz, Ernst Hartwig, 151, 155, 163-166, 169, 218, 237, 482, 709
Karady, Victor, 136
Kelly, William H., 210
Kemeny, Istvan, 136
Kluckhohn, Clyde, 210
Kraus, Karl, 453

La Fontaine, Jean de, 375
Labov, William, 61, 400
Laganier, Jean, 84
Laing, Karl, 319-320, 399
Laks, Bernard, 400
Lanson, Gustave, 469
Laurent-Cely, Jacques, 641
Lavater, Johann Kaspar, 420-423
Lazarsfeld, Paul F., 77
Lefebvre, Henri, 384
Leibniz, Gottfried Wilhelm, 69, 183, 238, 271-272, 285, 293, 477, 505, 610, 710
Lemaître, Jules, 469
Lenski, Gerhard, 461
Lepenies, Wolf, 434, 462
Lévi-Strauss, Claude, 23, 25, 119, 164, 272, 305, 335, 419, 440, 493, 652, 654

Lévy, Bernard-Henri, 492
Lévy-Bruhl, Lucien, 134, 287
Lévy-Leboyer, Maurice, 73
Lewin, Kurt, 388, 491
Linné, Carl von, 69
Linton, Ralph, 210-211
Louis XIV, 161
Lukács, Georg, 585

Maldidier, Pascale, 157, 474
Malebranche, Nicolas, 271
Mallarmé, Stéphane, 123, 582, 585-586, 603, 635, 685-686
Mallet, Serge, 298
Mannheim, Karl, 505, 556
Marat, Jean-Paul, 369
Marchais, Georges, 62
Maresca, Sylvain, 57
Martini, Simone, 257-258
Marx, Groucho, 552
Marx, Karl, 71, 91, 93, 99-102, 106-107, 109, 112, 170, 187, 197, 272, 279, 281, 297, 307, 309, 331, 362, 381, 384, 390, 424, 443, 482, 520, 540, 548-549, 556, 654, 673-674, 694
Masaccio, Tommaso di Giovanni Cassai, dit, 259
Matalon, Benjamin, 77
Matheron, Alexandre, 452
Mauss, Marcel, 272, 444, 652, 692
Mead, George Herbert, 558
Meillet, Antoine, 412
Merleau-Ponty, Maurice, 70, 104-105, 218, 285-287, 341, 676
Michel-Ange, 456
Michelet, Jules, 307, 367
Milner, Jean-Claude, 26-28, 31, 33
Mitterrand, François, 700
Moles, Abraham, 204
Monet, Claude, 104
Montesquieu, Charles-Louis de Secondat, baron de la Brède et de, 153, 160, 417-420, 424-425, 434, 461, 522
Muel-Dreyfus, Francine, 466
Müller, Adam, 619
Murger, Henry, 611
Musset, Alfred de, 533

Napoléon Ier, 146-147, 150, 166, 622-623
Napoléon III, 684
Nerval, Gérard de, 604
Newton, Isaac, 337, 342, 548-549
Nicolas de Cues, 14
Nietzsche, Friedrich, 58, 185, 187, 443
Nizan, Paul, 104

Panofsky, Erwin, 54, 306, 364
Pareto, Vilfredo, 187, 406
Parsons, Talcott, 541
Pascal, Blaise, 128, 170, 235, 242
Passeron, Jean-Claude, 17, 79-80, 212, 290
Péguy, Charles, 438
Peirce, Charles S., 495-496
Picard, Raymond, 469, 591
Pinto, Louis, 553-554, 675
Pivot, Bernard, 554
Platon, 110, 137, 248, 257, 269, 292, 352, 391, 422, 712
Pluet-Despatin, Jacqueline, 693
Pompéia, 139
Pompidou, Georges, 405
Ponge, Francis, 147
Ponsard, François, 603, 620
Ponton, Rémy, 546, 609, 632, 636, 643-644, 670, 672, 679
Popper, Karl, 207
Post, Gaines, 151, 163, 167, 177
Poulat, Émile, 57
Poulet, Georges, 244
Propp, Vladimir, 499
Proust, Marcel, 147, 157, 515, 663
Puccini, Giacomo, 611

Rabanne, Paco, 529
Racine, Jean, 469, 655
Ramuz, Charles-Ferdinand, 245

Ranulf, Svend, 555
Renan, Ernest, 629, 634
Reynaud, Jean-Daniel, 245
Robbe-Grillet, Alain, 606
Rosanvallon, Pierre, 277
Rosenberg, Hans, 618
Roudy, Yvette, 536
Rousseau, Henri, dit le Douanier Rousseau, 676-677
Rousseau, Jean-Jacques, 150, 152, 164, 373, 389
Roustang, François, 397
Russell, Bertrand, 352-353, 517
Ruwet, Nicolas, 26-28, 31, 33, 35
Ryle, Gilbert, 355, 360, 370

Saint Martin, Monique de, 47, 54, 431, 435, 463, 516, 527, 678, 697
Saint-Exupéry, Antoine de, 222
Saint-John Perse, 358
Saint-Laurent, Cécil, *voir* Laurent-Cely, Jacques, 641
Samuelson, Paul A., 275, 324
Sapir, Edward, 118, 210
Sartre, Jean-Paul, 70, 101, 104-105, 168, 181, 234-235, 250, 267-269, 383, 425, 448, 452, 457, 547, 559, 584, 588, 612, 625
Saussure, Ferdinand de, 209, 305, 308, 355, 412, 427
Schmidt, Conrad, 540
Scholem, Gershom, 402, 449
Schopenhauer, Arthur, 158
Schorske, Carl, 446
Schramm, Percy Ernst, 169
Schumpeter, Joseph, 619
Schütz, Alfred, 286-287, 558
Sechehaye, Albert, 209
Sen, Amartya, 326
Sénèque, 319, 384
Seznec, Jean, 256
Simiand, François, 220, 444, 692
Simonide de Céos, 39
Singly, François de, 641
Sirota, Régine, 445
Smith, Adam, 325-326
Socrate, 137, 206, 248, 457
Spinoza, Baruch, 87, 271, 275, 279, 346-347, 444, 452, 507, 620, 667
Spitzer, Leo, 185-186
Steinen, Karl von den, 219
Stendhal, 369
Stirner, Max, 549
Strauss, Anselm, 558-559

Taine, Hippolyte, 469, 629
Térence, 371
Thémistocle, 137
Thévenot, Laurent, 86, 119, 413
Thom, René, 359
Thomas d'Aquin, 205
Thompson, Edward Palmer, 101
Tilly, Charles, 446
Todorov, Tzvetan, 495, 499
Touraine, Alain, 245, 298, 691
Troeltsch, Ernst, 634
Tyler, Stephen A., 94
Tynianov, Iouri, 496, 589

Ungaro, Emanuel, 529

Van Gennep, Arnold, 395-396, 404
Verlaine, Paul, 582, 586, 634, 685
Veyne, Paul, 58
Vian, Boris, 141
Vigny, Alfred de, 533, 604
Volle, Michel, 84

Wacquant, Loïc, 512, 615, 703
Watt, Ian, 666
Watzlawick, Paul, 562
Weakland, John H., 562
Weber, Max, 39, 66-67, 112, 115, 122, 124, 137, 144, 152, 159, 164, 183-184, 205, 220, 278, 326, 331, 347, 363-364, 380, 416, 426, 518-519, 541, 543-544, 550, 590, 623, 637, 639, 642, 688, 694
Weil, Éric, 317-318
Weyl, Hermann, 491-492

Whorf, Benjamin Lee, 118
Wilensky, Harold L., 470
Williams, Bernard, 326
Williams, Raymond, 657
Willis, Paul E., 321, 323
Wittgenstein, Ludwig, 16, 72, 78, 186, 246, 248, 359
Wohl, Robert, 671
Wolff, Christian, 285
Woolf, Virginia, 244, 246, 441

Zola, Émile, 581, 588, 592, 604, 614, 638, 644, 656, 659-662, 668, 670, 681
Zychlin von Zychlinski, Franz, 381

INDEX DES NOTIONS

Accent (diction), 57, 131
Adolescents, 320-323
Âge (et groupes d'âge), 46, 138 ; *voir aussi* Générations
Agent (notion d'–), 288, 308
Agrégat, 534-536, 547, 559
effet d'agrégation, 101, 277, 325-328
Agrégation (concours), 13-14, 46, 444, 463
Allodoxia, 110, 111
Amor fati, 459-460, 578
Appareil
– (au sens de Pascal), 175, 178, 294, 418-422
– (au sens d'Althusser), 227, 349-350, 512
– politique, 62
Argot, 116, 358, 421, 605
Aristocratie, 137, 147, 161, 515, 519, 623
Art, 25, 220-221, 253, 472, 583-587, 607-616, 631-642
art pour l'art, 584, 615-617, 639, 649, 659-664
Artificialisme, 350, 365
Artistes, 106, 258, 456, 467-468, 515, 580-581, 596, 599, 604-607, 616, 631-633, 639-646, 657-659, 676
Ascétisme, 334-335, 384
Ataraxie, 317-319
Autonomie (relative), 107-114, 129, 203, 424, 479, 536, 540-541, 577, 594, 599-605, 633-643, 668
Avant-garde, 634
Axiomatisation, 11, 202, 203, 328
Bohème, 612, 634
Botanique, 19-21
Bouc-cerf, 352-353
Bourgeois, 149, 373, 384, 599-605, 613-622, 628, 658-662, 672
Bureaucratie, 277-279, 302

Calomnie, 139
Canonistes, 163, 164, 167, 169, 177, 180
« Ça parle », 295
Capital, 427, 445, 511-514, 517-520, 648, 521-525
– culturel, 392, 521, 524-526, 528, 596, 683
– économique, 527, 683
– social, 525-527
– symbolique, 130-135, 150-152
Capitalisme, 329-331, 337, 365, 517
Catégorèmes, 22, 26-27, 28, 49, 53, 472-473
Catégories socio-professionnelles (CSP), 47-49 ; *voir aussi* Classes sociales
Causalité, 176, 266, 293, 324-327, 345-451, 372, 375, 585, 669, 712-713
Censure, 157-159, 279, 321, 424, 452
Cercle
– herméneutique, 43, 65, 78, 79, 516, 582
– de la définition, 531, 470
effet de –, 178, 186, 295
Certification (effet de –), 46, 518
Champ
– de forces et – de luttes, 474, 479, 483-487, 501-502, 518, 519,

565-568, 570-579, 597, 598, 660, 671, 675
– et libido, 390
– (comme méthode et mode de pensée), 207,473, 484, 510, 532-534, 536, 649
– comme médiation, 587-589
– et capital, 521-523, 647
– et groupe, 564
– et habitus, 240-242, 566-568, 609, 678-685
– et individu, 492, 534, 547, 582
– et interaction, 214, 537-541, 534, 548, 550-553, 559
– et jeu, 522-523, 574-576
– et milieu, 547-549
– et population, 546
– et réseau, 553-554
effet de –, 564
enjeux dans un –, 511
état de –, 534-536
états du –, 445
hiérarchie entre les –, 514
origines et genèse de la notion de –, 491, 498, 536-547
scissiparité des –, 482
Champ de la haute couture, 529
Champ de production (culturelle et intellectuelle), 593-595, 601, 615-617, 624-632, 648, 661, 666
Champ du pouvoir, 593-595, 599-603, 615-617, 628, 636
Champ intellectuel, 70-73, 138, 147, 158-161, 315-316, 431, 485-487, 554, 589, 607, 617-621, 631, 636
Champ littéraire, 430, 545-547, 573-686
– comme terrain privilégié, 580
– dans le champ du pouvoir, 593-595, 599-603
– et changement, 675
– et principe de hiérarchisation, 599, 601
– et système scolaire, 666-667
autonomie du –, 599-600, 603, 632, 640, 643
circuits courts et longs dans le –, 651-652
générations et vieillissement dans le –, 671-675
légitimation dans le –, 613-615, 660
positions dans le –, 576
stratégies dans le –, 675
structure du –, 649
Champ religieux, 138, 224, 251, 316, 520-521, 541-545
Champ scientifique, 84, 159, 241, 295-298, 317, 419, 424, 433, 468, 483, 518, 522, 542, 667-668
Champ universitaire, 474, 480, 516
Changement, 227, 675
Charisme, 39, 144, 160, 164, 576, 583-586, 590-591, 657-658, 667
Cinquantaine (crise de la –), 143-144
Classe
– s construites, 12, 21, 69, 77
– dominante, 89, 365-366, 425, 480, 515, 593, 604, 605, 616, 618-631
– s latentes, 77
– s sociales, 16-17, 42, 48, 65, 93, 99-100, 109, 126, 186, 194, 238-239, 354, 385, 503, 529
– s statistiques, 79-80, 238, 413
Classements, 18-26, 36, 40, 52-75, 84, 102, 107, 147, 111-114, 138, 471
Classification, 12, 31, 108, 119, 145, 190, 193, 386, 421
Codage, 42-49
Communication
– de résultats scientifiques, 17, 197, 206, 283, 294, 561
– dans le monde social, 314, 419, 572
Comparative (méthode –), 287, 446, 610
Complicité, 38, 265-266, 273, 316, 372, 404
Compréhension, 242 ; *voir aussi* « se mettre à la place »

Conatus, 444
Concepts, 202-207, 265, 464
Connaissance, 249, 266, 276 ; *voir aussi* Pratique
Conscience, 91, 107-110, 151, 166, 187, 206, 212, 245-248, 264-268, 276-280, 330-332, 467, 559
Consécration, 121-125, 128-129, 146, 184, 259, 394-397, 404-407, 519-520, 603, 622, 656, 658
Consensus, 27, 114, 148, 213
– *omnium*, 66, 125, 158, 169, 182, 188-189, 192-193
Conservatisme, 617-622, 623, 628
Consommation, 206, 384
Constitution (actes de –), 82-83, 113, 124
Continu
– *vs* discontinu, 119, 127
continuité, 238, 404-407
Conversion (du capital), 524-528
Corps, 164-166, 171, 237, 341, 474-478
Coupure, 281
Couronne, 169
Crédit, 135, 332, 525
Critères, 21, 24, 44, 90, 141
Croyance, 36, 105-106, 111, 173, 229, 257, 269, 316-319, 469
Culture, 210, 264, 335, 355, 393
– populaire, 357-358, 498, 507-508, 552

Décision, 335-336, 340-348
Décristallisation, 461
Déductivisme, 338, 342, 343, 411
Dégradation (rites de –), 34-37
Délégation, 150-151, 162-164, 167-168, 177-182
Désenchantement, 105
Déterminisme(s), 346-348, 454, 456
Dieu (penser à l'image de –), 72, 273-276, 285, 365, 575, 653
Différence (volontarisme de la –), 588
Disciplines, 427, 464, 475
champ des –, 429
frontières, rapports et hiérarchies entre les –, 26, 33, 164, 284, 429-437, 482
Discours, 416-425
– dominant, 617-622
Dispositions, 110, 300-305 ; *voir aussi* Habitus
Distance sociale, 551
Domination, 187, 280, 443, 507, 551, 563, 641
Don, 272-273, 652-655
Double bind, 399
Doxa, 111, 269-270, 284, 288-293, 387, 388, 624
Droit, 23, 111, 113-115, 117, 142, 164, 232, 518
Dualiste (pensée –), 132, 266, 386, 421, 570-571, 629-631

Échantillonnage, 51, 63, 73-75
Éclectisme, 571, 590
Économique
économie – et anti–, 604, 612, 646, 656, 662, 664
mode de pensée –, 545
science –, 275, 277, 342-348, 464, 534 ; *voir aussi Homo œconomicus*
Écrit
objectivation de l'–, 234
écriture en sciences sociales, 188, 370, 415, 434-435, 464
écriture romanesque, 368-370
oral *vs* –, 197
Écrivains, 401, 577, 657 ; *voir aussi* Romanciers
Éducation, 374, 389, 391, 394, 397, 503
Effet
– Don Quichotte, 381
– Gerschenkron, 337, 435, 441
– Montesquieu, 417-419, 424, 434, 461
– *Tel Quel*, 675
– pervers, 535

raison des – s, 170
Voir aussi Cercle, Certification, Champ, Institution, Licitation, Officialisation
Église, 57, 59, 63, 164, 175, 219-230
Eidétique, 287
Enseignement, *voir* Recherche, Système scolaire
Entretien (en sciences sociales), 32, 54, 60, 61, 92, 582
Épistémè, 270, 498
Épistémocentrisme, 258
Épistémologie, 18, 44, 51, 62, 81, 114, 264, 271, 436, 437, 440-443, 537
Époché, 287
Erreurs, 187, 425, 537-538, 541, 591
– en sciences sociales, 53, 63, 64, 82, 91, 103, 231, 243-248, 253, 254, 257, 258, 261, 265, 267-274, 296, 312, 334, 365, 382-383, 411, 471-472, 476, 503, 508, 542, 554, 626, 654, 664, 681
– sociales, 135, 146, 573, 622, 624, 635
Espace social, 109, 127, 187, 513, 551, 595-597
Essayisme, 203, 416
Esthétique
– comme science, 270, 285
rapport et discours –, 257, 258, 387
État, 155, 183, 184, 193, 275, 276-281, 365, 366
coup d'–, 169
science d'–, 85
vérité d'–, 193
Éternisation (des œuvres), 673
Ethnocentrisme (de savant), 103, 151, 251, 411
Ethnologie, 164, 210, 262, 287, 440, 464
Ethnométhodologie, 94, 287
Étudiants, 481, 669
Euphémisation, 279, 424-425, 623, 656
Évolution (schème de l'–), 152, 162, 164, 634, 668
Excellence, 137, 190, 290-291
Expérience, 246, 372, 373, 380, 389, 391, 340

Famille, 134, 153, 313, 398-403, 562, 563
Fantasme, 399
Femmes, 35, 441, 476, 515, 563 ; *voir aussi* Luttes et Masculin/féminin
Fétichisme, 167, 178, 318-319
Fides implicita, 180
Finalisme, 289, 323, 346-370, 382-383
Fonctionnaire, 152, 164, 165, 177, 280, 301, 366
Formalisme, 122, 495-496, 499, 587-590
Frontière, 123, 126, 127, 136, 443, 625

Gauche (*vs* droite), 27, 70, 97, 114, 116, 156, 225, 496-497, 529, 541, 600, 602, 629-630, 638, 644, 663
Générations, 386, 671-672, 675
Genres littéraires, 466, 603, 617, 638, 643-645, 649-651, 655, 656, 657, 658, 663, 669
Géométral, 69-70, 183, 275
Gnoséologie, 283-284
Goût, 37, 61, 102, 109, 306, 328-329
Groupe, 62, 63, 79, 126, 145, 166, 167, 168, 173, 179, 180, 181, 348, 395
– s stigmatisés, 47, 130
nom du –, 153

Habit, 305-306
Habitat, 233
Habiter, 312
Habitualité, 339-342
Habitus
– comme médiation et forme d'ajustement, 109, 293, 376, 521, 565-568, 606, 678-685
– comme mémoire ou social incorporé, 175-176, 226, 238, 237-238, 289, 333, 634

– comme méthode ou mode de pensée, 205, 533, 610
– comme mode de connaissance, 231, 233, 243, 249-253, 256-261, 306, 312
– discordant, 302-303, 320, 329, 375, 381-382
– et capital, 557
– et conscience, 205, 368
– et champ, 215, 240-242, 233, 251, 318-319, 433, 459, 566-568, 572-573, 609, 678-685
– et finalisme (et finalité sans fin), 288-289
classes d'–, 238-239
formation de l'–, 232-233, 374, 380, 389, 396, 401, 443, 568
fonctions théoriques de la notion d'–, 264, 333, 346, 351, 370-371, 376, 382-383
mauvaises compréhensions de la notion d'–, 256, 385, 388
utilisations antérieures de la notion d'–, 204-205, 307, 339-342
Héritage, 154, 204, 290
Hiérarchisation (principes de –), 513
Histoire, 299, 307
– (comme discipline), 432, 439, 446
Historicisme, 426, 442-443, 446, 595
Homo œconomicus, 268, 290, 323-328, 369, 410
Homologation, 65
Homologie, 300, 430, 441, 458-473, 496-497, 567, 637, 661, 665
Honneur, 61, 133-135, 139, 147, 160-161
Humanisme, 54, 251, 439

Identité, 126
Idéologie, 140, 281, 364, 189
Illusio, 314-319, 321
Imagination, 170
Incarnation, 164
Inconscient, 275, 277, 305, 437
Incorporation, 236, 237, 289, 388-393
Indicateurs, 45-46
Indignation (morale), 555
Individu, 235-238, 564
Injure (et insulte), 26-41, 143, 145, 146, 185, 472, 500
Insee, 19, 22, 48, 79, 119
Institution, 33-37, 58, 121, 124, 175, 218, 230, 231, 232, 236, 452, 481, 604
Institutionnalisation, 152, 604
Intellectualisme, 91, 151, 267-273, 285, 314, 323
Intellectuels, 70, 106, 140, 184, 453, 457, 505, 596-597, 607, 624-628
Interactionnisme, 213-215, 287, 538, 550-553, 555, 558, 559, 561
Interactions, 534, 535, 562
Interconnaissances (univers d'–), 539
Intérêt, *voir Homo œconomicus*
Intertextualité, 589-592

Jdanovisme pratique, 427
Jeu, 308-310 ; *voir aussi Illusio*
Journalistes, 158

Langage, 118, 170, 400-401 ; *voir aussi* Philosophie analytique, Mots
Langue, 189, 209-210
Lecture, 253-255, 260
Légitimation, 72, 123, 145, 146, 613-615, 617, 622-624, 628, 631, 660
Légitimité, 145, 159, 183, 189, 415-416, 480
Liberté, 385, 454-458
Libido, 314, 317, 390, 568
Licitation, 159
Limaille, 225, 572
Linguistique, 209, 411, 421, 490
Livre, 231-232, 240
Logicisme, 335
Logique, 272, 336, 360, 408-409
Lutte(s)
– linguistiques, 142
– posthumes, 469

– féministe, 46, 126
– régionaliste, 47, 108, 126, 129-130, 131, 142 ; *voir aussi* Occitanie
Voir aussi champ de –

Magie, 35, 37-40, 46, 116, 149, 156, 162, 164, 166, 171, 176-177, 246, 350, 358, 454
Maïeutique, 247-248
Mariage, 91, 117, 134, 156, 159, 396, 397
Marxisme, 17, 99-103, 107, 109, 289, 362-365, 494, 502, 579
Masculin/féminin, 22, 405-407, 395, 437, 441, 551, 563
Mathématiques, 336-338, 422, 432-433, 490-491, 605
Mécanisme, 265-273
Métaphysique, 143, 166, 217-221, 337, 362, 564
Modalisation, 104
Modèles, 343-344, 372, 654, 648, 653
Modus operandi, 15
Monde social
– comme objet indigne, 217
– comme espace de forces, 557
états du –, 535
Monographie, 211, 509-510, 532, 533
Monopole, 124-125, 146-147, 162, 168, 183-185, 227, 498, 512, 519-521, 544
Morbus mathematicus, 337
Morphologie sociale, 474
Mots, 116-120
– d'ordre, 116, 119, 149, 191
usage des – en sciences sociales, 121, 175, 188, 228, 354, 415, 416, 454
Musée, 255-259
Mystère du ministère, 163, 173, 230
Mythologies scientifiques, 422-423

Naïveté, 104, 105, 522, 676
Naturalisation, 392-393
Nécessité, 391, 388-393
Neutralité axiologique, 66
Nom, 134, 153, 186, 472, 484, 500
Nominal (et –isme), 99, 153, 353-344, 445-446, 528
Nomenclatures, 112
Nomination, 15, 136, 145, 146, 155, 528
Numerus clausus, 135, 136, 138, 486

Objectivation, 105, 153-162, 216, 234-238
Objectivisme, 87, 88, 99-103, 106, 111, 146, 246
Objectivité, 52-72
Oblats, 431
Obsequium, 452
Occitanie, 47, 130
Öffentlichkeit, 117, 156
Officialisation, 116, 156-160, 234
Ontologie, 23, 336, 352-362, 411
Oppositions, *voir* Dualismes
Organique (période – *vs* période critique), 476, 617
Origine sociale, 79, 92-93, 193, 401, 427, 429-430, 644-645, 681-682
Orthodoxie, 111, 116-117, 387, 497, 520, 624, 671-672

Passion, 317-320, 327
Patron (et ouvrier), 494, 549-550
Patronat, 54, 73, 79, 85, 300
Pauvreté (élective ou forcée), 613
Peinture, 255-259
Pensée sauvage, 419
Perception, 25, 56-58, 131-132, 258, 285, 442, 526, 560, 571, 573-574, 677, 679, 680, 685
Percipi, 131, 132
Performatif, 27, 28, 33, 34, 36, 38, 41, 42, 113, 118, 132, 150, 190, 191
Périodisation, 480
Perspectivisme, 185, 187, 275
Persuasion, 282, 402-404
Petite bourgeoisie, 133, 302, 371, 431, 527, 555-556, 627, 679
Pétition, 182

Phénoménologie, 249, 270, 286-287, 504, 559
Philologisme, 253
Philosophie, 150, 250, 274
– et sociologie, 14, 215, 264, 432, 438, 445, 581
– analytique, 72, 352-356, 359-361
– scolastique, 492, 353
Physicalisme, 99-103, 501, 521, 572
Physiognomonie, 420, 422
Poésie
– dans les sociétés archaïques, 39, 122
– et classes populaires, 643
– au XIXe siècle, 611, 643, 670
Polémique scientifique, 510
Politique, 19, 51, 109, 115, 122, 124, 125, 359
ordre –, 383-385
Populaire
réalisme –, 384
usages du – et des références au peuple, 614, 659
Voir aussi Culture, Populisme
Populisme, 282, 320-323, 508
Porte-parole, 48, 62, 79, 167, 176, 177, 223, 627
Position, 301, 467, 503-508, 556
– s et dispositions, 300-305, 430, 574, 578, 606, 620, 678-685
– s et prises de position, 109, 678
champ des – s, 494
Positivisme, 187, 194, 442, 510, 597, 598
Pouvoir, 162, 265
– symbolique, 112, 118, 151, 169
Pragmatique de l'écriture, 254, 260
Pratique (et science ou connaissance de la –), 263-293, 311-314, 467, 654
Précapitalistes (sociétés –), 154, 329-331, 526-527
Prédiction, 115
Prévision, 24, 119, 124-125, 372
Préférences, 326-28, 333
Présentation de soi, 55-63
Prétention
– de la petite bourgeoisie, 133
– de la sociologie, 447, 460
Prise de conscience, 151, 168, 187
Probabilités objectives, 372
Procès (logique du –), 53, 228
Procuration, 173-174, 180
Profession (et professionnalisation), 470
Prolétariat, 110, 151, 279, 505, 507
Prophète, 29, 115, 122, 152, 235, 541-544, 591
Proverbes, 116, 119, 282, 420
Psychanalyse, 397, 399, 400, 424
– et sociologie, 171, 319-320
Psychologie
– sociale, 283
– comme discipline, 444
Public (rendre –), 27, 35-38, 117, 156-159
Publication (effet de –), 117, 157

Questionnaire (en sciences sociales), 32, 45, 46, 92, 401-403, 411-412, 582

Rapport enquêteur et enquêté, 54, 92, 96, 401-403
Rationalisation, 364
Réalisme, 211, 215, 393, 484, 553
Recherche (enseignement de la –), 12-18, 194, 197-208, 455, 511
Reconnaissance, 125, 131-134, 159-160, 183-184, 189, 316, 416, 443, 453, 552, 559, 601
Reconversions, 602-603, 645
Récupération, 104-105, 482
Réduction, 287
– à l'intérêt de classe, 426
– à la fonction, 643
– du nouveau au déjà connu, 500
Refoulement, 157, 417, 424-425
Réfraction, 478-481, 540, 592
Règle, 232
Réification, 176, 365-371, 518-519, 579
Relationnelle (pensée –), 447, 489-501, 582

Relativisme, 187-188, 426
Religion (sociologie wébérienne de la –), 541-544, 590-591
Représentation, 56, 101-104, 107, 110-114, 121, 131-139, 162, 167, 177, 181, 190, 191
Représentativité statistique, 63
Répressif (habitus –), 301-305
Réseaux (analyse de –), 538
Respect, 25, 56, 453
Responsabilité (notion de – ou pensée en termes de –), 350-351, 555
Ressentiment (épistémologie du –), 443
Révolte, 321, 322, 371, 375, 382, 392, 404
Révolution (dans les champs), 284, 478, 482, 660, 675
Rites d'institution, 155-156, 174-175, 376-377, 393-394, 407, 481, 487
Rôle, 288, 309
Romancier, 244-246, 368-370
– absolu, 248
– s au XIXe siècle, 401, 638, 644, 657, 659-661
Routine, 336
Rupture (en sciences), 102, 281, 561

Sacré, 123, 126-127, 223, 281
Salons (littéraires ou mondains), 147, 514-515, 586, 611, 662
Schéma (comme représentation savante), 88, 94, 106, 312-313, 410-413, 653
Science
– bourgeoise et prolétarienne, 426
– de l'homme *vs* – de la nature, 12, 264, 426, 463, 490-493, 654
– des œuvres (littéraires), 495-496, 538
– s sociales, 112, 166, 274, 338
croyance dans la –, 469
« Se mettre à la place », 248, 320, 504, 507
Sens
– commun, 116-120, 212
– du classement, 93
– du jeu, 308-317, 331, 376
– du placement, 468, 467, 681
Sigle, 153
Socialisation, 215, 237, 372, 374, 379-407
Sociogramme, 539
Sociolinguistique, 60-61, 400, 421, 423
Sociologie
– comme science démocratique, 456-457
– comme discipline universitaire, 432, 440-443, 460-465, 468, 483
– conservatrice, 112
– et discours bifides, 416-425
– et ethnologie, 164, 440
– et histoire, 439, 447, 463
– et illusion de la transparence, 216
– et pessimisme/optimisme, 200
– et droit, 111
– et plaisir littéraire, 685-686
– et psychologie sociale, 237
– et ricanement voltairien, 230
– et tentation du sociologue-roi, 72, 274, 408, 412, 457
– indigène, 262
– participante, 245
– et travail de domination, 280
autonomie scientifique de la –, 66
constructrion de l'objet en –, 598
fascination exercée par la –, 276
fonction sociale de la –, 281
impensé en –, 219
les définitions en –, 232
mauvaise – et sophistique, 207
objet et tâche de la –, 197-217, 234-250
perception de la – par le public cultivé, 210
réception de la –, 402
sécularisation de la –, 278
spécialisation en –, 508
validation de la –, 201
vocabulaire de la –, 416
Sociologisme (*vs* utopisme), 390
Sondages, 198
Spontanéisme, 101, 103

Sport(s), 310, 311, 471
Statistique, 77-78, 413, 476, 479
– *vs* ethnographie, 64, 441
Stratégie
– s dans un champ, 481-483, 523
– s de camouflage, 423
– s de familiarisation avec un dominant, 552
– s de scissiparité, 482, 483
– s de condescendance, 551, 553
– s de bluff, 133, 159
– du retour aux sources (ou de la réforme), 138, 482, 671
– s et structure du capital, 575
effets de – s et effets de structure, 672
Structure (et histoire), 574, 632-636, 664
Style
– de vie, 188
– d'écriture en sciences sociales, 434-435, 439, 462-463 ; *voir aussi* Écriture
Subjectivisme, 109
Substantialiste (mode de pensée –), 491
Subversion, 445, 480, 482, 483, 487
Succession, 477
Sujet, 288
Symbolique, 123, 132, 493 ; *voir aussi* Capital, Pouvoir, Violence
Système scolaire, 45-46, 391, 398-400, 499

Taxinomies. Voir Classement
Temps, 477, 673
– et conversion du capital, 526
tentation savante d'abolir le –, 271-273, 653
Théâtre, 547, 573, 573, 587, 603, 605, 616-617, 620-621, 626, 635, 638, 643-663
Théodicée, 519, 623
Théoréticisme, 201, 411
Théorie, 200, 202, 207, 338, 412, 437-438, 464
– de la machine, 349-350
– des niveaux d'aspiration, 388-389
– du reflet, 592, 585-587
effet de –, 104, 103-104, 107, 115, 117, 118, 121, 144
Titre (comme performatif et comme monnaie), 154, 183
« Tout se passe comme si », 291, 308, 336, 375
Trägers, 309
Trajectoire dans le champ, 226, 444, 468, 602, 619-620, 682-685
Travail, 102-103, 390
Typologies (en sociologie), 23-24, 543

Universalisation, 140, 328
Usurpation (légitime), 127, 171, 178
Utilitarisme, voir *Homo œconomicus*

Variation (imaginaire), 287
Vérification (*vs* validation), 19, 42, 125
Vérité, 125, 186-194, 424
Vieillissement, 381, 390, 602, 673-674
Vielseitigkeit, 115
Violence
– inerte des institutions, 452
– symbolique, 56, 184, 372, 404, 519
Virtuosité, 39, 299
Vocation, 102, 300, 459, 578
Vulgarisation, 626

Table

Note des éditeurs 7

Année 1981-1982 9

Cours du 28 avril 1982. 11

Enseigner la recherche. – Logique de la recherche et logique de l'exposition. – Qu'est-ce que classer ? – Classer des sujets classants. – Divisions construites et divisions réelles. – L'insulte.

Cours du 5 mai 1982 31

L'acte d'institution. – L'insulte, une conduite magique. – Le codage des individus. – Découper la réalité. – L'exemple des catégories socioprofessionnelles.

Cours du 12 mai 1982 51

Classement objectif et objectivité. – Indicateurs objectifs et stratégies de représentation de soi. – Parenthèse sur l'histoire monumentale. – Les ruses de la raison sociologique – Une définition objective des indicateurs objectifs ? – Le moment objectiviste. – Le géométral de toutes les perspectives. – Le problème de l'échantillonnage.

Cours du 19 mai 1982 77

La définition légitime du principe de définition. – Les opérations de recherche comme actes de constitution. – Les classements comme enjeux de luttes. – L'objectivisme et son objectivisation. – Le bon classement et le biais scolastique. – Classement théorique et classement pratique.

Cours du 26 mai 1982 99

Dépasser les alternatives. – Réalité et représentations de la réalité. – L'autonomie du social et le problème de la prise de conscience. – Le droit, cas particulier d'effet de théorie. – Les mots comme sens commun.

COURS DU 2 JUIN 1982 121

L'acte de consécration. – La lutte symbolique sur le classement. – Le capital symbolique. – La manipulation des frontières entre les groupes. – Défendre son capital.

COURS DU 9 JUIN 1982 149

L'accumulation du capital symbolique. – Les noms et les titres comme formes d'objectivation. – L'officialisation. – L'institutionnalisation du capital symbolique. – Les deux corps. – Des imaginaires homologués.

COURS DU 16 JUIN 1982 173

Agir « au nom de... » – Sur la délégation. – L'État et le perspectivisme. – Le problème de la vérité sur le monde social. – Validation par le consensus ou par les preuves objectives.

ANNÉE 1982-1983 195

COURS DU 5 OCTOBRE 1982 197

L'illusion rétrospective dans la recherche et l'irréalité théorique. – Un travail d'axiomatisation. – Les concepts scientifiques. – Les questions fondamentales. – Définition réaliste et définition interactionniste. – Des exigences métaphysiques pour la sociologie. – La limaille.

COURS DU 12 OCTOBRE 1982 229

La double existence du social. – Le processus d'objectivation et l'incorporation du social. – Dépasser l'opposition subjectivisme/objectivisme. – Compréhension savante et compréhension pratique. – L'exemple de la lecture et de l'œuvre d'art. – Programme des cours à venir et questions du public.

COURS DU 19 OCTOBRE 1982 263

Sens sans conscience. – L'erreur mécaniste et l'erreur intellectualiste. – La tentation du sociologue-roi. – Obstacles intellectuels à la connaissance de la *gnoseologia inferior*. – L'habitus comme *orthè doxa*.

COURS DU 2 NOVEMBRE 1982 297

Positions et dispositions. – Les deux états de l'histoire. – Le sens du jeu. – La connaissance pratique. – Investissement dans le jeu et *illusio*. – Les transferts affectifs de la libido domestique et le conformisme. – Critique du discours économique. – Les conditions économiques des pratiques économiques.

COURS DU 9 NOVEMBRE 1982 339

L'habitualité chez Husserl. – La théorie de la décision en économie. – Échapper au mécanisme et au finalisme. – La théorie de la machine. – Le pouvoir ontologique du langage. – Culture populaire, langage populaire. – La téléologie marxiste. – La réification et la personnalisation des collectifs. – La solution de l'habitus.

COURS DU 16 NOVEMBRE 1982 379

L'ajustement des espérances aux chances. – Échapper au finalisme. – L'intériorisation du social. – L'incorporation de la nécessité. – Les rites d'institution. – Le rappel à l'ordre : l'exemple du rapport de la famille à l'école. – La relation sociale dans la relation d'enquête. – Persuasion clandestine, violence symbolique. – Le paradoxe de la continuité. – Critique de la relation savante.

COURS DU 23 NOVEMBRE 1982 415

Un discours louche. – Faire savant. – D'où parle le sociologue ? – La sociologie dans l'espace des disciplines. – Les structures inconscientes de la hiérarchie des disciplines. – Philosophie/sociologie/histoire. – Luttes épistémologiques, luttes sociales. – Savoir ce que la sociologie fait.

COURS DU 30 NOVEMBRE 1982 451

La sociologie comme prise de liberté(s). – Positions, dispositions et prises de position. – Corps des sociologues et styles académiques. – Positions faites et positions à faire. – Structures mentales et structures objectives. – Les transformations du champ : le cas du système universitaire. – La réfraction des contraintes externes. – Stratégies de lutte. – Les frontières du champ. – Le champ intellectuel.

COURS DU 7 DÉCEMBRE 1982 489

Le mode de pensée structural. – Des systèmes symboliques aux relations sociales. – Parenthèse sur la genèse des savoirs. – Champ de forces et champ de luttes. – Penser une position sociale. – Comment construire un espace relationnel ? – La distribution du capital et les différentes structures. – Les interchamps. – Retour sur la structure de distribution du capital. – L'interdépendance du champ et du capital. – Les grandes espèces de capital. – La conversion des espèces de capital.

COURS DU 14 DÉCEMBRE 1982 531

Une manière de penser. – Champ et agrégat statistique. – Le concept de champ (1) : itinéraire théorique. – Le concept de champ (2) : itinéraire pratique. – Champ et milieu. – Champ et interaction. – Champ et réseau. – Champ et positions. – Champ et représentation de la situation. – Espace des relations objectives et espace des interactions. – Champ, groupe, population, individu. – Représentations et sens pratique. – Les homologies entre champs.

COURS DU 11 JANVIER 1983 569

Physicalisme et sémiologisme. – La structure comme histoire cristallisée. – La roulette et le poker. – L'alternative de la rente ou de la vente. – *Amor fati*. – Le terrain productif du champ littéraire. – L'art contre la méthode : idéologie charismatique et « sociologie de la littérature ». – Le champ comme médiation. – Champ littéraire et intertextualité. – Une structure en chiasme. – Autonomisation, hiérarchisation, institutionnalisation. – Les intellectuels dans le champ de production culturelle.

COURS DU 18 JANVIER 1983 609

Un monde renversé. – Champ du pouvoir et champ de production culturelle. – Les intellectuels conservateurs. – La loi de la légitimation symbolique. – Retour sur les luttes à l'intérieur du champ de production culturelle. – La genèse des invariants. – L'ajustement de l'offre à la demande par homologie de structure. – La conquête de l'autonomie. – Hiérarchie des productions et hiérarchie des publics.

COURS DU 25 JANVIER 1983 647

La logique économique des entreprises culturelles. – La vérité de la pratique. – Les profits différés du désintéressement. – Les profits ambivalents du marché. – La subversion des règles du champ. – Temporalités et « personnalités ». – Clients et concurrents : la médiation du système scolaire. – Générations et révolutions. – Les modes de vieillissement et d'éternisation. – Dépasser pour dépasser. – S'orienter dans l'espace des possibles – La trajectoire et l'habitus. – Le démontage impie de la fiction.

SITUATION DU COURS DE SOCIOLOGIE GÉNÉRALE DANS L'ŒUVRE DE PIERRE BOURDIEU 687

ANNEXES 705

RÉSUMÉS DES COURS PARUS DANS L'*ANNUAIRE DU COLLÈGE DE FRANCE* 707

Index des noms 717

Index des notions 723

Du même auteur

aux mêmes éditions

Réponses
Pour une anthropologie réflexive
(avec L. Wacquant)
« Libre Examen », 1992
nouvelle édition augmentée sous le titre
Invitation à la sociologie réflexive
« Liber », 2014

Les Règles de l'art
Genèse et structure du champ littéraire
« Libre Examen », 1992
et « Points Essais » n° 370, 1998

La Misère du monde
(en collaboration)
« Libre Examen », 1993
et « Points » n° 466, 1998

Libre-échange
(avec Hans Haacke)
(coédition avec les Presses du réel)
« Libre Examen », 1994

Raisons pratiques
Sur la théorie de l'action
1994
et « Points Essais » n° 331, 1996

Méditations pascaliennes
« Liber », 1997
et « Points Essais » n° 507, 2003

La Domination masculine
« Liber », 1998
et « Points Essais » n° 483, 2002

Les Structures sociales de l'économie
« Liber », 2000
et « Points Essais » n° 742, 2014

Esquisse d'une théorie de la pratique
« Points Essais » n° 405, 2000

Langage et pouvoir symbolique
« Points Essais » n° 461, 2001

Le Bal des célibataires
Crise de la société paysanne en Béarn
« Points Essais » n° 477, 2002

Esquisse algériennes
« Liber », 2008

Sur l'État
Cours au Collège de France 1989-1992
(coédition avec Raisons d'agir)
2012

Manet, une révolution symbolique
Cours au Collège de France 1998-2000
suivis d'un manuscrit inachevé de Pierre et Marie-Claire Bourdieu
(coédition avec Raisons d'agir)
2013

CHEZ D'AUTRES ÉDITEURS

Sociologie de l'Algérie
PUF, 1958, 2e édition, 1961, 8e édition 2001
et « Quadrige », 2010

Esquisse d'une théorie de la pratique
précédé de Trois études d'ethnologie kabyle
Genève, Droz, 1972
Seuil, « Points Essais » n° 405, 2000
(nouvelle édition revue par l'auteur)

Algérie 60
Structures économiques et structures temporelles
Minuit, 1977

La Distinction
Critique sociale du jugement
Minuit, 1979

Le Sens pratique
Minuit, 1980

Questions de sociologie
Minuit, 1980

Leçon sur la leçon
Minuit, 1982

Ce que parler veut dire
L'économie des échanges linguistiques
Fayard, 1982

Homo academicus
Minuit, 1984, 1992

Choses dites
Minuit, 1987

L'Ontologie politique de Martin Heidegger
Minuit, 1988

La Noblesse d'État
Grandes écoles et esprit de corps
Minuit, 1989

Sur la télévision
suivi de L'Emprise du journalisme
Raisons d'agir, 1996, 2005

Les Usages sociaux de la science
Pour une sociologie clinique du champ scientifique
INRA, 1997

Contre-Feux
Propos pour servir à la résistance
contre l'invasion néo-libérale
Raisons d'agir, 1998

Propos sur le champ politique
Presses universitaires de Lyon, 2000

Contre-Feux 2
Raisons d'agir, 2001

Science de la science et réflexivité
Cours au Collège de France 2000-2001
Raisons d'agir, 2001

Interventions (1961-2001)
Sciences sociales et actions politiques
Marseille, Agone, 2002

Images d'Algérie
Une affinité élective
Actes Sud, 2003

Esquisse pour une auto-analyse
Raisons d'agir, 2004

EN COLLABORATION

Travail et travailleurs en Algérie
(avec A. Darbel, J.-P. Rivet et C. Seibel)
EHESS-Mouton, 1963

Le Déracinement
La crise de l'agriculture traditionnelle en Algérie
(avec A. Sayad)
Minuit, 1964, 1977

Les Étudiants et leurs études
(avec J.-C. Passeron et M. Eliard)
EHESS-Mouton, 1964

Les Héritiers
Les étudiants et la culture
(avec J.-C. Passeron)
Minuit, 1964, 1966

Un art moyen
Essai sur les usages sociaux de la photographie
(avec L. Boltanski, R. Castel et J.-C. Chamboredon)
Minuit, 1965

L'Amour de l'art
Les musées d'art européens et leur public
(avec A. Darbel et D. Schnapper)
Minuit, 1966, 1969

Rapport pédagogique et communication
(avec J.-C. Passeron et M. de Saint Martin)
EHESS-Mouton, 1968

Le Métier de sociologue
(avec J.-C. Passeron et J.-C. Chamboredon)
Mouton/Bordas, 1968
EHESS-Mouton de Gruyter, 2005

La Reproduction
Éléments pour une théorie du système d'enseignement
(avec J.-C. Passeron)
Minuit, 1970, 1989

La Production de l'idéologie dominante
(avec L. Boltanski)
Raions d'agir/Demopolis, 2008

Le Sociologue et l'Historien
(avec R. Chartier)
Raisons d'agir/Agone, 2010

RÉALISATION : NORD COMPO À VILLENEUVE-D'ASCQ
IMPRESSION : NORMANDIE ROTO IMPRESSION SAS LONRAI
DÉPÔT LÉGAL : NOVEMBRE 2015. N° 127978 (1504207)

Imprimé en France